中国人文学科四十年
联合国教科文组织等委托编撰
世界人文报告　中国卷

主　编：
汪　晖

编委会：
陈星灿　陈众议　侯旭东
黄德宽　刘跃进　张伯江
张志强　朝戈金

中国
人文学科
四十年

汪晖 主编

联合国教科文组织等委托编撰
世界人文报告　中国卷

三联书店

Copyright © 2025 by SDX Joint Publishing Company.
All Rights Reserved.

本作品版权由生活·读书·新知三联书店所有。
未经许可，不得翻印。

图书在版编目（CIP）数据

联合国教科文组织等委托编撰世界人文报告.中国卷：
中国人文学科四十年 / 汪晖主编. -- 北京：生活·读
书·新知三联书店, 2025.7. -- ISBN 978-7-108-07864-3

Ⅰ．C

中国国家版本馆 CIP 数据核字第 2024ND4098 号

责任编辑	张　婧
装帧设计	薛　宇
责任校对	曹忠苓
责任印制	李思佳
出版发行	生活·讀書·新知 三联书店
	（北京市东城区美术馆东街 22 号 100010）
网　　址	www.sdxjpc.com
经　　销	新华书店
印　　刷	北京隆昌伟业印刷有限公司
版　　次	2025 年 7 月北京第 1 版
	2025 年 7 月北京第 1 次印刷
开　　本	635 毫米 × 965 毫米 1/16 印张 37.25
字　　数	482 千字
印　　数	0,001-3,000 册
定　　价	120.00 元

（印装查询：01064002715；邮购查询：01084010542）

目 录

导 论

第一章 哲学研究
    第一节 中国哲学研究 56
    第二节 西方哲学研究 80

第二章 历史研究
    第一节 中国古代史研究 118
    第二节 中国近现代史研究 129
    第三节 世界史研究 143

第三章 考古学与出土文献研究
    第一节 中国考古学研究 172
    第二节 新出简帛文献与近30年来中国人文学术的转进 216

第四章 文学研究 上 中国文学研究
    第一节 古典文学研究 253
    第二节 现当代文学研究 262
    第三节 少数民族文学研究 278

第四节　比较文学研究与文化研究　289

第五章　文学研究　下　外国文学研究
第一节　现代性之镜：英美文学研究的中国进程　306
第二节　英语文学研究　319
第三节　欧洲文学研究　337
第四节　俄国文学研究　351
第五节　亚非文学研究　356
第六节　拉美文学研究　401

第六章　语言学研究
第一节　现代汉语研究　414
第二节　汉语历史语法词汇研究　422
第三节　文字学研究　428
第四节　汉语方言研究　434
第五节　中国少数民族语言研究　439

第七章　美学与艺术史研究
第一节　美学和文艺学研究　448
第二节　艺术史研究　471

第八章　人文领域的新潮流
第一节　新闻传播学的兴起　484
第二节　国学研究的兴起　500
第三节　高等研究的兴起　514
第四节　数字人文的兴起　524

第九章　通识教育与语言训练

　　第一节　普通话教育　　542

　　第二节　民族区域的双语教育　　545

　　第三节　外国通用语教育　　555

　　第四节　外国非通用语教育　　560

　　第五节　中国大学通识教育的发展历程、现状与问题　　567

第十章　组织与机构

导　论

汪　晖[*]

中国人文学科在学者和学生数量、研究体制和出版发表规模等方面位于全球人文学科体系的前列，但在学术分科上则与世界各国大同小异。[1] 本报告以现有人文学科及其分布为线索，从文学、史学、哲

---

[*] 汪晖，本书主编，清华大学人文学院教授，清华大学人文与社会高等研究所所长。
[1] 根据中国教育部颁布的数据，截至2020年6月30日，中国大陆高等学校（未含港澳台地区高等院校）共计3005所，其中普通高等学校2740所，含本科院校1272所、高职（专科）院校1468所，成人高等学校265所（见教育部：《全国高等学校名单》，http://www.moe.gov.cn/jyb_xxgk/s5743/s5744/A03/202007/t20200709_470937.html），在数量上仅次于印度和美国，但学生规模居世界首位。2019年全国高校招生915万人，毛入学率超过51.6%，中国正式迈入高等教育普及化时代。2020年高考报名人数达到1071万人，超过了2008年创造的1050万人的历史纪录，毕业人数多达874万人（见中国教育在线：《2020高招调查报告》，https://www.eol.cn/e_html/gk/report/2020/list.shtml）。所有普通高等院校均设有人文及社会科学学科和公共课教学。据《普通高等学校本科专业目录（2020年版）》（见教育部：《教育部关于公布2019年度普通高等学校本科专业备案和审批结果的通知》，http://www.moe.gov.cn/srcsite/A08/moe_1034/s4930/202003/t20200303_426853.html），中国本科专业有哲学、经济学、法学、教育学、文学、历史学、理学、工学、农学、医学、管理学、艺术学等12个门类；每个门类下分若干专业类，共有93个；每个专业类下分若干专业，共有703个。又据2015—2019年《普通高等学校本科专业备案和审批结果》的数据，近5年新增数量较多的大多为工学专业，如数据科学与大数据技术、机器人工程、人工智能等专业，但其中网络与新媒体、数字艺术以及外国非通用语等人文领域专业数量也有所增长（见教育部：《教育部关于公布2015年度普通高等学校本科专业备案和审批结果的通知》，http://www.moe.gov.cn/srcsite/A08/moe_1034/s4930/201603/t20160304_231794.html；《教育部关于公布2016年度普通高等学校本科专业备案和审批结果的通知》，http://www.moe.gov.cn/srcsite/A08/moe_1034/s4930/201703/t20170317_299960.html；《教育部关于公布2017年度普通高等学校本科专业备案和审批结果的通知》，http://www.moe.gov.cn/srcsite/A08/moe_1034/s4930/201803/t20180321_330874.html；〔转下页〕

学、语言学、考古学和其他关联领域的状况出发，勾勒过去40年中国大陆人文学术和人文教育的发展和趋势。每一章节均由相关领域的代表性学者独立完成，内容足够丰富，对其再做摘要式的概括似无必要。过去40年，中国人文学术的专业化水平和精细化程度均大幅提高，很难笼统地对不同领域进行一般性概括。考虑到本报告的读者不仅包括相关领域的学者、专家及研究机构和大学的领导者，也包括关心中国人文学科发展的各国人士，这篇导论首先简要勾勒中国人文学术的历史传统和现代形成，为读者提供一个理解当代中国人文学术更为广阔的背景。

需要说明的是，由于时间仓促和条件限制，本报告以中国大陆的人文学科状况为主要分析对象，未能对中国香港、澳门和台湾地区的相关研究做出专门分析。

[接上页]《教育部关于公布2018年度普通高等学校本科专业备案和审批结果的通知》，http://www.moe.gov.cn/srcsite/A08/moe_1034/s4930/201903/t20190329_376012.html；《教育部关于公布2019年度普通高等学校本科专业备案和审批结果的通知》，http://www.moe.gov.cn/srcsite/A08/moe_1034/s4930/202003/t20200303_426853.html）。在研究生教育方面，2019年，全国授予各类学科博士学位人数为62578人，硕士学位人数为577088人。其中获得哲学博士学位者652人、文学博士学位者1986人、历史学博士学位者781人、艺术学博士学位者609人、教育学博士学位者1040人，获得哲学硕士学位者3260人、文学硕士学位者31419人、历史学硕士学位者4715人、艺术学硕士学位者20342、教育学硕士学位者39149人。根据同一年全国高等院校教师数量的统计，哲学教师41939人（教授5508人、副教授12195人、助理教授和讲师15893人、助教4540人、未定职级3803人），文学教师225627人（教授18479人、副教授62453人、助理教授和讲师104925人、助教24168人、未定职级15602人），历史学教师17716人（教授3299人、副教授5657人、助理教授和讲师6287人、助教1249人、未定职级1224人），教育学教师151664人（教授12004人、副教授43304人、助理教授和讲师60548人、助教21433人、未定职级14375人），艺术学教师127483人（教授9420人、副教授29272人、助理教授和讲师53545人、助教20924人、未定职级14322人）。（以上数据见中华人民共和国教育部发展规划司：《中国教育统计年鉴（2019）》，中国统计出版社，2020年，第30、54页）根据2020年《中国出版年鉴》，全国出版期刊共10171种，其中哲学社会科学类刊物占26.38%，文化教育类刊物13.74%，文学艺术类刊物占6.57%。（柳斌杰、邬书林主编：《中国出版年鉴（2020）》，《中国出版年鉴》杂志社有限公司，2020年，第873、877页。）

科学分类学与文科的诞生

中国有着悠久而丰富的人文学术传统，但古典学术的分类原则与现代学科制度差别巨大，除了少数领域，早期的知识分类也很难被归纳为学科。中文的"人文"一词源自《周易·贲·彖传》中的"观乎天文，以察时变；观乎人文，以化成天下"一语[1]。按照通常的解释，天文指自然变化的轨迹，而人文指人类文明礼仪的规律。在"天人合一"的古典语境中，天文与人文之间相互关联，并非截然分化或对立的关系。因此，在古典学问中，并不存在将自然科学与人文学科严格区分开来的理论预设。"人文学科"这一概念是晚近历史的产物，只是在20世纪，humanities 与"人文学科"之间的对译关系才逐渐形成。在中国大陆，尽管文、史、哲等基础人文学科早已成形，但在很长时期内，人文学科与社会科学之间并无清晰分界，自然科学、社会科学与人文学科的三分法是在冷战结束之后的语境中才最终稳定下来的。

自中国人文学科诞生之日起，文学、史学和哲学等所有人文领域的研究始终存在着双重趋势，即学科及其规范的全球化（西方化）趋势与探索中国人文学术自主性的趋势。前者体现为学科分类、学术建制、理论与方法、术语和概念以及不断更新的学术潮流，后者体现为当代人文学术各领域重新探索自身的研究方法、概念、视野及其与古典传统的联系的潮流，以及国学、经学与某些宗教知识等为早期现代人文学术扬弃的范畴和学科的反复登场。在过去40年中，这一双重趋势表现得越发明显：在学科建制上，随着建设世界一流大学的国家动员、大规模引进海外人才，以及在学术规范上与西方学术更趋一致，中国人文学科及社会科学的全球化（美国化）愈演愈烈；但与此同时，许多学者在各自学术领域试图重新沟通古典和近代中国的学术传统，

---

[1] 阮元校刻：《周易正义》卷三，第二十五页下，《十三经注疏》，中华书局，1980年，第37页。

确立中国人文学科的文化本位。因此，简要地勾勒现代中国人文学术的诞生及其与古典学术传统的关系，对于理解当代中国人文研究与人文教育是必要的。

如何解释现代人文学术与古典人文传统之间的关系？首先，中国人文学术诞生于现代欧洲知识分类谱系直接影响下的剧烈变迁，古典学问的分类原则与现代人文学术的分类原则之间存在明显的断裂。这是两套完全不同的规则系统，各自形成于不同的历史脉络中。中国的古典学术分类与起源于近代欧洲的学科分类有所不同，更多地带有目录学的性质。目录学家姚名达说，"分类之应用，始于事物，中于学术，终于图书"[1]，亦即事物分类和学术分类最终体现为典籍的分类。学术史专家左玉河沿着这一思路概括说："中国学术分科，主要是以研究主体（人）和地域为标准，而不是以研究课题（对象）为主要标准；它研究的对象集中于古代典籍涵盖之范围内，并非直接以自然界为对象；中国学术分科主要集中在经学、小学等人文学科中，非如近代西方主要集中于社会科学及自然科学领域中。"[2] 这段引文将经学、小学置于人文学科的范畴，已经是按照自然科学、社会科学与人文学科的三分法进行的重新归类。

中国历史上的知识分类或典籍编目经历了若干变化，但大致可以以殷周时代的"六艺"、汉代的"七略"和隋唐时期逐渐成形并在清代《钦定四库全书》中完成的"四部"为线索。所谓殷周"六艺"，即礼、乐、射、御、书、数等六种技艺及其相关知识，而在春秋时代则代之以《诗》《书》《礼》《乐》《易》《春秋》等六种"周官之旧典"[3]及其传习。秦汉时代，一方面书籍增多，另一方面旧典散佚、书缺简

---

[1] 姚名达：《中国目录学史》，商务印书馆，1936年，第63—64页。
[2] 左玉河：《从四部之学到七科之学》，上海书店出版社，2004年，第4页。
[3] 章学诚：《校雠通义通解》，王重民通解，上海古籍出版社，1987年，第2页。

脱严重。汉代广开献书之路，"建藏书之策，置写书之官，下及诸子传说，皆充秘府"。[1] 刘向、刘歆父子"辨章学术，考镜源流"，将先秦"六艺"之学发展为更细致的学术分类，即所谓"七略"：辑略、六艺略（易、书、诗、礼、乐、春秋、论语、孝经、小学）、诸子略（儒、道、阴阳、法、名、墨、纵横、杂、农、小说诸家）、诗赋略（屈原赋之属、陆贾赋之属、孙卿赋之属、杂赋、歌诗）、兵书略（兵权谋、兵形势、兵阴阳、兵技巧）、术数略（天文、历谱、五行、蓍龟、杂占、形法）、方技略（医经、经方、房中、神仙）。"七略"明显上承"六艺"，其中"六经"与"诸子"构成中国知识系统之经纬，或曰"形上之道术"，而其他各类实则为实现形上之道的应用型知识，即所谓形下之"艺学"。

汉代以降，经、史、子、集四部分类逐渐形成。一般认为，西晋荀勖编纂的《新簿》是四部分类法之滥觞，《隋书·经籍志》之经、史、子、集及道、佛四部六大类为此后"四部之学"订立了框架和规范。纪昀主持编纂的《四库全书总目》是清代官修图书目录的集大成者，也是西学分科体系传入中国之前最为普遍的学术分类体系，其中经部十类、史部十五类、子部十四类、集部五类，大类下又区分出六十六属，是一个相当完整的分类系统。在所有这些分类中，经部小学类中的训诂、字书、韵书"可视为中国古代之文字学、音韵学和考据学等，固然是经部中最接近西方近代意义上之学术门类，但其他类目则与近代意义上之'学科'还有相当距离"。[2] 从另一角度看，小学类并不只是独立的门类，也是贯穿整个经史之学的基本方法，多少与西方人文学传统中的语言学、语文学及历史编纂学等相仿佛，而经、史、子、集的分类法完全不同于现代人文学科的分类原则，其中每一

---

[1] 班固：《汉书》卷三十，中华书局，1962年，第6册，第1701页。
[2] 左玉河：《从四部之学到七科之学》，上海书店出版社，2004年，第68页。

大类几乎都包含可以归纳在文学、史学、哲学和自然之学等门类中的内容。

从清末大规模翻译、介绍西方知识开始，人们便以这些知识及其分类方法反观中国的传统知识。既然中国经典学术以古代典籍及其分类为中心展开，那么，按照欧洲人文学的尺度，所有这些知识均可纳入人文学的范畴，从而也完全可以（而且事实上也是）按照现代人文学术的分类原则和方法论对之进行重新归纳，构筑出一个连续的、普遍适用的人文学谱系。荷兰学者任博德（Rens Bod）于2010年出版了全球第一部以全球人文学为对象的著作——《人文学的历史》（*De Vergeten wetenschappen: een geschiedenis van de humaniora*），"揭示出了人文学历史上的一条连续不断的路线——从古至今、遍地开花的对理论原则和经验模式的探寻"。[1] 作者没有理会不同社会在知识分类系统上的差异，也略过了被归纳在人文学科内的各种知识呈现自身的历史形态（如作为仪式、作为政治工具、作为伦理和道德实践、作为哲学或自然之学等），而完全按照现代（西方）人文学的学科系统，将各文化传统的相关知识纳入语言学、历史编纂学、语文学、音乐学、艺术理论、逻辑学、修辞学、诗学等人文学科范畴，并在其中探寻在人文学科中被发展的方法原则和模式的历史。"我们将不止一次地发现，世界不同地区——从中国到印度再到希腊——的人文学科之间存在令人吃惊的相似，但似乎没有或者几乎没有知识的分享。"[2] 正是从这样一种普遍的方法论视角出发，公元前5世纪的《尚书》便与同一世纪出现的希罗多德的《历史》一同成为历史编纂学的成文史典范，而司马迁的《史记》及班固、班昭的《汉书》也与希腊-罗马的历史编纂学一同被视为"使用了基于规则的方法"而产生的一门经验性学科。

---

[1] 任博德：《人文学的历史》，徐德林译，北京大学出版社，2017年，第381页。
[2] 同上书，第11页。

这种对古典知识中的普遍规则与方法的探索打破了现代历史学家关于历史学的一个神话，即历史学只是19世纪的产物。

但这一方法论视野也是通过省略不同文化传统及其在礼仪和政治等方面的不同作用而产生的。通过过滤不同知识传统的文化与政治内涵，不同地区的古典知识得以按照欧洲人文学的框架加以归纳。例如，由于古典的经验世界主要由文本组成，以手稿修复为基础的活动使语文学成为综合语法、修辞、历史、诗学等不同方法和知识的跨学科领域。任博德根据孟子的看法，将孔子视为第一位对古典文本进行修复，并开启了汉代以降源远流长的语文学传统的语文学家。在音乐学方面，作者越过《礼记》的礼乐内容而展开对五声音阶（宫商角徵羽）的音乐形式分析，认为刘安的《淮南子》关于纯三度律的乐理研究"提供了对'毕达哥拉斯音差'的完整分析"[1]；基于同样的逻辑，《易经》、公孙龙、墨子等与希腊、印度的类似研究被归为一类，即逻辑学的中国学派；谢赫六法与罗马帝国作家老普林尼（Pliny the Elder, 23—79）的幻觉主义、早期印度佛教绘画的理论专著《六支》都被列于人文学的分支逻辑学与艺术学序列；曹丕的《典论·论文》、刘勰的《文心雕龙》作为作文技法与文学史的开创之作和柏拉图、亚里士多德、朗吉努斯、狄奥尼索斯的作品，以及印度婆罗多牟尼的《戏剧学》构成开创文学及其历史的伟大作品序列。"他（指刘勰。——引者注）的著作可以与朗吉努斯的千年古典文学史相提并论，但在系统分类方面远远超越了朗吉努斯。"[2]可以设想，在作者的普遍时间序列（古代、中世纪、早期近代、现代）中，中国历史上越来越多的作品被纳入这一世界人文学的长廊，并在比较的视野下呈现出其丰富而独特的魅力。事实上，早在现代人文学科诞生之初，即20世纪20年代发生的"整理国

---

[1] 任博德：《人文学的历史》，徐德林译，北京大学出版社，2017年，第48页。
[2] 同上书，第77页。

故"运动就已经将清代考据学方法视为具有科学因素的现代人文学的前奏了。[1]

对于经典和史料的发现、修复、考证、阐释是所有文明的共有现象,"语言、音乐、艺术和文学对原则和模式的探寻是不分时间和地点的"[2]。因此,按照现代人文学的基本分类,从比较人文学的角度概括全球各地的学术传统有其合理性。但是,如果考虑到作为学术机构的人文学科与作为智识活动的人文学之间的明显区分,在中国古代学制与现代学科之间探寻一种普遍方法和模式的努力更为困难。现代中国大学及其学科分布几乎完全来自现代西方的学术分类,其根据及运作机制与此前学制及其分科截然不同。如何在这一明显的断裂中解释现代学制对古代学校及考试制度的继承和吸纳?

开创现代教育体制的一代人也正是以不同方式接受过传统教育的最后一代人,这一事实可以提示我们现代教育体制的全球化(西方化)与在大学体制中重建中国人文传统这一双重趋势的最初端倪。探索中国大学的古典渊源并非论证现代中国大学及其学科体制是古典体制的自然延续,毋宁说后者构成了现代学制形成中一个时而被批判和否定、时而被吸纳乃至标榜的传统。中国古典学制源远流长,十分复杂,这里只能简要归纳。首先是古代的太学。太学的名称源自周代[3],但作

---

[1] "东西文化论战"引发了新思潮与国粹派的争论,而"整理国故"的主张是由新文化运动的刊物《新潮》《新青年》首先提出的。胡适于1919年12月在《新青年》第七卷第一号发表《"新思潮"的意义》,提出"研究问题、输入学理、整理国故、再造文明"的主张。1923年,北京大学《国学季刊》创刊,其《发刊宣言》也出自胡适之手,提出"我们对于旧有的学术思想有三种态度。第一,反对盲从;第二,反对调和;第三,主张整理国故"。并系统建议"整理国故"的四个步骤,即"条理系统的整理""寻出每种学术思想怎样发生,发生之后有什么影响效果""要用科学的方法,作精确的考证,把古人的意义弄得明白清楚",以及"综合前三步的研究,各家都还他一个本来面目,各家都还他一个真价值"。

[2] 任博德:《人文学的历史》,徐德林译,北京大学出版社,2017年,第391页。

[3] 《大戴礼记·保傅》引用《学礼》称,"帝入太学,承师问道"。王聘珍:《大戴礼记解诂》,中华书局,1983年,第52页。

为一种高等教育建制，始于汉武帝时期董仲舒在《天人三策》中有关"兴太学，置明师，以养天下之士"的建议[1]。建元六年（公元前135年），武帝于长安建太学，设五经博士，后又在公孙弘的建议下，设博士弟子50名[2]；此后太学科目渐渐扩展至《易经》《诗经》《尚书》《礼记》《公羊传》《穀梁传》《左传》《周官》《尔雅》等。博士弟子人数亦随之增长，到汉成帝时已达约三千人[3]，至王莽时期，新建了万间博士弟子学舍[4]，东汉晚期太学生的规模增至三万人[5]。太学主修科目为经学，逐渐扩展至其他领域。作为官学，太学的目的是为王朝培养人才，所修科目以经学为中心。人们经常将现代大学的批评和质疑精神与太学及其以经学为中心的体制相互比较，认为官学系统完全缺乏质疑和批判的知识传统，而忽略了太学内部的质疑和抵抗传统亦有久远历史。例如，西汉哀帝时期，为救因秉公执法获罪的司隶校尉鲍宣，千余太学生在博士弟子王咸号召下抗议请愿。[6]宋代理学兴盛，对太学影响深远，太学生上书言事，卷入政治斗争，也是历来研究太学历史者不可忽略的课题。[7]经学内部的质疑传统也是汉代以降中国学术传统的一个脉络，训诂、考证、音韵等专门领域正是在经学内部发展起来的方法论，明显为近代疑经传统更大规模的发展提供了内在于传统学术的前提。

其次是比太学更为久远的私学传统。就"无条件追问"而言，为现代人文学科提供更多养料的与其说是太学，毋宁说是私学和书院传统。所谓私学，即相对于官学而言、由私人办理的学校，其起源通常

---

[1] 班固撰，颜师古注：《汉书》卷五十六，中华书局，1962年，第8册，第2512页。
[2] 司马迁：《史记》卷一百二十一，中华书局，1959年，第10册，第3119页。
[3] 班固撰，颜师古注：《汉书》卷八十八，中华书局，1962年，第11册，第3596页。
[4] 班固撰，颜师古注：《汉书》卷九十九上，中华书局，1962年，第12册，第4069页。
[5] 范晔撰，李贤等注：《后汉书》卷六十九上，中华书局，1962年，第9册，第2547页。
[6] 班固撰，颜师古注：《汉书》卷七十二，中华书局，1962年，第10册，第3093—3094页。
[7] 参见黄现璠：《唐代社会概略·宋代太学生救国运动》，吉林出版集团，2009年。

可追溯至春秋时期，老子、孔子、墨子等聚徒讲学，可以说是私学的创始者。其中，孔子私学影响最为深远。这一时期，周代礼乐崩坏，"士"阶层分化为不同利益集团的代表，在学术思想上学派纷起，不同观点、学说之间的论辩和政治斗争此起彼伏，构成了先秦思想的独特景观。汉武帝罢黜百家、独尊儒术、设立太学、置五经博士，但并未禁止私学。尽管这一时期私学亦以经学为主，但儒家以外各家幸赖私学的发达而得以保存。私学区别于太学的特点之一是"有教无类"，突破等级、地域、年龄、智愚的界限。平民子弟可入庙学，"教劝农桑"则是社学的内容。私学的教学形式包括源自稷下学宫的"期会"和书院的"讲会"制度，前者指定期辩论会，后者则是书院或精舍之间的学术辩论会。私学的内容包罗万象，除经学、文史、诗赋之外，亦含道玄、博物、律政等门类。即便在科举废除之后的现代，私学传统不但渗入现代大学制度，而且也对各地师范、农校、工校等教育实践产生了持续性的影响。

至唐代，佛教兴盛，门派众多，各寺庙也宛如学校。根据玄奘《大唐西域记》的记载，在今印度比哈尔邦的那烂陀寺便是一处学术中心，在其盛期，包括玄奘、义净等来自中土的僧人在内的上万名僧俗人众在此学习，"僧徒数千，并俊才高学"[1]。他们在这里学习佛法，研究因明、声明、医学、天文历算、工巧学、农学等各类知识，同时也讲经说法，进行学术辩论，因此被追认为印度大学的发祥地。这一佛教学习、诠释和论辩的传统，与古典私学传统汇合，对宋代书院的形成产生了重要影响。宋初形成的白鹿洞、石鼓、应天府、岳麓四大书院，源远流长，成为后世书院之典范。

---

[1] 玄奘、辩机原注、季羡林等校注：《大唐西域记校注》，中华书局，1985年，第9卷，第757页。《大唐西域求法高僧传》称寺内僧众有三千五百人，《续高僧传》称，"常住僧众四千余人，外客道俗通及正邪乃出万数"。转引自《大唐西域记校注》，第752页，注释一。

现代中国的大学既非直接起源于古代的太学，也非私学的直接传承者。作为现代改革运动，尤其是洋务运动的产物，现代大学在起点上并无建设人文学科的追求，毋宁说是为培养实用性人才而建立的、最终取代科举制度的教育体制。在1905年晚清朝廷正式废止科举之前，这一制度已经存在了1300年。这是一项考试制度，但在漫长的时代里，无论是官学还是私学，均与这一制度有着复杂的联系。科举考试制度诞生于隋朝，成形于唐朝，成熟于宋朝，鼎盛于明清两朝，最终在欧美列强船坚炮利的攻击之下衰落。[1] 科举制度打破了世袭、举荐、九品官人法等贵族制的选才制度，其公开、公平和公正的方式为18世纪欧洲启蒙学者所推崇。[2] 在历史上，这一制度也的确为当时的社会提供了众多人才。但也正因为这是以选官为目的的考试制度，许多学术思想在官学化的过程中逐渐丧失活力，晚清以"四书五经"为中心的理学和八股文已经无法适应时代变革的要求。

然而，在西方冲击之下产生的新的教育制度并非启蒙思想的产物，而是起源于对现代军事技术的需求。现代中国教育史上公认的第一所国立大学是始建于1895年10月的北洋大学。该校由光绪皇帝御批、盛宣怀创办，初名北洋西学学堂，次年更名为北洋大学堂，后几经沿革。北洋大学堂模仿美国大学建立，包含头等学堂即学制四年的本科教育和二等学堂即大学预科两个部分；但从1917年起，停办法科，完全以工科

---

[1] 关于英语世界对中国科举制度的研究，见Ping-ti Ho, *The Ladder of Success in Imperial China: Aspects of Social Mobility, 1368—1911* (Columbia University Press, 1962)，及Benjamin A. Elman, *A Cultural History of Civil Examinations in Late Imperial China*(University of California Press, 2000)。

[2] 例如，伏尔泰（Voltaire, 1694—1778）和尤斯蒂（Johann Heinrich Gottlob Justi, 1717—1771）都赞扬中国的科举制度。参见Arnold H. Rowbotham, "The Impact of Confucianism on Seventeenth-Century Europe", *The Journal of Asian Studies* 4, no. 3; Johanna M. Menzel, "The Sinophilism of J. H. G. Justi", *Journal of the History of Ideas* 17, no. 3。18世纪英国也有关于中国科举制度的讨论，参见Edmund Leites, "Confucianism in Eighteenth-Century England: Natural Morality and Social Reform", *Philosophy East and West* 28, no. 2。

为主。如果不纠结于哪所大学为现代中国的第一所大学，而观察新学制的产生及其对科举制度的蚕食和破坏而言，1881年8月由直隶总督兼北洋大臣李鸿章奏请成立、后来任北京大学校长的严复任总教习的北洋水师学堂，已经预示了中国现代教育制度的发端。北洋水师学堂是海军学校，1894年甲午海战中的不少牺牲者出身于此。正因为有明确的军事目的，学校除每周六小时与礼拜日学习中文经籍之外，先学习英文，后以英文学习技术与军事课程，包括地理、代数、几何、水文学、热学、天文学、气候学、绘图、测量及枪炮操演、鱼雷、机械仪器使用等。以救亡图存为动力而形成的现代教育制度，以及以军事、科技和工程等为核心的"西学"内容，对于理解此后中国人文学的诞生有重要的启示：与欧洲现代人文主义孕育于宗教知识内部，并通过对宗教世界观的批判而确立自身不同，中国人文学科的诞生是在与以科学技术为中心的"西学"及其文明观的张力、对抗和协调中产生的。

诞生于1898年戊戌变法时期的京师大学堂秉承"中学体也，西学用也，二者相需，缺一不可"的宗旨，强调"中西并重，观其会通"。并且一再提醒，不可忽视中学，否则"绝无根柢，则浮慕西学，必无心得，只增习气"；也不应只学习西方语言，必须进入西学本身，西方语言只是"西学发凡"。[1]大学堂至1910年开办经科、法政科、文科、格致科、农科、工科、商科共七科。设十三学门，分别是诗经、周礼、春秋左传（经科）；中国文学、中国史学（文科）；政治、法律（法政科）；银行保险（商科）；农学（农科）；地质、化学（格致科）；土木、矿冶（工科）。1912年，中华民国教育部颁布《大学令》《大学规程》，明令取消经学科，并于次年颁布大学分科，以文科、理科、法科、商科、医科、农科、工科为基本学科分类，即所谓"七科之学"。七科

---

[1]《大学堂章程》（1898年），见北京大学、中国第一历史档案馆编：《京师大学堂档案选编》，北京大学出版社，2001年，第29页。

分类中并无人文学科、社会科学和自然科学大类归纳，但所谓文科包括哲学门、文学门、历史学门三大类，每一类又含括不同人文学科目，与当代人文学科的分类基本一致；法科包括法律学、政治学、经济学三门，每门下面又设若干科目，大致与当代社会科学及其分科方式一致；商科涉及领域与当代商学院也基本一致。[1]值得注意的是，在这一新分类中，经科列于七科之首，并不属于文科的范畴。这也意味着在晚清时期，经学和经科依然具有神圣地位，而不能按照其文类纳入其他知识系统，如《诗经》不隶属文学门，《周礼》不归于法律学或政治学门，《左传》不在历史学门内。经科的彻底衰落是在民国建立之后，尤其是在新文化运动及其价值观占据支配地位之后。"七科之学"的分科原则对于作为建制的人文学科的形成影响深远。例如清华大学1929年成立文、理、法三个学院，1932年成立工学院，其中文学院设中国文学系、外国语文系、哲学系、历史学系、社会学系。[2]与稍早时期将心理学问题置于人的主观领域的讨论不同，这一时期，心理学系与物理学系、化学系、算学系、地学系、生物学系等一道被纳入理学院。与从"六艺"到"七略"、从"七略"到"四部"的演变不同，"七科之学"并非"四部之学"发展变化的产物，而是按照完全不同的分类原则建立起来的学制，尽管在七科分类法中，"四部之学"的各种内容被重新划分，纳入全新的分类系统，但这两个分类系统之间并无衍生性关系。在"四部之学"中，文、史的概念都不是学科性概念，其内涵与外延也与现代人文学科内的文学、历史学并不相同；哲学不仅是新的学科，也是新的词语，与此后被纳入其中的道学、理学、心学等概念并没有历史联系。中国人文学在建制、内容和方法上接受西方影

---

[1]《教育部公布大学规程》，《教育杂志》第5卷第1号（1913年）。参见左玉河：《从四部之学到七科之学》，上海书店出版社，2004年，第197—198页。

[2] 清华大学：《学校沿革》，https://www.tsinghua.edu.cn/xxgk/xxyg.htm，2021年7月2日访问；清华大学校史编写组：《清华大学校史稿》，中华书局，1981年，第152—245页。

响的同时，一并取消了古典的知识分类原则，进而将从属于古典分类系统的典籍及相关研究纳入全新的学科分类系统。对中国古典知识传统及其现代意义的持续叩问也由此成为中国人文学科无法回避的课题。

现代中国的大学是救亡图存的产物，军事、工业与政治是大学诞生的主要动力。尽管大学体制源自欧洲大学及其近代变革，但我们很难从欧洲神学内部"无条件追问"（启蒙）的传统追溯现代中国大学的诞生。或许，我们可以将1919年"五四"新文化运动的传统与欧洲启蒙的"无条件追问"加以类比，两者都触及了古典宇宙观、价值取向和知识传统，新文化运动的最初动力同样产生于对民族命运的关怀，而不是对上帝知识的质询。另外，中国现代人文学术不但继承了经学研究内部源远流长的"疑经"传统，而且在科学观念的影响和新文化运动的冲击下彻底脱离经学传统，就内涵而言，有着不同于欧洲世俗化的历史脉络。教育制度的巨变和新型学术研究体制（如1928年在南京成立的"中央研究院"和人文学术研究的专门机构"历史语言研究所"）为现代人文学术的目的、方法和传播方式奠定了截然不同于经学时代的条件。如今，人文学术的分类、科目、主题和方法早已包罗万象，其动力和目标也难以一概而论，但在其开端，现代中国大学与人文学科的诞生与对民族命运的关切、东西方文明的碰撞密切地联系在一起，它所追问的问题无不源于对中国为什么落后挨打、西方为什么繁荣富强、中西文明差异何在的持续追究。现代大学的诞生不但与科学技术紧密关联，而且其学科的形成也与"科学"的观念密不可分，所谓"七科之学"其实源自科学的分类法则。

作为独立领域的人文领域

因此，作为一种学术建制的人文学科的诞生是以科学概念及其分类法进入中国思想和教育体制为前提的，探讨人文学科的独特性也即探讨人文学科与自然科学之间的关系及其分界问题。"科学"一词最初源自日本明治时期学者西周（1829—1897）于1874年在《明六杂志》上对英文science一词的汉字翻译。西周深受孔德和穆勒的实证主义思想影响，"科学"一词的翻译是在孔德"分科之学"的理论影响下产生的。[1]除了按照孔德"五科分类"的观念界定知识之外，西周特别提倡孔德的实证论和穆勒的归纳法，认为实证论和归纳逻辑为不同领域——除了自然科学各领域外，还包括宗教、道德、艺术和社会领域——提供了一种普遍适用的科学方法。[2]西周早年曾受过严格的儒学训练，对西方学术的翻译也多使用儒学范畴，例如他将philosophy翻译为性理学、理学、穷理学、希贤学、希哲学，最后确定为哲学。他在《尚白札记》第一部分"统一观"的开头论证说，"凡百科学术，有统一观，其事最可紧要"，因为在学术上树立了统一观，可使人之事业就绪，社会秩序安定，家国天下富强，而学者分内事，则在"立统一观与究学术之精微"，但事非一人能得兼，"故立统一观为哲学家所应论究，究学术之精微则存于专攻各科学术者"。[3]

与明治日本相似，在晚清时代，"科学""诸学"等概念所指的知识均与西方知识或西学有关，引入这些专门知识的目的是变法自强。因此，"科学"概念的使用与翻译西方知识有着密切的关系。[4] 19世

---

[1] 在翻译和介绍英国的百科全书时，西周说："奥胡斯德坤度（即奥古斯特·孔德。——引者注）类次诸学之见象，由单纯者至有组织者，立五学（天文学、格物学、化学、生体学、社会学）之模范，其立论极精，其识力极高。可谓尽矣……"（西周：《知说》第4节，《明六杂志》第22号，明治七年十二月，收入大久保利谦编：《西周全集》第1卷，宗高书房，1960年，第462页。）
[2] 在《百学连环》中，西周区分了作为科学研究的"学"与作为技术运用的"术"，但同时指出"所谓科学，有两者（指'学'与'术'。——引者注）相混，不可判然分别者"。[西周：《百学连环》，《明六杂志》第22号，明治七年十二月（1874年12月19日），《明六杂志》，山室信一、中野目彻校注，岩波书店，2009年，中册，第236页。]
[3] 西周：《尚白札记》，大久保利谦编：《西周全集》第1卷，宗高书房，1970年，第165—166页。
[4] 康有为编：《〈日本书目志〉自序》，《康有为全集》第3集，中国人民大学出版社，2007年，第263—264页。

纪90年代，中国学者开始使用"科学"一词，这直接源自日本书目。例如，康有为编、1898年春由大同译书局梓行的康有为编《日本书目志》中列入"理学门"的著作大致包括物理、化学、历法、气象学、地理学、矿物学、生物学、哲学、宗教学、心理学、逻辑学、伦理学等，其他各卷又分别列有生理门、宗教门、图史门、政治门、法律门、农业门、工业门、商业门、教育门、文学门、文字语言门、美术门、小说门、兵书门等，分类很不严格，但在体例上的确是按照"诸学"的性质和功能进行分门别类的。[1]在《日本书目志》的"自序"中，康有为在各专门之学的意义上使用的"诸学"一词，更接近作为分类之学的"科学"概念。[2]

1902年，梁启超在《地理与文明之关系》的附注中，将"科学"定义为"成一科之学者谓之科学，如格致诸学是也"[3]。尽管分科的内涵不同，但在晚清思想家看来，科举的分科之学与科学的专门之学在分科上是一致的。在《变法通议·论科举》中，梁启超建议废除科举，建立新学，并建议"用汉唐之法，多设诸科"，而"诸科"的内容包括"明经一科"、"明算一科"、"明字一科"、"明法一科"、"使绝域一科"、"通礼一科"、"技艺一科"（以明"格致制造之理"）、"学究一科"、"明医一科"、"兵法一科"等。[4]在分科的意义上，我们不但可以找到"诸科"与"诸学"之间的一些联系，而且也可以发现作为

---

[1] 康有为编：《〈日本书目志〉卷二"理学门"》，《康有为全集》第3集，中国人民大学出版社，2007年，第279页。
[2] 据王宝平考证，康有为的《日本书目志》的来源是《东京书籍出版营业者组合员书籍总目录》（东京书籍出版营业者组合事务所明治二十六年七月编辑出版的销售目录，也就是书店联合会的宣传册），他利用该《目录》的"分类索引"和"发行所分目录"，略加删改，计减了5门（门的命名略有不同），删了2362种书，添了3种书。（王宝平：《康有为〈日本书目志〉出典考》，《汲古》57号。）
[3] 梁启超：《地理与文明之关系》，《饮冰室合集》第2册，中华书局，1989年，第113页。
[4] 梁启超：《变法通议·论科举》，《饮冰室合集》第1册，中华书局，1989年，第27—28页。

一种新型学制的分科之学与科举制度及其知识谱系之间的对立。对于梁启超、严复等人而言,"科学"在这里是一种分科的、以归纳或演绎方法求得公例的知识谱系,其范围囊括了除历史之外各种有关自然和社会的特殊学科领域。如果作为经验知识的历史不在科学分类学内部,那么,历史与科学之间是否存在某种边界,历史是否属于另一领域?晚清学者尚未来得及深入探索这一问题,作为学科的现代史学就已经诞生了。[1]

与西周将"哲学"或"统一观"置于"科学的科学"的地位有所不同,晚清的中国士大夫普遍倾向于用"群"的观念、"群学"的范畴统摄知识诸领域,从而将作为分类的知识的科学置于一种理想社会模型的框架之内。这一方式源自孔德、斯宾塞的社会学思想和中国古代思想中有关"群"的观念,即分科之学是与有关社会及宇宙自然的总体观念密切相关的。这也意味着科学及其谱系与一种新的社会共同体的观念具有密切的关系。正因为如此,"诸学"并非杂乱无章的分科知识,而是直接关涉"政""教"的"群术"。在作于1896年的《西学书目表》及其序例中,梁启超将"西学"分为"学"(声、光、化、电等)、"政"(政治、法律、社会行业的制度)、"教"(报章、格致、游记等)三类,认为"凡一切政皆出于学,则政与学不能分,不通群学不能成一学,非合庶政不能举一政,则某学某政之各门,不能分"[2]。这种"诸学"的分类结构类似于儒学知识中有关政、教、艺的区分与

---

[1] 严复在评论伦理学、法学、国计学、政治学、宗教学、语言学等分科之学后说:"所不举历史为科者,盖历史不自成科。一是群学,乃(及)一是格物之学,皆有历史。历史者,所以记录事实,随所见于时界而历数之,于以资推籀因果揭立公例者之所讲求也,非专门之学也。"这里将"群学"与"格物之学"相互区别,将两者置于不同类型的"专门之学"的范围,同时又将它们与"历史"相互区别,隐然为此后社会科学、自然科学与人文领域的分化提供了伏笔。严复:《〈国计学甲部〉(残稿)按语》,《严复集》第4册,中华书局,1986年,第847、848页。
[2] 梁启超:《〈西学书目表〉序例》,《饮冰室合集》第1册,中华书局,1989年,第123页。

联系，但不同于儒学的知识谱系，这一并不严格的学科区分是按照实证的原则进行排序的，即"先虚而后实，盖有形有质之学，皆从无形无质而生也。故算学重学为首，电化声光汽等次之，天地人物等次之，医学图学全属人事，故居末焉。西政之属，以通知四国为第一义，故史志居首，官制学校政所自出，故次之，法律所以治天下，故次之，能富而后能强，故农矿工商次之，而兵居末焉……"[1]。

科学的总体观体现着现代国家乃至整个世界体系的政治、伦理和技术结构的有机性。严复按照斯宾塞的社会学观念，以天、地、人的结构建立了一套有关自然、社会和道德的知识谱系，而在这个谱系中居于最高地位的是"玄学"或"炼心制事之学"，居于底层的是算学、化学、电学、植物学，处于中间层次的是农学、兵学、航海、机械、医药、矿务。这一科学的知识谱系与一种在实证基础上建构起来的社会模型密切相关。按照严复的描述，西方社会从底层的生活和生产方式，到上层的国家制度，均按照科学方法加以组织，"其为事也，一一皆本诸学术；其为学术也，一一皆本于即物实测，层累阶级，以造于至精至大之涂，故蔑一事焉可坐论而不足起行者也"[2]。实际上，严复所谓"玄学"是与"群学"密切相关的，前者主要包括数学和微积分，即一种能够对事物的"必然之理"进行总体把握的知识，而后者则是将归纳和演绎的方法运用到政治、刑名、理财、史学等领域的"群学"。[3]"群学者何？用科学之律令，察民群之变端，以明既往测方来也。肄言何？发专科之旨趣，究功用之所施，而示之以所以治之之方也。"[4]在这个意义上，科学以其分科和实证的方式提供了一种新的社会模型及新的道德原则。

---

[1] 梁启超：《〈西学书目表〉序例》，《饮冰室合集》第1册，中华书局，1989年，第124页。
[2] 严复：《原强修订稿》，《严复集》第1册，中华书局，1986年，第22—23页。
[3] 严复：《西学门径功用》，同上书，第94页。
[4] 严复：《译〈群学肄言〉自序》，同上书，第123页。

如同"哲学"概念的中文词源来自宋代儒学,"科学"也不例外。除了科举之分科概念之外,晚清至"五四"时期,"科学"概念的多个中文表达均源自宋明理学,如"格致学""格物学""穷理学""理学""理科"等。这类翻译源于传教士的著述,他们运用儒学术语翻译西方的科学技术概念,如丁韪良于1868年出版的《格物入门》、韦廉臣于1876年出版的《格物探源》等,都是用"格物"翻译"science"。[1] 1874年,英国驻上海领事倡导建立一个阅览室性质的"格致书院",后经傅兰雅的提议和董事会批准,将其设为一所工业技术学校与自然科学的研习和教育机构,其英文名字为The Chinese Polytechnic Institution and Reading Room(中国科技学院及阅览室)。1876年2月9日,傅兰雅、徐寿又创办了中国第一份科技期刊《格致汇编》。1885年,傅兰雅还创办了格致书室,这是中国第一家科技专科书店。即便在1902年之后,"格致"等概念也与"科学"概念并行运用,如梁启超在1902年已开始使用"科学"一词,但他发表于同年、带有近代科学史性质的著作却题为《格致学沿革考略》。

除格致、格物等词外,晚清民初流行的"science"一词的对译词还有上文提及的理学、理科、穷理学,以及艺术等。例如,1906年11月15日在上海创刊的月刊《理学杂志》(小说林、宏文馆合资会社编辑发行,薛蛰龙主编)直接用"理学"命名,它的宗旨是为中国的富强而普及科学。[2]《科学世界》所载"社说"四篇中有三篇以"理

---

[1] 丁韪良:《格物入门》,同文馆,1868年;韦廉臣:《格物探源》,同文馆,1876年。
[2] 此外,1901年发行的《亚泉杂志》第7、8、9册连载有《日本理学、数学书目》,开列"理学总记"书目36种,物理学书目64种,化学书目86种,天文学书目4种,气象学书目7种、博物学书目18种……加之生物学、人类学、动物学、植物学、地质学、地震学、矿物学、算术、代数学、几何学等各科书目,总计理科书目377种,数学书目531种。除数学外,其他各科均归入"理学"范畴。《亚泉杂志》连载有《日本理学书目》(第7册,第10—13页,光绪二十七年二月初八日)、《日本理学、数学书目》(第8册,第7—9页,光绪二十七年三月二十三日)、《日本算学书目》(第10册,第8—10页,光绪二十七年四月二十三日)。

科""理学"命名科学。[1]格致、穷理等概念来自儒学,尤其是宋明理学的格物致知论,但在明清之际也日益与自然知识联系起来。方以智的《通雅》和《物理小识》可为例证。他说:"农书、医学、算测、工器,乃是实务……总为物理,当作《格致全书》。……道德、经济、文章、小学、方伎,约之为天道人事,精之止是性理物理,而穷至于命,即器是道,乃一大物理也。"[2]

"格物致知"这一儒学范畴之所以能够被用于翻译近代的"科学"概念,"物"这一概念的转变是关键。在古典的礼乐范畴内,"物"(或"百物""万物")不是孤立的、客观的事实,而是处于一定的关系、制度、秩序、规范之中的"物"。《周礼·地官·大司徒》有"以乡三物教万民而宾兴之"之语[3],其中"三物"即六德(知、仁、圣、义、忠、和)、六行(孝、友、睦、姻、任、恤)、六艺(礼、乐、射、御、书、数)。由此可知,古典的"物"概念与一整套礼乐规范有紧密的联系:"物"是自然秩序的呈现,而礼乐是自然秩序的直接体现,从而,自然秩序之"物"也是礼乐之规范。在宋明理学的范畴内,"物"与礼乐制度之间的直接联系松动了,它被组织在一个以"理"和"气"等概念为中心建构起来的思想体系之中,不再直接呈现礼乐规范,而必须通过"格物"的程序——"即物""穷理""至极"——以获得"理"。宋儒普遍相信"理一分殊"——不同事物各有其理,从而为"格物致知"提供了一种认知的含义。这是宋代以降的博物学和自然之学常常被置于"格物致知"范畴之下的原因。在晚清,以原子论为核心的物质概念为实证科学提供了认识论的前提,"格物"概念中的"物"也就

---

[1] 这四篇"社说"刊于《科学世界》第1编第1期(光绪二十九年三月初一),分别是:王本祥《论理科与群治之关系》、虞和钦的《现今世界其节省劳力之竞争场乎》《原理学》《理学与汉医》。
[2] 方以智:《藏书删书类略》,《方以智全书》第1册(通雅),上海古籍出版社,1988年,第40—41页。
[3] 李学勤主编:《十三经注疏·周礼注疏》上册,北京大学出版社,1999年,第1450页。

是建立在原子论基础上的事实概念，而"穷理"范畴中的"理"也不再是道德知识，而是指事物的客观规律。

宋明儒者将"天理"视为万物之特性、道德之起源和践履之标准，并以此为基点综合自然、道德和政治等各个方面。在这个思想世界里，对于自然和万物的认识始终是与对政治秩序的认知和道德规范的实践密切相关的。与此十分相似，近代中国的"科学"概念和"格致"概念以对自然的研究和利用为中心，但也经常与政治、道德和秩序等范畴相互关联。无论是康有为、梁启超在介绍西方科学时所遵循的"政""教""艺"的结构，还是严复提供的以群学或玄学为中心的科学知识谱系，都把科学发现和科学方法用于政治和道德领域。在这一语境中，科学及其技术运用不但为利用自然和富国强兵创造了条件，而且它所发现的"秩序"也是人类智慧秩序和道德原则的源泉。因此，天理世界观的衰败和科学世界观的兴起不是简单的兴替关系，它们之间也存在相互的渗透。

19世纪晚期至20世纪初期的"科学"概念与进化、进步或天演的范畴有着密切的联系，科学既是实证精神和方法的表现，也是"天演"过程和历史进步的产物。通过激烈的思想批判，科学世界观最终取代儒学天理观，成为一种建立在对于客观规律认知之上的新公理。在晚清至"五四"时期的大量文献中，我们可以从几个方面归纳天理世界观与公理世界观的尖锐对立：第一，公理世界观逆转了天理世界观的历史观，将未来而不是过去视为理想政治和道德实践的根源。这一逆转瓦解了儒学世界观内部所包含的历史中断或断裂的意识，以及由此意识而产生的接续道统的意志，代之以一种历史延续和无穷进化的意识，以及由这一意识而产生的与过去决裂的意志。在这一历史意识的支配下，不是以个人的道德/政治实践重构道统谱系，而是以一种投身未来事业的方式体现历史意志，构成了新的伦理。第二，公理世界观以直线向前的时间概念取代了天理世界观的时势或理势概念：时势和理势内在于物之变化本身，它们并没有将物之变化编织在时间的目的论的轨道上；而直线向前的时间提供了一种目的论的框架，将日常生活世界的变化、转型和发展全部纳入时间目的论的轨道。第三，公理世界观以原子论的方式建构了"事实"范畴，并以此冲击天理世界观的形而上学预设，试图按照事实的逻辑或自然的法则建构伦理和政治的根据。由于原子论式的事实概念的最终确立，任何对于事实的逻辑或自然的法则的反抗都必须以承认事实与价值的二元论为前提。

正如儒学不同派别对于天理和格物致知有着不同的解释一样，近代中国思想家对于科学的理解也包含不同的路径。严复以理学、易学和实证主义为背景建立起来的公理观，梁启超以心学、今文经学和德国唯心主义为背景建立起来的公理观，章太炎以唯识学和庄子思想为背景建立起来的反公理观，构成了关于现代世界和中国的多种改造方案中的三个代表性方案。它们之间的悖论或相互解构为重新思考现代性问题提供了不同的视角。严复和梁启超代表了两种主流的方向：作为理学世界观和一元论自然观的一种结合，严复的公理观强调世界的内在同一性，认为可以通过格物穷理或实证的方法来理解宇宙、世界和人自身的内在规律性；而由心学、今文经学与二元论哲学（特别是德国唯心主义哲学）综合而成的梁启超思想则强调在自然世界与道德世界之间存在深刻的鸿沟，唯一能够沟通这两个世界的方式是"知行合一"的实践。上述两种"科学世界观"都预设了认知（科学）与实践（道德）在方法论上的同一性：格物致知与知行合一既是认识世界的方式，也是去私存公的道德实践。

章太炎是科学公理观及其知识霸权的第一位系统批判者。他综合佛教唯识学与庄子"齐物论"思想对科学主义进行解构和批判，而不是站在人文主义立场或主体性理论的框架内展开批判。在他看来，"公理"不过是一种压迫和支配性的权力，现代社会在"公理"的名义下实施对个人的压迫，其程度远甚于古代社会及其以"天理"概念为中心的伦理体系。章太炎对"科学公理"的揭露建立在两个基本原则之上。首先,他利用主观认识论的原则区分出两种自然概念,科学所研究的自然不是自存的自然,而是被纳入特定视野和范畴中的自然(即为科学所建构的自然);这一自然是缺乏内在本质的(没有自性)的自然,它呈现自身的唯一方式是因果律。从这一论点出发,他得出一系列结论:"惟物"和"自然"的观念是虚妄的,作为解释体系的科学并不能解释世界自身;"公理""进化"不是宇宙的原理或先验规则,而是人的观念建构;"公理"的创制过程与其说是(作为自然本性的)"公"的展现,毋宁说是"私"的曲折显露的表象。因此,"公理"是控制和支配的代名词。[1]其次,他把自然的运行从目的论的框架中解放出来,否定进化的道德含义,从而拒绝把个体与进化论的历史目的论相关联,拒绝承认个体的道德取向依赖社会整体的运行法则,拒绝把个体看作群体进化的工具:个体不是国家和法律的公民,家庭和社会的成员,历史和道德的主体,"主(人)—客(自然)"关系中的主体……总之,个体不能通过他与其他任何普遍性事物的联系来界定他的意义和位置。这种原子论观念的彻底运用恰恰颠覆了在实证主义科学观的基础上建构起来的社会概念。章太炎的反公理的世界观可以视为20世纪反思现代性的先声,但不同于狄尔泰、文德尔班等人的人文主义观点,章太炎对科学世界观的批评并未假定一个完全不同于科学的独特领域。

科学的力量在于,它将普遍主义的世界观与一种民族主义的/世界主义的社会体制密切地关联起来,最终通过合理化的知识分类和社会分工将各种类型和取向的人类生活囊括在它广泛的谱系内部。科学概念的普及与科学作为一个制度化领域的建构密切相关。与教育制度的改革相配合,在国家的支持下,专业性的科学教育、科学传播和科

---

[1] 章太炎:《四惑论》,《章太炎全集》第4册,上海人民出版社,1984年,第443—444页。

学研究体制逐渐形成。19世纪70年代的格致书院和《格致汇编》也标志着"格致"不再是士大夫修身齐家的道德活动，而是一种有组织的、制度化的专门领域。科学期刊、科学教育和科学共同体将科学从一般社会领域中分化出来。据不完全统计，从1900年到1919年五四运动前不到20年的时间里，共有一百多种科技期刊创刊。除了1912年农林部办的《农林公报》、1907年广东农工商总局办的《农工商报》等少数报刊属于官办外，大多数科技期刊是由科学团体、大学和一些私人创办的。其中最为著名的当然是中国科学社的《科学》月刊、以詹天佑为代表的中华工程师学会办的《中华工程师学会会报》、最早的科学团体中国地学会办的《地学杂志》等。[1]科学杂志的创办者分布在全国各地，大多是专业的科学和技术团体，其中一些水平较高的刊物来自留学国外（如美国和日本）的年轻知识群体。通过科学知识的普及、科学思想的宣传和科学组织网络的形成，一种新的知识社群和文化氛围出现了，即E. P. 斯诺后来所概括的"两种文化"作为一种社会形式正在成形。

如果将晚清知识分子的科学宣传和实践与民国之后的科学共同体及其实践进行对比，我们可以发现一个明显的转折：以中国科学社等科学共同体的成立及专业性学术期刊的出现为标志，民国时代的文化领域出现了科学文化与人文文化的明确区分，而晚清时代的科学宣传则是变法改革和革命宣传的有机部分，严复等先驱者并没有在社会分工上构成一个区别于其他知识分子的独特社群。但随着科学共同体及其制度文化的发展，无论是在社会成员的组成上，还是在出版物的类别划分上，都鲜明地呈现了科学文化和人文文化（或日常文化）的差别，一种新型的共同体出现了。科学共同体以客观的、以探求真理为

---

[1] 张小平、潘岩铭：《中国近代科技期刊简介（1900—1919）》，丁守和主编：《辛亥革命时期期刊介绍》第4集，人民出版社，1986年，第694—696页。

唯一目的的方式将自身与其他政治和文化领域区分开来，从而在科学文化与其他文化之间构筑了两种文化的明确区分，但科学及其相关概念的影响远远越过了两种文化的分界，成为衡量进步与落后、真实与虚假、对与错的普遍公理。

20世纪以降，不但出现了以科学命名的各种门类的知识，如自然科学、社会科学、人文科学等大的分类和政治科学、经济科学、行政科学等小的分类，而且也出现了将"科学"或"科学的"作为形容词和定语的大量用法，如科学发展观、科学执法、科学行政等等。科学概念几乎垄断了"真理"领域。这个时代出现的不同的社会理论也多以科学的面貌出现，马克思主义、实用主义和其他主义都将自己描述为一种科学理论。

在科学潮流兴起的同时，针对科学及其霸权的批判思想也构成了20世纪中国思想的另一脉络。除了作为学术制度的人文学科的确立，第一次世界大战期间和稍后爆发的两场论战都为人文学作为一个独立于科学的领域的诞生提供了理论前提。首先是"东西文化论战"。《东方杂志》《甲寅》《学衡》《国学季刊》等刊物及其作者与以陈独秀、胡适为代表人物的"新文化运动"展开激烈论战。论战以"文化"和"文明"为主题，论争的焦点是究竟以什么文化及其价值为准则或目标确立中国社会、文化、国家的变革方向。梁漱溟于1921年底出版的《东西文化及其哲学》提供了与新文化运动相对抗的文化历史观。根据梁漱溟的界定，"文化……不过是那一民族生活的样法罢了……生活就是没尽的意欲（Will）"[1]。这一文化或文明概念依赖于个体生命与文明的比喻关系，即如同个体生命一样，文化或文明是一种具有意志和态度的存在。东西文化之所以是截然相异、不可调和的，是因为作为文

---

[1] 梁漱溟：《〈东西文化及其哲学〉导言》，《梁漱溟全集》第1卷，山东人民出版社，1989年，第352页。

化起源的"意欲"完全不同。根据上述文化或文明与个体生命的类比关系,梁氏以"西方化"为比较的基准,区分出西方、中国和印度三种文化"路向":"西方化是以意欲向前要求为根本精神的。或说:西方化是由意欲向前要求的精神产生'赛恩斯'与'德谟克拉西'两大异采的文化。"[1]"中国文化是以意欲自为、调和、持中为其根本精神的。""印度文化是以意欲反身向后要求为其根本精神的。"[2]这三种路向的相互关系在现代的语境中首先体现为梁氏所谓"东方化"与"西方化"不可通约的关系。科学/艺术、科学/玄学、理智/直觉等主题在梁氏的著作中无非是"西方化"和"东方化"的各自特征,是不同"意欲"的结果。按照这一文化概念,科学与玄学,或者理性与直觉的不可通约性,是由民族文化的不可调和性决定的。我们大致可以将梁漱溟的基本观念归纳为:

东方＝玄学＝艺术＝意见＝玄谈＝本体＝私德＝古化＝第二、三路向

西方＝科学＝学术＝知识＝论理＝现象＝公德＝今化＝第一路向

在梁氏的文化论中,"科学"不只是知识问题,"玄学"也不只指道德问题,它们指涉的是科学与玄学所代表的两种不同的文明。在科学的文明中,所有科学、政治、经济、道德、法律、思想等都是科学的、理智的、认识的,而在玄学的文明中,所有的科学、政治、经济、道德、礼法、思想等都是玄学的、艺术的、直觉的。因此,在科学的文明中,不存在科学与道德的不可通约性,因为存在着科学的道德;在

---

[1] 梁漱溟:《〈东西文化及其哲学〉导言》,《梁漱溟全集》第1卷,山东人民出版社,1989年,第353页。
[2] 同上书,第383页。

玄学的文明中，也不存在道德与知识的不可通约性，因为存在着道德的知识。不可通约性仅仅存在于两种文明之间。因此，是按照中国与西方的文明差异进行知识分类，还是按照一种超越文明差异、具有普遍主义特征的分类学建立学科制度，这成为许多学者长期思考的一个问题。

1923年，张君劢在清华学校留美预备班发表题为《人生观》的演讲，触发了"科学与人生观"的大论战。从"东西文化论战"到"科学与人生观论战"，最为重要的变化是前者的东/西二元论转化成为后者的科/玄二元论。在第一次世界大战的背景下，人们从两个不同的方向对科学文明展开批判性思考：在文化上，通过与西方文明的对比关系建立中国文化的主体性，否定西方文明的普遍意义；在知识上，通过"科学与人生观"的二元分化，将伦理学、心理学和其他社会科学从自然科学的完整体系中分化出来，进而否定科学公例或科学规则的普遍意义，实际上也是在知识的领域重建人的主体性。张君劢说："此二三十年之欧洲思潮，名曰'反机械主义'可也，名曰'反主智主义'可也，名曰'反定命主义'可也，名曰'反非宗教论'亦可也。若吾人略仿孔德时代三分之法，而求现时代之特征之一，吾必名之曰：'新玄学时代'。"[1] 这个"新玄学时代"的另一表述也可以说是"反科学时代"。

在"科玄"论战中，张君劢把问题放在"科学与人生观"的对立关系之中，目的在于用"人生观"的自主性、多样性、偶然性、单一性来反对普遍主义的"科学"，从而清晰地区分出自然科学与精神科学的界限。他说，"天文学，世界统一者也，未闻有所谓英国天文学、法国天文学也"[2]；而"精神科学"，如政治学、经济学、心理学、社会学

---

[1] 张君劢：《再论人生观与科学并答丁在君》（中篇），郭梦良编：《人生观之论战》甲篇，泰东图书局，1923年，第64—65页。
[2] 张君劢：《再论人生观与科学并答丁在君》，同上书，第29页。

等，却没有"牢固不拔之原则"[1]。"人生观"的多样性是和"民族"文化的多元性、个体心理的自主性直接相关的。用精神的多样性来对抗科学的普遍性，用多元的文化和历史来对抗"科学文明"（西方文明）的普遍意义，用主体的差异原则来对抗"科学"的同一原则或公例原则，这就是"科学与人生观"作为一组对举的修辞模式的历史含义。通过科学与人生观的对立，历史文化问题终于转变为抽象而普遍的知识问题：不是中体与西用的差别、东方文明与西方文明的对峙，而是科学与玄学、物理与心理、理性与直觉的对立构成了讨论的中心问题。正是以此为中轴，普遍的科学知识体系开始分化为不可通约、具有自主性的不同领域，即科学的领域与精神的领域。

通过对"科学之限界"的反思，张君劢也提出了一个新的知识谱系，即一个能包容科学与"科学以外之知识"的谱系。在这个谱系中，形而上学、审美、宗教以及道德领域从"科学"的谱系中分化出来，并与之并列为独立的知识领域。与原先的"科学"概念相比，这一知识谱系仍然是一种分科的知识谱系，但居于统摄地位的不再是实证主义社会学，而是形而上学。张君劢说："虽然分科之研究，不得已也，分科之学之是非，当衡诸超于诸学上之最高原理，而融会贯通之，是之为形上学。形上学者，诸学之最终裁判官也。"[2]就分科的原则与统一观在这一知识体系中的位置而言，他的这一看法却出人意料地与实证主义者西周的表述十分接近，但不同的是，张君劢不只要求在科学知识领域之上保留"形而上学"的领地，而且还要求在科学知识之外，建立自主性的心理学、社会学、政治学和经济学等领域——这些领域不能由科学或作为科学之科学的"群学"来统摄，而只能由形而上学来统摄——形而上学是一切知识的前提。如果说1913年教育部和北京

---

[1] 张君劢：《再论人生观与科学并答丁在君》，郭梦良编：《人生观之论战》甲篇，泰东图书局，1923年，第29页。
[2] 张君劢：《"人生观之论战"序》，同上书，第14—15页。

大学所确立的"七科之学"是在科学分类学的框架下形成的,"科学与玄学论战"却在科学领地之外为人文领域赢得了自主空间。

张君劢和玄学派对于道德、审美、心理等领域的辩护与韦尔海姆·狄尔泰(Wilhelm Dilthey)的观点有亲缘关系,后者认为人文科学(Geisteswissenschaften)不同于自然科学,无法用计算、测量、观察及发现表面规律的客观方法去揭示人的动机、意图和直觉。[1]狄尔泰说,"与自然科学相对的人文科学的独立地位更为彻底的基础——这种独立性成为目前人文科学的叙事的中心——将会通过对整个人类世界的生动经验以及它与所有自然感觉经验的不可比性的分析而在这一工作中逐步得到发展。在这一点上,我将通过指出事实的两个领域的不可比性可以得到揭示的双重意识来澄清这一问题;同时,我们自然知识的界限的概念也具有了一种双重意义"[2]。通过对物质与精神过程的不可比性、人类世界的事实并不服从于自然的机械概念的论述,界定出"一个自然科学结束、一个有自己的中心关切的人文科学开始的分水岭"[3],由此人文科学也就形成了一个与自然科学并列的独立整体。[4]事实上,张君劢在科学与人生观之间构成的对比和狄尔泰在自然与精神、自然科学与精神科学[5]之间构成的对比是基本一致的。但是,科

---

[1] Wilhelm Dilthey, *Einleitung in die Geisteswissenschaften*, *Versuch einer Grundlegung für das Studium der Gesellschaft under der Geschichte*, Bd. 1, Duncker & Humblot, 1883, S. 6, 13.
[2] 韦尔海姆·狄尔泰:《人文科学导论》,赵稀方译,华夏出版社,2004年,第9页。
[3] 同上书,第11页。
[4] 同上书,第5页。
[5] 狄尔泰的英译者将"精神科学"(Geisteswissenschaften)译为"人文科学"(human science),他本人经常用"人的科学"(Wissenschaften vom Menschen)的说法,但只用过一次"人学"(Humanwissenschaften)。见 "Introduction to Volume I", in Wilhelm Dilthey, *Introduction to the Human Sciences, Selected Works*, vol. 1, trans. Rudolf Makkreel and Frithj of Rodi, Princeton University Press, 1989, p. 10。狄尔泰认为相对于社会科学、社会学、伦理、历史或文化科学等"过于狭隘从而不能涵盖其主旨"(zu eng zu sein in Bezug auf den Gegenstand)的概念,"精神科学"这一概念的局限性最小。见《人文科学导论》,赵稀方译,华夏出版社,2004年第6页。

学与玄学的论战上承东西文化论战，在科学与人文的对立之中，隐含着不同文化及其宇宙观的对立。无论是在古典研究脉络之中，还是在现代分科之学的意义上，知识的分类和某种程度上基于方法论的专门化都是存在的，但并不存在自然科学与人文研究之间绝对的不可通约性。天文与人文、自然科学与人文学科的对立化很可能只是一个短暂现象，一个基于特定时代语境的假定、需要重新检讨的命题。

从"后文革"到"后冷战"：思想运动与人文学科的重建

现代人文学科是在思想运动与学制改革的持续互动中产生的。以20世纪20年代北京大学和清华大学的文科学术为例，无论激进派还是保守派，其主要成员几乎全部源自参与辛亥革命和"五四"新文化运动的两代人，他们运用科学方法"整理国故"，或者试图以新的时代视野重新发现古典传统的当代意义（即所谓"新人文主义"或"新古典主义"），重新确立了文学、哲学和史学作为人文学科主体的位置。在这个意义上，尽管人文学术作为专门的研究领域有其自身的发展脉络，但离开与时代潮流和思想运动的相互激发，将难以把握人文学科的变迁。

当代中国的人文学科是在"文革"结束后逐渐成形的。可以用两个"脱离"描述新的人文学科的建立。第一个"脱离"，即脱离"文革"时期的学校体制，其标志是1977年正式恢复高考。但这一"脱离"也可以表述为对"前文革"体制的回归。"文革"于1966年爆发，1966年至1969年，高等院校停止招生。1970年起，根据毛泽东关于教育革命的指示，部分高校恢复招生，但不是直接从高中生中招收学生，而是从工人、农民、解放军战士等有一定社会经验的群体中招收学生。高校恢复的学科也以理工科为主。1977年，在邓小平的主导下，"工农兵学员"制度被废止，高考停止十年间的所有中学毕业生均可参加高等学校入学考试。与此同时，1977年5月，中国社会科学院成立，设有人文社会科学各学科的31个研究所（现为35个研究所，45个中心）。中国社会科学院的前身为中国科学院哲学社会科学部（以下简称"学部"）。从体制上说，科学院体制是苏联模式和民国时期中央研究院的混合物，其基本框架来自苏联。中国社会科学院的成立也标志着中国试图在马克思主义范畴内寻求与苏联体制的"脱离"。在这个新的框架下，哲学、历史学、文学等学科并没有被归为人文学科，而是社会科学这一总范畴的一个独特部分。从20世纪70年代晚期至整个80年代，尽管学者对于社会科学与人文学科有所区分，文、史、哲作为学科分类也区别于经济学等社会科学，但限于当时的学术体制，并不明确区分人文学科与社会科学，换言之，人文诸学科是被作为社会科学的一个特殊门类来对待的。[1]

第二个"脱离"则是摆脱或转化传统社会主义学科体制。按照马克思主义的理论，社会科学被归为上层建筑，尤其是意识形态的范畴，人文诸学科并不例外。然而，就中国科学院的学部而言，其学科建制事实上深受1949年之前中央研究院与北京大学、清华大学的学科安排及其成员构成影响，其中有些研究所事实上从大学直接划归中国科学院学部（如文学研究所原为北京大学文学研究所）。学部成立于1955年。在此之前，1952年，国家对全国高等院校进行改革，即所谓院系调整。例如清华大学的人文社会科学领域全部被并入北京大学和此后成立的学部，高等院校中一些学术造诣深湛的老一代学者因政治立场而被一同并入条件优厚但不招收学生的学部。也正是这一代学者，如史学领域的顾颉刚、陈寅恪（未到任），文学领域的俞平伯、钱锺书，哲学领域的贺麟、金岳霖等均被任命为学部各所的研究员。因此，学部的老一代学者既包括郭沫若、范文澜、何其芳等杰出的左翼学者，

---

[1] 1984年，笔者考入中国社会科学院攻读博士学位，那一届全院仅23位博士研究生，分属人文社会科学各学科，除专业方向跟随导师学习外，同学之间的交流完全是跨越学科藩篱的。

也包括杰出的非左翼学者。学部成为老、中、青三代人组成的高等研究机构。1977年中国社会科学院成立后，也恰恰是这一代人，连同1949年后成长起来的一代学者，成为中国社会科学和人文学科的中坚力量。因此，尽管"文革"时期与"后文革"时期在学术思想取向上存在重要的转折，但大学和研究机构的设置与"文革"前的建制有明显的连续性。

如"五四"时期一样，人文学领域的重大变迁与思想运动、时代变迁有着密切的关系。20世纪80年代被称为继"五四"启蒙运动之后的"新启蒙"时代。这个时代大致可以分为两个阶段。第一阶段即从1978年至1984年前后的"思想解放运动"时期。其中最活跃的知识分子是老一代马克思主义理论家，他们用马克思主义的术语、命题介入经济、政治和文化领域的讨论，例如用"价值规律"的概念冲击计划经济的思想，用"实践是检验真理的唯一标准"的哲学命题冲击正统马克思主义和毛泽东思想的框架，用历史再评价的方式对经典马克思主义史学进行修订。在哲学领域围绕真理与实践的关系问题，在史学领域围绕历史上的农民战争（尤其是太平天国、义和团运动）、历代王朝变法（尤其是戊戌变法）和革命（尤其是辛亥革命）展开的讨论，不仅直接回应"后文革"时期的时代课题，也为后一个时期人文领域热点问题的形成铺垫了道路。至1985年，大规模地翻译和介绍现代西方学术（包括哲学、史学、文学、经济学和其他理论经典）已经成为潮流，欧美和日本有关中国的研究著作也从这个时期开始大批输入中国，并在90年代之后蔚为大观，对于"后冷战"时期中国人文学术具有重大影响。这一时期人文社会科学知识的介绍、输入和对旧命题的冲击大多是以学科建制内外互动的方式发生的。所谓建制内外互动的方式是指：绝大部分参与这一时代思想运动的学者是中国社会科学院和各高等院校的学者，包括在文、史、哲等领域的官方研究机构居于领导职务的人物，其中大量论文发表在《文学评论》《哲学研究》《历史研究》《中国社会科学》等建制内的权威刊物上并引发许多学者深入讨论。与此同时，自1977年恢复高考之后，各大学学生社团纷纷涌现，人文思想活动十分活跃；至80年代，许多学者在建制之外组成学术社团，并依托非专业性刊物和以翻译为主的学术丛书，推进人文学术思想的变迁。这一时期涌现的人文学术民间团体包含各不相同的取向，其中"走向未来丛书"编委会、"文化：中国与世界"编委会和中国文化书院影响力最大。"走向未来丛书"由四川人民出版社出版，是一套以编译国外社会科学、人文、自然科学和艺术等领域作品为主，兼采国内学者著作的丛书，完全没有学科的分野，促成了各领域人文思想的讨论。编委会的灵魂人物金观涛、刘青峰在1989年之后任职于香港中文大学，编辑出版《二十一世纪》，吸引了海内外作者和读者，是"后冷战"时代思想讨论最重要的发源之一。"文化：中国与世界"编委会成员大多是1977年恢复高考后入学的大学生和研究生，以西方哲学专业学者为主，同时吸纳历史和文学等领域的人文学者参与。与以往西方哲学研究侧重古典哲学不同，该编委会及其丛书更注重现代哲学的翻译和研究，为其后西方现代哲学和思想的研究铺垫了道路。该丛书的主编甘阳和刘小枫及部分编委会成员在1989年之后留学欧美，并在90年代参与国内的思想讨论，其思想主张几经变迁，从自由主义左派逐渐向文化保守主义过渡，并借鉴美国和欧洲的古典教育方式，推动中国的通识教育。中国文化书院由冯友兰、张岱年、朱伯崑、汤一介等老一代学者倡导建立，在80年代西潮激荡的历史背景之下，重提中国文化问题，并邀请梁漱溟、杜维明、陈鼓应等海内外新儒家、新道家学者参与并开办不同形式的公开讲座，可以视为中国文化守成派的堡垒，开90年代重返古典传统潮流之先河。在整个80年代，高等院校的基本建制没有发生变化，课程、教材、参考书目和教学方式也只是在"前文革"框架下略作调整，但若干新译丛的出现、文化空间的开拓和相应的学术思潮对年轻一代的阅读兴趣和思考产生了巨大影响。在"读书无禁区"[1]的口号之下,这一时代的学术思潮以对旧的学科框架、概念、范畴、主题的批判和冲击为特征,形成了一种带有文化启蒙特质的潮流,但在其内部,各种学术脉络错综交织,并没有统一的学术流派,如果要追溯其共有特征的话,即无不带有"无条件追问"的批判精神。

从20世纪80年代冲决旧规范到90年代确立新规范,人文学者扮演着极为重要的角色。90年代,许多学者抱怨人文学科的跌落,但实际上人文领域的讨论十分活跃。当然,80年代和90年代两个时期存在巨大的差异。80年代对旧框架的批判同时伴随大规模的翻译和介绍,从康德主义到新康德主义,从黑格尔主义到新黑格尔主义,从存在主义到现象学,从尼采到弗洛伊德,从海德格尔到维特根斯坦,文学上从现实主义、浪漫主义到现代主义、后现代主义,从结构主义史学到后结构主义史学,从系统论、控制论到信息论,都在"新"(或反正统)的名义下输入中国。这一浪潮同时也冲击了20世纪50年代以降俄国/苏联在文学、史学、艺术等领域的典范位置,例如别林斯基、车尔尼雪夫斯基、杜勃罗留波夫、卢那察尔斯基、高尔基、斯坦尼斯拉夫斯基等人的文学和戏剧理论逐渐退居幕后。尽管80年代的人文思想脉络包含多种取向,其中也包含了重新探索中国文明的旨趣,但总体而言,这是一个大规模吸纳西方思潮的过程。在哲学领域,尼采、胡塞尔、萨特、海德格尔、伽达默尔、卡西尔、维特根斯坦以及弗洛伊德、荣格等各领风骚;在历史领域,以系统论、控制论、信息论等科学方法武装起来的历史思维和欧美(尤其是法国)史学流派的不同观念带动了重估中国历史的进程;在文学领域,勒内·韦勒克(René Wellek)、奥斯汀·沃伦(Austin Warren)的《文学理论》、形式主义与

---

[1]《读书无禁区》是《读书》杂志1979年创刊号开篇文章的标题,作者是时任中共中央宣传部理论局副局长的李洪林。

符号学、巴赫金的复调理论，以及作为新学科出现的比较文学风行一时；在外国文学和戏剧研究等方面，19世纪现实主义的中心地位受到挑战，现代主义、后现代主义和魔幻现实主义渐次成为几代学人的关注焦点；在电影和传媒研究中，符号学和意识形态理论崭露头角。这些广泛的翻译、介绍在尚未得到很好消化、整理的情况下又被作为方法用于评论各种历史和文化现象。至90年代，中国学术领域的翻译工业亦已成形，一个主要以美国的人文社会科学（包括中国研究）为基本规范的学科建设过程正在展开。人文社会科学（尤其是社会科学）的美国化进程构成了一个时代现象，因此，重新探讨中国的人文社会科学传统作为内在于这一进程的进程也逐渐展开。

20世纪80年代是在中国和世界的剧烈转变中结束的。这一时代的脉络并未在1989—1991年冷战终结的语境中彻底消失，但显然经历了一个巨大的历史转折。从90年代初期开始，人文社会科学领域出现了双重潮流，即在学术规范上日益全球化，在学术思想上持续探讨中国学术独特性和本土性。如果考虑到这一时期西方（尤其是美国）人文学术中的地方史转向（历史学）、地方性知识（人类学）及后现代主义对西方中心论的批评，探寻中国学术独特性与本土化的努力也是全球学术转向的一部分。另外，这一学术转向有着深刻的时代条件：在冷战终结的全球语境与后1989年的中国语境中，知识分子群体经历了复杂的政治和历史反思。在这一反思浪潮中，社会运动的落潮和挫败也被视为80年代思想运动和知识运动的落潮和挫败，一代学人从对政治激进主义的反思逐渐转向重建自己与传统的联系的努力。西方学术的翻译、介绍和研究继续深化，但在学术上，中国思想史的研究与学术史的重建逐渐成为醒目的学术潮流。这一潮流包含着对80年代乃至整个20世纪用各种各样的西方理论解释中国历史的质疑，也带动了从中国历史与文化的内在脉络探寻研究方法和概念的努力。本报告将媒体文化研究以及比较文学研究、数字人文与国学一并放在新潮流之中，正可以显示时代的剧烈变迁：比较文学是80年代的新兴学科，而在90年代之后兴起的新学科中，国学是最为引人关注的领域。"国学"概念源自20世纪初期的日本，迅速传入晚清中国。"国学"和"国粹"概念均以保存民族精神为诉求，显然是近代民族主义浪潮的产物，但如前所述，国学与人文学科之间到底是怎样的关系，对这一问题的追问是从现代学科变革中产生的，并不只是民族主义思潮的产物。从第一次世界大战期间爆发的"东西文化论战"到"五四"退潮期爆发的"科玄论战"，中国文明已然作为与科学文明相对应的道德文明而存在，在新的学科分类中被纳入人文学科的范畴。在这个意义上，国学的再兴和国学研究机构（北京大学、清华大学、中国人民大学等众多大学均成立国学研究院）的重建构成了当代中国人文学术的一道风景：对何为"国学"这一问题的追问，逐渐从对中国学术与西方学术二元关系的思考，发展至如何处理以儒学为中心的经典知识与中国境内各民族的文化传统及其知识的关系的探索。在全球化与逆全球化所造成的认同危机中，这一脉络背后其实隐含的是当代中国人文学的一个中心问题，即重新追问何为中国、何为中国的世界、何为世界的中国。

在探寻中国学术自主性的思想潮流中，一种试图重建人文和社会科学领域的学术规范和学科规范的运动在体制内外发展起来。首先发起这一重建规范任务的是《学人》（1991年创刊，陈平原、王守常、汪晖主编）和《中国社会科学季刊》（1992年创刊，邓正来主编）。这是两个民间刊物。《学人》的作者大多出生于20世纪五六十年代，云集了当时中国人文领域最优秀的学者。以思想史和学术史为中心，这批学者将关注目光从译介西方学术转向清代以来的中国学术变迁，试图将自身的学术研究置于漫长的历史脉络之中。这一努力与美国中国研究中的"在中国发现历史"及地方史转向的脉络相互呼应，可以说通过寻找地方性知识而引领了潮流。学术史研究是一个专门的领域，为什么许多学者会在此时对这样一个似乎远离政治问题的领域感兴趣呢？为什么各个不同领域的学者愿意就这一其实难以清晰地加以界定的领域发表各自的看法呢？回顾以往，可以归纳为几个原因。第一，1989年之后，内地知识界对于社会运动进行反思，与在香港出版的《二十一世纪》展开的有关激进主义的讨论相互呼应。许多学者认为之所以有80年代末的社会局面，与80年代社会思潮的过度西化和反历史倾向有关。因此，理解中国的历史与现实就成为一种内在的要求。学术史研究从学术和政治两个层面提供了讨论空间。第二，即使最为关心政治问题的学者在当时也缺乏发表空间，这一点与《二十一世纪》的情形是极为不同的。第三，上述两个方面与知识分子的重新定位存在内在的关系。在一个政治上无所作为的时代，知识分子必须找到适合自己的方式，并把自己的道德激情转化为一种立身处世的方式。这一际遇恰恰与学者的反思相吻合。学术的专业化就成为这一方式的表达。

在我的记忆中，如何处理政治与学术的关系是许多学者思考的问题：我们刚刚经历或者说正在经历一场社会动荡，处于极为严峻的氛围中，但学者的共识并不是直接介入现实政治，而是力求形成相对独立的学术领域，不至于让学术研究迅速地转变为另一种政论；不久前的经历告诉这一代人，过度的政治激情会影响人们的判断力，而严谨的学术研究是理解中国历史和社会的重要途径。与此相应，《中国社会科学季刊》综合"地方性知识"与学术规范化的取向，提出"中国社会科学本土化"的诉求。这种重新转向历史传统、寻找地方性知识的努力是对全球化和美国化局面的回应，但同时又在规范化方面适应了全球化和美国化的要求。这一未必完全自觉的双重战略为它们赢得了声誉。在大约十年的时间范围内，这两个刊物所确立的学术规范与当代西方学术规范日趋接近，并在21世纪初逐渐融入了大学和研究机构的学术体制之内。在一定意义上，《学人》和《中国社会科学季刊》这两个民间刊物对此后人文社会科学的基本规范和风格的形成均有不可忽视的作用，它们的式微并不代表新规范的衰落，而是新规范被确立为新正统的结果。如今，在学科建制方面，中国大学和研究机构的学科分类和学术规范与西方学术体制已经没有太大的差别。

与这两份学术刊物相比，最能代表80年代"无条件追问"的精神，同时又面向"后冷战时代"全球化新格局的人文刊物是《读书》。《读书》创办于1979年，其开篇文章《读书无禁区》体现了"思想解放运动"破除旧藩篱的精神。"读书无禁区"，如同欧洲启蒙时代的"无条件追问"一样，意味着不断地超越自己的时代，将矛头指向"后冷战时代"各种理所当然的命题和结论，甚至自身诞生的那些条件。《读书》杂志具备如下几个特点：第一，这是一个面向全社会，甚至全世界的知识分子论坛，汇集了国内外、老中青几代人，跨越学科的限制，覆盖了人文社会科学各领域，甚至包括部分自然科学的内容。第二，这是一个试图将对时代的质询同各知识领域结合起来的刊物，以一种相对自由的文体来表达当代性和学术性，不受学术刊物规范的影响。第三，这是一个既区别于大众性消费刊物又区别于学报的刊物，以思想性见长。正由于此，在20世纪90年代，这份刊物成为各种思想讨论的重要发源地。1994年，《读书》发表了一组有关人文精神的讨论，试图在全球化和市场化的大潮中为当代思想确立价值坐标。1996年后，这份刊物将批判和质询的触角伸向更为广阔的领域：从对发展主义的批判到对生态多样性的关注，从对"三农"危机的讨论到对社会不平等的探讨，从对金融风暴的分析到关注当代世界各种形式的恐怖主义，从对历史上战争的共同反省到对当代战争的理论思考，从对民族主义、女性主义的思考到对中国历史和世界历史的多重反思，从考古学的新发现到人文地理的新方法，从中外文学现象的探究到不同历史文本的研究，题材多样，方向各异，不一而足。

这份人文杂志的当代性并没有让它成为一份新闻性刊物，恰恰相反，通过与各种潮流的对峙、疏离、质疑和追问，《读书》力图将各种知识领域的最新进展带入思考，激活不同领域之间的相互联系，推动人们在不同的方向进行"无条件追问"。例如,《读书》杂志1996年9月号刊登了一组考古学者的文章,将考古学的成果与当代学术和思想的变迁直接关联起来,从而在考古学的专业领域与社会思想之间产生互动。在"编者按"中,编者扼要归纳考古学的新发现所蕴含的多重意义,引在这里,除了帮助读者一窥90年代人文思想的面貌,也为理解本报告中有关考古学和出土文献一章所蕴含的多重意义提供线索:

> 二十世纪是新知不断涌现的时代,也是旧的知识不断瓦解的时代。在这个世纪里,伴随现代资本主义在全球范围内的扩展,各种社会运动深刻地改变了世界的图景,中国社会也发生了剧烈的变化。我们习惯于把这个变化过程称之为"现代化"的过程。与这个现代过程相伴随的,是现代知识体系的形成和建构。考古学就是现代知识体系中极为重要、最有成绩的一支。考古学为现代人重新书写了中国的历史,而且这个重新书写的过程还在不断地继续。考古学的知识并不仅仅是"实证"的结果,因为对地底的挖掘,总是依赖于人们的解释体系。因此,伴随着考古成果的不断涌现和社会历史的发展,考古学在不断创造"历史"的同时,也不断地改写"历史"。总之,考古学既是现代知识体系的有机部分,也是反思现代知识体系的诸多结论的重要途径。……
>
> 考古学是一门严格的科学,也是一门富于革新精神的学科:破除陈说与提出新的问题相伴而行。在现代历史的进程中,人们不断地追问文明的起源,历史变迁的规律和动力,重构历史的复杂图景。在诞生不到八十年的岁月中,中国考古学以自己的独特方式一次次为人们的追问提供例证,从而也一次次改写"历史"。例如晚清时期,欧风美雨,甚至像章太炎这样的国粹主义者也相信"中国文明西来说"。中国考古学通过实地的考查"发现了仰韶文化和龙山文化","为中国的夏商周三代文明找到了一个比三皇

五帝更为坚实的源头"(陈星灿),从而在对抗西方中心主义的过程中,形成了"黄河中心"的古史观。但是,问题并没有终结,七十年代以来在传统上的中原区域之外发现了长江下游的良渚文化,黄河下游的大汶口——龙山文化,辽河流域的红山文化,"满天星斗"的文明景观动摇了千百年来的古史观,"华夷之辨"竟是周人的虚构(张光直)。又如,在"五四"时期的"疑古"氛围中,以顾颉刚先生为代表的"古史辨"派提出了"层累地造成的古史"说,"把我国先秦至两汉的古书上有关古史的记载,作了系统的分析,揭露出它们本来的神话传说的真面目。从而揭穿了'经书'的老底,剥去了它的神圣外衣,从根本上推倒了二千年来人们崇信的偶像"(《〈古史辨〉重印说明》)。但今天我们可以说,"中国考古学家的工作已极大地丰富了以往三代社会的认识","提供了最终证实夏王朝存在的可能性"(孙祖初)。然而问题也并没有就此结束:夏、商、周三代并非像古史中说的那样是一个延续的文明,而"是在不同的区域发展起来的","来自不同的人类集团";在"夏、商、周之外尚活跃着不同的方国"(孙祖初)。因此,"'中国'作为一种时空框架、政治理念、文化内容与文化结构的形成"(曹兵武),显然比人们想象的要更为复杂。又如,二十年代末期以后,在摩尔根和《家庭、私有制和国家的起源》影响下,中国的考古学和历史学引入了一系列新的古史范畴,如新石器时代、旧石器时代、母系氏族社会、父系氏族社会等,这些范畴不仅解释了中国考古学和历史学的新发现,而且也将中国的古代历史组织到一个普遍的历史法则之中。但是,中国考古学的发现促使中国的考古学者不断反思自己的工具的适用性。例如关于早期农耕文明、城邑、宗族制度和国家的研究,对摩尔根的"部落联盟"和恩格斯的"军事民主制"等概念的解释力提出了疑问,因为这些概念"对人类社会究竟如何由史前走向文明""缺乏社会形态和结构特征方面的说明"（王震中：《中国文明起源的比较研究》）。正是在这样的知识状况下，中国的考古学者开始认识到："在考古学的技术和方法进来的时候，一整套的术语也随之而来……并成为我们话语系统的一个重要组成部分……把中国史前文化中发现的大量内涵丰富的现象，简单地纳入母系氏族社会或父系氏族社会的模式。"因此，在反思进化论的历史叙事模式的同时，中国考古学者开始思考"建立自己的话语系统"的问题，其中也包括如何运用中国典籍中已有的概念的问题，如邦、国、野、氏、姓等（陈星灿）。

考古学在中国现代学术历史中备受瞩目，在这个领域中不仅产生了许多重要的成果和杰出的学者，而且考古学的每一次重大发现都导致了中国人文学术的重大的变化和进展。近二十年来，中国考古学的成果斐然，但一般知识界和社会对它的关注却似乎减弱了。《读书》杂志不是专门的学术刊物，没有能力刊发专门的学术论著，但却愿意做一座沟通的桥梁，把考古学界的思考传达给读者。

《读书》杂志还将就其他领域的问题继续组织类似的讨论，目的是提出问题，引发思考，深化我们对历史和现实的理解，反思我们的知识前提。[1]

《读书》杂志对考古学最新发展的介入既是对现代学术方法的反思，也是对重新理解中国这一思想潮流的反应。这场在考古领域的讨论实际上涉及了当代中国人文领域一系列重大的议题，例如，中国文明的起源是一元的，还是多元的？基于欧洲人类学、考古学和古史研究方法的那些基础性概念是否适用于中国上古史？新的考古发现对于

---

[1]《编者按》，《读书》1996年第9期。

清代以降的疑古思潮和近代史学的前提提出哪些挑战？这些问题也渗透在当代人文学术各个领域的内部。《读书》杂志力图突破中西二元论的近代框架，重视发掘中国与亚洲传统，但也并未局限于此，而是广泛探索当代世界的脉动。为了达到这一目标，它打破了文化与国家的边界，邀请许多来自不同国度的学者直接参与讨论。在中国现代历史上，刊物翻译、发表外国学者的文章是很寻常的，但持续性地邀请外国作者直接参与中国问题和世界问题的讨论的刊物并不多见。《读书》代表着一种跨越民族和文化边界的公共空间和人文世界的诞生。

人文学科：在"软实力""无条件追问"与"学以成人"之间

人文学科是大学的灵魂，人文精神渗透于所有领域的探索之中。大学的开放性首先体现在无条件质询和知识创新等方面。挑战知识的边界，推动思想的变化，促进学科发展和科际整合，在理论与实践的互动中探索新的领域，对已有知识前提的不懈质询，这些不仅是大学开放性的动力，也是大学的根本精神所在。

大学的开放性首先体现在其包容性方面。大学为来自不同阶层、不同文化背景和不同个性的学子提供开放、平等的学习和研究环境。现代学术共同体与特定的国家和社会密切相关，但也从未囿于单一社会。如今，不仅学生来自五湖四海，教职员也同样如此。人文学科对历史传统、多元文明、文化和生活形态的探索，也在为大学的平等与包容、传承与创新、批判与建设的根本精神奠定知识根基。

大学的开放性其次体现在理论与实践之间的紧密互动。聚焦时代需求和挑战，培养回应国家、社会及地方性需求的能力，是中国现代大学的伟大传统。这一传统又与回应当代世界挑战、探索人类未来紧密相连。大学的未来性体现在与时俱进的实践能力之中。从过去探索未来，用未来照亮过去，不正是人文学科持续发展的动力吗？

人文学科的真正使命在于无条件追问，在于提供对不同文化的深刻理解，在于养成良好的人格。人文学科的批判功能及其对民主的贡献，人文学科对传统的继承和发展及对文化人格的养成，人文学科对当代发展的持续反思及对未来的探寻，使其具有不可或缺的价值。但是，如果我们无视知识与权力之间普遍存在的错综纠缠的关系，就难以了解这些学科及其发展的全部动力和状态。

2001年起，《学人》《中国社会科学季刊》等民间刊物相继停刊，《读书》杂志的影响力逐渐下降。民间学术刊物之所以式微，除了经济资助的匮乏外，学院体制及专业化程度日趋严密，学术成果统计依托模仿美国SSCI或A&HCI而开发的CSSCI数据库，也是重要原因。各学校还明确区分各学术刊物等级，规定了相关学科的核心期刊，不能进入这些数据库的学术成果不能作为学术成果评分。《学人》《中国社会科学季刊》均未列入，许多作者，尤其是等待晋升职称的年轻学者不得不转投其他刊物，民间刊物的稿源渐渐枯竭。换句话说，民间学术刊物的衰落并不意味着中国人文学术的衰落，恰恰相反，随着中国经济的快速增长与中国高等院校规模和资源的扩张，人文学术体制的规模也获得了前所未有的扩展。根据教育部统计资料，2020年，全国高校（不含军事院校）2738所，本科院校1270所，高等职业专科院校1468所。在中国历史上，高等院校数量、招生人数、学科种类是史无前例的。相比于20世纪中国文学、哲学和历史学在文化政治和社会生活中的显赫地位，当代人文学术越来越局限于作为学科的位置。因此，当代人文学术一方面失去了以往的先锋地位，另一方面又分享了大学扩张和经济增长带来的研究和出版资源。

从20世纪90年代后期开始，在国家学术基金的支持下，越来越多的学者或学术机构主办的刊物被纳入CSSCI体系；学术著作和翻译著作也具有了前所未有的规模。在所有官方学术基金中，国家社会科学基金规模最大,也最具有权威性。国家社会科学基金[1]设立于1986年,对应于同年设立的国家自然科学基金。该基金由同年成立的全国哲学社会科学规划办公室负责管理,后者是全国哲学社会科学规划领导小组的办事机构,主要职责是制定国家哲学社会科学研究中长期规划和年度计划,管理国家社科基金,组织评审立项、中期管理、成果验收、宣传推介等工作。国家社科基金设有马克思主义·科学社会主义、党史·党建、哲学、理论经济、应用经济、政治学、社会学、法学、国际问题研究、中国历史、世界历史、考古学、民族问题研究、宗教学、中国文学、外国文学、语言学、新闻学与传播学、图书馆·情报与文献学、人口学、统计学、体育学、管理学等23个学科规划评审小组以及教育学、艺术学、军事学3个单列学科,已形成包括重大项目、年度项目、青年项目、特别委托项目、后期资助项目、西部项目、中华学术外译项目等7个类别的立项资助体系。国家社会科学基金还注重扶植青年社科研究工作者和边远、民族地区的社会科学研究。国家社会科学基金从设立至今,基金规模从500万元扩张至2020年的25.8亿元,资助各类项目7300多项,除了各种主流的学术项目之外,还特别划出专款资助"冷门绝学"和区域国别研究。

与国家社会科学基金的扩展相互呼应的,是在提升"文化软实力"的口号下对中国文化产品"走出去"的大力支持。"软实力"是哈佛大学教授约瑟夫·奈(Joseph S. Nye, Jr.)在20世纪90年代提出的概念。奈在国际关系领域用这一概念提醒人们在关心领土、军备、武力、科技、经济等"硬实力"的同时,也应关注价值观、影响力、道德准则、文化感召力等"软实力"。他还撰文提醒中国人在经济增长的同时应关注软实力的培育,并深信在软实力方面美国更具优势。"软实力"的概念对于经济崛起中的中国而言,似乎是一个恰逢其时的提醒。从政治

---

[1] 有关国家社会科学基金的介绍均见全国哲学社会科学工作办公室:http://www.nopss.gov.cn。

家到知识分子，甚至在国际市场上跃跃欲试的企业家，都开始关注中国的"软实力"与"硬实力"之间的不平衡。

"软实力"方面涉及的领域广。2002年，国务院新闻办公室和原新闻出版总署在莫斯科书展和法兰克福书展期间举办了"中国图书报告会暨中国图书和版权赠送"活动。2003年，又在"中法文化年"期间向法国出版社推荐图书300种，次年3月，得到翻译资助的70种法文版中国图书在第24届法国沙龙期间面世。同年，国务院新闻办公室与原新闻出版总署在此基础上启动了"中国图书对外推广计划"，2006年成立了"中国图书对外推广计划"工作小组。这项推广计划不断得到增强与更新，除了资助翻译费用外，还资助出版及推广费用，吸引了大批国外学术和非学术的出版机构。[1]中国是世界上最大的翻译工厂，但翻译外国作品的巨大规模与中国作品在国际市场的微弱存在构成了鲜明的对比，外译工程既是国际人文交流的方式，也是提升文化"软实力"的途径，这一点毋庸置疑。与这些投入巨大、收效有限的努力相比，由原国家对外汉语教学领导小组领导和组织的孔子学院系统在国际学术界和媒体中引起的关注和讨论持续蔓延。从2004年第一所孔子学院在韩国首尔揭牌至2019年年底，全球已经设立了550所孔子学院和1172个孔子课堂，分布在162个国家。[2]孔子学院以语言教学为主，兼及其他文化项目，并不属于专门的人文学科领域，但这一设置与对国内传统文化教学和研究的重视相互呼应，是值得关注的文化现象。孔子学院引发了西方国家尤其是美国的疑虑和抵制，许多人文与社会科学领域的学者对自身社会"文化软实力"的长期输出早已习以为常、安之若素，却在孔子学院问题上随风起舞、夸大其词、鸣鼓攻之。

---

[1] 张洪波：《2013年全国图书版权贸易分析报告显示——中国出版走出去格局发生根本变化》，广州市版权保护中心网站，https://www.gzbanquan.com/news.php?id=195。

[2] 《全球孔子学院达550所》，中国政府网，http://www.gov.cn/xinwen/2019-12/10/contewt_5459864.htm。

这也提醒人们：无论人们如何理想化地论述人文交流、文化传播的意义，但人文领域也如其他领域一样，无法完全脱离竞争性的现实。国家对"软实力"的关注为人文学科注入新的能量，提供了更多的资源，也带来了何为人文学科使命的追问。当人文学科作为"软实力"被提到国家战略的高度，人文学科在其诞生与成长过程中与思想运动的相互激荡，以及在专门性学术研究中体现的"无条件追问"的精神，究竟处于何种地位？人文研究和人文教育从古典时代就具有的涵养和教化人、培育人的全面发展的意义，中国古典传统中的"学以成人"的使命，又处于怎样的位置？

知识的创新、传承和人的养成是大学和人文学科的使命，这是中国社会的基本共识。正是基于这一共识，通识教育在过去30年中得到了前所未有的重视。通识教育的概念是从美国传入的，其中介是香港的大学教育。中国大学体制注重专业化教育，即便是法律、经济管理等职业领域，在大学入学后便开始了职业教育，人文教育的比重相对匮乏。从20世纪90年代起，教育部开始倡导"素质教育"实验，在"应试教育"的背景下重申人的全面发展这一教育的根本目标。在2006年前后，"素质教育"概念被渐渐替换为更为通行也更符合国际标准的"通识教育"概念。清华大学、北京大学、复旦大学、中山大学等一流大学均设立了通识教育的学院或中心，推动本科学生的通识教育。在通识课程中，中外经典的阅读和欣赏、传统文化技能的训练，均成为核心科目，大学以前所未有的力量给予通识教育以人力和物质的支持。这是一个新的时代，一种新的氛围。在这个追求"软实力"的时代，如何发掘人文学科"无条件追问""读书无禁区"的精神，在这种以金钱衡量成功的氛围中，如何通过人文教育重申人的培养目标，在这个极易被狭隘的认同政治所主宰的世界里，人文学科和人文教育如何为不同文化的交流和共处提供知识前提，已经成为相当紧迫的使命。正由于此，本报告在总结人文领域的成就和挑战的同时，邀集相关专家，就通识教育、国家通用语教育、民族区域的双语教育、外国通用语教育、外国非通用语教育等做出专门总结和分析。

人文学科面临的挑战

现代人文学科的确立涉及多个重要的前提，而在当代语境中，这些前提几乎全部面临根本性挑战。

首先，现代人文知识是通过脱离和批判经学传统而确立其自身的基础，或者说，现代人文学科是在神学/经学逐渐失去其神圣性和支配地位的过程中形成的。从总体上说，它所提供的是后神学/经学的价值，即所谓世俗的价值。那么，在经学复兴的浪潮中，如何解释现代人文学与经学知识的关系？

其次，人文学科是在近代科学及其分科知识中产生的，但其对自主性的宣称又从方法论上严格地区分了科学领域与人文领域。在数码化遍及人类生活的方方面面，人工智能和基因技术不仅改变了知识生产的方式，而且也改变了人的生存状态的急速变局中，这一自主性宣称在多大程度上维护了人文学的尊严和发展，又在多大程度上将人文学限制在人类生活的有限领域之内？在学科分立的条件下，如何重新界定人文学科与自然科学的关系，如何既从自然科学的发展中汲取营养，又对其发展保持批判性的反思？

第三，人文学科与19世纪以降的东西文明冲突有密切的关系。现代大学及知识谱系以西方模式为基础，并以全新的方式构筑了关于中华民族、国家和文化的历史及思想的知识体系。人文学科的文史哲分类完全是从欧洲的知识分类衍生出来的，其分类谱系与传统知识谱系虽有传承渗透的关系，但在结构上完全不一样。在当代世界到处出现的"文化自觉"中，如何重新思考这些知识与其分类谱系在不同的文化、地域中的意义？

第四，人文学科知识的形成与19世纪晚期登上历史舞台的新知识阶层所推动的一波波文化运动有着密切关系。晚清时期，康有为、梁启超、严复、章太炎等在卷入政治辩论的同时，也卷入大量的知识辩论，促进了人文知识的发展。1915年发端的新文化运动，引发了不同文化派别之间的剧烈冲突和辩论，促进了现代人文学科、现代文学艺术的诞生。20世纪80年代的文化运动和90年代的思想辩论为当代人文学科的发展开辟了道路。在思想运动逐渐式微的背景下，人文学科、人文教育如何成为新思想的发源地？如何在专业化背景、市场化条件和媒体泛化的状态中重塑"知识界"？

第五，交通、互联网和其他信息技术的发展为多种文化的传播和互动提供了可能。现代人文学科的经典规范是参照欧美模式确立的，在新的条件下，除了不断重新回到自身历史脉络，追问人文学科的前提，如何拓展人文学科的边界，更新其文化历史内涵，超越过时的西方中心论和不同形式的自我中心主义，促进一个更加丰富多彩、更能够培养人对不同文化理解能力的人文领域的形成或再形成？

在中国的伟大传统中，忧患意识是促成文化更新和发展的内在动力。新冠疫情促成多重危机爆发，人文学科正因面临挑战而将获得新的生机。这份报告在有限的篇幅中呈现的正是中国人文学术的过去与现在，而未来其实也含蕴于对过去与现在的持续叩问之中。

2021年7月3日于清华园

第一章

哲学研究

自先秦时期起，中国古人就对"天道""性命"等本源性的问题有着深入思考，并且在两千多年的历史中建立了底蕴深厚的经史传统和丰富多元的思想流派。但中国本无"哲学"一词，该词由日本学者西周于1870年提出，译自古希腊语 Φιλοσοφία。中国学者黄遵宪在1887年撰写《日本国志》介绍东京大学的学科设置时，第一次使用了"哲学"这个译名。至19世纪末，经由严复、梁启超、蔡元培、王国维等知名学者的广泛传播，"哲学"一词开始成为汉语中的常用语汇。目前，中国的哲学学科分为9个二级学科，即马克思主义哲学、中国哲学、外国哲学、逻辑学、伦理学、美学、宗教学、科技哲学、政治哲学。从学科发展角度来看，马克思主义哲学、中国哲学和外国哲学又是其中的骨干。

中国现代学科意义上的"哲学"出现于19世纪末至20世纪初。1897年梁启超在拟定《湖南时务学堂学约十章》时提出设立诸子学、经学与公理学等课程，其中"公理学"即为西方哲学。同年张元济创办通艺学堂，开设"理学"课程以讲授西方哲学。1906年，王国维在《奏定经学科大学文学科大学章程书后》中，对张之洞的"八科分学"学科划分方案提出反对意见，认为这一分科方案中的根本之误"在缺哲学一科而已"。他提议将"哲学科"所包括的各门科目，如哲学概论、中国哲学史、西洋哲学史等科目都纳入"文学科"中，这在民国新的学术分科中得到了采纳。1912年，北京大学设立哲学门（1919年更名为哲学系），为中国最早的现代哲学院系建制之一。1913年初，蔡元培为总长的中华民国政府教育部颁布《大学令》《大学规程》，规定大学取消"经学科"，将大学文科分为哲学、文学、历史学和地理学4门；哲学门分中国哲学和西洋哲学2类，包括中国哲学、中国哲学史、西洋哲学、西洋哲学史、宗教学、印度哲学概论等科目。[1]此后，哲学正式成为全国通行的学科名称。

西方哲学在中国的传播有着悠久的历史。从明末清初开始，一批传教士传播译介了柏拉图、亚里士多德、奥古斯丁、托马斯·阿奎那等人的著作。19世纪末20世纪前20年，受维新变法和新文化运动等的影响，大批西方哲学——尤其是启蒙时期的著作被译介、研究。培根、霍布斯、洛克、康德、黑格尔、笛卡尔、卢梭等人的著作都是这一时期被引入的。在西方哲学的影响下，中国开始有意识地建设作为现代学科的中国哲学。胡适的《中国哲学史大纲》（1919），冯友兰的《中国哲学小史》（1933）、两卷本《中国哲学史》（1947）、《中国哲学简史》（1948）和七卷本《中国哲学史新编》（1960—1990），张岱年的《中国哲学大纲》（1936年完成）都是这一时期重建中国哲学概念体系和研究框架的努力。尤其是冯友兰的两卷本《中国哲学史》，同时融合了中西方哲学思维，对中国哲学做出了系统、完整、全面的重新阐释，至今仍然是很多高校哲学系采用的经典教材。在救亡图存的时代浪潮下，马克思主义哲学也在1917年十月革命后传入中国。其中，李大钊于1919年发表《我的马克思主义观》，首先向中国人较为系统地介绍了唯物主义历史观；瞿秋白则于1924年出版了中国第一本马克思主义哲学教科书，即《社会哲学概论》和《现代社会学》，在中国开启了编写马克思主义哲学教科书的先河。1937年，李达出版了《社会

---

[1] 参见左玉河：《从"四部之学"到"七科之学"——晚清学术分科问题的综合考察》，载《中国社会科学院近代史研究所青年学术论坛2000年卷》，2000年，第655—675页。

学大纲》，标志着辩证唯物主义与历史唯物主义教学体系在中国基本形成。[1]

新中国成立以来，尤其是经过1952年的院系大调整，国内又迎来了一批哲学系所的建立。其中，中国社会科学院哲学研究所的前身中国科学院哲学研究所于1955年成立，同期创刊了《哲学研究》（1955）、《哲学译丛》（1956，即后来的《世界哲学》），成为哲学研究的重要平台。同时，也有一批哲学系被取消、合并，新中国成立前散存在全国各大学——清华、燕京、辅仁、中法、中央、中山、武汉大学——的著名哲学家，都被调集到北京大学哲学系，这在很大程度上影响了国内哲学学科的发展格局。这一时期，受到苏联教科书体系的影响，国内的哲学研究一度进入僵化、教条化的状态，各个领域的发展都受到明显阻碍。

改革开放后，随着党的十一届三中全会确立解放思想、实事求是的思想路线，哲学界也展开了广泛的探讨。其中《哲学研究》编辑部于1978年6月20—21日在北京组织了真理标准讨论会和一系列更大规模的研讨会，积极推动哲学界摆脱苏联教科书体系的思想禁锢。1978年10月在安徽芜湖召开的"全国西方哲学讨论会"、1979年11月在山西太原举行的"全国现代外国哲学讨论会"则是中国西方哲学研究界具有历史意义的两大事件，标志着中国的西方哲学研究重新走上了学术化道路。此后，哲学各个领域开始蓬勃发展。很多高校、科研机构迎来了哲学系所的建立和复建浪潮，一批哲学一级学科硕士点、博士点陆续成立。到2024年，全国已有143所高校开设哲学专业，48所高校具有哲学一级学科博士学位授予资格。[2] 2022年，国内高校

---

[1] 参见袁贵仁、杨耕：《马克思主义哲学教学体系的形成与演变》，《哲学研究》2011年第10期。
[2] 参见教育部公布的全国第四轮学科评估结果，以及《校友会2024中国大学哲学门类一流学科排名》，http://www.chinaxy.com/2022index/news/news.jsp?information_id=14871。

哲学专业专任教师数达41265人，其中正高级职称5645人，副高级职称11060人；普通本科在校学生12400人，硕士生3529人，博士生1079人。[1]同时，多个学科自发成立学会，包括中国辩证唯物主义研究会（1982）、中国马克思主义哲学史学会（1979）、中国哲学史学会（1979）、中华全国外国哲学史学会（1978）、中国现代外国哲学学会（1979）、中国逻辑学会（1979）、中国伦理学会（1980）、中华美学学会（1980）、中华孔子学会（1985）、国际易学联合会（2004）等，为学者们搭建了学术对话与交流的平台。国家对于哲学社会科学研究的资金支持力度也显著提升。2022年，全国普通高等学校人文、社会科学拨入经费达16881449520元，课题数达695010项，分别为1998年的103.95倍和25.82倍。[2]在期刊建设方面，根据南京大学中国社会科学评价中心（CSSCI）数据，哲学类核心和扩展刊物有16种，核心辑刊9种，同时还有67种综合性社会科学刊物，以及近百种综合类高校学报。

从学术研究的发展方向和风格变化来看，改革开放后的哲学研究逐渐突破将马克思主义哲学教条化的日丹诺夫体系和苏联教科书体系，也摆脱了"两个凡是"等意识形态色彩浓厚的信念的束缚。第一，在马克思主义哲学领域，如何重构马克思哲学体系就成为打破苏联教科书体系后的首要任务。"辩证法也就是认识论"和"马克思与人道主义"成为20世纪80年代理论界最为关注的两个命题。[3]近十余年来，一方面随着《马克思恩格斯全集》历史考证版第二版（简称MEGA2）的出版，一系列马克思的手稿、书信陆续问世，为对于马克思恩格斯

---

[1] 参见中华人民共和国教育部规划司编：《中国教育统计年鉴2022年卷》，中国统计出版社，2023年，第30、40、52页。

[2] 同上书，第482页。

[3] 参见孙正聿主编：《中国高校哲学社会科学发展报告（1978—2008）：哲学》，广西师范大学出版社，2008年，第35—41页。

文本的更深入挖掘打开了新的思想空间；另一方面，建构"中国马克思主义哲学"的呼声日益高涨，学者们开始吸收中华优秀传统文化和马克思主义中国化的历史资源，借鉴西方马克思主义的多维思路，让马克思主义哲学更好地回应人工智能、数字时代的劳动、全球正义、现代性等当代问题。第二，在中国哲学领域，学者们着重通过细致的文本研究揭示中国哲学传统的本来面貌。宋明理学研究、经学研究以及出土文献研究，逐渐成为中国哲学研究的重心；中西、古今关系以及文明比较视野下的中西哲学比较，成为中国哲学研究的学术焦点。经典解释、工夫实践的内在视角、文献学与学术史的研究路径等，使中国哲学的研究方法呈现多元景观。[1] 近年来，如何将马克思主义基本原理和中华优秀传统文化更好地有机结合，建构中国哲学的自主知识体系，也成为学者们关切的核心问题。第三，在西方哲学领域，学界在改革开放之初引入了大量现代西方哲学家的思想，尼采、萨特、福柯、海德格尔、施特劳斯一时间备受瞩目，现象学、分析哲学、后现代主义哲学等成了"显学"。随着了解的增加，学界开始向着不同的专业领域进行深耕，古希腊、中世纪、早期现代、德国古典哲学等领域也有越来越多的学者关注。随着留学归国人员日益增加，国内学者已经能够与国际学界展开前沿对话。同时，国内的西方哲学研究者也尝试利用中国传统思想和汉语的独特语言特性，利用西方哲学中的创新洞见建构中国的当代哲学，例如道体学、心性现象学、汉语哲学都是其中较有代表性的流派。

中国的哲学研究始终与时代命运相扭结，在对时代问题的回应中推动着专业化研究的发展，同时也在专业研究的深化中给出更多回应时代问题的方案。学者们越来越自发地努力构建具有中国特色、中国风格、中国气派的哲学学科体系、学术体系、话语体系，凸显当代中

---

[1] 参见张志强：《中国哲学发展成就与时代担当》，《人民日报》2019年7月8日（9版）。

国哲学的自主性、原创性、标识性，也在更加包容的态度下尝试贯通古今、融汇中西，利用当代中国的问题意识激活中国哲学、西方哲学、马克思主义哲学中的学术资源，让它们发挥出更大的思想力量。

（韩骁，中国社会科学院哲学研究所副编审）

第一节　中国哲学研究

王　正[*]

中国哲学近40年的发展总趋势，可以概括为中国哲学主体性的真正觉醒与宏阔展开。具体来说，它经历了由20世纪90年代比较宏观的"国学热""儒学热"到21世纪初学界对中国哲学合法性问题的深刻思考，再由十余年前的经学研究复兴到近几年来"中国哲学"的新创造这一大体过程。与此大的发展脉络相伴的是中国哲学研究的不断深化与丰富，以及中国哲学与外国哲学的广泛对话和深度互动，进而在此基础上形成的中国哲学的主体觉醒与哲学建构。笔者将在讨论中国哲学发展趋势之大脉络的同时，兼顾细化的中国哲学具体研究，从而从学理的角度呈现中国哲学学科的发展。

一　从"文化热"到"国学热""儒学热"

20世纪80年代的"文化热"主要有"走向未来"派、"文化：中国与世界"派、"中国文化书院"派；其中前两派的影响更大，代表了80年代中国思想文化界的主流是批判传统和追求西化，后一派则坚守中国文化的价值与认同。[1]进入90年代后，"文化热"发生了一个重要转变，就是由以批判传统为主转变为对传统文化的重新肯定与认同，

---

[*]　王正，中国社会科学院哲学研究所编审，《中国哲学年鉴》副主编。
[1]　参见陈来：《思想出路的三动向》，载甘阳编《八十年代文化意识》，上海人民出版社，2006年，第565页。

这就是"国学热""儒学热"的出现。可以说，20世纪90年代是一个传统文化勃然复兴的时代，不仅一大批期刊、丛书出现（如《国学季刊》《原道》）等，而且一批以"国学"为名的机构开始出现。这表明复兴传统文化成为当时官方、学界和民间的共识。

"国学热""儒学热"中，人们的根本意识在于经过改革开放后，中华民族开始全方位复兴和崛起，因此有自信重新审视百余年来我们对待自身文化的态度和对待他者文明的态度，尤其是有自信进行现代化反思和启蒙反思。由此，我们的文化认同成为一个重要问题；更因之，我们开始摆脱近百年文化激进主义的笼罩，一方面可以更加客观地评价文化保守主义，另一方面可以挣脱以前历史宏观叙述的限制而真正开始以学术的方式研究中国传统哲学。

正如一些学者指出的，20世纪90年代的一个特征是思想隐退、学术突出。但其实更准确的描述是反传统的思潮退潮，而经由专业的学术研究推进后，肯定传统的思潮逐渐兴起。学者们继承80年代庞朴、李泽厚等提出的"重新评价孔子""重新评价儒家"，在20世纪90年代开始努力反思20世纪的文化激进主义、反传统主义，进而开始重新弘扬传统文化、转变对待儒家思想的态度。在这个十年中具有突出意义的一个现象是"陈寅恪热"。在陈寅恪这个热爱甚至保守传统的意象之召唤下，一大批学者扭转了他们之前对待传统文化的激进主义态度；而陈寅恪所代表的以学术涵养文化、以学术彰显文明的理路，也为学者们所接受和传承。由此，学界从澎湃呼啸的思想讨论转为沉潜深刻的学术研究。而在学术性研究逐渐成为中国哲学主流之后，对中华传统哲学予以"创造性转化"成为此后中国哲学研究的重要目标与根本追求，即通过沉潜而深入的中国哲学史研究，来真正理解古典中国思想的丰富性与深刻性，从而在与其他文明对话的基础上，探讨中国哲学在未来世界的可能性与建设性。

正是在这样的思潮影响下，20世纪90年代的中国哲学研究取得了一些对近40年中国哲学发展具有奠基性的成就。首先，一些重要的讨论使学者们的研究视野大大开拓，进而促成了研究思路的转化。如经过引进、讨论雅斯贝尔斯的"轴心时代"理论，学者们开始摆脱西方哲学的一元论思维，而从多元主义的视野下重新肯定中国哲学；学界针对如何定位儒学，进行了儒学到底是哲学还是宗教的讨论，这场讨论使学界形成了一个和以往对儒学的认识迥然不同的共识——儒学是具有宗教性的。其次，一批影响此后中国哲学研究的重要学者绽放出其澎湃的生命力，开辟了一系列学术研究领域、写作了一批堪称近40年中国哲学研究经典的著作。如朱伯崑开辟了易学研究哲理与象数并重的学术脉络，冯契开创了经由哲学史而创造哲学系统的思路，蒙培元、陈来、杨国荣等建立了宋明理学之文本与思想互动的研究模式，方立天、张立文、李存山等完善了中国哲学概念范畴研究的范式，方克立、张祥龙等则推动了现代中国哲学研究和比较哲学研究。最后，学术化、专业化的中国哲学研究，使中国哲学研究者这样一个学术共同体形成，从而真正推动了中国哲学学科的建制性建设。另外，中国哲学学科从本科、研究生培养到学术期刊的制度化和学术会议的常态化，使中国哲学学科在中国现代学术之林中真正扎根，并日益产生重要的价值。正是20世纪90年代的这一系列基础性工作，使21世纪的中国哲学展现出一派生机勃勃的面貌。

二 中国哲学合法性讨论的意义

21世纪初的中国哲学合法性讨论，是一场具有承前启后意义的重要论争。中国哲学合法性问题并不是一个新问题，它自中国哲学这个学科成立之初就已经存在。第一部具有现代意义的"中国哲学史"著作——胡适的《中国哲学史大纲（上）》之所以被认为是开辟学科的著作，正是因为胡适运用了西方哲学的系统与概念来理解中国哲学史，即在形式上依靠西方哲学，而且胡适在该书中所处理的对象是作为子学的先秦诸子百家,他"截断众流"地从孔老讲起,而不复顾及作为中国哲学开端的前诸子时代,以及前诸子时代的思想文献——"六经"。这种处理方式的背后精神是对经学的剔除、对子学的强调、对西方哲学的推崇。冯友兰在他的《中国哲学史》中将中国哲学的发展历程分为"子学时代"和"经学时代",但冯友兰在处理秦汉之后"经学时代"的中国哲学时,其实并没有特别关注经学的内容,而是以子学的态度与方法来对待这一段中国哲学发展史。无论是对魏晋玄学、晋唐佛学还是宋明理学,冯友兰仍旧采用与处理"子学时代"哲学家及思想的方法来处理,并没有因为这一段是"经学时代"就采取另外的方法,这就难免遮蔽了"经学时代"的中国哲学中一些固有问题和重要讨论。针对这些问题,金岳霖在为冯友兰《中国哲学史》所写的审查报告中指出,"所谓中国哲学史是中国哲学的史呢?还是在中国的哲学史呢?……一个态度是把中国哲学当作中国国学中之一种特别学问,与普遍哲学不必发生异同的程度问题;另一态度是把中国哲学当作发现于中国的哲学","冯先生的态度也是以中国哲学史为在中国的哲学史"。[1]正是"中国的"和"在中国"的差异,使胡适和冯友兰只能选择"在中国"这条路,而以他们所擅长的西方哲学之思路来梳理、分析中国哲学。应当说,从胡适、冯友兰到后来的牟宗三、唐君毅等,无一不依赖于某一西方哲学流派或重要人物来理解中国哲学,尽管他们所依赖的如杜威、新实在论、康德、黑格尔等有所不同,但均有所依赖则是相同的。

这一"中国的"和"在中国"之张力,最终引发了21世纪初的中国哲学合法性争论。在经历了20世纪90年代的"传统文化热""国学热""儒学热"后,21世纪初的中国哲学界展开了一场关于中国哲学合

---

[1] 金岳霖:《审查报告二》,载冯友兰:《中国哲学史》,华东师范大学出版社,2000年,第436—437页。

法性的讨论，其中的主要问题是：中国到底有没有哲学，中国哲学到底是什么形态的，中国哲学的特质何在。[1]讨论者从多个视角探讨了这些问题，笔者仅以其中三个讨论为例：（1）有学者指出，中国哲学在经历了近百年的发展后，应当由"以西释中"的表达方式转回"以中释中"的自我表达。他们认为现代意义上的中国学科受到了太多西方哲学的影响，这导致中国哲学这一学科的研究之表达都是"以西释中"甚至"汉话胡说"，其结果是中国哲学研究无法真正言说中国哲学本身，而我们近百年来所得出的中国哲学研究成果都不足以精准表达、深入理解中国哲学。由此，他们强调中国哲学研究应拒斥西方哲学的参照，完全回归中国哲学自身的问题意识、思想理论乃至语言表述，所以他们认为研究中国哲学必须"以中释中""汉话汉说"。应当说，这样一种理论呼声是有其正面意义的，那就是强调中国哲学的特殊性，以摆脱百余年来西方哲学的学术强势、话语霸权，进而可以深入中国哲学的独特问题意识和独有思想理路中去。但同时我们也要看到，这样一种强烈的对西方哲学的拒斥，也蕴含着一种对哲学普遍性的拒绝，而这种拒绝很可能造成我们的中国哲学研究不够专业、不够学术，最终事与愿违地无法在世界学术界中占有其应有之地位。（2）也有学者指出，中国哲学的合法性之所以成为问题，其实根源于我们到底如何理解哲学，尤其是哲学是单一形态的（以西方文明的哲学为标准），还是多样的（中华文明、印度文明、伊斯兰文明等都有自己的哲学）。由此，哲学的多样性与多元文明的哲学性对话成为重要问题。很多学者开始借助维特根斯坦的"家族相似"观念来阐发哲学

---

[1] 关于这场中国哲学合法性争论，一些学者在回顾改革开放40年或新中国成立70年的中国哲学发展历程的文章中进行了反思。参见李存山：《中国哲学研究40年》，《中国哲学年鉴（2018卷）》，中国社会科学出版社，2019年，第24—26页；王中江、姚裕瑞：《曲折、转变与新进展——中国哲学70年研究历程回顾》，《社会科学战线》2019年第8期。

的多样性，也有学者借助中国古代的"达、类、私"之概念划分来理解多元性的哲学。其实张岱年先生在《中国哲学大纲》"序论"中对此就有精彩论述："我们也可以将哲学看作一个类称，而非专指西洋哲学。可以说，有一类学问，其一特例是西洋哲学，这一类学问之总名是哲学。……中国哲学与西洋哲学在根本态度上未必同；然而在问题及对象上及其在诸学术中的位置上，则与西洋哲学颇为相当。"[1]也就是说，中国哲学与西方哲学都是关注宇宙与人生的根本问题的，但在根本态度和言说方式上存在很大区别：由前者，中国哲学这一名称是成立的；由后者，中国哲学有其独特性。正是在对哲学的这种理解形态下，21世纪以来，儒家哲学与基督教哲学、与伊斯兰哲学，道家哲学与基督教哲学，乃至中国哲学与印度哲学等多元文明的哲学对话，在杜维明先生等的推动下，在中国哲学界成为一个潮流。与此相应，比较哲学研究等也在中国哲学界方兴未艾。应当承认，这样一条通过哲学多样性来解决中国哲学合法性的思路有重要意义，因为它不是就中国哲学而言中国哲学，而是从哲学角度进行根本性的改变，而且这条思路也在文明冲突与文明对话交替出现的当下时代，成为世界性的哲学潮流。不过我们应当注意到，这样一种多样性的哲学观很可能存在将哲学做"薄"、做"浅"的危险，有可能以哲学的丰富性为理由伤害哲学的深刻性。这是我们在进行多样性哲学思考和多元文明哲学对话时必须警醒的。（3）还有学者指出，我们研究中国哲学当首先明确中国哲学不是西方式尤其是经典德国哲学式的体系性哲学，而是一种以诠释、阐释为特征的哲学，所以在选取西方哲学的参照系时，当非常谨慎。因着这种认识，一批学者选择了西方诠释学为重要的思想参考资源，试图以"中国解释学/中国诠释学/中国阐释

---

[1] 张岱年：《中国哲学史大纲》，载《张岱年全集》第2册，河北人民出版社，1996年，第2—3页。

学"来言说中国哲学。在这样一条思路中，我们可以发现它试图在中西古今之间进行一个精彩的闪转腾挪：不同于胡适、冯友兰、牟宗三等的哲学背景无法容纳经学，中国解释学恰恰可以很好地诠解在中国思想史上占据重要地位的经学；不同于一批强调中国哲学本位的学者强烈拒斥西方哲学，中国解释学积极吸收施莱尔马赫、伽达默尔、施特劳斯等的思想理论与哲学方法，并将之与中国哲学固有的诠释方法与解释原则进行对话；不同于中国古代哲学对诠释方法和解释原则的自觉性研究不足与哲学性反思不够，中国解释学自觉探讨经典阐释中所蕴含的哲学深意与方法系统，从而使阐释真正具有了哲学性；不同于近百年来的中国哲学研究成果偏重对所谓哲学家思想内在发展逻辑或哲学史演变规律的研究，中国解释学更加关注经典的产生与延续以及经典中义理的不断生发与展开。可见，中国解释学试图对中国哲学研究予以一个全新的改造。当然，就它目前所呈现的相关研究成果来说，这样一种工作并没有得到完善，如到底如何理解中国古代哲学的诠释方法仍是个重要问题，中国古代哲学的解释原则与西方诠释学的解释原则同异何在也没有得到完美的解答，以及太过强调中国哲学的解释学传统是否会造成对中国哲学之体系思想、系统理论的伤害仍未有定论。可见，中国解释学也仅仅是部分学者对中国哲学合法性问题的一个尝试性解决思路和处理方法，而不能从根本上解决、回答这一问题。

由以上三个方面的回顾我们可以发现，中国哲学合法性讨论虽然在某种程度上带有一种陷阱性甚至虚假性，但是它确确实实地带来了中国哲学主体性的觉醒，即中国哲学研究者或强或弱地摆脱了对西方哲学的依赖，而开始以更强烈的主体意识进行中国哲学研究。当然这并不是说要彻底拒斥西方哲学，而是要由以前的完全的形式上的依赖，转变为以西方哲学为方法参照、思想资源，来更深刻、更本真地理解中国哲学。

三 经学研究复兴与史学、礼学研究的继起

在经历了中国哲学合法性的讨论后，一个关键问题呈现在中国哲学研究者面前：在中国传统学术中，关注宇宙与人生根本问题的很多内容并不在子学之中，而属于经学，甚至存在于史部和集部之中。也就是说，胡适、冯友兰、牟宗三、唐君毅等的以子学方式研究中国哲学的方法具有很大的局限性，因此近20年来，中国哲学研究界掀起了一股经学研究复兴的热潮。其实吕思勉在《经子解题》中就对经子关系有深刻论述："盖人类之学问，必有其研究之对象。书籍之以记载现象为主者，是为史；就现象加以研求、发明公理者，则为经、子。……经、子本相同之物，自汉以后，特尊儒学，乃自诸子书中，提出儒家之书，而称之曰经。此等见解，在今日原不必存。"[1]因此，我们今日在研究中国哲学时，根本不必再存区别经学和子学的态度，而执着于何者更加哲学。而且，既然秦汉以后已为"经学时代"，则在处理思想文献和研究的具体方法上，当然应以更符合经学自身的样式去进行。若一味固守胡适、冯友兰、牟宗三等的哲学观、研究对象和研究方法，则无法呈现中国哲学更多的真实内容和丰厚的思想资源，也难以创发真正具有中国特色的"新中国哲学"。当然，近年来经学研究的复兴其实也离不开西方哲学的影响，这就是上文提到的受西方诠释学影响而产生的中国解释学研究脉络。在某种意义上，正是有了诠释学的"加持"，经学研究在哲学研究中方具有了更强的正当性。

若我们再进一步探究经学研究复兴之原因，我们会发现其中还关联着一个对中国哲学十分重要的问题：中国哲学的开端在哪里。也就是说，在胡适、冯友兰"截断众流"的"子学时代"之前，作为"中

---

[1] 吕思勉：《经子解题》，华东师范大学出版社，1995年，第1页。

国哲学"开端的中国思想是什么样子的？这个阶段可以叫"前诸子时代"，它正是"六经"的形成时期，可说是另外一种意义的"经学时代"。只不过它不是诠释"六经"的时代，而是"六经"产生的时代。要理解这个时代，必须依赖"六经"，必须重新进入经学。因此经学研究的复兴，也是对中国哲学来源之探讨所必需的。[1]而对于中国哲学研究来说经学研究复兴有其必要性的另外一个原因是，当中国哲学研究可以正视经学思想资源时，其本身的丰厚性大大增加：《尚书》学"《春秋》学"探讨了政治哲学、历史哲学等，"《诗经》学"探讨了艺术哲学、教育哲学等，"《周易》学"探讨了宇宙论、历史哲学等，"礼学"探讨了人生哲学、政治哲学等。所以，没有对经学的深入理解，我们既遗漏中国哲学中的很多重要讨论甚至核心问题，又忽视中国哲学与西方哲学很多不同的思想特质与运思方式。

由此，近年来在中国哲学研究中出现了非常丰富的经学研究成果：郑玄、何休、孔颖达、阮元、焦循、廖平、皮锡瑞等以前中国哲学史中几乎没有得到研究的经学专家，都得到了学者们的研究；由中国哲学研究者撰写的经学研究著作出版了多部，如姜广辉主编的《中国经学思想史》贯通性地呈现了中国经学发展的内在思想脉络，《春秋公羊学史》《孝经学史》《礼记学术史》等是对专经的通史性著作，其他就某一经在某一时代的发展历程或某一位经学家思想的研究著作更是数不胜数；汉代经学在之前的中国哲学史研究传统中一直没有得到应有重视，但其实汉代思想在很大程度上形塑了此后1000年的中国哲学，因此近30年来，学界对以董仲舒、公羊学为代表的汉代经学乃至谶纬

---

[1] 需要指出的是，对"前中国哲学"时代的研究，成为近年学界的一大热点，李泽厚的《由巫到礼 释礼归仁》、余英时的《论天人之际》、余敦康的《中国宗教与中国文化（第二卷）》等著作都对此有精彩论述。

之学等都进行了颇有深度的研究；清代思想以前因为更多和经学相关以及清学号称"朴学"而不太受到哲学史研究的重视，但近年来，清代的诸多经学派别开始得到学界的重新研究，学界尤其注意梳理清代经学思想与此前宋明理学的关联性，以及其对于近现代思想发展的开端性意义；等等。总之，经学研究已经蔚为中国哲学研究中的重要领域。

如果说经学研究在中国哲学学科中的兴起已经持续了一段时间的话，那么，中国哲学与中国传统史学的关联，则是近几年中国哲学研究中的一个新趋向。我们知道，中国哲学或中国哲学史这门学科的诞生与发展和中国史学有着割舍不开的关系：《古史辨》中相当多的内容是关于中国哲学的，古史辨派和当时的众多中国哲学研究者都有着紧密联系；抗战时期的中国哲学研究与当时钱穆、陈寅恪等人的中国历史研究相呼应，都试图阐发旧中国、创生新中国；近年来葛兆光、许宏等人对早期中国的形成和"中国之所以为中国"的研究，在很大程度上催发了当下中国哲学与史学的深度勾连。而在中国传统学术中，经史更是紧密联系的，所谓"史之大原，本乎《春秋》……《六经》皆史也"（《文史通义·答客问上》），"古人文无定体，经史亦无分科"（《文史通义·传记》）。在《汉书·艺文志》的六略分类法中本没有史学一类，史学附庸在"《春秋》学"之下，所以可以说史学源出于经学；只是当后世史部内容日益扩张后，史学才在四部分类法中获得了独立意义。而在明清以后众多学者的理解中，经学之所以重要是因为其所探究的义理、公理是关于"中国之所以为中国"的，所以经学也可以理解为史学。"六经者，吾国祖若宗开疆辟土，惨淡经营之伟史也。……六经虽为往古之陈迹，而实为后来所取资；虽为事实之记载，而实为学理所隐寓。"[1]可见，史学与经学有着无法割裂的

---

[1] 江瑔：《新体经学讲义》，华东师范大学出版社，2014年，第1页。

关系。因此经学研究复兴后，自然会引发史学与中国哲学的关联。而"作为中国古典文明核心与根源的经学，正是我们今天重新认识这个国家的性质的立足点，也是我们今天重新认识历史的根据"[1]。在当下的经学研究者心中，经学研究具有浓重的史学意味，即他们研究经学是为了重新理解中国。正是在这种学术发展的脉络下，越来越多的中国哲学研究者甚至哲学其他领域研究者开始关注史学，运用哲学的方法研究传统中国，以求更为深刻地理解中国。学者们"试图对中国的历史性给出一个哲学解释……以哲学的方法论去思考何为中国"，而他们如此运思的前提正是"中国的精神世界乃是经史一体，经史互为表里"[2]。也就是说，哲学在这里不再是作为一种系统性的理论出现，而成为一种方法论，学者们借助这种方法论可以穿透中国数千年历史的磅礴历程与无数细节，抵达其核心的历史性——"中国之所以为中国"（如赵汀阳的《惠此中国》等）。当我们如此进行中国哲学研究时，我们不再执着于"中国的"和"在中国"的中国哲学合法性之争，而是以深沉的自觉意识和自信的自我意识来面对哲学、面对中国。

正因如此，礼学研究得以在当下的中国哲学研究中开始复兴，如清华大学、北京大学、湖南大学等都先后成立了专门的礼学研究机构，而曹元弼、张锡恭等礼学学者也进入了中国哲学研究的领域。[3]众所周知，礼学在百余年的中国思想学术发展中一贯被冠以腐朽、落后之名，而其当下的兴起显然是极具标志意义的。这番兴起并不偶然，它是经学、史学研究共同影响的结果：一方面，经学中包含"三礼"，所

---

[1] 干春松、陈壁生：《前言》，载《经学研究第一辑：经学的新开展》，中国人民大学出版社，2012年，第1—2页。
[2] 赵汀阳：《惠此中国：作为一个神性概念的中国》，中信出版社，2016年，第1页。
[3] 关于近年来礼学研究的发展，参见吴飞：《当前的礼学研究与未来预期》，《中国哲学年鉴（2015卷）》，中国社会科学出版社，2016年，第91—99页。

以作为和经学研究深度交叉的礼学研究当然会开始得到学界重视;另一方面,礼学在传统中国实具有重要的价值,"礼者,吾国数千年全史之核心也"[1],故而史学的研究脉络必然延及礼学。柳诒徵认为,"吾国以礼为核心之史,则凡英雄宗教物质社会依时代之演变者,一切皆有以御之,而归之于人之理性,非苟然为史已也。……吾民族之兴,非无武功,非无宗教,非无法律,亦非匮于物资,顾独不偏重于他民族史迹所趋,而兢兢然持空名以致力于人伦日用。吾人治史,得不极其源流而熟衡其利弊得失之所在乎"[2]。礼学不仅是中国历史发展的重要基点,也是中国人理性运用的重要方面,所以它在传统学术中具有史学和经学的双重性,而在现代学术视野下也应当成为关注理性运用的哲学所不可忽视的领域。因此,中国哲学研究不仅不应疏离史学乃至礼学研究,而是应当承认,中国哲学由子学到经学、再到史学乃至礼学的这样一种进展,是中国哲学自身发展的某种具有必然性的趋势,这种发展将更加深刻地把中国哲学的丰厚性与独特性展现出来。

四 中国哲学的深化发展与中国哲学方法论反思

因着中国哲学合法性的讨论而继起的经学研究复兴和史学、礼学研究重新得到重视等,既可以视为对传统中国哲学研究的应激性反应,也可以看作传统中国哲学研究的自发性转生。而以诸子哲学研究、魏晋玄学研究、宋明理学研究为代表的传统中国哲学研究,在中国哲学合法性讨论的刺激下也进一步在专业性、学术性上大下功夫,从而获得深刻且广泛的发展。同时因着出土文献的发掘和海外文献的回流,传统中国哲学研究也获得了一些新的生长点。

---

[1] 柳诒徵:《国史要义》,华东师范大学出版社,2000年,第12页。
[2] 同上书,第13—25页。

首先是20世纪80年代主流的中国哲学范畴问题史研究得到了进一步拓展。张岱年先生作于20世纪上半叶而在80年代引起重视的《中国哲学大纲》以及当时新出版的《中国古典哲学概念范畴要论》引领了那时的中国哲学研究，一大批研究中国哲学范畴问题史的著作也在当时出版。概念范畴的研究范式有助于精准理解中国传统哲学某一思想观念的古今演变，从而在真切把握此观念的基础上与西方哲学的相关思想进行有效对比，这就使这一研究方法兼具哲学史与哲学性双重价值，故而这一范式也成为此后中国哲学研究的经典范式。只不过此后学者由最初的本体论、宇宙论、人生论、认识论之划分，逐渐拓展出心性论、工夫论、理气论、动静论、天人论、历史观、治理论等更加具有中国哲学特质的范畴域。[1]这样一种发展显然是符合中国传统哲学的自身结构与独特性的。当然这样一种研究有其局限所在，就是研究者容易被单个概念范畴的独立性所限制，而无法呈现中国哲学的概念关联、范畴融合之特征。但无论如何，这样一种研究范式有利于我们直接把握中国哲学的核心，因此仍有其重要意义，是不可轻易放弃的。

其次是出土文献研究成为近30年中国哲学研究的一大热点。郭店楚简的出土在20世纪90年代掀起了一股出土文献研究的热潮，一些学者甚至认为郭店楚简可以让我们重写学术史、哲学史。郭店楚简既有《太一生水》这样黄老道家宇宙论的原创性著作，也有《老子》的不同写本，既有补白思孟五行说的《五行》篇，也有丰富孔孟之间儒家思想丰富性的《性自命出》《穷达以时》《唐虞之道》，确实堪称研究先秦哲学思想的一个宝库。因此从庞朴、李学勤到陈来、李存山、廖名春、丁四新、梁涛、郭沂等，都对郭店楚简进行了丰富而深刻的研究，在一定程度上改变了对先秦哲学的认识。而随后出现的上海博

---

[1] 这方面的代表作是李存山：《中国传统哲学纲要》，中国社会科学出版社，2008年。

物馆楚简、清华大学楚简、北京大学汉简等，虽然还存在一些认识和理解上的分歧，但它们都大大丰富了我们对先秦哲学的理解。其中清华简的相关文献让中国哲学界认识到，黄老学在先秦时期的重要性在以往的中国哲学史研究中没有得到学者的充分重视。因此，近年来王中江、曹峰、李锐、郑开以及一批中青年学者等都对黄老学进行了深入研究。可见，出土文献的研究对我们重新理解先秦哲学具有重要作用，它既补充了此前先秦哲学的诸多空白，甚至破解了一些千年谜案，更让我们真正感受到诸子百家思想碰撞的多元与深入，以及先秦诸子在思考当下、面向未来时是如何努力构建一种多元一体的哲学形态的。

　　再次是先秦诸子哲学、魏晋玄学研究、宋明理学研究都得到了极大细化和深化。在先秦哲学方面，对孟子、荀子、老子、庄子、韩非子等的研究近年来都得到了巨大推进。以北京大学的庄子研究为例，在刘笑敢于20世纪80年代出版《庄子哲学及其演变》之后，北京大学哲学系一直重视庄子哲学研究，近年来，王博、郑开、杨立华先后出版了他们的庄子哲学研究著作，将对庄子的理解在思想领域和哲学深度上都予以了极大推进。再以荀子研究为例，近年来学界的荀子研究摆脱了之前只重视荀子天论和人性论思想的研究模式，而转向对荀子道德哲学、政治哲学的整体发掘，廖名春、林宏星、梁涛等在此领域都有创新发现。在魏晋玄学方面，虽然主要的研究范式没有摆脱汤用彤范式的笼罩，但是在理解角度上有所创新，理解深度也得到加强。如余敦康将玄学思潮和时代的社会与精神状况紧密结合，从历史深处探寻玄学思潮演变的现实动因，从而把玄学从本体论哲学还原为与社会历史和政治密切相关的精神现象学；朱汉民从人格理想、身心之学、性理之学、经典诠释、《论语》学以及《周易》学等六个方面呈现出作为"新道家"的玄学与"新儒家"的理学之间的内在关联；王葆玹则打通汉晋，以更通贯的思路来理解魏晋玄学的哲学贡献以及此种哲学形态对经学等学术内容的辐射。宋明理学是近40年来中国哲学研究最为火热的一个领域，从周敦颐、张载、二程、朱熹、陆九渊、王阳明、王夫之等一流理学家，到胡宏、张栻、陈献章、罗钦顺、湛若水、王畿、刘宗周、黄宗羲等理学发展脉络中的主要人物，再到范仲淹、司马光、苏轼、王安石、李觏、陈亮、王廷相、方以智等和理学发展有密切关系的人物，以至于二程弟子、朱熹弟子、阳明弟子等一些在以往中国哲学研究中比较边缘的人物，都受到了学界的关注。以蒙培元、张立文、陈来、张学智、吴震为代表的一大批学者在该领域都有经典性著作。需要指出的是，宋明理学研究自从20世纪80年代恢复热度以来，始终是中国哲学研究中最为热门、研究者最多的一个领域。之所以出现这样一种状况，一是因为印刷术的发展，使宋明以来保存的文献非常丰富，具有极大的开拓空间；二是因为在"唐宋变革论"等历史观影响下，宋明理学与近现代中国哲学的关系受到重新审视，它不再是"腐朽落后"的内容，而成为古典中国迈向现代中国的"先声"；三是宋明理学在哲学高度上来说，确实代表了中国传统哲学的思想高度，其关于本体论、形而上学、心性论、工夫论乃至政治哲学、道德哲学的讨论皆堪为中国传统哲学的"最高音"。当然在这样一种繁荣现象的背后也有一个问题，即日渐走向过于细密的研究有可能会压倒对宋明理学根本问题意识和哲学脉络的探讨。

最后，近现代中国哲学研究在近40年来发生了巨大改变。在20世纪90年代之前的中国哲学史论述中，近现代的中国哲学发展多呈现一种比较消极的面貌，但是随着中国哲学主体性的觉醒，我们对近现代的中国哲学之理解发生了巨变。一批晚晴民国思想家的哲学思想得到了重新认识，如康有为、章太炎、梁启超、皮锡瑞、刘师培乃至胡适、冯友兰、贺麟、金岳霖等。之前的中国哲学史叙述多数是按照先进与落后、激进与保守、改良与改革等脉络来对近现代哲学家进行描绘的，这种过度简单而机械的论述显然无法呈现晚清民国那样一个思想澎湃且复杂发展的大时代。因此自20世纪90年代以来，学者们开始摆脱两极性的论述，从追求现代化、追求中国富强、追求中华民族复兴的视野，以多角度、多层次"同情的理解"来重新认识那个时代的学者。如干春松对康有为的研究和张志强对章太炎的研究，都极大改变了人们对这两位当时最重要思想家的认识；其他如王中江对严复的研究、陈来对冯友兰的研究、张学智对贺麟的研究等，也都丰富了我们对那个时代的思想之复杂光谱的认识。也正是我们开始能正视那样一段中华民族悲伤而又奋进的历史，才能使中国哲学主体性意识真正觉醒，进而开拓出更丰富的中国哲学研究领域乃至进行"新中国哲学"的创造。随着20世纪80年代"现代新儒学"思想从海外进入和重新被发现，中国哲学研究经过了深入"现代新儒学"进而超越"现代新儒学"的发展。在"国学热""儒学热"的20世纪90年代，"现代新儒学"的出现为儒学的现代化、学术化标举出了一个思想的标志甚至标准，因此在此后的近20年时间中，"现代新儒学"研究成为学界研究的一大热点，方克立、郭齐勇、颜炳罡等多有重要的研究成果。但伴随着中国哲学合法性大讨论，"现代新儒学"所内含的过强的西方哲学影响及其哲学思路受到了极大挑战，批判乃至超越"现代新儒学"成为此后"现代新儒学"研究的重要面向，杨泽波、唐文明等对此都有深刻论述。对此现象，一方面我们应当承认"现代新儒学"在20世纪末和21世纪初的重要意义，因为他们的思想深刻性和对中国传统文化"招魂"的努力，确实无论在哲学思想上还是在人格上都影响了一大批学者；另一方面，我们也要承认"现代新儒学"的局限性，即他们过强地被民主与科学两个问题所压迫，所以无法从容地进行中国哲学史的研究与哲学阐发，这就导致他们的哲学思想和阐释脉络具有过强的内敛性，而无法全面呈现中国哲学的独特性与丰富性。当然，尤其重要的是，"现代新儒学"最核心的问题是过于依傍西方哲学，从而对中国传统哲学进行了"太西方哲学"的阐释。如牟宗三对儒家思想的康德化解释，虽然在一定程度上揭示了儒学的一些哲学特质与思想深度，但其实是将古典儒学削足适履地放到了康德哲学的"形式"中，而罔顾儒学本身所具有的多维形态与独特理路。这就使其理论阐释力日渐狭隘，逐渐无力，"现代新儒学"的后继乏力也正缘于此。因此，我们确实必须实现对"现代新儒学"的超越才能真正阐扬中国哲学的特质而"挺立"中国哲学的主体性，否则就只能带着本不必要的枷锁跳着别扭的舞蹈。

综上所述，近40年来的中国哲学研究在研究领域上得到了极大拓展，在研究的细密度上得到了非常精致化的发展，进而在很大程度上更新了我们对中国传统哲学面貌的认识，并为未来的"新中国哲学"之创生打下了坚实基础。

与此相应的，是学者基于这40年的研究成果，开始自觉在中国哲学方法论上进行反思，以求为未来中国哲学的发展打下方法论上的基础。我们仅以最近一些学者的反思为例：陈少明近年来一直关注"做中国哲学"的问题，他认为应摆脱以西方哲学之样式来分析中国思想的思维，而直接以哲学为方法来研究传统中国的经典和问题，这将让"中国哲学"真正生发当下的力量。为此，陈少明特别提出"做中国哲学"这一倡导。[1] 所谓"做中国哲学"不仅在方法论角度反思了传统中国哲学研究的局限，更明确提出了中国哲学研究必须有哲学性；换句话说，就是我们作为中国哲学研究者，必须从事哲学的工作，进行哲学的创造，这样才是在"做中国哲学"。陈少明认为，这样将不仅为哲学挖掘出更多中国传统资源，同时也让中国传统的经验与精神影响现代哲学。由此，中国哲学在提升现代人生活的精神品质上才更有力量。李景林认为哲学的方法和哲学的内容是统一的，所以"中国哲学"的方法应当依凭于"中国哲学"的内容，这就决定了这一方法是和西

---

[1] 陈少明：《做中国哲学：一些方法论的思考》，生活·读书·新知三联书店，2015年。

方哲学的方法不同的。他主张"将方法收归内容",就是强调现代中国哲学的方法须于中国思想学术传统中整体性和创造性地转出。因此他认为,经学与哲学的研究方式对于现代中国哲学的研究而言,不仅不矛盾,而且具有相得益彰的作用。[1]还有一些学者指出,任何有效的、合格的中国哲学研究,都应该首先接受内在逻辑分析这一规范与标准的检验,否则一些过于宽泛的中国哲学研究有可能沦为带有宗教色彩的信念宣告、文化普及意义的国学教育和起源于任意成见的对古人思想的扭曲解释;也就是说,中国哲学研究应始终保有专业性和学术性,作为现代学术的中国哲学首先是一种专业研究,不可将中国哲学研究自我降格为思想普及或泛文化讨论。

这些反思或强调中国哲学的独特性,或强调中国哲学的专业性,或认为中国哲学研究需要方法论的创新,或认为中国哲学研究仍须继承此前的文献内在逻辑分析的传统方法。其中有一个一以贯之的思想,即中国哲学是一门有自身独特研究领域、符合现代学术专业性要求、具有自身学术脉络且不断自我更新的学术门类。因此,一方面,这一学术研究并不是可以任意进入、任意剪裁、任意解释的,必须有相应的哲学基础、学术训练和文献阅读;另一方面,这一学术研究具有自身内在发展动力,是"常维新"的,所以它也是开放的。正是这样一种坚持主体性的开放性,使中国哲学研究可以在40年的发展后绽放出精彩的哲学成果:"中国哲学"的系统性新创造。

五 "中国哲学"的新创造

中国哲学在经过近40年来的深刻而广泛的发展后,其主体性意识越发觉醒乃至澎湃地绽放开来,而其成果就是多形态的"新中国哲学"

---

[1] 李景林:《将方法收归内容——中国哲学研究方法之反思》,《天津社会科学》2019年第2期。

的创生。在经过深入学术积累与中外哲学对话后，真正属于现代中国的中国哲学开始登场。有别于此前中国哲学研究偏重于哲学史的探讨，当前的中国哲学开始以系统性、学理性的哲学思考来面向问题、理解中国进而衡论文明、通达未来。其中陈来、杨国荣、丁耘、孙向晨、倪培民、黄勇、张祥龙等的诸多思考结果，可说是中国哲学的真正登场，且是十分精彩、重要且具有世界性哲学意义的登场。

陈来先生的《仁学本体论》可说是他多年来中国哲学史研究的一次哲学跃升与理论创造。陈来的"仁本体"是在古今中西的互动张力中提出的。相对于近现代中国思想中的一个重要命题"自由为体"，陈来提出了"仁本体"。"自由为体"是近现代中国为了效法西方以追求现代化而提出的一个口号，其中蕴含着对中国政治体制和治理方法的一个根本性转化。应当承认，这样一个口号在中华民族走向独立自主和进行现代化建设的过程中起到了积极作用，但同时我们也应当注意到，这一口号中隐含着西方中心主义乃至殖民替代主义，而且当"自由为体"深入道德、文化、社会等各个领域后，难免产生负面的影响，比如强烈的原子个人主义和道德虚无主义。因此"仁本体"在一定程度上是对"自由为体"之负面影响的纠偏，即在强调权利的同时也要重视责任，在强调个人的同时也要重视社群，在强调个性的同时也要重视道德，等等。相对于传统中国哲学中的理本体、心本体、气本体，"仁本体"的提出更加具有现代哲学的意义。如果说传统的诸多本体论形态更多的是体系性的形而上本体论的话，"仁本体"则更多是一种现代哲学的关系型的本体论，从而避免了形而上学本体论可能招致的攻击。而且有趣的是，陈来在《仁学本体论》的论述中并没有抛弃他所擅长的哲学史研究，而是通过哲学史的论述来呈现"仁学本体论"的展开，这就使"仁本体"更加具有中国哲学的特色，而不是西方意义上的本体。

杨国荣近年来也创发了他的本体论思想——"事本体"[1]。杨国荣指出，"事"体现了本体论、认识论、伦理学的交融："事"既展开于"化本然世界为现实世界"的过程中而关乎本体论，又兼容认识活动和道德行为而具有认识论与伦理学意义。由此他试图从"事"的角度来理解人与世界的关系，即从"事"出发，对事与世界、事与人、事与史、事与生成、事与心物等问题进行哲学探讨。杨国荣进而指出，现实世界生成于人"做事"的过程，而人的存在活动也展开为人"做事"的过程，所以"事"与"人"是互相展开、共同发展的。这样一种对"事"的本体论理解，一方面是非常现代哲学甚至后现代哲学的，而另一方面又是非常中国哲学的。因为在中国哲学中，人不是个体的、瞬间性的，思想也不是抽象的、独立的。人必须落实于实践，思想必须融会于行动。也就是说，中国哲学不是纯思辨的，而是知行合一的。杨国荣的"事本体"哲学正因此完成了中国哲学的一个创新性发展。

而近年来中国哲学创新中一个最重要的话题域是"生生"问题，杨立华、丁耘、吴飞、孙向晨、杨泽波都深深参与其中。当然这一话题域的生发并没有一个统一的脉络，而是几位思想家各自思考而又有相互对话的。我们知道，中国传统哲学尤其是儒家哲学的一大根本特征是"存有的连续性"，即认为只存在一个世界，不存在此岸和彼岸的断裂性差别。在这样一种认识下，中国传统哲学正面肯定这个世界的存在价值，而对此的集中表现就是"生生"。"生生"一词出自《周易》，后被广泛用以描述这个世界的生生不息、大化流行。其中不仅有

---

[1] 参见杨国荣：《基于"事"的世界》，《哲学研究》2016年第11期；《心物、知行之辨：以"事"为视域》，《哲学研究》2018年第5期；《"事"与"史"》，《学术月刊》2019年第1期；《存在与生成：以"事"观之》，《哲学研究》2019年第4期；《"事"与人的存在》，《中国社会科学》2019年第7期；《中国哲学视域中人与世界关系的构建——基于"事"的考察》，《哲学动态》2019年第8期；等等。

宇宙论、生成论意义，更有本体论、价值论意义。遗憾的是，既往中国哲学研究因囿于西方哲学范式的影响，对此观念的关注一直不足。而近年来学界对"生生"的探讨，则立足于与西方哲学中生成论和价值论的比较，发现了"生生"所蕴含的中国传统哲学的独特价值。吴飞通过比较中西不同的"生成"理解模式，认为"生生"与制造是人类理解生成的两种基本模式。在这两种不同模式的背后，是中西哲学对世界发生、变化理解的根本不同：在制造的模式中，形式被视为本质的、稳定的，质料是现象的、变动的，由此我们的现实世界只能是一个有限世界；而当以"生生"来理解万物，则阴阳这两个兼具形式、质料、动力的因素都处于变易之中，且这种变易是自然而然的，这样我们的这个世界就可能是无限的。由此出发，吴飞认为通过"生生"的理念，可以为陷入现代性困境的人类生活尤其是岌岌可危的人类生命之未来带来某种解救的可能。丁耘则与吴飞分析性、划分性的理解不同，转而采取统摄性、整合性的方式来理解"生生"，为此，他创辟了自己的思想体系：道体学，并写作了他初步阐明自身思想理路的著作《道体学引论》。丁耘特别重视王船山的《周易》阐释，所以他对"生生"的见解可以说继承了王船山对"继"的重视。他指出，王船山以为"道统天地人物，性则专就人而言也"，"继"则表示"天人相接续之际，命之流行于人者也"，而且天命流行之后，"于是人各有性，而一阴一阳之道，妙合而凝焉"。可见王船山的《周易》解以阴阳相推之道解"生生"而张大"继"之义，并以此贯天人、贯道善性。因此，天人之所以为一而非二，是因为天人都是"继"的：继不仅存于人道，亦存于天道。也就是说，人之继天是即人即天、即天即人的。在人性中成就的无非天道，所以"继"是"生生"的总纲，而由此可以解释道体，进而解释道、善、性。"继"的这个流行不已、成人凝道之总体，即"生生"，即"道体"。与吴飞的透显中国哲学特质和丁耘的容摄性哲学系统不同，孙向晨采取了更具有伦理学特征的方式来理解"生生"。一方面，他在与海德格尔对比的意义上凸显了"生生"在"世代之中存在"的生存论结构。而且他指出，海德格尔尽管将"此在"融入世界之中，但"此在"本真地与其他世代"共在"的样态始终被遮蔽着，由此通过海德格尔的思路是无法超越"此在"的小我的。另一方面，孙向晨认为儒家的亲亲、孝、仁等观念实贯通着生成论、伦理学乃至政治学。他尤其指出，儒家所重视的"孝"的"共世代"结构，完成了"伦理"关系的发动，因此是实现仁爱的第一步。而由此，儒家思想可以用"推及"的方法克服"仁爱"最初的有限性和等差性，在教化中把仁爱扩大出去，从而达于"泛爱众"——爱整个人类的境界。也就是说，儒家的亲亲等观念并不是局限于亲人的，而是可以"共时代"于他者的；中国哲学的"生生"观念也不是局限于人类生命的，而是可以"共时代"于宇宙万有的。正是在这个意义上，孙向晨的《论家：个体与亲亲》一转"五四"以来以家为对个体之限制的思路，重新发现了家在现代生活中的重要意义。这可以说是他对"生生"之理解在现代伦理生活中之落实。杨立华对"生生"的理解与上面三者又非常不同，他立足于传统中国哲学的第二位集大成者朱熹的思想，从理一元论的角度来阐发"生生"。杨立华以宋明理学为哲学根基，他深入朱熹的《太极图说解》，以现代的哲学话语和"生生"的哲学思想，重建/重写了朱熹的理一元论。应当说，杨立华的这种工作，更加具有中国传统哲学的现代转化之意义。因为理一元论和"生生"论从来就不仅是本体-宇宙论的问题，更是人生论、工夫论、德行论的问题。所以他的新理一元论重新通过"生生"的角度对"心统性情""德性之知与闻见之知""成己成物""中论""四德"等进行了哲学阐发。与杨立华同样以传统哲学为基本思路来进行"生生"思想阐发的是杨泽波，他的《儒家生生伦理学引论》深入先秦儒学的发展脉络，以孔子为根本建立了自己的"生生"伦理学思想。杨泽波因为曾深入研究牟宗三思想，所以对现代新儒家中的熊十力一脉有深刻了解,正因如此,他以偏重心学的"内觉"观念为思想起点来思考人的心灵。他将人心分为欲、仁、智三性,而不同于西方哲学的感性、理性之二分。进而他以这个思想架构来理解孔子乃至孟子、荀子,于是他发现,心灵的根本特性是"生生",一切性善与性恶、心学与理学等看似极端对立的内容,都可以在"生生"的根本原则下得到会通性的理解。这就是他对"生生"伦理学的建构,而由这种伦理学出发,杨泽波认为很多西方伦理学中的问题都可以得到纾解。可见,杨泽波的"生生"伦理学是一种具有中国哲学主体性的"新中国哲学"系统,而他进而尝试用这一系统来修正西方哲学,这在一定程度上可以说是中国哲学发展的一个重要转变。

其他一些中国哲学研究者,近年来也进行了自己的哲学理念甚至哲学系统的建构,如倪培民的功夫哲学、黄勇的儒家美德论、张祥龙的家哲学等。他们都能从中西对照的视野下突出传统中国哲学的特质。倪培民认为,现代西方形而上学与本体论的困境并不意味着本体论或形而上学就不需要了,而是需要转换思路为境界论的本体论,由此他建立了自己的功夫本体论,即不是从真理性的角度去为价值观寻求一个先验的本体论根据,而是从功法之有效用的角度去寻求本体论的价值。黄勇认为美德伦理学对于中国哲学确实是有益的思想资源,但是当我们消除西方美德伦理学的哲学史背景而用纯哲学结构来理解美德伦理学时则可以发现,很多中国哲学家(如朱熹)是比一些所谓西方的美德伦理学家(亚里士多德)更合格的美德伦理学家。张祥龙的家哲学在哲学的高度和丰富的现象世界表现(如电影、小说等)上进行了对古今中外的家庭理解的对比,从而纠正了新文化运动以来中国思想文化界对家的严重误解。

总之,经过近40年中国哲学的学术化、专业化发展后,新的中国哲学之创新、创造已经成为当下的一个重要的思想文化现象。这不仅是中国哲学本身的主体性之觉醒的体现,更是整个中国学术的主体性之建立与展开的表现。这意味着中华优秀传统文化的创造性转化和创新性发展，在中国哲学研究中得到了真实展现与充沛实现。而且经由这一"两创"的发展，中国哲学在当代焕发出无限活力。一方面，很多其他哲学学科的学者越来越认可中国哲学的深刻价值与世界性意义，从而参与到中国哲学的研究与创新中来，如现象学学者对"心性现象学"的研究，科技哲学家以儒家的人禽之辨反思人工智能中的人机之辨；另一方面，一批中国哲学研究者开始以哲学思想家的身份投入当代哲学思考与探讨的洪流中，如在女性哲学、儿童哲学、人工智能、应用伦理学、现代政治哲学等当代哲学领域中，中国哲学家发出了自己独具理论意义而又不容忽视的重要声音。

回顾、反思中国哲学这40年的发展，我们既看到其沉潜深入之不易，更体会到其自我更新之奋发的生命力，因此我们对中国哲学未来的发展充满希望：中国传统哲学在当下这个时代将更加彰显其独特性与丰富性，并深刻影响我们的现实；而"新的中国哲学"也将呈现更加缤纷的色彩，并产生世界性的意义。

第二节　西方哲学研究

韩　骁

20世纪90年代后，中国的西方哲学研究从80年代的"文化热"中冷却下来，逐渐进入冷静而严肃的专业化研究时期。学者们广泛以"思想淡出，学术凸显"来描述这一现象。但与此同时，学界对于关涉个人、社会、国家与文明的根本问题仍抱有浓厚的兴趣，只是对于问题的挖掘更加深入，探讨方式更加专业化、学术化。这也构成了近30年中国西方哲学研究发展的一条独特线索。而这一线索既要被嵌入西学东渐和中国哲学自主知识体系建设的大脉络中，也要在20世纪欧陆哲学与英美哲学的大分野下才能呈现全貌。由此我们可以进一步将其描绘为三条支线的扭结并行：第一，百余年西学东渐运动更深层次地推进。这主要体现在对于西方哲学史更加全景式的掌握和对于经典哲学文本更加细密严谨的阐释。第二，对当代西方哲学研究前沿问题的追随。20世纪80年代以后，随着美国逐渐成为世界学术中心，欧陆哲学的影响力减弱，英美哲学或分析哲学在全世界范围内成为"显学"。尤其是随着留学归国人员陆续取得教职，中国也出现了一批积极融入英美哲学传统、追随英语学界潮流的学者。也有一批学者继续推进当代欧陆哲学的研究，但更多以文本阐释和哲学史研究的方式进行。第三，对于西方哲学的中国化、本土化思考。不同于单纯地"了解""译介"西方哲学，也不只是出于纯粹智识性的或知识累进的兴趣和目标，部分中国学者从中华文明本身的问题意识出发，有选择和反思地化用、改造西方哲学的思想资源，乃至尝试将马克思主义哲学、中国哲学与外国其他哲学进行有机融合。不管是采取继承还是反叛的态度，这一类西方哲学研究仍然与80年代的文化意识有着千丝万缕的联系。在这一基本视域下，学术虽然凸显，但思想并未淡出，而是以更复杂的方式潜入学术研究的内在理路当中。

要对上述图景进行面面俱到的呈现是一个几乎不可能完成的任务。因此，本报告致力于勾勒近30年中国西方哲学研究在专业领域的基本发展线索，以及这一进展同中国西方哲学界学科自觉、学术自觉、思想自觉、文化自觉之间的关联。我们将看到，这几条支流间绝非单向的促进或阻碍关系，而是随着思想处境和时代问题的变化呈现不同的共存方式。其背后更根本的问题是中国学人面对现代性问题的不同抉择。学术与思想间充满张力的交互作用既带来亟待反思与解决的困难，也将为我们打开理论创造的广阔天地。

一　1990—2010年西方哲学学科概况与发展脉络

近30年中国的西方哲学研究无疑从属于百余年来西学东渐运动的大脉络。尽管中间有短暂的减速甚至停顿，但从总体上看，百余年来中国学界对西方哲学的译介和研究一直有条不紊地推进着，也构成了我们叙述这段学术史时需要首先描绘的底色。与此同时，这一稳定发展的学术进程与不同时期的思想运动交相辉映，呈现出丰富的样态与面貌。

近30年国内西方哲学的学科发展状况与新中国成立以来的西学研究传统有着密切联系。1952年开始的全国高等学校院系调整，初步奠定了此后国内西学研究的格局。1955年，中国科学院哲学研究所成立了以贺麟为组长的西方哲学史研究组，并于同年创办了《哲学研究》，1956年创办了《哲学译丛》。60年代，北京大学、中国人民大学、复旦大学、武汉大学等高校相继成立外国哲学研究所和西方哲学教研室[1]，

---

[1] 参见涂纪亮：《近三十年的西方哲学研究》，《社会科学战线》2008年第2期。

在贺麟、洪谦、熊伟等老一辈学者的带领下，一些高校成为特定研究领域的"重镇"，尤其是在德国古典哲学、古希腊哲学和近代哲学研究方面取得了成果，对于当时国际上较为前沿的现象学与分析哲学也都有所涉猎。尽管出于意识形态方面的原因，西方哲学的研究只能以批判和翻译的方式展开，但从商务印书馆的"汉译世界学术名著"系列就能看出，虽然总量不多，但这一时期已初步搭建起了一个较为全面的西方哲学经典译介框架。从古希腊、中世纪哲学到德国古典哲学、当代欧陆和英美哲学，各个领域都有一些重要著作被译出[1]，同时老一辈学者也在这一时期积极酝酿他们的研究著作，并在改革开放之初引领了新的学术潮流。1978年的全国西方哲学讨论会暨"芜湖会议"是一个重要转折点，此后的西方哲学研究开始呈现百花齐放的态势。这一时期成立了中华全国外国哲学史学会、中国现代外国哲学学会及多个专业委员会[2]；《中国社会科学》、《哲学研究》、《国内哲学动态》（《哲学动态》的前身）、《哲学译丛》（《世界哲学》的前身）等专业期刊也成为哲学研究的重要展示平台；大量译著和研究著作如雨后春笋般涌现；一大批年轻学者开始在学界崭露头角……[3]这些都与老一辈学者数十年如一日孜孜不倦地著书育人有着不可分割的关系。

---

[1] 这一时期出版的译著及研究著作参见黄见德：《西方哲学东渐史》下卷，人民出版社，2008年，第712、714、763—764、772—775、789—790、842—843页。

[2] 中国现代外国哲学学会成立于1979年11月"太原会议"期间，目前学会下辖俄罗斯哲学、现象学、德国哲学、法国哲学、分析哲学、维特根斯坦哲学、解释学、知识论、实用主义、东方哲学10个专业委员会。中华全国外国哲学史学会成立于1981年6月，学会召开了"纪念康德《纯粹理性批判》发表200周年和黑格尔逝世150周年学术研讨会"。学会现下辖古希腊罗马哲学、中世纪哲学、东方唯识学、东西原创文化研究、康德哲学、笛卡尔哲学、世界本原文化研究7个专业委员会。参见冯俊：《中国特色西方哲学研究的历史发展和未来走向》，《哲学研究》2021年第5期。

[3] 篇幅所限，无法将这一时期的代表性学者、著作、教材、译著等一一列出。关于这一时期的学界动态，参见黄见德：《西方哲学东渐史》下卷，第992—993页；涂纪亮：《近三十年的西方哲学研究》，第2—3页；冯俊：《中国特色西方哲学研究的历史发展和未来走向》，第38—39页。

1981年，中华全国外国哲学史学会在北京召开了"纪念康德《纯粹理性批判》发表200周年和黑格尔逝世150周年学术研讨会"。在大会上，学者们围绕"要康德，还是要黑格尔"展开了激烈争论，李泽厚旗帜鲜明地提出了"要康德，不要黑格尔"的口号，这也在一定程度上绘制了80年代初期西方哲学研究的底色。[1] 这一时期人们借助康德哲学高扬主体性和启蒙理性，强调人的权利与自由。此后大量现代西方哲学思潮，尤其是存在主义哲学开始广为流传，成为颇具热度的文化事件，这同样出于改革开放后人们对价值哲学、人学和人的个体生存的关怀。尼采热、萨特热、弗洛伊德热等在学术领域造成的首要影响是使当代德国和法国哲学成为显学。以"文化：中国与世界"编委会主持的"现代西方学术文库"为代表，现象学、解释学、精神分析、法兰克福学派、后现代主义等方面的译著和介绍大量出版，它们也成为学界对抗苏联教科书体系和日丹诺夫僵化教条的有力武器。[2] 而对此的浓厚兴趣也很快引出两条不同进路。一条进路是对现代性本身的反思。到80年代后期，学者们开始直面现代化进程带来的种种利与弊，化用西方哲学的资源探寻中国自己的思想现代化道路，这也引出了"古今中西之争"——冯契所说的"中国向何处去"这一中心时代问题在政治思想领域的反映——这一影响深远的根本议题。[3]

[1] 参见邓晓芒：《重审"要康德，还是要黑格尔"问题》，《华中科技大学学报（社会科学版）》2016年第1期；王南湜：《重提一桩学术公案："要康德，还是要黑格尔"》，《社会科学辑刊》2018年第5期。

[2] 关于20世纪80年代的基本思想境况和所探讨的问题焦点，参见甘阳主编：《八十年代文化意识》，上海人民出版社，2006年，"初版前言"，第3—8页；贺桂梅：《1980年代"文化热"的知识谱系与意识形态（下）》，《励耘学刊（文学卷）》2008年第2期；丁耘：《启蒙主体性与三十年思想史：以李泽厚为中心》，《儒家与启蒙：哲学会通视野下的当前中国思想》，生活·读书·新知三联书店，2011年，第17—19页。关于存在主义的广泛传播及尼采热、弗洛伊德热等现象，参见程光炜：《一个被重构的"西方"：从"现代西方学术文库"看八十年代的知识范式》，《当代文坛》2007年第4期。

[3] 参见甘阳：《八十年代文化讨论的几个问题》，《八十年代文化意识》，上海人民出版社，2006年，第11—26页；甘阳：《从"理性的批判"到"文化的批判"》，《八十年代文化意识》，上海人民出版社，2006年，第543—563页。

另一条进路则是纯粹学术性的。国内学界对康德、尼采、萨特、海德格尔等人的思想开始由情感偏好转为理性探究，进而深挖作为其思想深层根基的德国古典哲学、现象学等传统。对于这些领域的深入了解也持续发酵，与其他时段哲学的研究相互推动。这一时期在古希腊、中世纪、早期近代、德国古典、当代欧陆与英美分析哲学、实用主义哲学等领域都涌现出了一批经典译著和富有洞见的学术成果。商务印书馆出版的"汉译世界学术名著"丛书也在改革开放后开始大量扩充。尽管这些专业哲学著作和研究未获得"文化热"层面的关注，却仍然吸引了人们广泛的理论兴趣。

这一时期出现了两个深刻影响此后学界局势的变化。其一，经过80年代的积累，老一辈学者及其弟子开始系统性地推进国内的西学翻译事业，一些全集和著作集的翻译工程陆续启动。从90年代中后期开始，一批筹划已久的重量级翻译工程陆续完成，如苗力田主持编译的9卷本《亚里士多德全集》、王晓朝编译的《柏拉图全集》、邓晓芒和杨祖陶合作翻译的康德"三大批判"新译本、涂纪亮主持编译的《维特根斯坦全集》等。同时学界也开始注意搜集并译介国际上较为前沿的研究资料，以改善研究文献不足的状况。其二，随着市场经济的发展和改革开放后第一批公费留学的年轻学者归国，国内学界能够更容易地了解到国际上最新的研究状况和成果。很多年轻归国学者扮演了国内与国际学界间的桥梁，将国际学界各领域的前沿信息引入中国，从而给国内学界带来了研究方法、学术规范、科研体制、思想视野、文献资料、问题意识等全方位的革新。到90年代中后期，上述量变终于产生质变。一批中青年学者接连推出了有广泛影响力的代表作。现象学尤其是海德格尔哲学是这一时期的热点，张祥龙的《海德格尔思想与中国天道》（1995）、靳希平的《海德格尔早期思想研究》（1995）、陈嘉映的《海德格尔哲学概论》（1995）、孙周兴的《说不可说之神秘——海德格尔后期思想研究》（1995）、张汝伦的《海德格尔与现代哲学》（1995）、黄裕生的《时间与永恒：论海德格尔哲学中的时间问题》（1997）陆续问世。在胡塞尔研究方面，则有倪梁康的《现象学及其效应——胡塞尔与当代德国哲学》（1995）和《胡塞尔现象学概念通释》（1999）、张庆熊的《熊十力的新唯识论与胡塞尔的现象学》（1995）出版。在分析哲学领域，江怡的《维特根斯坦：一种后哲学的文化》（1996）和《维特根斯坦》（1999）、韩林合的《维特根斯坦哲学之路》（1996）、王路的《弗雷格思想研究》（1996）、陈波的《奎因哲学研究》（1998）等著作起到了重要的思想引介作用。[1] 此外，在古希腊哲学、中世纪哲学、近代哲学、德国古典哲学、当代法国哲学、实用主义哲学等领域，也出现了范明生的《晚期希腊哲学和基督教神学——东西方文化的汇合》（1993）、廖申白的《亚里士多德友爱论研究》（2000）、赵敦华的《基督教哲学1500年》（1994）、傅有德的《巴克莱哲学研究》（1999）、周晓亮的《休谟哲学研究》（1999）、洪汉鼎的《斯宾诺莎哲学研究》（1997）、陈修斋和段德智的《莱布尼茨》（1994）、杨一之的《康德黑格尔哲学讲稿》（1996）、杨祖陶和邓晓芒的《康德〈纯粹理性批判指要〉》（1996）、邓晓芒的《冥河的摆渡者：康德的〈判断力批判〉》（1997）和《思辨的张力：黑格尔辩证法新探》（1998）、梁志学的《费希特耶拿时期的思想体系》（1995）、谢地坤的《费希特的宗教哲学》（1993）、邓安庆的《谢林》（1995）、尚杰的《德里达》（1999）、陈亚军的《实用主义：从皮尔士到普特南》（1999）等著作。[2] 当然，这份名单难免有很多遗漏，但从中可以看到，很多当今中国西方哲学界的"中流砥柱"和"泰山北斗"都是在20世纪90年代中期到21世纪初推出了奠定其学术地位之作。从近30年后的今天回

---

[1] 参见江怡：《现代外国哲学：国内研究现状与展望》，《北京化工大学学报（社会科学版）》2003年第3期。

[2] 参见涂纪亮：《近三十年的西方哲学研究》，《社会科学战线》2008年第2期；黄见德：《西方哲学东渐史》（下卷），人民出版社，2008年，第996—1278页。

看，我们可以不夸张地说，这些著作为此后中国的西学研究奠定了基本框架。

正因为20世纪90年代的良好积累，21世纪第一个十年，中国的西方哲学研究成果才呈现出雨后春笋般的爆发性增长，并且有能力组织撰写多部研究性的西方哲学通史、断代史和国别史。这些著作已经不仅仅满足于介绍西方思想，而是尝试结合西方最新的哲学和哲学史研究成果，有观点、有视角、有批判地解读西方哲学。它们也宣告，中国的西方哲学研究已经建立起了一个能够深度理解西方哲学传统的研究队伍，整体研究状况进入了一个新阶段。这一时期的研究专著与译著已经数以千计，分布在各个专业领域。[1]我们可以着重指出的三个趋势是：第一，国内学界开始系统组织编写西方哲学史系列著作。在通史方面，较有代表性的著作包括由中国社会科学院哲学研究所叶秀山、王树人组织学者编写的8卷本学术版《西方哲学史》（2004—2005），复旦大学哲学院刘放桐、俞吾金担任主编的10卷本《西方哲学通史》系列丛书（2005—2012），涂纪亮主编的10卷本《当代西方著名哲学家评传》（1996）等。在断代史和国别史方面，汪子嵩、范明生、陈村富、姚介厚所著4卷本《希腊哲学史》从80年代初就开始写作和出版，经过近30年努力，终于在2008年出版完成。涂纪亮的3卷本《美国哲学史》（2000）也对国内了解美国分析哲学、实用主义哲学方面有很大贡献。这些通史、断代史和国别史的写作多由老一辈学者组织，但各卷编写者中有不少是改革开放后成长起来、到90年代中后期已经享有较高知名度的中青年学者。[2]这使这些哲学史著作兼具老

---

[1] 参见穆卫国：《基于Google Scholar引文统计的我国哲学学术专著出版状况分析》，《图书馆论坛》2009年第2期。

[2] 关于这一时期的哲学史著作出版情况，参见谢地坤：《西方哲学研究30年（1978—2008）的反思》，《安徽师范大学学报（人文社科版）》2008年第4期；周晓亮：《我国西方哲学研究的回顾、现状和展望》，《社会科学管理与评论》2007年第2期。

一代学者的敏锐洞见、丰富经验与思考深度,以及新一代学者的前沿视野、新颖思路和外语优势。第二,国内学者组织翻译了大批能够反映国外研究动向的系列文集和导读。西方各主要出版社在20世纪90年代后出版了大量哲学经典导读、专题文选、学术指南文集等。这些著作中有基础性的、介绍性的文本导读,但更多是反映不同学科和领域前沿问题的权威性和指导性文集。对这批文集的翻译为国内学者提供了翔实的研究资料,有助于国内专业化水平的提升。目前已经出版的文集包括冯俊主持翻译的10卷本《劳特里奇哲学史》(2003—2017)、《布莱克威尔哲学指导丛书》(2007年起出版)、8卷本《国外经典哲学教材译丛》(2006年起出版)等。此外也有一批国外经典人文研究著作的书系问世,如刘小枫主编的"经典与解释"丛书(2003年起出版,目前西学部分已出版520余册)、刘东主编的"人文与社会译丛"(1999年出版,至今已出版240余册)。[1]第三,除了专业性较强的研究性哲学史外,这一时期还推出了多种西方哲学史和现代西方哲学教材,如赵敦华编写的《西方哲学简史》(2001)、《现代西方哲学新编》(2001),韩震主编的《西方哲学概论》(2006),刘放桐编写的《新编现代西方哲学》(2000),邓晓芒和赵林编写的《西方哲学史》(2005),张志伟编写的《西方哲学史》(2010)等。[2]这些教材同样基于专业研究,注重史料的准确性、概念和论证的严谨性,对此后的西方哲学教育产生了很大的影响。

总体而言,20世纪90年代和21世纪第一个十年是国内西方哲学界不断填补研究空白、向国际最高水平看齐的20年,也是中国学界与西方学界交往日益密切的20年。随着学术化、专业化意识的不断加强,

---

[1] 参见江怡:《我国现代外国哲学研究的30年历程》,《全国外国哲学学术研讨会——纪念"芜湖会议"暨"两学会"成立30周年论文集》,2008年。
[2] 关于这一时期出版的教材,参见赵敦华:《中国的西方哲学史教材甲子综述》,《中国社会科学报》2009年9月22日B1版。

中国学者致力于使西方哲学的图景更加完善、细化，他们的视野也扩展到每个重要哲学家的思想全貌以及西方哲学史的各个局部形象中。对于一些此前关注不够的时段、思想流派和思想家著作，都进行了力度较大的补充。在昂扬的学术氛围中，一方面学者们利用国际学界的研究资源，迅速追赶国际学界前沿动向。以哲学史研究为例，其间诞生的一批著作能够立足于哲学家的原文全集乃至手稿，兼采国内国外众家解释之长，在国际范围内也具有很高水准。另一方面也有一批学者尝试在研究中凸显中国学者自己的视角和问题意识，例如张祥龙的《海德格尔思想与中国天道》就是其中颇具代表性的一部著作。该书敏锐地看到海德格尔"缘构境域式"的思想方式与中国儒家、道家天道观之间的高度相似性，以极具原创性的洞见开辟出了中西思想相互激荡的奇妙空间。此外，在人才培养和学术交流方面，这一时期更多高校成为博士学位授予单位，为学术发展提供了充足的人才储备。国家成立了留学基金委，使更多青年学子能够出国取得学位或进行访学。各高校和科研机构也大力推动国际学术交流，举办了大量国际学术会议，并从1988年起连续举办"中英暑期哲学学院"、"中英澳暑期哲学学院"（自1993年起）、"中英美暑期哲学学院"（自2005年起），邀请了斯特劳森、普特南等数十位英美知名哲学家讲学。在2000年前后有多位顶级哲学家来华访问，如哈贝马斯、德里达、利科、罗蒂等。这些举措极大促进了西方哲学研究人才的培养，也使国内的西方哲学建立了具有良好传承和国际视野的人才梯队。[1]

二　2010年至今的西方哲学研究发展状况

2010年后，由于高校扩招、从业人员增多、留学人员归国、国家

---

[1] 参见江怡：《我国现代外国哲学研究的30年历程》，《全国外国哲学学术研讨会——纪念"芜湖会议"暨"两学会"成立30周年论文集》，第21—22页。

和社会资助力度加强，国内外哲学界出现了有目共睹的学术繁荣。借助学会、研究中心等平台和各种基金项目的支持，国内外学术交流极为活跃。每年仅国内西方哲学界就会举办数十场学术会议。除了每年召开的中华全国外国哲学史学会和全国现代外国哲学学会年会外，还有古希腊哲学、中世纪哲学、德国哲学、康德哲学、法国哲学、现象学、分析哲学等专业委员会的年会、青年论坛，以及不同高校和研究中心举办的各类论坛、工作坊等。每年都有由国家留学基金委或各高校基金资助的大规模公派留学和学者互访活动。马里翁、霍耐特、斯蒂格勒、查尔斯·泰勒、约翰·塞尔、蒂莫西·威廉姆森等知名学者都曾来华访问或开设课程。2018年，以"学以成人"为主题的第24届世界哲学大会在北京召开，这是拥有一百多年传统的全球最大规模哲学会议第一次来到中国，第一次以中国传统哲学思想的学术框架为基础设定主题，突显了中国在世界哲学领域日益增强的影响力。

在政府、高校、科研机构的出版基金资助下，近十余年也有大量专著、译著、丛书出版——《中国哲学年鉴》每年所推荐的优秀学术成果中，就包含上百项译著和专著。仅需简单列举一些出版项目，就能管窥这一时期学术的繁荣境况。近十余年启动或出版完成的大规模译著包括李铁映、王伟光主编的《中外哲学典籍大全》（2016年起出版，外国典籍哲学卷已于2024年出版第一批30卷），李平沤主编的《卢梭全集》（2012），李秋零主编的《康德著作全集》（2003—2013），梁志学主编的《费希特文集》（2014）和《黑格尔全集》（2012年起出版）、张世英主编的《黑格尔著作集》（2015年起出版），先刚主编的《谢林著作集》（2016—2024），孙周兴主编的《尼采著作全集》（2010—2015）和《海德格尔文集》（2018），倪梁康主编的《胡塞尔文集》（2017年起出版）、"中国现象学文库·现象学原典译丛"（1999年起出版），韩林合主编的《维特根斯坦文集》（2019），刘放桐主编的《杜威全集》（2010—2017），杨大春主编的《梅洛-庞蒂文集》（2018

年起出版），张伟主编的《舍勒全集》（2019年起出版），甘阳、刘小枫主编的"西学源流"丛书（2007年起出版，已出版近40册），姜丹丹、何乏笔主编的"轻与重"文丛（2012年起出版，目前已出版近百册），重庆出版社的"思想家和思想导读丛书"（2014年起出版，已出版40余册），徐晔、陈越主编的"精神译丛"（2015年起出版，已出版近40册），等等。还有一系列海外重要研究著作都是在这一时期翻译出版的。而在研究方面，各个领域每年都有大批高水平的学术专著问世，其中一些著作的影响力正在逐渐显现，我们在有限的篇幅内已经无法一一列出。除专著外，依托期刊、数据库等平台，国内学者的论文发表状况同样成绩喜人。除去每年在数百种中文期刊上发表的论文外，国内学者在国际上各类A&HCI刊物发表文章亦不鲜见。可以说，近十余年的国内学界进入了一个新的百花齐放期。各领域都迅速接近或达到国际前沿水平，在研究规模和水平上都与此前阶段不可同日而语。

值得注意的是，进入21世纪的第二个十年后，国内西方哲学研究的面貌悄然发生了变化。经过改革开放以来对西方思想的广泛译介，西方哲学研究界似乎不再单纯以"西学东渐"为主要目的，而是更多将自身也定位为世界学术共同体中的一个成员，为共同的知识积累和学术进步而努力。这在很大程度上是因为随着外语水平的普遍提高、互联网的普及、出国留学人数的增多和国际交流的日益频繁，大批国内学者都可以很便捷地获取国际最前沿的研究资料，并且直接依托会议、期刊等平台与国际学界展开交流。尽管大多数学者仍然是用汉语进行教学、学术交流和论文发表，但由于整体学术风向的变化，学者们的研究风格也自觉或不自觉地与国际学界趋同。所以在这一时期我们很容易看到一个现象：无论是在博士论文还是已出版专著中，对于哲学家整体思想的大部头阐释逐渐减少，转而被对特定哲学问题或哲学家思想某些特定方面的专题研究替代。如果说90年代的"思想淡出，学术凸显"是指学界开始由对根本问题、宏大叙事的关注转向对具体学术议题、领域和传统的关注，那么近十余年的学术研究则体现出非常明显的学术工业特质：第一，学术研究的整体面貌越来越严谨、专业、精致，选题越发细化，论域越发狭窄；在文献掌握、分析论证的严密性和准确性方面出现了高度"内卷"的情况。第二，对根本问题的关注逐渐被学术传统内经过多次迭代的分支问题探讨所替代。如果不了解特定领域的学术传统，可能根本无法理解相应研究具有何种意义。比如同样研究亚里士多德的学者，可能专攻《政治学》的人就无法进入专攻《形而上学》学者的问题域。第三，在学术产品的生产上，期刊论文、基金项目成为首要的评价对象。德国、法国传统中的大部头著作的翻译在学术评价指标体系内的权重逐渐下降，学术论文的数量、期刊等级、项目等级成为首要的评价标准。上述趋势和近十余年分析哲学在全球范围内逐渐占据主导地位的现状密不可分，与此相关的还有整个学术评价和高等教育体系的变化。一言以蔽之，在21世纪的第二个十年，国内哲学界似乎正在经历某种韦伯所描述的"美国化"进程。学者们在各自的专业流水线上生产着知识大厦所需的零部件，例如哲学史研究追求对于文本的精确阐释和对思想资料的最大限度占有，对分析哲学前沿问题的探究则追求数理逻辑验算的准确性和分析论证的严格性。各个领域也更加强调学术具有"价值无涉"的独立性。

但高度专业化的研究方式也带来了一些负面影响。如一些学者为了达到"非升即走"的考核要求，或为了追逐热点、发表标新立异的成果而关注各种琐碎的问题，对于学术全貌并无把握，研究长期处于"失焦"状态；学者间没有共同的问题意识和知识背景，除了本专业内部的少数几人外几乎无法和其他专业领域学者交流，甚至出现了对同一本书的研究"隔卷如隔山"的情况。贺麟曾指出中国近代的西方哲学研究有三大弊病，即从外表、边缘、实用方面去研究西方哲学，这一问题在今天似乎更加突出。更重要的是，基于西方学术工业体制的研究方式与国内原本的研究传统在整体目标、思路和方法上多多少少产生了抵牾，西方哲学在中国是否还有自身独特的使命、是否还应秉持80年代以来的人文关怀和基于中华文明自身传统的问题意识，都成了值得深入探讨的问题。百余年来的西学东渐运动，有着明确的"理解西方"的意图。今天的中国西方哲学研究已经能够在专业领域与西方学界进行对话，但这是否意味着我们对西方文明本身有了更加深入的理解？至少有部分学者已经表达了这方面的担忧：首先，如果仅出于学术生产的功利目的进行学术研究，那么我们就无法获得对于西方哲学传统的整体把握，也无法对研究对象所处的理论和文化语境进行准确的判断。其次，我们也不能真正以西方文明为他者和参照系，来反观中华文明的现代形态。最后，我们也无法做到融会贯通，将西学真正吸纳到我们自身的文化脉络中，从中华文明的理念、价值、关切出发进行理论创造。如果无法沉潜到西方哲学的精神核心，那么无论是对西方哲学自身的理解，还是"以中解西""以西解中"，都难免成为鹦鹉学舌、穿凿附会式的学术研究；对于今天日新月异的科技创新和人类瞬息万变的生存处境，同样无法进行深入的理论思考。[1]

从西方哲学研究的大环境看，我们可以找到两个造成上述转变的重要原因。其一，哲学研究风格的变化。20世纪90年代以来英美学界逐渐占据国际学界的主导地位，对国内也造成了很大冲击。由于马克思主义哲学及其所处的德国古典哲学传统的影响，国内学界在很长一

---

[1] 赵敦华、张汝伦、谢地坤、冯俊、聂锦芳、马寅卯等都提出，当代中国的西学研究存在缺乏整体性视野，越发工业化、知识化、零碎化的困境。参见赵敦华：《西方哲学处境化的历史考察和现实反思》，《外国哲学》2018年第1期；张汝伦：《旧学商量加邃密 新知培养转深沉——四十年来西方哲学研究的反思与前瞻》，《哲学动态》2018年第9期；谢地坤：《外国哲学研究七十年回顾与展望》，http://www.dangjian.cn/djw2016sy/djw2016syyw/201908/t20190816_5222921.shtml；聂锦芳：《确立外国哲学研究的科学导向》，《人民日报》2016年3月21日第16版；马寅卯：《从西方哲学到汉语哲学》，《哲学研究》2018年第12期。

段时间内都追随德国学界围绕哲学史而展开的研究方式，哲学史阐释也更加契合西学东渐的大背景。但随着国内年轻学者大批量到国外留学，很多学者发现即便在欧陆哲学的大本营——德国和法国，英美分析哲学也有着极大影响，一些传统的哲学史研究领域，如古希腊、中世纪、近代哲学乃至德国古典哲学，都开始采用分析哲学的方法并引入分析哲学的问题意识，因此他们开始意识到国内的研究方式并非所谓的"国际主流"。而分析哲学所强调的"面对哲学问题本身"——而非"哲学史"——又具有强大的号召力，因此使一批国内学者在归国后迫切要求革新国内原有的研究方式。但由于与国际前沿接轨的新研究传统并未在国内生根发芽，也没有找到恰当方式接续国内旧有的研究传统，因此这一方法还没能很好地融入改革开放以来形成的学术根脉——当然这一状况近年来逐渐有所改善。[1] 其二，高校评价制度的变化。2004年后北京大学的人事体制改革是一个标志性事件。这一改革基本上仿效了美国高校的办学方式，强调引入竞争机制，以量化标准评价学术成果，实行"非升即走"等考核方式。[2] 与此同时，越来越多的大学建立起博士培养点，大批国内外博士涌向学术岗位，也使学术竞争在客观上越发激烈。在各种因素的交织影响下，论文、学术期刊影响因子和基金项目在学术评价中占据的比重也越来越大。这些因素使国内的学术氛围逐渐发生变化。我们很难简单粗暴地说上述变化究竟是好是坏。但我们必须承认，它们极大地促进了学术市场的竞争，增加了学术成果的产出，提高了学术交流的频率；但上述变化也与学术专业化引起的种种弊端有着千丝万缕的联系。

---

[1] 例如，分析哲学的研究者也开始思考"分析哲学中国化"和"建构中国分析哲学"等问题。但分析哲学如何与20世纪80年代以来中国学界的文化关切和中华文明自身传统相结合，仍然需要艰难的探索。参见江怡：《分析哲学对中国哲学建构的影响——一种历史性的考察》，《南国学术》2022年第3期。
[2] 这一改革构成了理解今天中国高校基本制度和发展方向的关键事件。当时也围绕这一改革展开了激烈争论，参见《北京大学人事体制改革争论综述》，《读书》2003年第8期。

三　中国的西学研究与现代性问题

上文对于近30余年国内的西方哲学发展状况进行了一个初步的粗线条梳理。要真正理解中国西方哲学研究的发展历程，我们需要深入其思想理路，对其内在逻辑进行揭示和阐明。我们将看到，要哲学还是哲学史、要英美哲学还是欧陆哲学、要整体诠释还是细节论证，这些本不应是非此即彼的问题背后折射了中国西方哲学界的踌躇心态，也更加微妙地反映了中国西方哲学研究对现代性问题的复杂态度。

丁耘提纲挈领地指出，中国学术"八十年代精神的原典导师是康德，九十年代的导师则是康德的两极分化——韦伯及海德格尔。九十年代的中国学术属于社会科学，因而海德格尔还在韦伯之次。这就是说，现代化是这个时代的思想基调，而对现代性的哲学反思，则仅是第二声部的衬托"[1]。借用他的讲法，从宏观上说，20世纪90年代后的中国西方哲学界也正是采取了"拥抱韦伯"与"拥抱海德格尔"两种姿态。拥抱韦伯者更多继承了对启蒙理想的一贯信念和对科学化、理性化研究方式的高度推崇，这条思想道路的两端是80年代康德哲学在中国的兴起和近十余年英美分析哲学在国内如火如荼的传播；拥抱海德格尔者则在80年代后期就敏锐地看到了现代性带来的种种困境，并继承了海德格尔对西方文明传统进行通盘思考、同时汲取中国古代固有思想资源来克服现代性危机的路径。这条反思现代性的思想道路与关怀人的个体性和生存境遇的存在主义、推崇中国和西方古典思想的文化保守主义、强调多元与解构之道的后现代主义等路径在不同时期动态地交织着。如陈来所言，科学精神、文化关怀和传统忧思构成了

---

[1] 丁耘：《重启古今中西之问》，载《儒家与启蒙：哲学会通视野下的当前中国思想》，生活·读书·新知三联书店，2011年，第1—6页。

80年代后期的三种思想典型。[1]我们可以明显地看到，近30余年中国的西方哲学发展基本上延续了80年代后期的思想格局，并产生了新的变奏。

与其说是中国的西方哲学研究接纳了一种"韦伯式"的思想路径，不如说是一个"韦伯式"的世界将中国学界裹挟了进来。20世纪初期，欧洲学界就已经针对"时代的思想境况"进行了深刻反思。韦伯告诉我们，在一个业已被理性祛魅的世界里，科学的天职就是清晰地向我们呈现这个世界的事实，告诉我们它的运作机制和内在原理。如果能够对人类的知识大厦稍稍有所增益，那么一个学者就成功地完成了他的使命。而在诸多价值观、世界观和生活方式间进行选择、决断与宣传是神职人员和政治家的事情，科学家至少不应将它们带入自己的职责范围内。韦伯也是在这样一个信念下为社会科学奠定原则的。因此我们毫不意外，随着改革开放的推进，韦伯会成为90年代中国学界的"思想导师"，"理性化"则构成了90年代社会科学领域的核心议题。市场经济高速发展、国家与社会治理的精确化程度不断提高，都产生了对社会科学量化研究的迫切需求，使各个学科全面转型。"事实与价值二分"的原则势如破竹地成为社会科学研究的一般信念。社会科学家们充分认识到工具理性和量化研究的优势，尤其是经济学、政治学、社会学这类实证性较强的学科，几乎只能按照这种方式来进行建构。相比之下，哲学与数学和各种实证科学的"结盟"要滞后很多，在20世纪90年代仅仅缓慢发酵，到了21世纪第二个十年才以发展加速度陡然上升的方式成为显著的现象。我们的问题是，中国学界为什么在90年代"偏爱"海德格尔，在近十余年则越来越向韦伯描述的前景发展？这背后的理由实际上构成了解密90年代以来中

---

[1] 陈来：《思想出路的三动向》，载《八十年代文化意识》，上海人民出版社，2006年，第569页。

国西方哲学发展路径的一把钥匙。

可以说，90年代的"海德格尔热"是80年代"古今中西之争"问题的余绪和回响。80年代中国学界最初对萨特、加缪、波伏瓦等人推动的存在主义思潮产生浓厚兴趣，海德格尔的"烦""畏""本真生存""向死而生""诗意栖居"等概念也高度迎合了人们关切自身生存境遇的情绪，所以海德格尔会引起国人的兴趣毫不奇怪。但随着《存在与时间》（1987）等一批译著的出版，中国学人很快发现，海德格尔的思想并不能用"存在主义"简单概括。以《存在与时间》为例，其中充斥着大量技术性细节和对于西方哲学史的深入批判与反思，尤其是围绕着"存在"概念对于西方存在论和形而上学传统的重新诠释。如果没有足够的哲学史功底，是无法真正读懂海德格尔的。因此，"海德格尔热"实际上已经逐渐脱离公共文化的论域，而成为学术界内部的思想事件。[1]从情绪性偏好中冷静下来的中国学者敏锐地看到，海德格尔的思考恰恰针对的是现代性的总体方案及作为其根基的整个西方思想传统。他构成了一面透视镜，可以让中国学界更加清晰地看到自柏拉图以来西方思想传统中的内在困难。后期海德格尔寻求西方形而上学传统之外"另一个开端"的努力，也与中国学界探寻一条新的现代化道路的尝试不谋而合。他的"境域化"思考方式和对于东方思想尤其是老子的推崇，让中国学界备感亲切，充分呼应了中国学者继承、改造自身文明传统的意识。按照丁耘的说法，"海德格尔穷本究源的'存在之问'终结了关于唯心唯物（黑格尔–马克思脉络）、主体客体（康德脉络）的一切套话，也逼迫中国哲学从源头（也就是从古希腊）追究本体论的全部历史，逐渐明白源于联系动词的ontology与中文之存有、本体的基本差别"[2]。赵敦华在梳理近30余年的"西方哲学处

---

[1] 参见靳希平、李强：《海德格尔研究在中国》，《世界哲学》2009年第4期。
[2] 丁耘：《论西方哲学中国化的三个阶段》，《天津社会科学》2017年第5期。

境化"历程时，总结出了10个学界关注的代表性论题。其中，西方哲学研究方法论问题、中西哲学会通问题、启蒙与现代性的是非功过、后现代主义的哲学评价问题、海德格尔与纳粹的关系问题等[1]，都与"海德格尔和韦伯之争"有着直接关联。因此，尽管社会科学界毫不犹豫地选择了韦伯这位"现代欧洲文明之子"，90年代中国的西方哲学界却在激情与理智的双重作用下选择了海德格尔这位"隐秘导师"。不管学者们是赞同还是反对海德格尔，都很难无视海德格尔的巨大影响。他实际上构成了90年代中国学界思考现代性问题的一个中介。

正是由于中国的西方哲学研究从一开始就植根于中国的现代化进程和建构中国哲学现代形态的思想脉络中，所以才会走出如此独特的一条"本土化""处境化"的道路。这一时期的一些著作即便已经体现出了较强的专业研究意识，也并未按照韦伯所说的"客观实证"的方式推进，即仅以澄清文献细节、还原思想史真相为意图，而是有着反思西方文明传统和现代性问题的明确意识，像张祥龙的《海德格尔思想与中国天道》（1995）、叶秀山的《思·史·诗：现象学和存在哲学研究》（1999）、张志扬的《一个偶在论者的觅踪：在绝对与虚无之间》（2003）等都是其中较有代表性的著作。相当一部分学者虽然吸收了国外一些专业化研究的成果，但总体上仍然秉持80年代乃至整个西学东渐历程中的人文关怀和问题意识。一些学者也逐渐看到，专业研究的深度推进有利于看清问题的复杂性，局部图景的清晰化有利于摆脱大而化之的粗线条理解，能够呈现西方思想关键转折点上面临的更为复杂的处境，理解这些处境对于今天中国的思想探索也有很强的

---

[1] 另外五个问题是西方哲学术语中译问题、西方哲学与西方马克思主义哲学的关系问题、中世纪哲学性质问题、康德与黑格尔的重要性和相互关系问题、政治哲学中的"左""右"之争。由于海德格尔对西方哲学做出了整体诊断，尤其是对亚里士多德以来的存在论传统和笛卡尔以来的主体形而上学做出了深刻反思，所以这些问题也很难与海德格尔毫无关系。参见赵敦华：《西方哲学处境化的历史考察和现实反思》，《外国哲学》2019年第1期。

镜鉴作用。

当然也有相反的情况：尽管学术与思想间并不是"非此即彼"的关系，但两者毕竟有不同的逻辑。宏观的思想史观察往往难免带有特定的价值取向，因而与追求客观真实的专业研究相冲突；追求细节真实严谨的局部研究则很容易会带出与宏大叙事截然相反的结论。在这种情况下，是坚持既定的问题意识和思想框架，还是选择接受更精致、更确定、更严谨的分析和论证，就成为学者们经常要面对的难题，也成为近十余年学界经常争论的问题。不过总体而言，20世纪90年代到21世纪初的中国西方哲学界还是涌现出了一批兼具宏观问题意识和专业化素养的研究，也显示出了学术对于思想的反哺。

在上述变革下，学界逐渐走出了四条"后海德格尔"的道路。其一是继续海德格尔和当代欧陆哲学的思想脉络，向着福柯、德里达等后现代主义哲学推进；其二是沿着海德格尔弟子如伽达默尔、施特劳斯、阿伦特等人的思路走向诠释学和政治哲学研究；其三是在文化保守主义的立场下返回以古希腊哲学为代表的古典传统；其四是反海德格尔、拥抱韦伯的哲学路径，如分析哲学和科学化的哲学。这几条道路也对当代中国哲学的建构造成了影响。在此基础上，学者们或选择以一种保守主义的姿态反思启蒙运动，乃至反对哲学对中国传统经学的改造，或强调在中国哲学、西方哲学、马克思主义哲学融会贯通的基础上发展中国自己的现代哲学形态，又或以当代分析哲学或科学化的哲学形态全面改造中国哲学。[1] 21世纪以来，一方面西方哲学的专业化研究有条不紊地推进；另一方面上述思潮也轮番登上思想舞台。其中接续海德格尔思想的"接力棒"，对中国西学界造成现象级影响的另一位哲学家，正是海德格尔的弟子、政治哲学家列奥·施特

---

[1] 参见丁耘:《论西方哲学中国化的三个阶段》。这里结合了前面的分析和该文中的不同讲法，有一定调整。

劳斯。[1]

21世纪的第一个十年,政治哲学开始成为各领域学者关注的焦点。但不同于英美学界,中国的政治哲学讨论并未以罗尔斯、诺齐克等自由主义政治哲学家为中心,而是在很大程度上围绕美国保守主义政治哲学家施特劳斯展开。与此一道广为流传的还有"重新阅读西方"的口号以及"通识教育"的理念。甘阳、刘小枫在"西学源流"丛书的总序中旗帜鲜明地指出:"不太夸张地说,近百年来中国人之阅读西方,有一种病态心理,因为这种阅读方式首先把中国当成病灶,而把西方则当成了药铺,阅读西方因此成了到西方去收罗专治中国病的药方药丸,'留学'号称是要到西方去寻找真理来批判中国的错误。……新世纪的新一代中国学人需要摆脱这种病态心理,开始重新阅读西方。"[2] 而"健康阅读西方的方式首先是按西方本身的脉络去阅读西方。健康阅读西方之道……在于这种阅读关注的首先是西方本身的问题及其展开,而不是要到西方去找中国问题的现成答案"[3]。"重新阅读西方"的理念和施特劳斯有很大关系。正是通过对于"现代性的三次浪潮"的检视,施特劳斯提出了回到古希腊式价值理念和自然秩序的政治理想。这就需要重新澄清现代人固有的一些信念——因为在现代社会的发展过程中,我们已经不自知地将一些现代思想原则设为前提。如施特劳斯所言,"思想史家的任务是恰如过去思想理解自己那样去理解它"[4],我们在理解古希腊哲人时就需要获得一个古代思想的视域,并且我们也只有在这个视域内才能真正"重新阅读古典西学"。施特劳斯提出了一系列还原理解视域的阅读方式,如借助"字里行间阅读

---

[1] 参见张旭:《福柯在中国》,载《跨文化研究》总第8辑(2020年第1辑),社会科学文献出版社,2020年,第60—103页。
[2] 甘阳、刘小枫:《重新阅读西方》,"西学源流"丛书总序,《洛克〈政府论〉导论》,生活·读书·新知三联书店,2007年。
[3] 同上书。
[4] Leo Strauss, "How to Study Medieval Philosophy", in *Interpretation* 23 (3), 1996.

法"发现哲学家通过写作技艺要表达的真正含义，揭示雅典与耶路撒冷、哲学与政治、哲学家与城邦的关系等。这种阅读方式的意义在于，通过不断回溯源头，揭示出西方文明内部蕴含的困难和张力，让我们能够以一种中立旁观而非盲目崇拜或盲目批判的态度来理解西方现代文明。施特劳斯学派和政治哲学研究在中国一度成为显学，一方面是中国学界对于现代性问题进行思考的延伸，另一方面也表明了中国学界对于海德格尔解决方案的不满和对其更深入的检讨。因为作为海德格尔的弟子，施特劳斯的直接批判对象恰恰是海德格尔。在施特劳斯看来，海德格尔和尼采一样，正代表了现代性最极端也最恶劣的形式，即彻底的历史主义和虚无主义。在此，知识和行为都没有确定的原则，它们都是随历史而变的，完全取决于人的意志决断而非理性。将这一逻辑推到极致，就会得出根本没有确定原则与价值的结论。[1]施特劳斯对西方现代性的反思要比海德格尔更加契合中国传统文化的价值取向，尤其是他提出返回古希腊对于自然价值秩序的正面肯定，也成为国内文化保守主义的理论根据之一。

在施特劳斯的带动下，国内学界对政治哲学的热情空前高涨。以甘阳、刘小枫为代表的一批国内学者也基本按照施特劳斯所描绘的路线图，翻译、研究了一系列政治哲学经典，推出了"经典与解释""西学源流""文化：中国与世界新论"等多种系列丛书。一时间，早期近代政治哲学吸引了很多学者，他们意识到，如果要理解现代世界，就必须追溯到为其制定基本原则的开创者那里，揭示出现代世界开端处的蓝图与裂隙。同时，对现代政治哲学的反思也引导国内学者关注古希腊和中世纪政治哲学的原本脉络。值得指出的是，中国学者并没有盲目接受施特劳斯的观点。他们清晰地看到施特劳斯思想

---

[1] 参见 Leo Strauss, "Three Waves of Modernity", in *An Introduction to Political Philosophy: Ten Essays by Leo Strauss*, H. Gildin (ed.), Wayne State University Press, 1989, pp. 81-98。

中早已为研究者所诟病的一些问题。例如几乎完全回避了形而上学和自然哲学研究，而这恰恰是对现代自然科学造成最强有力冲击的领域；对德国古典哲学这一启蒙运动和现代哲学的最高峰也缺乏讨论，而中国西方哲学界在此方面有着长期且深厚的积累。中国学者有意识地在上述方面进行补充和推进，如李猛的《自然社会》（2015），吴增定的《尼采与柏拉图主义》（2005）和《利维坦的道德困境：早期现代政治哲学的问题与脉络》（2012）等著作虽然受到施特劳斯理论视域的影响，但都有意识地深入形而上学与政治哲学的相互关联及其复杂脉络。

施特劳斯学派也引来了颇多争议，最典型的就是对"何为古典学"的讨论。施特劳斯学派对于古典学的探讨有着"古今之争""雅典与希伯来之争""政治与哲学之争"等明确问题指向，这与西方学界自18世纪以来对于现代古典学的界定并不相同，后者旨在通过古典语文学、历史学、考古学与艺术史的研究，还原古希腊罗马的本来面貌。两种"古典学"背后恰恰体现了西学在不同思想脉络中呈现的不同面貌。2009年，国内学界专门组织了"国内古希腊哲学研究现状和发展"研讨会，实际上就是要探讨中国学人在什么意义上需要古希腊哲学，又在什么意义上能够借鉴古希腊思想的资源，为中国自身的学术发展提供帮助。[1]讨论中的分歧集中在，究竟是应该忠实于哲学家本人的文本和论证，还是应该透过中国自身的问题意识来理解西方。此后也衍生了一系列争论。一些学者指出，与中国学界流行的带有浓厚施特劳

---

[1] 当时的会议记录参见https://www.sohu.com/a/281587422_252534。李猛清晰地指出了古希腊哲学对于中国学者思考现代性问题的意义："中国学者意识到，现代西方哲学不仅削弱了中国传统，同样也在某种意义上背叛了西方自己的传统。古希腊哲学的'古代性'与西方哲学的'现代性'构成了针锋相对的两极，从而向中国思想提供了一条对抗西方现代性的路径。而且，以古希腊哲学为标尺，可以在现代西方哲学中找到古希腊哲学隐秘的追随者，从而借助现代西方哲学的'内战'为复兴中国思想传统开辟空间。"参见李猛：《古希腊哲学与我们》，《世界哲学》2009年第5期。

斯学派色彩的古典学不同，西方古典学界已经有着上百年的发展历史，其基本特征就是高度忠实于文献和材料，强调对于它们的细致辨析。[1]而在分析哲学兴起后，古典学界也引入越来越多的分析哲学方法，重构古典文本中包含的哲学论证，以期为当代哲学提供思想资源。这两种"古典学"之争几乎也可以扩展到一切哲学史研究领域——我们究竟是应该采取一种思想史或文明史的视角来重新阐释传统哲学，还是应该以近乎实证科学的方式还原思想家的本来面貌；究竟是应注重哲学文本在整个思想史脉络中的意义，还是应将其当作孤立的论证，首要关注其概念的严谨性与论证的可靠性？而在分析哲学内部，更是与思想史和文明史直接做出了切割。这实际上也体现了前面所说的韦伯式和海德格尔式学术路径的复杂纠葛——如果按照韦伯式的科学理念来重构哲学，那么哲学既不应做出价值决断，也不应给出关于人和世界的整体性理解，而只需要澄清我们的语言、知识、概念、命题、论证。十余年来，随着中国西学研究的专业化程度越来越高，这两条路径似乎正在加速分裂。但纵观中西哲学史，真正有生命力的哲学都应当是时代精神的精华，学术与思想完全可以相互砥砺促进。这也构成了当今中国学人在发展中国现代哲学、推进西方哲学中国化进程中自觉的使命意识。

四 西方哲学中国化与建构中国哲学知识体系的自主探索

西学东渐作为中国现代化进程的内在环节，随着中国的现代化进

---

[1] 围绕"古典学"展开的争论只是一个案例，由此可以透视近十余年中国思想界的基本境况。关于当时一些有代表性的观点，参见张文涛：《古典学与思想史：关于未来西学研究之意识和方法的思考》，《中国图书评论》2007年第9期；黄洋：《西方古典学作为一门学科的意义》，《文汇报》2012年3月26日第00C版；于颖：《古典学在中国的是是非非》，《文汇报》2015年2月6日第T07版；阮炜：《古典学的学科身份从来就不单纯》，《社会科学报》2015年3月12日第006版；聂敏里：《古典学的新生：政治的想象，抑或历史的批判？》，《世界哲学》2017年第1期。

程一道展开。这使我们在认识西方的时候必然带有中国自身的问题意识与视角。从马克思到康德、黑格尔,再从存在主义到后现代哲学;从海德格尔到施特劳斯,再从分析哲学到哲学的科学化,这些交替出现的思想潮流看似是纯粹的学术史变迁,实际上隐含着我们对于西方文明、对于现代性问题不断地重新理解。我们当然不否认"西方文明"首先是一个他者,所以才需要了解他者的历史,取其精华去其糟粕;但在现代化进程中,随着西方各种器物、制度、观念的输入,西方文明中的种种要素又早已成为我们自身的一部分。这使西方哲学的中国化、处境化不是一种仅出现在想象中的可能性,而是一个正在发生,也必然会发生的事实。我们对待西方哲学采取何种态度,本身就塑造着我们对于中国哲学的自我理解,以及中国哲学的现代形态。问题在于,我们期待以何种方式完成西方哲学的中国化,又希望西方哲学与中国传统文化发生怎样的融合,在中国哲学的现代形态中发挥怎样的作用?

如果我们重新审视近十余年兴起的两种思想倾向——在思想史和文明史的视野内"重新阅读西方",以及在国际学术共同体中面对当代哲学前沿问题,会看到它们背后隐藏了身份意识的新变化。如果我们不考虑一些海德格尔或施特劳斯的拥趸者可能持有的反启蒙主义或文化保守主义价值立场,那么"重新阅读西方"实际上体现了一种立足中国文明主体性来通观西方文明的视野。这一口号所要强调的,无非要确立健康的自我和健康的心态,不要在西方哲学面前亦步亦趋、自我矮化。只有这样,才能既不把西方学术"浅薄化、工具化、万金油化",也不把中华文明"简单化、歪曲化、妖魔化"。[1]这种姿态就类似于现象学中所说的"现象学悬搁",不先行陷入某种价值预设或者盲目信念中,同时平视自身与他者的文明。只有做到这一点,才能公允

---

[1] 甘阳、刘小枫:《重新阅读西方》,"西学源流"丛书总序,《洛克〈政府论〉导论》,生活·读书·新知三联书店,2007年。

地看到彼此之短长。而在"重新阅读西方"的主张背后恰恰屹立着中华文明的主体性视角。因为当我们去追溯西方文明的源流时，其实是作为一个不断与西方文明发生关联的另一个"文明意义上的自我"，尝试去辨认"西方文明"这个他者的全貌，同时也在整体上考量自身要以何种方式与这个他者进一步融合。在这个意义上，"重新阅读西方"正是中国学者们筹划以何种方式实现西方哲学中国化、处境化的前提，同时也是发展创造中国哲学现代形态的前提。

而在另一种"韦伯式"的方案中，哲学的天职则更接近于科学，甚至旨在为科学服务。在很多学者看来，哲学关心的就是普遍问题、普遍真理，不存在"东方""西方"之分；我们和国际学界之间也不是"自我"与"他者"的关系，而是共同属于作为学术共同体的"我们"。在哲学的论域内，唯一的裁判者就是放之四海而皆准的理性。但通常持有这些立场的学者在认定何为普遍问题和学术共同体时，往往以当代分析哲学所构建的学术传统为基准。这也让他们面对一个难以回避的问题：当代分析哲学同样是在欧洲文明的特定脉络中生长出来的。从起源和发展上看，它也有自己的处境性、历史性和特殊性。尽管理性是人所共有的能力，但作为推理前提的各种基本哲学信念则有巨大差异。当代分析哲学往往未经考察地接纳自然科学的一些信念，这在很多欧陆哲学派别中是不可接受的。就此而言，持有这一立场的学者同样具有自己特殊的身份认同。

如果仅将自身看作国际学术共同体的一员，致力于推进某一专业领域的研究，对于学者个体而言无可厚非；但如果从当代中国哲学建构的整体视角来看，中国的西方哲学研究者们势必会面对如何处理中华文明与西方文明的关系、如何对待中国古代和近代思想传统的重大问题。完全接受专业化的研究路径和国际学术共同体的问题视域，实际上也就意味着放弃了从学术层面继承中华五千年古老文明的遗产。对于个体而言，这只涉及学术偏好和自我认同；对于整个学界而言，这却关乎一个民族是否愿意以及如何承担自身的文明使命。从贺麟、冯友兰、张岱年、牟宗三、李泽厚、叶秀山等老一辈哲学家开始，中国哲学从西方哲学中吸收养料以实现自身创造性转化、创新性发展的步伐就不曾停止，这几乎成为中国哲学研究者的思想本能。在学术工业化、产业化趋势日益增强的今天，西学界也仍然有一批学者自觉地传承中华文明宝贵的思想财富，创造着中西哲学相互激荡的空间。我们可以对近十余年来中国西方哲学界建构中国自主哲学知识体系的探索做一个概览。

第一，立足中国传统哲学的基本范畴，探索中西哲学融通之道。目前国内的一批学者尝试以各种方式继承发展中国的传统哲学，并在与西学的切磋琢磨中让中国传统哲学面对现代世界的种种问题和挑战，同时也以中国传统思想资源克服西方哲学内部的理论困难。例如张祥龙最早在《海德格尔思想与中国天道》中看到了中国天道观与海德格尔思想的契合之处。随着他对儒家思想的深入挖掘，他越发从现象学对于主客二分的原初经验、对活"生生"的时间经验的描述中，看到了激活传统儒家思想、使其获得现代生命的途径；他也从儒家思想中看到了克服海德格尔思想中所蕴含的虚无主义、历史主义危机，让中国古代"亲亲""孝悌""仁爱"等生命经验有益于现代生活的可能性。[1]"孝"作为儒家的基本生命经验，在现象学的时间性理论中获得了巨大的思想力量。此后的《从现象学到孔夫子》、四卷本《儒家哲学史讲演录》、《复见天地心：儒家再临的蕴意与道路》、《家与孝》等著作，都体现了张祥龙会通现象学与儒家思想的持续努力。[2]"家"作为

---

[1] 参见张祥龙:《现象学如何进行儒学研究？——论双方方法论的亲和性》,《浙江学刊》2020年第6期。
[2] 关于张祥龙儒家现象学研究的整个历程，参见袁恬:《边缘觅哲思，活泼见真性——张祥龙现象学和儒学思想述要》，载《中国哲学年鉴（2023卷）》，中国社会科学出版社，2024年，第299—312页；唐文明：《复见天地心：儒家再临的蕴意与道路》，载《中国现象学与哲学评论（第32辑）：张祥龙与现象学的中国时刻（纪念张祥龙教授专辑）》，上海译文出版社，2023年，第132—164页。

儒家传统中最为核心的经验，也在孙向晨的"家哲学"中得到挖掘。孙向晨注意到，家不仅是中国古人领会世界的原初方式，而且在西方传统中同样处于重要位置。现代社会以原子式的个人为自身建构的理论出发点，但这毕竟源于对家庭经验的抽象。现代西方哲学家或哲学流派如黑格尔、海德格尔、列维纳斯、精神分析、女性主义都对"家"做出过理论贡献，他们的思考与中国古代思想资源相结合，也能够帮助我们克服现代社会的虚无主义危机，通过"家"的温暖经验实现一种"复归式的救赎"。[1]

除了"家"的基本经验外，"道体"与"心性"这两个中国哲学中最为核心的范畴也被当代中国西学研究者继承过来，做出了很多原创性的工作。张祥龙最早注意到中国古代天道观与海德格尔现象学的亲缘性。这一思路被丁耘加以发扬展开。根据丁耘的自我陈述，他从写作《是与易》（2007）、《生生与造作》（2012）、《道体学引论》（2019）到近两年的"道体学气论"，逐渐将中国文明的标识性概念由"易""生生"过渡到"天道"或"道体"。[2]借助道体概念，丁耘尝试同时判摄中西方哲学，将中西方传统中都蕴含的心、理、气三个传统收束到"道体"的自身展开和显隐运动之中。"道体学气论"则是丁耘近几年更加重视的一个传统。以"气"解"道"，能够同时勾连起传统中国的气论、西方的力量哲学传统乃至马克思的历史唯物主义。

与"道体"或"天道"相对的，则是中国哲学中历来重视的"心性"范畴。中国古代的心性之学，尤其是宋明的心学传统，与西方自笛卡尔以来的主体形而上学有着天然的共同论域，也能与古希腊和中世纪的灵魂学说展开对话。其中，"心性现象学"是尤为值得关注的一个哲学路径。早在1993年，张庆熊就在博士论文《熊十力的新唯

---

[1] 参见孙向晨:《何以归家:现代性的救赎》,《学术月刊》2024年第3期。
[2] 丁耘:《生生、道体与气论》,《周易研究》2024年第2期。

识论与胡塞尔的现象学》中尝试在唯识学与胡塞尔现象学之间架起桥梁。耿宁（Iso Kern）、陈荣灼则在1994年、1995年不约而同地关注到了现象学和唯识学的意识描述有很多相通之处。黄玉顺、陈少明、张祥龙等学者也曾试图将儒家心学与现象学相勾连。不过这一时期的成果更多是零散的专题研究。2010年倪梁康出版《心的秩序——一种现象学心学的可能性》，为"心性现象学"概念的提出奠定了坚实的理论基础；2011年他发表《心性现象学的研究领域与研究方法》这篇纲领性文献，正式宣告"心性现象学"成为中国当代哲学中的一个原创性流派。根据倪梁康的界定，"心性现象学"涵盖了贯穿中西的极广阔领域。可以说，只要涉及意识、心灵或主体之本质和原理，就都可以在现象学方法中重新得到分析与检视。这是一次重大的理论解放。近十余年，倪梁康、方向红、张伟等学者做出了一系列努力，让思孟哲学、阳明心学、唯识学等在现象学的视野下获得了新的活力。[1]与此相近，吴飞的性命论也试图从生命的原初体验出发来统筹中西方哲学。值得注意的是，他并没有将"性命"这一范畴放置在西方形而上学的视野下来理解，而是从中国的性命论出发去反观西方传统，以性命重解西方哲学中的存在、宇宙、主体等概念，将它们共同收束于人所共有的生命经验。[2]这也将"心性"概念扩展到了更加丰富的生命整体之上。

第二，立足汉语独特的语言性质和思维方式，思考用汉语做西方哲学的不同路径。近年来，"汉语哲学"成为中国学界的一个热门话

---

[1] 参见倪梁康：《心性现象学的研究领域与研究方法》，《华东师范大学学报》2011年第1期；倪梁康、方向红：《现象学在中国与中国现象学》，《中国社会科学评价》2016年第4期；韩骁：《道体与心性中国现象学的两条进路》，《中国哲学年鉴（2018卷）》，中国社会科学出版社，2019年，第163—181页。
[2] 参见吴飞：《性命论刍议》，《哲学动态》2020年第12期；《身心一体与性命论主体的确立》，《中国社会科学》2022年第6期。

题。这一思潮主要强调，由于汉语的特殊语法和结构，汉语所表达出的思想内容和所使用的哲学概念也有自身的独特性。因此，汉语哲学的重要任务包括：揭示人类语言基本结构与汉语特殊形态之间的关系；揭示哲学思维的语际困境并探索破解途径；研究哲学语言与哲学风格的关系；关于古代汉语哲学文献的表达方式的重新分析、解读和构造；从汉语哲学角度出发以 Being 为对照对形而上学进行重新思考和分析；在汉语哲学视野下对意义问题的重新理解；古典汉语心性学说进行基于现代方法的意识分析；以汉语哲学研究促进现代语言学与脑科学的综合研究；汉语与思想和社会秩序的构成；从西方哲学的汉语翻译出发探讨跨文化思想交流的可能限度；利用汉语的独特系统进行哲学理论创造；等等。[1]汉语哲学要揭示汉语和哲学的具体关联，指出用汉语进行哲学思考还蕴含着怎样的新理论空间。在这个大背景下，如何用汉语来思考西方哲学，用汉语学习西方哲学会产生哪些新的问题和思想内容，诸如此类问题也是学者们必须面对的。更为重要的是，用汉语思考西方哲学，不只是从一种特殊的语言结构和语法出发去理解一种"他者文明"，而且也是把西方哲学纳入汉语学术的整个思想传统中，让前者成为后者的一部分。所以汉语哲学必然与西方哲学的处境化具有一体两面的关系。具体而言，就是西方哲学在中国只能处于与马克思主义哲学、中国哲学交织共生的关系中，三者的会通既是历史的必然，也是思想的必然。

第三，让中国传统思想资源为当代哲学建构服务。相较于第一种进路，即有意识地立足中国古代文明传统和基于中华文明的身份意识，实现中西哲学的融通，这种思路并不是——或者说并非首要地从历史传承和文化认同出发化用中国哲学。在一些哲学家看来，哲学关心的

---

[1] 参见韩水法：《汉语哲学的任务》，《光明日报》2022年12月5日第15版；孙向晨：《"汉语哲学"论纲：本源思想、论域与方法》，《中国社会科学》2021年第12期。

还是诸如什么是真理、什么是善这类普遍问题。不同文明当然可以给出具有自己视角的解答，但这些解答和其他视角内的解答处在同一个理论空间中，应当在相互对话与交流中接受公共理性的检验。哲学的"在地性"和历史性，与不同文化间的可交流性，还有哲学问题的普遍性，这些现象之间的张力恰恰体现了哲学本身的复杂性。[1]赵汀阳在《中国哲学的身份疑案》中曾对中国哲学和西方哲学中国化的性质展开探讨。在他看来，"既然哲学不是一种地方知识，而是恰如其名地探索一切智慧，那么必定以普遍理性为主体而以思想的一切可能性为对象"[2]。由此他引申出两个命题：第一，一个可持续的哲学之城以未来问题为对象，也总以未来问题来重新解释传统；第二，哲学也只有"当代"一个时态，所有哲学都具有当代性。[3]但这种当代性恰恰体现在，它同时蕴含了过去与未来，并从未来问题出发理解自己的过去和当下。哲学对于普遍问题的关注，在这里被解释成了对于未来总是有可能获得的真理理念的追求。在这个视野下，无论是中华文明还是西方文明的传统，都服务于人类的当下生活，也都服务于人类对于未来更美好生活的理解和展望。赵汀阳的观点也引起了一些争论，例如王齐认为，当前对于西方"学问"正本清源的工作对于思想本身的创造和对哲学普遍问题的探讨同样有着不可忽视的建设性意义，它使中西对话的差异化空间能够真正被打开，而不至于陷入自说自话的局面。[4]吴飞认为，哲学关注的都是普遍的本原问题，但普遍的本原问题都植

---

[1] 因此，中国哲学自主知识体系的建构，也应当更全面地看到哲学的特殊性与普遍性、本土化与国际化间的复杂关系，秉持一种既尊重自身传统，又充分开放包容的态度。参见王俊：《无问西东的缘构发生：关于中国的外国哲学研究与中国自主知识体系建构的思考》，《吉林大学社会科学学报》，2024年第2期。
[2] 赵汀阳：《中国哲学的身份疑案》，《哲学研究》2020年第7期。
[3] 同上注。
[4] 参见王齐：《作为"学问"和"思想"的西方哲学研究——从〈中国哲学的身份疑案〉一文谈起》，《哲学研究》2020年第11期。

根于具体的鲜活经验中,因此应当以哲学追问普遍问题的方式来理解中国哲学的经典。[1]陈壁生则从中国传统经学的角度指出,哲学是在文明中展开的,中国对于哲学普遍问题的回应就寓于经典当中,我们应在文明立场中保持哲学面向本源问题的普遍主义品质;而在中华文明的立场上,对于经典的不断重新解释就构成了"做哲学"的基本方式。[2]这些讨论不仅涉及如何面对古代中国的思想遗产,同样涉及如何阅读西方经典,在何种意义上使它们真正成为推动今天人类精神进步的鲜活力量,而不只是陈旧迂腐的故纸堆。

"西方哲学中国化"最终表现为一种现实的哲学创造活动。它们一方面受惠于西方哲学的理论资源,但又从中国哲学的独特视野和传统出发开辟了新的哲学道路。值得指出的是,这类工作并没有彻底接受一种韦伯式的信念,即哲学也应当像科学一样坚持事实与价值的二分和价值中立;而是回到了中西文明本身的脉络,尝试重新给出关于人与世界的整体性理解。这与中国学界探索中华民族现代文明建设路径的诉求不无关系。在21世纪的第三个十年已经行至半途之际,这些思想努力格外珍贵,并指明了未来中国哲学发展的路标。

综上所述,中国的西方哲学研究在近30余年来既有专业化研究的繁荣发展和有条不紊地推进,又轮番出现了海德格尔(或现象学)、施特劳斯(或政治哲学)和分析哲学等在各方面有着深刻影响的"显学"。在西学东渐的大背景下,中国学界不仅引入西方的当代思想,而且在身份意识的不断觉醒中,从自身的传统出发去化用西方哲学。这个努力也与各领域的专业化研究相互激发与促进。当然在这个过程中,学术与思想并不完全保持一致,而有着各自的运作逻辑,其间的分歧

---

[1] 参见吴飞:《经学何以入哲学?——兼与赵汀阳先生商榷》,《哲学研究》2020年第11期。
[2] 参见陈壁生:《"做中国哲学"中的经典与文明——读赵汀阳先生〈中国哲学的身份疑案〉》,《哲学研究》2022年第3期。

也在最近十年越来越显著。从总体上看，中国的西方哲学研究呈现韦伯式路径与海德格尔式路径的相互交织、争执。尽管近年学界越来越接近韦伯所描绘的现代学术图景，但另一条建设中国哲学自主知识体系的可能道路也在不断孕育。它汇集了中国学人在西学东渐历程中所有的思想积累。在对现代性进行深刻反思的视野中，一批中国学人正在尝试探索一个既能够容纳中国古代思想传统与现代西方思想要素，又能够开启中华民族乃至全人类未来生活方式的整全方案。在21世纪的第三个十年，我们已经可以满怀期待地进行展望。

第二章

历史研究

历史学在中国有悠久的历史。近代史学诞生于20世纪初，1902年梁启超发表《新史学》一文，开启了史学革命。随着20世纪20年代新式大学的创立，史学作为一个学科进入近代人文社科领域，并开始通过大学历史系的专业教育培养史学研究者。1928年中央研究院历史语言研究所的成立，标志着史学专门化研究机构的出现。20世纪20—30年代，随着大学史学课程设置的推进，逐渐形成了中国史与外国史（西洋史、世界史）两个部分。中国史形成按照朝代划分时间段落的断代史（如先秦史、隋唐史、明清史与近现代史等）、专题史（如政治史、经济史、文化史、社会史、民族史等）和通史三足鼎立的分类格局。这一局面一直持续到当下，现行的史学分类则是这一三分架构的细化与延伸，最为突出的是专题史的内涵在不断丰富。这种分类架构亦成为诸多史家思考时不自觉的依托。

1990年以来，大学史学教育规模不断扩大。1990年与2018年的有关数据可见下表：

年份	获得历史学学士学位人数	获得历史学硕士学位人数	获得历史学博士学位人数
1990	6394	785 + 5	34
2018	18021	4658 + 41	772

数据来源：《中国教育年鉴1991》，人民教育出版社，1992年。
《中国教育统计年鉴2018》，中国统计出版社，2019年。

获得历史博士学位的人数，2018年是1990年的近23倍，硕士则是5.9倍，学士是2.8倍。目前，设立历史系的高校有210所，中国史硕士授予单位有136家，其中博士授予单位有53家。2018年历史学领域的教师与研究人员共16816人，其中教授（或相当级别）3185人，副教授5315人，高校教师占比95%以上。[1]

1954年，中国科学院成立了历史研究所第一所、第二所，1960年两所合并为中国历史研究所，1977年改隶中国社会科学院，2019年改称古代史研究所，成为中国最重要的古代史研究机构，很多省市亦设立了历史研究机构，这些机构构成了大学之外的史学专门研究队伍。

学术期刊方面，目前活跃的史学类期刊达百种之多，收入"中国知网"的史学期刊包括史学理论6种、中国古代史26种、中国近现代史23种、中国通史35种、中国民族与地方史志45种、世界历史22种，还有很多由出版社出版的史学类集刊。大量高校学报与综合性期刊及社会科学刊物也会刊发历史研究的论文。另外，我国自1986年以来已陆续创办了多种历史类英文刊物。

20世纪80年代以后，各种学术团体纷纷成立。目前，除了中国史学会之外，许多省市都有自己的史学会，更多的则是按照研究对象组成的专业学会或研究会，如中国殷商文化学会、中国魏晋南北朝史学会、中国宋史学会、中国中外关系史学会、中国美国史学会、中国朝鲜史研究会等，也有针对更具体的研究对象成立的学会，如中国孙中山研究会、中国抗日战争史学会等。据民政部统计，名为"××史学会"的社会团体一共有260个。[2]这些团体一般会组织学术会议，编辑

---

[1]《中国教育统计年鉴2018》，中国统计出版社，2019年，第52页。学位授予单位统计数据，承蒙国务院学位委员会学科评议会中国史学科评议组秘书付海晏教授提供。

[2] 据民政部"全国社会组织信用信息公示平台"，https://sgs.mca.gov.cn/article/fw/cxfw/shzzcx/?type=&status=&name=%E5%8F%B2%E5%AD%A6%E4%BC%9A&code=&flag=1，2020年10月21日访问。

论文集，甚至主办学术刊物。

1949—1980年，中国史学研究处于由马克思主义主导的局面，研究课题亦集中于少数特定问题上。这些问题多关涉中国历史的整体认识，带动了经济史、民族史与农民起义研究等领域的发展。这一时期完成了部分文献整理工作，如《资治通鉴》与"二十四史"的整理、《中国历史地图集》的绘制，以及《甲骨文合集》的整理、新疆吐鲁番文书的整理，为80年代以后的中国古代史研究提供了重要支撑。

80年代以来，随着改革开放进程的展开，教条化的马克思主义理解开始受到普遍反思，西方新史学等人文社会科学论著与思想再度传入并流行。以80年代初毕业的年轻学人为主，研究者积极吸收西方新史学的理论与方法，推动中国史学发展。

另外，随着经济建设的全面推进，考古学迎来了大发展，各种出土资料层出不穷，不同时代的考古学新成果遍地开花，这不只带动了东亚人类起源及中国文明起源与发展道路等问题领域不断产生新成果[1]，也推动着历史研究。考古出土的多种带有文字的资料更是直接引领了史学相关领域的发展，如甲骨文与殷商史、青铜器与西周春秋史、简牍与战国秦汉三国史、汉画与汉史、以墓志为代表的石刻与中古史、文书与宋代以降的历史等[2]。早先出土或存世的资料亦得到更精细的整

---

[1] 参见中国社会科学院考古研究所编《中国考古学》已出版的各卷，如《旧石器时代卷》《新石器时代卷》《夏商卷》《两周卷》《秦汉卷》《三国两晋南北朝卷》，中国社会科学出版社，2003—2017年；以及卜宪群主编：《新中国历史学研究70年》"中国考古学编"，中国社会科学出版社，2020年，第53—192页。

[2] 王宇信：《新中国甲骨学七十年》，中国社会科学出版社，2019年；朱凤瀚：《中国青铜器综论》，上海古籍出版社，2009年；科学出版社于2015—2019年出版的《中国古代青铜器整理与研究》丛书，按类出版，目前出版了十七卷；李均明、刘国忠、刘光胜、邬文玲：《当代中国简帛学研究：1949—2019》，中国社会科学出版社，2020年；赵超：《中国古代石刻概论》增订本，中华书局，2019年。

理与公布[1]，更多过去罕见的史料通过影印大量出版，如几套围绕"四库全书"编辑的丛书为宋代以后历史的研究提供了丰富的资料[2]。这些新资料的出现，提供了传世文献之外新的观察过去的立足点，有助于在以王朝为中心、自上而下的历史叙述之外发现新的观察与分析角度。利用大数据处理史料的数字人文技术也悄然兴起，相关课程在不少大学历史系教学中已经出现，华中师范大学与清华大学举办过多次围绕大数据与历史量化研究的工作坊；哈佛大学、北京大学、台湾"中央研究院"与清华大学等合作的中国历代人物传记资料库（CBDB）以及其他内容的数据库建设正在不断推进，国家社会科学基金也积极支持开发建设各种基于史料的数据库[3]；清华大学携手中华书局创办了第一本中英文《数字人文》杂志（创刊号已于2020年1月正式出版），这些都预示着未来数字人文有望成为史学研究的新手段。

（侯旭东，清华大学历史系教授）

---

[1] 1990—2015年，中国第一历史档案馆整理出版的各类明清档案有140种，目录见胡旺林主编：《明清档案事业——中国第一历史档案馆发展历程 1925—2015》附录六"中国第一历史档案馆档案出版物目录"，人民出版社，2016年，第402—415页；更多新近公布的资料见该馆主页 http://www.lsdag.com/nets/lsdag/page/index.shtml?iv。此外，还系统出版了徽州文书、贵州清水江文书、清代的南部县档案与巴县档案等。

[2] 刘志伟：《改革开放四十年明清社会经济史研究的路径与方向》，载《溪畔灯微：社会经济史研究杂谈》，北京师范大学出版社，2020年，第7—12页。

[3] 李华锋、袁勤俭：《2004—2015年国家社会科学基金重大项目立项项目的计量研究》，《现代情报》36卷11期。2016—2019年该基金重大项目支持的历史类数据库项目有28个之多，详见 http://www.nopss.gov.cn/GB/219469/index.html，感谢成鹏同学帮忙整理。

第一节　中国古代史研究

侯旭东

历史资料的发现、公布与整理，社会生活现实的不断变化，加上西方新史学与社会科学的刺激，推动了近30年来中国古代史研究的发展。概括而言，体现在如下几个方面：

一，基于"五种社会形态论"的宏观历史解释基本淡出历史研究，新的宏观解释尚在艰难探索之中。20世纪80年代，多线的历史发展认识产生[1]，并逐渐为众多中国史研究者所接受；"五种社会形态学说"的学术史得到认真梳理，马克思晚年通信中所提出的资本主义发展道路限于西欧的认识，亦越来越受到学界的重视。尽管赞成旧说者依然不少，但这些观点均动摇了以往被视为定论的理论，解放了思想。[2]中国社会性质的讨论持续了半个多世纪，包括奴隶社会与封建社会的分期问题、资本主义萌芽问题，在20世纪90年代基本结束，不再受到学者的关注[3]，与之相关的中国封建社会长期延缓问题，亦随之无人问

---

[1] 罗荣渠：《论一元多线历史发展观》，《历史研究》1989年第1期。
[2] 20世纪80年代争论的情况，见白云：《关于五种社会形态理论的论争》，《中共山西省委党校学报》1988年第6期；新近研究的综述见郭震旦：《音调难定的本土化——近年来若干相关问题述评》，《清华大学学报（哲学社会科学版）》2019年第1期。
[3] 简要的综述参田人隆：《奴隶制与封建制分期的讨论》、许敏：《资本主义萌芽问题的讨论》，均收入陈高华、张彤主编：《20世纪中国社会科学·历史学卷》，广东教育出版社，2006年，第138—153页。

津[1]。这一讨论中,以1979年黄现璠的论文《我国民族历史没有奴隶社会的探讨》[2]为最早,此文随后得到张广志、胡钟达以及沈长云、晁福林等学者的支持,在上古史领域产生了"中国不存在奴隶社会"的观点,形成中国的"无奴学派",影响颇大。[3]2006年冯天瑜出版的《"封建"考论》(武汉大学出版社,2006)一书,对中国传世文献中"封建"的含义及使用"封建社会"翻译"feudalism"的来龙去脉与存在问题,乃至如何重新认识中国古代社会,均进行了系统梳理和分析。是书出版又一度激起讨论,实际加速了"封建社会"这一说法在史学中的消失。1999年全部出齐的白寿彝主编的《中国通史》可以说是一个标志,该书重新使用"远古时代""上古时代""中古时代"等词语区分不同时代,回到了20世纪初中国史刚出现时的用法。目前,"奴隶社会"、"封建社会"以及与之相关的很多概念在史学论著中已很少使用,只是依然见于中学历史教科书。

上述变化与中国人文社会科学寻求自主性、本土化的动向形成呼应。尽管新资料不断涌现,吸引了相当多学者的注意,宏观问题受到冷落,但依然有部分学者致力于探索新的理论解释。2010年5月,《文史哲》杂志社举办"秦至清末:中国社会形态问题"人文高端论坛,并开设专栏讨论所谓"中国封建社会"问题。讨论的基调也是反对过往有关封建社会的主流叙事。2011年,《史学月刊》第3期组织"秦至清社会性质的方法论问题"笔谈,试图从方法论入手探索社会形态研究的突破口[4],其中很多文章都注意到政治权力在中国古代历史中的关

---

[1] 何兆武的《历史研究中的一个假问题——从所谓中国封建社会长期停滞论说起》(《百科知识》1989年第5期,收入其所著《可能与现实:对历史学的若干反思》,北京大学出版社,2017年,第16—21页)对结束这一讨论发挥了重要作用。
[2] 《广西师范学院学报》1979年第2期、第3期。
[3] 陈民镇:《奴隶社会之辩——重审中国奴隶社会阶段论争》,《历史研究》2017年第1期。
[4] 有关论文收入范学辉主编:《结构与道路:秦至清社会形态研究》,商务印书馆,2019年。

键作用，回应了张光直1983年的看法。关于中国国家起源，基于考古资料，也出现了不少新研究，均注意到祭祀（礼制）、战争在中国国家产生中发挥的重要作用。[1]关于中国古代发展道路的研究，至今依然吸引着一些学者的关注，不时会提出新见[2]，但因学界兴趣转移，很少引起讨论。

此外，基于20世纪初传入的进化论而流行的寻求变化的思考方式，促成历史研究中产生各种朝代变革论，分期论亦与此有关。近来，一个新的动向则是有学者开始在"变"之外转而关注"常"，关注历史不同朝代在机制上的反复与循环，以及如何在"常"中出现"变"。[3]这种视角与80年代出现的封建社会长期延续问题的讨论形成呼应，难免会引发对这种认识等同于停滞论的担心。

宏观问题上形成新的统一看法，已无可能。不过，具体研究的喷涌而出，却并没有自然产生丰富的理论，还需要研究者更加自觉地进行理论思考。其中，西方近代学术形成的诸多理论、视角与具体论断，是无法回避的。因而，中国近代思想史、学术史以及西方历史也内在地嵌入了中国古代史的研究中，突破其间的界限是产生富有生命力的理论解释的前提之一。

传统的宏大问题研究的边缘化，为具体问题以及新的理论思考腾出了空间，同时具体研究的勃兴也引发对研究"碎片化"的担

---

[1] 如王震中：《祭祀、战争与国家》，《中国史研究》1993年第3期；《中国古代国家的起源与王权的形成》，中国社会科学出版社，2013年；卜工：《文明起源的中国模式》，科学出版社，2007年；韩建业：《早期中国：中国文化圈的形成和发展》，上海古籍出版社，2015年。

[2] 如王家范：《中国历史通论》增订本，生活·读书·新知三联书店，2019年；晁福林：《先秦社会形态研究》，北京师范大学出版社，2003年；张金光：《战国秦社会经济形态新探》，商务印书馆，2013年；黎虎：《中国古史分期暨社会性质论纲——兼论中国传统社会的主要矛盾问题》，《文史哲》2020年第1期。

[3] 阎步克：《服周之冕：〈周礼〉六冕礼制的兴衰变异》，中华书局，2009年，第432—433页；侯旭东：《什么是日常统治史》，生活·读书·新知三联书店，2020年。

忧[1]。实际上，两者之间的张力，为史学研究发展注入了动力。

二，在具体研究领域，一个颇为明显的趋向是随着资料的不断整理与发掘，研究对象开始转向精英之外的普通百姓，进而研究亦开始跳脱延续数千年的朝廷立场与自上而下的观察，出现更多元的视角，如自下而上的视角[2]、以人为中心的视角[3]、从周边看中国以及内亚视角[4]等。处理资料的方式亦不限于以传世文献为中心，而是利用新出资料补充或论证原先经由传世文献获得的结论，新资料本身的独特价值得到更为充分的挖掘与展示[5]。1992年，建立在新出资料基础上，李学勤提出"走出疑古时代"[6]，激起了古史学界热烈讨论[7]，亦激发了重新认识传世文献及其中所记载的古史的热情[8]，在诸多领域产生了改变既有局部认识的新成果。不少学者意识到20世纪初传入的西方历史解释体系与论断的局限性，开始从具体朝代入手，探索提炼新的认识，

---

[1] 较早提出此问题的见行龙：《中国社会史研究向何处去》，《清华大学学报（哲学社会科学版）》2010年第4期；集中讨论见《近代史研究》2012年第4、5期组织的"中国近代史研究中的'碎片化'问题笔谈"（上、下）。

[2] 如赵世瑜：《叙说：作为方法论的区域社会史研究》，载《小历史与大历史：区域社会史的理念、方法与实践》，北京大学出版社，2017年，第4页；以及诸多历史人类学的研究著作。

[3] 刘志伟、孙歌：《在历史中寻找中国——关于区域史认识论的对话》，东方出版中心，2014年；鲁西奇：《人为本位：中国历史学研究的一种可能路径》，《厦门大学学报（哲学社会科学版）》2014年第2期。

[4] 葛兆光：《预流、立场与方法——追寻文史研究的新视野》，载《宅兹中国：重建有关"中国"的历史论述》，中华书局，2011年，第277—304页；罗新：《内亚视角的北朝史》，载《黑毡上的北魏皇帝》，海豚出版社，2014年，第75—95页。

[5] 亦体现在对20世纪初王国维提出的"二重证据法"的再思考上。

[6] 载李学勤：《走出疑古时代》，辽宁大学出版社，1994年。

[7] 杨春梅：《去向堪忧的中国古典学——"走出疑古时代"述评》，《文史哲》2006年第2期；林沄：《真该走出疑古时代吗？——对当前中国古典学取向的看法》，《史学集刊》2007年第3期。

[8] 集中的成果，可见李零：《简帛古书与学术源流（修订本）》，生活·读书·新知三联书店，2008年；以及李锐：《战国秦汉时期的学派问题研究》，北京师范大学出版社，2011年；徐建委：《文本革命：刘向、〈汉书·艺文志〉与早期文本研究》，中国社会科学出版社，2017年。

学术的自主性在不断增强[1]。

以往缺乏通贯研究的领域，通过学界长期的努力与携手合作，产生了系统性论述，为后续研究奠定了基础。如上海人民出版社在2003年完成了从中华远古史到清史的断代史系列的出版，其中有些是20世纪70年代或80年代著作的再版，有些则是全新的著作（如胡厚宣、胡振宇的《殷商史》与顾德融、朱顺龙的《春秋史》等）或旧著的修订（如杨宽的《西周史》《战国史》），尽管有后续新作，这些著作依然有长久价值。此外，比较重要的成果有白钢主编《中国政治制度通史》（从先秦下至清代，人民出版社，1996）、军事科学院主编《中国军事通史》（夏朝到清末，20册，军事科学出版社，1998）、中国社会科学院历史研究所承担的《中国古代社会生活史》（夏商至清代，10卷，中国社会科学出版社，1998—2005，尚未全部出版）、由原先单独出版的断代经济史构成的《中国经济通史》（先秦至清，9卷，经济日报出版社，1999）、张晋藩主编《中国法制通史》（夏朝至1949年，法律出版社，1999）、陈高华主编《中国风俗通史》（原始社会至民国，12册，上海文艺出版社，2001—2012）、葛剑雄主编《中国人口史》（从先秦到1953年，6卷，复旦大学出版社，2002）、张国刚主编《中国家庭史》（先秦至民国，5卷，广东教育出版社，2007）、张岂之主编《中国思想学说史》（6卷，广西师范大学出版社，2007）、刘泽华主编《中国政治思想通史》（先秦至近代，9卷，中国人民大学出版社，2014）、周振鹤主编《中国行政区划通史》（先秦至民国，11册，复旦大学出版社，2019）等。

---

[1] 如汪晖的巨著《现代中国思想的兴起》，生活·读书·新知三联书店，2004年；陆扬：《清流文化与唐帝国》，北京大学出版社，2016年；包伟民：《走向自觉：中国近古历史研究论集》，中华书局，2019年；李华瑞：《探寻宋型国家的历史》，人民出版社，2018年，第1—5页；赵轶峰：《明清帝制农商社会研究初编》，科学出版社，2017年；林文勋：《中国古代"富民社会"研究的由来与旨归》，《湖北大学学报》第47卷第1期。

政治史与制度史在20世纪初一度陷入低谷，1949年之后，因阶级斗争学说的流行，帝王将相研究已很少受到关注，学者将研究重心放在了体现阶级斗争与历史发展动力的农民战争上。政治史与制度史研究的真正复兴是在80年代，但很快就遭遇了社会史的兴起，只在北京大学历史学系等少数机构占据主流，在更大的范围内则是社会史在唱主角。田余庆的中古政治史研究将过去以阶级为单位的分析方式转化为考察皇帝与家族之间的关系，通过仔细的史料考订、辨析，揭示东晋一朝历史演进的线索，提供了政治史研究的榜样，吸引不少年轻学者效仿和推进，也产生了众多有影响力的论著[1]。祝总斌对隋以前宰相制度的研究，结合了政治过程，而不是空洞地就制度论制度，可谓"活的制度史"的先声。阎步克则从具体制度的变迁入手，借助马克斯·韦伯等人的思考，不仅具体揭示了秦汉时期从爵本位到官本位的变化，也通过一系列分析概念，对整个王朝时期官阶制度演变提供了系统解释，将古代官僚制度的研究从局部升华到整体层面，进而提出与经济史观、文化史观并立的制度史观[2]。邓小南则倡导"活的制度史"，强调过程、关系与行为的结合[3]，关注制度规定与实践之间的复杂性，具体研究则从宋代文书制度与信息沟通展开，在她的带动下，产生了一大批研究成果[4]。基于不尽相同的思考和资料背景，其他领

---

[1] 如陈爽：《世家大族与北朝政治》，中国社会科学出版社，1998年；韩树峰：《南北朝时期淮汉迤北的边境豪族》，社会科学文献出版社，2003年；陈勇：《汉赵史论稿——匈奴屠各建国的政治史考察》，商务印书馆，2009年；仇鹿鸣：《魏晋之际的政治权力与家族网络》，上海古籍出版社，2012年；仇鹿鸣：《长安与河北之间》，北京师范大学出版社，2018年；范兆飞：《中古太原士族群体研究》，中华书局，2014年。

[2] 阎步克：《从爵本位到官本位：秦汉官僚品位结构研究》，生活·读书·新知三联书店，2009年；《品位与职位：秦汉魏晋南北朝官阶制度研究》，中华书局，2002年。

[3] 邓小南：《走向"活"的制度史——以宋代官僚政治制度史研究为例的点滴思考》，《浙江学刊》2003年第3期。

[4] 扼要的概述见李全德：《宋代的信息沟通与文书行政研究述评》，载邓小南主编、方诚峰执行主编：《宋代历史诸层面》，北京大学出版社，2020年，第20—83页。

域亦产生类似倾向的研究；法制史则因出土秦汉律令简牍与新发现资料（如浙江天一阁所藏《天圣令》）的刺激，有长足发展[1]。关于上述研究的反思已出现，也出现了将政治史与制度史置于20世纪新史学脉络下的思考与走出这一框架的新尝试[2]。比如，近年兴起的关于古代政治文化的研究可以视为弥补上述思路中忽视的时人观念、认识的一种尝试。

过去30年中波及范围最广的变化当属社会史研究的兴起，这是20世纪社会史研究第二次兴起，上一次是在20—30年代。这次再兴源于对既往史学研究的反思以及二战以来西方新史学的刺激，研究者成立了"中国社会史学会"，先后组织了17次年会及诸多专题会议，出版了大量论著。社会史研究开辟了诸多新课题，带动研究对象从国家扩展到村落、城市、婚姻与家庭、宗族、结社、宗教信仰、礼俗、日常生活、医疗等，催生了历史人类学、日常生活史、区域史、医疗史等研究方向，将学者从过去狭窄的问题域中解放出来，极大地扩大了史学关注的范围。[3]这一过程中，通过对社会史内涵与研究对象、方法的反复讨论，在研究领域扩张之外，还产生了"自下而上"的观察视角。历史人类学以"走进历史现场"为目标，希望重写中国史，在具体的区域研究中努力践行这一追求[4]，对南方不少区域展开了深入分

---

[1] 王振忠：《明清徽商与淮扬社会变迁》，生活·读书·新知三联书店，1996年；刘志伟：《在国家与社会之间：明清广东地区里甲赋役制度研究》，中山大学出版社，1997年；刘后滨：《唐代中书门下体制研究》，齐鲁书社，2004年；楼劲：《魏晋南北朝隋唐立法与法律体系》，中国社会科学出版社，2014年；黄正建：《唐代法典、司法与〈天圣令〉诸问题研究》，中国社会科学出版社，2018年。
[2] 仇鹿鸣：《陈寅恪范式及其挑战——以魏晋之际的政治史研究为中心》，《中国中古史研究》第2卷，中华书局，2011年，第199—220页；侯旭东：《宠：信—任型君臣关系与西汉历史的展开》，北京师范大学出版社，2018年；《什么是日常统治史》第五章，生活·读书·新知三联书店，2020年，第152—215页。
[3] 详情参见常建华：《新时期中国社会史学》，天津人民出版社，2018年，第101—302页。
[4] 陈春声：《走进历史现场》，《读书》2006年第9期。

析，并扩展到江南、华中、华北与西北地区。尽管也有区域史会消解中国史的担心，但这种视角的提出及其实践将史学研究带入多元化的时代，从长远来看，有助于史学研究形成有益的对话，构建良性的发展机制。社会史研究更是吸引了诸多年轻学者的目光。[1]

相对于社会史的复兴，经济史则渐遭冷遇。80年代以前备受关注的土地所有制与资本主义萌芽问题，因为社会形态问题淡出视野而逐渐被边缘化。在改革开放的大格局之下，加之西方经济学与经济史的刺激，市场、技术、人口与环境、区域经济开始备受关注，各地不断发现的碑刻、契约文书、账单等也刺激了诸多微观研究，形成众多局部热点，如徽学、水利社会、江南与珠江三角洲的区域经济、白银流入的影响等[2]；与经济史相关的财政问题，亦逐渐受到学界关注，从借助汉简开展汉代研究，到很多唐宋明清相关成果的积累，也不乏借用西方财政国家概念分析宋代历史的著作。总体而言，经济史方面发掘的新资料不少，数量经济学的方法应用渐广，集中于局部问题的微观分析颇多。但新角度与新问题并不多，发展乏力，主要仍在西方学术

---

[1] 苏全有、邹宝刚：《中国近现代史专业博士学位论文选题分析》，《湖南工程学院学报（社会科学版）》2011年第4期。中国社会史发展历程的详细梳理，见常建华：《新时期中国社会史学》，天津人民出版社，2018年。

[2] 王振忠：《徽州社会文化史探微》，上海社会科学院出版社，2002年；《明清以来徽州村落社会史研究》，上海人民出版社，2011年；阿风：《明清时代妇女的地位与权利——以明清契约文书、诉讼档案为中心》，社会科学文献出版社，2009年；《明清徽州诉讼文书研究》，上海古籍出版社，2016年；鲁西奇、林昌丈：《汉中三堰：明清时期汉中地区的堰渠水利与社会变迁》，中华书局，2011年；行龙：《山西水利社会史》，北京大学出版社，2012年；樊树志：《江南市镇：传统的变革》，复旦大学出版社，2005年；王家范主编：《明清江南史研究三十年》，上海古籍出版社，2010年；李伯重：《江南的早期工业化：1550—1850》，社会科学文献出版社，2000年；叶显恩：《珠江三角洲社会经济史研究》，稻乡出版社，2001年；黄永豪：《土地开发与地方社会：晚清珠江三角洲沙田研究》，文化创造出版社，2007年；吴宏岐：《明清珠江三角洲城镇发展与生态环境演变互动研究》，长江出版社，2014年；邱永志：《"白银时代"的落地：明代货币白银化与银钱并行格局的形成》，社会科学文献出版社，2018年。

所设定的问题与框架内，将经济视为独立的领域，围绕市场来思考，忽略了中国古代的特点，发现的结论往往是西方经济发展的中国版，尚未跳出西方近代产生的政治—经济—文化分立的思考方式。迄今能够立足本土观念与实践进行分析与思考的成果并不多。刘志伟所概括的"贡赋经济"[1]是一个值得继续探索的方向。

20世纪初因应西方民族主义出现的关注种族或民族的思路演变为民族史，成为一个重要的研究对象与分支。80年代末费孝通的"中华民族多元一体论"，是调和历史与现实的集大成。最近30年，民族史研究引入了西方族群概念，对"民族"概念进行了反复的讨论，对民族史研究的重点也有了新的认识，突破了简单的汉化与融合论以及过度强调种族差别、起源的分析方式，开始重视古人对人群的分类与建构（认同）[2]。有学者提出从政治体角度观察古代民族[3]，拓宽了研究思路。21世纪初，学者参考阿尔泰学与内亚研究的成果，开始关注中国历史发展中的内亚因素，并提炼出内亚视角，形成了与美国"新清史"之间的呼应，尽管对于后者，中国学者反对的声音颇大[4]，但这种跳出汉族中心的观察角度开阔了视野，有助于认识中国历史的复杂性。

20世纪初被视为传统文化的代表而遭到否定的礼制研究与经学，

---

[1] 刘志伟：《王朝贡赋体系与经济史》，载林文勋、黄纯艳主编：《中国经济史研究的理论与方法》，中国社会科学出版社，2017年，第416—438页。

[2] 费孝通：《中华民族的多元一体格局》，《北京大学学报》1989年第4期；姚大力：《追寻"我们"的根源：中国史上的族群及国家认同》，生活·读书·新知三联书店，2018年；罗新：《从民族的起源研究转向族群的认同考察——民族史族源研究的新发展》，载《王化与山险：中古边裔论集》，北京大学出版社，2019年，第157—170页。

[3] 罗新：《中古北族名号研究》，北京大学出版社，2009年；胡鸿：《能夏则大与渐慕华风：政治体视角下的华夏与华夏化》，北京师范大学出版社，2017年。

[4] 讨论见葛兆光等编《殊方未远：古代中国的疆域、民族与认同》中汪荣祖与姚大力的讨论，中华书局，2016年，第270—376页；钟焓：《重释内亚史：以研究方法论的检视为中心》，社会科学文献出版社，2017年；《清朝史的基本特征再探究：以对北美"新清史"观点的反思为中心》，中央民族大学出版社，2018年。

最近30年重新进入学者的视野，甚至成为热点。不仅出现了陈戍国《中国礼制史》（6卷，湖南教育出版社，1991—2011）、杨志刚《中国礼仪制度研究》（华东师范大学出版社，2001）导夫先路，还有吴丽娱主编的《礼与中国古代社会》（4册，中国社会科学出版社，2016），更有众多专题性研究，从商周时期的祭祖礼到清代祭祀与礼制。以往关涉不多的中古史礼制研究成果最为突出，从文本重构到礼典实施以及礼制对民间的影响，均有重要推进。[1] 还成立了不少专门的研究机构，如清华大学中国经学研究院、北京大学礼学研究中心等，吸引了史学研究之外的学者的积极参与，加入了比较与社会科学的视野[2]，这方面的研究甚至被一些学者视为认识中国历史的关键。

经学研究亦开始从思想史或哲学史的近代脉络中跳出，在力图返回原典与语境的脉络下，通过同情式了解重新加以认识。通论性的著作之外，也产生了众多专题性研究，从经典及历代注疏到今天已被遗忘的经学家、各代经学论述等，还出现了《中国经学》《经学文献研究集刊》《新经学》等专门性刊物。以经学问题作为论文题目的博士、硕士学位论文相当多。

史料批评与历史书写研究的兴起亦是一个值得重视的动向。21世纪初，受到日本学界"史料批评"研究的启发，一些研究中古史的青年学者开始尝试进行历史书写与史料批判研究，分析史书的结构安排、其中的模式化书写，讨论其产生的背景，不再将史书视为透明的史料，而是注意到作者、文本、书写传统与时代之间的复杂关系，并

---

[1] 详情参见杨英：《改革开放四十年来的先秦礼学和礼制研究》，《古代文明》2019年第3期；《改革开放四十年来的中古礼学和礼制研究》，《文史哲》2020年第5期。
[2] 吴飞：《婚与丧：传统与现代的家庭礼仪》，宗教文化出版社，2012年；《神圣的家：在中西文明的比较视野下》，宗教文化出版社，2014年；《从丧服制度看"差序格局"——对一个经典概念的再反思》，《开放时代》2011年第1期；《五服图与古代中国的亲属制度》，《中国社会科学》2014年第12期。

将这种思考延伸到对石刻、图像乃至文学史的分析中[1]，深化了对文本（史料）产生过程及其多方力量交织带来的主观性的认识。这一思路亦扩展到从先秦到明清史学的各领域[2]，为更为恰切地把握各类文本提供了启示。这一动向的渊源可以上溯到20世纪上半叶的"古史辨运动"，近则与后现代主义的追求形成呼应，如何进一步发展亦是未来的重要课题。

概言之，过去30年的中国古代史，新资料的整理与研究方面成果丰硕，可以说树木的面貌日益清晰，对总体森林的认识走出了僵化的理解，开始了新的探索。因探索者本身多未能深入思考20世纪史学的得与失，突出中国自身主体性的愿望虽日益凸显，但具体达成的路径并不清晰，或是返归经学传统，或是在不断引入的西方学术资源刺激下发掘新问题，消费古人或消费西人。恐怕只有研究者更充分地认识自身的处境，包括彻底反思既有分类架构与研究思路、基本概念的来历，系统了解西方理论的历史根基与地方性，打通古今中西，突破领域与学科的边界，不拘一家，在贴切地理解古人言行的前提下开展多元研究，才有可能在对话与磨砺中创造出有生命力的成果。[3]

---

[1] 徐冲：《中古时代的历史书写与皇帝权力起源》，上海古籍出版社，2012年；孙正军：《中古良吏书写的两种模式》，《历史研究》2014年第3期；《魏晋南北朝史研究中的史料批判研究》，《文史哲》2016年第1期；徐冲：《从"异刻"现象看北魏后期墓志的"生产过程"》，《复旦学报》2011年第2期；罗新：《民族起源的想象与再想象：以嘎仙洞的两次发现为中心》，《文史》2013年第2辑；耿朔《层累的图像：拼砌砖画与南朝艺术》，人民美术出版社，2020年；孙少华、徐建委：《从文献到文本：先唐经典文本的抄撰与流变》，上海古籍出版社，2016年；《"文本生成与史料批判"古典文史青年学者研讨会综述》，《文学遗产》2017年第5期。

[2] 检索"中国知网"，主题含有历史书写或史料批判的中国古代史论文有162篇，2003年以前严格说只有2篇，其余均集中于此后的十多年间，2019年有32篇。系统性的著作有如苗润博：《〈辽史〉探源》，中华书局，2020年。

[3] 写作中先后得到孙正军、成鹏、任平、付海晏与张琦诸君的惠助，谨此致谢。

第二节　中国近现代史研究

王东杰[*]

1950年5月，中国科学院宣布成立近代史研究所。这是该院设立的第一个史学研究机构，创办时间早于以中国古代史为研究对象的历史研究所，突出地说明了近现代史在新中国的政治与学术生活中所占重要位置。

1949年之后的中国近现代史研究大致以改革开放为界，可以划分为两个阶段。

第一个阶段是1949—1965年。这个阶段的近代史研究最突出的成就，是确立了以1840年为开端、1919年为下限，以"三次革命运动的高潮"为主线的叙事框架。其次，在史料编纂方面，出版了几部大型历史资料，为史学研究奠定了坚实基础，直到今天仍具有不可替代的价值。[1] "文革"时期，近代史研究基本停滞，但亦非毫无建树，特别突出的是以现代史为主体的民国史研究的起步。1972年，近代史研究所组建了民国史研究组，由李新、孙思白等负责。这一学科最初将自己的任务限定在研究"统治阶级"的历史，力图和中国革命史、中共党史等学科相区分，同时亦与之紧密配合——中国革命史描写的是"中国共产党如何领导中国人民进行革命斗争"，民国史则是说明"统

---

[*] 王东杰，清华大学历史系教授。
[1] 赵庆云：《创榛辟莽：近代史研究所与史学发展》，社会科学文献出版社，2019年；徐秀丽：《中国近现代史研究70年（1949—2019）》，《经济社会史评论》2019年第2期。

治阶级怎样没落，怎样走向灭亡"。[1]

整体来看，改革开放之前在中国史学界占据主导地位的，仍是古代史。无论是科研机构与人员的数量，还是总体性的学术成就和学术活跃程度，近现代史都远不能与古代史相抗衡。古代史领域中大家林立，更是近现代史望尘莫及的。事实上，在许多人的眼中，近现代史甚至不被看作严格的史学研究，它似乎更多和政治而不是学术相连。[2]

进入20世纪80年代，这一状况有所改善。经过思想解放运动洗礼，学者开始突破极"左"教条的禁锢，重新梳理近现代史的一些基本线索，推动其向学术本位立场发展。无论是在题材的选择、方法的采用还是理论范式的更新等方面，近现代史都迅速进入百花齐放的繁荣境界。这一时期涌现出一批研究重镇，除中国社会科学院近代史研究所外，北京师范大学、华中师范大学、湖南师范大学、华东师范大学、复旦大学等院校，在龚书铎、章开沅、林增平、陈旭麓、夏东元等人的领导下，取得了一批突破性的成果，为近现代史学科在20世纪90年代的腾飞打下了坚实基础。

最近30年来，近现代史成为中国史研究中成果最为丰盛、发展势头最为迅猛的领域之一。下文将以挂一漏万的方式，对此做一大致勾勒。

90年代以来，近现代史研究中最重要的变化，是进一步摆脱了单纯的"革命史"导向和极"左"教条约束，回归学术本位；至90年代中期，一批新锐学者异军突起，由于他们的出色表现，本学科的学术地位日趋牢固。

---

[1] 罗敏：《民国史研究七十年：成就与新趋势》，《南京大学学报（哲学·人文科学·社会科学版）》2019年第4期。
[2] 徐秀丽在《中国近现代史研究70年（1949—2019）》一文中指出，在"新中国成立初期"，中国近现代史的研究人员主要由两部分人组成，一是"革命史家"，一是"职业史家"。前者"首先是革命者，然后才是史学家，历史是他们进行革命斗争的工具"。

近现代史研究日趋专业化和学术化，或可以这一学科名称的确立为例加以说明。早在"文革"之前的很长一段时间里，"中国近代史"和"中国现代史"就被视为虽然紧密关联但仍可以切分开来的两个领域。在许多高等院校的历史系，教授这两个学科的教师被划分到两个不同的教研室；而将他们区别开来的主要依据，则是当时流行的"旧民主主义革命"和"新民主主义革命"两个时期的划分。尽管一直有人呼吁，应该将之打通，但直到最近30年，才有越来越多的人自觉地将"近代"和"现代"视为同一个历史阶段。"中国近现代史"这个名目就是这种认知的体现。它虽然不可避免地带有浓郁的折中色彩，但无疑标示出学者努力突破意识形态控制，从服务于阶级斗争的"革命史"走向尊重历史本身发展脉络的轨迹。

随着史学本位立场的确立，中国近现代史研究在短期内经历了数次具有范式意义的变革。80年代末到90年代中期，"现代化范式"与"革命史范式"的论争可以算是第一次大变革，深刻改变了学科的面貌。"现代化范式"将19世纪中期以来的历史描述为中国社会在应对外来危机的前提下，从传统向现代转型的过程。以晚清史为例，"现代化范式"不再像"革命史范式"一样，聚焦于讨论中国怎样在外部和内部反动力量的驱使下，沦为"半殖民地半封建社会"的过程；对于"三次革命运动高潮"之外的重大事件，如洋务运动、戊戌变法、晚清新政和立宪运动等，也都给予了相当正面的关注。对于国民政府在"南京十年"和抗日战争时期的贡献，也予以更加实事求是的评估。

这场论争虽然激烈，但参与论辩的双方都认为，这两种范式并非无法并立的两极。他们承认对方的主张自有其合理性，大抵皆认为可以自己遵奉的"范式"为主体，去指导、修正和包容对方。随着争论的展开，不但双方都对自己的原初立场做了反省和调整，亦有越来越多的"旁观者"主张这两种范式各有其洞见与不足，不必是替代和竞争的关系，而是各擅胜场，可以并行不悖，进而提议学者采用更具弹性和兼容性的立场。[1]

90年代的中国社会，以前所未有的热情积极拥抱商品经济大潮，李泽厚、刘再复提出"告别革命"的口号，无意中成为许多人实际的选择。[2]因此，虽然仍有人主张"革命史范式"的价值不可磨灭，但在实证研究领域，"革命史"的影响力在不断下降，一些传统的热点论题竟少有人问津。

这一时期，突破"革命史"范式、采用"现代化"眼光观察近代史的一部代表性著作是茅海建的《天朝的崩溃：鸦片战争再研究》。作者在掌握、爬梳、考证大量中外档案资料的基础上，力图"以当时的道德观念、思维方式与行为规范去理解历史"。他突破了"忠奸"二分的脸谱化叙事模式，不再从纯粹的道德立场出发将历史人物定位为"卖国贼"或"爱国者"，而是在当事人所面临的具体历史情势中理解他们的言行举止。另外，作者也采取了异常鲜明的"现代化"立场。全书意在展示中国在鸦片战争中的失败是一种历史的必然，由此凸显"中国必须近代化的历史使命"。[3]此书一经出版，立刻在社会上激起了强烈反响，从读者的反应来看，作者意在凸显的两大主题得到了高度共鸣，反映出那一时期社会思潮的走势。

不无辩证意味的是，进入21世纪以来，"革命史"开始重回学者视野，只不过这一次，它加上了一个限定词——"新"。2010年，李金铮发表《向"新革命史"转型：中共革命史研究方法的反思与突破》一文，正式亮出"新革命史"的旗号。按照他的阐发，"新革命史是回归历史学轨道，坚持朴素的实事求是精神，力图改进传统革命史观的简单思维模式，重视常识、常情、常理并尝试使用新的理念和方

---

[1] 徐秀丽：《中国近现代史研究70年（1949—2019）》，第19页；赵庆云：《近十年来中国近代史理论问题综述》，《兰州学刊》2017年第10期。
[2] 李泽厚、刘再复：《告别革命》，香港天地图书有限公司，1995年。
[3] 茅海建：《天朝的崩溃：鸦片战争再研究》，生活·读书·新知三联书店，1995年。

法，对中共革命史进行重新审视，以揭示中共革命的运作形态尤其是艰难、曲折与复杂性，进而提出一套符合革命史实际的问题、概念和理论"[1]。在这个意义上，"新革命史"继承了改革开放之后中国近现代史回归学术本位的立场，也是对学界在"现代化"范式影响下，为纠正传统革命史研究的偏差而刻意忽视近现代史上革命面相的一次反拨，是针对纠偏的纠偏。

"新革命史"一经提出，立刻被许多学者认可并采纳。王奇生、应星、黄道炫等人的研究，分别从理论和实证等不同层面进一步深化、完善了这一路径（尽管他们未必都使用"新革命史"这一名目）。[2]很显然，"新革命史"之所以受到欢迎，不只反映了研究取向的更新，也是因为"革命"本来就是20世纪中国历史发展的基本线索，在史家眼中具有永恒的魅力。[3]

"新革命史"代表了学者在政治史上进一步突破传统观念束缚，努力回归学术本位的努力。与此潮流相呼应，也与此潮流有部分交叉的，是中共党史、国民党史和中华人民共和国史（及冷战史）研究的深化，

---

[1] 李金铮:《向"新革命史"转型：中共革命史研究方法的反思与突破》，《中共党史研究》2010年第1期；《再议"新革命史"的理念与方法》，《中共党史研究》2016年第11期；《"新革命史"：由来、理念及实践》，《江海学刊》2018年第2期。

[2] 理论性的作品，如王奇生:《高山滚石：20世纪中国革命的连续与递进》，《华中师范大学学报》2013年第5期；《中国革命的连续性与中国当代史的"革命史"意义》，《社会科学》2015年第11期；应星:《把革命带回来：社会学新视野的拓展》，《社会》2016年第4期。在实证性研究方面，王奇生、应星、黄道炫、孙江、李里峰等人有大量成果。李金铮则在《"新革命史"：由来、理念及实践》一文中，列出了5部专著和19篇论文，为近些年来"新革命史"的代表性著作。此外，由王奇生主编的《新史学》第7卷"20世纪中国革命的再阐释"专号（中华书局，2013）中收录的几篇论文，也是这一路径的重要作品。

[3] 在"新革命史"潮流之外，近年来将目光重新投向"革命"的学者亦不乏其人。如陈建华:《"革命"的现代性——中国革命话语考论》，上海古籍出版社，2000年；罗志田:《革命的形成：清季十年的转折》，《近代史研究》2012年第3期、第6期，2013年第6期。在中国现代文学史、艺术史领域，近年来对于"革命文学"等相关主题的研究也在迅速增多，成为一个值得注意的迹象。

其中，杨奎松、王奇生、沈志华等人的著作大幅更新了这几个领域的传统认知。[1]在21世纪初的十多年里，中华人民共和国史研究突飞猛进。除了史实的修正和厘清，共和国史研究的兴起，也突破了以往近现代史学者通常将1949年视作研究范围下限的做法，有利于研究者采用更具整体性和连续性的视角，把握近现代史中一些基本线索的"当下性"——换言之，它们至今仍在进行中。仍以新革命史为例，由于共和国史研究的兴起，越来越多的人意识到，在1949年之后相当长一段时期里，"革命"都支配着中国社会的基本走向，甚至可以说直到今天仍魅力不减。这些认知也有助于我们采取一种更加灵活的视角，重新评估"革命"的内涵——论者从中看到"20世纪中国革命的连续性与多重释义"[2]，不为无见。

无论新革命史还是中共党史、共和国史研究的新成果，都不能看作传统"革命史范式"的回归，毋宁是近现代史学界突破"革命史"和"现代化"两种范式之争的表现。事实上，早有学者指出，"革命史"和"现代化"两种范式都可能扭曲历史的本来面目。"革命史"将中国近现代史化约为"反帝反封建"的阶级斗争史，"现代化"范式则将之化约为"传统"与"现代"的对立和斗争。胡成强调，它们实际上都未跳出"当年殖民统治者在被殖民者中蓄意设置的'文明'/'愚昧'、'肮脏'/'干净'、'先进'/'落后'、'开放'/'保守'的简单区分"，

---

[1] 杨奎松：《毛泽东与莫斯科的恩恩怨怨》，江西人民出版社，2008年；《西安事变新探——张学良与中共关系之研究》，江苏人民出版社，2006年；《"中间地带"的革命——国际大背景下看中共成功之道》，山西人民出版社，2010年；王奇生：《党员、党权与党争：1924—1949年中国国民党的组织形态》，上海书店出版社，2003年；《革命与反革命：社会文化视野下的民国政治》，社会科学文献出版社，2010年；沈志华：《毛泽东、斯大林与朝鲜战争》，广东人民出版社，2003年；《处在十字路口的选择：1956—1957年的中国》，广东人民出版社，2013年。此外，韩钢、王海光等人对共和国史的研究也做出了许多贡献。
[2] 张济顺：《新革命史与1950年代上海研究的新叙事》，《华东师范大学学报（哲学社会科学版）》2015年第2期。

因而也势必"歪曲、遮蔽"历史的实际进程。[1]

跳出范式之争，意味着学者对历史研究的工作性质产生了全新的认知，它的影响力不局限于近现代史，也对整个史学研究带来了冲击。在这方面，罗志田功不可没。他的论述突破了"新/旧"对立的二元叙事格局，学界曾有人以半开玩笑的态度将其著作总结为："新的不新，旧的不旧；旧中有新，新中有旧。"虽然并不严谨，却也不无几分传神。在"新/旧"问题上的突破只是他整个历史观的一部分。事实上，我们可以从他常用的一组关键词探知他对历史研究的基本看法，这些词语包括（但不限于）：相对的、多元的、非线性的、模糊的、多歧互渗的，等等。他借此倡导一种更为丰满、立体和动态的，也更接近历史本身复杂性的学术蓝图。他反对构建一种严整划一、井然有序的论述"体系"，警示学者小心历史研究中的"后见之明"（他称之为"倒放电影"的倾向），提倡"返其旧心，以意逆志，论世以知人，从前后左右去读书"的治学方法，更强调通过温故（中国文化传统）以创新的研究路径。[2]这些看法通过他的大量实证性成果和反思性文章，对整个中国史学界带来了不可忽视的影响，也有效地提升了中国近现代史的学科地位。

进入21世纪，"新文化史"在西方史学界早已是明日黄花，但在年轻一代中国历史学人看来，却犹如新鹰出谷，干将发硎。在这一思潮的启发下，一些前人未曾留意的新论题进入人们的视野：政治文化史、医疗史与疾病史、出版史与阅读史、大众文化史、城市史、心态史、心理史、历史人类学、表象史、消费文化史、身体史、妇女史与

---

[1] 胡成：《全球化语境与近代中国半殖民地问题的历史叙述》，《中国学术》2003年第1期。
[2] 罗志田：《权势转移：近代中国的思想、社会与学术》，湖北人民出版社，1999年；《乱世潜流：民族主义与民国政治》，上海古籍出版社，2001年；《"天朝"怎样开始"崩溃"——鸦片战争的现代诠释》，《近代史研究》1999年第3期；《再造文明的尝试：胡适传（1891—1929）》，中华书局，2006年；《近代中国史学述论》，北京师范大学出版社，2015年。

性别史、儿童史、历史记忆与集体记忆、语言社会史、概念史、口述史、图像史、微观史学、区域史、全球史等，林林总总，各种名目，皆不乏问津之士（尽管它们之中仍有冷门和热门之分）；"话语""建构""想象""发明""叙事"等新的术语，也成为学术作品中人们耳熟能详的常用词。选题和术语的变化，表明学者开始用一种新的眼光观察历史，代表了新的史学观念的流行。[1]

与"新文化史"名目不同但主旨无二的还有"新社会史"及"新史学"等名目。"新社会史"是杨念群于2001年提出的。2004—2006年，由孙江、黄东兰、王笛等主编的"新社会史"丛刊，出版了三辑专号，分别题为"事件·记忆·叙述""身体·心性·权力""时间·空间·书写"。根据杨念群的解释，"新社会史"是一个"与本土语境相契合的中层理论的建构范畴"，意在"由传统经济史出发而建构的整体论式的架构笼罩之外，寻求以更微观的单位诠释基层社会文化的可能性"。[2]这份刊物不久改名为涵盖面更为广泛的《新史学》，分别出版了"感觉·图像·叙事""概念·文本·方法""文化史研究的再出发""再生产的近代知识""清史研究的新境""历史的生态学解释""20世纪中国革命的再阐释""历史与记忆""医疗史的新探索""激辩儒教：近世中国的宗教认同""近代中国的旅行写作"等专辑，其中的论文大多集中在近现代史领域。

实际上，早在2002年，杨念群、黄兴涛、毛丹等人就以"中国需要什么样的新史学：纪念梁启超《新史学》发表一百周年"为题，召

---

[1] 张仲民：《新世纪以来中国大陆的新文化史研究》，《历史教学问题》2013年第1期；复旦大学历史系、复旦大学中外现代化进程研究中心编：《新文化史与中国近代史研究》，上海古籍出版社，2009年。
[2] 杨念群：《导论：东西方思想交汇下的中国社会史研究——一个"问题史"的追溯》，载杨念群主编：《空间·记忆·社会转型——"新社会史"研究论文精选集》，上海人民出版社，2001年，第55—56页。

集了一个由多学科学者参与的研讨会。翌年，三人主编的会议论文集《新史学：多学科对话的图景》由中国人民大学出版社出版。这次会议虽以纪念梁启超《新史学》发表一百周年为名，实际上意在开启中国史学研究的新格局。它采用的"多学科对话"方式，正是推动近30年中国史学发展的重要力量：一方面，历史学者主动采纳社会学、人类学、心理学、经济学、政治学、文学理论、文化批判、传媒研究等学科的理论和方法；另一方面，是一批原本从事文学研究、艺术史、社会学、人类学、语言学、经济学等学科研究的学者，纷纷跨入史学领域。这两种力量合流，极大地更新了中国史学的面貌。

杨念群还发起了"新史学"文库的建设（由北京师范大学出版社出版），倡导关注新的研究材料，采用新的视角，引入新的方法，并出之以新的叙述方式。截至2020年5月，该文库已推出92种图书。此外，由陈恒主编的一份辑刊亦采用"新史学"的名号（由大象出版社出版）。如果再考虑到台湾地区自1990年开始出版的期刊《新史学》，可以清楚地看到，"新史学"这三个字对包括近现代史研究者在内的中国史学家的强大吸引力。这既是中国史学研究"国际化"的结果，也是中国本土思想日趋多元化的表征。尽管不断有人提出，中国的"现代化"事业尚未完成，还远远谈不上"后现代"，但"新史学"的实践表明，如何应对后现代主义的挑战，仍是许多中国史学家无法回避的议题。而他们中的大部分人大体上仍然坚持现代史学的一些基本信念，同时亦积极援引后现代史学的成果和思考路径，丰富和深化对历史的认知。在这一点上，他们和其他国家史学家的选择并无二致。

"新文化史"带来的一个始料未及的后果，是在近现代史学界引发了一场有关史学研究"碎片化"的争论。2012年，《近代史研究》编辑部以"中国近代史研究中的碎片化问题"为议题，邀请了十多位思想活跃的学者以笔谈的形式发表他们的意见。郑师渠、罗志田、王笛、李金铮等人认为，在近现代史研究中并不存在或尚未出现"碎片化"的危险。郑师渠提出,很多人所谓的"碎片化"危机,其实是近现代史研究在追求"新的综合化"的预备;罗志田更提出"非碎无以立通"的口号,主张建立一种"以碎片为基础的史学"。另外,也有人认为,近现代史研究领域的确出现了过于执着于"小而微"的议题,缺乏"大关怀""大联系""大理论"的现象。但是,即使对"碎片化"持批评态度的学者,也并没有全面否定21世纪以来中国的"新史学"探索。他们中的很多人毋宁希望在此基础上,对"新史学"的成果做有效的综合与提升,更加深入地回答近现代史中的"大问题"。因此,章开沅提醒学者,要拒绝"碎片化",但也要重视"细节研究"。行龙强调,"鲜明的问题意识"、对"长时段"的重视和"以历史学为本位的多学科交叉",都是"回归'总体史'"的必备成分。[1]显然,对"碎片化"的警惕,并不意味着要重回"新史学"之前的状况。

与此争论相近,近现代史学界最近热议的一个主题是,政治史在历史研究中应该处于何种地位?中国近现代史研究是从政治史起步的,政治长期占据了研究者主要的关注视野,即使是思想史、文化史的研究,也都是在以政治史为主导的研究格局下展开的。不过,自20世纪90年代以来,思想史、文化史、学术史和社会史研究异军突起,吸引了大批年轻学者的关注;"新文化史"的流行,更加剧了这一趋势。随着21世纪前十多年中史学研究呈现出多彩斑斓的面貌,政治史、外交史等传统史学中的大议题反而显得声光黯淡。最近十年,随着"新革命史"的提出,政治史又重新得到学界的关注。2013年,杨天宏撰文提出,政治是"用以整合其他历史因素的'纲'",因此,极而言之,

---

[1] 郑师渠:《近代史研究中所谓"碎片化"问题之我见》,罗志田:《非碎无以立通:简论以碎片为基础的史学》,王笛:《不必担忧"碎片化"》,章开沅:《重视细节,拒绝"碎片化"》,行龙:《克服"碎片化",回归总体史》,均在《近代史研究》2012年第4期;李金铮:《整体史:历史研究的"三位一体"》,李长莉:《"碎片化":新兴史学与方法论困境》,均在《近代史研究》2012年第5期。

不妨说"全部民国史都是政治史"。不过,与对"碎片化"的批评相类,他也强调,自己主张的乃是吸收了"新史学"研究成果的"新政治史"。[1]

最近30年来,近现代史领域的一个不可忽视的特点,是国际(主要是"西方")视角的参与。20世纪90年代,以《剑桥中国晚清史》为代表的一大批西方著作以其崭新的观点和视角吸引了众多读者的关注,一些出版机构积极加入引介西方优秀汉学成果的队伍中,许多图书不断再版(比如江苏人民出版社的"海外中国研究丛书")。这些著作的读者中,既有专业的研究人员,亦有普通的历史爱好者。在被引进的图书作者中,既有西方学者(如保罗·柯文、周锡瑞、魏斐德等),也有一批在海外工作的华裔学者(如余英时、林毓生、张灏等),他们提供了许多普通读者前所未知的史实与观点,令人耳目一新。与汉学著作流行的同时,一批具有海外留学经历的学者纷纷回国,他们与虽生活在海外而仍积极参与国内学术界活动的学者,共同成为沟通中外学术界的桥梁。通过这些渠道,中国史学家接触到并主动借鉴了海外的重要成果,努力将近现代史研究推向新格局——前边讲到的"新文化史"等潮流,就是这种努力的一个结果。

与西方(尤其是美国)的影响力相比,东亚(特别是日本)对于中国近现代史学界的影响力是在这30年中逐渐增强的。事实上,相比于日本人或韩国人,大多数中国人(包括许多学者在内)并无多少自觉的"亚洲"或"东亚"意识。这一方面是中国人头脑中长期存在的"中西"二元文明地图的体现,另一方面也和东亚三国自19世纪以来就搅缠在一起的诸多历史恩怨有着密不可分的关联。不过,进入21世纪之后,许多中国学者开始主动思考"东亚"这一概念,使其逐渐

---

[1] 杨天宏:《政治史在民国史研究中的位置》,《南京大学学报(哲学·人文科学·社会科学版)》2013年第1期。

成为中国历史研究的一个重要范畴。与此同时，东亚各国政府和人民也都意识到，要迈入一种新型的区域关系，必须对共享的历史加以客观化反省。因此，采用一种有利于各国相互理解和对话，同时又不埋没历史真相，而能更为深入地省察往昔的态度，就成为摆在各国历史学家面前的重要任务。在这种情况下，自2002年起，中、日、韩三国40多位学者共同参与编写了一部历史教科书——《东亚三国的近现代史》，此书在2005年正式出版。

有意思的是，正是"西方"视角的引入，促使更多的中国人感到"文化自觉"的必要。1989年，美国历史学家保罗·柯文的《在中国发现历史》一书的中译本出版，今日看来，可以算作一个里程碑式的事件。一时之间，"在中国发现历史"几乎成为一句人人都能脱口而出的口号，至今仍是一股强劲的思潮。这一口号启发中国学者采用一种"局内人"的视角，从历史连续性的角度观察近代中国转型，看到中国文化传统的生命力所在，与钱穆在《国史大纲》中提出的，研治本国史，必须持有"温情与敬意"的主张不谋而合。但这股思潮的流弊所及，亦不无刻意淡化西方冲击对近代中国的影响，并有将"中国"加以孤立化和本质化的危险。[1] 不过，我在这里更想指出的是，这句口号的流行，不能简单地视为中国学人一味追随"西化"的结果。它深刻地反映出，21世纪的中国人试图从自身的文化立场来观察和解释自身历史的深切愿望。最近十余年，这种愿望成为一种更加明确的意识，有力地引导着中国社会科学各个领域的实践方向——尽管所谓"中国文化自觉"的具体内涵是什么，目前仍是言人人殊，构建中国学者的"局内人"视角仍然任重道远。

---

[1] 罗志田：《发现在中国的历史——关于中国近代史研究的一点反思》，《北京大学学报（哲学社会科学版）》2004年第1期；王东杰：《从内部看历史和回到列文森》，《读书》2020年第2期。

眼光、理论和方法的更新，是近30年来中国近现代史研究飞速发展的主要动力，但大型史料的搜集、整理与出版也从未止步。近年来，在国家社科基金重大课题的招标中，这一类工作尤其受到青睐。事实上，近现代史研究领域的开拓、研究重心的转移，与相关史料的发掘和整理，正是同一进程中互相关联的两个侧面：史料的拓展因应研究的需要而生，又为研究的进一步深化提供了基础和动力。这些年来，档案（尤其是清代、民国和共和国时期的基层档案）、地方文献和口述史料的广泛采用，与前边所说的"新革命史"、中华人民共和国史和冷战史、地方史和区域史、社会史研究的飞速进展之间的关联是显而易见的。

近现代史研究在专业领域中的突破，也为其积极参与中国社会的公共生活奠定了基础。中国文化传统本来就热衷于运用历史知识解决现实问题，1949年以来，历史研究更在政治与社会生活中扮演了关键角色。改革开放之后，这一角色的性质有所转变，其中的意识形态色彩高度淡化，但民众对于历史，尤其是中国近现代史的兴味不减反增。而报刊、广播、电视、互联网等大众媒体的发展，也为各种历史信息的传播提供了广阔渠道。这段时期，出现了一批从事非虚构历史题材写作的作家，其创作满足了诸多读者的需求，比如近年来的抗战期间中国远征军事迹的备受关注就和他们的努力有关。这些作家和媒体人密切关注学界动向，新史料的披露、新观点的出现、新的研究方向的开发，很快就走进公共传媒。此外，随着经济起飞，社会上出现文物收藏的热潮，民间博物馆如雨后春笋般出现，其中，四川大邑安仁镇的建川博物馆群，尤以近现代史料与文物的收藏知名，引发了社会各界的高度关注。

社会各界对于近现代史的浓厚兴趣，既受到好奇心的推动，也和各种现实利益的驱动分不开。在后一种情况下，历史成为参与公共争议的各方有意无意利用的工具。比如，最近20年，有关民国历史的题材成为热点,"民国范"等名词流行一时,代表了一种极为复杂的社会心态。但其背后所承载的历史信息则真假混淆,不无以讹传讹的危险。这表明,近现代史研究者仍须以更加积极的态度,突破学院的狭窄范围,积极参与公共事务。如同霍布斯鲍姆提示的那样,他们最为紧迫的工作之一,就是打破由不同力量建构的各式各样的"神话",道出历史的真相。

第三节 世界史研究

徐 蓝[*]

中国的世界史学科，发端于19世纪中叶，而其真正的创立与发展，则是在新中国成立以后至今的70多年。在近两个世纪中，这一发展可以大致分为发轫、奠基和大发展三个时期。

一 世界史学科的发端、准备期（19世纪中叶—20世纪中叶）

从19世纪中叶到20世纪中期中华人民共和国成立之前的大约100年，是世界史学科的发端与准备期。

1."开眼看世界"

鸦片战争后，在大约60年时间里，从林则徐、魏源、徐继畬等仁人志士"开眼看世界"，到康有为、梁启超变法图强，他们编纂的一些重要著作，可视为中国世界史学科的发端。

《海国图志》是魏源受林则徐嘱托，在林则徐编译《四洲志》一书的基础上，收集整理了大量资料，并几经增补，于1843年编辑而成的。全书100卷，约80万字。作者在该书的序中，清楚说明编纂目的："是书何以作？曰：为以夷攻夷而作，为以夷款夷而作，为师夷长技以制夷而作。"全书详细叙述了世界各地和各国历史政治、风土人情、地理知识及科学技术，主张学习西方国家的科学技术，提出"师夷长技以制夷"的中心思想，被誉为国人谈世界史地之"开山"之作。《瀛寰

---

[*] 徐蓝，首都师范大学历史学院荣誉资深教授。

志略》系徐继畬编纂，于1848年初刻。该书包括清朝疆土的《皇清一统舆地全图》以及朝鲜、日本的地图，还临摹了欧洲人的地图。作者首先说明了东西半球的概况，接着按亚洲、欧洲、非洲、美洲的顺序介绍了世界各国的风土人情，并首次介绍了西方的制度，如英国的议会制度等。

《俄彼得变政记》系康有为在戊戌年间于1898年进呈的第一册书，书前有康氏《为译纂〈俄彼得变政记〉成书可考由弱致强之故呈请代奏折》。书中记述俄国沙皇彼得一世锐意改革内政，遂使国家转弱为强、化衰为盛之事，并揭露了彼得企图向中国黑龙江乌苏里江地区扩张的野心。《斯巴达小志》系梁启超撰成于1902年。该书简述斯巴达兴衰过程，对其贵族政体、军国主义大加称赞，认为其衰亡在于不注重文化建设、不向外国学习、不随形势发展而变法。冀以此为中国人借鉴。

2．翻译、编著中国的第一批世界史

从19世纪末到20世纪上半期，西方古典史学、兰克学派及其"西欧中心论"、马克思主义唯物史观、比较文化形态学、法国的年鉴学派和美国的"新史学"，陆续传入中国。而兰克学派所代表的"西欧中心论"已经发生动摇。当时以梁启超、严复、陈衡哲、何炳松、周谷城等为代表的学者，在革命与战争的动荡年代，尽其最大的努力，翻译和介绍了一些西方世界史学的著作，编写了世界史的教材。

戊戌变法失败后，严复先后翻译了《天演论》《原富》等8种西方思想家的著作，包括社会学、政治学、政治经济学、哲学和自然科学等领域，以表达自己的政治主张和社会思想。他的译著是中国20世纪最重要的启蒙译著，在当时影响巨大，他也被称为中国精通西学第一人。

随着马克思主义传入中国，唯物史观对中国的世界史教学与世界通史编写也产生了影响。陈衡哲（1890—1976）于1925—1926年出版了高中教科书《西洋史》，她在给胡适的信中说："你说我反对唯物史观，这是不然的；你但看我的那本《西洋史》，便可以明白，我也是深受这个史观的影响的一个人。"另一方面，作者虽然"叙次西洋史迹，又时与中国有关内容加以联系"[1]。杨人楩编写的《高中外国史》（上下册），1931—1934年出版，当时广受欢迎，认为它具备了优秀历史教科书必备的若干要素，对今天历史教科书的编写仍有借鉴和启示作用。何炳松于1934年出版了复兴高级中学教科书《外国史》（上下册），反对"西欧中心论"，将亚洲各民族的历史包括其中；他深受美国"新史学"影响，一定程度上打破了偏重政治史的现象，以较多篇幅叙述文化与社会生活。周谷城于1949年出版的3卷本《世界通史》，强调世界史是有规律的发展过程，应根据马克思的社会形态更迭理论来划分世界历史的时代；明确反对"西欧中心论"，将各大洲和各民族历史均视为世界历史的一部分，强调中华民族对世界文明做出的贡献；认为"世界通史并非国别史之总和，而是一个有机的统一体，故叙述时，力求避免分国叙述的倾向，而特别着重世界各地相互的关系"[2]。这些看法，对中国的世界史学科建设与发展具有重要的启发意义。

另外，蒋百里的《欧洲文艺复兴史》，是中国首部关于文艺复兴的经典著作。该书融历史、文化和艺术于一体，思想深刻，富有启发性。高一涵的《欧洲政治思想史》，以比较系统、科学的方法，为初学者理出一点头绪。

但是总的来说，这些前辈学者的工作极为有限，主要集中在西欧、北美等所谓"西洋史"领域，而对其他各大洲、各国的历史仍然涉及甚少，即使有对西欧、北美的研究，也刚处于起步阶段。

---

[1] 引自傅杰为1998年辽宁教育出版社再版的陈衡哲的《西洋史》所写的"本书说明"。
[2] 周谷城：《世界通史》，商务印书馆，1950年，前言；周谷城：《〈世界通史〉影印本新序》，见《周谷城学术论著自选集》，北京师范学院出版社，1992年，第130页。

二 世界史学科的创立、奠基期（1949—1978）

1949年中华人民共和国成立，中国历史进入新纪元。但是，新中国成立初期所面临的国内外形势相当复杂。国内百废待兴，国际上是美苏冷战的大格局，由此形成了中国和苏联之间的特殊友好关系，也因此决定了中国世界史学科建设一开始是向苏联学习的基本方向。中国的世界史学科由此创立。

从1949年至1978年，世界史学科建设取得了一些显著的成就。

1. 世界史教学与科研机构的初步建立

一些高等院校如北京大学、南开大学、武汉大学等设立了世界历史专业，东北师范大学在全国率先举办了有苏联专家参加的世界古代史、中国近代史和亚洲史研究班，中国科学院设立了世界历史研究所[1]。这些教学与研究机构成为世界史学科发展的重要基地。这里集聚了一批致力于世界史研究的学者，培养并形成了共和国第一批世界史专业队伍。与此同时，由于国家规定中小学都要学习一些世界史知识[2]，高等师范院校的世界史学科也进一步获得了教学相长的发展。另外，20世纪60年代在中国科学院哲学社会科学部内成立的拉丁美洲研究所、苏联东欧研究所（今俄罗斯东欧中亚研究所）、亚非研究所（今

---

[1] 世界历史研究所的前身是1959年设在中国科学院哲学社会科学部历史研究所的世界史研究组，1962年扩建为世界史研究室。根据毛泽东同志1963年关于加强外国研究的重要批示，1964年5月经国务院批准正式成立世界历史研究所。1977年，中国社会科学院成立，世界历史研究所成为中国社会科学院的下属研究机构之一。2019年1月3日，中国社会科学院中国历史研究院成立，世界历史研究所亦成为其下属的研究机构之一。
[2] 1950年《小学历史课程暂行标准（草案）》就规定从小学4年级开始学习历史，5年级就有了世界历史的内容，如地理大发现、工业革命、马克思和恩格斯、列宁和十月革命等。1956年《小学历史教学大纲（草案）》规定历史作为一门独立的学科在5年级开设，包括讲授一些必要的世界史知识。1956年国家专门制定了《初级中学世界历史教学大纲（草案）》和《高级中学世界近代现代史教学大纲（草案）》。直至今天，初高中都要讲授世界历史。

西亚非洲研究所），北京大学亚非研究所、西北大学中东研究所（初为伊斯兰研究所）、云南大学东南亚研究所等，尽管当时主要是出于外交工作的需要，但也为这些区域历史的研究打下了最初的基础。

2. 初步建立了中国自己的世界史学术体系

由于历史学既有"贯通""综合"的内在要求，又有学科细分、分科治学的现代学术特点，因此新中国成立后中国的世界史学术体系建设，也遵循这两条路径发展。

其一是构建世界通史体系，即对世界历史发展的整体框架进行建构与描述，其代表便是周一良和吴于廑主持、举全国世界史研究力量通力合作编写的新中国第一部综合性《世界通史》，即人们简称为"周吴本"的世界通史教材。[1] 这套教材以苏联学术界对马克思主义唯物史观的解读作为划分历史阶段的标准，以原始社会、奴隶社会、封建社会、资本主义社会和社会主义社会五种以生产方式划分的阶段把世界各国、各民族、各地区的历史排列起来，以阶级斗争为纲，以人民群众为主角，通过时间和空间的经纬度，比较系统地叙述了整个世界从人类的起源到第一次世界大战结束的历史。这部教材不仅体现了中国学者当时对世界史的认识和研究水平，也体现了他们力图在马克思主义唯物史观的指导下进行教学与研究，建立中国的马克思主义世界史学术体系的真诚努力。因此，尽管它较严重地受到苏联13卷本《世界通史》[2] 的影响，在世界通史的体系方面没能有更多的创造和突破，但是它仍然是中国世界通史的奠基之作，成为通行的高校世界史教材，至今仍然是不可或缺的参考书。

---

[1] 全书分为古代（齐思和主编）、中世纪（朱寰主编）、近代（杨生茂、张芝联、程秋原主编，2册）三卷。
[2] 该书原计划出10卷，从人类起源写到第二次世界大战，后来增加到13卷，写到1970年。该书俄文版在20世纪50年代及其后陆续出版，中文版已由生活·读书·新知三联书店于1958—1990年出版。

其二是在断代史、地区史、国别史、专题史、史学理论与方法等方面，也都有建树。

在断代史方面，20世纪50年代，主要开拓了世界古代史、世界中世纪史、世界近代史、世界现代史和西方史学史的教学与研究。闫宗临自20世纪40年代开始讲授世界古代史、世界中世纪史，其课程讲稿和相关专题研究成果由其后代结集成《世界古代中世纪史》，于2007年出版；雷海宗编写《世界上古史讲义》，于50年代铅印出版，2012年由其弟子整理正式出版，他还编写了《西洋文化史纲要》，于2001年出版；齐思和的《世界中世纪史讲义》于1957年出版，另有《西洋现代史提纲与文件》；刘启戈的《西欧封建庄园》于1962年出版；童书业的《古代东方史纲要》《古巴比伦社会制度试探》于1957年出版；吴于廑的《古代的希腊与罗马》初版于1957年；郭圣铭的《世界古代史简编》于1955年出版；林志纯与史亚民合写的《古代世界史》于1958年出版。另有耿淡如、孙秉莹、戚国淦等讲授古代中世纪史的著作也相继出版。

蒋相泽、王荣堂、丁则民、罗荣渠、齐世荣等则主要针对世界近代史、世界近现代史、国际关系史、中美关系史以及拉丁美洲史、美国史等课程，编写世界近代史、世界现代史讲义；特别是丁则民受教育部委托，编写世界现代史教学大纲，《世界现代史》教材（上册）于1958年出版，为全国高校使用，又编写了《世界现代史》（上下册，合著），于1961—1962年出版。西方史学史、欧洲近代史学史的教学与研究工作也同时开展起来。

在地区史、国别史和国际关系史方面，蒋孟引、辜燮高专攻英国史、欧洲史。蒋孟引于1964年出版的《英国史丛论》，是我国学者研究英国历史的第一本专集；沈炼之、张芝联专攻法国史、欧洲史；吴廷璆专攻日本史、亚洲史；黄绍湘、杨生茂、刘绪怡、邓蜀生、刘祚昌专攻美国史。黄绍湘于1953年出版了《美国简明史》，她是我国第一位以马克思主义观点撰写和研究美国史的学者；丁则民在1952年出版的《美国排华史》，深刻揭露美国排华政策的由来以及华人对美国西部开发的贡献；陈翰笙在美国史方面也有建树，1950年即出版了《美国垄断资本》。纳忠专攻埃及史，于1963年以中、阿文出版了《埃及近现代史》；王绳祖专攻欧洲近代史和国际关系史，1936年和1945年分别出版了在金陵大学的讲义《欧洲近代史》和《近代欧洲外交史》，1957年出版了他和王铁崖编译的《1898—1914年的欧洲国际关系》，是我国国际关系史的奠基人。他们还开设相关课程，撰写了多篇相关领域的学术论文。

在亚洲史、中外关系史、非洲史、近代亚洲民族解放运动史方面，王辑五的《亚洲各国史纲要》于1957年出版，是新中国第一部篇幅较长的关于亚洲各国史的著作。朱杰勤的《亚洲各国史》和何肇发的《亚洲各国现代史讲义》均于1958年出版。陈翰笙于1950年即完成了《印度和巴基斯坦经济区域研究》，1959年正式出版。季羡林着重研究印度史、佛教史和中印文化关系史，1957年出版《中印文化关系史论丛》《印度简史》。周一良对日本史、亚洲史、中国与亚洲各国关系史颇有研究，1951年出版《中朝人民的友谊关系与文化交流》，1954年再版，1955年出版《中国与亚洲各国和平友好的历史》，1959年出版《亚洲各国古代史》。杨人楩原来主要研究世界近代史、法国史，多有著述，1959年开始主要从事非洲史的教学与研究，1962年首次开设非洲通史课程，其遗作《非洲通史简编——从远古至1918年》是我国第一部非洲通史作品，到1984年才得以出版。丁则良对近代亚洲民族解放运动史多有研究，他撰写《孙中山与亚洲民族解放斗争》《近代亚洲民族解放斗争的三次高涨与中国》《关于一八五七年印度大起义中的封建势力和这次起义的性质问题——兼评杜德同志对一八五七年印度大起义的性质的看法》等多篇论文，收录在《丁则良文集》中，2009年出版。

还需提及的是，1961年吴晗主编的《世界历史小丛书》由商务印书馆出版。其编委会成员也都是当时史学界的一时之选，有陈翰笙、周谷城、齐思和、杨人楩、吴于廑、程秋原、刘宗绪、罗荣渠等。改革开放后，这套丛书恢复出版，至20世纪90年代初已有近500种，为普及世界史的知识做出了重要贡献。

总之，上述诸位先生筚路蓝缕，砥砺前行，奠定了我国世界史研究的基石，亦培养了一代年轻的学人。

其三，有益的学术争论。

在这段历史时期，中国学者在"亚细亚生产方式""奴隶制向封建制社会过渡问题""封建社会向资本主义社会过渡问题""世界资产阶级革命分期"等问题上所进行的学术争论和理论探讨，进一步加深了他们对马克思主义唯物史观的理解。

诚然，由于这一时期的国际国内大环境，世界史研究不仅基本拒绝和排斥西方史学，与外界的学术交流也极其有限，同时亦由于原始资料严重匮乏、研究条件简陋和外语基础的薄弱，存在大量研究领域的空白。

三　世界史学科的大发展时期（1978年至今）

从1978年至2022年，在40多年坚定执行改革开放政策的大好形势下，世界史学科获得了前所未有的大发展。从发展情况来看，以20世纪80年代末90年代初为界，又可以大致分为两个阶段。

第一阶段：从改革开放到冷战终结（1978—20世纪90年代初）

在这十几年时间里，我国全面恢复、重建了世界史的教学科研机构和学术团体，形成了完整的世界史学科发展架构。主要表现在：

1. 世界史的教学全面展开

全国几乎所有高等院校包括综合性大学、师范大学和理工科大学的人文社会科学部，都设有历史系，其中都有世界史的教研室，几十所院校设有世界史系或世界史研究院，不仅开设世界史课程，包括世界通史、断代史、国别史、区域史、专门史及西方史学理论等，也进行相关领域的科学研究。为解高校世界史教学之急，1981年由人民教育出版社出版了李纯武、寿纪瑜等编著的《简明世界通史》（上下册），成为当时的一本很有价值的参考书。其他断代史、区域史领域也都有教材问世，如李春辉等的《拉丁美洲史稿》（3卷，1983—1993年出版）。

2．创办世界史刊物

除了20世纪60年代成立的一些专门的区域研究机构之外，在中国社会科学院下又成立了美国、欧洲、日本等国别研究所，并都拥有自己的学术刊物，包括《世界历史》《世界史研究动态》《拉丁美洲研究》《西亚非洲》《苏联东欧问题》《欧洲研究》《日本学刊》《美国研究》；四川大学南亚研究所则于1980年创办了《南亚研究季刊》；上海外国语大学于1993年主办了《苏联研究》，后更名为《国际观察》；等等。这些机构和期刊，为世界史研究搭建了必要的平台，成为展示、交流世界史研究成果的重要学术园地。

3．形成不同的世界史研究特色

许多高校在断代史、国别史、国际关系史等方面逐渐形成了自己的研究特长或特色。如：北京大学的世界古代史、中世纪史、法国史、苏联史、东欧史、印度史、东南亚史、非洲史等的研究，东北师范大学的世界古典文明史、中世纪史研究，北京师范大学的世界上古史和比较史学研究，南京大学的英国史、国际关系史研究，首都师范大学的英国都铎王朝史、世界现代史和近现代国际关系史研究，南开大学的美国史、日本史和拉丁美洲史研究，武汉大学的世界近代早期史、第二次世界大战史研究，华东师范大学的第二次世界大战史、西方史学史研究，复旦大学的美国与欧洲史、西方史学史研究，中山大学的国际关系史研究，浙江大学的法国史研究，山东大学的德国史研究，中国人民大学的世界近代史研究，等等。

4．成立世界史各领域的研究学会

20世纪80年代，有关世界史研究的学会纷纷成立，目前至少有15个。[1]这些学术团体在推动和促进国内外世界史的学术研究与交流中发挥了积极而重要的作用。

5．人才培养正规化

1977年，高考招生制度恢复。1978年，研究生招生制度恢复。1980年2月，人大常委会公布了《中华人民共和国学位条例》(2004年8月修正)，按照国际上一般通行的学士、硕士、博士三级制授予学位。1982年"七七级"大学生毕业并被授予学士学位，1982年开始授予世界史硕士、博士学位。目前，我国已经形成了世界史本科、硕士、博士的完整的培养和学位授予机制。

6．开展国际交流，"派出去、请进来"

从20世纪80年代开始，国家逐步派出留学生到国外学习世界史，同时邀请一些国际知名世界史专家来华访问。国家级的学术交流逐渐展开。1980年，中国派历史学家代表团参加了在布加勒斯特召开的第15届国际历史科学大会[2]，1985年中国正式成为国际历史科学大会成员，并受邀出席了当年在斯图加特召开的第16届大会。以后每5年召开一次的大会，中国都有史学家代表团出席并主持分会场会议。

---

[1] 包括中国世界古代中世纪史研究会（原为世界古代史、世界中世纪史两个学会，后合并为一个学会），中国世界近代现代史研究会（原为世界近代史、世界现代史两个学会，后合并为一个学会），中国第二次世界大战史研究会，中国非洲史研究会，中国拉丁美洲史研究会，中国日本史学会，中国中日关系史学会，中国朝鲜史研究会，中国英国史研究会，中国法国史研究会，中国德国史研究会，中国苏联东欧史研究会（后更名为俄罗斯中亚东欧学会），中国美国史研究会，中国国际文化书院，中国国际关系学会。

[2] 国际历史科学大会始办于1900年，每5年举办一届，是世界历史学家的盛会，有"史学奥林匹克"之美誉，除了世界大战期间未能举行之外，到2022年已举办了23届。

7. 译介国外的世界史著作

为促进世界史的教学与研究，大量国外的世界史著作被翻译到中国，如1982年由三联书店出版的《泰晤士世界历史地图集》，以及1983年由该社选译出版的该地图集的文字部分《世界史便览：公元前9000年—公元1975年的世界》，就为了解国外世界史教学与研究的国内学人解了燃眉之急。

但是，由于原始资料仍然缺乏，因此就整体的学术研究而言，这一阶段还处于积累时期。

第二个阶段：从冷战终结到今天（1992—2022）

在这30年的时间里，我国的世界史学科发展突飞猛进，成果不胜枚举。

1. 进一步拓展人才培养平台

在本科生培养方面，目前全国已经有24所院校单独设立了世界历史专业，其中一些院校的世界历史专业的本科生还同时接受世界历史和多种外国语言的专业训练，开创了跨学科的世界史人才培养新模式。如首都师范大学2001年开办的世界历史专业，其学生同时在历史学院和外语学院学习；北京大学2015年开办的外国语言与外国历史专业，是北京大学元培学院、外国语学院、历史系联合设立的，形成了"1＋1＞2"的新型跨学科专业，目标是输送跨学科的综合素质高、基础扎实、学识面宽阔、适应力强的高质量的教学研究人才和国际文化交流人才。

在研究生培养方面，到2021年，我国已经拥有40多个世界史一级学科博士点，80多个世界史一级学科硕士点，十几个世界史博士后流动站，形成了世界史人才培养的完整建制。这些在读的世界史本科生、硕士生和博士生，在国家、学校的资助下，几乎都有时间长短不等的出国、出境学习的机会，这在改革开放前是不可想象的。尤其要指出

第二章 历史研究

的是，2011年世界史升级为一级学科，是世界史学界的一件大事，它说明了国家对发展世界史学科的迫切需要和殷切希望，为世界史学科的建设提供了新的机遇。

随着21世纪中国的发展以及面对越来越复杂多变的国际形势，为了加强中国的区域和国别研究，从而更好地为国家的发展战略、外交决策提供智力支持，从2015年起，教育部又在多所高校陆续成立了437个国别与区域研究中心[1]，它们实际形成了新的研究机构，成为交叉学科的增长点。2021年，国务院学位委员会、教育部落实习近平总书记"厚实学科基础，培育新兴交叉学科生长点"的要求，将区域国别研究设置为新的一级学科，形成了又一个"1＋1＞2"的跨学科的学术领域，为学科融合开新局，不仅进一步扩大了我国的世界史研究领域，也能够更好地服务于国家战略。

2．学术梯队建设

我国已经形成了阵容比较完整的世界史教学科研队伍。在这支队伍里，大部分成员都接受过国内或国外正规的高学历与学位教育，既有随着国门大开到国外、境外留学并学成回国的优秀学子，更有我们自己培养的大量世界史博士、硕士。他们知识结构新、创新意识强，对外交流频繁，对国内外新的研究成果和学术前沿反应敏锐。这支队伍是当今世界史学科建设的骨干和主力军，正在继往开来，开拓进取。他们中的一些人已经在国际学术界具有一定的知名度。特别是经过共和国70多年尤其是近30年来的培养和几代世界史学人的努力，这支队伍已经基本形成老中青相结合、人才梯队成功更替的发展态势，保证了我国世界史学科建设的有序发展。

3．对外学术交流

对外交流方面变化巨大，已经形成个人、学术机构和国家的多层

---

[1] 这437个研究中心分为第一批培育基地42个和第二批备案基地395个。

次的交流常态。

在个人层面，随着1996年直属于教育部的国家留学基金管理委员会的成立，越来越多的世界史学者通过国家资助走出国门；随着国家经济的大发展，也有越来越多的学子自费留学。他们到世界各国的高等学府、学术中心和档案馆等机构，或攻读硕士、博士学位，或深度进修查找资料，或讲学，或出席学术会议，在不断充实自己的同时，也强化了与国外同行的交流。与此同时，越来越多的国外及中国港、澳、台地区的学者来到大陆讲学、研究、参加会议。中国学者还与国外学者进行了一些合作研究项目，例如，李安山教授作为联合国教科文组织《非洲通史》国际科学委员会副主席和该项目中亚洲方面专家代表，参加了联合国教科文组织主持的《非洲通史》的编纂工作，该书的第1—8卷成书于20世纪90年代中期，中文版于2013年由中国对外翻译出版公司出版；第9—11卷，已于2019年完成。又如，中、日、韩三国学者共同编写的《东亚三国的近现代史》，于2005年由中国社会科学文献出版社出版。

在学术机构层面，几乎每个大学和研究机构都有相对固定的对外交流的对口大学或研究机构。学术团体的交流相当活跃，一些断代史、国别史、专门史的学会也与国外同行开展了卓有成效甚至是定期的学术交流活动。如20世纪90年代以来中国连续召开了四次规模较大的世界古代史国际学术讨论会；自2009年起中国英国史学会与英国皇家历史学会形成了定期进行学术交流的机制；2011年首都师范大学全球史研究中心主办了美国世界史学会第20届年会，从2013年开始首都师范大学国际关系中心与日本学者共同设立"国际关系史工作坊"，至今已经召开4届；等等。一些中国学会或学者也参加了相关的国际学术组织。如在国际法国大革命史研究会、国际第二次世界大战史研究会等国际学术团体，都有中国学者作为执行局委员参与其中。

国家层面的交流也有重要发展。自1985年中国史学代表团正式参加第16届国际历史科学大会后，每隔五年，中国的史学工作者都会组团或以个人名义出席大会，或作大会主题发言，或主持专题讨论，或参与圆桌座谈会，使中国学者的一些研究成果为国际学术界所知晓。2015年第22届国际历史科学大会在山东济南召开，这是该大会自1900年成立以来首次在亚洲国家举行。

4．科学研究

在此时期，我国的世界历史学科体系和学术体系得到了健康发展，其研究成果已呈现满天星斗的繁荣景象。

（1）在历史观方面，更为重视唯物史观的立场、观点和方法，同时对文明史、现代化史、全球史等新的范式和视角也都有借鉴。

首先，对马克思主义历史观的认识有了进一步深化。

随着"文化大革命"的结束和改革开放政策的实施，中国的世界史学界也迎来了思想的大解放。面对纷至沓来的各种史学理论和史学方法，人们重读经典作家对人类历史发展规律的论述，发现他们不仅注意到社会形态的变化，也注意到世界形成一个整体即世界历史的形成过程，从而对作为唯物史观组成部分的马克思主义世界历史观有了新的认识。这种新认识首先体现在1990年吴于廑在《中国大百科全书·外国历史》导言《世界历史》中提出的"世界历史"的概念之中。吴于廑开宗明义，强调："世界历史是历史学的一门重要的分支学科，内容为对人类历史自原始、孤立、分散的人群发展为全世界成一密切联系整体的过程进行系统探讨和阐述。世界历史学科的主要任务是以世界全局的观点，综合考察各地区、各国、各民族的历史，运用相关学科如文化人类学、考古学的成果，研究和阐明人类历史的演变，揭示演变的规律和趋向。"他认为，人类历史发展为世界历史，经历了纵向发展和横向发展的漫长过程。纵向发展，"是指人类物质生产史上不同生产方式的演变和由此引起的不同社会形态的更迭"；横向发展，"是指历史由各地区间的相互闭塞到逐步开放，由彼此分散到逐步联系密切，终于发展成为整体的世界历史这一客观过程而言的"；历史正是在不断的纵向、横向发展中，"在越来越大的程度上成为世界历史"；因此，"研究世界历史就必须以世界为一全局，考察它怎样由相互闭塞发展为密切联系，由分散演变为整体的全部历程，这个全部历程就是世界历史"。[1]这是对我国世界历史研究的学科体系的清晰界定。

关于这一点，齐世荣先生说得更为透彻："马克思主义根据人类社会内部生产力与生产关系基本矛盾的不同性质，把人类历史发展的诸阶段区分为原始公社制、奴隶制、封建制、资本主义制和共产主义制几种生产方式和与之相应的几种社会形态。它们构成一个由低级到高级发展的纵向序列，但不是所有民族、国家的历史都无一例外地按照这个序列向前发展。有的没有经历过某一阶段，有的长期停顿在某一阶段。总的说来，人类历史由低级社会形态向高级社会形态的更迭发展，尽管先后不一，形式各异，但这个纵向发展的总过程仍然具有普遍的、规律性的意义。横向发展是指历史由各地区间的相互闭塞到逐步开放，由彼此分散到逐步联系密切，终于发展为整体的世界历史这一客观过程。推动历史横向发展的决定力量，同样是物质生产的发展。在物质生产不断发展的基础上，人们对新地区的开拓，与相邻地区的交换和交往，必然不断扩大。因此，历史的横向发展过程也具有普遍的、规律性的意义。"[2]这段话以马克思主义为理论指导，从人类历史矛盾运动的客观事实出发，深入浅出地揭示了人类社会发展的客观规律和大趋势，因此有很强的说服力。它表明，进入21世纪以来，我国世界史学者的理论素养，特别是马克思主义理论素养，在整体上已经有了显著提高，并在许多基本理论问题上达成共识，从而为世界史学

---

[1] 吴于廑：《世界历史》，载《中国大百科全书·外国历史》，中国大百科全书出版社，1990年，第1、5、15页。
[2] 齐世荣主编：《世界史·当代卷》，高等教育出版社，2006年，第1页。

科的今后发展,奠定了坚实的理论和方法论基础。近30年来,我国的世界史研究成果,无论从何种撰写范式或视角出发,都受到这一世界历史理论体系的影响。

这种变化首先体现在重新建构了中国的世界通史体系和话语体系。

基于对马克思主义唯物史观的新认识,吴于廑先生和齐世荣先生受国家教委(即教育部)委托,于1986年开始主编6卷本《世界史》,被简称为"吴齐本"。全书分为古代史编(上下卷,分别由刘家和、王敦书、朱寰、马克垚主编),近代史编(上下卷,由刘祚昌、王觉非主编),现代史编(上下卷,分别由齐世荣、彭树智主编)。全套教材由高等教育出版社于1994年出齐。它突破了以往苏联学者所编世界通史的模式,以包括世界历史理论的马克思主义唯物史观为指导,吸收了全球史的一些有益成分,抓住世界历史的纵向发展与横向发展密不可分这个关键历史现象,并将中国历史纳入其中,否定"西欧中心论",通过对中外重大历史事件、人物和现象的叙述,展现人类发展进程中丰富的历史文化遗产,以及人类社会从古至今、从分散到整体、社会形态从低级到高级的发展历程,从而重构了世界史的宏观体系。

特别要说明的是这部教材的世界历史的分期问题。它改变了坚持多年的苏联世界通史的分期,即以1640年英国资产阶级革命和1917年俄国十月革命分别作为世界近代史和世界现代史的开端,而是以15世纪末16世纪初的新航路开辟作为世界近代史的开端,以19世纪末20世纪初的帝国主义形成作为世界现代史的开端,从而解决了以往没有解释清楚的诸多问题,更符合世界历史的纵向与横向发展的渐进的基本脉络,以及社会形态从低级向高级发展的历史大趋势。这部教材一经出版,就成为中国最受欢迎的高校世界通史教材。1995年获得国家教委优秀高校教材一等奖。

该教材从2000年开始修订,成为齐世荣任总主编的4卷本《世界史》,被简称为"齐本",分为古代卷(杨共乐、彭小瑜主编),近代卷（刘新成、刘北成主编），现代卷（齐世荣主编），当代卷（彭树智主编）。全套教材于2006年出齐。它进一步注入了全球史观的新因素，补充了"吴齐本"囿于时间的限制而缺少的1993—2003年的内容，对第一次世界大战的后果、冷战起源、战后的两极格局向多极化的发展、和平与发展的时代主题等，都阐述了新的看法，同样是一出版即受到欢迎。2021年，这套教材获得教育部首届全国教材建设奖（高等教育类）一等奖。另外，在吴于廑指导下由李植枬主编的《从分散到整体的世界史》（5卷）、徐天新等主编的《世界通史》（6卷），分别于1990年和1997年由湖南出版社和人民出版社出版，后者于2017年出版修订版。可以说，21世纪全国各高校出版的世界通史教材，都或多或少地受到"吴齐本"的影响。从2021年开始，"吴齐本"教材再次全面修订。

与此同时，包括政治、经济、思想，文化、社会生活等人类文明演进与变化的文明史写作范式，也重新进入中国学者的视野。2004年北京大学出版社出版了马克垚主编的《世界文明史》，2016年出版了第二版（上下册）。该书从文明演进的视角出发，以全球史的视野鸟瞰人类历史的发展进程。时间上贯通古今，从古代农业文明论及现代工业文明在世界范围内的扩展，空间上跨越各文明界限，兼顾各文明的独立演进与彼此交融，囊括政治、经济、社会、文化等各个维度，展示了中国人视角下的人类文明史。

从现代化的视角撰写世界近现代史的发展历程，也成为世界史的一种重要范式。罗荣渠分别在1993年和1997年出版的《现代化新论——世界与中国的现代化进程》和《现代化新论续篇——东亚与中国的现代化进程》，尤以第三世界特别是东亚为研究重点。两书在他去世后多次再版。他运用社会科学研究方法，把现代化作为全球性大转变的过程，从宏观史学的视角进行整体性研究，首次提出以生产力为社会发展中轴的一元多线的历史发展观，以此论述世界的现代化发展总趋势和近世中国的社会巨变，并对中国的现代化道路做了专题考察，在当时令人耳目一新。进入21世纪，现代化研究成为世界史研究的热点之一。钱乘旦主持了教育部重大攻关项目"世界现代化历程"，由他主编、分区域撰写的《世界现代化历程》（包括总论、东亚、南亚、中东、西欧、非洲、北美、拉美、大洋洲等10卷），于2012—2015年出版，反映了世界近现代史的主线是现代化的基本观点。

此外，从国际关系历史发展的角度撰写的王绳祖主编的《国际关系史》（12卷，1990—1996年出版），将专题和时序相结合的武寅主编的通史性著作《世界历史》（8卷39册，2013年出版），由陈翰笙主编、数百位世界史学者参与编纂的《中国大百科全书·外国历史》（2册）的出版，以及它的第2版和正在进行编写的第3版（网络版），也是中国世界史学发展的标志性成果之一。

全球史是20世纪下半叶兴起于美国的新的历史编纂范式，其后逐渐传入我国。2004年，首都师范大学在全国率先成立了全球史研究中心，我国的全球史研究也随着"全球史观"的讨论而得到发展。尽管对"什么是全球史"这一问题在国内学术界颇有争论，但近十余年来，全球史研究在我国仍然得到了初步发展，以首都师范大学为代表的部分高校和研究所开始了全球史学科建设。他们力图从整体、关联、互动视角，考察跨国家、跨文化或跨地区的历史现象，突破民族国家史学的局限，打破世界史与中国史的学科界限，从而弥补外国国别史和中国史研究中的不足。2021年刘文明主著的《全球史概论》出版，这是我国学术界第一次全面系统地阐述全球史的理论和方法，为国内全球史研究和教学及学科建设提供了一个全球史知识的基本框架。

（2）在学术研究方面，这一时期大大拓宽、拓深了研究领域，出版了大量教材、学术专著和论文，可以用成果丰硕、多有创新来形容。

具体地说，在断代史方面，古代史、中世纪史、近代史、现代史、当代史等基本全覆盖。出版了马克思主义理论研究和建设工程教材《世界古代史·第2版》（上下册，包括古代史和中古史，2018），马克思主义理论研究和建设工程教材《世界现代史·第2版》（上下册，包括现代史和当代史，2020），论述20世纪历史的有金重远的《20世纪的世界》（上下卷，2000），齐世荣、廖学盛主编的《20世纪的历史巨变》（2005），将世界近代、现代史作为一个整体论述的有徐蓝主编的《世界近现代史1500—2007》（2012）等各种不同版本的断代通史性著作。

在古典学、埃及学、亚述学、赫梯学、拜占庭学、中世纪史、一战史、二战史和冷战史等西方学者长期居于领先地位的领域，都已经有了中国学者的著述，其研究活动和成果也具有了一定的国际影响力。如晏绍祥的《古典历史研究史》（上下册，2013）、《希腊城邦民主与罗马共和政治》（2019）和《与距离斗争：中国和西方的古代世界史研究》（2021），黄洋的《古代希腊政治与社会初探》（2014）和《古代世界的迷踪》（2021），陈恒的《希腊化研究》（2006），李筠的《罗马史纲：超大规模共同体的兴衰》（2021），金寿福译注的古埃及《亡灵书》（2016），李晓东的《古代埃及》（2020），拱玉书的《西亚考古史》（2002）和《苏美尔、埃及及中国古文字比较研究》（2009），李政的《赫梯文明研究》（2018），张绪山的《中国与拜占庭帝国关系研究》（2012），徐家玲的《拜占庭文明》（2006），陈志强的《拜占庭帝国史》（2017）和《拜占庭文明》（2018），刘城的《中世纪西欧基督教文化环境中"人"的生存状态研究》（2012），俞金尧的《西欧婚姻、家庭与人口史研究》（2014），彭小瑜的《教会法研究》（2003）和《古典与中世纪研究》（2020），倪世光的《中世纪骑士制度探究》（2007），马克垚的《西欧封建经济形态研究》（2020），王红孝主编的《一战全史》（2017），侯中军的《中国外交与第一次世界大战》（2018），胡德坤主编的《反法西斯战争时期的中国与世界研究》（9卷，2010），徐蓝的《英国与中日战争1931—1941》(1991、2011)，徐蓝和耿志的《英美军事战略同盟关系的形成与发展（1919—1945）》(2019)，徐天新、沈志华主编的《冷战前期的大国关系：美苏争霸与亚洲大国的外交取向（1945—1972）》(2011)，崔丕的《冷战时期美日关系史研究》(2013)，沈志华主编的《冷战国际史二十四讲》(2018)，姚百慧的《冷战时期中美法关系研究》(2017)和《冷战史研究档案资源导论（第二版）》(2019)，姚百慧与韩长青编的《英国与冷战起源档案选编》(2018)，翟韬的《文化冷战与认同塑造：美国对东南亚华人华侨宣传研究（1949—1965）》(2020)，张杨的《美国的青年领袖项目（1947—1989）》(2020)，徐蓝主编的《20世纪国际格局演变与大国关系互动研究》(2020)，邢广程《同盟、冲突和关系正常化：中苏关系演化轨迹》(2021)，等等。

在区域研究方面，原有的东亚史、南亚史、东南亚史、中亚史、西亚史、拉丁美洲史、非洲史、中东史等都有新的研究，将欧洲地区、亚太地区、地中海地区、西亚北非地区、印度洋地区、巴尔干地区、太平洋岛国地区、大洋洲地区等分别作为一个整体的研究也已经开展起来。如王治来、丁笃本的《中亚通史》(2008、2010)，彭树智主编的《中东国家通史》(13卷，2010)、哈全安的《中东史》(3卷，2019)，梁志明等主编的《东南亚古代史：上古至16世纪初》(2013)，林被甸、董经胜的《拉丁美洲史》(2010)，王宇博的《澳大利亚史》(2017)，刘文龙、万瑜的《巴西通史》(2017)，李安山的《非洲现代史》(2卷，2021)，蒋家瑜的《不可不知的古代地中海文明史》(2019)，蓝琪主编的《中亚史》(6卷，2020)，马细普的《巴尔干近现代史》(2卷，2021)，李富强、李珍、卫彦雄的《传播与创新：东南亚铜鼓文化调查与研究》(2022)，等等。

国别史一向是中国世界史学者研究较为集中的领域，特别是在美国史、英国史、法国史、德国史、苏联/俄罗斯史、日本史的研究方面，成果比较丰硕。不仅出版了中国学者自己著述的有关这些国家的多种版本的通史类著作，如刘绪贻、杨生茂主编的《美国通史》(6卷，主要作者还包括李剑鸣、张友伦、丁则民、余志森等，2002—2005)，钱乘旦主编的《英国通史》(6卷，2016)，沈炼之主编的《法国通史简编》(1990)，张芝联主编的《法国通史》(2009)，吕一民的《法国通史》(2012)，邢来顺、吴友法主编的《德国通史》(6卷，2019)，周尚文、叶书宗、王斯德的《苏联兴亡史》(2002)，郑异凡主编的《苏联史》(9卷，已出5卷，2013)，张建华的《俄国史》(2004)，吴廷璆主编的《日本史》(1994)等；而且对这些国家不同发展时期的内政、外交、军事、社会、宗教、文化等都有探讨，对意大利、西班牙、荷兰、加拿大、澳大利亚、土耳其、印度、以色列、泰国、缅甸、南非等国家的历史也有涉猎，如沈汉的《英国宪章运动史》(2021)，张勇安的《变动社会中的政策选择：美国大麻政策研究》(2009)，梁茂信的《美国人才吸引战略与政策史研究》(2015)，王立新的《踌躇的霸权：美国崛起后的身份困惑与秩序追求(1913—1945)》(2015)，王晓德的《文化的他者：欧洲反美主义的历史考察》(2017)，昝涛的《现代国家与民族建构》(2011)、《从巴格达到伊斯坦布尔：历史视野下的中东大变局》(2022)和《奥斯曼-土耳其的发现：历史与叙事》(2022)，林承节的《印度史》(2004)，林太的《印度通史》(2012)，刘欣如的《印度古代社会史》(2017)，张倩红的《以色列史》(2008)，段立生的《泰国通史》(2014)，贺圣达的《缅甸史》(2015)，郑家馨的《南非史》(2010)，李福泉、闫伟的《索马里、吉布提和科摩罗史》(2022)，邵丽英、慈志刚的《阿尔及利亚史》(2022)，蒋真、李竞强的《突尼斯史》(2022)，等等。

在专门史方面，进入21世纪，除了作为传统研究领域的政治史、经济史、军事史、外交史、国际关系史，革命史、殖民主义史等之外，还不断将研究扩展到劳工史、农民史、社会史、宗教史、法律史、文化史、教育史、艺术史、城市史、乡村史、日常生活史、华侨华人史等领域，特别是全球史、环境史、妇女史、人口史、性别史、家庭史、疾病史、医疗卫生史、灾荒史、能源史、知识史、书籍史、心态史、概念史、记忆史、帝国史、学科史、史学史、历史编纂学史等，都有涉及，已有大量相关的论文和少量专著问世。如夏继果、本特利主编的《全球史读本》（2020），梅雪芹的《环境史研究叙论》（2011），裔昭印主编的《西方妇女史》（2009）和《世界文化史》（2010），陈恒等著的《西方城市史学》（2017），李安山的《非洲华人社会经济史》（3卷，2017），李明欢的《欧洲华侨华人史》（2019）。另有向荣、欧阳晓莉主编的《前工业时代的信仰与社会》（2019），孙江、刘建辉的《亚洲概念史研究》（2013），方维规的《历史的概念向量》（2021），李宏图的《观念的视界》（2020），文聘元的《中世纪思想史》（上下册，2021），等等。但是，由于这些领域多为近年来新发展起来的前沿领域，因此比较成熟的有影响的成果还不多见。

在西方史学史研究方面，张广智主编的《西方史学通史》（6卷）于2011年出版，当属代表。

除此之外，世界史学者对西方史学理论和史学方法的研究兴趣也不断增长，使之成为世界史学科建设的重要领域。他们不仅介绍了计量史学、心理史学、口述史学等研究理论，而且引入了社会科学如经济学、社会学、人口学等的研究方法。近些年来，原属于自然学科的遗传学、古生物学、生物化学、地质学等的理论与方法在世界史学中的初步运用，也使我们对人类演化、迁徙的历史进程有了更深入的认识，使历史学呈现出越来越多的科学性色彩。随着信息化时代的到来，信息史学也成为近年来学者关注的又一领域。另外，在相对传统的世界史、文明史、现代化史等方面的理论与写作范式，以及在全球史、国际史、跨国史、跨文化互动等方面的研究也受到了学界的关注，并出现了一些新的讨论。

另外，从已经公布的国家社科基金资助的世界史的重点、一般和青年项目，以及后期资助、冷门绝学项目来看，1994年为10项，2009年为32项，2019年为98项，2020年为165项，2021年为151项，2022年为105项。2021年国家社科基金中国历史研究院重大历史问题研究专项的世界史项目为7项；2022年教育部人文社会科学世界历史立项为17项。增长速度之快，令人欣慰。在这些所立项目中，还有两点值得注意：一是这些项目的研究有不少属于上述专题史的领域，假以时日，必有发展；二是不少项目涉及原始档案的收集、整理与研究，也将进一步推动世界史研究的深化。

随着研究成果的增加，世界史的刊物也获得发展。除了原有的能够发表世界史著述的《中国社会科学》《历史研究》《世界历史》《史学理论研究》，以及一些史学刊物如《史学月刊》和大学学报等几十种期刊之外，一些具有研究特色的定期或不定期的世界史学术期刊、辑刊不断涌现，如《西学研究》《古代文明》《现代化研究》《世界近现代史研究》《冷战国际史研究》《全球史评论》《近现代国际关系史研究》《经济社会史评论》《世界历史评论》《外国问题研究》《医疗社会史研究》《海洋史研究》《新史学》，等等，甚至出现了少量世界史英文杂志，如《世界古典文明研究杂志》（*Journal of Ancient Civilizations*）、《世界历史》英文版等。

（3）资料的建设与利用

改革开放以来，先是中国学者自己编纂了急需的各种资料集供学生和学者使用，如《世界史资料丛刊》（多册）[1]，王绳祖主编的《国际关系史资料选编》（2卷3册，1983）、方连庆等编的《新的国际关系史资料选辑》（上下册，1987），齐世荣主编的《世界现代史资料选辑》（3册，1982—2007）和《当代世界史资料选集》（3册，1990—1996），北

---

[1] 该丛刊最初几册于1957年出版，"文革"后得以继续出版。

京师范大学历史系世界古代史教研室编的《世界古代及中古史资料选集》(1991)，等等，但非常有限。随着出国研究机会的明显增多，网络和数字化技术的飞速发展，国家对购买图书资料、各种数据库的资金投入大大增加，我国的世界史资料建设突飞猛进。尽管我们的资料仍然无法与国外相比，但是大量已经解密的原始档案资料、数不胜数的各种研究文献，已经大大缓解了资料匮乏的问题，大体上可以满足研究者的需要。例如，在世界上古史的资料建设方面，一些高校和科研单位购置了包括《洛布古典丛书》(至2022年已达546部)、《牛津古典文献》(百余册)、《托伊布纳尔希腊罗马文献丛书》(几百种)等在内的古典学研究必备的资料；从国际关系史研究所需要的档案资料来看，北京大学收藏的美国外交史料、首都师范大学收藏的欧洲国家外交史料、华东师范大学收藏的中国与周边国家关系档案文献都非常丰富。研究者可以直接使用这些档案资料，并利用多国档案对史料进行甄别与考证，从而使叙事更为准确，解释更为丰富，评价更为客观，研究更加专深。以苏联史为例，根据原始档案文献编译的36卷本《苏联历史档案选编》于2002年出版，使苏联史研究可以建立在更坚实的史料基础之上，较过往研究的简单化，表现出明显的多样化区别。再以冷战史研究为例，正是对多国档案的使用，才使中国的冷战史研究从早期专注于美苏关系和冷战起源的传统冷战史，逐渐发展为冷战国际史，从而进入了国际学术前沿，加强了与国际学术界的对话能力。

随着各种数据库的发展，如姚百慧编的《世界史研究外文数据库指南》(2020)，也为世界史的资料运用提供了有效的指南。

(4) 国内出版界对世界史研究的助力

我国世界史研究的进步，离不开国内出版界对出版世界史书籍的鼎力相助。仅举出三例。

其一，1971—1978年，在党中央和国务院的直接指示和支持下，由十几家出版社陆续翻译出版的200多册国别史或地区史，以及一些世界名著、名人传记和回忆录等[1]，为后来的世界史研究打下了最初的资料基础。

其二，"汉译世界学术名著丛书"的出版。自1905年商务印书馆出版了严复翻译的《天演论》之后，该社陆续推出了"汉译世界学术名著丛书"700种，历时约120年，2022年又新推出157种。这是我国现代出版史上规模宏大的极为重要的学术翻译工程，对我国世界史学科的发展起到重要的作用。

其三，改革开放以来，图书市场非常关注世界史，以极大的热情出版了大量世界史著作。据不完全统计，从2017年到2022年8月，国内的出版社出版了中国学者撰写的世界史著作200多种，出版了国内学者翻译的世界史著作500余种。这些世界史的出版物，除了传统的通史、断代史、地区国别史以及主流史学如政治、经济、外交、国际关系史等新研究之外，还特别涉及了许多新领域，如全球史、环境史、海洋市、概念史、史学史，等等。图书市场的这种世界历史热，无疑是推动了世界史学科发展的一个重要方面。

四　不足与展望

70年来，特别是近30年来，我国的世界史学科建设成就斐然，但仍然存在一些不足与问题。

一是偏重实证研究，对理论和研究方法的改进重视不够。改革开放后，世界史学者得益于研究条件的大大改善，在较充分地占有史料特别是原始档案资料进行实证研究方面，已经有了很大进步，一些著述所利用的档案资料和专著文献，甚至达到了几百种乃至上千种的程

---

[1] 参见张稚枫：《"文革"期间出版工作忆实》，《新文化史料》1999年6月15日，第42—45页。当时不仅内部出版了马列主义经典著作《共产党宣言》等六本书，赫胥黎的《天演论》，摩尔根的《古代社会》，海思、穆恩、韦兰的《世界史》等，还有《赫鲁晓夫回忆录》《在白宫的岁月》《阿登纳回忆录》《戴高乐回忆录》等多种，都是以大字排版。

度。但是，一些学者的理论素养比较欠缺，对与自己的研究领域相关的理论与方法论也缺乏必要的了解。因此一些成果呈现为史料的堆砌，缺少分析的深度，不能准确地总结出历史的经验、教训和智慧，从而降低了世界史研究应有的学术价值和理论水平。另外，一些学者观念相对陈旧，方法相对单一，缺少对日益发展的跨学科、跨领域、跨国家的研究方法的敏锐了解和积极运用，对问题的解释框架仍然囿于国外学者的语言体系，这也导致研究成果的创新程度明显缺乏。

二是偏重微观研究，对宏观思辨着力不够。与上述问题相联系，一些学者满足于微观研究和个案探讨，对构建历史叙事体系和历史发展脉络关注不够；一些研究生的论文则存在研究问题碎片化的现象和倾向。这样的研究，即使在某一个问题上可能达到了"求真"的要求，但仍然无法在整体上达到"求通"的高度，从而导致缺乏研究的后劲，间接制约了世界史学科的发展。

三是偏重发达国家研究，对发展中国家和区域的研究严重不足。长期以来，我国一直存在世界史学科分布不均衡、研究领域不平衡的问题。由于国家现代化建设的需要，重视对欧美大国的研究，包括从古代到当代的各种问题研究，反映了世界史学者强烈的现实关怀，无可厚非。但对其他国家和地区的研究，则存在许多空白，直至今天，这种状况也没有多大改观。甚至在一些原来已有一定积累的分支学科如"俄苏史"还出现了萎缩情况。这种状态也与世界史研究队伍较小、质量参差不齐、掌握各种小语种的研究人才严重缺乏有很大关系。但无论如何，它与当今中国在世界的地位极不相称，有碍于我们对世界的正确认知。不过，我们也可喜地看到，随着中国正在践行的"一带一路"合作倡议的展开，国家迫切需要了解我国周边国家和位于"一带一路"上的各个国家的历史与现状，推动了世界史学者必须在这些国家和地区的研究上发力，国家社科基金也正在资助这方面的研究。相信长期坚持下去，将会取得重要成果，也会改善世界史学科发展不平衡的问题。

今天,中国的世界史学科建设进入了新阶段。在理论、体系和方法上逐步建立中国的世界史话语体系,当是我国世界史学科建设的大方向和基本任务。为了实现这个目标,中国学者已经奋斗了70多年。今后,他们将继续在学术上,从开放的、世界的视角观察、研究世界,从世界各国包括中国在内的优秀文化传统中吸收有益营养,在微观专题探讨与宏观叙事体系的多重层面,通过提出新问题、挖掘新材料,运用新方法、做出新解释,以中国学术语言阐释世界史研究成果,逐步构建起世界史的中国话语体系;在资政育人上,世界史学者将充分发挥世界史学科回望历史、关照现实的智库功能,服务于国家和社会的发展大局和人才培养,为构建人类命运共同体做出应有贡献。我们相信,再经过几代学者的不断努力,中国的世界史学科必将在世界学术之林中占有一席重要地位。欲速则不达,任重而道远。

第三章

考古学与出土文献研究

第一节 中国考古学研究

陈星灿等[*]

一 概　述

考古学自20世纪20年代传入中国，至今已有百年的发展史。中华人民共和国成立后，在社会发展、科学进步的大环境下，经过考古工作者不懈努力，基本勾勒出中国人类演化、农业起源、文明起源、社会发展的画卷，初步构建起中国考古学文化的时空框架，实证了中华五千多年的文明史。1984年夏鼐在《新中国的考古发现和研究》前言指出，中华人民共和国成立后的30多年间，中国考古学有三个重要标志：一是以马克思列宁主义、毛泽东思想作为指导我们工作的理论基础，二是具体方法的改变和进步（科学专业化和整体化），三是考古工作中扩大了所涉及的地域和延伸了研究对象的时间范围。[1]

目前，中国境内已发现的旧石器时代遗址达2000余处，不断增多

---

[*] 本节由陈星灿（中国社会科学院考古研究所所长、研究员）主持。执笔人有陈星灿、朱岩石（中国社会科学院考古研究所副所长、研究员）、张君（中国社会科学院考古研究所研究员）、李新伟（中国社会科学院考古研究所研究员）、徐良高（中国社会科学院考古研究所研究员）、董新林（中国社会科学院考古研究所研究员）、刘瑞（中国社会科学院考古研究所研究员）、何利群（中国社会科学院考古研究所研究员）、周振宇（中国社会科学院考古研究所副研究员）、刘涛（中国社会科学院考古研究所副研究员）、韩建华（中国社会科学院考古研究所副研究员）、王刃余（中国社会科学院考古研究所副研究员）。

[1] 中国社会科学院考古研究所编著：《新中国的考古发现和研究》，文物出版社，1984年，第1—3页。

的重大发现已使中国成为世界瞩目的旧石器考古圣地，研究水平处于国际领先水平，这门学科在中国已经发展成为一门综合了自然科学和社会科学诸多技术与理论的成熟的交叉科学。改革开放后，旧石器考古学者针对重点区域和重要遗址开展工作，如对宁夏水洞沟、辽宁金牛山、黑龙江昂昂溪、河北泥河湾盆地遗址群、陕西汉水流域遗址群、贵州盘县大洞、桐梓马鞍山等的研究，均取得丰硕成果。另外，国际学术交流为旧石器考古学带来强大推动力。进入21世纪以来，旧石器考古研究理论与方法不断发展，学科布局不断完善，微痕分析、残留物分析、石料热处理分析、力学分析等领域均有所突破，人才队伍稳步壮大，国际学术交流与合作愈加深入。

新石器时代考古学以重建中国古史为核心目标，以"考古"求"释古"，挣脱了以文献记载为依托的传统古史观的束缚，展现出更为波澜壮阔的中华文明起源历程。改革开放前30年是资料积累和理论的探索期。面对遍及全国的大量考古新发现，仰韶文化和龙山文化东西对峙的认知模式受到挑战，建立中国史前文化的时空框架成为最重要的学术课题。同时，以考古学重建中国古史的努力仍在持续，形成以黄河流域为中华文明起源核心引领者的"中原中心"模式。马克思主义经典社会发展理论的应用则从进化论的角度促进了对中华文明起源的深刻认识。改革开放前20年是重大发现和理论建设交相辉映的"黄金时代"。红山文化、良渚文化和陶寺文化的大型祭祀遗迹、随葬玉器等特殊物品的大型墓葬展现的中国史前社会发展程度超过了学界以前的认知；与此同时，西方考古学理论和方法开始被引介。两者共同促成了关于中华文明起源研究的热烈讨论。区系类型模式、中国相互作用圈模式和"重瓣花朵"模式相继提出，聚落考古方法开始流行。2000年至今的20多年中，在多学科结合的重大项目推动下，重要考古新发现层出不穷，现代科技手段与史前考古发掘和研究的结合日益紧密，中外合作项目逐渐增多，这些均极大推进了中国史前考古学的发展。在新旧石器时代过渡、农业起源、中华文明起源和中国早期国家形成等方面，均取得重大进展。中华文明探源工程的实施，从考古上实证了中国具有五千年的文明史，也丰富了对人类文明起源问题的认识。对世界古代文明的考古发掘和研究正在蓬勃展开，中国史前考古研究初步具备了国际视野。

夏商周时期是中国历史上的关键时期。夏王朝的建立开启了中国历史上的王朝国家时代。从夏商周到秦王朝的建立，王朝国家从初创走向成熟，政治制度则由宗法制度走向皇权专制的郡县制度；政治形态由新石器时代的多元走向以夏商周王朝为核心的一体，初步形成以"中国"为中心的天下观和"普天之下莫非王土，率土之滨莫非王臣"的"大一统"观，为中华民族认同观念和国家凝聚力的形成与强化打下了历史的根基。这一时期，形成以祖先崇拜和礼乐文化为突出特征的中国文明，奠定了历史悠久的中华文明的基础。

夏商周时期进入有文字直接或间接记载的时代。根据文献记载，夏商周时代始自公元前21世纪夏王朝的建立[1]，终于公元前221年秦统一全国，包括夏王朝、商王朝和周王朝三个时期。从考古学文化来说，从早到晚，有二里头文化、二里岗文化、殷墟文化、西周文化和东周列国文化等。

夏商周考古既不同于缺乏文献，完全依赖人类学概念与理论的旧石器与新石器时代考古，也不同于文献丰富的秦汉及以后时代的考古。夏商周考古虽有文献记载，但相关文献片断、破碎，且对其版本真伪和内容真假充满争议。同时，夏商周考古还有另一类文字记载史料——地下出土的甲骨文、金文和简册，这类地下出土文字史料虽然比传世文献更接近三代历史本身，但也存在内容破碎和文本性的问题。

---

[1] 根据夏商周断代工程成果，夏王朝建立于公元前2070年。参见夏商周断代工程专家组编著：《夏商周断代工程1996—2000年阶段成果报告》，世界图书出版公司，2000年。

如何看待考古发现的物质文化遗存、地下出土文字和传世文献这三类史料，处理好三者之间的关系，进而构建合理的夏商周三代的历史叙述，是三代考古的突出特点。

秦汉至明清时期是多元一体的中华民族不断融合和形成的重要时期。自公元前221年秦始皇统一中国起，至1911年清朝灭亡止，历时2132年。这一时期从秦汉帝国、隋唐帝国，到元明清帝国，是大一统的帝国时代。期间出现了两次南北对峙的局面，北方草原民族和中原农耕汉文化间发生冲撞、交流和融合，中华民族不断发展壮大，最后形成统一的清帝国，奠定了现今中华民族国家的版图。秦汉至明清时期的考古学研究，与先秦考古学有密切联系，同时也有自身特色。作为历史时期的考古学研究，历史文献和图像资料更为丰富，研究的内容和范畴也更加广博。从地域看，它拓展到中华人民共和国版图内的所有区域（辽、元和清帝国曾涵盖辽远的漠北地区）。从时间看，大致分为秦汉、魏晋南北朝、隋唐五代、辽宋金元明清四个大段。大规模有计划地对该时期大遗址的考古工作是1949年以后才正式开始的。70年间尤其是改革开放以来，历史时期考古学从朝代和区域考古工作的不平衡发展到近年来百花齐放的新态势，见证了中国考古学的发展历程。尤其是以都城遗址考古为代表的发掘与研究，不仅填补了中国古代都城发展史的诸多空白，同时通过都城考古研究理论与实践的探索，形成了具有中国特色的都市遗址考古方法，受到国际考古学界的肯定。

多学科合作的不断深入，是中国考古学发展进步的一个重要标志。科技考古是利用自然科学相关学科的方法和技术对考古遗址进行勘探，对出土遗迹和遗物进行鉴定、测试和分析，对各类与考古研究相关的资料进行定量统计，从而认识绝对年代、自然环境特征、生业模式、人地关系、人类体质特征和健康状况及人类的行为等。科技考古的出现也可以看作现代考古学的一个重要标志。科技考古是在二战后发展起来的，当时的考古学走向成熟，碳十四测年方法得以发明并被广泛接受。中国科学院考古研究所（1977年改属中国社会科学院考古研究所）1965年建立起中国考古学的第一个碳十四实验室，以此为标志，自然科学在考古学中的应用研究成为科技考古学科的开端。[1]自20世纪90年代至今，科技考古蓬勃发展，全国各地很多考古研究机构和大学成立了科技考古研究部门，大量的科技考古研究成果涌现。中国社会科学院考古研究所成立了科技考古中心，涉及考古勘探、年代测定、食性分析、成分与结构分析、体质人类学、动物考古学、植物考古学、环境考古学、文物保护与修复、考古绘图、考古照相等技术和研究领域。科技考古研究正在创新性地再现古代历史，不断产生新的理论，填补多项空白，也正在全面丰富、完善和拓展考古学的研究，使考古学研究进入到一个崭新的学科发展阶段。

考古遗产保护是文化遗产保护的重要组成部分，主要关注与研究的内容是以考古遗存形态存在的"过去"在"当下"的处境及其社会作用[2]，是考古学与社会的关键衔接点。价值研究、评估与决策研究、保护实践研究是考古遗产保护研究领域的三项基础内容。中国在遗址类考古资源的保护方面，实践探索是先于理论发展的，在研究领域存在一定的滞后性特征。对于遗址保护与利用的理论研究工作仍有待拓展，主要表现在国土资源使用与文化资源保护相关性研究、大遗址利用的社会条件研究、考古遗址公园专门研究等领域。在遗址与文物的保护方面，1978年至今从发展期进入成熟期。传统文保技术与现代文保科技开始融合，国际经验的引进为行业提供了新的视野。目前，行业内已对文保科技基础研究的重要性达成共识，保护性处理及材料研究成为文保科技研究的重点。在进行文物保护工程技术研究的同时，

---

[1] 陈铁梅:《我国科技考古发展的回顾》,《中国文物报》1999年11月17日。
[2] W. J. H. Willems, The Future of World Heritage and the Emergence of Transnational Heritage Regimes, *Heritage & Society*, Vol. 7: 2 (2014).

环境监测、测试分析、环境模拟、现场实验和标准化等方面的研究也在不同程度上得到了加强。2010年以来，实验室考古研究在中国社会科学院考古研究所的推动下，在全国范围内迅速推广，显示出极大的发展潜力。

二　旧石器时代考古

（一）旧石器考古学文化的时空框架建立与理论探索

1．填补区域空白

截至21世纪初，除因处于沉降区或强力自然侵蚀区未保存第四纪地层的少数区域外，几乎所有省区都发现了旧石器时代人类活动的证据。[1]特别是改革开放以来的40多年间，旧石器考古发展迅速。周口店遗址的发掘与研究持续进行。宁夏水洞沟系统而持续的考古发掘被公认为旧石器考古的标杆性工作；宁夏鸽子山遗址的发掘则首次在西北沙漠边缘区建立了晚更新世末期到全新世早期的年代序列。河北泥河湾盆地发现近200万年的考古学文化的年代序列，成为中国乃至世界旧石器考古研究的圣地。除山西、河北等传统旧石器遗址密集分布区之外，黄河中下游地区的陕西、河南、山东均取得新突破。

西北部边疆地区也有令人瞩目的新收获。内蒙古乌兰木伦遗址发现距今7—3万年含莫斯特因素的文化遗存；对辽宁庙后山、黑龙江呼玛十八站等早期发现的重要遗址开展了新的工作，取得新的认识；沈阳农大后山填补沈阳地区的旧石器考古空白，将沈阳地区有人类活动的历史提前至距今11万年左右；吉林、黑龙江发现一大批旧石器时代晚期遗址；新疆通天洞遗址是新疆境内发现的第一个旧石器时代洞穴遗址，发现了典型的莫斯特文化遗存，对研究西北部边疆地区4万多

---

[1]　张森水：《近20年来中国旧石器考古学的进展与思考》，《第四纪研究》2002年第1期。

年以来古人类演化扩散、确立区域文化发展的编年框架有非常重要的意义；西藏那曲尼阿底发现距今4万年以石叶技术为主的文化遗存，为探讨人群迁徙、技术传播或演化提供了重要证据，也为探索人类在高海拔地区的适应能力、复原高原古环境提供了重要材料。[1]

南方地区旧石器时代早期遗址数量丰富。云南元谋是中国最早的人类化石产地之一。重庆巫山龙骨坡、湖北建始龙骨洞、湖北郧县人遗址、安徽繁昌人字洞、浙江长兴七里亭、安吉上马坎均发现了距今200—100万年的人类化石和文化遗存。广西百色盆地、步兵盆地，广东郁南，湖南澧水、沅江，湖北丹江口、建始地区均发现旧石器时代早期遗址群。旧石器时代晚期遗址的发现数量急剧增长，几乎所有大中型水系均发现了人类活动的证据，特别是西南、东南石灰岩地区分布了大量洞穴遗址，相对完好地保存了人类活动遗迹和能够复原人类活动环境的动植物、环境遗存。

2. 研究理论的积极探索

改革开放后，旧石器新发现的数量急剧增长，野外工作的质量和信息采集水平长足进步。张森水以整个中国旧石器考古学文化体系为视角，总结并系统梳理了我国旧石器时代考古的各项发现，确定了旧石器工业类型的划分原则和方法，认为存在一套贯穿始终的工业系统，旧石器时代晚期华北出现如石叶、细石叶等新的文化与技术系统是文化交流的结果，进而提出中国北方旧石器文化的"区域渐进与文化交流"学说和"继承延缓发展，交流促进创新"的认识。[2] 高星等提出中国古人类"综合行为模式"，提出该区域古人类在更新世的大部分时间内在生物进化与行为演化上具有连续性、稳定性、高频迁徙性、务

---

[1] Zhang XL, et al., The Earliest Human Occupation of the High-altitude Tibetan Plateau 40 Thousand to 30 Thousand Years Ago, *Science*, Vol. 362: 6418 (2018).
[2] 张森水：《中国北方旧石器工业的区域渐进与文化交流》，《人类学学报》1990年第4期。

实简便性、灵活机动性、因地制宜性和与环境的和谐性的特点；在文化发展方面表现为保持传统与进取创新相交织，从考古学角度支持中国古人类"连续进化、附带杂交"的理论。[1]

旧石器考古学文化模型的建立有助于探索数万年前人类的交流与互动。从世界范围看，很长一段时间内，因为中国旧石器考古学文化中缺少阿舍利、莫斯特等在同时期的非洲、欧洲被视为技术代表的文化因素，因此被认为石器制作技术简单，文化发展缓慢。中国学界内部也曾就中国是否存在标准意义的阿舍利手斧，以及"莫维斯线"假说等展开过激烈的讨论。有些学者认为中国旧石器时代遗存中存在手斧这一类器物，但它们在形态、技术、组合关系、丰度上与旧大陆西侧有很大区别。[2] 不论是人类演化的化石线索，还是旧石器考古学文化的二元结构与延续，均表明人类在中华大地二百万年演化过程中的延续性与独立性。中国远古人类的完全替代与大范围的文化更迭目前仍找不到有说服力的实证。

由于环境、气候、资源分布的区域差异，中国早中更新世存在多种不同的石器技术体系，形成了从早期至晚期基本存在的南北二元结构，以及诸多区域工业类型，绝不是简单的持续数百万年的"模式1"所能概括。石器技术并非"专利"产品，是迁徙还是技术演化？不同的石器技术是否对应不同的人群？这种对应是单一还是多重关系？类似的问题，目前尚未得到明确结论。

不同的考古学文化存在怎样的交流方式也很难找到直接的实物载体，但类似于勒瓦娄哇、石叶、细石叶等复杂的石器制作技术可以还原一定时间尺度上的古人类及其文化交流。关于石叶和细石叶技术在

---

[1] 高星、裴树文：《中国古人类石器技术与生存模式的考古学阐释》，《第四纪研究》2006年第4期。
[2] 高星：《中国旧石器时代手斧的特点与意义》，《人类学学报》2012年第2期。

中国的起源与扩散有不同的认识，新线索的出现有可能复原文化传播的过程，我们可以将人群的流动性更紧密直接地与人类生计、适应、行为等结合在一起进行综合阐释。[1]

（二）人类起源研究的重大突破

人类起源是旧石器时代考古研究的核心问题之一。目前已发现的距今600—200万年的人类化石全部来自非洲，因此国际学界主流观点是人类起源于非洲，由南方古猿和能人演化成直立人，约180万年前后走出非洲。我国已发现的可能与直立人相关的旧石器时代遗址遍布南北，是世界人类起源研究最为重要的区域之一。

1. 泥河湾盆地遗址群

泥河湾盆地位于河北省西北部的阳原县、蔚县境内。盆地内第四纪地层发育良好，包含了自距今200多万年以来的早更新世、中更新世湖相堆积，上部还覆盖了晚更新世的河流阶地堆积。已发现旧石器时代遗址近400处，年代距今200万年到距今1万年左右，是国际公认的中国乃至东亚古人类学与旧石器考古学研究最重要的地区，为研究东亚地区人类起源、演化和旧石器文化发展，以及该地区古环境背景、地质沉积序列的重建提供了丰富和珍贵的材料。

1978年，小长梁遗址首次确认早更新世的泥河湾层中埋藏有人类文化遗物，将泥河湾盆地的人类活动史推至百万年前，随后相继发现东谷坨、麻地沟、马梁、飞梁、岑家湾等早更新世遗址。马圈沟遗址的发现与持续性的发掘研究工作则确定了泥河湾盆地目前最早的人类文化，其存续从176万年延续至125万年。

---

[1] 贾兰坡：《中国细石器的特征和它的传统、起源与分布》，《古脊椎动物与古人类》1978年第2期；陈淳、张萌：《细石叶工业研究的回顾与再思考》，《人类学学报》2018年第4期。

2. 陕西蓝田新发现

蓝田地区的新生代地层，是研究新生代地层、古脊椎动物和古人类演化的重要地区。20世纪60年代发现保存完整的蓝田猿人下颌骨化石，其后又陆续发现了蓝田猿人头盖骨、哺乳动物化石及少量石制品。蓝田猿人的体质人类学特征较周口店北京猿人更加古老，动物群性质也早于北京猿人动物群。最初使用古地磁测年判断其年代为距今70万年左右，后同样使用古地磁测年确定其年代为距今115万年。最近使用土壤地层学等多学科手段重新研究蓝田公主岭直立人的地层，认为其年代为距今163万年左右。蓝田猿人由此被认定为非洲大陆以外仅次于格鲁吉亚德马尼西（Dmanisi）人的最古老的直立人。2018年，在蓝田新发现上陈遗址，年代跨度为距今212万年至126万年，相关研究工作确立了迄今为止非洲以外发现的最古老的人类及其遗物的年龄。[1]

3. 百色盆地遗址群

广西百色盆地自1973年发现旧石器时代人类活动证据以来，已陆续发现了上百处旧石器地点，部分重要遗址被系统发掘，基本构建了该区域较为完整的旧石器时代早期文化序列。尤其是该区域发现了一批具有阿舍利文化因素的石器遗存，引起国际学术界的高度关注。根据和手斧共生且原地埋藏的玻璃陨石测年，显示百色盆地阿舍利遗存的年代为距今80万年左右。[2] 尽管其年代仍存在争议，但百色盆地内旧石器时代早期遗址分布集中，石器工业特征鲜明，为探讨东亚地区早期人类的演化、行为及扩散提供了关键线索。

4. 其他重要发现

西侯度遗址、"元谋人"化石等是新中国成立初期有关早期人类

---

[1] Zhu ZY, Dennell R, Huang WW, et al., Hominin Occupation of the Chinese Loess Plateau since about 2.1 Million Years Ago, *Nature*, 2018, 559.

[2] Hou YM, Potts R, Yuan BY, et al., Mid-Pleistocene Acheulean-like Stone Technology of the Bose Basin, South China, *Science*, 2000, 287（5458）.

起源最重要的发现。先是在山西芮城西侯度早更新世地层中发现石制品，通过古地磁测年判定遗址年代为距今180万年，西侯度遗址是中国乃至东亚地区首次发现的属于早更新世初期的人类文化遗存，改变了"北京猿人"是中国最早人类的观点。

元谋猿人牙齿发现于1965年，后经过持续数十年的发掘、研究，陆续发现了十余件石制品和一批哺乳动物化石。哺乳动物群的性质说明其生存时代为早更新世，古地磁测年结果均将元谋人的年代指向距今170万年左右。[1]

长江以南多个地区陆续发现早期人类活动线索。安徽繁昌人字洞发现了石制品和丰富的动物化石，遗址年代距今约200万年。[2]安徽东至华龙洞是一处重要的包含有头骨的直立人化石地点。距今大约30万年的华龙洞人类头骨、下颌骨和牙齿呈现出与东亚中更新世直立人、更新世晚期人类及现代人类相似的混合特征，提供了东亚地区古人类演化区域连续性以及从古老型人类向早期现代人演化过渡的新证据。[3]重庆巫山龙骨坡发掘出土大量哺乳动物化石、石制品等，ESR测年表明，人化石及石制品出土层位距今约180万年。[4]湖北建始龙骨洞于20世纪70年代因发现早期人类化石而引起学术界关注，后续发掘工作发现人类牙齿可能属于早期人属，同时还发现了丰富的石制品及哺乳动物化石，古地磁测年推断其年代为距今200万年左右。云南江川甘棠箐遗址发现了迄今为止中国最早的旧石器时代早期木制工具遗存，保存状况之好、数量之丰富为世界罕见。

---

[1] 高星：《"元谋人"的年龄及相关的年代问题探讨》，《人类学学报》2015年第4期。
[2] 张森水、韩立刚、金昌柱等：《繁昌人字洞旧石器遗址1998年发现的人工制品》，《人类学学报》2000年第3期。
[3] Wu XJ, Pei SW, Cai YJ, et al, Archaic Human Remains from Hualongdong, China, and Middle Pleistocene Human Continuity and Variation, *PNAS*, 2019, 116（20）.
[4] Huang W, Ciochon R, Gu Y, et al, Early Homo and Associated Artefacts in Asia, *Nature*, 1995, 378（6554）. 吴新智：《巫山龙骨坡似人下颌属于猿类》，《人类学学报》2000年第1期。

（三）"现代人"起源的争议与研究

"现代人"在人类演化阶段称为晚期智人，大体出现于20万年前。关于"现代人"的起源，学界有不少争论。"出自非洲说"（以下简称"非洲说"）和"多地区起源说"两种观点并存。

"非洲说"基于分子生物学的工作，通过对现生人类胎盘内线粒体DNA的测序分析，认为现代非洲人群比其他地区人群拥有更长的积累线粒体遗传变异时期，在系统发育树中位于根部，因此认为现代人约于20万—10万年前起源于非洲，并逐步扩散到世界其他地区，而当地原本生存的人类或已灭绝，或被替代。

"多地区起源说"以化石证据为基础，其理论源头更加久远，并经过多次修订和补充。20世纪80年代吴新智等提出"多地区进化说"，其后发展为"连续进化附带杂交说"。该理论的基础是中国人类化石的直接证据。中国人类化石具有一系列共同特征，直立人与智人之间有形态学上的镶嵌，中国化石中有表现西方基因的形态学痕迹。因此，该理论认为东亚地区自直立人以来的人类进化是连续的，不存在演化链条的中断，其间未发生过大规模外来人群对本土人群的替代，但存在着基因交流与融合，且年代愈晚愈频繁。[1]

近年来中国早期现代人化石的发现，证实早期现代人大约在10万年前就已经出现。然而，对于早期现代人的进一步演化，尤其是完全具有现代形态特征的人类在中国的出现时间仍需要进一步论证。除此之外，云南蒙自马鹿洞人、河南许昌灵井人、广西崇左木榄山智人洞的最新研究成果表明，东亚古人类演化并非单纯的"线性进化"或者

---

[1] 吴新智：《现代人起源的多地区进化学说在中国的实证》，《第四纪研究》2006年第5期；吴新智、徐欣：《从中国和西亚旧石器及道县人牙化石看中国现代人起源》，《人类学学报》2016年第1期。

"取代"的简约模式，在晚更新世早期，东亚地区可能多种古人类群体共存，不同群体之间有杂交或基因交流。

古DNA研究揭示了现代人和早期智人如尼安德特人、丹尼索瓦人等存在基因交流，"非洲说"中的"替代、灭绝"论点无法立足。中国发现的旧石器考古材料研究结果显示，石制品原料特点及开发利用方式、石器制作技术、石制品类型、形态与组合特点、区域文化传统演变等特征具有很强的延续性，阿舍利、莫斯特、石叶等技术在有限的时间和空间内出现可能表明间或的交流，而非文化或人群的替代。这些都从考古学的角度对中国乃至东亚古人群连续演化及现代人类"连续进化附带杂交"的理论提供了强有力的论证和支持。[1]

三 新石器时代考古

1. 史前文化时空框架的建立

到20世纪70年代末期，中国发现的新石器时代遗址已超过六七千处，大规模的调查发掘遍及全国，新的发现丰富多彩，文化类型的分析及其相互关系的探索日益深入。经过发掘并成为考古学文化和重要类型命名地的遗址达数十处。建立考古学文化的时空框架成为中国史前考古学的重要任务。

1977年，夏鼐参照碳十四年代数据全面叙述了各地区考古学文化的发展序列。文章按照中原、黄河上游（甘青地区）、黄河下游和旅大地区、长江中下游、闽粤沿海、西南、东北七个地区展开讨论。[2] 1981年，苏秉琦等正式提出"区系类型"，将中国史前文化分为陕豫晋邻境地区、山东及邻省一部分地区、湖北和附近地区、长江下游地区、以

---

[1] 李锋、高星：《东亚现代人来源的考古学思考：证据与解释》，《人类学学报》2018年第2期。
[2] 夏鼐：《碳十四测定年代和中国史前考古学》，《考古》1977年第4期。

鄱阳湖—珠江三角洲为中轴的南方地区和以长城地带为重心的北方地区。[1]进入21世纪，中国史前文化的时空框架更趋完善，主要表现在三个方面：一是距今1万年前后，即旧、新石器时代过渡阶段遗址的发现；二是薄弱地区文化序列的完善；三是高精度碳十四测年技术提供了更加精确的绝对年代框架。[2]目前，中国史前文化的区系类型划分和时空框架构建已经相当完善，在辽阔时空范围内展开的中国古史重建和中华文明探源因此有了坚实的基础。

2．多民族统一国家史前基础的确立

在考古学文化时空框架建设的同时，以考古学研究论证中国的史前基础，为现代统一多民族国家的稳定寻找基石的意图非常明确。[3]

（1）"夷夏东西"模式的解体

仰韶文化和龙山文化的确立是1949年之前中国史前考古的重要成果，当时将全国有限的考古发现以彩陶和黑陶为标准，归入这两个文化中，构建出了仰韶文化和龙山文化东西对峙、并行发展的格局。这与傅斯年梳理文献提出的"夷夏东西"的上古时代文化格局颇为契合，鼓舞了考古学家重建古史的信心。

1949年以后，丰富的考古新发现很快证明仰韶文化和龙山文化并非并行，而是前后相继；这两个文化也难以涵盖全国范围内各地区文化的特征，大量新的考古学文化被命名，"夷夏东西"的模式终被放弃。

（2）黄河流域主导地位和"中原中心"模式

20世纪80年代以前，黄河流域的考古发现最引人注目，70年代后期新发现的中国最早的新石器时代文化——磁山-裴李岗文化仅发现

---

[1] 苏秉琦、殷玮璋：《关于考古学文化的区系类型问题》，《文物》1981年第5期。
[2] 中国社会科学院考古研究所：《中国考古学·新石器时代卷》，中国社会科学院出版社，2010年。
[3] 苏秉琦：《在全国考古学规划会议、中国考古学成立大会上的发言（摘要）》，《华人，龙的传人，中国人——考古寻根记》，辽宁大学出版社，1994年。

于黄河中游地区,"黄河流域中心"模式遂成为构建中国古史的主导模式,这便是所谓的"中原中心论"。这一模式虽然有很大的局限性,但在当时的情况下是利用新的考古资料进行古史重建的重要努力,产生了深远影响。

(3)"区系类型"模式

1981年,苏秉琦提出"区系类型"模式,将中国史前文化分为六大区,强调各区系沿着各自的道路发展,均达到过相对高的社会发展程度,出现过"文明曙光",整个中华文明起源呈满天星斗之势。这一模式与费孝通于1988年正式提出的中华民族"多元一体"格局正相呼应[1],力图摆脱"中原中心论"的大一统思想,开启以"多元一体"模式建立中国史前基础的新时代。

(4)"中国相互作用圈"模式

1986年,张光直借用北美人类学界的相互作用圈概念,强调中国史前时代存在独立发展的各文化区。但与"区系类型"模式不同,他非常明确地强调各地区的一体性,并以考古资料明确显示的各文化区间的密切联系和互动作为将各地区凝结为一个整体的纽带,认为没有中心的互动也可以形成此交互作用圈;也就是说,互动圈内的互动不一定是向心的,而是交叉网络式的。[2]

(5)"重瓣花朵"模式

严文明在1987年提出"重瓣花朵"模式,指出史前文化格局中"最著名的是中原文化区,它以渭河流域和晋陕豫三省邻接地区为中心,范围几乎遍及陕西、山西、河北、河南全境"。此大中原地区周围有甘青文化区、山东文化区、燕辽文化区、长江中游文化区和江浙文化区,

---

[1] 费孝通:《中华民族多元一体格局》,中央民族学院出版社,1989年。
[2] Chang, Kwang-chih, *The Archaeology of Ancient China*(fourth edition), Yale University Press, 1986.

更外层还有福建、台湾、广东、云南、西藏、东北、内蒙古、新疆等文化区,"整个中国的新石器文化就像一个巨大的重瓣花朵",中原因位居花心,"易于受到周围文化的激荡和影响,能够从各方面吸收有利于本身发展的先进因素,因而有条件最早进入文明社会"[1]。此模式在尊重各地区沿各具特征的道路独立发展、尊重各自优势的同时,强调中原地区的核心作用,是对"黄河流域中心"模式和"区系类型"模式的整合。

丰富的考古资料证明,中国并非晚近出现的"想象的共同体"。距今5300年前后,"多元一体"的"最初的中国"已经形成,奠定了历史时期多民族统一国家的基础。

3. 中华文明形成基本历程的揭示

(1)农业的形成和社会复杂化的出现(距今15000—6000年)

新、旧石器的转变发生于距今15000年前后。河北阳原于家沟遗址和河南新密李家沟等遗址、江西万年仙人洞和吊桶环遗址、湖南道县玉蟾岩等遗址出现了最早的陶器以及对粟和水稻的集中采集和早期干预,开始了旧石器时代向新石器时代的转变,为北方旱作农业和南方稻作农业的形成奠定了基础。

距今9000年前后,湖南彭头山和八十垱遗址、浙江上山和小黄山遗址、河南贾湖遗址发现更加明确的驯化稻米的证据。距今8000年前后,内蒙古兴隆洼遗址、甘肃大地湾遗址、河南裴李岗遗址、山东月庄遗址等均发现了驯化粟的证据。

距今8000年至7000年,农业初步形成,人口增长,较大规模聚落出现,复杂化社会开始萌芽。河北磁山遗址发现80个有很厚的小米遗存的储藏坑。兴隆洼遗址形成了3万多平方米的环壕聚落,内有成排的房屋百余间,中心位置的大型房屋出现人猪合葬墓,玉器成为标志身份的饰品。贾湖遗址大型墓葬中发现了随葬骨笛、绿松石器、刻画

---

[1] 严文明:《中国史前文化的统一性与多样性》,《文物》1987年第3期。

有符号的龟甲等与身份等级有关的器物。

距今7000年至6000年，北方旱作农业和南方稻作农业的经济形态已经建立，各地史前文化蓬勃发展，聚落数量明显增多。黄河中上游，仰韶文化的半坡类型形成风格鲜明的彩陶，出现半坡和姜寨遗址这样的核心聚落。黄河下游的大汶口文化早期墓地也显示出更明确的等级差别。长江中游的高庙和汤家岗等文化出现精美的白陶，刻画的图案有宗教内涵。长江下游的稻作农业发达，浙江田螺山遗址发现稻田遗迹和丰厚的稻壳堆积。

在农业发展奠定的经济基础上，各地的社会发展进程明显加速，孕育着重大变革的种子。

（2）"最初的中国"和中华文明的形成（距今6000年至5300年）

距今6000年前后，中国各史前文化同步进入灿烂的跨越式发展的转折期；距今5300年前后，丰富的考古资料表明，苏秉琦定义的"古国"已经出现，中华文明初步形成。

在黄河下游，时值大汶口文化早期晚段，随葬品丰富的大型墓葬开始出现。在长江下游，安徽凌家滩遗址出现祭坛、积石圈和随葬大量玉器与石器的大型墓葬。江苏东山村遗址发现目前崧泽文化的最高规格墓葬。在长江中游，大溪文化晚期湖北龙王山墓地墓葬等级差别明显。[1]在辽西地区，红山文化的发展达到顶峰，出现辽宁牛河梁遗址群。[2]在"中原地区"，铸鼎原周围的系统聚落调查显示，最大的北阳平遗址面积近100万平方米，次级中心聚落西坡遗址面积达40多万平方米，聚落呈现明显等级化。西坡遗址出现室内面积约200平方米，包括回廊占地面积达500余平方米的"大房子"；西坡墓地的墓葬差别

---

[1] 湖北省文物考古研究所、荆门市文物考古研究所：《湖北荆门龙王山新石器时代墓地发掘简报》，《江汉考古》2008年第4期。
[2] 辽宁省文物考古研究所：《牛河梁——红山文化遗址发掘报告（1983—2003年度）》，文物出版社，2012年。

明显。[1]

地区间交流互动进入新阶段，逐渐成为一个文化共同体。各地区新涌现的社会上层为维护自己的地位和威望而构建的社会上层交流网以及以之为媒介的礼仪用品和高级知识的交流应是促成各地区一体化的重要推动力。

相隔1000余公里的凌家滩遗存和红山文化在玉器上表现出的深度相似，是社会上层远距离交流的坚实证据。大型墓葬中流行随葬多件钺的现象，表明钺已经普遍成为权力和身份的重要标志。各地区社会上层的交流无疑是促成这种变化的重要原因。象牙和绿松石等稀有珍贵原料制作的装饰品在各地流行，也是社会上层交流的重要证据。

与一般意义上的文化交流不同，"社会上层交流"是在各主要文化区社会同步跨越式发展、社会复杂化程度明显加剧、新的社会上层出现的背景下发生的。交流的内容包括象牙、玉器、绿松石等稀有原料，但更主要的是原始宇宙观、天文历法、高级物品制作技术、权力表达方式、丧葬和祭祀礼仪等当时最先进的文化精粹。[2]

总之，在公元前第四千纪的后半叶，中国史前各主要文化区在社会同步发展，进入"古国"阶段的基础上，发生了以社会上层远距离交流为核心的深入交流，逐渐形成并共享着相似的文化精粹，联结成为一个在地理和文化上与历史时期中国的发展均有密切而深刻联系的文化共同体，亦即形成了"最初的中国"。这可以视为中华文明的起源阶段。

（3）动荡整合和早期国家的形成（距今5300年至4300年）

距今约5300年至5000年之间，中国史前时代进入了动荡整合期。

---

[1] 中国社会科学院考古研究所、河南省文物考古研究所：《灵宝西坡墓地》，文物出版社，2010年。
[2] 李新伟：《中国史前社会上层远距离交流网的形成》，《文物》2015年第4期。

仰韶文化庙底沟类型核心区豫西、晋南和关中盆地地区的遗址大量减少，庙底沟人群向北迁移至河套地区，形成海生不浪等地方文化；庙底沟人群向西则越过陇山，进入人口稀少的黄河上游的洮河和湟水流域，形成以绚丽彩陶为特征的马家窑文化。马家窑文化人群还通过甘南进入四川西北部地区，对该地区的后续发展产生深刻影响。辽河流域的红山文化也发生了明显的衰落，遗址数量急剧减少，牛河梁中心被废弃，发生了向西直达河套地区的人群移动。

在长江中游，大溪文化的重心向东转移，汉水中游形成屈家岭文化，出现城址群。湖北沙洋城河遗址发现结构复杂、随葬品丰富的大型墓葬，显示了该文化的高度发展。屈家岭文化的"北进"同样是该时期的重要事件，屈家岭文化因素进入南阳盆地、鄂北，其影响力直达晋陕豫交界甚至关中地区。

在长江下游，良渚文化整合了凌家滩遗存和崧泽文化的人口、经济、政治和宗教资源，形成了中国史前时代第一个超级强大的政治和宗教中心。良渚文化分布的环太湖地区，有上海福泉山和江苏寺墩等次级中心和大量中小型聚落，形成清晰的聚落等级。在此广大范围内，以玉器为核心的宗教和信仰似具有广泛的一致性。因此学界普遍认为良渚文化已经形成了相当于早期国家的高级政体。

良渚文化对其他文化产生了深刻影响。良渚风格的玉器向北影响到大汶口文化，向西影响到屈家岭文化，并通过这两个文化影响到晋南地区，再扩散到大西北腹地；向南，在广东北部的石峡遗址，也发现了典型的良渚文化玉器。

距今4300年前后，良渚文化突然衰落，引发了又一次的动荡整合和社会发展。

（4）龙山时代和早期王朝的兴起（距今4300年至3800年）

良渚文化衰落后，以黄河流域为中心，开启了波澜壮阔的早期王朝的形成历程。

黄河下游的大汶口文化发展为龙山文化，呈现出社会发展、城邦林立的局面。中原地区进入龙山文化时期，出现大量城址。平粮台城址有高等级建筑。与文献记载"禹都阳城"地望相符的登封王城岗遗址，发现大型城址和建筑。汉水中游的屈家岭文化发展为石家河文化和后石家河文化，石家河遗址群由40多个遗址组成，面积达800万平方米。

此时期最重要的遗址为与文献中记载的尧的活动区域符合的襄汾陶寺遗址。临汾盆地和临近地区的考古调查表明，陶寺是一个广大区域内的核心聚落，周边有次级中心、一般核心聚落和小聚落，形成了超过同时期其他城址的政治控制规模。可以推测陶寺政体为中国早期王朝之滥觞。

陶寺文化兴起后，陕北地区在稍晚时期形成了以石峁和卢山峁等遗址为代表的强大文化集团。石峁人群与陶寺人群有密切交流甚至冲突，可能是造成陶寺在距今4000年前后衰落的重要因素。同时，以黄河上游的洮河和湟水流域为中心的齐家文化的发展也达到高峰。

该时期文化互动剧烈：河南龙山文化人群南下，与石家河和后石家河文化人群碰撞，与古史记载的"禹征三苗"传说颇为吻合；西北地区人群表现出强大的影响力，小麦和大麦等农作物、牛和羊等家畜相继传入中原腹地，西北方文化势力的兴起在中国早期王朝和中西文化交流中扮演了重要角色。陶寺文化在距今4000年前后衰落；距今3800年前后，山东龙山文化遗址大量减少，中心遗址被废弃，转入岳石文化时期；后石家河文化同样衰落；石峁城址被废弃。齐家文化继续发展，燕山南北地区兴起夏家店下层文化。与此同时，嵩山东南麓的河南龙山文化迅速发展，将中心迁移到洛阳盆地，形成二里头文化；文献记载的夏王朝的活动中心，河洛交汇之地的河南偃师二里头遗址出现大型都邑性聚落，被普遍认为是夏代晚期都城。随着中国第一个王朝的诞生，中华文明的发展进入新阶段。

四　夏商周时代考古

夏商周时代考古学取得了突飞猛进的发展，建立起了具有中国特色的夏商周考古学体系。

（一）考古学文化时空框架体系基本构建完成

经过近百年的发掘和研究，夏商周三代的考古学基础资料初步具备，考古学文化区系类型体系基本建立，为从考古学角度构建夏商周三代历史奠定了基础。

1. 夏商周考古学文化体系与分期断代标尺的建立

夏商周三代考古学文化体系、分期断代标尺的建立，是建立在这一时期以都城遗址为核心的考古发现与研究基础上的。新中国成立伊始，即发掘了河南辉县琉璃阁商代墓葬。此后，在安阳殷墟、郑州商城、洛阳二里头和西安丰镐、偃师商城等各时代具有代表性的核心遗址开展了持续至今的大量考古工作，对所出陶器和铜器进行了分期断代研究。

1996年，"夏商周断代工程"启动后，三代年代学研究由单个遗址的年代序列研究提升到夏商周三代重要遗址分期断代的贯通、整合研究，全面梳理了夏商周三代考古学文化分期断代序列及其标尺；不仅促进了夏商周三代年代学的整合研究，且对促进三代时期若干重要问题，如先周文化面貌的认定，二里头、偃师商城、郑州商城性质的讨论都起到了重要作用。通过对三晋、秦、燕、楚、齐鲁、吴越等东周时期诸国都城和各种等级墓葬的发掘与随葬陶器的分期断代研究，对东周时期各区域的考古学文化面貌有了基本了解，构建起东周时期考古学文化谱系和不同区域考古学文化的分期断代标尺，为多方位的考古学研究奠定了基础。

通过多年的考古发掘与研究，中国考古学已经建立了以二里头文化、二里岗文化、殷墟文化、丰镐地区周文化、东周列国考古学文化等为主干的考古学文化序列和分期断代标尺。

2. 夏商周考古学文化区系类型体系构建基本完成

除了以二里头、偃师商城、郑州商城、安阳殷墟、西安丰镐、周原等中心性遗址为核心的考古学文化序列的建构外，夏商周三代不同时期的全区域考古学文化区系类型谱系框架也基本建立。

自1974年开始对山西夏县东下冯遗址进行发掘，发现了与以二里头遗址为代表的二里头文化面貌相类似，又具有自身特点的东下冯类型。其后，对二里头文化地方类型的研究不断深化。

早商时期的二里岗文化类型包括二里岗类型、琉璃阁类型、台西类型、东下冯类型、北村类型、京当类型、盘龙城类型、大城墩类型和大辛庄类型等。晚商时期的考古学文化类型有殷墟类型、苏埠屯类型、安丘类型、前掌大类型、天湖类型、老牛坡类型等。上述二里头文化、二里岗文化和殷墟文化时期的地方类型文化，其性质究竟是方国、族群，还是陶器文化的共同体，目前尚无定论。

进入西周时期，由于相关文献增多，且考古发现的青铜器铭文与相关文献记载可以相互印证，因此西周和东周时期的区域考古学文化一般表现为相关封国文化。考古发现的西周封国文化遗存有琉、齐、鲁、滕、曾、吴、虢、应、燕、邢、晋等。近年来，又有一系列与西周封国有关的考古发现，特别突出的有：山东高青陈庄齐国贵族墓地和城址的发现[1]，湖北随州叶家山曾侯墓地和附近城址的发现[2]，山西黎城县黎国贵族墓地、绛县横水镇西周倗伯家族墓地[3]和翼城县大河

---

[1] 山东省文物考古研究所：《山东高青县陈庄西周遗存发掘简报》，《考古》2011年第2期。
[2] 湖北省文物考古研究所、随州市博物馆：《湖北随州市叶家山西周墓地》，《考古》2012年第7期；湖北省文物考古研究所、随州市博物馆：《湖北随州叶家山M28发掘报告》，《江汉考古》2013年第4期。
[3] 山西省考古研究所、运城市文物工作站、绛县文化局：《山西绛县横水镇西周墓发掘简报》，《文物》2006年第8期。

口西周墓地。陕西韩城梁带村和澄城刘家洼两周墓葬和城址的发现为研究西周晚期至春秋早期芮国的地望和文化提供了重要资料。[1]甘肃礼县秦文化调查和大堡子山、西山坪等遗址的发掘对早期秦文化的研究更加深入。[2]所有这些发现为研究西周封国分布、文化面貌和当时的社会、政治结构提供了重要资料。

东周时期的诸侯国考古同样取得了巨大成绩,尤其是东周诸侯国城市考古。做过全面勘探和调查的重要东周时期城址有晋都新田,郑韩故城,赵国都城邯郸,燕下都,中山国灵寿古城,齐国都城临淄,鲁国都城曲阜古城,苏州木渎春秋古城,秦国都城雍城、栎阳和楚国都城纪南城遗址等。

3. 周边区域考古学文化谱系初建与文化面貌的日益清晰

1950年,东北考古发掘团对吉林西团山石棺墓地进行了发掘。这是新中国成立以后对周边地区考古学文化遗存进行的首次发掘。[3]

数十年来,通过对内蒙古赤峰夏家店遗址和宁城南山根石棺墓等的发掘,辨识出分布于辽宁西部和内蒙古东南部的夏家店下层文化和夏家店上层文化。伊金霍洛旗朱开沟遗址的发现,为探讨夏商北方地区另一考古学文化的面貌提供了新资料,成为探讨商文化北传范围和鄂尔多斯式青铜器起源的重要线索。

辽宁高台山、庙后山、魏营子、双砣子一期至三期、双房等夏商周时期青铜文化遗存的发现,为研究东北地区东夷、秽貊等部族的历

---

[1] 陕西省考古研究院、渭南市文物保护考古研究所、韩城市文物旅游局:《陕西韩城梁带村遗址M26发掘简报》,《文物》2008年第1期;陕西省考古研究院:《周代封国考古的新发现——陕西澄城刘家洼春秋墓地发掘取得重要收获》,《中国文物报》2018年1月12日。

[2] 早期秦文化联合考古队:《2006年甘肃礼县大堡子山21号建筑基址发掘简报》,《文物》2008年第11期;早期秦文化联合考古队:《2006年甘肃礼县大堡子山祭祀遗迹发掘简报》,《文物》2008年第11期;早期秦文化联合考古队:《2006年甘肃礼县大堡子山东周墓葬发掘简报》,《文物》2008年第11期。

[3] 东北考古发掘团:《吉林西团山石棺墓发掘报告》,《考古学报》1964年第1期。

史与文化及其与中原和山东半岛、朝鲜半岛诸文化的关系提供了丰富资料。

天津蓟县张家园和围坊、北京镇江营等遗址的发掘和对大陀头文化、围坊三期文化的命名以及综合研究，使京津唐地区夏商周时期考古学文化的系列得以初步建立。北京昌平白浮村西周墓的发掘有助于了解西周时期北方文化面貌及其与周王朝的关系。河北易县七里庄遗址的发掘，展现了易水流域乃至太行山东麓北部地区夏商周时期比较全面的文化序列。

考古发现北京平谷刘家河与山西石楼、保德、灵石等地既有某些商文化的因素，又颇具地方特色的遗存。在山西灵石旌介村发现商代方国贵族的墓葬，山西柳林高红发现商代夯土基址，陕西清涧李家崖发现商周时期城址。陕西长武碾子坡、扶风刘家村、武功郑家坡等遗存的发现，为从考古学探索先周文化提供了资料。

山东牟平照格庄、泗水尹家城、益都郝家台、桓台史家遗址等一批岳石文化遗址的发掘，为探索夏代东夷的文化面貌及其与夏王期的关系奠定了基础。山东滕县前掌大商代墓地是继益都苏埠屯大墓之后，山东商代方国考古的又一重要发现。在江苏徐州铜山丘湾发现商代东夷祭祀遗迹。

在长江下游地区，以上海马桥遗址为代表的马桥文化填补了上海和环太湖地区新石器时代至两周时期的考古学文化空白。在宁镇地区发掘了数处湖熟文化遗址，提出了"湖熟文化"的命名。

福建南平浦城管九村联合发掘的土墩墓群，出土大批西周到春秋时期的青铜器、原始瓷器和印纹硬陶器，填补了福建地区该阶段考古学文化的缺环。

江西吴城文化的发现，则为探讨商代长江流域方国的文化面貌及其与商王朝的关系提供了线索。江西靖安李洲坳发现的东周大墓，显示当时在赣西北存在一个区域政治集团。

湖北周梁玉桥商代晚期至西周早期土著文化遗存的发现，及与之相距仅数公里的荆南寺遗址所代表的典型商文化二里岗期遗存的发现，为探索商王朝与当地土著势力的关系提供了新线索。在陕西城固、湖南宁乡等地，相继发现商周时期的青铜器窖藏和重要遗址，使这些地区土著文化与中原商周文化的关系成为引人注目的课题。

四川广汉三星堆商代祭祀坑、商代城墙及成都十二桥木构建筑遗迹、金沙遗址等的重要发现，揭示出在商周时期，四川盆地曾存在着颇具特色且高度发达的青铜文化，并与中原商王朝建立了某种程度的联系。[1]

在云南大波那发现的青铜时代墓葬，表明在商周时期，云南地区已经进入了青铜时代。云南剑川海门口遗址的多次发掘使我们对该地区青铜时代的聚落状况和人们的生产、生活状况有了一定的了解。

甘青地区存在寺洼文化、四坝文化、辛店文化和卡约文化，甘肃民乐东灰山墓地、甘肃庄浪徐家碾、合水九站墓地等的新发现，为理清该地区青铜时代考古学文化谱系创造了条件。

新疆境内已发现一大批早期青铜时代至早期铁器时代的墓葬和遗址，进入新世纪，重要的发现有鄯善海洋墓地、于田县流水墓地、罗布泊小河墓地、温泉县阿敦乔鲁遗址、呼斯塔遗址等。

我国香港大屿山东湾、沙螺湾、路过湾等遗址的发现，表明3000多年前香港就已与珠江三角洲，甚至中原地区建立了密切联系，表现出与中原文化的同步性。

我国台湾地区发现的金属器时代考古文化有十三行文化、番仔园文化、崁顶文化、大邱园文化、茑松文化、龟山文化、北叶文化、静浦文化等。[2]

---

[1] 四川省文物考古研究院：《三星堆祭祀坑》，文物出版社，1999年。
[2] 臧振华：《台湾考古》，艺术家出版社，1999年。

两周时期，在西北有辛店文化、寺洼文化和沙井文化等，在北方有夏家店上层文化、玉皇庙文化、桃红巴拉文化、毛庆沟文化、杨郎文化，在四川地区有巴蜀文化，在东南地区有以土墩墓和印纹硬陶等为文化特色的百越文化，在云南地区有古昆明文化、古滇文化等。

上述发现和研究使学术界对现代中国区域内三代时期多元文化互相影响、彼此融合、共同发展的"多元一体"历史发展模式有了新的认识。

（二）透物见人的三代考古研究

"五四"前后，马克思主义传入中国，马克思主义史学在中国史学界引起巨大反响。[1]1949年以后，在马克思主义史学理论的指导下，中国考古学界取得了一批研究成果，对中国原始社会、奴隶社会的存在及其性质等做了很多探讨，对中国国家起源、公有制向私有制的转变及商周社会制度等均进行了讨论。三代考古研究从物质文化遗存的描述，到探讨其背后的人群及社会组织、思想观念等，新的探索带动着中国考古学向更深层次迈进。

另外，由于受到社会环境和考古资料不全的影响，很多具体的研究中存在以偏概全、削足适履的倾向。许多史学研究者在使用考古资料时，并不是从考古学本身出发，而是做一种直观的、孤立的、肤浅的引证，作为文献的补证手段，不脱"证经补史"的俗套。

但是，总的看来，夏商周考古学的成就彻底改变了传统先秦史的内容甚至表述方式，已经形成了以考古学文化区系类型谱系为框架的三代历史叙述体系。此外，无论是在新资料的发掘、积累方面，还是在研究内容的拓展方面；无论是在新方法的引进、利用方面，如考古地层学与类型学、多学科手段的使用，还是在用各种新理论解读考古

---

[1] 郭沫若：《中国古代社会研究·自序》，人民出版社，1954年。

发现的广泛引入方面，比如世界体系理论、人地关系理论等，与建立在文献记载和考证基础上的传统史学相比，均发生了根本性变化。考古学由证经补史的辅助学科发展成以考古写史的主流历史学科，先秦史叙述由以文献为基础的传统王朝政治体系史转变为以考古学为基础的全方位文化、社会发展史，史观方面由传统的中原中心论转变为多元一体史观，叙述对象则由以帝王为核心的政治史发展为以古代社会、经济、文化为核心的社会经济文化史，关注重心由精英历史转向大众历史。

五　秦汉至明清考古

（一）都城和地方城址考古

都城、城市和村镇是不同等级的人所聚居之地，是不同层级的政治、经济、文化和日常活动的差异化空间，是秦汉至明清时期考古发掘和研究最为主要的内容。它们共同构成了历史时期诸王朝社会历史形态的主要框架。

1. 秦汉至明清都城遗址

都城是中央集权政治体制下王朝的政治、经济、军事、文化中心，是当时社会和时代的缩影。其中西安、洛阳、北京和开封等都是闻名世界的古都。

秦朝是中国历史上第一个帝国。咸阳是秦国和秦王朝的都城。1973—2000年间，陕西考古学者发现并发掘咸阳宫宫城遗址。2002—2008年对阿房宫遗址的发掘，确定了其范围及阿房宫未建成的事实。秦汉上林苑遗址的发掘，是宫苑考古的重要进展。[1]近年来对栎阳城进行的考古勘探和发掘，先后确定三座古城，发现多座大型宫殿建筑。

---

[1] 中国社会科学院考古研究所等：《秦汉上林苑——2004—2012年考古报告》，文物出版社，2018年。

发掘者认为三号古城是战国中期至西汉前期的栎阳城。[1]

西汉长安城的勘查发掘工作始于1956年。到20世纪80年代初期，发掘了宣平门、霸城门、西安门、直城门等门址，南郊礼制建筑群、武库和未央宫周边的建筑遗址等，初步搞清了西汉长安城的平面布局。[2]此后，又开始对未央宫遗址进行全部考古工作，此外，还勘查了长乐宫遗址、桂宫遗址、东市西市遗址以及陶俑窑址等。[3]新世纪开始，考古工作重心转移到长乐宫遗址，发掘数座大型建筑遗址，还发掘了汉长安城角楼遗址。

隋唐长安城考古工作始于1957年。中国社会科学院考古研究所通过考古调查和勘探，结合文献初步勘定长安城的布局，并对唐大明宫遗址、兴庆宫遗址、西市遗址、青龙寺遗址和郭城明德门遗址等进行发掘。20世纪80年代以来，发掘了大明宫含耀门、三清殿、翰林院、朝堂、皇城含光门，大城内青龙寺、西明寺部分遗址等；对大明宫含元殿做了整体揭露。[4]进入新世纪，又发掘了大明宫太液池和其他重要遗址。

东汉、曹魏和北魏等首都在今洛阳城东郊；隋唐东都和北宋西京则叠压在今洛阳城下。汉魏洛阳城于1954年开始考古工作。经过半个多世纪的工作，搞清了汉魏洛阳城内城的范围，确认城垣、城门和城内道路等，发现永宁寺遗址、城南的辟雍、太学、明堂和灵台遗址等。1980年以后，又相继发掘内城城垣马面遗址、建春门遗址、北魏永宁寺西门遗址、大市遗址等，试掘太极殿、金墉城城垣。进入新世纪，先后发掘北魏宫城正门阊阖门遗址、宫城二号门址、三号门址、宫城

---

[1] 刘瑞等：《西安阎良栎阳城遗址》，《2017年中国重要考古发现》，文物出版社，2018年。
[2] 中国社会科学院考古研究所编：《新中国的考古发现和研究》，文物出版社，1984年。
[3] 中国社会科学院考古研究所编著：《中国考古学·秦汉卷》，中国社会科学出版社，2010年，第178页。
[4] 中国社会科学院考古研究所西安唐城工作队：《唐大明宫含元殿遗址1995—1996年发掘报告》，《考古学报》1997年第3期。

西南角遗址和宫城西墙遗址等。近年来，又对太极殿遗址进行了全面勘察和发掘，确认其始建于三国曹魏时期，北魏时期重修沿用，北周时期仍有改建。[1]

经过20多年的考古工作，初步确定隋唐东都洛阳城的基本格局，并发掘了含嘉仓城遗址等。1980年以后，相继发掘郭城永通门、宫城应天门、乾元门、武则天明堂和皇城右掖门外上阳宫遗址、宫内九州池遗址、郭城东南隅履道坊的白居易故居遗址等。[2]进入新世纪以来，工作主要集中在宫城、皇城和东城地区。2008—2012年集中发掘了明堂和天堂遗址等。2013年发掘宁人坊遗址，2014—2017年发掘九州池区域。

位于河北临漳县的邺城遗址，由邺北城和邺南城组成。邺北城是东汉建安年间曹操封魏王时的王都，邺南城是东魏北齐的都城。曹魏邺北城的规划在中国古代都城史上占有重要地位。通过考古勘探和发掘，基本搞清了邺北城的具体位置和范围，并对其平面布局做了复原研究。[3]新世纪以来，考古工作重点转移到东魏北齐的邺南城。在邺南城内城以外先后发掘赵彭城北朝佛寺、核桃园北齐佛寺以及北吴庄佛教造像埋藏坑等，取得丰硕的成果。[4]近年开始对邺南城的宫城及其建筑遗址进行考古发掘。

东京城开封府（河南开封）是北宋首都。长期的考古工作廓清了北宋东京外城、内城和皇城城墙、城门遗址，以及金明池、古州桥遗址等，初步明确北宋东京城平面布局和全城的南北轴线（御街）。

---

[1] 中国社会科学院考古研究所洛阳汉魏故城队：《河南洛阳市汉魏故城太极殿遗址的发掘》，《考古》2016年第7期。
[2] 段鹏琦：《三国至明代考古学五十年》，《考古》1999年第9期。
[3] 徐光冀：《曹魏邺城的平面复原研究》，《中国考古学论丛——中国社会科学院考古研究所建所40年纪念》，科学出版社，1993。
[4] 中国社会科学院考古研究所等编：《邺城考古发现与研究》，文物出版社，2014年。

2012—2017年对东京城外城西门顺天门遗址的发掘，是北宋东京城有计划科学考古发掘的开始。[1]

南宋临安城（浙江杭州）是南宋的首都。1983年，开始发掘南宋城墙、大型宫殿建筑遗址、"北内"德寿宫遗址、太庙遗址、尊胜塔遗址和乌龟山窑址、郊坛下官窑址等。此后又对临安府治遗址、老虎洞南宋修内司窑址、南宋恭圣仁烈皇后宅遗址、严家巷御街遗址等进行考古发掘，取得了重要成果。[2]

南京曾是三国孙吴、东晋和南朝宋齐梁陈六朝的都城，时称"建康城"，也是明朝初期首都——南京应天府城。六朝建康城和明南京城的考古工作都较薄弱。20世纪90年代以来，主要发掘的遗址有钟山南朝祭坛类建筑基址、大行宫地区的夯土城墙和道路遗迹等。[3]

20世纪80年代初，曾对明中都部分宫殿遗址进行勘测和发掘。2012年以来陆续发掘钟楼遗址、砖瓦窑址等，并以中轴线为核心，先后发掘了奉天殿、承天门、外金水桥等遗址。[4]

北京曾是金中都、元大都和明清北京城的所在地。中国科学院考古研究所于1965—1966年对金中都遗址进行过勘测。[5]20世纪90年代发掘了南城垣并发现水关遗址和皇城太液池遗址等，还发掘了十余处不同类型的居住遗址和建筑遗存。[6]近年来，又陆续对故宫慈宁宫花园等明清建筑遗址进行了考古发掘，对研究元明清宫城遗址提供了重

---

[1] 河南省文物考古研究院、开封市文物考古研究所等：《河南开封北宋东京城顺天门遗址2012—2017年勘探发掘简报》，《华夏考古》2019年第1期。
[2] 杜正贤：《南宋都城临安研究——以考古为中心》，上海古籍出版社，2016年。
[3] 王志高：《六朝建康城遗址考古发掘的回顾与展望》，《南京晓庄学院学报》2008年第1期。
[4] 安徽省文物考古研究所等：《大遗址考古让古都重现六百年前的恢宏》，《中国文物报》2019年3月9日。
[5] 《金中都的考古调查与发掘》，《北京考古四十年》，北京燕山出版社，1990年。
[6] 徐苹芳：《元大都的勘查和发掘》，《中国城市考古学论集》，上海古籍出版社，2015年，第107—122页；中国社会科学院考古研究所编：《新中国的考古发现和研究》，文物出版社，1984年。

要的新资料。

辽、金、元、清四朝除定都北京外，其早期都城多在草原地区。辽帝国新建两都，辽上京和辽中京分别位于内蒙古的巴林左旗和宁城县大明镇。考古工作者于1959—1960年对辽中京遗址进行过考古调查、勘探和发掘[1]，稍后对辽上京遗址进行了考古勘探和试掘。近年来，又用新的理念和方法对辽上京遗址进行考古调查、勘探和发掘，重点发掘了辽上京皇城城门、城墙、道路和大型建筑基址等[2]，初步弄清了辽上京皇城遗址的主要布局和沿革。

金帝国新建两都。金上京是建国初期的首都，位于黑龙江省哈尔滨市阿城区；金中都（北京市西城区和丰台区境内）是天德三年（公元1151年）以后的金帝国首都。近年来，对金上京城进行了全面的调查、勘探和发掘，初步了解了金上京形制布局和沿革情况。[3]

忽必烈元朝新建三都，元大都在北京，元上都和元中都分别位于内蒙古正蓝旗和河北省张北县。1977年对元上都做调查测绘。1990年开始陆续发掘元上都附近的砧子山墓地、羊群庙元代祭祀遗址；重点对元上都宫城内一号宫殿址、皇城南门遗址和城外南关民居遗址进行发掘。[4]新世纪以来，对元上都中轴线诸建筑遗址进行了考古发掘。[5]1998—2003年对元中都遗址进行考古勘测，并发掘了中都宫城西南角楼基址、中心大殿基址、宫城南门等。[6]

沈阳市清太祖努尔哈赤寝宫——汗王宫的位置和相关重要遗迹的

---

[1] 李逸友：《辽中京遗址发掘的重要收获》，《文物》1961年第9期。
[2] 中国社会科学院考古研究所等：《内蒙古巴林左旗辽上京宫城城墙2014年发掘简报》，《考古》2015年第12期。
[3] 黑龙江文物考古研究所等：《哈尔滨市阿城区金上京南城南垣西门址2014年发掘简报》，《考古》2019年第5期。
[4] 魏坚：《元上都》，中国大百科全书出版社，2008年。
[5] 杨星宇：《元上都穆清阁考古发掘述论》，《北方文物》2014年第2期。
[6] 河北省文物考古研究所：《元中都——1998—2003年发掘报告》，文物出版社，2012年。

确认，是清代考古的重要收获。[1]

2. 秦汉至明清地方性城址考古发现与研究

秦汉至明清时期发现了很多都城之外的城址，有州郡县城、村镇、军镇和军事要塞等，但大多是考古调查资料，经过考古发掘的城址和村镇遗址很少。以秦汉为例，在20世纪80年代以前，仅确认90多处汉代城邑遗址；目前已发现600余座，多为郡县治所，如里耶秦西阳城、汉长沙城、广州秦汉番禺城等。辽宁辽阳三道壕[2]和河南内黄县三杨庄[3]等是为数不多的村镇遗址，是了解当时不同地区基层社会结构和社会生活的重要资料。

主动性考古发掘的魏晋南北朝和隋唐时期的城址很少，大多都是配合城市基本建设所做的工作。其中最为重要的是隋唐扬州城，有一系列重要考古发现。此外在大同平城、泉州、福州、宁波、苏州等也做过一些考古发掘工作。

辽宋金元明清时期除了沿袭隋唐旧城外，随着商品经济的发展，在交通要道和商业中心地带出现了一些新城。宋平江府城（今苏州）、宋元泉州城、南宋重庆钓鱼城遗址、金代河北崇礼县行宫遗址、元代集宁路城（今内蒙古集宁区）以及长江岸边的宋代沙市城、唐宋上海青龙镇遗址等都是具有代表性的城市。

（二）帝陵和墓葬考古

陵墓考古是中国考古学的重要内容之一。在中央集权制度下，不同社会阶层所形成的陵墓，体现出非常鲜明的等级差异。宋代以后，墓葬形制规模、墓葬壁饰和陪葬品等的差异，从贵贱之分越来越多地

---

[1] 沈阳市文物考古研究所：《辽宁沈阳汉王宫遗址发掘简报》，《文物》2018年第2期。
[2] 东北博物馆：《辽阳三道壕西汉村落遗址》，《考古学报》1957年第1期。
[3] 河南省文物考古研究所等：《河南内黄县三杨庄汉代庭院遗址》，《考古》2004年第7期。

被贫富差异所取代。陵墓考古资料，成为研究历史时期政治、经济、科技、文化和社会等方面问题的最主要资料。

1. 秦汉至明清帝陵考古研究

秦始皇陵是中国第一个皇帝的陵寝。1974年以后，发掘了陵园旁的1～3号兵马俑坑、铜车马坑，陵园和陵区内的陪葬坑、陪葬墓和刑徒墓，陵园内的陵寝建筑等，取得了震惊世界的重要发现。20世纪末开始的秦始皇陵考古工作，推进了对陵园布局的整体研究。

西汉帝陵的考古工作始于20世纪60年代。最先主要是对西汉帝陵地面的考古调查，其中对汉宣帝杜陵和汉景帝阳陵陵园进行过考古发掘。进入新世纪以来，开始对西汉帝陵进行全面的测绘和勘探，取得了重要的学术成果。东汉帝陵的考古工作原本比较薄弱，进入新世纪以来，开始对东汉帝陵进行调查和勘测，陆续发掘了一些陵园建筑基址和重要墓葬，极大地推进了东汉帝陵的研究。此外，曹魏"高陵"的考古发现曾引起广泛关注。[1]

北魏永固陵是北魏文成帝拓跋濬之妻、文明皇后冯氏的永固陵和孝文帝拓跋宏的寿宫万年堂。北魏迁洛后的邙山陵区共有孝文帝长陵、宣武帝景陵、孝明帝定陵、孝庄帝静陵和节闵帝之陵墓，共五陵。新世纪以来对北魏帝陵也进行了重新调查和测绘。1986年对东魏北齐帝陵区进行调查，发掘了河北磁县湾漳壁画墓，推定其为北齐文宣帝高洋的武宁陵。[2]

新世纪以来，考古工作者对关中十八陵中的十座唐代帝陵进行了重点考古调查、勘探和测绘工作，并发掘了部分陵寝建筑，初步了解了唐代陵园形制发展、演变及其设计理念，取得了重要的新突破。[3]

---

[1] 河南省文物考古研究所：《曹操高陵考古发现与研究》，文物出版社，2010年。
[2] 中国社会科学院考古研究所等：《磁县湾漳北朝壁画墓》，科学出版社，2003年。
[3] 张建林：《唐代帝陵陵园形制的发展与演变》，《考古与文物》2013年第5期。

北宋帝陵的调查起于20世纪50年代末。1992—1995年，对北宋皇陵陵园进行了全面的考古调查和勘探，发掘了宋真宗永定陵上宫的建筑基址和永定禅院等，初步搞清了各陵的位置分布、陵区的构成和陵园的基本布局。[1]近年来，考古工作者对南宋六陵的分布和陵园布局进行了考古调查、测绘和试掘工作[2]，对"宋高宗"1号陵园进行了考古发掘，开启南宋六陵考古的新阶段。

辽帝国有五处帝陵，2007—2010年对内蒙古巴林左旗辽代祖陵陵园进行了全面调查、测绘和考古发掘。近年来考古工作者又对辽宁北镇医巫闾山辽代帝陵进行了考古调查和发掘，确认了辽显陵和乾陵的茔域，以及乾陵祭殿和玄宫等，取得重要的考古新成果。

西夏陵的考古调查和发掘始于1972年。重点发掘了6号陵以及一些陪葬墓和碑亭。1986—1991年，考古工作者绘制了西夏陵区总平面图，调查确认了9座帝陵和200多座陪葬墓。新世纪之初又对3号陵陵园进行了发掘。

金陵考古工作始于1986年。2001—2002年对金陵进行了全面调查和钻探，在北京房山周口店的主陵区，发掘了金太祖睿陵和世宗兴陵以及神道及周边遗迹等，但陵园布局尚不清楚。[3]

明朝有五处帝陵。1956—1958年，发掘了明定陵，取得了重要的学术资料。在下马坊区域对朱元璋夫妇的明孝陵进行过考古勘探。[4]

2. 秦汉至明清墓葬考古研究

秦汉至明清时期的墓葬发现数量巨大，成果丰富，但是存在明显的朝代和区域的不平衡性。汉代和唐代墓葬发现多，研究也较为充分；

---

[1] 河南省文物考古研究所：《北宋皇陵》，中州古籍出版社，1997年。
[2] 黄昊德、罗汝鹏：《浙江绍兴兰若寺墓地考古获得重要发现》，《中国文物报》2018年1月26日第8版。
[3] 北京市文物研究所：《北京金代皇陵》，文物出版社，2006年。
[4] 南京大学历史系等：《明孝陵下马坊区域考古勘探简报》，《南方文物》2014年第2期。

辽代、宋代和明代次之。帝陵之外的墓葬，墓主人主要是贵族和平民。但在西汉和明朝还有一类墓葬介于帝陵和一般墓葬之间，即诸侯王墓。故这里分诸侯王墓和一般墓葬两类分述。

第一类：诸侯王墓

汉代和明代都有诸侯王墓，是一个较为特殊的存在。其他朝代的王墓不在此列。

西汉发现数十座类型丰富的诸侯王墓。[1]河北满城中山靖王刘胜夫妇墓是凿山为藏崖洞墓的代表；北京大葆台广阳顷王刘建夫妇墓是"黄肠题凑"葬制的典型墓例；河南永城西汉梁孝王墓及其寝园遗存，是陵寝建筑的重要资料；广州象岗南越文王"赵眛"墓反映了附属国王陵的特点。新世纪以来，在山东定陶发掘了哀帝之母定陶共王刘康之姬丁后墓。[2]湖南马王堆轪侯家族墓、江西南昌海昏侯刘贺墓[3]等是汉代列侯墓的典型代表。东汉诸侯王墓发现的数量有限，研究较弱。

明代皇族诸王陵墓的重要发现有山东邹县鲁荒王朱檀墓、四川成都凤凰山蜀王世子朱悦燫墓、湖北钟祥梁庄王朱瞻垍墓、山东长清德庄王朱见潾墓（M4）和江西南城益端王朱祐槟墓。明朝亲王墓基本都是仿皇陵，其建筑平面布局应该也是仿照当时的王府宫殿建筑。

第二类：一般墓葬

秦墓发现比较少，汉墓发现的数量在历代王朝中最多。通过数十年的调查和发掘，考古工作者基本构建了汉墓的时空框架，并开始对汉墓进行综合研究。新世纪以来，学者对不同地区各时期不同类型墓葬的发展与演变、时代特征、地域特点和墓葬制度、埋葬习俗等研究均取得很大成果。在此基础上，不断揭示出不同时期、不同地点的文

---

[1] 刘瑞、刘涛：《西汉诸侯王陵墓制度研究》，中国社会科学出版社，2010年；刘尊志：《汉代诸侯王陵研究》，社会科学文献出版社，2012年。
[2] 山东省文物考古研究所等：《山东定陶县灵圣湖汉墓》，《考古》2012年第7期。
[3] 江西省文物考古研究所等：《南昌市西汉海昏侯墓》，《考古》2016年第7期。

化差异和融合情况，探讨秦汉统一帝国内各地发展的差异性和文化发展的趋同性。

魏晋南北朝时期北方墓葬发现较多，集中于关中、华北和东北地区，在河西、新疆等地区也有发现。大同司马金龙墓、西安安伽墓、太原娄睿墓和徐显秀墓等都是重要发现。南方地区发现的江宁上坊孙吴墓、马鞍山朱然墓和当涂"天子坟"[1]等都是重要的高等级墓葬。一些学者根据新发现和新成果进行了综合研究。[2]

唐代墓葬讲究厚葬，随葬品丰富，墓葬壁画精美。以淮河为界，唐墓分为南北两大区域。根据隋唐墓葬新的重要发现，考古工作者搭建起隋唐墓葬的时空框架，并对隋唐墓的形制类型、壁画题材、典型随葬品及墓葬所反映的社会问题进行了深入探讨。

在20世纪后半期，辽宋金元明清时期的墓葬也有不少重要发现。河南禹县北宋末赵大翁墓是北方地区墓葬形制的范例。未被盗掘的内蒙古奈曼旗陈国公主与驸马墓和内蒙古阿鲁科尔沁旗耶律羽之墓、宝山壁画墓等是辽代考古的重要成果。黑龙江阿城齐国王墓、山西稷山马村墓地、大同冯道真墓是金代考古的重要发现。陕西蒲城洞耳村壁画墓和安徽安庆范文虎墓分别是北方和南方地区的典型元墓。江苏苏州吴王张士诚父母墓是依照南宋帝陵攒宫制度建造的石藏子结构，形制特殊。

（三）陶瓷等手工业考古的多元化

1. 陶瓷窑址等手工业遗存发现与研究

手工业考古是中国考古学的重要组成部分。汉代陶瓷烧造业已有

---

[1] 叶润清等：《安徽当涂发现高等级东吴宗室墓葬"天子坟"》，《中国文物报》2017年3月10日。
[2] 中国社会科学院考古研究所编：《中国考古学·魏晋南北朝卷》，中国社会科学出版社，2018年。

一些重要发现。魏晋南北朝时期的陶瓷器生产，南方以青瓷器烧造为主，瓷器制作承袭了东汉制瓷业并迅速发展。浙江越窑、德清窑、婺州窑，江西洪州窑，湖南岳州窑，福建怀安窑，四川邛窑等窑址遍布南方各地。北方地区则以釉陶器烧造为主，并在吸收南方青瓷制作技术的基础上，创烧出白瓷。主要窑址有河南巩义白河窑、安阳相州窑，河北邢台邢窑、磁县贾壁村窑，淄博寨里窑，徐州户部山窑等。[1]

隋唐时期是中国瓷器发展的重要阶段。到20世纪末，文献所记的唐代各著名窑口已基本找到，不同地区的窑系区分基本清楚，制瓷业大致形成了"南青北白"的局面。南方地区青瓷窑场多沿袭前朝，主要有浙江越窑、婺州窑，江西洪州窑，安徽寿州窑，湖南岳州窑、长沙窑和四川邛窑等。北方地区白瓷窑场主要有河北邢窑、定窑，河南白河窑、相州窑，陕西黄堡窑等。北方瓷窑用圆窑，窑口呈马蹄形；南方越窑用龙窑。唐三彩在墓葬、寺院地宫和遗址中均有发现。三彩窑址主要有河北内丘邢窑，河南巩义大小黄冶窑和白河窑，陕西黄堡窑，山西浑源界庄窑等。

入宋以后，由于商品经济的发展、烧瓷技术的提升和社会需求的提高，制瓷手工业的发展达到前所未有的高度。1950—1980年间，学者们对古代瓷窑遗址进行了普查[2]，基本掌握了古代窑址的分布状况、各主要窑址的产品及其特征。1980—2000年间，考古工作者陆续发掘了40余座窑址。较重要的北方窑址有北京龙泉务窑，河北磁县磁州窑、曲阳定窑，河南宝丰清凉寺汝窑、禹州钧台窑，陕西耀州窑，宁夏灵武窑等；南方窑址有浙江杭州乌龟山南宋官窑、龙泉窑，福建建窑、德化窑，江西湖田窑和市区御窑厂、吉州窑，安徽繁昌窑，广东潮州窑，重庆涂山窑等。

---

[1] 中国社会科学院考古研究所编：《中国考古学·魏晋南北朝卷》，中国社会科学出版社，2018年。

[2] 冯先铭：《三十年来我国陶瓷考古的收获》，《故宫博物院院刊》1980年第1期。

2. 矿冶遗址等手工业遗存的考古发现与研究

秦汉手工业在铁器生产、铜器制造、漆器加工、玉器制造、钱币铸造和丝绸织造等方面，都取得了重要考古研究成果。除瓷器外，魏晋南北朝时期的铜镜生产和漆器制造，也取得了一定的考古研究成果。

隋唐时期的铜矿有重要发现。南京江宁汤山镇的唐代铜矿遗址中，发现古坑道、采场和冶炼遗迹。隋唐时期手工业遗存较多，铜镜铸造发达，镜类丰富，造型和装饰多样。

宋代冶铁业已有长足发展。采掘冶铁地区从传统的北方、东南等地，扩大到南方地区。冶铁业的发展，促进了生产专业化。炒钢技术已经广泛使用，灌钢技术也日益成熟，出现了"磁州炼钢""耒阳制钉"等名号。宋代冶铁业的发展利于各种工具的改进，并出现了大量的铁铸工艺品。宋代冶铜业出现了重要的技术创新，开始使用胆铜法。

宋元时期煤矿业有了很大发展。煤炭开采量剧增，采煤技术和方法有较大进步。河南鹤壁窑发现宋代煤矿遗迹，发现井筒、巷道、排水用的积水井、采煤工作面等重要遗迹，还发现运煤、照明等生产工具和生活用具。[1]

江西高安华林造纸作坊遗址是目前发现的中国最为重要的造纸遗址，历经南宋、元和明三代，发现数十个与造纸有关的遗存。[2]

六　边疆民族和中外文化交流考古

（一）边疆区域考古发现与研究

在汉唐至明清时期，一些民族于今边疆地区建立了地方区域政权，其考古学文化面貌与中原地区的秦汉、隋唐、元明清等统一帝国的文

---

[1] 河南省文化局文物工作队：《河南鹤壁市古煤矿遗址调查简报》，《考古》1960年第3期。
[2] 江西省文物考古研究所等：《江西高安市华林造纸作坊遗址发掘简报》，《考古》2010年第8期。

化有所区别。

1. 唐朝以前的地方区域政权

秦汉时期的边疆和少数民族地区，包括南方的南越、闽越、西南夷等，还有北方的匈奴、鲜卑、乌桓等地区。考古调查发掘和研究表明，这些地区的社会和文化，有的虽受中原王朝的影响，但仍保持自己的民族特色；有的则在中原文明的影响下出现程度不同的融合或同化。

靺鞨族建立的渤海国是唐朝东北地区重要的属国。渤海上京城、西古城、八连城等的考古工作，极大地推进了渤海都城的研究。[1] 较重要的贵族墓地有吉林敦化六顶山贵族墓群、黑龙江海林山咀子墓群等。黑龙江宁安虹鳟鱼场墓地是规模最大的平民墓地，发掘了320多座墓葬。[2]

南诏国占据云贵高原地区。考古工作者先后调查了太和城、羊苴咩城、大厘城等，此外还调查发现了巍山南诏宫殿建筑遗址和一些墓葬遗存，取得了不少新进展。

吐蕃王朝占据青藏高原地区。考古工作者对西藏山南琼结藏王陵墓的调查和勘测[3]，是吐蕃考古的重要进展。1982年至今发掘的青海都兰县热水墓群是吐蕃统治下的邦国吐谷浑墓葬，是吐蕃考古的重要发现。青海乌兰、甘肃武威等地近年来也有不少重要的考古新发现。

2. 土司考古及宋以后的地方区域政权

"土司遗存"的发现，可上溯到1957年发掘的贵州遵义南宋播州安抚使杨粲墓。[4]

---

[1] 宋玉彬：《渤海都城故址研究》，《考古》2009年第6期。
[2] 黑龙江省文物考古研究所：《宁安虹鳟鱼场：1992—1995年度渤海墓地考古发掘报告》，文物出版社，2009年。
[3] 王仁湘、赵慧民、刘建国、郭幼安：《西藏琼结吐蕃王陵的勘测与研究》，《考古学报》2002年第4期；中国社会科学院考古研究所：《藏王陵》，文物出版社，2006年。
[4] 周必素、李飞：《贵州遵义市播州杨氏土司遗存的发现与研究》，《考古》2015年第11期。

新世纪以来，考古工作者对贵州、湘西等地的土司遗存进行了有计划的科学发掘，取得了突破性成果。遵义海龙囤城是西南地区规模最大、保存最好的土司城堡。杨铿等土司墓葬的发掘，为学界提供了十分重要的考古新资料。湖南永顺老司城是彭氏土司数百年的司治所在。历次考古发掘成果的刊布，为研究湘西土司提供了重要资料。

1975年在辽宁鞍山倪家台发掘了崔源及其家族成员的19座墓葬[1]，是目前东北地区最重要的明代考古发现。崔氏父子都在辽东都指挥司任职，为地方最高军事长官。墓地有完整的茔园，特别是所出墓志记载了与奴儿干都司有关的内容，具有较高的历史价值。

（二）中外文化交流的考古发现与研究

1. 陆路丝绸之路的考古遗存

中国与周边国家和地区的文化交流，可上溯到史前时期，但国家层面的往来则始于汉武帝派遣张骞凿通西域。此后，汉帝国通过河西走廊与中亚、西亚等地保持官方往来和民间交流。中国境内不断出土的域外文物和远在西亚、中亚、南亚、东南亚等地出土的汉代文物，是考察汉代丝绸之路发展和秦汉时期中外文化交流的重要资料，更是丝绸之路研究的重要内容。[2]

魏晋南北朝时期是民族大融合的重要时期，随着丝绸之路的畅通和发展，中国与周边国家的文化交流日益频繁。洛阳衡山路大墓和西安隋墓拜占庭金币的发现，证明文献资料所载中国与东罗马进行交往和贸易是可信的。大量波斯萨珊王朝钱币的出土和入华粟特人墓葬、

---

[1] 冯永谦：《鞍山倪家台明崔源族墓的发掘》，《文物》1978年第11期；王绵厚、冯永谦：《明代管理奴儿干的历史证据》，《文物》1978年第11期。
[2] 白云翔：《秦汉时期的中外文化交流及同周边地区的联系》，《中国考古学·秦汉卷》，中国社会科学出版社，2010年。

文书等的发现，显示了中国与中亚地区文化交流的频繁。[1]

隋唐帝国的国际交往异常活跃。在丝绸之路沿线分别发现境外输入的金银器、玻璃器、伊斯兰釉陶器、波斯锦和罗马、波斯萨珊朝、阿拉伯的金银币等，以及外来的宗教遗存和外国人墓葬、碑铭等。同时，在乌兹别克斯坦以及伊朗、约旦、叙利亚境内都发现了中国的瓷器和铜镜；在伊朗、伊拉克和叙利亚境内还发现了唐三彩器。[2]

辽朝和宋朝的墓葬和佛塔中，都发现了精美的伊斯兰玻璃。辽朝发现的玻璃是经由中亚陆路传入的，而宋朝的伊斯兰玻璃可能是从海路输入的。[3]内蒙古奈曼辽陈国公主墓中，出土了七件伊斯兰玻璃器和一件刻有阿拉伯铭文的錾花铜盆。[4]

在元代安西王府（今西安秦家街北）宫殿基址的夯土中，发现了五块铸有阿拉伯数码的幻方铁板，是中西文化交流的重要资料。江苏金坛的一座元代窖藏中，共有50余件银器置于一个青花云龙纹瓷罐内；其中一件银盘外底刻有阿拉伯回历714年1月（1314年）的纪年题记。[5]

2．海上陶瓷之路的新成果

汉帝国通过广州等海港与中南亚、南亚等地建立了海上交通。南朝时与印度的交往也多是从海路而来。

魏晋南北朝时期，黄武五年（公元226年），孙吴交州刺史吕岱派以中郎将康泰、从事朱应为首的外交使团出访东南亚各国。航海技术

---

[1] 夏鼐：《夏鼐文集》，社会科学文献出版社，2000年。
[2] 周保菁、邱陵：《丝绸之路宗教文化》，新疆人民出版社，1998年；夏鼐：《新疆新发现的古代丝织品——绮、锦和刺绣》，《考古学报》1963年第1期；齐东方、张静：《唐代萨珊式金银器研究》，《考古》1998年第6期。
[3] 马文宽：《伊斯兰世界文物在中国的发现与研究》，宗教文化出版社，2006年。
[4] 内蒙古文物考古研究所等：《辽陈国公主墓》，文物出版社，1993年。
[5] 夏鼐：《元安西王府址和阿拉伯数码幻方》，《考古》1960年第5期；肖梦龙：《江苏金坛元代青花云龙罐窖藏》，《文物》1980年第1期。

的进步，使得从中国东南沿海出发，沿海路经中南半岛、马六甲海峡往来于印度洋成为可能，最远可达西亚地区。

在今印度尼西亚、菲律宾、巴基斯坦、埃及等国都发现了唐至五代的中国瓷器；印度尼西亚、苏丹、埃及还发现了唐三彩器。朝鲜半岛和日本列岛的陵墓结构和都城形制均受到中国的影响。百济武宁王墓的墓室结构和出土遗物与南朝陵墓十分相似，其墓志所载的"宁东大将军"官职，正是南朝梁所册封。隋唐长安城和洛阳城的都城形制和规划理念明显对日本奈良时代的平城京等的营建产生了很大影响。

辽宋金元明时期，瓷器取代丝绸成为主要贸易商品，海路逐渐成为对外交流的主渠道。广州和泉州、明州（今宁波），是当时对外贸易的重要港口。从埃及福斯塔特、开罗，到东非摩加迪沙、基尔瓦，以及蒙巴萨、马林迪等，都发现了大量的中国外销瓷。在韩国新安郡海底发现了宋元时期的沉船，出土陶瓷器2万余件。[1]除极个别高丽瓷和日本瓷外，均属中国所产。明代太监韦眷墓中，曾出土一枚威尼斯银币和两枚孟加拉国银币。1971—1973年间，在泉州地区发现了五批外国银币，可能是明末清初西班牙从美洲经菲律宾运进中国的。宋元明时期的外销瓷器，在一定程度上促进了相关国家制瓷业的产生和发展，成为中外文化交流的历史见证。

（三）沉船遗迹和水下考古

宋元时期的造船业兴盛，促进了内河航运的发展和海上交流的繁荣。目前发现的古船主要有两类：一是平底沙船，适用于内河航行和近海漕运。重要发现有江苏施桥宋代大木船和独木舟，上海封浜杨湾

---

[1]（韩国）文化财管理局：《新安海底遗物》（资料篇），1985年；《新安海底遗物》（综合篇），1988年。

南宋沉船、南汇县运输船，天津静海元蒙口村宋代古船，河北磁县南开河村元代末期木船，北京方庄小区元代沉船等。二是尖底海船，适用于海上远航，多属于远洋商船和军用战船。重要发现有泉州后渚南宋末或元初的尖底海船、宁波东门口宋代海船、泉州法石南宋沉船、山东蓬莱水城元代海船等。此外，宋元明时期，还发现了一些重要的船厂、码头遗迹，以及故河道、船碇和船锚等遗迹现象。

20世纪80年代末，中国开始了"水下考古"工作。"南海Ⅰ号"沉船是中国水下考古正式起步的标志。"南海Ⅰ号"沉船是迄今为止在世界范围内保存较为完好的一艘公元12世纪的沉船，2007年整体打捞出水。遗物尤以瓷器为突出，几乎囊括了南宋时期南方主要的外销瓷窑口的瓷器品种。1990年和1995年在福建定海白礁，还发掘了宋元时期的"白礁一号"沉船；1992—1997年在辽宁绥中三道岗海域发掘了一艘元代沉船。这些工作反映了中国考古事业的新进展。1989年以来，特别是进入新世纪，福建沿海发现了30余处五代至清代的沉船遗址和水下文物地点[1]，为研究海上丝绸之路提供了宝贵的实物资料。"南澳Ⅰ号"沉船位于广东南澳县云澳镇三点金海域，清理各类遗物1万余件，主要是漳州窑16世纪末至17世纪初的产品，是研究明代中晚期海上贸易和外销瓷器的珍贵资料。[2]

（四）其他中外文化交流的考古遗存

泉州是宋元时期重要的港口，有大量外国人侨居。当地遗留有数量众多的伊斯兰教墓碑，还有古基督教、印度教的宗教石刻。石刻不仅刻有汉文，还刻有阿拉伯文、叙利亚文和波斯文等，具有很高的学

---

[1] 中国国家博物馆等编著：《福建沿海水下考古调查报告（1989—2010）》，文物出版社，2017年。
[2] 广东省文物考古研究所：《南澳Ⅰ号明代沉船2007年调查与试掘》，《文物》2011年第5期；《广东汕头市"南澳Ⅰ号"明代沉船》，《考古》2011年第7期。

术价值，也是中外文化交流的见证。[1]伊斯兰教石刻在泉州发现最多，包括墓碑、墓顶石和石墓，以及礼拜寺内壁龛石刻等。其中墓碑就有200多方，泉州通淮门外发现的也里可温墓碑是较为重要的实物资料。[2]也里可温是元人对基督教（景教和天主教）的统称。此墓碑除用汉文外，还刻有叙利亚文字母拼写的突厥文。1981年在扬州南郊荷花池又发现了一块也里可温墓碑[3]，也是汉文和叙利亚文合璧的墓碑，主人为蒙古族的景教信徒。1952年在扬州南门水关发现了两块元代的拉丁文墓碑[4]，是我国境内最早的罗马天主教碑石之一。这是当时中国和西方国家进行贸易和文化交流的真实反映。

总之，中国考古学作为一门新兴学科得到了充分发展。在考古学和各种自然科学方法的广泛应用之下，中国考古学不仅获得了大量材料，揭示了中国古代灿烂的文明，使中国的古代历史特别是上古史得以重建，还使得研究世界古代文明史的学者在讨论人类一般性的理论问题时必须把中国考古学的成果吸纳进去，因此，中国考古学也具有深远的世界意义。

---

[1] 吴文良著，吴幼雄增订：《泉州宗教石刻》（增订本），科学出版社，2005年。
[2] 夏鼐：《两种文字合璧的泉州也里可温（景教）墓碑》，《考古》1981年第1期。
[3] 朱江：《扬州发现元代基督教徒墓碑》，《文物》1986年第3期。
[4] 耿鉴庭：《扬州城根里的元代拉丁文墓碑》，《考古》1963年第8期。

第二节　新出简帛文献与近30年来中国人文学术的转进

黄德宽　程　浩[*]

以经学为核心的中国传统学术[1]，在两千余年的传承与发展过程中，经历了多次影响深远的转向与变革。但即便经分今古，学有汉宋，晚清以前的中国传统学术始终遵循着文献本身的内在逻辑理路进行发展。传统学术所面临的真正挑战以及本质上的转型，是从清末"西学东渐"背景下中西文化激烈碰撞后肇始的。对于此后近百年间与传统学术相关的人文学科发展与演变的概括，学术史家以及人文学者已经有了充分的论说[2]，于此不再赘述。20世纪90年代以来的这30年，随着先秦秦汉时期简帛文献的大量新发现，中国人文学科的各学术领域又历经了一次剧烈的革新。对于这期间中国人文学术的转进，学术界尚未能进行全面系统的总结。[3] 本文以近30年来简帛文献的新发现与

---

[*] 本节由黄德宽主持，程浩执笔。黄德宽，清华大学出土文献研究与保护中心主任、教授。程浩，清华大学出土文献研究与保护中心副教授。

[1] 裘锡圭先生将之定义为中国的"古典学"，参看裘锡圭：《出土文献与古典学重建》，《出土文献》第4辑，中西书局，2013年，第1页。

[2] 系统的论述有王汎森：《中国近代思想与学术的系谱（增订版）》，上海三联书店，2018年；陈勇、谢维扬主编：《中国传统学术的近代转型》，上海人民出版社，2011年；姚满林：《激荡下的重构：晚清以来中国文化变迁研究》，江西人民出版社，2019年。

[3] 专门的研究可举出李零先生的《简帛古书与学术源流》一书，该书2004年由生活·读书·新知三联书店印行后又经过了多次修订、扩充与重印。近年一些回顾简帛学发展的论著，对这一问题也有论及，如前揭裘锡圭先生文以及李均明、陈民镇著：《简牍学研究70年》（《中国文化研究》2019年秋之卷）和李均明等著：《当代中国简帛学研究：1949—2019》（中国社会科学出版社，2019年）一书。本文的写作，对这些著作均有较多参考。

研究为视角，总结其对相关人文学科发展的推动作用，并尝试探讨简帛文献对于中国人文学术的自我反省与发展路向的深刻影响和意义。

一　中国的古书、古史与传统学术曾经遭受的质疑

若要充分认识近30年来简帛文献发现的重要意义，还要从晚清以来传世古书遭受的全面质疑说起。

清代从嘉道以后，由于贪腐守旧的沉疴痼疾与持续不断的外敌入侵的双重打击，维持了两千多年的旧有政治秩序日趋瓦解。在"三千年未有之大变局"的社会历史背景下，以经史为主要研究对象的传统知识分子纷纷走出清初考据之学的藩篱，试图从传统学术中寻得经世致用的救国之策。清末今文经学的代表人物康有为，为了支撑其在戊戌维新中的变法理论，基于对今文经学的改良而创立了一套社会进化思想体系。其中最重要影响最大的就是其撰述的《新学伪经考》与《孔子改制考》。这两部书指斥传世古文经书多为刘歆伪制，孔子之学也屡经改造，从根本上否定了汉代以来的学术传统。仔细窥寻，康氏此说其实是继承了宋代以来对经典的怀疑精神，对时贤的成果或许也有借用[1]，严格来讲并非首创。但是康有为将之与政治运动密切联系起来，很好地顺应了救亡图存的时代需求，使得此说在思想界影响很大，起到了凿破鸿蒙的作用。

中国近代知识分子在渴望学习西方先进技术的同时，又不甘愿放弃千百年来的文化和学术传统，先后提出了"中体西用"以及"师夷制夷"等调和中西文化与学术冲突的观点。但也有一部分比较激进的学者，主张与传统文化彻底决裂。比如新文化运动的领袖人物胡适

---

[1] 一般认为《新学伪经考》与《孔子改制考》的主要思想分别源自廖平的《辟刘篇》和《知圣篇》。最近吴仰湘先生又有辨析，详见吴仰湘：《重论廖平、康有为"学术公案"》，《中国社会科学》2020年第4期。

就提出了"充分世界化"的口号，而钱玄同更是高呼"欲使中国不亡，欲使中国民族为二十世纪文明之民族，必以废孔学、灭道教为根本之解决，而废记载孔门学说及道教妖言之汉文，尤为根本解决之根本"[1]。这些观点和口号，虽然声称是对西方学术方法中的怀疑精神的实践，但实际上只是为了服务政治改革而对传统文化和学术的简单否定，其背后所隐含的是不破不立的对立逻辑。

与前述注重政治影响与思想启蒙的学者不同，真正从科学角度对传统学术进行合理怀疑并产生广泛影响的是顾颉刚。他把先前对古史的简单否定升华为逻辑更加严密、体系更加完整的"层累地造成的中国古史"说，并且找出了许多可信的例子来论证后世经书对古史的记载是不断演进的，在那个新旧转型的时期着实令人耳目一新。他在清代辨伪学的基础上，结合当时从西方引入的考古学、语言学，对传统学术的根基——传世古书进行了全面清算。[2]在古书被纷纷打倒之后，中国的古史以及传统学术也便成为无根之木了。

以顾颉刚为代表的古史辨派对古史的怀疑以及对古书的甄别工作，在当时就受到了鲁迅、钱穆等学者的反对。王国维认为疑古者"其于怀疑之态度及批评之精神，不无可取，然惜于古史材料未尝为充分之处理"，虽然认可其怀疑态度与批评精神，但也批评他们"破坏有余，建设不足"。有鉴于此，他提出了著名的"二重证据法"，以甲骨文、金文等地下材料，"证明古书之某部分全为实录，即百家不雅驯之言亦不无表示一面之事实"[3]。

即便有不少反对的声音，但是由于古史辨派的工作本质上体现了

---

[1] 钱玄同：《中国今后之文字问题》，《新青年》1918年四卷第四号。
[2] 古史辨派的主要成果见于顾颉刚等编著的七册《古史辨》（上海古籍出版社，1982年）中。张京华《古史辨派与中国现代学术走向》（厦门大学出版社，2009年）一书有总结性的论述，读者可以参看。
[3] 王国维：《古史新证》，清华大学出版社，1994年，第2页。

理性的态度与科学的方法，而且当时的史料条件也不足以支撑反对者提出坚实的反驳。因而，在这一学派影响下，此后的学者看待古书与古史的态度转向了前所未有的严苛，"无书不伪，是古皆虚"几乎成为学术界的主流认识。随着传世古书纷纷被打倒，以之为基础的中国传统学术，在经历了两千多年的辉煌后，出现了一蹶不振的局面。

二 近30年来先秦秦汉文献的发现与研究概况

新中国成立后，中国的人文学术研究并没有迎来转机，反而在十年"文革"中遭受了进一步破坏。真正打破沉寂，实现飞跃，则是在20世纪80年代中国实行改革开放之后。伴随着思想解放和经济复苏，中国的人文社会科学也开始突破禁锢，快速发展。长期处于半封闭状态的中国大陆人文学界，"报复性"地引入了西方的学术方法与理念，各个学科都在照搬西方的基础上短时间内建立起了基本的学科框架。

王学典先生从学科体系的角度把中国人文社会科学在改革开放后的转型分为70年代末至80年代、90年代中期至今两个阶段，并指出前一时期以恢复重建为主，后一阶段以鼓励交叉和学科整合为主。[1] 对于中国传统人文学术而言，当然也经历了70、80年代的重建以及90年代以后学科体系逐步完善等过程。但是与其他学科不同的是，推动传统人文学术快速转进的主要动力，并不是现代西方学术理念的传入或者中西学术思想的碰撞。90年代简帛古书的大量发现，使得以先秦典籍为主要研究对象的中国传统人文学术走上了一条独特的发展路径。

20世纪90年代之前，在全国各地就已经有了多批次简帛文献的发现。比如，1956年河南信阳长台关出土的战国竹书中有周公与申徒

---

[1] 王学典：《学术上的巨大转型：人文社会科学40年回顾》，《中华读书报》2019年1月2日。

狄的对话，有学者认为可能是《墨子》佚篇[1]；1959年在甘肃武威的东汉墓葬中发现了《仪礼》的古写本；1972年在山东临沂银雀山的西汉墓葬里出土了《孙子兵法》《孙膑兵法》《六韬》《尉缭子》等古代兵书；1972年还在湖南长沙马王堆出土的帛书中发现了《老子》《周易》等经传的西汉早期写本；1973年在河北定县八角廊西汉中山怀王墓中出土了《论语》《儒家者言》《文子》等；1977年在安徽阜阳双古堆西汉汝阴侯墓中发现了《诗经》《周易》《庄子》《仓颉篇》等古书。这些珍贵的文献材料发现之后，虽然也得到了较好的整理，但却没能在第一时间进行充分研究并真正从文献学、历史学方面深入挖掘其重要价值，中国人文学术研究的沉寂格局总体上还没能得到根本的改观。

真正促使当代中国人文学术研究在内涵、方法上全面转型的，是90年代以后几批重要简帛文献的发现：

1. 1993年，在湖北荆门的郭店楚墓中，考古工作者清理出800余枚战国楚简，其中包括《老子》《太一生水》《五行》《缁衣》《性自命出》《成之闻之》《尊德义》《六德》《穷达以时》《鲁穆公问子思》《唐虞之道》《忠信之道》等竹书。这是近代以来战国文献的首次大批量发现。而战国的写本由于没有受到秦火和隶变的影响，其对于传统学术研究的价值自是不言而喻的。再加之郭店简的内容既有儒家的典籍，又有道家的文献，对于思想史研究尤为重要，因而引起了海内外学术界的高度关注。

2. 1994年，上海博物馆从海外购藏了一批战国楚简。上博简共有1700枚，内容涉及儒家典籍、史志文献、文学文献、思想文献、数术

---

[1] 李学勤：《长台关竹简中的〈墨子〉佚篇》，《徐中舒先生九十寿辰纪念文集》，巴蜀书社，1990年，第1—8页；何琳仪：《信阳竹书与〈墨子〉佚文》，《安徽大学学报（哲学社会科学版）》2001年第1期。

文献等多个方面，其中既有传世文献的古本，如《周易》《缁衣》等；也有前所未见的佚篇，如《孔子诗论》《子羔》《性情论》《容成氏》《恒先》《凡物流形》《曹沫之陈》《郑子家丧》等。上博简的重要意义，首先是可以在文字上、文本上与郭店简的研究互相参照，再者是丰富了我们对于孔子思想的认识，并可以据之重新审视孔子对先秦文献所做的工作。而战国时人对于传说时代古史的认识以及对春秋战国史的记载，也保留在这批文献中。

3. 2008年7月，清华大学从境外抢救入藏了一批战国时期的竹简，约有2300枚，学界称之为"清华简"。清华简的内容多为早期经史类典籍，不仅涉及诗、书、礼、易、春秋等传统"六艺"的各个方面（《耆夜》《周公之琴舞》《芮良夫毖》《尹诰》《傅说之命》《厚父》《摄命》《别卦》《系年》《楚居》），还包括一批谈思想理念以及治国理政方法的子书（《治邦之道》《治政之道》《邦家处位》《邦家中政》《心是谓中》），甚至还有天文、历算、卜筮、祝祷等实用文献（《四时》《行称》《算表》《筮法》《祝辞》《祷辞》《相马经》）。清华简内容极为丰富，更全面地再现了先秦时期的文献面貌，使我们对先秦文献的构成、流传获得了更加深入的认识。目前，清华简的整理工作虽然刚刚过半，但由于其极高的学术价值，已经在学术界与社会各界产生了巨大的影响。

4. 2015年，又有一批珍贵的战国楚简从海外抢救回境，最终入藏安徽大学。这批竹书包括《诗经·国风》的部分篇目以及楚史、《楚辞》等具有楚国地方特色的文献、子书等，并且还有可以与上博简《曹沫之陈》以及长台关简《申徒狄》对读的篇目。[1] 2019年，安大简的第一辑整理报告发布，率先公布的战国写本《诗经》，引发了文学史界的热烈讨论。

5. 2009年，一批西汉简牍入藏北京大学，内容包括《老子》《仓

---

[1] 黄德宽：《安徽大学藏战国竹简概述》，《文物》2017年第9期。

颉篇》《周训》《赵正书》《妄稽》《反淫》《儒家说丛》《阴阳家言》等早期文献。其中的《老子》写本已经分上下经，是继马王堆帛书、郭店楚简之后《老子》早期传本的又一次重要发现。

6. 2011年，在江西南昌发掘的西汉海昏侯墓，不仅呈现了汉代侯王的完整墓葬，还出土了一批珍贵的西汉竹书。据介绍，海昏侯简的内容有《诗经》《礼记》《论语》等早期典籍的古写本，也有可与《仪礼》《孝经》《春秋》三传相比照的文献，此外还有《子虚赋》《葬赋》等辞赋以及一些数术类的古书。[1]不过由于海昏侯简还在初步整理的过程当中，其学术价值尚未完全展现。

上述90年代以来几批重见天日的简帛文献，包括了先秦典籍的核心部分或与之相关的内容。从总量与内容的涵盖方面，都已经超过了西汉孔壁中书以及西晋汲冢竹书两次历史上关于古书的重要发现。由于这些新发现，可以毫不夸张地说，现在进行先秦文史的研究，在材料占有方面已经大大地超越了前人。特别是《尚书》《诗经》《周易》等核心典籍的古本及与之相关的古书的发现，使我们对传统人文学术中一些长期纠葛的关键问题有了新的认识。

对于《尚书》而言，汉代的"今古文之争"以及魏晋以后的"伪古文"问题，是传统经学的"元问题"。现在有了清华简中大量的战国写本的"书"类文献可资比对，晚出古文《尚书》出于伪造可成定谳。[2]对比先秦古本的《尹诰》与伪古文《咸有一德》，以及清华简的《傅说之命》与伪古文《说命》，就可以发现它们除了文献引用过的部分，其他文句完全不同，后者实出于伪作便一目了然。而由于清华简多出了《尹至》《厚父》《四告》《封许之命》等不见于书序百篇的篇

---

[1] 江西省文物考古研究院等：《江西南昌西汉海昏侯刘贺墓出土简牍》，《文物》2018年第11期。

[2] 更系统的论述参见刘光胜：《〈古文尚书〉真伪公案再议》，《历史研究》2020年第4期。

目，并且没有所谓《尚书》与《逸周书》的区别，对于这类文献的体例以及成书与流传的情况，也可以获得更为清晰的认识。[1]

《诗经》在经学史上的问题要稍微少一些，三家诗的主要矛盾只是在诗旨与经义的解读方面。上博简《孔子诗论》的发现，使我们看到了先秦时人特别是孔门后学对《诗》的基本认识。而安大简揭示的战国时期的《诗经》文本，不仅解决了很多悬疑千年的关键字句训读，更是丰富了我们对于战国时期诗篇选编以及文本流传的想象。比如有多位学者几乎同时指出，安大简的战国写本《诗经》可能与魏国的诗学传统有关。[2]

《周易》是"群经之首"，在中国传统学术中有着独特的地位。李学勤先生曾评价说："经学的冠冕是易学。"[3]但是由于20世纪50年代以后长期视之为封建糟粕，再加上其内容艰涩，从文献学、思想史的角度对《周易》的研究一直都是不充分的。上博简《周易》战国写本、马王堆帛书和阜阳汉简《周易》西汉写本的发现，在很大程度上弥补了我们对《周易》文本认识的缺憾。而清华简《筮法》、王家台秦简《归藏》等与《周易》截然不同的易学文献，也促使我们在更广阔的视野中思考先秦时期的占筮体系。[4]

值得注意的是，上述几批简帛古书中，除了郭店简、海昏侯简为科学发掘所得外，其他几批均为流散后重新抢救收藏的文物。正是由于其相对特殊的"出身"，遂使得这些珍贵材料在被大多数学者高度重视和研究的同时，质疑的声音也不绝于耳。

流散回归的简帛古书，主要经受着批评者两方面的质疑：

---

[1] 笔者另有详论，见程浩：《有为言之：先秦"书"类文献的源与流》，中华书局，2021年。
[2] 马银琴：《安大简〈诗经〉文本性质蠡测》，《中国文化研究》2020年第3期；张树国：《"安大简"〈诗经〉为子夏西河〈诗钞〉》，《中原文化研究》2020年第5期。
[3] 李学勤：《经学的冠冕是易学》，《光明日报》2014年8月5日。
[4] 程浩：《清华简〈筮法〉与周代占筮系统》，《周易研究》2013年第6期。

一是文物本身的真伪问题。质疑者认为流散在市场上的文物本就真伪杂陈，这类来源不明的简帛文献也可能是伪造品。二是研究单位收藏和研究盗掘文物的学术伦理问题。质疑者认为流散回归的文物，尤其是盗掘品的考古背景与发掘信息不全面，据之进行研究容易产生偏差，且会变相鼓励盗掘与销售文物的行为，在一定程度上也是对这一恶性循环的参与。[1]

这两种质疑对于维护人文学科的科学精神和学术伦理都是重要的。不过，在我们看来，正如已有学者指出的那样，简帛的辨伪已经形成了一套严谨的方法，并引入了科学检测技术予以支持，中国当代学者完全有把握判断流散于世的简帛文献的真伪和价值。[2]盗掘文物行为在任何国度都是被禁止的违法行为，中国同样有严密的监管制度和法律惩治系统，这一点毋庸置疑。但是，文物盗掘在世界上总是难以绝迹的，这自然与文物自身的经济价值密切相关。如果珍稀文物已经被盗掘并流传于市场，抢救性保护则是被迫采取的对历史文物唯一负责任的态度，因此而指责学术单位的抢救、保护和研究有违学术道德并会刺激文物盗掘活动，显然是令人无法接受的片面观点。

三 中国当代人文学术的整体提升与学术范式的转进

1925年，著名学者王国维在一次演讲中提出了"古来新学问起，大都由于新发现"的著名论断。[3]90年代以来简帛文献的大量发现不止解决了学术界长期纠缠的具体问题，更重要的是促使了中国当代人文学术的整体提升及其学术范式的转进。在史料大量扩充、考证更加

---

[1] 相关论点可参看柯马丁的介绍，柯马丁：《早期中国诗歌与文本研究诸问题——从〈蟋蟀〉谈起》，《文学评论》2019年第4期。
[2] 胡平生：《论简帛辨伪与流失简牍抢救》，《出土文献研究》第9辑，中华书局，2010年。
[3] 王国维：《最近二三十年中中国新发见之学问》，《王国维遗书》第5册，上海书店出版社，1983年，第65页。

周详的基础上,有关人文学科迎来了学术范式的全面转变。

下面,我们按照现代学科分类的框架来讨论简帛文献所解决的关键问题及其对当代人文学术整体提升与转进的深刻影响。

(一)古典文献学

传统的古典文献学主要运用版本、校勘、目录、注释、考证、辨伪、辑佚等方法对古代典籍进行研究。时至今日,这些传统的学术方法对于文献学的研究而言仍有不可替代的作用。新出简帛古书对于古典文献学的重要价值,最直观的一点就在于扩大了相关研究的材料范围,而对于传世材料十分有限的先秦典籍来说,这种变化无疑是意义重大的。比如过去研究《尚书》,可资凭信的只有今文28篇,而现在清华简一下就增加了11种14篇"书"类文献[1],足抵半部《尚书》。又如以前研究《老子》的版本,较早的只有河上公本、王弼本,而现在有了郭店简的三种战国写本以及马王堆帛书、北大汉简两种西汉写本,无论是抄本的时代还是数量、内容都极大丰富了《老子》研究的材料。

简帛文献的一系列发现还引起了学术界对古典文献学中一系列关键问题的再思考:

一是对古书辨伪错误的纠正。传统辨伪之学以及古史辨派对古书的清理工作,由于简帛文献的新发现,可以证明很多时候都是矫枉过正。比较典型的如《易传》,或以为是汉代以后的作品。马王堆帛书中发现了战国至西汉初年的本子,而清华简《筮法》中所体现的易学思想也与《说卦传》关系十分密切,这一看法显然需要纠正。[2]同属于

---

[1] 这里所说的14篇,即《金縢》、《尹诰》、《傅说之命》(三篇)、《摄命》、《程寤》、《皇门》、《祭公之顾命》、《尹至》、《厚父》、《封许之命》、《四告》(前两篇)等。《四告》前两篇无疑应为"书"类文献,后两篇产生的时代还需要进一步研究,故未统计在内。
[2] 廖名春:《清华简〈筮法〉篇与〈说卦传〉》,《文物》2013年第8期。

"三易"的《归藏》,过去都被斥为伪书,然而新发现的清华简《筮法》《别卦传》中卦名与之十分近似,王家台秦简中更是有相关的卦辞,可见传世《归藏》一定是有着较早来源的。[1]蒙受不白之冤的还有《老子》,古史辨派认为该书是汉代才编定的,随着郭店简《老子》的出土,这种看法便不攻自破了。另外,《孙子兵法》《孙膑兵法》《尉缭子》《六韬》等兵书,过去基本上都是不被相信的,而银雀山汉简的发现,批量地对这些文献进行了"拨乱反正"。

除了古本的发现可以直接对过去被诬为"伪书"的文献进行证真外,大量前所未见古书的现世还提醒我们要对先秦时期文献的总量重新进行估量。郭店简、清华简、上博简中,均有很大一部分既不同于传世典籍,亦未见于《汉志》等目录记载的古书,内容与思想却均有较高的价值。这种现象就说明先秦时期古书的体量应该是非常庞大的,而且在后世的流传也并非完全的"优胜劣汰"。我们现在能看到的传世古书,只是其中非常小的一部分,据之建立的对早期文明的了解,也是不完整的。我们在考察先秦古书时要时刻保有"古书佚失观"[2],对于一些暂时无法解释的现象,要承认是对古书中佚失的部分了解得太少,而非简单以真伪论之。

二是对古书成书与流传过程的重新考量。李零对简帛古书之于学术史的重要意义有过一个深刻的概括,他说,"简帛古书的发现,不仅是数量的补充、品种的补充、文本年代的提前、个别字句的修正","更重要的是,它使我们对古书、年代最早的古书,开始有了直接的感受,可以从中归纳很多一般性的原理,对古书的创作、古书的构成、古书的阅读、古书的解释、古书的选取和淘汰、古书的传播和保存,开始有了比较深入的理解"[3]。简帛文献所展现的文本的复杂情况,提

---

[1] 程浩:《辑本〈归藏〉源流蠡测》,《周易研究》2015年第2期。
[2] 李锐:《同文与族本:新出简帛与古书形成研究》,中西书局,2017年,第162—163页。
[3] 李零:《简帛古书与学术源流》,生活·读书·新知三联书店,2008年,第7页。

示我们要多元、多维度地看待古书的成书与流传过程。比如清华简中的"书"类文献与传世《尚书》在篇目、章句、字词等多方面的差异，就告诉我们先秦时期尚有与今传儒家选编本不同的其他版本。而流传地域、家派以及客观损益等因素导致的文本变动，实际上比我们先前想象得要剧烈得多。[1]古史辨派在他们所处的那个简帛文献尚未大量发现的年代，对古书成书和流传情况的复杂性自然不可能有充分的了解。因而他们在对古书真伪、成书年代、作者，以及其中某些特定内容元素的史料价值、各宗古书资料之间关系等问题的研究中普遍存在着简单化的缺陷。[2]百年后的今天，在有了简帛古书带来的认识更新后，已经很少有学者再以这种线性的思维方式思考相关问题了。

三是对古书外部形态的重新认识。文献学中的版本研究，过去主要依据中古以后的刻本。先秦秦汉早期写本的大量发现，无疑将在更广泛的维度上直观地展现古书的物质形态、书写习惯、文本构成、编纂方式等问题。近年提出的"写本学"，已经成为早期文献研究的重要话题。简帛的外部形态对于认识早期文献的重要意义，学术界结合简帛文献的整理工作已经有了详细的总结。[3]而竹简这种书写载体所带来的脱简、残断、错简等问题，以及简册自身的编联分合规律等都在提醒着我们，书写载体在文本演变过程中产生的重要影响也是不容忽视的。[4]

---

[1] 程浩：《从"盟府"到"杏坛"：先秦"书"类文献的生成、结集与流变》，《清华大学学报（哲学社会科学版）》2021年第6期。

[2] 谢维扬：《古书成书和流传情况研究的进展与古史史料学概念——为纪念〈古史辨〉第一册出版八十周年而作》，《文史哲》2007年第2期。

[3] 代表性的成果有程鹏万：《简牍帛书格式研究》，上海古籍出版社，2017年；贾连翔：《战国竹书形制及相关问题研究——以清华大学藏战国竹简为中心》，中西书局，2015年。贾书出版后，随着清华简整理工作的不断深入，贾连翔先生又有一系列讨论这一问题的论文发表。

[4] 程浩：《古书成书研究再反思——以清华简"书"类文献为中心》，《历史研究》2016年第4期。

（二）历史学

1928年，傅斯年曾在《历史语言研究所工作之旨趣》一文中提出"近代的历史学只是史料学"[1]，对史料的高度重视是现代历史学的重要特点。而简帛文献带来的古史史料范围的扩大以及对旧有史料的"拨乱反正"，使得古史研究中的每个领域都有了长足的进展。

1．夏代信史地位的确立

过去对夏代历史的认识，基本上建立在《史记·夏本纪》以及春秋战国时期一些文献的基础之上。但受疑古思潮的影响，它们大多被认为是靠不住的。因而很多学者，特别是西方的汉学研究者，基本上都不承认夏代的存在。[2]这种看法在近年面临直接的挑战：传世文献所记载的夏代历史，屡屡被新出土的简帛文献所印证。比如清华简保留的西周早期文献《厚父》[3]，篇中武王与厚父回顾了夏朝的兴衰，除了提到禹、启等开国先王，还特别讲到了皋陶、孔甲等人的事迹，具体细节虽然与《国语》《史记》等文献稍有出入，但大致框架仍是可以密合的。这就说明，至迟在周武王所处的时代，夏人后裔所自述的夏代历史已经与《夏本纪》的记载没有太大差异了。这种现象提示我们，重新认定传世文献作为古史史料的独立地位确实十分必要。[4]

实际上，不唯夏代历史基本可靠，传说时期历史故事中的"史实素地"，也是可以进一步挖掘的。上博简《容成氏》对上古帝王系统的记述与《庄子》等古书相比，既存差异又有互动。正如谢维扬所言，

---

[1] 傅斯年：《民族与古代中国史》，河北教育出版社，2002年，第467页。
[2] 参见韩鼎：《从艾兰"夏代神话说"看中西方学界夏文化研究的差异》，《中国社会科学评价》2020年第3期。
[3] 关于该篇的写成时代，详见程浩：《清华简〈厚父〉"周书"说》，《出土文献》第5辑，中西书局，2014年。
[4] 谢维扬：《古书成书情况与古史史料学问题》，见谢维扬、朱渊清主编：《新出土文献与古代文明研究》，上海大学出版社，2004年。

"传说内容元素在不同传说记述系统中的分布反而有利于说明相关资料在生成上可能拥有的真实的基础"[1]。传说时期的历史并非不能研究，只不过在史料鉴别上面临着更多的困难，对相关材料生成的过程也需要更准确的把握。

2. 商代历史的印证

传世的商代史料虽然较夏代稍多，但据之重建商代史就显得捉襟见肘，史学家依然面临着不小的史料困境。比如，我们读《殷本纪》就可以明显感觉到该篇记成汤、盘庚事较详而其他诸王则十分简略。这当然是由于成汤、盘庚功业赫赫需要浓墨重笔地进行描写，但也在一定程度上与司马迁所面临的史料匮乏有关。

清华简中发现的多篇前所未见的记载商代历史的古书，大大充实了商代史料。比如，涉及成汤时期的有《尹至》《尹诰》《赤鹄之集汤之屋》等篇，详细记述了汤在伊尹的辅佐下伐桀的过程以及代夏之后的治国之道；武丁时期的则有《傅说之命》三篇，完整展示了武丁梦得傅说并以之为相的历史。此外，像《汤处于汤丘》《汤在啻门》《殷高宗问于三寿》等篇虽是后代托古之作，但也侧面反映了一定的历史事实，属于可资借鉴的间接史料。这些重要史料的重新发现，虽然不足以完全覆盖商代历史的全部链条，其中有些内容是否可作为可靠史料也需要进一步的甄别和探讨，但对于文献不足征的商代史来说这无疑已是重大推进了。

3. 周代历史的补正

西周时期的历史，由于文献留存在三代中最为丰富，加之大量的长篇青铜器铭文的发现，本身已经具备了重建的条件，已经有学者着手重新编著《西周史》。

最近发现的简帛文献对于重建西周史的价值，主要体现在对个别重

---

[1] 谢维扬：《古书成书的复杂情况与传说时期史料的品质》，《学术月刊》2014年第9期。

要问题的纠正方面。比如周人所艳称的"文武受命"与"文王称王"等问题，过去由于文献记载多有抵牾，长期以来都是聚讼纷纭。清华简的《程寤》篇，虽然存目于汉人所编的《逸周书》中，但是文本在唐宋之后就亡佚了。简本的重新发现，为我们还原了文王去商在程，与武王并拜吉梦代商受命的全部过程，"文武受命"问题也可据此得以厘清。清华简中最早公布的《保训》篇，内容是周文王去世前所作的遗言，开篇的"惟王五十年"一句，明确指出是时文王已在位称王，由此可改变汉代以来文王生前未称王的观点。此外，关于"西伯戡黎"是哪位西伯、武王卒年、成王即位年龄以及周公"居东"还是"征东"等经学史上的经典话题，在《耆夜》《金縢》《系年》等篇中也均有重要线索。

西周时期的历史文献，也存在着关于早期的记载多而中期、晚期少的情况。传世《尚书》的"周书"中，属于西周中期以后的只有穆王时期的《吕刑》一篇，与周初的情况相比可谓相形见绌。清华简中多篇西周中晚期文献的重新发现，在一定程度上平衡了这种差距。穆王时期的《祭公之顾命》篇虽然在《逸周书》中有文本传世，但比照两种文本可知传本多有舛误，简本在"三公"制度等许多关键之处可以补充相关史实。《摄命》是一篇西周中期的重要册命文书，篇幅近千言。关于它的作者，目前有穆王与孝王两种意见。如果后说可以成立，那该篇就更加珍贵，因为此前并没有任何一篇孝王时期的文献得以传世。《芮良夫毖》虽属诗歌体，但是该篇借厉王名臣芮良夫之口阐述了当时的政治局势，也有突出的史料价值。关于厉、宣、幽三朝历史的记载，还见于前所未见的史书《系年》篇。《系年》关于国人暴动、共和行政、宣王中兴、西周灭亡等历史事件的记载与古书或合或违，为我们理解西周晚期以及两周之际的历史提供了新的视角。

历史上一些著名的古族与古国在这一时期迁徙、发展与融合的过程，也可以在简帛文献中找到线索。《系年》第三章记载了周成王平定三监之乱后，曾将秦人从商奄迁徙到邾吾，十分明确地讲秦人来自东方，颠覆了过往对秦人起源的主流认识。出自楚人自记的《楚居》篇则详细叙述了楚国的族源，包括先君季连的降生、楚人称号的得名以及历代国君在南方迁徙与发展的过程等，为研究楚国的历史提供了前所未知的珍贵史料。另外，安大简中有两组与楚史有关的竹书，据介绍对楚国的历史发展有着更为详尽的记述。

春秋时期是中国早期社会历史剧烈变革的一个重要阶段。对这一时期的历史认识，由于有《左传》《国语》等文献的支撑，相对而言是比较明晰的。但是我们也必须认识到，《左传》《国语》对春秋历史的记述并非面面俱到。正如童书业所说："晋、楚两国的历史是一部《春秋》的中坚。"《春秋》与《左传》记晋楚之事尤为详尽，记其他诸侯国则明显要逊色得多。《国语》虽有八国之语21卷，但其中仅《晋语》就独占9卷，甚至根本就没有"秦语"，这与秦国在春秋时期的历史地位是不相匹配的。

非常幸运的是，清华简中新发现了多篇属于"语"类的春秋文献，可以大大弥补《左传》《国语》的不足，并进一步证实这些传世文献的历史记载基本是可靠的。其中记载秦穆公与楚国申公子仪对话的《子仪》，开篇讲"既败于崤"；从省略的主语"秦穆公"或"秦"来看，应是一篇佚失的"秦语"。而《郑武夫人规孺子》《郑文公问太伯》等有关郑国的文献或可归为"郑语"，提供的认识远远超过了《左传》《史记》的记载，进一步丰富了我们对春秋时期中原地区的文化状况与政治形势的认知。有关晋国的记载虽然已经很丰富，然而史料的发现当然是多多益善。清华简中的《子犯子馀》《晋文公入于晋》讲述了晋文公重耳流亡、复国以及一战而霸的历史。《赵简子》则是晋国赵简子始为卿入朝，范献子与成鱄对其训导劝诫的文辞。这些大概都属于"晋语"。最值得注意的是《越公其事》一篇，其中讲吴越争霸的内容大都可与《国语》的"吴语""越语"对读，昭示了它们之间密切的关系。除了丰富的"语"类文献，史书《系年》篇对于重建春秋史也有较大价值。该篇以类似"纪事本末体"的形式对春秋时期主要诸侯国的兴衰更替进行了详细描述，许多地方可以纠正传世史料的错误。

整体而言，简帛古书的发现揭示了周代历史中更多前所未知或语焉不详的细节，使得相关研究从粗放经营得以向精耕细作转型。

（三）哲学与思想史

90年代以来发现的几批简帛文献中，清华简、安大简、海昏侯简的内容以经史类文献为主，而郭店简、上博简、北大汉简则以思想史文献占优。利用简帛文献开展先秦哲学史与思想史的研究，是简帛文献新发现推进当代人文学术转型过程中开辟的一个重要领域。

1. 对《老子》本义的厘清以及黄老思想的阐发

在郭店简公布之初，在学术界最先掀起热潮的是对其中的三种形制、章次各不相同的《老子》文本的研究。研究者与马王堆帛书本以及后来发现的北大汉简本进行对照，对于《老子》一书的成书与流传有了许多新的认识。除了文献学上的意义外，诸本之间大量出现的异文，也对厘清《老子》本义提供了很好的依据。裘锡圭在这方面做了大量的工作，如对"绝仁弃义"的辨析，对"宠辱若惊"的改读，以及对"无为"和"为"的重新理解[1]，都是建立在简帛文献研究的基础之上的。正是由于认识到了《老子》文本在流传过程中经历了较多改窜，裘先生便提出立足于简帛本并充分考虑今传各本，认真整理出一本比较接近原貌的《老子》的主张。[2]

除了《老子》本经之外，郭店简的《太一生水》，上博简的《恒

---

[1] 裘锡圭：《关于〈老子〉的"绝仁弃义"和"绝圣"》，《出土文献与古文字研究》第1辑，复旦大学出版社，2006；裘锡圭：《"宠辱若惊"是"宠辱若荣"的误读》，《中华文史论丛》2013年第3期；裘锡圭：《说〈老子〉中的"无为"和"为"——兼说老子的社会、政治思想》，《中华文史论丛》2019年第4期。
[2] 裘锡圭：《老子新研》，中西书局，2020年。

先》《凡物流形》《三德》以及清华简的《汤在啻门》《汤处于汤丘》一般也被认为与黄老思想有关，相关的研究成果可参看曹峰的述论。[1]

2. 对孔孟之间儒家思想传流的填补

郭店简的发现在思想史上的重要意义，还在于其中有大量前所未见的儒家文献。李学勤指出其中的《缁衣》《五行》《鲁穆公问子思》三篇为子思所作，并认为《成之闻之》《性自命出》《六德》《尊德义》都与子思有一定的关联。[2]庞朴评论这些重要的竹书的出土，补足了孔孟之间思想链条上的重要一环。[3]此后梁涛又有细致的分析，深入揭示了这些篇目在儒家思想发展脉络上的地位。[4]

在郭店简之后，上博简中再次发现了《缁衣》《性情论》的别本，而《孔子诗论》《昔者君老》《内礼》等，一般也被认为是孔门后学的作品。此外清华简中的一些篇目，如《心是谓中》《治邦之道》等都体现出了浓厚的儒家思想。在偏居南方的楚地发现了如此多的儒家文献，让学者不禁重新思考早期儒学的传布过程及其对社会文化的影响。

3. 对"九流十家"旧说的重新认识

郭店简中黄老文献与儒家文献同出一墓的现象提示我们，先秦时期所谓的思想流派可能并非我们之前想象得那么壁垒森严。诸子虽有流派，却都有其"言公"的部分，也就是共同的知识背景和思想资源。传统的"六家"或者"九流十家"的认知框架，应该出自后人的总结与构拟，并不一定能够严格地反映先秦的实际。简帛文献所体现的，更多的是不同地域不同家派之间的交叉融合与互相影响。

除了郭店简所体现的儒道关系[5]，简帛古书的文本当中还较多蕴涵

---

[1] 曹峰：《近年出土黄老思想文献研究》，中国社会科学出版社，2015年；曹峰：《文本与思想——出土文献所见黄老道家》，中国人民大学出版社，2018年。
[2] 李学勤：《先秦儒家著作的重大发现》，《中国哲学》第20辑，辽宁教育出版社，1999年。
[3] 庞朴：《孔孟之间——郭店楚简的思想史地位》，《中国社会科学》1998年第5期。
[4] 梁涛：《郭店竹简与思孟学派》，中国人民大学出版社，2008年。
[5] 曹峰编：《出土文献与儒道关系》，漓江出版社，2012年。

着儒墨交融的因素。比如上博简《容成氏》与《鬼神之明》，就是既儒又墨。清华简《治邦之道》《治政之道》《邦家之政》中的某些内容强调尚贤、节用、节葬、非命等墨家观念，但整体上来看仍是儒家为主[1]，特别是《邦家之政》还托名于孔子。

4. 提早了一批思想观念出现的时代下限

有些我们以前认为比较晚起的思想观念，通过简帛文献可以证实是有较早来源的。比如清华简《尹诰》篇中商汤、伊尹对"民"与"众"的珍视，体现了早期的民本思想。《厚父》篇反复强调敬天重德，反映出周初的德治较商代有了明显的进步。

此外，清华简《邦家之政》篇从正反两方面阐述了将会导致国家兴盛与衰败的种种行为，从而告诫执政者要"有所为而有所不为"。《邦家处位》篇则从肃清吏治的角度强调了选贤任能的重要性，以及用人失度带来的严重后果。《天下之道》篇则借用攻守之道来说明古代圣王得天下的关键仍然在于得民心。这些在后世耳熟能详的治国理念，至迟在战国就已经相当完备了。

《心是谓中》是一篇充满思辨智慧的文献，该篇试图把古人深信不疑的"天命"与此篇重点论述的"身命"概念辩证统一起来，提出"人有天命，其亦有身命""断命在天，苛疾在鬼，取命在人"等观点，可以说是尊重客观规律与发挥主观能动性相结合这一哲学思想在文献中较早的体现。

（四）语言学和文字学

简帛古书均以早期文字书写，特别是郭店简、上博简、清华简、安大简等都是战国楚文字，这些材料的发现对于语言文字学的推动是最为直接的。

---

[1] 李均明：《清华简〈邦家之政〉所反映的儒墨交融》，《中国哲学史》2019年第3期。

在中国传统学术中，文字学一直以来都是经学的附庸，被作为解释经典的工具来使用。19世纪末甲骨文大量发现后，现代的古文字学科逐渐建立，但对于整个古文字学科来说，甲骨金文的研究长期位于中流，而战国文字研究隐而不彰。这种局面在90年代楚竹书的大量发现后发生了逆转，战国文字的研究迎来了前所未有的飞跃发展。

简帛文献对于古文字释读的有利条件在于很多时候它们都有传世文本可以对读。许多从结构上难以进行分析而长期未能确释的字形，都是凭着古今文字对照释读出来的。这类例子实在太多，在此无法备举。除了楚文字本身的考释外，楚简中出现的相关字形与辞例还有助于甲骨文、金文的释读与检验。比如甲骨文和金文中有一种表意写法的"视"字，由于形体近似，长期被误释为"见"。直到郭店简《老子》"视之不足见"一句中"视""见"二字并见，学界才确认它们彼此的区别，并进而纠正古文字研究长期的误解。[1]又如金文中有一个过去经常与"惠"混为一谈的字，在清华简《皇门》中再次出现，对应之处其实是"助"字。[2]赵平安等多位学者用楚简文字追溯文字演变源流，对一些甲骨文和金文疑难字提出新的考释意见，推进了古文字研究的进步。[3]不仅在古文字疑难字考释方面取得突出成果，在综合利用出土文献资料、探讨古汉字发展的历史与构形理论方面也实现了一系列重要突破，对汉字构造与形体发展规律有了更深入的认识。[4]

---

[1] 裘锡圭：《以郭店〈老子〉简为例谈谈古文字的考释》，《中国哲学》第21辑，辽宁教育出版社，2000年。
[2] 杨安：《"助"字补说》，复旦大学出土文献与古文字研究中心网站，2011年4月26日。
[3] 如赵平安：《从楚简"娩"的释读谈到甲骨文的"娩"——附释古文字中的"冥"》《"达"字两系说——兼释甲骨文所谓"途"和齐金文中所谓"造"字》等，均见《文字·文献·古史——赵平安自选集》，中西书局，2017年。
[4] 裘锡圭：《文字学概要》，商务印书馆，1988年；刘钊：《古文字构形学》，福建人民出版社，2006年；黄德宽主编：《古文字谱系疏证》，商务印书馆，2007年；黄德宽等：《古汉字发展论》，中华书局，2014年。

把简帛文献作为语料研究古汉语，也是近年语言学研究的一个热点。在简帛古书大量发现之前，裘锡圭就敏锐地指出古文字材料年代明确、错误较少、种类丰富，对于古汉语研究是必不可少的材料。[1] 90年代以后，更是涌现了一批利用简帛文献资料研究语法、词汇、语言，甚至先秦方音的学者以及代表性成果。[2]

（五）先秦秦汉文学史

先秦秦汉时期是中国古代文学形成与早期发展的关键阶段，简帛文献为文学史的研究提供了宝贵的新材料。文学史界越来越重视对简帛材料的运用。近年来，中国文学研究界以"出土文献与中国文学研究"为主题的学术会议已经连续举办了七届。

除了上述安大简《诗经》外，荆州夏家台也发现了《邶风》的战国楚抄本，清华简《耆夜》《周公之琴舞》《芮良夫毖》也都是与《诗经》密切相关的佚篇。上博简《有皇将起》《李颂》《兰赋》，北大汉简《妄稽》《反淫》，银雀山汉简《唐勒》，海昏侯简《子虚赋》《葬赋》，尹湾汉简《神乌赋》等，都大大丰富了先秦秦汉辞赋文献。而北大汉简《妄稽》、清华简《赤鹄之集汤之屋》等，更是让我们窥见了先秦时期小说的面貌。[3] 这些新材料的发现，使早期文学史研究比以往有了较大突破。

除了材料的丰富之外，出土的文本还为学者更近距离地观察文学作品生成的情况提供了有利条件。利用出土文献研究先秦时期的文体观念，已经成了文学史研究新开拓的重要领域，罗家湘、吴承

---

[1] 裘锡圭：《谈谈古文字资料对古汉语研究的重要性》，《中国语文》1979年第6期。
[2] 黄德宽：《出土文献语言研究的回顾与展望》，2019年中青年语言学者沙龙，北京。
[3] 黄德宽：《清华简〈赤鹄之集汤之屋〉与先秦"小说"——略说清华简对先秦文学研究的价值》，《复旦大学学报（社会科学版）》2013年第4期。

学、江林昌等学者先后阐释了其重要意义[1]，陈民镇也已经有了很好的实践[2]。

综上所述，简帛文献为与中国传统学术相关的中国当代人文学科带来的内容上、方法上、理念上的全面提升是显而易见的。今天从事早期文明研究的学者都不能不重视对出土简帛文献的使用。近年来，专门从事出土文献与简帛古书研究的机构也在不断增加，规模在不断扩大，与出土简帛文献相关的学术刊物陆续创刊。这些都在一个侧面反映出作为一门新的交叉学科，该学科正呈现出一派蓬勃向上的发展局面。

在中国最主要的一些高校，均设有出土文献的研究机构。如清华大学在2008年成立出土文献研究与保护中心，最早由李学勤领衔，目前由黄德宽担任主任。北京大学也有出土文献研究所，朱凤瀚为该所所长。2005年，裘锡圭在复旦大学创立了出土文献与古文字研究中心，目前刘钊担任主任。武汉大学的简帛研究中心同样成立于2005年，由陈伟担任主任。吉林大学古籍研究所有着深厚的古文字学传统，涌现了于省吾、姚孝遂、林沄、吴振武等名家。另外，中国哲学社会科学研究的最高学术机构中国社会科学院也设有简帛研究中心，并且已历经了20多年的发展。

关于出土文献与古文字学科研究学者的规模，目前难以精确统计，但整体来看一直是在迅速发展与不断扩大的。1978年底，在吉林长春召开了第一届中国古文字学术讨论会，会后新华社发布了一则专讯称："现在我国从事古文字研究的专业人员不足百人"，并指出，"新发掘

---

[1] 罗家湘：《出土文献的文体学意义》，《郑州大学学报（哲学社会科学版）》2008年第2期；吴承学、李冠兰：《命篇与命体——兼论中国古代文体观念的发生》，《中国社会科学》2015年第1期；江林昌：《考古发现与中国古代文体学理论体系建构》，《中国高校社会科学》2018年第2期。
[2] 陈民镇：《有"文体"之前：中国文体的生成与早期发展》，上海古籍出版社，2019年。

出来的古文字资料，必须赶快抢救，否则过几年就毁了"[1]。40余年来，在前述古文字资料的整理与研究过程中，培养了一大批专业研究者。现在国内从事出土文献与古文字的学者，至少有近千人。虽然其中有一些专门研究甲骨金文与简牍文书的学者，对简帛文献涉猎不多，但如果考虑到从思想史、文学史角度解读简帛文献的研究者，这支学者队伍的规模是相当可观的。

学术阵地方面，据刘钊统计，国内有关出土文献与古文字研究的专业刊物已经达到了17种之多。[2]其中，《出土文献》《简帛》《简帛研究》等刊物已有相当广泛的学术影响，《简帛》与《中国文字》英文版也已在海外发行。

出土文献特别是战国秦汉简帛文献的研究在快速发展的同时，也面临着一些严峻挑战。其中最为突出的，其实是现代学科分类造成的学科壁垒。中国传统人文学术在过往两千多年的发展中，一直以来都是一种稳定的综合性学问，并未有现代意义上的学科划分的边界。但在现代学科体系中，传统人文学科的相关知识却被分散在文献学、历史学、语言学、古文字学、文学、哲学等多个学科，分属于不同学科的当代人文学者无论是个人知识结构还是学科视野，都难以适应出土文献与古文字这种"交叉学科"。一名理想的中国古典学研究者所应当具有的全方位的学术训练，在现行的学科分类体系中根本无法得到满足。因此，中国当代人文学术如要进一步提升与发展，急需突破现行学科体系造成的壁垒，真正建立适应中国古典研究的学科格局。

---

[1] 新华社长春专讯：《迅速改变古文字科研工作的落后状况——一些古文字学家就此问题提出建议》，《文汇报》1979年1月24日。
[2] 刘钊：《当前出土文献与文学研究的几点思考》，《济南大学学报（社会科学版）》2019年第4期。

四　中国当代人文学科的反思与古代文明研究的发展路向

王学典在总结新中国人文社会科学的整体转型时说：

> 1949年以来，中国的人文社会科学已经经历了两次大的范式变迁，一是从1949年开始，我们经历了从民国学术到共和国学术的巨大转型，二是从1978年开始，我们又经历了从"以阶级论为纲"的人文社会科学到"以现代化为纲"的人文社会科学的巨大转型，而眼下我们正在经历人文社会科学的第三次巨大转型，也就是"以现代化（西方化）为纲"的人文社会科学正在向"以中国化为纲"的人文社会科学的转变。[1]

关于中国的人文社会科学三次转型的这种意见是否恰当，自然还可以讨论。但有一点是非常明确的，那就是改革开放以后，确实有一些学者尝试援用现代西方学术中的概念范畴或理论观点来阐释中国传统学术，试图推动其向"以现代化（西方化）为纲"的研究转型。但这期间简帛文献的大量发现，无意中打断了中国传统学术现代化（西方化）转型的进程。中国传统人文学术的研究，实际上并没有完整地经历过"以现代化（西方化）为纲"的过程，而是从90年代起就直接进入到了"以中国化为纲"的转型。

与其他学科经历了"五四"以及八九十年代两次西化不同，中国传统人文学术由于简帛古书发现的历史机遇，非但没有受到第二次转型中西方化浪潮的影响，反而最早地开始对西方学术的影响进行有意识的反思。

---

[1] 王学典：《学术上的巨大转型：人文社会科学40年回顾》，《中华读书报》2019年1月2日。

随着简帛文献的大量发现，中国当代人文学术重焕生机，相关研究者在获取新知识、新认识的同时，自我意识开始觉醒，逐渐出现摆脱西学不当束缚的学术自觉。早在1981年，李学勤就指出以往对于中国古代文明的起源时间和发展高度的估计显然是偏低了，对中国古代文明应做出实事求是的重新估价。[1] 李先生的这种认识，是建立在最新的考古发现以及长期的学术实践基础上的。而在亲身整理马王堆帛书、睡虎地秦简、银雀山汉简、定县汉简以及后来的清华简的过程中，李先生又深切感受到疑古这种受西方学术思想影响颇深的学术方法，在为中国传统学术建立科学精神的同时，也有极具破坏力的一面。因而李学勤在提出"走出疑古时代"口号后，获得了出土文献研究领域许多深有同感的学者的积极响应，对学术界产生了广泛而深刻的影响。

在经历了信古、疑古、释古以及走出疑古这样一波三折的认识过程后，不少人文学者已经逐渐体会到，对待中国文明的早期阶段这样一个极端复杂、充满未知的历史时期，需要秉持足够的敬畏。传统学术的研究方法当然可以批判，依靠传统学术建立起来的认识也可以推倒重建，但对于历史本身却没有必要过度质疑。

当然，现在仍有一些学者依然反对"走出疑古"，比如李振宏即指出："学术的本质属性是怀疑与批判，没有疑问、质疑、否定、批判，就不会有学术的发展。"[2] 斯言诚哉，怀疑与批判当然是学术研究的活力源泉，但是既然说"现代学术精神的内核是'批判'"，古史辨派的学术思想与方法理所当然同样也是可以怀疑和批判的。

实际上，"走出疑古时代"正是基于学术实践而对"疑古"开展

---

[1] 李学勤：《重新估价中国古代文明》，《李学勤集——追溯·考据·古文明》，黑龙江教育出版社，1989年，第15—27页。
[2] 李振宏：《顾颉刚疑古史学的现代价值》，《齐鲁学刊》2020年第2期。

的思想与方法上的全方位的"疑问、质疑、否定、批判"。正如梁涛所言：

> 走出"疑古"，并非要重新回到"信古"的老路，也不是要放弃对史料的审查，而是要对审查史料的方法进行调整，这种调整主要表现为：一、由"有罪推定"转变为"无罪推定"，承认古代文献是在长期的传承中形成的，其中虽有某种"变形""失真"，但应是基本可靠，是我们研究古史的前提和必要条件。二、由控告方转变为审判方，以"法官"客观的身份对史料的真伪进行裁决。这里古史辨派的成果可以重新拿来作为"控词"，但允许被告有申诉的权利，凡申诉成功即无罪，反之则有罪。三、二重证据法。利用出土的考古材料，重证据，不重推理。[1]

这类言论，都是几十年来在一线从事简帛文献研究的学者反思并总结出的共同认识，而非出自书斋中的批评家们的理论推演。

中国学者在古代文明研究中自我意识的觉醒，很快引起了西方学术界的注意。由于没有像其他学科一样照搬西方学术范式，"重新估价中国古代文明"也与西方学界的固有认识有着不可调和的冲突，中国当代人文研究尤其古代史研究往往被冠以"民族主义""本土主义"的帽子，甚至经常被批评为是"服务于政治"的。在西方汉学界非常有影响力的柯马丁，最近就撰文批判了这种"前现代与反批判的思维"，并认为这"不会是任何一种文明研究可以为继的出路"[2]。

柯马丁的相关说法，代表了西方学界相当一部分学者对中国当代

---

[1] 梁涛：《疑古、释古与重写思想史——评何炳棣〈有关孙子、老子的三篇考证〉》，《二十一世纪》总87辑，2005年。
[2] 柯马丁：《超越本土主义：早期中国研究的方法与伦理》，《学术月刊》2017年第12期。

人文学术研究的基本认识和评判，但这其中充斥着诸多误会。比如柯马丁指出中国学者经常是"单语主义"（即只掌握汉语一种语言）的，并拒绝与西方学界对话或者在跨文化的比较中受益。诚然，成长于20世纪六七十年代的学者没有掌握多门外语的条件，与西方学界对话、交流的机会也是十分有限的。但是中国学术界一直提倡学术交流与文明互鉴，正如钱锺书很早就提出"东海西海，心理攸同；南学北学，道术未裂"，即便是在极端困难的情况下，相当一部分中国人文学者也没有放弃过在多元文化中进行思考。虽然在柯马丁看来，中国学者面对外国学术的态度经常是"迫不得已的应酬"。柯先生此论出自切身体会，中国学界也确实存在不重视、不阅读西方汉学成果（特别是原文）的个别现象。实际上，这仍是由于中国有一代学者在特定的历史条件下对外语没有完全掌握导致的，并非出于主观上的保守或封闭心态；而且这种现象不仅中国学界有之，除了柯马丁等活跃于中西双方的少数人，西方学界也不是所有学者都充分重视或有条件利用中国学者的研究成果的。因此，目前的局面是中西方学术界共同面临的问题，也是需要双方共同努力去解决的。但是西方学者不应视而不见的是，中国出版机构近几十年来对西方学术成果的介绍和出版一直抱有极大的热情，西方一些重要的学术思想和成果几乎都有中文翻译介绍，并且中国每年都会公费派出大量的留学生出国向西方汉学"取经"，同时也会请一些最具影响力的海外汉学家来华讲学、任职，甚至担任学术机构的负责人。[1]这样开放性的姿态、高成本的投入，显然不能被称为"应酬"式的。

关于西方学者所提倡的国际化与文明比较的研究方法，实际上中国学者在中国古代文明研究中也一直在付出努力。比如饱受西方学者质疑的李学勤，其实早在1991年就出版了《比较考古学随笔》一书，

---

[1] 如柯马丁先生本人即担任中国人民大学古代文本文化国际研究中心主任。

特别强调各古代文明之间的比较研究。[1]在后来的几次访谈中，李先生还把古代文明的比较研究称作自己"这辈子想做而没有做到的事"，他说：

> 有没有可能把中国古代直接和外国古代做一个比较性的研究？可是，你知道做这个工作是非常难的，首先要对中国古代有充分的了解，其次对外国古代文明，至少外国的一两种古代文明，也得有同样深厚的基础。这个难度太大了，因为要学若干种外国语言。……我们希望有一个人，能够做到两个方面，或者三个方面，最理想的是能研究古希腊罗马，再研究古代埃及，再研究古代中国，而这三个方面都做到的话，有一个前提，就是至少要会两到三门现代语言，再会这三个文明的语言。那时候我真想向这方面去做，这是我的一个梦想。如果没有"文化大革命"，也许我至少能够做到一部分。并不是完全做不到。[2]

实际上，非但李学勤没有做到，绝大多数西方学者也没有真正做到。我们提倡的文明互鉴，其前提至少是对两方面都有深刻了解。如果以中国古代文明为基准，那就要像李先生所说的"首先要对中国古代有充分的了解，其次对外国古代文明，至少外国的一两种古代文明，也得有同样深厚的基础"。而这种要求，无论是对中国学者还是外国学者而言，都实在太难了。没有精到的理解便不敢轻言妄断，中国学者出于谨慎态度的"拱而不言"，似乎不应该成为被批评的焦点。

形成鲜明对比的是，正如柯马丁所承认的，西方学者其实无法对

---

[1] 陈民镇：《比较视野中的中国古代文明——李学勤先生与比较考古学研究》，《中国文化》第49期。
[2] 李学勤：《"这辈子想做而没有做到的事"》，《书城》2008年1月。

中国最优秀的文本有丰富的直觉性理解。特别是近年出土的以战国楚文字书写的简帛文献，对于西方学者来说有着天然的阅读障碍。与甲骨文、金文等与后世文字有直接传承关系的古文字不同，楚文字释读的难度要远远高于前者。如果说西方学界对甲骨文、金文的研究还曾有一定的贡献，但对于战国文字，除了夏含夷、顾史考等少数学者外，阅读都非常困难，更不用说考释与研究了。正是由于研究与利用简帛文献的门槛非常之高，西方学者对中国学者这方面的最新研究成果的关注与吸收也是很不够的。

在对中国古代文明的学术研究中，西方学者既无法像中国学者那样通过"近观"来充分认识早期文本，也无法感同身受地理解中华文明连续性形成的发展特点；仅凭生搬硬套西方学术理论去"以西框中"，显然无法解决相关研究中的具体问题。比如西方学界通过对《荷马史诗》《新约》、马尔加什语言决斗、南斯拉夫民谣及古英语诗歌等的研究，得出早期文献具有口述性的特点。一些西方学者尝试用这种理论框架去解释中国的文学传统，并据此主张口传性在《诗经》的创作和传授过程中占据主导地位，而书写没有起到多少作用。这种研究路径，就是西方学界罔顾中国早期文献以书写为主流传统的客观事实，而以他们认为具有普世性的口述文学的相关理论让中国古典文学研究"削足适履"的典型例证。最近出土的几种《诗经》以及与《诗经》有关的早期写本中，都出现了所谓《诗经》口传为主的明确反证，但是他们或是由于不了解中国的学术前沿而没有充分"互鉴"，或是注意到了但不愿意承认，因而目前上述认识在西方学界依然占据主流。[1]

正是由于对材料的认识水平、解读能力的不足以及对自己建构的理论普世性的笃信，一些西方学者从相同或相近的材料中得出了与中

---

[1] 西方学者中只有夏含夷先生反对这种看法，参见夏含夷：《出土文献与〈诗经〉口头和书写性质问题的争议》，《文史哲》2020年第2期。

国学术界大相径庭的学术观点。面对这种境地，西方学者习惯通过质疑中国学者的科学精神，批评他们所得出的结论是基于本土主义政治立场来伸张自己研究的正义性。需要承认的是，新中国成立之初在"以阶级论为纲"的影响下，中国学者确实在材料不足的情况下说过一些夸大的、不恰当的话。但是近几十年来的中国传统学术研究，早就摆脱了这种局限，所得出的结论基本上都是从客观事实出发做出的科学判断。在现代科学精神已经全面普及的今天，脱离事实依据的空喊口号，在中国学术界同样会沦为笑柄。[1]

如果摘掉"有色眼镜"去审视现在的中国古代文明研究，就会发现其中西方学者所反对的很多关于中国古代文明的基本认识，都是中国学者基于新史料所做出的事实判断。即便是因主导"夏商周断代工程"而被西方学界认为与中国政府过从甚密的李学勤，柯马丁也不得不承认他所提出的"走出疑古时代"的主张，"并未简单地称许任何有关早期中国的'事实'"。如果一个学者不能以实事求是的精神看待学术问题，那么他无论是在中国还是西方的学术界，都是无法站住脚的。

近年来，中国的人文社会科学——特别是人文学界，已经开始对照搬和原封移植西方学术方法与理论带来的"副作用"开展更深入的反思。相关学科的发展阶段，也已经由从无到有的建设，转向为对未来发展方向与道路的调整。如何在吸收西方学术营养的同时摆脱其局限，立足于中国历史和文化发展的实际，在学术研究中体现中国特色，是当下中国人文学者在推进学术转型时重点思考的问题。关于中国人文学术应该如何与西学对话，也已经有不少学者进行了充分的讨论。实际上，正如前文所述，由于90年代以来简帛文献的大量发现吸引了绝大多数学者的注意力，对于有着悠久历史传统的中国人文学术而言，

---

[1] 比如现在确实有一部分鼓吹"西方伪史论"的人，但从没有学者认为他们是从科学实际出发的。

近几十年来中学与西学的碰撞从来就不是学术的主流。与其他学科相比，中国人文学术的研究较早地展开了对20世纪初学术转型中西学不当束缚的剥离工作，率先走出了一条独特的发展道路。

整体而言，坚持传统人文学术研究的基本方法，适当吸收现代西方学术中的有益养分，理所应当也确实是当下中国人文学术发展的基本模式。30年来，中国的古代文明研究者就是沿着这样一条发展道路努力奋进。再加上简帛文献等新材料不断发现的推进作用，中国当代人文学术已经重新回到学术舞台的中央。

最近的十年来，以出土文献与简帛古书为中心的中国人文学术研究越来越受到国家与社会的高度重视。国家"2011计划""冷门绝学项目""古文字与中华文明传承发展工程"对学术研究以及"强基计划"对人才培养等方面的直接支持，又进一步推进了相关学科的繁荣。新时期在构建体现中国特色、中国风格、中国气派的哲学社会科学体系的过程中，中国古代文明研究始终走在最前列。以简帛文献为基础的中国传统人文学术的研究，始终以中国为学术中心，受西方影响较小，并且具有较强的文化向心力作用，理所应当成为构建中国学派的楷模与代表。

第四章

文学研究 上
中国文学研究

作为清末维新变法的产物，1902年颁布的《钦定京师大学堂章程》、1903年颁布的《奏定学堂章程》初步确立了现代学术体制的新学制，从"四部之学"转向"七科之学"，囊括了中国文学与各国文学的"文学科"成为与政治、格致、工科、医科等并列的"七科"之一。历经从清末到民初的数次变更，至1919年北京大学"废门改系"，"中文"再从"七科"之一的"文学科"中独立出来，成为专门研究中国语言文学的现代学科。整个民国时期，大学中文系均以古典文学研究为骨干，继承经史研究传统而偏集部之学，从传统"小学"、考据学、音韵学发展而来的文字学、语言学亦占相当比重。不过，五四新文化运动之后，西方现代"文学"观念和学术方法的影响日益明显，以历史方法和现代眼光研究古代之诗、文、戏曲、小说、俗文学等渐成趋势，是为"中国文学研究的现代转型"。20世纪30年代之后，方兴未艾的新文学也开始进入大学教育和文学研究领域。

新中国成立后，参照苏联体制建立起中国文学的教学研究体系，确立了以文学、语言、古典文献学为基本专业架构的学科体系。1952年起新学制开始实施，随着院系调整，将原有44所大学中的文科合并到14所综合大学中，同时在高等师范学校（1952年有33所，至1957年发展到58所）中普遍设立"中国语言和文学"专业。至1981年，高等师范学校中的"汉语言文学"专业点已达181个，"中国少数民族语言文学"专业点11个。在"中国语言和文学"下属各专业中，"文艺学"（文学理论）一度占据了思想指导地位，而参照历史发展阶段论划分出来的古代文学史、近代文学史、现代文学史（稍后独立出当代文学史）成为中文系教学研究的主干课程。为配合"人民文艺"主潮，以研究口头文学、俗文学为主的民间文学在五六十年代曾占有重要位置。而理论语言学、古代汉语、现代汉语构成了语言学专业的基本框架。配合古籍整理而设立的古典文献专业则延续了版本、目录、考据等古典学术传统。随着1958年"大跃进"时"厚今薄古"的提出，文学研究趋于"古为今用"，对现代文学的研究以及对当代文学的批评越发受到重视。从中国科学院文学研究所主办的两份权威刊物《文学评论》《文学遗产》就能看出当年以"评论"带"研究"和清理"遗产"的基本倾向。在20世纪50年代建立的科学院体制中，文史哲均隶属"哲学社会科学学部"（1953年成立"文学研究所"，1964年分立出"外国文学研究所"，1979年再分立出"少数民族文学研究所"；1977年，"哲学社会科学学部"从中国科学院中独立出来成立了"中国社会科学院"）。用"哲学社会科学"取代"人文社会科学"，显示出要将人文研究置于"马克思主义科学思想"的支配下。

经历"文革"停滞期后，"新时期"的文学研究迎来了一个从复苏向高潮发展的过程。整个80年代是文学创作异常繁荣并产生广泛社会影响的时代，文学起着引领思想解放的作用，于"新启蒙"运动中扮演了关键角色。在整体的"文学热"的带动下，加上学术思想领域的"拨乱反正"，80年代的文学研究在方法、理论上不断寻求突破：一方面是纠正"厚今薄古"带来的政治功利主义研究倾向，强调"论从史出"，恢复历史本来面目和研究的客观性、科学性；另一方面是新命题、新方法、新理论的不断引进和提出。经过80年代的集中译介，从传统的人文主义、人道主义，到经典马克思主义、现象学、阐释学、存在主义，再到二战后兴起的形式主义、结构主义、后结构主义，各种思潮均引入文学研究学界,并快速得到消化、吸收,产生出有新意和冲击力的研究。一些新的专业方向在其间应运而生,像"比较文学与世界文学"学科的建立就与彼时的"方法热"以及与海外学界的交流、互动密切相关。同时,80年代也是高等教育和科研机构高速发展的时期。由于"文革"十年大学基本停招,社会对大学生、研究生有强烈需求。从1980年到1989年,在校大学生和毕业生人数扩大了4倍多。至1992年,普通高校汉语言文学专业教师人数已达15443人,有高级职称者4710人。对学术研究影响尤为直接的是高校恢复了正规学位授予制度,建立起本科、硕士研究生、博士研究生三级培养制度。首批文学专业共设立了42个博士点(导师48人),32个硕士点(导师248人)。到1992年,文学专业在校研究生达到了4457人(当年博士毕业生45人,硕士毕业生70人)。[1]其中很多毕业生成为专业研究人员和高校教师。此外,新时期之后为促进学术交流而组建的全国性学术团体纷纷成立,诸如全国马列文艺论著研究会(1978)、中国现代文学研究会(1979)、中国当代文学研究会(1979)、中国文艺理论学会(1979)、中国古代文学理论学会(1979)、中国外国文学学会(1980)、中国比较文学学会(1985)、中国近代文学学会(1988)以及一些专门学会,像中国鲁迅研究学会(1979)、中国《红楼梦》学会(1980)、中国唐代文学学会(1982)等。专业学术期刊数量、质量亦随之快速增长。

进入90年代后,首先在社会科学领域提出的"学术自主性"和"学术规范化"命题以及相关讨论对文学研究产生着潜在影响,它有助于学界摆脱80年代过于配合现实所形成的急迫心态和空疏学风,令文学研究的"自律性"和专业化进一步增强。同时,在80年代,作为国家和社会整体追求目标的"现代化"一度成为理解、衡量"现代"的

---

[1] 国家教育委员会计划建设司编:《中国教育事业统计年鉴(1992)》,人民教育出版社,1993年。

标准，构成文学研究中的"现代追求"范式。而随着90年代"后现代主义"的引入以及"反思现代性"命题的提出，"现代性"从追求目标变成了一系列内含矛盾张力关系的问题构造，文学经验中蕴含的复杂的现代性体验、表达成为文学研究要去正面处理、剖析的问题。随着研究自主性、自律性的加强，问题意识、研究方法的更新越来越产生自各人文学科、社会科学间的相互借鉴、启发，打破人文学科界限的跨学科意识和努力成为学界共识。文学史研究中的历史化倾向和社会科学化倾向尤为突出，而文艺学、文学理论研究则与哲学、美学、批判理论、文化研究构成连通关系。其中，"文化研究"的兴起极大地拓展了"文学经验"的范畴，它突破了"审美现代性"的藩篱，使文学–文化批判与研究可以延伸到广泛的、多层次的当代文化现象和历史经验中。原本偏于文本研究的民间文学研究则逐渐转变成与社会学、人类学相通的，结合田野考察和文化分析的"民俗学"，其一度边缘化社会影响力由于保护非物质文化遗产工程的展开而得以扭转，焕发出新的活力。与此同时，国家层面对社会、文化多样性的重视和保存、发展意识也推动了少数民族文学研究的新变。此外，90年代初源于民间学术机构的"国学热"日后演化为国家层面对传统文化的重视和强调，极大地推动了对古籍的系统整理、出版以及对传统典籍、经典文学的研究和普及教育。

1999年起，中国大学开始了十余年的"扩招"。1999年全国高校招生人数从前一年的108万人跃升至159万人，至2009年达到了629万人的高峰。与此同时，教育部提出"创建世界一流大学"的构想（1999）并开始实施"211工程"建设（1995）。在此政策指导下，大学、学院纷纷扩大规模，50年代苏式体制下建立的理工科院校通过合并、扩大升级为综合性大学，令恢复、新办文科形成一时热潮。在此高等教育急剧扩张的态势下，文学研究的队伍、空间得到大规模拓展。1999年普通高等学校语言文学专业教师人数为74725人（有正高职称者4632人），至2016年，教师人数已增长三倍以上：在校语言文学专业教师224460人（包括外语专业128865人），具有正高职称者17853人（外语专业7358人）。而学生人数甚至扩大了近十倍，1999年普通高校文学专业在校研究生11662人，到2016年，文学专业在校研究生已达95309人（博士11399人，硕士83910人）。[1]在高校规模不断扩张的基础上，如何扭转以往人才培养过早专业化、技术化的惯性，实现学科融合，养成"通才"，尤其是有深厚人文素养、正确价值观念的"通才"成为高等教育实现质变的关键。因此，2010年左右，"通识教育""博雅教育"理念引入后很快在许多大学落地开花。"通识课程"的推广使高校的文学教学不再限于中文系范畴或仅承担"大学语文"之类基础课程，而是整合进整体的人文经典教育。而近年在一流高校设立的"博雅学院""书院"以及"人文社会科学学院""人文高等研究院"等机构意在搭建更高端的人文社会科学的融合机制与交流平台，试图激发、产生更具原创性的人文社会科学研究。文学研究不仅在其中占据重要位置，更能借助这样的交流与融合焕发出新的活力和创造性。此外，2018年之后，基于推动"新科技革命与文科的融合化发展"与"要面向高校所有的学生进行人文教育以及面向社会、面向全民进行基础教育"而提出的"新文科"建设，促使文学研究不可避免地要直面新技术与更广泛社会需求的挑战。近年，网络文学研究的日益兴盛，数字人文无论在古典文学领域还是在现当代文学领域得到的广泛应用，以及专家学者深度介入基础教育和社会教育领域的文学普及，都可以看作回应新挑战的努力。

（程凯，中国社会科学院文学研究所研究员）

---

[1] 参见教育部发展规划司：《中国教育统计年鉴（1999）》（人民教育出版社，2000年）、《中国教育统计年鉴（2016）》（中国统计出版社，2017年）。

第一节　古典文学研究

刘跃进[*]

改革开放四十年来，中国古典文学研究在经典中寻找方向，在传统中汲取力量，在创新中积累经验，在回归中实现超越。

20世纪80年代，古典文学研究逐渐走出政治化倾向，回归文学本位。80年代初期，人们刚刚摆脱机械僵化的庸俗社会学研究方法的束缚，不断地探索和吸收新的思想，艺术分析成为一时热点。80年代中后期，新方法论和文学史讨论催生了一大批文学史著作，并推动中国文学史学科的建立。90年代曾有一段相对沉寂的过渡时期。20与21世纪之交，古典文学研究界呈现"回归文献、超越传统"的发展态势。

一　改革开放以来的中国古典文学研究

改革开放以来，中国古典文学研究出现了前所未有的活跃局面；其表现是研究队伍空前扩大，学术梯队已经形成，学术研究后继有人。

从新时期开始到20世纪80年代初期，老一代学者与"文革"前大学毕业的第二代学者是学术界的核心力量。当时的学术界百废待兴，处于严重的青黄不接状态。为了改变这种状况，中国古典文学研究界在短时间内整理并重新出版了一大批文学名著和学术著作，填补了一段研究空白。中国社会科学院文学研究所主编的三卷本《中国文学史》、游国恩等编写的四卷本《中国文学史》、北京大学中文系编著

---

[*] 刘跃进，中国社会科学院文学研究所研究员。

的文学史参考资料以及一些学术专著的出版在当时起到了承前启后的重要作用。钱锺书《管锥编》的问世，则把新时期中国古典文学研究推向了新的高度。新时期古典文学研究队伍中，还有一股令人钦佩的中坚力量。他们大都就学于五六十年代，经历了较多的政治磨难，背负着沉重的学术重任。这代学者起到了承前启后的桥梁作用，如项楚《敦煌文学丛考》、罗宗强《隋唐五代文学思想史》等著作，或开辟了某些研究领域，或创立了某种研究方法。

20世纪80年代中后期，以七八、七九级硕士研究生为中坚的学者群体逐渐成为业务骨干。在老一辈学者严格而又卓有成效的培养和指导下，第三代学人迅速成长，如葛晓音、李剑国、杨义等不满足于过去的研究方法，开始探索自己的学术道路。后来的文学史观和文学史宏观研究大讨论，正是这种时代思潮的必然要求；它反映了学术界的后来者渴望超越前代的强烈呼声。

20世纪80年代末到90年代初，恢复高考后几批考入大学的第四代学人经过近十年的磨炼，开始登上学术论坛。他们大都具有博士学位，既注意吸收前辈学者谨严博赡的长处，又能充分利用自己的优势，拓宽视野，借鉴国内外的优秀研究成果，将研究建立在扎实的基础之上。已经出版的博士论文如刘跃进的《永明文学研究》、蒋寅的《大历诗风》、郭英德的《明清传奇研究》等，已经不限于一般的评价或作翻案文章，而是对各个专题做了比较深入的探讨。

与之相应，综合性与专业化的文学研究学会为学者之间的交流和研究成果的传播提供了良好平台。这些学会，有综合性的，如中华文学史料学学会；有按照文体设立的，如中国词学研究会；有按照时代设立的，如中国唐代文学学会；有按照地区设立的，如中国世界华文文学学会；也有以作家名义设立的，如中国杜甫研究学会；还有以专书名义设立的，如中国《文选》学研究会、中国《红楼梦》学会等。

经过四代学者的共同努力，中国古典文学研究的深度和广度都有了新的拓展。主要表现在以下两个方面：

第一，随着新材料的发现或新方法的运用，传统的研究课题呈现复兴的态势。这在"《文选》学"研究上表现较为明显。唐宋盛行的"《文选》学"，在"五四"时期曾作为"妖孽"被打翻在地。1949年到1978年，中国大陆《文选》学方面发表的研究论文不足十篇。而1988年、1992年、1995年召开的前三届《昭明文选》国际学术研讨会每次都汇集了七八十位学者。这种复兴的趋势与海内外不时发现的新的版本资料有关，比如陈八郎本五臣注、韩国奎章阁本等。大量的出土文献也为古典文学研究提供了更为丰富的材料。如汤炳正、刘信芳先生根据新近发掘的楚简，考察楚国的卜筮风尚、程序、用具及方法，其《楚辞》学研究具有较广的学术视野和较高的学术品位。

第二，开拓新的研究领域。首先是敦煌文学研究。1982年，甘肃召开了敦煌文学研究座谈会。1983年，中国敦煌吐鲁番学会成立。此后创办了《敦煌研究》《敦煌学辑刊》等刊物，又出版了多种相关论文集及资料集。其次是对北朝文学的系统研究。曹道衡和沈玉成先生的《南北朝文学史》将十六国及其后的北方文学分为不同的发展阶段，进行纵横比较，厘定了北朝文学研究的基本格局。最后是清代文学研究。以苏州大学钱仲联先生为核心的一大批学者，进行了大量的资料整理工作。清代小说戏曲研究异常活跃，产生了许多拓荒之作，其中以《红楼梦》研究为翘楚，而《古本小说丛刊》的出版更是在海内外产生了广泛而深远的影响。

二　中国古典文学研究的实现发展趋势

1. 回归经典的历史趋势

在文学日益边缘化、经典日益消解的时代，学术界的主流仍然承认经典的存在，认为经典具有永恒价值和普遍性。因此，在历史还原、多元解读，尤其是审美分析等方面，经典重读具有广袤的空间。回归经典，就是回归到中华优秀传统文化经典上来，重新认识和评估它们的价值，不断阐释中华传统文化特质，弘扬中华民族的美学精神。

首先，在具体研究中，学界往往只关注作家的精神创造，而忽略其背后的经济因素。进入21世纪，中国社会科学院文学研究所主办的《文学评论》《文学遗产》与高校科研单位联合举办多场研讨会，集中讨论中国传统经济生活与文学创作的关系，逐渐改变过去那种脱离物质生活实际去研究文学的空疏弊端。其次，研究历史和文学不能脱离特定的时间与空间。文学编年研究、文学地理研究、作家精神史研究、作家物质生活研究等，注意将历史事件、历史人物放到特定的时空中加以还原，其实质就是走进历史人物与文学人物的内心世界。再次，阶级与阶层是关于经典作家反复讨论的问题。研究文学，需要注意文学中所反映的这种阶级和阶层的变化及其文学诉求，特别是要关注平民文学，打破长期以来文学史只关注精英文化的禁锢，开创文学研究的新局面。最近四十多年，《神乌赋》、田章简牍等出土文献极大地丰富了中国文学史的内容。

2. 中华文学的观念构建

长期以来，中国古典文学史研究多以汉民族文学为主体，很大程度上忽略了中国多民族文学发展的实际。即便是汉民族文学史，整个框架也主要是借助西方观念构建起来的，与传统中国文学多有脱节。

文学史不仅要打通古今，包含各种文体，更要展现中华多民族文学的辉煌。改革开放以后，中国社会科学院文学研究所完成了《中华民间文学史》《中国文学通史》等著作，并与民族文学研究所合编《中华文学通史》，首次将古代、现代、当代文学以及历代多民族文学放在一起加以考察，初步实现了很多学者希望的在文学史中将古今打通、多种文体打通、多民族文学打通的"三通"。

经过长期探索，学术界适时地提出"中华文学"概念，并不断地丰富其内涵。"中华文学"不仅仅是横向意义上的中华多民族文学的简单整合，也不仅仅是中国大陆、台港澳文学和海外华文文学的加总，更重要的是一个建立在大中华文学史观基础上的相对独立的学科体系、学术体系和话语体系。这既是现实的实践问题，也是深邃的理论问题。

一、努力回归中国文学本原。中国文学长期在相对独立的空间里，自我革新、缓慢发展。随着科举制度的废除和新文化运动的兴起，建设新文化、摧毁旧传统成为宗旨；传统文学研究日渐式微，被迫走上革故鼎新的征程。然而，回顾一百多年来中国文学研究的历史，我们不得不遗憾地指出，古典文学研究与中国文学史的实际还有很大距离。其中一个重要原因，就是依托西方语言哲学建构起来的理论主张，很难涵盖中国文学史的全貌，也很难用来解释复杂多变的中国文学现象。近年来，文体学、文献学研究成为学术界的热点，说明我们都意识到以往研究的偏颇，都希望文学史研究更贴近中国文学实际，回归中国文学本原，建构中国文体学和叙事学的理论体系。

二、全面展现中华文学风貌。中华各民族文学经典，是中国文学重要组成部分，理应是中国语言文学系研究的对象。《福乐智慧》《蒙古秘史》，以及中国少数民族三大史诗《格萨尔王传》《江格尔》《玛纳斯》等，至今还流传在少数民族聚居地区。它们的影响早已超越国界，是中华民族文化的骄傲。科学认识并研究中华文化多元一体的本质，重新认识各民族文学在推进中华文化历史形成中的重要作用，需要系统深入地清理史料，准确描述在历史的不同时期，中华各民族文学汇聚、融通的历史过程，再现中华文学的整体风貌。

三、以文化天下的启示。近百年来，我们更多地注意到近代中国接受外来文化的影响，而忽略了中华优秀传统文化对周边国家和地区的浸润，以及对世界文明的贡献。中华文学不仅滋育了华夏儿女，而且对周边国家乃至欧美也产生过重要影响，在世界文明宝库中占据重要位置。近年，一些高校成立了海外汉籍研究所，文化部还组织全球汉籍合璧工程，全方位地收集整理流失海外的中国古籍。

同时，文学是最好的传播媒介，可以让更多的人深入了解中国传统文化的精髓所在，让更多的人深入理解现代中国核心价值观的意义所在，这有助于中国真正在世界范围确立文化大国的形象。

3. 文献整理的时代特色

随着国家经济实力的增强，加之电子化时代的来临，学界得以大规模地收集、影印乃至深度整理海内外古籍。40多年来，以中华书局和上海古籍出版社为龙头，大型的文学总集、工具书及资料汇编得到系统整理出版，为中国古典文学研究提供了丰富全面的资料，极大地推动了中国古典文学研究的深入发展。

纵观中国的学术发展，文献整理主要有三种形式：第一种是相对单纯的注释、疏通，譬如东汉郑玄遍注群经；第二种是系统的资料汇总，大多带有集成特点，如《昭明文选》六臣注、清人校订十三经；第三种是疏解古籍大意，具有思想史价值，如魏晋时期的王弼《周易注》、郭象《庄子注》等。上述三种文献整理形式并无高低薄厚之分，也没有孰轻孰重之别。没有单纯的字词的训释，没有典章制度、历史地理、历代职官的解说，所谓的集注和义理阐发也就无从说起。所以，单纯的文字注释，依然是最重要的文献整理形式。

当然，一个时代自有一个时代的学术。现在最鲜明的特色就是大规模的古籍影印整理。40多年来，出土文献、域外文献以及电子文献，为传统文献学平添了许多新的内容，最能体现文献整理的时代特色。

4. 理论研究的强势回归

研究文献学不是目的，而只是一种方法，一条途径。文学史是一座大厦，需要材料的支撑，更需要整体设计。只有这样，原本枯燥乏味的原材料才能焕发出有血有肉的生命活力。这就需要理论的跟进。[1]

---

[1] 参见柯林武德著：《历史的观念》，何兆武、张文杰译，中国社会科学出版社，1986年，第23页。

中国文学研究的历史实践告诉我们，推动文学研究事业的进步，学术观念的更新才是根本。

我们曾有过片面追求观念更新、理论先行的教训，借用苏联或西方的现成观念来阐释我们的研究对象。当迷雾散去，放之四海而皆准的理论渐行渐远。面对纷繁复杂的变化，中国古典文学研究界似乎没有做好足够的思想准备，迷失了方向，或加入大众狂欢之中，解构经典，颠覆传统，或转向传统文献学，潜心材料，追求厚重。客观地说，古典文学研究回归文献学，强调具体问题的实证性研究，比那些言不及义的空洞议论更有价值。但不可否认，这种回归也隐含着某种危机，长此以往，必将弱化我们对于理论探寻的兴趣，最终会阻碍中国文学研究的重大突破。

当文学研究徘徊不前时，回归经典便成为学术界的自觉选择。当然，时代在发展，传统的经典理论也应与时俱进。记忆文化、口述历史、写本抄本，学者们都在通过前述不同的途径努力接近历史真相。尼采说，世界上没有真相，只有对真相的解释。实事求是，对具体材料做具体分析，是未来中国古典文学研究进一步发展的方向。但原创性的理论工作日益迫切。

5. 国际交流日益频繁

与国际学术接轨，已成为学术界的强烈呼声。把中国古典文学及古代文学研究成果推向海外，把国外的优秀成果吸收进来，已日益得到广大学者的重视。

《文学遗产》杂志在这方面做了较多的工作。该刊不仅积极组织刊发大量具有原创性的学术论文，深度挖掘中国传统文学历久弥新的丰富底蕴，还努力拓宽学术研究的视野，时刻注意介绍海外研究信息及有关资料。在此基础上，有意识地组织发表一批海外学者的论文，譬如清水凯夫《〈诗品〉是以滋味说为中心吗？》、竹田晃《以中国小说史的眼光读汉赋》等。前者对中国大陆学术界普遍存在的问题提出尖锐的批评；后者变换研究视角，从虚构文学的角度评价汉赋的历史作用。同时，刊发了一些利用海外各种文献资料撰写的论文，取得了很好的效果。近年，该刊开辟"海外学者访谈"专栏，对术有专攻的海外学者进行专访，不仅介绍某一学者的成就，更重要的是通过专访介绍海外最新的研究趋势，比如1997年刊发的对于美国梅祖麟教授的专访。

而在出版界，以上海古籍出版社为代表，出版了"海外汉学丛书"。倪豪士编的《美国学者论唐代文学》、小尾郊一的《中国文学中所表现的自然与自然观——以魏晋南北朝文学为中心》、高友工和梅祖麟的《唐诗的魅力——诗语的结构主义批评》、宇文所安的《追忆：中国古典文学中的往事再现》等，都在中国学术界产生了较大的影响。凡此种种，有效沟通了中外学术信息，强化了中外学术交流。

三 不容忽视的问题

中国古典文学有着悠久而又辉煌的历史，历代的研究者也为此倾注了无数的心血。纵观中国学术发展史，凡是做出重要成就的学者，无不具有一种通识素养。他们既不拘泥成说，故步自封，又不孤立地偏信某些材料而漠视对文学史实的全面考察；既不忽略对具体作品的细致辨析，又不脱离对某一时期文化背景的深刻认识。应当承认，他们所走过的学术道路，至今仍然有着不可替代的启迪意义，那就是如何继承前人的优秀成果，而又能在新的历史条件下给予不断的发展和创新。

在这些问题上，我们的古典文学研究界往往容易出现偏差。问题比较集中地表现为两个极端的倾向：一是忽视学术积累的意义，在膨胀的架构下凭空高论。在方法论盛行的80年代，这类文章充斥于各大刊物。现在，时髦的话题是儒、释、道与中国传统文化，或通论儒家的文学思想，或纵论道家美学思想与中国文化。论题过大，篇幅又过小，解决办法就只能是天马行空。所得结论往往适用于任何一代的文学现象，又不能解决任何实际问题。二是钻牛角尖，往往得出偏颇的结论。许多文章纠缠于一些很难说得清的问题，就像从圆心射向两个不同方向的直线，分歧越来越大。仅就某一点而言，似乎有一得之见。但是，倘若通盘考察，就不是那么回事了。根据一二条孤证来推论字义，这在训诂学上叫望文生义。同样，在文学史研究上，这种望文生义的现象也比较普遍。这些问题，反映了我们的古典文学研究界依然存在比较严重的浮躁情绪。急功近利，不利于古典文学研究的健康发展。

第二节　现当代文学研究

程　凯　何吉贤[*]

现代文学研究

中国现代文学研究传统上指研究1919年五四运动到1949年中华人民共和国成立这30年间"新文学"历史的学科。其学科建制始于20世纪50年代，一开始就不是生成于纯粹的学术领域，而是置身于革命运动和国家意识形态建设双重决定的文化政治场域。新中国成立后前30年对现代文学的阐释固然带着鲜明的政治功利主义色彩，但它保留甚至强化了文学与政治之间的张力关系，同时奠定了现代文学研究在文学学科中的核心地位以及广泛的社会影响力。自50年代起，中国现代文学史成为所有高校中文系的核心课程，其地位的上升打破了中文系传统上以古典文学为骨干的架构，并培养了庞大的研究队伍。

20世纪80年代以来，基于对政治功利主义的反拨，现代文学研究首先提出恢复文学史研究的"历史品格"，倡导"论从史出"，打造现代文学研究的"科学性"。但"科学性"的强调并未削弱现代文学研究参与80年代"思想解放运动"的能量。80年代的思想解放以回到五四运动这一现代思想解放运动的原点，以重建启蒙立场、"重估一切价值"为理想。因此，"五四"精神的理解、阐发，抗战时期国统区民

---

[*] 程凯，中国社会科学院文学研究所研究员，"现代文学研究"部分执笔人。何吉贤，中国社会科学院文学研究所《文学评论》编审，"当代文学研究"部分执笔人。

主主义运动的挖掘等成为研究热点。在"科学的春天"的激励下，高等教育体系和人文社科研究体系得以重建，尤其是研究生培养的恢复，产生了"文革"后的第一批研究生。一时间，现代文学的四代研究者"同场竞技"[1]，迎来了学术高峰。

研究框架的更新，首先在于突破革命阶段论色彩浓重的"新民主主义论"对现代文学史架构的规定，以及基于政治立场划分"主流""支流""逆流"所形成的评价和排斥机制。为此，"20世纪中国文学"[2]"新文学的整体观"等命题被陆续提出，让现代文学史从以革命史为依托的基点转移到文学的基点。这一新基点连带的关联域，就内而言是主体性、自我，就外而言是"世界文学""世纪文学"。比较文学、影响研究等随之成为新的突破方向。80年代的文学固然试图摆脱政治的干预，寻求自主性，但配合同时期的"民主化"浪潮，其内在仍保持着高度政治化的动能。于是，拒绝政治成为一种深具政治挑战性的姿态。在80年代末引起广泛影响的"重写文学史"浪潮就充满这一悖论。"重写文学史"最引人瞩目的部分是"冲击那些已成定论的文学史结论"，其实主要是冲击以往被树为"主流"的革命文学、左翼文学、社会主义文艺实践。然而，它挑战的姿态是高扬文学的自主性、独立价值、审美特性，由此构造的文学与政治的对立模式在试图排斥政治因素时也把文学"提纯"、窄化了。

当80年代随着一场政治动荡画上句号之后，似乎"文学的时代"

---

[1] 1988年10月于北京召开的"现代文学研究创新座谈会"上曾区分四代研究者：新中国成立初期学科初建时的前辈学者为第一代，五六十年代大学毕业者为第二代，"文革"后培养的前几批研究生为第三代，八十年代之后毕业的博士生为第四代。(《现代文学研究的困惑与出路（笔谈）：怎样重写"文学"史》,《北方论丛》1989年第2期)

[2] "20世纪中国文学"为黄子平、钱理群、陈平原在1986年提出的研究构想，意在打通文学史研究中"近代""现代""当代"的分割，将"20世纪中国文学"作为一个整体加以把握。其概括"20世纪中国文学"的几个特征为："世界文学"的总体视野，改造民族灵魂的启蒙立场，以"悲凉"为核心的美学特征，语言及思维方式的现代化。

也远去了，接踵而至的是"文学的危机"。经历了八九十年代之交失重状态的知识分子希望知识领域能够成为坚守"人文精神、终极关怀、价值理性"的堡垒。现代文学研究在90年代初虽然曾遭受精神迷惘、人文研究地位滑落、人员流失的冲击，可80年代累积下来的"创新"能量在学院派研究中仍持续发挥着效能。樊骏先生于1994年代表中国现代文学研究会所作的著名报告《我们的学科：已经不再年轻，正在走向成熟》，系统总结了新时期以来现代文学研究取得的成绩。其中提到，这个学科每年出版数十种专著，发表论文千篇上下，历年累计总数已达数百种著作，万余篇论文，仅鲁迅研究专著即有三百余种，论文六千余篇，各种类型的现代文学史著作总数已达一百六七十部。这个研究体量远超任何其他有关现代中国的研究领域。[1]

20世纪90年代之后现代文学研究的"问题意识"越来越被学科本身的逻辑所决定，诸如学科范围的延展，新理论新方法的运用，作家作品的重估与发掘，国外研究成果的译介，史料的发现、考证等，不断激发着新的学术增长点。90年代学术界瞩目的议题很多来自现代思想学术的问题脉络，同时又是此时国家、社会转型所要面对的问题。比如，"公共性""公共空间""有机知识分子"等问题的引入就激发了现代文学研究界关于杂志、报纸、舆论场、印刷出版、书店、学校教育、城市空间的诸多研究，使现代文学研究跨出了作品文本、文学现象的框架，进入文学生产机制的层面。这类研究无形中呼应着90年代大众传媒、公共媒体、出版业蓬勃兴起的现实趋势，造成了现代文学与公共舆论新的连接方式，使在文学研究领域形成的热点能迅速通过出版、传媒转化成公共产品。同时，在八九十年代文化论风气影响下，

---

[1] 樊骏：《我们的学科：已经不再年轻，正在走向成熟》，《中国现代文学论集》，人民文学出版社，2006年，第484页。

研究者进一步将文学视为内含多重意义并相互交织的文化载体，致力于发掘文学中的女性意识、宗教情怀、地域色彩等。尤其是对女性作家的研究，既延续着革命史视角中对妇女解放运动的重视，又连带着女性主义在新时期之后的"浮出历史地表"。

除了引自社会科学视野的问题之外，更深层的反思来自对现代性的批判性思考。事实上，80年代末，随着对"五四"的深入理解，曾推动改革意识形态的现代化理想开始受到质疑。对"五四"思想革命中"态度同一性"的揭示、对鲁迅"历史中间物"意识的剖析逐渐触及中国现代性问题内在的复杂与矛盾。"现代"固然曾在历史上发挥着总体性目标的作用，但在追求它的过程中所生成的则是一系列内含矛盾性的构造。[1]"反思现代性"不是一个新的神话模式或总体性解释，它需要还原作为社会-文化方案的"现代"的理性分化过程，解析其背后的知识体系以及想象的实践路径。因此，"对现代性的反思首先是对现代性的知识体系的反思"[2]。这样一种知识话语反思在现代文学研究中催生出一系列围绕"科学""个人""国民性""进化""文学"等关键词及背后话语体系的追溯。这些梳理突破了"新文学"的传统研究范畴，注重溯源这些话语体系在近现代思想中的演变脉络，还原其"跨语际实践"[3]的路径。这轮研究中尤为得到重视的是现代主义的影响，使原先文学史中较被忽略甚至受到压抑的"审美现代性"的脉络充分凸显出来。此外，对现代性话语的批判性梳理也延伸出反思、检讨现代性"宏大叙事"的压抑、排斥机制，诸如"被压抑的现代性""没有晚清哪来五四"[4]等海外汉学命题起到了进一步颠覆正统文

---

[1] 汪晖：《我们如何成为"现代的"？》，《中国现代文学研究丛刊》1996年第1期。
[2] 汪晖：《韦伯与中国的现代性问题》，《学人》第6辑。
[3] 刘禾：《跨语际实践——文学，民族文化与被译介的现代性（中国，1900—1937）》，生活·读书·新知三联书店，2002年。
[4] 王德威：《想像中国的方法》，生活·读书·新知三联书店，1998年。

学史叙事的效果。这与90年代学术界对"后现代"思潮的热衷相互印证,使现代文学研究中原有的从正统、主流不断向边缘、非主流扩展的趋势得到理论、方法上的支持,以至于"中国现代文学研究"中的"中国""现代"这些核心概念都成了一种不稳定的、被不断质疑的存在。

在对"现代"的多元构成深化理解的同时,另一得到深耕的领域是"传统的创造性转化":在思想史研究领域,揭示"五四"知识分子激烈反传统主义背后的意识构造与中国思想传统的潜在关联[1];在文学研究领域,呈现西方显性影响与传统隐性影响共同作用的现象[2];在学术史领域,系统整理古典文学研究的现代起源和范式转化。这些工作都打破了传统与现代相对立的直观印象,把现代的"小传统"放在"大传统"之"断裂性延续"的辩证过程中加以把握,更有助于透视中国传统应对现代挑战时的内在逻辑。在文学研究中,对诸如浪漫主义、现实主义、颓废精神等不再单纯视之为舶来品,而注重其精神气质、思想取向与中国士大夫传统的潜在关联。此外,"文化保守主义"在20世纪90年代的抬头则直接带动了对"学衡派""新人文主义"等现代保守主义思潮的重审。

经历了20世纪八九十年代之交的社会转型,注重"文学性"和挖掘文学史内在规定性与规律的倾向越发明显。形式主义、结构主义、叙事学、符号学等方法被广泛应用于文本解读和文学史研究。小说研究中"叙事模式的转变"[3],诗歌研究中的语义学解读("现代解诗学"[4])等"内部研究"蔚为大观。但与此同时,一种结合了结构主义

---

[1] 林毓生:《中国意识的危机:"五四"时期激烈的反传统主义》,贵州人民出版社,1988年。
[2] 唐弢:《西方影响与民族风格——中国现代文学发展的一个轮廓》,《文艺研究》1982年第6期。
[3] 陈平原:《中国小说叙述模式的转变》,上海人民出版社,1988年。
[4] 孙玉石:《中国现代解诗学的理论与实践》,北京大学出版社,2007年。

方法和意识形态批判视野的"再解读"方法重新将政治视野拉入文学研究中，重点分析那些在"重写文学史"浪潮中被否定、弃置的革命文艺、社会主义文艺作品，包括"革命通俗文艺"。

2000年后的现代文学研究的驱动力愈发来自学院内部。随着现代文学研究的专业化程度和要求不断提高，研究队伍也空前扩大[1]，学院化的研究成果，尤其是硕博士论文在研究中所占比例持续增加。国家、研究机构、高校的科研管理日益正规化，各级政府机构主导的科研项目成为资助研究和间接引导、限定研究方向的主要方式。这在进一步推动研究系统化、专业化的同时，也使研究者对现代文学的研究削弱了回应社会、时代重大问题的能力。

在知识生产的运行轨道中，"现代"逐渐成为一个被抽空了价值内涵的时间框架。无论是扩展到晚清的"现代文学史"，还是"20世纪中国文学史"，抑或近年提出的"民国文学史""大文学史观"，都呈现一种无所不包的趋向，即把在历史上处于竞争关系的新文学、通俗文学、旧诗文以及不同立场、主义的文学兼收并蓄。为了建立能兼容各种异质的框架，研究者提出了"多元共生""双翼论""重绘文学地图""先锋与常态""合力型文学史"等诸种说法[2]，并以此撰写各种通论式现代文学史。

相比20世纪90年代对思想性的重视，21世纪之后现代文学研究显著的趋势是"历史化"。这一方面使研究更趋精密，充满历史的细节；另一方面也产生了细节的堆积，以及对历史构成要素的"等质化"处理。近年来，一直存在一种借研究现代文学而研究现代历史的尝试，使文学现象、作品成为进入历史的引子。它相当程度上拓展了文学研

---

[1] 根据中国现代文学学会统计，至2018年，中国现代文学学会的注册会员达2666人。
[2] 参见吴福辉：《中国现代文学研究的当今态势》，载《多棱镜下》，人民文学出版社，2010年，第300—305页。

究的空间和兴趣范围，使文学研究所涵盖的空间地域、历史经验、政治议题堪与历史研究相媲美。诸如大革命史、根据地经验、沦陷区经验、边疆史、少数民族区域、民族主义话语、外交事件等各种区域研究、政治史、民族史视野都被引入现代文学研究。多年来文献工作成果的积累使现代文学几乎成为文献整理最完备的研究领域。大部分现代作家都有全集出版，重要作家甚至有不止一种版本和编纂方式的全集、文集。其他诸如研究资料汇编、研究史、学术史陆续发展成专门的研究领域。由此生发的版本、校勘、校注等讨论使现代文学带上了古典研究的气息。

在国际学术交流与外来影响方面，美国汉学界的问题意识和研究取向对中国学界的直接影响依然清晰可见。近年涌现的"抒情传统""情感政治"等命题很快转化为国内研究热点。[1]但基于自身研究的不断细化与深化，那种将国外汉学命题直接拿来作为问题框架的操作方式已变成将其作为局部资源消化于自己的问题脉络中。此外，值得瞩目的是，近20年，东亚思想资源之间的联动越来越密切，尤其像竹内好所说鲁迅"通过与政治的对决而获得的文学的自觉"，对中国革命蕴含的"抵抗的现代性"意义的揭示，关于现代自我、主体生成机制的剖析，很大程度上突破了中国学界固有的对"文学与政治"、现代主体生成机制的想象方式。这与思想界对90年代之后"去政治化的政治"的批判[2]，对中国当代面临的文化政治挑战的揭示[3]一起，重新将"政治"的维度正面拉回现代文学研究视野中。韩国80年代之后民主

---

[1] 王德威：《抒情传统与中国现代性：在北大的八堂课》，生活·读书·新知三联书店，2010年。
[2] 汪晖：《去政治化的政治——短20世纪的终结与90年代》，生活·读书·新知三联书店，2008年。
[3] 张旭东：《全球化时代的文化认同：西方普遍主义话语的历史批判》，北京大学出版社，2006年。

运动浪潮所激发的对中国革命和中国现代文学的兴趣，台湾地区历史中潜伏的以陈映真为代表的左翼思想传统，均反向启发着中国大陆学者重新审视中国20世纪的革命经验在东亚现代史和世界史中所占据的位置、发挥的作用。

近年来，对中国革命的重新认识成为推动现代文学研究再深入的一个重要动力。本来，中国现代文学史的基本框架就脱胎于革命史的论述，但革命史叙述作为一种政治论并不能客观、充分地从思想、历史、社会等多方面讲清作为世界史事件的中国革命所具有的认识价值和挑战性。中国现代文学研究在经历了摆脱革命史规定性的漫长过程后反而具备了真正认识现代中国革命进程的条件。而这一再认识需要将对历史、思想、社会、政治和文化的考察重新结合起来，突破90年代以来"文学性"和历史主义倾向造成的割裂，回到生成了中国革命经验的文化政治的原点上，建立一种考察中国现代的革命性转变的内在视野。

当代文学研究

当代文学在中国大陆的不同语境中包含不同的含义。在描述性的语境中，它统称"当下"正在进行的文学实践；在批评的语境中，它指向某种文学品格的限制性认定，侧重"当代性"；而在与"古代文学"和"现代文学"等相对的学科语境中，则指向某种特定历史时段文学实践的历史叙述。这里将主要在最后一种相对狭义的学科含义上使用"当代文学"，但同时也顾及批评含义上的"当代文学"。

当代文学作为专门的研究对象，已有70余年历史，而作为一门独立的学科，则仅有40余年。在作为学科的"当代文学史"的语境中，当代文学有确定的时间起点，即1949年10月中华人民共和国的成立，当然，当代文学的生成有直接的历史渊源，即延安文艺的实践，也有其明确的性质界定，即区别于现代文学之"新民主主义性质"的"社会主义性质"[1]。从"新文学"到现代文学再到当代文学的迭代和发展，不仅是历史时间发展的结果，更构成了一个价值递升的等级序列。从这个意义上说，只有在20世纪50年代末作为替代物的当代文学出现后[2]，现代文学才获得了它的规定性。

当代文学作为一个学科在教研系列中被正式确定下来，是在"文革"结束后的1978年[3]。文学在80年代的中国是一个非常活跃的领域，与思想、文化和整个社会保持着密切的互动，在广泛的议题上处于引领者的角色。80年代文学从对"文革"文艺思潮和"十七年文学"的"反写"开始，很快进入了对自身思想、文化资源和文学形式的探索和实践，形成一股股接连不断的文学潮流，包括"伤痕文学""反思文学""改革文学"等。其中最有代表性的是与思想文化界的"文化热"相互催生、呼应的"寻根文学"[4]，以及以广泛师法欧美现代派各种资源和以接续现代文学时期诸现代主义流派为目标的"现代派热"。这两种潮流代表了80年代的两种主要思想取向：一方面，在"文化寻根"的脉络里，通过民族和地方文化因素的发掘和呈现，批判落后的"国民性"，阐扬现代启蒙价值；另一方面，作为"走向世界"和追求现代化的榜样，现代西方的价值和文化经验成为中国作家和知识分子的追慕对象。而各种西方理论，尤其是现代派理论和以"后结构"为代表的西方当代理论，也成为中国当代作家和批评家努力学习的对象。

---

[1] 首次确定地提出"当代文学"的社会主义性质的，是周扬在1960年召开的第三次文代会上的报告《我国社会主义文学艺术的道路》，见《新中国成立以来重要文献选编》第十三册，中央文献出版社，1996年。

[2] 中国科学院文学研究所1959年编写的《十年来的新中国文学》（作家出版社，1963）被公认是较早、较成功的"当代文学史"著作。

[3] 1978年教育部制定高等院校中文专业现代文学教学大纲，确定"当代文学"为一门新的课程，不少高校随之成立了独立的当代文学教研室，开始编写当代文学史教材。

[4] "寻根文学"是一个范围宽泛的文学运动概念。写作取向迥异的作家如韩少功、张承志、李杭育，甚至莫言都可以归入这一潮流。

与创作界和批评界的活跃不同，文学史叙述意义上的当代文学在这一时期相对沉寂，尽管随着学科的建立，各高校编著的当代文学史著作和教材不断出现[1]，但由于缺乏对学科前提、文学与政治之间多重复杂关系的认识，这些体例僵硬、内容重复的当代文学史教材与丰富多元的新时期文学实践之间出现了明显的裂隙，并不让人满意。此时，现代文学史叙述已确立了自己的"现代"品质，形成了学科规范和评价标准，而当代文学则一直处于尴尬的境地，以致刚刚成立不久的当代文学学科的合法性持续受到质疑。实际上，王瑶就将"现代文学"的时间范围界定到了20世纪70年代末[2]，也是鉴于"当代文学"仍缺乏一种历史叙述的认识论框架、仅仅是关于当前文学的批评和追踪研究的逻辑，唐弢提出了"当代文学能否写史"的质疑[3]。而80年代末出现的"20世纪中国文学论""重写文学史""新文学的整体观"等观念则是面对这种局面，试图进行新的整合和历史叙述的努力。

"20世纪中国文学"[4]的目的"并不单是把目前存在着的近代文学、现代文学与当代文学这样的研究格局打通，也不只是研究领域的扩大，而是要把20世纪中国文学作为一个不可分割的有机整体来把握"。从其归纳的诸如20世纪中国文学与世界文学的总格局的关系、民族意识、审美意识，以及作为语言艺术的形式演进等20世纪中国文学的整体特征来看，"20世纪中国文学"显然有以现代文学的"现代"特征吞没当代文学的意向。文本的显著表现之一是，关于20世纪左翼文

---

[1] 代表性的著作有郭志刚等编写的《中国当代文学史初稿》（上下册），人民文学出版社，1980年；张钟、洪子诚、佘树森、赵祖谟、汪景寿编著的《当代文学概观》，北京大学出版社，1980年；等等。
[2] 参看王瑶《中国现代文学史的起讫时间问题》（《中国社会科学》1986年第5期）等论文。按照王瑶的看法，现代文学的起讫时间是1919—1979年，之后的"新时期文学"应属于文学批评范畴，"不宜入史"。
[3] 参看唐弢于1985年10月29日发表在《文汇报》的《当代文学不宜写史》。
[4] 黄子平、陈平原、钱理群：《论"二十世纪中国文学"》，《文学评论》1985年第5期。

学、社会主义文学的内容明显减少了。与此类似,"重写文学史"[1]的重写对象也是此前以左翼文学为核心的述史框架,而启蒙和现代化的价值则是其"重写"的方式,目的是"重新研究、评估中国新文学重要作家、作品和文学思潮、现象……冲击那些似乎已成定论的文学史结论"[2]。为达成此目的,不仅要突出文学史家的"主观性"和"个人性",以促成文学史研究"多样化的可能性",而在对于文学史叙述最为重要的"历史的"和"美学的"标准的取舍上,则更倾向于后者[3]。这与80年代文学创作和批评界高扬的追求文学形式创新、"回到文学自身"的文学本体论观念也是高度一致的。在同样的理路上试图对20世纪中国文学史进行重新整合的"中国新文学整体观"[4],除了强调用现代意识统摄"五四"以来的中国文学,还特别将"新时期"文学与"五四"文学进行比照。

80年代末,随着苏东集团和冷战结构的解体,80年代中国知识界基于启蒙和现代化价值的"共识"也趋于解体。在90年代初国家启动新一轮以城市改革和全面商品化为动力的改革背景下,当代文学首先面临的是如何在"文学失去轰动效应"后确认自身的位置和价值,文学批评和研究界发起的关于"人文精神"的讨论很快在知识界获得了广泛回响,试图在变化了的历史条件下重新确认自己在社会结构中的位置和功能,强调人文精神和价值关怀。在当代文学研究界,这一问题首先呈现为如何理解80—90年代的转折,如何从整体上评价80年代的思想和文化,并在新的问题框架和学术转型的背景下展开文化进

---

[1] "重写文学史"是陈思和、王晓明1988年在《上海文论》杂志主持的一个专栏,获得了广泛的回响。
[2] 陈思和、王晓明:《重写文学史·主持人的话》,《上海文论》1988年第4期。
[3] 参看王晓明:《旧途上的脚印》,载《刺丛里的求索》,上海远东出版社,1995年,第265—266页。
[4] 陈思和:《中国新文学整体观》,上海文艺出版社,1987年。

程。一些作家和批评家呈现出了积极和乐观的姿态，拥抱一个"理想主义终结"、更加"多元"和注重人的日常生活和欲望的时代的到来，其中最为积极的是以"后新时期"为核心概念的"后学"[1]。张颐武这样界定"后新时期"："它是一个以消费为主导，由大众传媒支配的，以实用精神为价值取向的，多元话语结构构成的新的文化时代。它结束了启蒙话语的权威性，而与'后现代性'的国际性潮流有对话关联。"[2]

"再解读"[3]是贯穿90年代当代文学研究的一个重要潮流。"再解读"在相当程度上是80年代"重写文学史"潮流的延续和深化，但由于其资源和问题意识的不同，又构成了对"重读"的某种"再写"。"再解读"的理论资源与西方20世纪60年代之后的文化理论有关，它对20世纪中国文学研究中的一些前提性因素，如何谓文学、文学与政治历史的关联、文学形式作为一种社会"象征行为"、文学在社会机制与民族国家中的位置与功能等进行了反思，从而将工作主要集中在探讨作为历史存在物的诸多文本的符号特征、意识形态意味和话语的权力关系，它有着更为敏锐的对"语言"的自觉，可以更为细致、深入地打开"文本"。"再解读"的研究对象主要针对40—70年代由左翼文学作品构成的"红色经典"，即研究"革命历史"的虚构叙述形成的"一套弥漫奠基性的'话语'"，因而对重新理解20世纪中国左翼文学

---

[1] "后学"是当代人文学术界对一批以介绍和运用"后现代主义"理论对当代文学和文化进行描述、分析的批评家和学者的统称。汪晖在《当代中国的思想状况与现代性问题》中认为，这种"中国的后现代主义"仍然是现代化意识形态的一种补充形式。参看汪晖：《死火重温》，人民文学出版社，2000年，第68页。

[2] 张颐武：《"分裂"与"转移"——中国"后新时期"文化转型的现实图景》，《东方》（北京）1994年第4期。

[3] "再解读"潮流中代表性的成果主要集中在唐小兵主编的《再解读：大众文艺与意识形态》（牛津大学出版社，1993年），以及王晓明主编的《批评空间的开创：二十世纪中国文学研究》（东方出版中心，1998年）等。

开辟了新的研究方法和思考角度。但这种以理论为抓手、以"文本解读"为方法的努力,虽然提供了新的研究可能性和个案,却并没有形成更为复杂完整的历史叙述。[1]

中国当代文学作为一门学科,是"冷战格局中趋于极端化的意识形态冲突的产物",而且,当代文学的学科建制和发展,正值80年代"重写文学史"思潮全面展开时期,在这个过程中,"当代文学"学科的合法性与"重写文学史"思潮之间的矛盾关系,是一直存在但未公开表露的关键问题,这个矛盾从"当代文学"历史叙述趋于成熟的"后冷战"时代的90年代起,得到了正视,其标志成果是出版于1999年的两部著作。

这两部著作被广泛用作各高校的"当代文学史"教材,主要原因是两者在文学史的定位、文学观和历史观上都有较为自觉的追求。陈思和编著的《中国当代文学史教程》(复旦大学出版社,1999)是一部"由文学作品为主体构成的感性文学史",在对文学作品的选择和对作品内涵的阐发上颇具特色,尤其是在其所称的"民间隐形结构"和"潜在写作"的呈现上用力颇多,使文学史的图景更为丰富,但总体而言,其叙史框架和文学评判标准还在80年代"重写文学史"的逻辑内。洪子诚的《中国当代文学史》被评价为一部对"当代文学史"这门学科的"学术化"做出奠基性工作的著作,该书在当代文学发展的历史脉络、叙述体例、文学生产的体制和文体类型的变迁,尤其是作者所采取的叙述位置和叙述方式等方面,均令人耳目一新,它冷静的"史家品格",它在历史观、学科规范上的清理以及在缠绕于当代文学史研究中的关键问题上做出的突破,也被广为称道。该书将当代文学的时间描述为"'五四'以后的新文学'一体化'趋向的全面实现,到

---

[1] 温儒敏、贺桂梅、李宪瑜、姜涛等:《中国现当代文学学科概要》,北京大学出版社,2005年,第178页。

这种'一体化'的解体的文学时期"[1],强调了当代文学与现代文学的断裂,使当代文学脱离了"新文学"的笼罩,具有了自己独立的历史发展线索。

90年代末中国人文思想界最为显著的事件是被称为"新左派"和"新自由主义"的论争,这是一场有关中国现实判断、知识规划以及未来发展方向的论争,论争虽然在涉及政治、经济、社会等不同学科的广泛公共议题上展开,但不少现当代文学背景的学者成为论争中的核心人物,论争的过程和结果也深刻地影响了中国当代文学的议题设置。创作方面,80年代中期至90年代上半期出现的一批"现代派"作家,如余华、格非,甚至莫言、马原等,都发生了宽泛意义上的现实转向;另一些作家,如张承志、韩少功等,则转向更具原初性的民间元素,转向底层、民族和宗教中被压抑的历史,以寻找更丰富、充沛的精神资源。而由于现实的变动不居和模糊状态,更多的作家转向了历史题材的创作,以"史诗""秘史""家族史"等规模不同的作品"重述20世纪历史"[2],重新讲述20世纪中国历史中的重要事件,重构中国历史,并提供作家的当代观察和现实思考。

文学批评界在回应这些问题时首先提出的议题是反思"纯文学"[3]的观念,呼吁重建文学与现实社会和更广泛的思想知识谱系发生关联的可能。也是在这样的背景下,90年代后期,当代文学内部一度出现了文化研究转向的热潮,但经过短暂的对当代文化热点的追踪性研究后,文化研究很快陷入对中国本身理论资源和问题意识的艰苦探索中。到21世纪初,在经济快速发展,社会流动和分层加剧并固化的背

---

[1] 洪子诚:《中国当代文学史》,北京大学出版社,1999年,第Ⅳ页。
[2] 如莫言以《红高粱》系列、《丰乳肥臀》、《檀香刑》、《生死疲劳》和《蛙》等构成的系列作品;陈忠实的《白鹿原》以及贾平凹、余华和格非的创作;等等。
[3] 最早明确提出反思"纯文学"的是李陀,他在2001年第3期的《上海文学》上发表了名为《漫说"纯文学"》的访谈。

景下，批评界又提出了"底层文学"的讨论。"底层文学"是一个缺乏足够创作实绩支持的批评概念，是一次未能提出诸如阶级分析框架而试图对现实阶层分化做出解释的理论努力，因而基本局限在文学圈内，很快被一个更有覆盖性，也更为空泛的批评概念"（讲好）中国故事"所取代。后一种批评概念在思路上与21世纪之后人文学术界热衷讨论的"中国道路"有呼应，但内容庞杂、面目模糊。

作为80年代以来中国文学"走向世界"的一个界标，诺贝尔文学奖一直是中国当代文学界的"情结"[1]。2000年，华语作家高行健获得诺贝尔文学奖，但国内文学界对诺奖的焦虑并没有因此减弱，这种焦虑在2012年莫言获得诺贝尔文学奖后得到了很大程度的缓解，官方、主流评论界、图书市场对此做出了积极的回应，但一些批评者也对莫言失控的语言和低下的审美习惯提出了批评，更有批评者认为，莫言以其主要长篇小说构成的关于中国现代历史的叙述，充满了暴力、血污和苦难，这种理解和叙述，正符合80年代以来形成的某种单面化和简单化的意识形态，而这种理解的基础，恰恰源于西方的需求。[2]

21世纪之后当代文学研究界最具理论张力和学术强度的发展是历史叙述领域，特别是被称为"革命文学"的50—70年代文学历史的叙述。蔡翔的《革命/叙述——中国社会主义文学—文化想象（1949—1966）》是其中的代表成果之一。蔡翔认为中国革命的正当性建立在"弱者的反抗"的基础上，认为"革命中国"是一个动态的过程，并从中国革命的内部，揭示"革命之后"的社会主义革命和建设中的一系列结构性矛盾。在当代文学学科内部，蔡翔的著作摆脱了洪子诚开创的文学体制模式和"一体化"论述，给当代文学研究的"历史化"创造了更多的可能性。出于对主要是50—70年代的当代文学复杂性和理

---

[1] 参见刘再复：《百年诺贝尔文学奖和中国作家的缺席》，《北京文学》1999年第8期。
[2] 刘复生：《诺贝尔文学奖背后的文化政治》，《天下》2013年第1期。

论的挑战,当代文学研究界也出现了"历史化"的趋势。大部分的研究者是为了因应学科建设的挑战,或者出于延续"重读"和"再解读"潮流中反转历史叙述的动力,但也有一些学者试图从"历史化"出发,结合历史学、人类学、经济史等不同学科的研究方法和成果,通过还原和重构"革命文学"产生过程中的历史机理、情感结构和生产方式等,重新解读相关文本,以更贴近历史过程、更具"历史之同情"的方式,重构"当代文学史"的叙述。[1]

---

[1] 参见程凯等:《"社会史视野下的中国现当代文学研究"笔谈》,《文学评论》2015年第5期。

第三节 | 少数民族文学研究

朝戈金　刘大先[*]

中国是一个多民族国家，中国的文学是一国多民族的文学。

中国的"少数民族文学"概念虽然在20世纪50年代初才开始使用，但历史上人口多寡不一的不同民族集团，经过复杂的分化、融合和迁移，形成了多民族共生的局面。这些曾经活跃在历史舞台上的民族，一部分消失在历史长河中，如匈奴、柔然、鲜卑等，一部分经过分合演变，发展为今天的少数民族。所以，少数民族文学研究界有这样的共识：中国少数民族文学，是指现今生活于中国境内的55个少数民族和一些历史上曾存在于中国境内的少数民族的文学现象。

少数民族的形成和发展轨迹、自然和社会条件、语言和文化传统，形塑了少数民族文学的历史面貌和基本特征。采集和狩猎、游牧和农耕等生产生活形态，造成了与特定地域自然环境和人文风貌相契合的丰富多样的少数民族文学图景。

少数民族文学具有如下特点：

第一，语言多。少数民族所使用的140多种语言分属于汉藏、阿尔泰、印欧、南岛、南亚诸语系；各种地方性文类十分发达，如蒙古族好来宝、哈萨克族阿肯弹唱、彝族克智论辩等。各民族之间语言的差异性给文学交流带来很大困难。当然也有跨越语言藩篱长距离传播

---

[*] 朝戈金，中国社会科学院民族文学研究所研究员。刘大先，中国社会科学院民族文学研究所研究员。本节第一部分由刘大先撰写，其余部分由朝戈金撰写。

的现象，如"格萨尔"在诸多族群中流行。第二，信俗多。中国少数民族在宗教信仰和民间信俗方面的情况比较复杂，有些民族普遍信奉一种宗教，如傣族、布朗族、藏族、回族、维吾尔族等。在这些民族的文学活动中，能明显看到宗教文化的深刻影响。在有些情况下，宗教对文学的影响还是主导性的。第三，口头文学繁盛。虽然一些民族中长期以来言文并行，但由于历史发展不平衡，存在着口头文学压倒书面文学的现象，如蒙古族僧侣创作的诗歌、高僧传记、历史文学等，与英雄史诗和叙事民歌等口头文类比起来，相差甚大，广大民众日常则积极参与口头文学活动。第四，文学与生活结合紧密。文史不分、文艺不分的情况在少数民族中相当常见。文学活动在民众生活中常常是社会生活事件，是婚礼、葬礼或其他仪式活动的"镶嵌物"或有机组成部分。第五，在学术研究方面，少数民族口头文学研究常常是新资料的发现与理论的阐释同步或交错进行，少数民族作家文学的兴起主要是当代中国文化普及和提高的产物，与主流文学研究齐头并进。在过往资料积累欠缺的地方，近乎民族志式的研究盛行。资料积累的欠缺盖因社会阶层优越感或文化优越感导致的对底层、边地文化的忽视和轻视，技术手段、语言壁垒等限制造成的采录困难，以及教育制度中长期盛行的重文字轻口传的趋向引发的对底层民众语言艺术的轻视和忽略等。

本报告将分两个部分，分别勾勒少数民族作家文学和民间文学的研究情况和趋势。

一　少数民族作家文学研究

少数民族文学研究的发生，与中国民众及中国共产党从旧民主主义到新民主主义革命过程中的实践密切相关，并在新中国取得民族解放与民族独立进而走向社会主义改造与建设的历史进程中确立下来，从属于新兴的中华人民共和国对国内多元族群文化遗产整理以及未来文学规划工程的组成部分。它的诞生与发展具有明确的政治性，显示了社会主义国家试图将包含多样来源的"传统文化"与启蒙运动以来尤其是社会主义想象的"现代性规划"进行兼容整合，并锻造出一种新型文化政治的意图。这种意图及其实践落实在一系列的文学知识生产、制度建设与组织活动之中，连接起历史经验与现实变革、社会革命与文学革命，并且将社会主义的理念具化到少数民族的文学创作、批评和研究之中。

在中华人民共和国成立后的70余年间，少数民族文学知识与理念的认知与生产，时有起伏，一直与时代主潮之间发生着微妙的互动。"少数民族文学"作为社会主义政治平等、文化正义的产物，追求在多民族统一国家内部与外部塑造"积极的多样性"，在不同历史阶段兼顾"理"与"势"之间的辩证，为全球化语境中的中国文学乃至世界文化提供了"多元普遍性"的启示。

20世纪50至90年代，少数民族文学研究主要经历了两次范式转型。其一是少数民族文学制度与组织的构成。随着第一次"文代会"的召开，"兄弟民族文学"研究工作被提上议事日程，进而中国科学院文学研究所以及各地相关研究机构开始架设，少数民族文学的遗产收集与整理工作陆续展开。主要工作落脚于族别文学史与各民族文学概况的书写；其书写在观念上遵循了平等、团结、共生的"人民文艺"的标准，采用革命史的分期，有着社会史与文学史相结合的特征。与此同时，少数民族影视的生产与评论也表现出少数民族文艺"泛文学"的特点。

20世纪70年代末，文学的革命话语向现代化话语转型。随着改革开放的到来，一度中断的少数民族文学研究得以恢复，少数民族文学史与文学概况的书写重新接续起来，并且从单一的族别文学史模式转向整体的综合性研究。随着高校与科研院所的建设，少数民族文学在提法上逐渐从"民间文学"向"民族文学"转移，摆脱了民间文学的学科束缚，开始谋求自己的学科主体性。此际少数民族文学创作呈现井喷局面。新兴少数民族作家作品带动了作品批评与研究的兴起，从而引发了关于少数民族文学主体性问题的思考，也激发了从族群文化和民族心理视角对一些少数民族出身的现代文学作家（如老舍、沈从文等）的重新阐释，代表性作品如关纪新的《老舍与满族文化》。

到20世纪90年代，民族高校、民族文学学科建设和人才培养逐级推进，学科设置上逐渐呈现繁荣态势。国家级的中央民族大学，甘肃、四川、湖北、辽宁、宁夏等省、自治区直属于国家民委的六所民族大学，内蒙古、广西、青海、西藏、贵州、云南等省级高等民族院校，分别利用各自地缘与语言优势，开设相应的少数民族文学课程，培养少数民族文学研究的专门人才。一些之前不被重视的民族文学现象研究也逐渐浮出水面。这一学科还辐射到如新疆、内蒙古、宁夏、吉林等民族聚集区的其他综合性院校，如新疆大学、喀什大学、内蒙古大学、宁夏大学、延边大学，甚至在江苏、天津等一些原本没有少数民族文学学科的综合性院校如苏州大学、南开大学，也陆续出现了相关的专业和研究人员。

1988年费孝通提出"中华民族多元一体"理论，这个论说及后来"文化自觉"（1997）的表述极具概括力，成为此后研究中国少数民族文学的基本框架，平衡了国家政治话语与个体美学话语之间的张力，使启蒙主义与多元主义得以并行不悖。从族别文学史的"各美其美"到综合性比较视野的"美美与共"，在历史与实践两个层面有效地推进了研究的进一步拓展。其直接影响是"九五"期间（1996—2000）重大项目"中国各民族文学的贡献及其相互关系研究"，所集结的成果在21世纪初年陆续出版，包括刘亚虎、邓敏文、罗汉田著《中国南方民族文学关系史》，扎拉嘎著《比较文学：文学平行本质的比较研究——清代蒙汉文学关系论稿》，郎樱、扎拉嘎主编《中国各民族文学关系研究》（先秦至唐宋卷和元明清卷）、关纪新主编《20世纪中华各民族文学关系研究》等。相关成果后来衍生为继"人民文艺"范式之后最为重要的各民族互相影响的关系范式，并催生出古代少数族群文学的相关研究，出现了诸如"华夷一体"理念（如查洪德、刘嘉伟关于元代文学的研究）、少数民族家族文学（如母进言《中国少数民族杰出文学家族研究》、多洛肯《清代少数民族文学家族研究》）、魏晋南北朝及辽宋金元的民族融合（如尹晓琳《辽金元时期北方民族汉文诗歌创作研究》、胡传志《宋金文学的交融与演进》）、清代旗人文学（如张菊玲《清代满族作家文学概论》、刘大先《八旗心象：旗人文学、情感与社会（1840—1949）》）等方面的成果。

值得一提的是，80年代中期之后，随着各种西方现代学术思潮的传入，解放与革命的宏大叙事逐渐褪色，经过理论上的科学转向与语言学转向，各种"后学"的引介，在90年代之后少数民族文学的研究中，可以看到"多元共生"所隐含的对于"一体"的些许动摇。随之而来的则是21世纪之后少数民族文学研究的多元主义范式及其内卷化。一方面它扩大了自由，增进了包容；另一方面族别文学研究也助推了对差异性的热衷，带来了文化主义的倾向。

21世纪最初几年的中国学术界目睹了少数民族文学研究堪称戏剧性的转折。因为计划经济体制的改革给整个人文社会科学带来的冲击，挤压了少数民族文学创作与研究的空间，除了为数不多由中央科研机构主持推进的研究，地方民族院校、科研机构、文联组织已经较少出现有分量的科研成果，这种情形一直持续到2008年。文化多样性理念和非物质文化遗产话语，成为21世纪少数民族文学研究的合法性依据与大力发展的重要内因。2009年之后，由于西藏与新疆事件和国际上民族主义情绪的反向倒逼，无论国内还是国际，无论是在学术界还是大众文化层面，少数民族文学都在更为复杂的内外情势中日益受到重视。文化政策、社会理念、学术发展、市场传播等多方合力的结果，是自上而下的制度设计与扶持，同自下而上的自我阐释对接起来，学术传统水到渠成地完成隐然转型，少数民族文学研究迅疾迈入快速发展而又话语分歧的兴盛期。

中国社科院《民族文学研究》杂志与中国作协《民族文学》杂志在研究与创作两条路径上齐头并进，共同的努力是将"少数民族文学"发展为"多民族文学"。以"多民族文学"的主张置换"少数民族文学"，并不是语词的游戏，其背后的理念在于推动少数民族文学研究的跨学科对话，试图从少数民族文学的角度提炼出具有理论辐射意义的命题：将"和而不同"的古典理念解释为新时代的"不同"而"和"，其中包含着同一性与差异性之间的辩证。"中国多民族文学史观"不仅是民族观，也是中国观，不仅是文学观，也是历史观，这极大地丰富甚至改写了既有对于中国文学、中国文学史乃至中国文化史的思维定式。

与此同时，将地方性与族群性融合的区域少数民族文学研究，将性别理论引入的少数民族女性文学研究，少数民族母语文学研究，少数民族文学翻译、传播与媒介研究，以及新兴的少数民族网络文学研究等从不同路径切入的研究也纷纷兴起。作为学术命题的人口较少民族文学也在21世纪出现。可以发现，随着中国综合国力的增强，少数民族文学与其他人文学科一样分享了改革开放和经济发展带来的红利，得到了较为充足的经费支持，这尤为突出地体现于一系列丛书的出版以及新生代学者的出场。如"中国少数民族语言与文化研究书系"，包括刘大先的《现代中国与少数民族文学》、杨恩洪的《民间诗神——格萨尔艺人研究》、黄任远的《伊玛堪田野研究报告：对赫哲族歌手吴连贵的调查》等；"文学理论与民族文学研究丛书"，包括李长中主编的《生态批评与民族文学研究》、刘大先主编的《本土的张力：比较视野下的民族文学研究》等；"少数民族文学研究丛书"，包括吴重阳的《中国少数民族现当代文学研究》、钟进文主编的《中国少数民族母语文学研究》等；"多元一体视域下的中国多民族文学研究丛书"，包括刘大先的《千灯互照——新世纪少数民族文学创作生态与批评话语》、邱婧的《凉山内外：转型期彝族汉语诗歌论》、林琳的《族性建构与新时期回族文学》、孙诗尧的《锡伯族当代母语诗歌研究》等。

不过，在蓬勃涌现的少数民族文学研究成果之中，很大一部分的方法论和范式来自对主流文学学科的移植，也存在着研究话语"内卷化"的问题。面对此种情形，"作为中国研究的少数民族文学研究""文学共和""全观的口头诗学"等命题的提出，向整个文学研究提出了观念上的挑战与更新，摆脱了口头文学或书面文学的单一形态、功能与意义的限制，而以"文学生活"的综合视野进行考察，这无疑是对各民族文学实况和"少数民族文学"兴起之初的"泛文学""杂文学"观念的回归，在媒介融合时代，面对日益发展变化的文学与其他艺术融合的现实，此种转型势在必行，也将推进新一轮学科、方法与理论的整合。

少数民族文学研究从来都不是立足于审美自律的"纯文学"学术，而是密切联系着政治身份、社会转型与时代变迁；它的正当性和学理性，建基于中华人民共和国成立以来的本土文化实践：一方面致力于多民族传统文化的继承与弘扬，另一方面着眼于新兴文化的创造与发展。就学科生产性和可能性而言，少数民族文学研究尝试中国气派与中国风格的理论话语体系构建，提供了回顾历史、展望未来的多重视角与维度。随之由主导性意识形态倡议生发出来的中华民族共同体文学理念，对于整个人文社科研究方法与观念的推进，对于认识中国各民族文化彼此交流融合的历史与现实，对于想象与筹划文化复兴的远景都具有深远的意义和生动的启示。

二 少数民族民间文学研究

中国有若干少数民族从20世纪50年代开始拥有自己的第一代书面文学作家，如佤族、仡佬族等。这些民族此前的文学都是口头创编和传播的。在这些民族的文学史书写中，口头文学占据主要篇幅。书面文学创作活动历史短，作家少，影响有限。在那些已有几百年甚至上千年文字使用历史的民族，如藏族和蒙古族，文字也一直掌握在贵族和僧侣等少数人手中，成人识字率不到一成。但在言文并行中，口头压倒书面是普遍状况。

下面从资料建设、机构设置、多学科相互关系、重大课题、国际对话交流、非物质文化遗产等几个方面，对过去40年中少数民族民间文学研究的发展理路和状况，进行简要勾勒。

民间文学资料的大规模发掘和收集整理，与社会主义意识形态和对人民群众的认识有关。旧时代文学中歌颂帝王将相、才子佳人的内容被认为不能适应新时代文艺的要求，于是歌颂劳动人民的劳作、生活和感情的民间文艺得到倡导和推崇。从延安文艺运动，到"大跃进"时代的"新民歌运动"，再到20世纪80年代开始的民间文艺资料的大规模收集整理，无不是沿这个思路展开的。伴随对少数民族社会历史调查活动的展开，大批少数民族文艺作品经过改编、加工和推广，产生了全国性影响，如《阿诗玛》《刘三姐》《嘎达梅林》等。从20世纪80年代开始，全国性的《中国民间故事集成》《中国歌谣集成》《中国谚语集成》（又称"三套集成"）收集整理出版工程全面铺开，其成果堪称人类历史上罕有其匹的大规模资料集，总字数达40多亿。这充分体现出社会主义新型文化规划中，着意提升民族民间文学地位的意图。

20世纪50—70年代的少数民族民间文学，可以说是"文学战线的工作"。从70年代末开始，少数民族文学学科的制度化建设逐渐摆上日程。1979年，中国少数民族文学学会和中国社会科学院少数民族文学研究所（后更名为民族文学研究所）先后成立。1983年《民族文学研究》创刊，这可看作学科的机构设置和平台建设初步形成的标志。中国社会科学院研究生院（今中国社会科学院大学）少数民族文学系随后陆续招收硕士和博士研究生。在教育部的学科设置中，少数民族文学作为中国语言文学一级学科下的二级学科，获得了稳步的发展。《中国大百科全书·中国文学·少数民族文学分卷》（第一版，1984）的编纂出版，也可以视为少数民族文学学科在学术格局中已然占有一定位置。

在学科基础理论方面，在学术研究范式上，直到20世纪80年代初，俄苏的民间文艺学基本理论，一直居主导性地位。钟敬文主编的《民间文学概论》（上海文艺出版社，1980）及配套的《民间文学作品选》是这种范式在地化的集大成者，体现在政治取态、理论方法、概念术语上。朱宜初、李子贤编著的《少数民族民间文学概论》则是对钟敬文《概论》一书的承接和转化的努力。

钟敬文长期思考，形成了几个判断：中国民间文艺学和民俗学是"一国多民族的"，是汉族和少数民族共同构成的；中国文化分为上层和下层文化（后来加上中层文化）；中国文学是由作家文学、民间文学和通俗文学构成的；等等。所以，在钟敬文的文学版图中，民间文学和少数民族文学是必不可少的一部分。毛星主持编写的《中国少数民族文学》（湖南人民出版社，1983），进一步引入了各民族平等的观念，强调需要通过补入各兄弟民族文学成果来纠正过往的偏颇和缺失，以建设完整的名实相符的中国文学史等。后来杨义提倡"边缘的活力"，倡导"重绘中国文学地图"，可以看作在这个方向的承接和发展。

少数民族民间文学的研究，从一开始就是在一个开放的学术体系中获得发展的。从事少数民族文学研究的学者来自不同的学科，具有不同的学术取向。有些从资料收集起家，擅长资料诠释；有些是文学研究者，用一般文学研究的方法从事口头文学的研究，难免方枘圆凿；还有区域文化研究的学者或文化人类学学者，他们把文学研究与仪式、庆典、祭祀等操演结合起来考察，在文学的社会文化含义和功能阐释方面多有成果斩获。

从20世纪80年代开始，俄苏的影响力逐渐走低，以西方国家为主的重要著述，被大量翻译介绍进来。其中影响较大的包括弗雷泽的《金枝》、泰勒的《原始文化》、普罗普的《故事形态学》、洛德的《故事的歌手》等，引发了一波又一波的消化和运用热潮。

在过去的二三十年中，中国学者的少数民族口头文学研究，出现了郎樱的《〈玛纳斯〉论》、朝戈金的《口传史诗诗学：冉皮勒〈江格尔〉程式句法研究》、巴莫曲布嫫的《神图与鬼板：凉山彝族祝咒文学与宗教绘画考察》、诺布旺丹的《艺人、文本和语境：文化批评视野下的格萨尔史诗传统》、李斯颖的《壮族布洛陀神话研究》、屈永仙的《寻找傣族诗歌——德宏傣族村落仪式中的诗歌》等作品。有些成果逐渐引起国际同行的关注，以中国社会科学院民族文学研究所为例，若干关于各民族不同文类作品的研究论文刊发在美国、日本、俄罗斯、蒙古、越南、马来西亚、吉尔吉斯斯坦等国家的期刊上，产生了影响。美国的民俗学百科全书中，也有关于中国学者的介绍，且认为中国新一代学者的学术道路，既在追随钟敬文、马学良的传统，又能消化吸收西方讲述民族志学派的优长，从而形成一种"兼容并蓄"的视野和综合的方法，且创用了一种"深具启发意义性的模型"。从日本西胁隆夫的《中国少数民族文学》（日本，2001）专题介绍中国的少数民族文学，到美国的刊物《口头传统》(*Oral Tradition*, vol. 16: 2, 2001) 出版"中国口头传统专辑"，民族文学研究所的十多位学者在国外刊物上整体亮相，可以看作他人主动介绍和自己主动走出去两个方向的努力。在刚过去的几年间，北美的《美国民俗学》和俄罗斯的《史诗研究》都曾辟专栏，发表中国史诗研究文章。民族文学研究所与匈牙利科学院民族学研究所联合创办的期刊《丝绸之路文化研究》(*Cultural Studies Along the Silk Roads*) 是中国少数民族文学进一步走向国际的又一个平台。

民族文学研究所自成立以来，就有计划地推动了若干重要方向的课题，它们的设立可以看作少数民族文学研究的风向标：一、"少数民族文学史、文学概况"丛书的编纂工作。通过编写《白族文学史》《藏族文学史》等，着手解决少数民族文学发展历史的表述、口头文学入史、作家族属、跨境民族"共同文学遗产"、历史分期等问题。二、少数民族"三大史诗"（《格萨（斯）尔》《玛纳斯》《江格尔》）研究。通过长期的投入，在资料收集、文本誊写、整理翻译、出版宣传、研究和推广方面，做出了全面推进。三、各民族文学关系研究。该课题作为比较文学的一个分支，意在补正以往文学史中对各个少数民族与汉族、各个少数民族彼此之间文学关系描述的缺失。联合国教科文组织的《保护非物质文化遗产公约》（2003），大大推动了中国的民间文化保护热潮，为少数民族民间文学的发展，提供了难得的契机。2009年，"格萨尔史诗传统"和"玛纳斯"成功列入联合国教科文组织"人类非物质文化遗产代表作名录"，大大提升了少数民族三大史诗的影响力。

晚近的少数民族口头文学研究，有若干新的拓展。第一，对文学材料的数字化建档和元数据标准的制定。第二，通过对"口头传统"研究的深化和拓展，为口头文学研究增加了一个新维度，也扩大了口头文学的论域和方法论支撑。第三，通过"口头诗学"（oral poetics）的建设，为诗学理论的丰富和发展，提供来自民间文学的规律总结。可以预期，在未来的学科发展中，少数民族民间文学研究仍然将会是多学科参与、多种技术路线并进的研究。

第四节 比较文学研究与文化研究

戴锦华[*]

一 学科的发生与特定的历史时刻

比较文学作为人文学领域的第一个新学科的发生与建立过程，是一个其意义和范畴都大大超过学科的发生的个案。作为20世纪80年代发生于中国的新学科，中国比较文学的创立者与领军者、北京大学中文系的乐黛云教授的学术生命与实践轨迹已清晰地展现了一段特定历史的印痕。20世纪70年代末，她作为当时中国思想文化界引人瞩目的"归来者"（50年代"反右"运动的罹难者，历经23年见诸学术与教学工作）群体中的一员，也是最早以非官方身份开始与欧美大学展开密集频繁的学术互访与学术交流的中国学者之一。始自七八十年代之交，她开始呼吁、草创比较文学学科，作为自欧美引入新学科的同时，无疑成了中国社会转向之际，人文学领域的具体开创性实践之一。在80年代的大部分时段中，"比较文学"之名近似于某种文化旗帜与路标，清晰表明了中国之世界视野的历史性转移：由冷战时代两大阵营的对峙格局间的归属、冷战后期中国参与打开的第三世界或曰亚非拉疆域，转向了以欧美为目标对象、主部舞台的观照。

1981年，在乐黛云教授的主持倡导下，北京大学率先成立了比较文学研究中心，开始组织译介、出版比较文学的学术著作，此时由中

---

[*] 戴锦华，北京大学中文系教授、北京大学电影与文化研究中心主任。

心创刊的内部刊物《中国比较文学通讯》,成了向全国各大学传递比较文学新知的载体与未来的比较文学学者集结、交流的空间。此后的几年间,全国十余所大学中文系成立了类似于此中心的机构,一些地方文化机构纷纷成立名为比较文学的学术团体,多所高校开设了比较文学基础课程。1982年8月,乐黛云出席在纽约召开的国际比较文学学会第10届年会。1983年,中美双边比较文学学术研讨会召开。1984年,由谢天振主持编纂的中国第一本比较文学刊物《中国比较文学》在上海外国语大学创刊。1985年,北京大学的乐黛云应邀前往深圳大学主持筹建中文系并任深圳大学中文系的第一任系主任。作为一个在昔日乡间拔地而起的新城市,深圳在整个80年代充当了中国大转向的实验区与示范窗口,它同样成为比较文学及以比较文学为代表的新学科、新知识的生根处。1985年由是成为中国比较文学学科确立的重要年份。这一年,经时任深圳大学中文系主任乐黛云教授多方筹措组织,中国比较文学首届年会在深圳召开,中国比较文学学会宣告成立,由北京大学东语系教授季羡林任名誉会长,中国社会科学院著名学者钱锺书先生任顾问,北京大学西语系教授杨周翰任首任会长,乐黛云教授任副会长与秘书长。同年,北京大学经批准建立实体性的学术研究机构"北京大学比较文学研究所",乐黛云教授任所长。在乐黛云教授主持下,北京大学比较文学研究所成为全国第一个"比较文学硕士学位培养点"。1985年,40余所大学开设了比较文学的相关课程。

二 比较文学学科建立的多重社会功能

80年代前期,乐黛云教授在全国各地的学术演讲中率先引进介绍了多种20世纪欧美文学理论流派:新批评、结构主义叙事学、结构主义符号学、精神分析、接受美学、诠释学、女性主义、后结构主义与后现代主义等,可谓开风气之先,其视野、范围大大超出了比较文学学科自身的需求与限定。同时,她依托北京大学比较文学研究所延请了大批有代表性的国外思想家、文学理论家来华讲学，整理出版他们的讲演集，对中国人文学科的演变与重构产生了难以估量的深远影响。[1]

比较文学的学科建立与确立不仅为人文学乃至社会思想确认了差异、比较的观念与方法，而且确认并实践了跨学科的视野与路径。80年代后半叶，在与新的比较文学学科紧密互动的中国文化书院面向全国、热络非常的多期讲习班中，学员获取的15卷本的"比较文学""内部教学参考读物"间，不仅有比较文学的相关译文、论文卷，同时有比较史学、比较哲学、比较政治学、比较社会学、比较经济学等卷。类似例证，清晰表明了此时"比较文学"的社会视野与诉求远不止文学与人文学，而且其自身便是自觉的跨学科、跨语际的思想学术实践，是一次社会批判性思想的建设。

中国（大陆）比较文学的学科确立，明显有别于此时仍处在冷战分界线彼端的香港、台湾地区，后两者的比较文学专业设置定位依托于综合大学的外语系，于是，"自然"地成了"外国文学理论""外国文学研究"的组成部分。而中国大陆的比较文学则起始、坐落于综合大学中文系，如果说，这多少偶然地暗合、对应了欧美世界的比较文学学科发生于其母语文学系的事实，那么，它也与共和国史中作为国家政治文化实践的学科功能设定直接相关。正是1955年国家层面的大学院系调整，确立了中文系在文化格局中的突出与特殊位置：自觉承担着社会主义新文化与中国国家文化建构者的功能角色。80年代后期，中国比较文学学会一度成为中国最大的学术团体，下辖500余个二级学会，覆盖思想、人文、艺术的各个领域，几乎成了此间新思想、新学科的孵化器与生发地。其中，与学术、思想交流及学科建设相关的

---

[1] 其中突出的一例是美国学者弗雷德里克·杰姆逊（Fredric Jameson）1985年于北京大学系列演讲结集而成的《后现代主义与文化理论——弗·杰姆逊教授讲演录》（唐小兵译，陕西师范大学出版社，1987年），此书先后重印、再版数十次，在充当了战后欧美马克思主义文学理论的索引图的同时，成为中国重要的文化理论著作。

一个特殊的二级学会——中国比较文学学会旅美分会，显影并形构了一个重要的历史脉络。事实上，在学科的草创期，在其奠基人、先行者与彼时的中国文化书院配合互动间，在其名为"走出去、请进来"的国际学术交流中，美国中国学的学者，尤其是其中的华人学者扮演了极为特殊且重要的角色。随着来自中国大陆的青年学子在欧美任教，他们的学术工作开始再度形绘美国中国学的轮廓，他们工作的中译文，亦在中国学界被赋予了新的国际学术范本的意义。在中国比较文学的标识下，这一学术团体的存在，显影了20世纪最后时段间，华人参与的全球流动、理论旅行、文化身份与学院重组的特定轨迹。

1990年，国务院学位委员会、国家教育委员会联合颁布的《研究生培养学科目录》，正式将比较文学作为一门独立的学科列入研究生的培养计划，自此，比较文学正式进入国家的教育体制和学术体制；学科理论研究、比较诗学、中外文学关系、跨文化研究、华人流散文学、文学人类学、形象学、译介学、文学宗教学等多个稳定的学术方向和新兴领域，拓展了比较文学的领域。1993年，北京大学比较文学研究所经批准建立全国第一个"比较文学博士点"。1995年，开设比较文学课程的高校增至120多所。1998年，《普通高等学校本科专业目录》发布，学位办和教育部将比较文学与外国文学合并为"比较文学与世界文学"二级学科，正式将比较文学列为中国语言文学的主干课程。各类为全国高校广泛采用的比较文学新教材相继出版。截至2020年，招收比较文学专业博士研究生的高校26所、招收硕士研究生的高校94所，开设比较文学课程的学校在160所以上，比较文学课程已延伸到理工科专业和中学课堂。

三 文化研究的中国发生与变奏

文化研究之名的浮现，首先标记或曰显影了20世纪中国再一次的思想分裂，贯穿了90年代到世纪之交或公开或潜隐的思想论争与社会讨论。90年代中国开启的全面经济体制转轨,在最为直接的社会景观与经验层面上,凸显为急剧的社会分化。昔日国营体制内部的产业工人阶级在碎裂中坠落,流动中的农民工开始形成新的劳动者主体与社会底层,巨大的社会财富在实物经济资本化的过程中涌现,并迅速向"一部分人"/极少数集聚。与此同时,始自20世纪70年代,自觉成形于80年代的社会共识——否定、拒绝毛泽东时代的"官方"思想、话语体系,则令人在面对发生中的激变时陷于失语,令某种巨大而无名的仇恨在社会间涌动、流淌。对中国现实的再认知,对中国社会主体问题的指认,简言之,认知中国社会性质和主要矛盾的思想分歧,最终令整个知识界分裂,被名之为"自由派"与"新左派"的对立在20世纪90年代中后期浮出水面。此间,汪晖的《当代中国的思想状况与现代性问题》[1]的中文发表、戴锦华的《隐形书写——90年代中国文化研究》[2]的出版,成为代表性文本实践。

再一次,中国文化研究的发生不期然间结构性地对位于战后英国文化研究的问世。于后者,此后被称之为"伯明翰学派"的文化研究作为反学科之"新学科"的问世,紧密地联系着、部分重叠着围绕《新左派评论》杂志而浮现、集结的欧洲"新左派"的登场;90年代中后期的中国文化研究则围绕重组后的《读书》与改刊后的《天涯》杂志显影。显而易见,其不同之处不仅是时间上的落差,亦不仅是在全球历史情势的差异:英国、欧洲新左派的诞生基于彼时彼地的冷战格局,我们间或可以将其视为某种冷战的二分结构中的第三元,这也是

---

[1] 汪晖《当代中国的思想状况与现代性问题》一文最早刊载于1994年韩国知识界的刊物《创作与批评》(第86期),中文版首刊于《天涯》杂志1997年第5期,随即在国内引发争论。《社会文本》(*Social Text*)第55期刊出了该文的英文版,《世界》杂志刊出了该文日文版。
[2] 戴锦华:《隐形书写——90年代中国文化研究》,江苏人民出版社,1999年9月;繁体中文版《镜城地形图》,联合文学出版社,1999年12月。

理解"伯明翰学派"的功能角色的关键；而中国文化研究则出现在冷战终结、后冷战历史时段开启的时刻，此时的中国作为冷战时代的社会主义阵营崩解后"最后一个共产党领导下的大国"，同时迅速地成为全球化与发展主义的前沿地带。文化研究之名下的工作的内在动力与主部议题则是对这一特殊、斑驳之现实的回应与指认，是前瞻性的、面对全球资本主义的另类出路的思考与社会实践，同时自觉成为对中国革命作为直接且重要的历史遗产的再认知与重启尝试。有别于多数经由理论旅行的航道"舶来"世纪之交中国的欧美批判理论，文化研究的本土化特征，令中国文化研究成为广泛而直接与中国社会现实、社会文化对话、批判与建构的路径。

四 文化研究之名：理论与实践

世纪之交的十余年间，在最初作为社会污名的"新左派"和作为新的思想领域的文化研究之名的召唤下，围绕此间的《读书》杂志、《天涯》杂志、北京大学文化研究工作坊的系列丛书、此后创出的文化辑刊《视界》，中国开始明确形成了中国人文、社会科学多学科批判知识分子的集结。经由这场集结，借重文化研究之名，中国人文知识分子重拾政治经济学的视野与坐标，社会科学的学者则开始自觉于社会文化参数与历史分析的思想脉络。与其说，它旨在达成一次跨学科的文化尝试，不如说，它更近似于直面、回应、介入中国现实激变的一场思想共振，即便间或借重着文化研究的三大轴线，即阶级、性别、种族这些在欧美学术生产或"政治正确"逻辑中的"滥套"，它仍在中国社会现实的碰撞及参照间激发出始料未及的活力。

世纪之交的20年间，阶级分化、阶级社会的重现与重组，是中国社会最为突出而酷烈的社会现实。文化研究的阶级坐标，不仅再激活并更新了内在于中国社会文化的马克思主义的思想资源，提供了在中国特定的历史与现实脉络中指认社会阶级分化的过程与阶级社会合法化的文化批判路径，而且更为重要的是，文化研究的中国莅临，并非单纯的观念史意义上的阶级参数的重回，而在于由此显现的阶级分析是对世纪之交进行中的中国社会现状与政治困境的揭示，也是对20世纪50—70年代的阶级理论与建构实践的回顾与再认识；这不仅是再度形成的社会批判立场上的理性分析，也是借助文化研究的关注点/关键词之一"情感/感知结构"对曾经的社会主义文化所召唤出的社会情感与感知方式的再度相遇。或许更为重要的是，文化研究以不同的动力释放、带动了中国人文学者的现实关注乃至介入热情，牵引出多重学院内外、学科内外的社会、文化、学术实践。此间，汪晖的《改制与中国工人阶级的历史命运——江苏通裕集团公司改制的调查报告》[1]，诸多以《读书》杂志为基地发表的社会、文化分析开始直接、间接地对再度向劳动者、生产者倾斜的新的公共政策的出台产生影响。众多文化研究学者与90年代后期开启的文学的"底层写作"、打工合唱团、打工子弟学校、"新乡村建设运动"的深入参与者的密切互动，青年文化研究学者对社会主义时期老东北工业基地的、作为20世纪50—70年代"国家主人公"的工人阶级文化的研究，他们与继起的相关文学写作与电影创作间的多重对话，在世纪之交与21世纪的最初十年间，有力地形构出不同于社会主流趋向，也有别于学科化的文化研究操作的生机勃勃的社会文化空间。

同样，文化研究视域中的性别维度的理论与实践，亦不同于经由1995年北京世界妇女大会及国际NGO组织启蒙与引领的中国性别研究与女性学，而更突出与基层妇女的连接与对她们自己的另类社会实践的总结与传播。诸如2005年，由中国文化研究学者参与组织的"全球千名妇女争评诺贝尔和平奖"，在中国成为一次特殊的性别文化研究行动。这一明确地面向基层、以劳动者与行动者为主体的文化行动，不

---

[1] 此文首发于《天涯》杂志2006年第1期。

仅是一次对全球行动的参与，也成为一种记录、书写、传播基层女性生命故事的持久努力。[1]而在广义的文化研究之种族维度，则在作为处于全球话语场的中国少数民族研究间延展出一条全新的脉络，它是对中国少数民族地区的历史与现状的再认知，也是与欧美后殖民论述与政治正确逻辑的多重对话。

应该说，文化研究之名——其思路、立场在中国的社会文化实践中最为特殊且突出的，便是历史与记忆、历史书写、记忆与遗忘的政治学，围绕中国历史，尤其是当代史展开的文化，亦是思想与学术实践。关于中国当代史"历史与记忆"主题的凸显，正在于20世纪历史，亦即中国现代历史自身便是一处为诸多异质性的断裂、针锋相对的政治立场、水火难容的历史叙述逻辑所充满的话语场。关于20世纪史的叙述，便是中国社会政治实践的直接延伸，因此，在广义的文化研究场域中，对当代史多学科、多层面的再发掘与再叙述、对关于"历史与记忆"的多重再现与文化生产的批判性思考，与其说实践着人文学科内部的历史转向，不如说是人文、社会学科的再政治化过程，甚至成为某种葛兰西意义上的文化战场。针对20世纪80年代到90年代前期的"历史叙述的蒙太奇"——剪除50—70年代的历史段落，将始自80年代的改革开放的主干线接续到1949年前的"民国"历史之上的文化生产与历史叙述选择，针对90年代以降重新以国家现代化的叙述逻辑整合出一部连续且连贯的20世纪中国史的主流策略，文化研究关于"历史与记忆"的工作首先是对20世纪中国史便是中国革命史、中国革命正是理解中国道路的核心与关键的相关历史事实的梳理与展示，同时是对中国革命、中国的社会主义实践之为21世纪及未来的重要的历史遗产而非债务的陈述与论辩。这不仅是历史叙述的话语权争夺，而且是对进行中的政治文化与文化政治建构的介入，是对未来中

---

[1] 见陈顺馨主编：《多彩的和平——108名妇女的故事》，中央编译出版社，2007年。

国的构想与愿景。

正是关于20世纪中国革命、50—70年代中国的社会主义实践的反思与找回，令中国文化研究之阶级命题下的文化与再现的讨论获得了迥然不同的历史底景与参数。也正是关于历史与记忆的文化研究工作，召唤出50—70年代中国的"世界"版图——关于亚非拉的国家与人民的文化记忆与情感的同时，在全球化与反全球化的世界性议题间拓展开现在进行中的对"南方"国家和地区的现状与抗争的关注。为欧美国家所充满、覆盖的"世界"图景再度被打开。此间，由持有、分享文化研究的立场、视域与方法的学者所展开的对尼泊尔人民抗争的接触与分析，对墨西哥原住民主体的"符号学游击战"的追寻与研究，对亚洲、非洲、拉丁美洲的民众运动、社群建设、另类政治、经济与文化实践的探访和讨论[1]，则尝试为21世纪的中国社会文化提供了新的视野与坐标。

经由文化研究，一种新的批判性的社会立场得以再度于中国的思想与学术脉络间确立，同时也成就了极为丰富的建构性成果。

五　中国文化研究的学科化

相较于文化研究之于中国广泛、深刻而多彩的影响与变奏，文化研究作为一个学院建制内部的新学科的确立，有清晰、单纯得多的脉络。1995年，北京大学比较文学研究所正式成立文化研究工作室（亦称文化研究工作坊），同时将文化研究设定为比较文学研究所的硕士研究生培养方向。工作室负责人戴锦华为比较文学研究所及中文系学生开设《文化研究的理论与实践》课程。1998年，台湾文化研究学会于

---

[1] 戴锦华、刘健芝主编：《蒙面骑士——墨西哥副司令马科斯文集》，上海人民出版社，2006年。刘健芝、萨米尔·阿明等主编：《抵抗的全球化》（上、下），人民文学出版社，2009年。

台北成立。1999年，岭南大学开办香港首个文化研究文学士课程，翌年成立文化研究系，并同时开设文化研究硕士及博士课程。2000年4月，陈光兴、蔡明发主编的英文学术期刊《亚际文化研究》(*Inter-Asia Cultural Studies*) 在台湾推出创刊号。2000年，陶东风、金元浦、高丙中主编的《文化研究》创刊，北京大学比较文学研究所将文化研究确定为博士培养方向，同年11月，隶属上海大学文学院的中国当代文化研究中心成立，王晓明任中心主任。2002年，上海大学创办中国首个文化研究学术网站（www.cul-studies.com）。2002年后，先后有南京大学、四川大学、山东大学、首都师范大学、上海师范大学等多所高校获准在其中文系或文学院开设文化研究二级学科，并开设研究生层次的文化研究课程。2003年9月起，岭南大学开设两年兼读制的文化研究硕士（修课型）课程，成为对"伯明翰学派"倡导的"业余教育"的学院实践，中国大陆、台湾地区的文化研究学者也常年为其兼职授课。2004年7月，上海大学文化研究系成立，成为中国大陆第一个建制性的文化研究教育机构。

有别于中国比较文学学科建立的过程，中国文化研究的发生，同时随着新的、以批判资本主义全球化为共识基础的区域连接的出现。世纪之交，中国大陆、香港与台湾地区文化研究学者间产生汇聚、互动，以其为基础，则是亚洲左翼学者间连接的形成。1998年台湾文化研究学会召开成立大会，来自中国大陆、香港地区的文化研究学者不仅出席了这次大会，而且参与了会议的筹办和运行。（此间，一个有趣的事实是，台湾文化研究学会的成员，除了少数来自社会科学各学科的成员外，几乎成了原有的台湾比较文学学会的"集体搬迁"，这一事实在标明了某种学术风尚改换的同时，也标明了后冷战时代新的思想与文化格局的形成。）或许，相较于文化研究场域中"中国的弥合"，更为重要的，是围绕文化研究的英文学术期刊《亚际文化研究》创刊的另一些有趣事实。这本依托新加坡、中国台湾地区大学机构（台湾学者陈光兴、新加坡学者蔡明发主编）的学术期刊的创刊编委会不仅集聚了中国大陆及香港、台湾地区的左翼文化研究学者，而且紧密联系着一个亚洲的学院–运动团体ARENA（Asian Regional Exchange for New Alternative，主席刘健芝）。这一团体的多位成员参与了杂志的筹备与编辑。杂志最初定名为"运动"（*Movements*），旨在凸显文化研究的社会实践性指向，后更名为 *Inter-Asia Cultural Studies*。文化研究的展开直接促成了亚洲左翼学者、批判知识分子的连接与互动。

与比较文学的学科化进程相类似，有别于中国香港、台湾地区新兴的文化研究大都坐落于大学外文系的格局，中国大陆的文化研究亦在大学中文系的学科建构间发生、成长，事实上成为左翼社会批判立场、政治经济学视野、另类建构性介入或曰批判知识分子的社会有机性的再获取的过程。与这一与社会进程紧密互动的过程不同，在学科化的文化研究内部，固然有强调、重视历史唯物主义及政治经济学脉络的社会文化分析，但更多地散布为对媒介爆炸、技术革命——尤其是数码技术对当代中国社会生态与文化格局的改写与重构的回应与描述之中。因此，物质文化与日常生活、城市空间、粉丝文化、听觉文化与声音研究，以及随着新技术革命而引发的医学与身体、后人类、科幻、数字媒介技术成了文化研究学科内各自选取的关注点，而且多数采取了高度认同，间或是代言或辩护性的角色位置。

第五章

文学研究 下
外国文学研究

中国的外语教育始于19世纪初西方传教士在口岸城市建立的、以教授英文知识为主的教会学校，以及1862年清廷为处理涉外事务而设立的同文馆。作为一门独立的学科，外国语言文学首次出现在由清政府管学大臣张百熙拟定的《钦定学堂章程》中，在该章程中，文学科作为七科之一，下设中国文学门和英国、法国、德国、俄国、日本等国文学，其中修习英国文学的学生除了语文必修课之外，还要兼修英国近代文学史、英国史、拉丁文、发声学和中国文学等课，体现了文史结合，中外兼修的特点。在民国政府于1913年颁布的《大学规程》中，外国文学被列为文学门，它包括了梵文学、英文学、德文学、俄文学、意大利文学和言语学课程，学生在外国语言和文学之外，还要学习中国文学史、希腊文学史、罗马文学史、近世欧洲文学史等课程。这个规程第一次将语言教学与文学区分开来，设立了国别文学，体现了鲜明的西方性特征。1917—1919年，北京大学英文部和英文系的先后设置标志着外国语言文学已经成为现代意义上的人文学科之一。紧随其后，复旦大学、东南大学、清华学堂、厦门大学、东北大学也设立了外国文学系、西洋文学系、外文系或其他与外语相关的科系。

继清末林纾翻译百部外国小说，中国的外国文学翻译和研究的高潮在五四运动前后出现。陈独秀、胡适、鲁迅、周作人、茅盾、郑振铎、郭沫若、郁达夫等人先后翻译了《娜拉》《域外小说集》《天方夜谭》等外国经典文学作品，他们既是五四运动的思想领袖，也是外国文学作品的辛勤翻译者；他们还从阅读和翻译外国文学作品中汲取灵感，创作出了优秀的现代文学作品。同一时期也出现了多部外国文学史的研究著作，例如周作人的《欧洲文学史》(1922)、谢六逸的《西洋小说发达史》(1924)等。这些作品体现出在五四思想运动的引领之下，中国外国文学翻译和研究工作所取得的实绩。

新中国成立之后，中央人民政府接管了外国人创办的教会学校，并在1952—1957年仿效苏联模式对原属国民党教育部的高校和院系进行了大规模的调整。在这次调整中，许多综合性大学的文科院系被缩减、裁撤或归并，外文系、外国语言文学的教学和研究工作被集中到了为数不多的几所高校。因此，文科的力量遭到了极大的削弱，文科学生占所有在校学生的比例从1949年的10.2%下降到了1957年的4.4%。[1] 1953年经中央人民政府批准，北京大学成立了文学研究所，两年后，文学研究所划归中国科学院哲学社会科学部管理。在外国文学方面，1953—1959年，文学所先后成立了西方文学组、苏联文学组、东欧文学组和东方文学组。截至1956年，全国专业从事外国文学研究者共有178人，其中大多数集中在英国文学、俄罗斯和苏联文学以及法国和德国文学方面。[2] 文学研究所在中宣部有关领导的直接指导下，先后组织、翻译和出版了"文艺理论译丛"（即"古典文艺理论译丛"）、"马克思主义文艺理论丛书"、"外国古典文艺理论丛书"和"外国古典文学名著丛书"多种，后三者即学术界颇负盛名的"三套丛书"。"三套丛书"始于20世纪50年代，一直延续到2002年，它们是新中国成立后由国家统一规划的文化翻译工程，"代表了中国外国文学研究界、翻译界和出版界的最高水平"[3]。1964年9月，在毛泽东有关

---

[1] 董宝良主编：《中国近现代高等教育史》，华中科技大学出版社，2007年，第280页。
[2] 《文学研究所十二年远景规划草案》，哲学社会科学远规划办公室印，1956年，第3页。
[3] 刘训练：《〈外国文学名著丛书〉的来龙去脉》，《外国文学动态研究》2003年第3期。

加强外国各门学科研究的指示下，原属文学研究所外国文学学科的四个研究组合并，成立了中国科学院外国文学研究所，原属中国作家协会的《世界文学》编辑部也划归外文所，中国外国文学研究事业由此开启了新篇章。这一时期的外国文学翻译和研究主要集中在经典马克思主义文学理论、苏联和东欧社会主义国家文学和其他亚非拉国家文学方面，鲜明地体现了国家的政治和外交需要。

1978年，重新恢复业务工作之后的外文所组织全国外国文学研究者和教师召开了"全国外国文学规划工作会议"，先后创办了"外国文学研究资料丛刊"（后改名为"外国文学研究资料丛书"）、"二十世纪欧美文论丛书"以及《外国文学评论》、《外国文学动态》（后改名为《外国文学动态研究》）等外国文学研究丛书和学术期刊，并成立了专业的外国文学学术组织"中国外国文学学会"。截至2024年，该学会已经发展成为下设英国文学、法国文学、俄国文学、德国文学、东方文学等16个研究分会的全国性一级学术社团，在引领全国外国文学翻译和研究事业上做出了突出的贡献。与此同时，全国各个高校也纷纷成立了外国文学研究机构和专业的外国文学研究学会，如北京大学的比较文化和比较文学研究所以及中国比较文学学会（1992），等等。

从1977年起，全国高等教育开始得到全面恢复。进入20世纪80年代，中国高等教育迎来了全面改革的浪潮。这一时期，高等学校在办学、招生、学科设置等方面都发生了深刻的变革，文科的偏废得到了逐步纠正。就外国语言文学学科而言，无论院系设置、招生规模和学生就业人数方面都有了长足的发展，许多在院系大调整时期被裁撤的外语院系纷纷恢复，本科生和研究生的招生规模不断扩大。外国文学史上长期以来被批判的西方文学现象和思潮，如西方现代派、存在主义文学、后现代理论等得到重新评价，构成这个时期外国文学翻译、研究著作和大型文学史写作的重要内容，如袁可嘉的《现代派论·英美诗论》(1985)、柳鸣九的《萨特研究》(1981)以及吴元迈主编的《20世纪国别文学史》(1998—1999)、郑克鲁主编的《外国文学史》等。进入新时期，西方马克思主义理论、俄罗斯形式主义、英美新批评、阐释学、读者反应批评、后殖民主义、族裔文学理论、新历史主义、身份政治等西方文学理论先后被译介到中国，它们极大地丰富了中国外国文学研究视角的多样性。如今的中国外国文学学科已经发展为拥有外国文学、语言学与应用语言学、翻译学、区域与国别研究、比较文学与跨文化研究五大方向的成熟的一级学科，将继续担负翻译、研究、反思、批判东西方文明、文化和文学，进而重塑新的中国现代文明主体的使命。

（梁展，中国社会科学院世界历史研究所副所长、研究员）

第一节　现代性之镜：英美文学研究的中国进程

曹　莉[*]

一　外国语言文学在中国的兴起（1862—1949）

外国文学在中国初具规模的译介可追溯至19世纪中期，主要途径是西方传教士通过创办《中西闻见录》《万国公报》等中文报刊进行翻译、出版和传播。更大规模的译介和传播肇始于20世纪"五四"新文化运动时期。新文化派代表人物鲁迅、胡适，郭沫若，共产党早期领导人陈独秀、瞿秋白，以及与新文化派相对峙的保皇派、保守派代表人物林纾、辜鸿铭、严复、王国维等人，通过对西方经典包括文学经典的译介和研究，从不同方向将西方思想引入中国，拓展并加快了西学东渐和中国学术思想现代化的进程。无论是文学改良、文学革命还是思想启蒙、社会改造都与外国文学的译介和研究息息相关。

1862年，清政府兴办的第一所现代意义上的大学"京师同文馆"起步于外语专门学校，京师同文馆1902年并入北京大学的前身京师大学堂，改名京师译学馆，早于北京大学中文系（1910），也早于剑桥大学英文系（1917）。"京师同文馆"的创办，不仅标志着中国官方机构性外语语言文学教学和研究的开端，而且标志着中国现代大学建制的兴起。

一个半世纪以来，中国外文学科大体经历了外语教育（1862—

---

[*] 曹莉，清华大学外国语言文学系教授。

1926）、外语学科初步建立（1927—1976）、学科体系逐步完善（1977—2013）、学科创新发展（2014年至今）四个发展阶段。其中英美文学的教学和研究在整个外国语言文学教学和研究领域始终占有主导和中心地位（"文革"时期例外），是中国人文学领域外国语言文学学科的发展重镇。

英美文学，尤其是英国文学登上中国大学的讲堂，始于20世纪初。1915年，早年留学英德、归国从事外交政务的辜鸿铭辞去公职，转至北京大学任教授，主讲英国文学，特别是莎士比亚悲剧和十四行诗。20世纪二三十年代，一批留学英美、专攻文学的中国学者如吴宓、梁实秋、林语堂、叶公超、温源宁、范存忠、陈嘉等纷纷从剑桥大学、哈佛大学等英美名校学成回国，先后在清华大学、北京大学、东南大学、浙江大学、武汉大学教授英国文学和西方文学理论。

如果说京师同文馆时期主要关注的是外语教育，那么1926年清华大学西洋文学系的诞生（1928年易名为外国语文系），则标志着外国语言文学学科在中国的初步建立。由吴宓和王文显等人制定的《清华大学外国语文系学程》突出强调"了解西洋文明之精神，汇通东西之精神思想"，并规定"博雅"与"专精"二原则："研究西洋文学之全体，以求一贯之博通；专治一国之语言文字及文学，而为局部之深造。"[1]体现了通专融合、中西融会、古今贯通的学科发展和人才培养理念。另外，从1929年经20世纪三四十年代直至1978年横跨半个世纪的岁月里，英国著名文学批评家、教育家瑞恰慈、燕卜荪先后几次赴清华大学、燕京大学、西南联大和北京大学讲学。特别是三四十年代西南联大时期，由于燕卜荪的讲学和温德、吴宓、叶公超、卞之琳、钱锺书、查良铮等人的努力以及王佐良、许国璋、周珏良、李赋宁、杨周

---

[1] 参见《外国语文系学程一览》，原载1937年《清华大学一览》，收入徐葆耕编：《吴宓集》，上海文艺出版社，1998年，第204页。

翰、袁可嘉、郑敏等学生的突出表现，英美文学的学科地位迅速上升，西南联大外文系成为艳压群芳的人文学系。当年这批对英美现代文学批评、翻译和现代诗歌创作充满热情和才华的青年学子后来都相继成为新中国外国文学学科的奠基者和领路人。[1]

在译介和传播方面，"五四"以来，戏剧的翻译和演出引人注目。英国爱尔兰剧作家萧伯纳与挪威剧作家易卜生被当作具有社会批判精神的思想家和社会问题小说家受到中国学者和读者的欢迎。1933年萧伯纳访问中国前后，新闻界与学术界掀起了介绍和研究萧伯纳的热潮，但关注的焦点集中在萧伯纳的费边社会主义改良倾向，对于其剧作及其艺术特点缺乏深入探讨。1936年春，上海世界书局英文编辑朱生豪着手翻译《莎士比亚戏剧全集》，先后译有莎剧31种，新中国成立前出版27种，享誉国内外莎学界。

由于时局所限，20世纪上半叶的英美文学教学和研究主要围绕英国经典作家莎士比亚、弥尔顿、约翰逊、蒲柏、华兹华斯、拜伦、雪莱、奥斯汀、狄更斯以及现代派作家艾略特、奥登、劳伦斯等展开，对美国经典作家欧文、朗佛罗、惠特曼、斯托夫人、马克·吐温、欧·亨利等人的印象式和普及型译介紧随其后，严格意义上的学术研究和学科建设尚未开始。

二　英美文学研究在新中国的复苏与发展（1949—1999）

新中国成立后，外国文学的译介、教学和研究重新出发。这期间（新中国成立后前30年），受冷战时期社会主义与资本主义两大阵营相

---

[1] 参见徐葆耕：《瑞恰慈：科学与诗》，清华大学出版社，2003年；曹莉：《反思现代性：吴宓新人文主义价值观的价值与局限》，《杭州师范大学学报（社会科学版）》2016年第4期；《置身名流：燕卜荪对中国现代派诗歌和诗论的影响》，《外国文学》2018年第6期；陈越：《重审与辨正——瑞恰慈文艺理论在现代中国的译介与反应》，《中国现代文学研究丛刊》2009年第2期。

互对抗的思维模式的影响，政治挂帅、阶级斗争、批判现实主义为主导的文艺政策和政治文化生态深刻影响并制约着英美文学的教学与研究及其评价标准。社会主义苏联顺理成章地成为榜样，英美文学受到冷落，华兹华斯、艾略特、奥威尔等浪漫主义和现代主义作家被贴上消极浪漫主义、西方资产阶级反动颓废文人或反社会主义、反共产主义的标签，受到清算和批判。具有革命色彩、反抗意识，揭露资本主义黑暗和劳动人民疾苦，拥护社会主义、共产主义理想的"进步作家"及"现实主义"作家作品，如英国宪章派诗歌、英国女作家伏尼契描写意大利革命党人的小说《牛虻》、美国废奴主义作家斯托夫人的《汤姆叔叔的小屋》和美国自然主义作家杰克·伦敦的无产阶级硬汉作品作为那个时代批判资本主义和资产阶级的革命文学经典受到青睐。虽然1956年之前有过一段短暂的宽松和繁荣期，但反右和"文革"时期英美文学的教学、译介和研究几近处于休眠状态，并且与国家主流意识形态走势高度契合。

　　1978年，改革开放全面启动，外国文学研究再次起航。1977年恢复高考，1978年研究生开始恢复招生，英美文学作为一个人文学科开始进入正常的发展轨道，并很快成为高校英语专业培养方案中的专业核心课程，与此相适应的教材陆续出版。刘炳善著《英国文学简史》（英文版，1979）、陈嘉著《英国文学史》（英文版，四册，1982—1987）、范存忠著《英国文学提纲》（英文版，1983）、万培德著《美国20世纪小说选读》（1981）、王佐良等主编《英国文学名篇选注》（1983）、侯维瑞著《现代英国小说史》（1985）、杨岂深等主编《英国文学选读》（三册，1981、1986）和《美国文学选读》（三册，1985、1987）、毛信德著《美国小说史纲》（1988）、常耀信著《美国文学简史》（1990）、钱青主编《美国文学名著精选》（上下册，1994）和《英美文学工具书指南》（1994）、张子清著《20世纪美国诗歌史》（1995）、瞿世镜著《当代英国小说》（1998）等及时有力地推动了英美文学的课堂教学，成为20世纪八九十年代最有影响、使用最为广泛的高校英美文学教材和参考书。

随着改革开放的逐步深入，英美文学及其批评理论被快速大量地译介，遂形成自"五四"新文化运动以来第二次声势浩大的"文化热""西学热"浪潮。从传统现实主义到先锋派，从现代主义到存在主义、心理分析、后现代主义，西方文学研究思潮接踵而至，并对中国当代文学创作产生影响。寻根文学和先锋文学应运而生。相比于其他领域，英美文学及文学理论率先进入了"现代派"与"后现代派"的"狂欢"。[1]以《外国现代派作品选》（4卷，袁可嘉等主编，1980—1985）为代表的一批现代主义作品中文译介集出版，与此同时，研究和翻译外国文学的学术期刊相继涌现。[2]欧美戏剧因其特殊的表现和传播形式再度成为推广和研究的热点，莎士比亚、莫里哀、布莱希特、阿瑟·米勒、尤金·奥尼尔等经典和现代戏剧作家的代表作品被相继搬上中国舞台，广播电视上频繁播放由外国文学经典改编的外国电影，"外国文学""世界文学"得到前所未有的关注和传播。

这期间，全国外国文学学会和国别文学分会的相继成立，为外国文学研究在全国的整体繁荣发展发挥了引领和协调作用。1978年11月，中国社科院外文所在广州举办全国外国文学规划会议，中国外国文学学会成立。1979年9月，在改革开放和中美关系正常化的大背景之下，全国美国文学研究会成立，开始有计划、有组织地推动美国文学尤其是现当代美国文学作家作品的研究。爱默生、梭罗、霍桑、麦尔维尔、马克·吐温、海明威、福克纳、菲茨杰拉德、奥尼尔、庞德、艾略特、米勒、海勒、斯托夫人、埃里森等人的作品由于凸显了西方现代性的

---

〔1〕 参见陈众议：《外国文学研究七十年述评》，《东吴学术》2019年第5期。
〔2〕 例如华中师范大学的《外国文学研究》（1978）、北京外国语大学的《外国文学》（1980）、江苏人民出版社的《译林》（1979）、南京大学的《当代外国文学》（1980）、北京大学的《国外文学》（1981）、中国社科院外文所《外国文学评论》（1987）等。

精神状态而受到空前重视，一批美国黑色幽默小说、当代戏剧、现代主义诗歌、黑人文学、犹太文学以及华裔美国文学很快成为国内美国文学研究学术交流和高校英美文学教学的重要内容。1997年，英国文学学会在河北师范大学宣告成立[1]，十年后，2007年，英语文学研究分会在北大宣告成立。至此，美国文学学会、英国文学学会、英语文学研究分会呈三足鼎立趋势，为中国的英美文学和英语文学研究发展发挥了重要的推动作用。[2]

从20世纪80年代初开始，英美文学研究和学科发展逐步走向成熟。其中的主要标志之一是1981年国务院学位委员会公布首批文科博士生指导教师名单[3]，北京大学等7所高校随后获得外语学科博士学位授予权，英美文学的人才培养从此走上一个新台阶。与此同时，莎士比亚、弥尔顿及浪漫主义、象征主义、现实主义和现代主义等经典作家作品得到较为全面客观并富有中国视角的评价。卞之琳、杨周翰、王佐良、袁可嘉、侯维瑞等人的研究成果准确把握英美文学的时代性、思想性和审美性，提出诸多具有开时代风气的观点和洞见，融西方文论、中国诗学和中国经验为一炉的中国式批评初见端倪。《莎士比亚全集》中文版11卷于1978年首次由人民文学出版社公开发行，杨周翰主编《莎士比亚评论汇编》上下册分别于1979年和1981年出版，为中国的莎学研究提供了重要的海外资源。杨周翰的《十七世纪英国文学》

---

[1] 这一学会于2013年11月8—10日在湖南师范大学召开第九届英国文学学会年会后更名为英国文学研究会，2023年中南大学第十四届年会之后正式更名为英国文学研究分会。
[2] 从21世纪第二个十年开始，随着中国学术影响力的逐步提升，中国学者开始在国际学术组织中担任重要职务，如张隆溪担任国际比较文学协会主席（2016—2019）。曹莉、金莉担任国际英文教授协会（IAUPE）联席主席（2010—2013），曹莉担任联合国现代语言与文学国际联盟（FILLM）副主席（2014—2020），张隆溪、王宁、聂珍钊等当选为欧洲科学院外籍院士。
[3] 参见《国务院学位委员会公告》"中国首批（文科）博士生导师全名单"，1981年第3号增刊（总号4）。

（1985）用比较的方法，将17世纪英国社会及其文学置于世界历史的长河中，考量辨析第一次资产阶级革命及其失败的结局在文学作品中留下的历史印迹，指出人们在动荡年代对生死、宗教信仰和精神归属的疑惑和追问构成17世纪英国文学的中心话题，反映了中国学者独有的学术判断和思想洞见。王佐良的长文《英国浪漫主义诗歌的兴起》（1980）全面评价和肯定了布莱克、华兹华斯的诗歌成就和文学史地位，认为他们在诗歌创作和审美态度上表现为双重取向，法国大革命、工业革命在他们眼中是一柄双刃剑，在歌颂民主自由和人民革命的同时，反对血腥暴力和绝对的科学理性。王佐良的上述新评价对新时期浪漫主义诗歌研究突破以意识形态标准取代艺术标准的藩篱，回归文学的本体性和审美性，做出了开拓性的贡献。1984年，王佐良又在《世界文学》第6期上发表了《乔伊斯与"可怕的美"》，介绍西方乔伊斯研究新动向，为中国学界再次打开重新审视英国现代文学经典的视野。王佐良1991年出版的《莎士比亚绪论——兼及中国莎学》，重点介绍中国莎学研究的主要立场和贡献，向国际莎学界发出了中国的声音。1994年，译林出版社出版了由萧乾、文洁若夫妇翻译的爱尔兰现代主义作家乔伊斯的长篇巨著《尤利西斯》；1996年，金堤独译的《尤利西斯》也由人民文学出版社出版。《尤利西斯》中译本的出版是继20世纪30年代赵萝蕤翻译出版艾略特的现代主义诗歌《荒原》之后，英语现代文学作品中译的又一个里程碑。从20世纪90年代初开始，李文俊对福克纳及其主要作品的全面译介成为美国文学研究的重要组成部分。

从20世纪80年代起，中国学者持续关注现当代西方文论尤其是欧美批评理论的发展动向。赵毅衡独著的《新批评——一种独特的形式主义文论》（1986）及其主编的《"新批评"文集》（1988）率先向中国学界引介了风靡英美学界长达40年的"新批评"，对于早已厌倦了"文革"极"左"思潮和工具理性的中国学者而言，新批评强调文学的本体性和文学性的观念与方法犹如一缕春风吹动了中国西方文论研究的一池春水，对文学艺术的形式和审美价值的探讨成为80年代中期的学术风尚。90年代中期，《读书》杂志集中发表了中国学者对于后现代主义思潮的讨论和思考。北京大学青年学者张京媛率先主编出版了《当代女性主义文学批评》（1992）、《新历史主义与文学批评》（1993）、《后殖民理论与文化批评》（1999）等当代后现代主义文论集，向中国学界系统介绍了西方的最新文学理论和文化批评思潮，引起持续反响。与此同时，《后现代主义文化研究》（王岳川，1992）、《走向后现代与后殖民》（徐贲，1996）、《人文困惑与反思：西方后现代主义思潮批判》（盛宁，1997）等中国学者对当代后现代主义理论家的专题研究相继出版；由台湾地区的生智出版社组织出版的"当代大师系列"邀请数位大陆学者参与，其中赵敦华著《维特根斯坦》、杨大春著《德希达》《傅柯》、滕守尧著《海德格》、朱刚著《詹明信》《萨伊德》、曹莉著《史碧瓦克》等于20世纪90年代中后期相继问世，成为同类研究的先行者；张隆溪著 The Tao and the Logos: Literary Hermeneutics, East and West（1992）[中译《道与逻各斯：东西方文学阐释学》（2006）]为中国学者理解和研究德里达及其解构理论提供了一把钥匙。世纪之交，《读书》和《外国文学》杂志分别推出了"关键词"栏目，对西方文学文论和文化研究关键词进行了集中梳理和辨析。《外国文学》编辑部集辑出版的两卷本《西方文论关键词》（第一卷赵一凡、张中载、李德恩主编，2006；第二卷金莉、李铁主编，2017），迅速成为中国学者系统研究西方文论关键词的指南读物。

除西方批评理论及其关键词研究成为学界一时之风尚之外，这时期用中文书写的英美文学通史开始崭露头角。董衡巽、朱虹等著《美国文学简史》（上下册，1978、1986）开启了中国学者用母语撰著英美文学史的先河，该书内容丰富，见解精辟，是当年中国学生与学者了解美国文学发展史的必读书。王佐良独著的《英国文学史》（1992）、《英国散文的流变》（1992）、《英国诗史》（1993）则是中国学者以历史唯物主义观点将历史叙述和作品有机结合的典范，行文夹叙夹议，惟妙惟肖，不乏洞见与深刻探究。刘海平、王守仁主编的《新编美国文学史》（2000—2002）同样注重中国文学史家的历史编纂主体性，第二卷用整章的篇幅描写和评价一个多世纪的华裔美国文学，以达到在中美文化双向互动的对话与对抗中沟通中国读者与美国文学之目的。

三 英美文学研究在新世纪的创新与问题（2000—2024）

随着21世纪的到来，中国的英美文学研究进入新的发展阶段。英国、爱尔兰、美国、加拿大、澳大利亚等英语国家及英联邦国家的新历史小说、后殖民书写、女性书写、少数族裔文学以及与中国相关的作家作品受到中国学者的广泛青睐和关注，各校纷纷成立国别和区域文学研究中心，举办英美女性文学、美国亚裔文学、后殖民文学、大洋洲文学、加拿大文学等专题研讨会。

由于国家社科基金和教育部人文社科项目以及全国性学科评估、"双一流"计划的鞭策推动，21世纪的外国文学研究和其他哲学社会科学研究一样百花齐放、推陈出新，发展迅速。项目驱动、评估评奖和各种人才计划极大地刺激了外国文学学者的项目申报和成果发表。[1]英美经典作家、西方批评传统在中国的接受研究，英美文学与中外人文交流史研究，英美文学中的中国形象研究，单卷本作家作品研究，经典作家全集重译和批评史研究，文学思想史研究，文学中的共同体书写研究，文学与进步话语研究、与消费主义研究，英美文学与城市化、现代化进程研究，叙事学研究，生态批评研究，文学伦理学批评研究等成为新的热潮，并取得了令人瞩目的成就。虞建华主编的《美国文学大辞典》（2017）是中国学者自主编写的"以我为主、为我所用"的大型美国文学辞典，获"教育部高校科学研究优秀成果"一等

---

[1] 相关项目清单，刘雪岚在本章第二节已有详细介绍，这里不再赘述。

奖；王宁著《当代中国外国文学批评史》（2019）较为全面地梳理和评价了新中国成立以来外国文学批评的几个主要发展历程，凸显了中国学者秉持中西比较的视角所取得的学术批评成就。陆建德著的《破碎思想体系的残编——英美文学与思想史论稿》（2001）、殷企平等主编的《英国小说批评史》（2001）和《文化观念流变中的英国文学典籍研究》（2020）、黄梅著的《推敲"自我"：小说在十八世纪的英国》（2003）、马海良著的《文化政治美学：伊格尔顿批评理论研究》（2004）、周小仪著的《从形式回到历史——20世纪西方文论与学科体制探讨》（2010）、李维屏主编的《英国文学思想史》（2012）和《美国文学思想史》（2018）、钱满素主编的《美国文明读本：缔造美利坚的40篇经典文献》（2014）、蒋洪新著的《T. S. 艾略特文学思想研究》（2021）、曹莉编著的《剑桥批评：中国与世界》（2022）和《剑桥批评：传承与超越》（2024）等分别从思想史、批评史、学科史、人文交流史和典籍研究的角度，拓展了中国英美文学研究的学术版图。

近年来越来越多的学者将注意力转向英美文学的跨学科跨界研究，文学与国家认同、文学与国民教育、文学与法律、文学与政治、文学与伦理、文学与城市、文学与乡村、文学与海洋、文学与疾病、文学与身体、文学与战争、文学与科学、文学与魔法，等等，如雨后春笋，层出不穷，并逐步形成与西方学界平等对话的趋势。在此过程中，学术创新，尤其是批评话语创新成为中外文学研究界的普遍焦虑和关切。无论是理论译介阐释，还是作家作品研究，无论是文本解读，还是流派梳理，都暗含着某种西方影响焦虑。一方面，中国学者热切渴望克服现代批评理论失语症，形成中国自己的批评话语和学术范式，由中国学者创建、定义并实践的译介学、变异学、文学伦理学批评等应运而生。另一方面，在摆脱对西方文论和方法的依赖和借用，努力构建自主知识体系的同时，如何以实事求是和一分为二的辩证态度正确评价和处理西方学术参照系，成为中国学者必须应对的实际问题。近年来文学地理学研究、后人类与后人文主义研究、情感转向研究、物转向研究等，已然成为与西方学界遥相呼应的新的研究趋势和学术热点；自觉乃至迫切地运用西方当代文论研究解读作家作品的趋势依然盛行，研究生撰写学位论文乃至部分中青年学者发表论文普遍存在套用或对接西方理论框架的焦虑。这种现象和趋势一方面反映出当代中国学者持续不衰的进取心和开放意识，另一方面也折射出部分学者对于西方学者及其理论话语的盲从和依赖。在这一过程中，中国诗学的古为今用，对文学自身的文学性和审美性观照常有缺席，相当一部分研究专著和论文对文学本体的形态美、语言美、肌理美以及文本本身最为基本的审美和鉴赏价值少有关注，仿佛外国文学的诠释和研究离开了当代西方文论和某种牵强附会的非文学维度就会束手无策、寸步难行。前辈学者那样不依赖艰涩的理论话语和概念性辞藻，全凭丰富的学养和敏锐的心智对作家作品、文学思潮进行富有洞见的细察和解读，已然罕见；学养型、思想型英美文学研究遂被理论性、学术性英美文学研究所取代。

近年来，随着"四个自信"国家战略发展理念的提出，中国的外国文学研究越来越鲜明地呈现一种克服理论失语、重构知识体系和话语体系的主体意识和文化自觉，这在课题申报、成果获奖、期刊栏目、论文论著发表、学术年会和专题会议主题等若干方面均有表现。以"外国文学研究与中国"为主题的大型研究著作相继问世，反映了中国外国文学学者的主体立场和本土意识。这类研究和著作以陈众议主编的《当代中国外国文学研究1949—2019》（2019）和《外国文学学术史研究》（多卷本，2011—　），申丹、王邦维主编的《新中国60年外国文学研究》（6卷7册，2015），陈建华主编的《中国外国文学研究的学术历程》（12卷，2016），刘建军等主编的《百年来欧美文学"中国化"进程研究》（6卷，2020），葛桂录著的《英国文学研究的学术历程》（2016），江宁康等著的《美国文学研究的学术历程》（2016）等最为综合且引人注目，多以多卷本的形式整理和书写半个世纪以来外国文学研究的中国进程。

然而，用历史的、比较的、前瞻的视野和方法厘清并提出对于中国和国际学界具有创新意义的学术问题、学术范式和具有重大社会价值的当代命题，任重道远。2016年，建设"新文科"的提出为外文学科的第二个百年提供了新的学术想象和创新改革空间，深入审慎地考量并检讨外文学科的旧学与新论是谋新篇、开新局的第一步。

从1862年"京师同文馆"到1926年清华大学外国语文系成立，从1981年国务院学位委员会公布首批文科博士生指导教师名单到2013年国务院学位委员会确定外国语言学、外国文学、翻译学、比较文学与跨文化研究、国别与区域研究共同组成外国语言文学学科的五大学科方向，再到2024年1月进一步明确14个二级学科[1]，中国的外国语言文学学科走过了一个半世纪的发展历程。截至2023年，全国（港澳台地区不计算在内）共有61个外国语言文学一级学科博士点和156个一级学科硕士点，3000多所本科院校全部拥有外国语言文学院系建制，其中1000多所院校设有英语语言文学本科专业。

随着全球化的跌宕起伏和人工智能尤其是ChatGPT等的迅速兴起和发展，英美文学研究面临新的历史机遇和挑战。一方面，与其他哲学社会科学一样，以英美文学研究为重要组成部分的外国文学研究肩负着重构自主知识体系和话语体系的时代使命，这或许可被看作晚清和"五四"新文化运动以来"古今之辩""中西之争"的延续和升级。在清理和传承的基础上变革和创新外国文学、比较文学等学科领域的研究与教学是构建"以我为主、为我所用"的外国文学研究学派和话

---

[1] 14个二级学科包括英语语言文学、俄语语言文学、法语语言文学、德语语言文学、日语语言文学、印度语言文学、西班牙语语言文学、阿拉伯语语言文学、欧洲语言文学、亚非语言文学、外国语言学及应用语言学、翻译学、比较文学与跨文化研究、外语教育学。

语体系的必要前提；能否立足中国，放眼世界，提出同时具有中国特色和世界意义的理论命题和学术范式是能否形成自主知识体系和话语体系的关键。另一方面，ChatGPT随着近年"唱衰外语"的苗头骤然兴起，在传统意义上把外语仅看作工具的认识和"文学无用论"持续发酵，外国语言文学在招生人数和学科建制方面遭遇前所未有的发展瓶颈和生存困境。"外语＋法律""外语＋计算机""外语＋人工智能"等"外语＋"项目和方案成为学科发展的一时之计乃至生存之计，外国文学的本体研究由此进一步趋向于"小众之学""精英之学"。以英美文学为重要组成部分的外国文学批评与研究如何走出以项目和各种量化评估指标为导向的困境和误区，由学院式批评走向更为广阔的社会文化批评，进而在理论与实践、工具理性与价值理性、人的历史主体（经验主体）与机器主体（人工智能主体）的动态性历史交替和博弈中，传承创新，与时俱进，创造出新的引导性场景和范式？这样的场景和范式如何一方面契合时代精神，另一方面，也是更为重要的方面，走在时代的前面催生新文学、新思想、新理论、新格局、新方法，是中国外国文学学者需要面对和回答的学术问题和现实问题。

面对上述新问题和新挑战，中国学者只有透过比较的、历史的和现实的滤镜，更加辩证、全面地理解科学与人文、传统与现代、本土与全球、民族与世界的个体关系和整体关系，"不囿于中国旧说或西方新论，而能突破界限，实现新探索、新综合"[1]，才有可能在推进包括英美文学在内的外国文学学科发展的进程中提出对于语言与文学、文化与社会、中国式现代化与人类命运共同体、中国与世界更有价值、更有意义的理论话语和学术命题。

---

[1] 王佐良：《想起清华种种——八十校庆感言》，《人民日报》1991年4月23日第8版副刊。收入《王佐良全集》第十卷《中楼集》，外语研究与教学出版社，2016年。

第二节　英语文学研究

刘雪岚[*]

一　引　言

在我国，传统的英语文学研究和教学长期归属在"英美文学"这一学科之下，通常包括加拿大、澳大利亚等国别文学的研究与教学。但在21世纪，这一情况发生明显改变，"英语文学"这一名称频频出现在学者的研究与教学中，曾有多人撰文涉及相关学术讨论。[1]

在此，考察"英语文学"[2]在英语世界的演变史是有必要的。二战之后，殖民地国家纷纷独立，在后殖民浪潮的影响下，非英美国家的英语文学创作蓬勃发展，出现很多文学名家和获奖作品，引发学界关注，先后出现"英联邦英语文学"或"后殖民英语文学"等说法。如今"英语文学"的范畴，除了包括占比最大的英国和美国的文学之外，通常还包括爱尔兰文学、加拿大英语文学、大洋洲英语文学、非洲英

---

[*] 刘雪岚，中国社会科学院外国文学研究所副研究员。
[1] 如《论英语文学研究的拓展》（王腊宝，2001）和《走向后殖民英语文学研究》（王腊宝，2002），《论英语文学的文化疆界及形象阐释》（江宁康，2004），《英语文学并非都在英美》（王守仁，2012），《何为英语文学专业？》（阮炜，2018），《"英语文学"概念的成长：一种学科史的范畴考探》（张和龙，2021）等。
[2] 英语世界关于"英语文学"先后有几种表达法，如Commonwealth Literature in English（英联邦英语文学），Postcolonial Literature in English（后殖民英语文学），Anglophone Literature（英语语系文学），以及Literature（s）in English（英语文学）。最后一种在当今学界使用最广泛，故本报告采用此语。

语文学、加勒比海英语文学、南亚英语文学等。在此背景下，尽管英美名校的英语文学教育仍以传统为重，但也出现不少具有后殖民和全球化特色的课程，如哥伦比亚大学英文与比较文学系的《解殖小说：印度英语写作》（Decolonizing Fictions: Indian Writing in English）和《南非的斗争文学与文化》（Literature and Cultures of Struggle in South Africa），伦敦大学学院（UCL）英文系的"殖民与后殖民文学"（Colonial and Postcolonial Literature)选修模块等。

在后殖民与全球化浪潮的影响下，因多位获奖或知名作家有殖民地经历（如奈保尔、库切、多丽丝·莱辛和扎迪·史密斯等）以及有相当数量来自前殖民地的学者（如萨义德、霍米·巴巴和斯皮瓦克），英语文学在学术研究和文学史编撰方面的成就更为突出。早在上世纪70年代，加拿大著名文学史家威廉·赫伯特·纽（W. H. New）就编写过一份多达6576条有关英联邦英语文学研究的参考书目，涉及东非、西非、南非、澳大利亚、新西兰、加拿大、印度、巴基斯坦、斯里兰卡、马来西亚、新加坡、菲律宾及加勒比海诸国。他在1993年与人合编的《英语文学》（Literature in English）一书中收录了从盎格鲁-撒克逊时代到20世纪80年代的1200年间有代表性的各国英语文学作品。[1] 此外还有《文学研究指南》（1989）《劳特利奇英语文学史》（2001第二版）《爱丁堡二十世纪英语文学指南》（2006），《英语新文学》（2014）等书，对英美之外的英语文学创作也做了全方位梳理和评介，使英语文学研究在21世纪的西方学界进一步学科化。[2]

---

[1] 相关信息详见朱振武：《中国非英美国家英语文学研究导论》，上海译文出版社，2013年，第5—6页。

[2] 参见James Harner, *Literary Research Guide,* Modern Language Association of America, 1989; Ronald Carter, John McRae, *The Routledge History of Literature in English,* Routledge, 2001; Brian McHale, Randall Stevenson, *The Edinburgh Companion to Twentieth-Century Literatures in English,* Edinburgh University Press, 2006; Ram Sharma, *New Literatures in English,* Aadi Publications, 2014。

与此同时,"英语文学"作为新的学科概念在我国也不断获得关注和讨论,其实质性标志是2007年12月中国外国文学学会英语文学研究分会的成立。当时哈佛大学英文系和比较文学系主任詹姆斯·安格尔在主旨报告中称赞中国学者成立英语文学研究会,在某种意义上比英美世界的文学教授们先行一步。他表示"英语文学研究应该是研究用英语写成的文学……将英语文学研究仅仅隔绝在一个国家或一国传统范围内是不明智的,是对思想的禁锢"[1]。2019年北京外国语大学创办《英语文学研究》杂志,征稿启事明言"专门刊载以英语创作的文学为研究对象的文章,每期包括论文、书评、访谈等栏目,涵盖英国、美国、爱尔兰、澳大利亚、加拿大、新西兰等主要英语国家和以英语为官方语言的国家的文学作品和文化理论"。2021年张和龙教授发文对"英语文学"做了详细的中外学科史考察[2],2023年度国家社科基金重大项目"21世纪英语文学纪事与研究"获批立项,2024年中国社科院外文所的"英美文学研究室"更名为"英语文学研究室",2025年5月,中国外文学会英语文学研究分会第九届年会以"英语文学与中国"为题在北京召开,进一步说明英语文学已成为新的学科概念和研究范畴。

在新的学科背景下,本报告尝试勾勒改革开放40年来我国"英语文学"研究的发展历程与主要成果。鉴于"英美文学"部分已有专文论述,本节在梳理英语文学的基础和关键发展时,会更多聚焦英美文学之外的"英语文学"。因篇幅所限,加之近年已有数个国家社科基金重大项目以多卷本的著述方式对我国外国文学研究的方方面面做了详

---

[1] 詹姆斯·安格尔:《人文学科的重要性:主谈英语文学》,载《外国文学评论》2008年第4期,第5—11页。
[2] 张和龙:《"英语文学"概念的成长:一种学科史的范畴考探》,载《英语文学研究》2021年第2期。

细综述和总结[1]，本报告将主要以改革开放40年国内出版的代表性学术专著和研究项目为基础，对每阶段的英语文学研究做归纳总结和特色分析。报告借鉴学界较公认的时间分期，将改革开放40年的英语文学分为三大阶段，即复苏的80年代、繁荣的90年代，以及丰富多元的新世纪20年。每一时期将从研究、教学和译介三个方面展开。

二　复苏的80年代

80年代，外国文学研究迎来复苏与发展，作家作品以及批评理论被快速、大量地译介。英语文学作为体量最大的区域文学，其发展变化也折射出这一时期外国文学研究的特色。

1978年，我国恢复研究生教育，同时开始选派留学生到英美澳加等国公费攻读学位，这批以"50后"为主的留学生归国后成为英语文学研究的主力军，甚至直接催生了相关国别的文学研究，如澳大利亚文学和加拿大文学研究。1979年中美正式建交也使得美国文学研究后来居上，获得迅猛发展。随着外国文学研究的进一步复苏与拓深，学界展开了多次关于文学与精神文明建设的全国大讨论。

在学术研究方面，仍以介绍和综述性成果居多，同时体现出顶层规划、集体合作的研究特色。新时期复苏的英语文学研究，最大热点非莎士比亚研究莫属。1978年，朱生豪译《莎士比亚全集》再版，朱维之在《外国文学研究》创刊号上发表《论〈威尼斯商人〉》，这一年就有20多篇莎评文章问世，1980年更是达到50多篇，呈井喷之势。

---

[1] 这类综述型项目成果主要有申丹和王邦维任总主编的《新中国60年外国文学研究》（北京大学出版社，2015）共6卷7册，分为"外国诗歌与戏剧研究"、"外国小说研究"、"外国文学流派研究"、"外国文学史研究"、"外国文论研究"、"外国文学译介研究"、"口述史"；陈建华主编的《中国外国文学研究的学术历程》（重庆出版社，2016）共12卷，分为"总论"两卷、"文论"一卷、"国别卷"七卷、"国别综合卷"两卷；以及陈众议主编的《当代中国外国文学研究：1949—2019》（中国社会科学出版社，2019）等，对我国的外国文学研究从国别到文学类别都有分卷专述，全面详尽，极具参考价值。

1984年莎士比亚研究会成立，1986年中国举办首届"莎士比亚戏剧节"，盛况空前，进一步带动了国内的"莎士比亚热"。当然因为多年与西方世界的隔绝，这时期的研究数量虽多，但多数仍以概说和资料汇编为主，如《莎士比亚评论汇编》（中国社科院外文所编，1979）、《和莎士比亚交个朋友吧》（方平，1983）、《莎士比亚——他的作品及其时代》（索天章，1986）、《莎士比亚在中国》（中国莎士比亚研究会编，1987）等。值得注意的是，这一时期的莎学研究不仅在国内蓬勃发展，国际化程度也非常高，林同济、王佐良、裘克安、杨周翰、陆谷孙、索天章等前辈学者连续多年参加国际莎士比亚学会会议和世界莎士比亚大会，他们的发言多引发强烈反响。这辈学人早年多负笈英美且留学名校，加之其深厚的中国文化修养，可谓中西兼通。他们在多年沉寂之后，厚积薄发，在国际舞台上充分展现了中国莎学研究的水准。

1978年11月，中国社科院外文所举办全国外国文学规划会议，会上不仅成立了中国外国文学学会，还通过了全国外国文学研究工作的8年规划，随之启动的多项研究资料丛书和作家研究丛书（如"外国文学研究资料丛书""二十世纪欧美文论丛书""外国文艺理论丛书""外国文学名著丛书"），对推动我国外国文学研究的复苏与发展具有重要意义，同时也清楚体现出我国的外国文学研究所具有的顶层设计、规划式发展等特色。按照规划所出版的作家研究资料集覆盖面很广，既有英美的经典作家，也有现代派作家和进步作家，如《狄更斯评论集》《奥斯丁研究》《伍尔夫研究》《福克纳评论集》《海明威研究》《惠特曼研究》《德莱塞评论集》等。此外还有文学流派和理论研究的资料汇编，如《今日西方文学批评理论》（1988）和《现代主义文学研究》（1989）等。值得注意的是，主持各种资料汇编的学者多数是社科院外文所的研究人员。作为人文社科研究的国家队，外文所英美文学研究室的老中青学者在这一时期起到了学术引领和示范作用。

除几套资料性丛书之外，这时期的重要学术论著主要出自前辈学者之手，如《英国文学论文集》（王佐良，1980）《英国文学论集》（范存忠，1981),《十七世纪英国文学》（杨周翰，1985）等。此外，社科院外文所学者所著《现代派论·英美诗论》（袁可嘉，1985）和《英美文学散论》（朱虹，1984），以及主编的《美国现代小说家论》（董衡巽，1988）和《美国当代小说家论》（钱满素，1987），也代表了这一时期中青年学者的学术水平和研究导向。

1979年，美国文学研究会在烟台成立，挂靠山东大学。此后《美国文学研究丛刊》创刊（1981），由陆凡教授领军，刊发大量文章，介绍现当代美国作家和学者。这时期，不少美国作家及学者前来访问或任教。如1978年美国著名剧作家阿瑟·米勒的访华，带动了美国戏剧研究，还出现了美国诺奖剧作家尤金·奥尼尔的研究和表演热潮。在戏剧热之外，垮掉派诗人艾伦·金斯伯格和加里·斯奈德于1984年随美国作家代表团访华，激发英美学界和中国作家对"垮掉的一代"的兴趣，至今不衰。两年后，美国马克思主义文论家弗雷德里克·詹姆逊在北京大学进行了为期4个月的学术演讲，由伍晓明翻译成《后现代主义与文化理论——弗·詹姆逊教授演讲录》出版，开启中国学界的"后学"时代。

在英美文学全面复苏，尤其是美国文学快速发展的同时，大洋洲文学研究和加拿大文学研究也开始复苏或崭露头角。早在1979年，安徽大学就成立了大洋洲文学研究所，并于1981年创办《大洋洲文学丛刊》，同时推出"大洋洲文学研究丛书"，在介绍和评价澳大利亚和新西兰等大洋洲文学作品方面，功不可没。北京外国语大学的胡文仲和华东师范大学的黄源深自1981年从澳大利亚留学归国后，持续发文介绍和评论澳大利亚的整体文学概况和知名作家作品，开创了澳大利亚文学研究与教学。北京外国语大学于1983年成立澳大利亚研究中心，开展对澳大利亚文学、历史、社会、语言等方面的研究，开设相关课程,并译介澳大利亚文学作品和相关研究著作。中心于1988年主办了中国首届澳大利亚研究国际研讨会,并发起成立了中国澳大利亚研究会。这一时期的大洋洲文学仍以澳大利亚和新西兰文学为主,且主要是文学作品翻译,少量的文章也以评介性内容为主。

加拿大文学研究的情况类似,缘于一些80年代留加学者的努力,于1984年由四川外国语学院院长蓝仁哲牵头成立了中国加拿大研究会(现更名为中国世界民族学会加拿大研究分会),此后北京外国语大学、内蒙古大学、山东大学、兰州大学、南京师范大学、宁波大学等高校纷纷成立加拿大研究中心[1],中国的加拿大文学研究和教学逐步发展起来。这时期的加拿大英语文学也以译介为主,《世界文学》杂志于1988年和1990年两次推出"加拿大文学专辑",还有些加拿大短篇小说选出版。这一时期的学术文章多是介绍性或概述式的,与教学"教研相长"。1981年,时任南京大学外文系主任的留加学者黄仲文为本科生开设加拿大文学选修课,出版教材《加拿大英语文学选读》(1986),同时撰文介绍,可谓开启中国加拿大英语文学研究和教学之先河。

80年代的英语文学研究除了具体作家作品的评介和大量评论文集汇编问世外,在对文艺理论和文学批评的引介和研究方面也成果显著,尤其是对于欧美现代派文学的全面介绍和全国大讨论,成为80年代复苏时期的重要事件。虽然早在1979年和1980年,袁可嘉和董鼎山就先后发文《结构主义文学理论述评》和《所谓后现代派小说》评介西方文学新思潮和新理论,但1986年可被视为外国文学界的批评理论之年,有4本书带动了国内理论热潮。一是前文提到的詹姆逊的演讲录,

---

[1] 目前在我国高校和科研机构设立的加拿大研究中心已有50余所,但多数已划归区域和国别研究领域,如北外英语学院为加强国别与区域研究人才的培养,于2006年重启加研中心并开设国内首个也是目前唯一的"加拿大研究"硕士专业。在文学研究方面,只有少数设立在外语院系研究中心的部分学者仍在从事文学和文化研究,如较早成立的四川外国语学院的加拿大研究所和广州外国语学院的加拿大研究中心等。但非英美文学的教学与研究,颇受学科规划和外部资助的影响,人员和学术兴趣都不甚稳定,较难保证有质量的发展。

二是伍晓明翻译的英国马克思主义批评家特里·伊格尔顿的《二十世纪西方文学理论》，三是张隆溪的《二十世纪西方文论评述》，四是赵毅衡的专论《新批评———一种独特的形式主义文论》。在20世纪西方理论大潮涌动的同时，西方女性主义文学和批评理论也得到传播与深化。朱虹在《世界文学》发表《美国当前的"妇女文学"》（1981年第4期），首次介绍当时在美国崭露头角的妇女文学及其批评。《英国女性文学的觉醒》（李小江，1986）、《关于女权主义批评的思索》（王逢振，1986）、《理论风暴中的一个经验孤儿——西方女权主义批评的产生与发展》（谭大立，1986）、《谈西方女权主义文学批评》（黎慧，1987）等文章多方位介绍和讨论了西方女性主义文学批评。玛丽·伊格尔顿主编的《女权主义文学理论》于1989年被翻译出版，标志着西方女性主义批评理论正式进入中国学界。

  以上成果离不开期刊和学术机构的支持和引领。复苏年代也见证了外国文学研究和出版领域的全面恢复和快速发展。改革开放40年来，我国外国文学研究领域共有5本核心期刊，均创刊于这个时期。[1]这些刊物为学术交流提供了重要平台，如当时对现代主义文学展开全国大讨论时，几篇重要文章如陈焜的《西方现代派文学和梦魇》和徐迟的《现代化与现代派》，都是在《外国文学研究》上首发。杂志甚至引领一时的学术潮流，如《外国文学研究》开设"外国文学中的人道主义"专栏，《外国文学评论》也推出过"叙事学研究"专栏并多次召集座谈会讨论前沿话题，如"传统与创新""西方后现代主义"等，对

---

[1] 这5本期刊是华中师范大学主办的《外国文学研究》（1978）、北京外国语大学外国文学研究所主办的《外国文学》（1980），南京大学外国文学研究所主办的《当代外国文学》（1980），北京大学主办的《国外文学》（1981），以及中国社科院外国文学研究所主办的《外国文学评论》（1987）。此外，北京师范大学的《苏联文学》（现名《俄罗斯文艺》，1979）以及中国唯一的比较文学专业期刊《中国比较文学》（1984）也在此期间先后创刊。在外国文学译介领域，有停刊10年后复刊的《世界文学》（1977），以及新创刊的上海的《外国文艺》（1978）和南京的《译林》（1979）。

英语文学研究的发展起到重要作用。

在教学方面,最重要的事件是1978年恢复研究生招生考试,并于1979年颁布高等学校外语专业本科教学计划。之后国务院学位委员会又于1983年和1984年,先后公布了7所大学和研究单位获得外语学科博士学位授予权。[1]这一系列从本科到博士的规划对我国外国文学研究事业的后续发展起到决定性作用,如硕士毕业于中国社科院研究生院的赵毅衡、赵一凡、黄梅和钱满素,还有硕士毕业于北京大学的张隆溪和盛宁等人,后均成为国内外知名学者。

英语文学的研究与教学和教材编写息息相关,教育部于1980年成立了高等学校外语专业教材编审委员会,再次体现出我国在教学与研究方面的顶层设计。新时期的文学史编写和教材编撰首先体现出前辈学者的厚积薄发与倾力合作,它们在各高校广泛使用,及时有力地促进了英美文学教学,为英语学科的成熟和发展奠定了不可或缺的基础。[2]

在文学翻译方面,作品译介在复苏时期取得丰硕成果,其数量远超学术研究。这时期的文学翻译受意识形态影响,批判现实主义以及左翼进步作品成为译介重点,如辛克莱的《屠场》(1979)、勃朗特的《简·爱》(1980)、斯坦贝克的《人鼠之间》(1981)和杰克·伦敦的《马丁·伊登》(1981)等。与此同时,现代派作品深受读者青睐,袁可嘉、董衡巽、郑克鲁等从1980年开始编选《外国现代派作品选》(至1985年,4卷8册出齐),全面译介世界各国的各类现代派作品,成为一时之选,深刻影响了中国作家的创作。此外,英美现代主义经典也以单行本陆续问世,如福克纳的《喧哗与骚动》(1984)、海明威

---

[1] 这7家单位分别是北京大学、北京外国语学院、南京大学、中山大学、复旦大学、上海外国语学院和中国社会科学院研究生院。学位委员会还于1986年增加了北京师范大学的英语博士点。
[2] 有关文学史和教材清单,本章第一节已有涉及,此处不再赘述。

的《太阳照常升起》(1984)、康拉德的《黑暗深处》(1984)、劳伦斯的《儿子与情人》(1987)和伍尔夫的《达洛卫夫人》和《到灯塔去》(1988)等，就连"天书"《尤利西斯》也有了金隄译本(1987)。相比之下，经典作品的翻译较少，除了莎士比亚戏剧，只有弥尔顿《失乐园》(1984)和浪漫派诗歌如拜伦和雪莱诗选等问世。还值得一提的是，英美通俗文学成为图书市场的热门，如《大饭店》(阿瑟·黑利，1982)和《假若明天来临》(西德尼·谢尔顿，1985)都成为超级畅销书，为中国读者认识丰富的西方社会及人生百态提供了宝贵窗口。

当然盘点译界的繁荣景象时，需要注意的是对英语文学作品的引进在这一时期有顶层设计，而非市场之手的结果。中国翻译工作者协会（后更名为"中国翻译协会"）于1982年在北京成立，下设社会科学、文学艺术、科学技术、军事科学、民族语文、外事、中译外、翻译理论和翻译教学等多个学术委员会，负责指导并组织相关领域的翻译活动。在80年代，译协多次举办翻译论坛和文学翻译研讨会，讨论翻译与出版，表彰翻译家，商议外文书籍的引进标准和原则。译协于1987年加入国际翻译家联盟，还于1990年派代表团出席国际译联的世界翻译大会，对复苏时期的中国翻译事业起到重要的引领和促进作用。

三、繁荣的90年代

80年代的强劲复苏，尤其是80年代后期的"文化热"，带动了中国人文社科各个领域充满活力的发展。英语文学研究也不例外，在90年代迎来大繁荣。前辈学者持续发力，有特色有深度的学术著述不断问世，中青年学者更显出理论自觉以及对西方批评理论的高度关注，对后现代派文学以及族裔文学的研究成为新的学术增长点。

学术研究方面，前辈学者的研究依然起到引领和示范作用，佳作迭出。代表性著作有《中国文化在启蒙时期的英国》（范存忠，1991）、《欧美现代派文学概论》（袁可嘉，1993）、《英国散文的流变》（王佐良，

1994）、《十七世纪英国文学》（杨周翰，1996）等。这一时期学术研究的另一特色就是那些80年代攻读博士、尤其是学成归国的中青年学者开始陆续发表更专业的研究论文，其博士论文通常在拓展后以专著形式出版，如从英美获得博士学位的肖明翰所著《大家族的没落：福克纳和巴金的家庭小说比较研究》（1994）、钱满素所著《爱默生与中国：对个人主义的反思》（1996）、周小仪所著《超越唯美主义：奥斯卡·王尔德与消费社会》（1996），代表了国际水准。

英美文学之外的英语文学研究依然围绕澳大利亚文学和加拿大英语文学展开。胡文仲和黄源深继续深耕，相继出版《澳大利亚研究论文集》（第一集，1992）和《澳大利亚文学论》（1995）。此外还有叶胜年著《澳大利亚当代小说研究》（1994）。90年代从事新西兰文学研究的学者多有新西兰留学或访学经历，如赵友斌、耿宁和熊建国等，但这时期的文章仍以介绍性为主，如《未被发现的文学——新西兰文学简介》（熊建国，1995）和《新西兰民族文学的发现》（赵友斌，1996）。在加拿大研究领域的标志性成果当属《加拿大英语戏剧史》（郭继德，1999）以及《二十世纪加拿大英语作家及作品研究》（杨俊峰，1994）。此外，南京师范大学傅俊的"玛格丽特·阿特伍德研究"获1997年度国家社会科学基金立项资助，是加拿大英语文学研究的重大学术突破。

此外值得一提的是，八九十年代对非英美国家的英语文学的研究有两大特色，一是研究学者多有相关国家的留学或访问经历，回国后凭借第一手资料开始做推介或翻译工作。这类研究往往有偶然性和暂时性，很多研究者后因多种因素影响转向其他研究领域。二是这类非主流英语文学研究往往有相关国家的资金资助或学术合作，如虞建华的专著《新西兰文学史》（1994）就是上海外国语大学新西兰研究中心的成果之一，此中心于1987年由新西兰政府资助建立。加拿大英语文学研究也与加拿大政府的资助与合作密切相关。如加拿大政府早在1973年设立的"中加学者交流项目"和1989年设立的"加拿大研究专项奖"资助很多学者前往加拿大留学或短期访学，了解学术动态，获得学术资料，建立学术联系，回国后开展加拿大文学的教学与研究工作。但其后，随着这些项目对文学方向资助的减少，很多曾发展良好的研究中心或外语院系便减少甚至停止了相关教学与研究，如南京大学的"加拿大文学"课程已停设，一些"加研中心"随着领衔学者的调离名存实亡。不过有赖于八九十年代所奠定的学科基础以及国力日渐强盛和青年学者逐渐成才，21世纪的前20年，非英美国家的英语文学研究以惊人的发展速度迈上新台阶。

90年代更多的集体成果或项目式论著开始出现。如中国社科院外文所英美室的英国小说研究项目，时任所长吴元迈主编的"20世纪外国文学史"系列等。项目的作者来自全国各大高校，多为年富力强的优秀学者，其成果不仅代表着当时英语文学的研究水准，也对相关研究与教学领域产生较大影响。

教学方面，有更多院校推出文学史和文学选读教材，文学教学与研究日渐规范化、体系化。使用最广泛的有《美国文学简史》（常耀信编，1990）、《美国文学史及选读》（吴伟仁编，1990）、《美国文学名著精选》（钱青主编，1994）、《英国二十世纪文学史》（王佐良、周珏良主编，1994）、《英国文学通史》（侯维瑞主编，1999）等。这时期还出现了文学批评和思想史的选集，尤为难得，其后未再出现类似教材。代表作有《美国十九世纪文论选》（董衡巽编，1991）、《美国文学研究评论选》（常耀信编，1992）、《美国文化与文学选集1607—1914》（潘绍中编选，1998）、《美国文学背景概观》（史志康主编，2000）等。这时期非英美文学的教学也呈现繁荣之势，相继问世的有《加拿大英语文学简史》（黄仲文主编，1991）、《加拿大文学简史》（郭继德，1992）《澳大利亚文学史》和《澳大利亚文学选读》（黄源深，1997）等，为后续英语文学研究在新世纪的全面展开，奠定了较好的学科基础。

文学翻译方面，因1992年我国成为《伯尔尼公约》和《世界版权公约》的成员国，受其约束，次年英美文学译作数量大幅减少。随着对国际规则和版权法的逐渐熟悉，90年代后期文学作品的引进更加规范化和规模化。除了大量公版书的翻译，如《草叶集》（赵萝蕤，1991）、《济慈诗选》（屠岸，1997）、《王尔德全集》（杨烈等，2000），这时期也引进不少现当代作家的作品，如乔伊斯的《尤利西斯》（萧乾、文洁若译，1994）、托尼·莫里森的《娇女》（王友轩译，1990）。美国后现代派作品的译介成为亮点，译林出版社以系列的形态推出海勒、冯尼古特、品钦、德里罗等作家作品。最新的特色是文学史和文学理论著作的大量译介，如罗宾·麦格拉思《加拿大的文学》（吴持哲、徐炳勋译，1992）、埃默里·埃利奥特《哥伦比亚美国文学史》（朱通伯等译，1994）、乔纳森·卡勒《结构主义诗学》（盛宁译，1991）、瑞恰慈《文学批评原理》（杨自伍译，1992）、萨义德《东方学》（王宇根译，1999）等。这些文学作品和理论著作的翻译，为90年代的文学创作和学术研究提供了丰富的思想资源。

四 丰富多元的21世纪前20年

21世纪的前20年，我国人文社科空前繁荣。英语文学研究在充分与国际接轨，深入开展国际交流的同时，整体的学科建设进一步规模化和体系化，跨学科研究和数字人文成为新的学术增长点。在研究方法和内容上，不仅展现了去西方中心的全球史视野，对于共同体和世界主义的广泛关注，也呼应了我国"一带一路"倡议和"构建人类命运共同体"的时代主旋律。相关领域的成果呈几何级增长，篇幅所限，已无法全面盘点具体领域或研究者的代表性成果，仅对整体发展态势和特色做简要梳理和总结：

学术研究方面，经过上世纪20余年的复苏和发展，英语文学研究的顶层设计体现出更大效应。国家社科基金和教育部人文社科基金以及各省市乃至院校级的各类基金在相当程度上引领或影响了人文学术研究的走向。尤其是国家社科基金项目，具有重要的示范和导向作用。其研究课题指南和立项资助的项目真实反映了各学科研究的轨迹、现状及发展趋势。浏览社科基金近40年的英语文学立项，就可看出相关学术研究在深度和广度上已不可同日而语，不仅覆盖了文学研究的审美研究、社会历史研究、伦理批评，也包含了经典研究、流派研究、断代研究、文类研究、理论研究、思想史研究等，21世纪前10年，项目主持人基本是本领域已有成就的中年专家或学术带头人，而后10年的项目主持人多已变成"70后"甚至"80后"的青年学者，女性学者也开始占据较大比例，研究者来自全国各类高校和研究机构，不再是"985"高校独步天下的局面；不仅体现出后现代和后殖民时代的学术视角和研究兴趣，也有对多媒体和大数据科技的跨学科运用。近年来，在建立自己的话语体系和学术自信的精神鼓舞下，中西对话和比较研究也成为新亮点。

尤值得关注的是，国家从2004年开始以招投标方式设立重大项目，是目前国家社科基金项目资助体系中层次最高、资助力度最大、权威性最强的项目类别。外语学科从2009年起以基础理论类研究开始获得立项支持。纵观2009年以来的重大项目，外国文学类共获批80余项，其中跟英语文学研究相关的有20余项，最初几年都是由北大、浙大、南大等高校知名学者领衔的总结性和综合性的大项目，如《新中国外国文学研究60年》（申丹，北京大学；陈建华，华东师范大学）、《外国文学经典生成与传播研究》（吴笛，浙江大学）、《百年来欧美文学中国化进程研究》（刘建军，东北师范大学）、《战后世界进程与外国文学进程研究》（王守仁，南京大学）、《文化观念流变中的英国文学典籍研究》（殷企平，杭州师范大学）等。这些项目均已结项出书，在学科建设和学术交流等方面起到非常重要的引导和示范作用。

在非英美国家的英语文学研究方面，借国社科20余年的各类项目管窥，可以看到研究领域几乎涉及所有非英美国家的英语文学作品和理论研究，早期以大洋洲文学、加拿大文学和印度英语文学为主，从2015年开始研究范围扩展到爱尔兰文学、苏格兰文学、非洲英语文学，甚至是新加坡和马来西亚等国的英语文学，立项数目呈井喷式增长；不仅有作家作品研究，也有文学史和文学流派或类别的综合性研究；研究视角不仅有热点的共同体书写或民族性建构，也包括了后殖民批评、身体叙事、空间书写等批评维度。

近年的几个重大项目如《多元文化视野下的大洋洲文学研究》（彭青龙，2016）、《非洲英语文学史》（朱振武，2019）、《加勒比文学史研究》（周敏，2021），尤为突出地展现出我国英语文学研究的全面繁盛与纵深发展。还需一提的是，非洲英语文学或印度英语文学的研究，在我国有时也纳入亚非拉文学研究领域，上述相关项目主持人就有从事非洲文学或印度文学研究的学者，而非英语专业出身的学者。

教学方面，外语教育几经沉浮，从90年代盛行工具论到新世纪强调人文属性，终在2011—2013年迎来重大变革。国务院学位办先后颁布的《研究生教育学科专业目录》以及《学位授权审核申请基本条件》等将外国语言文学学科由此前几十年的一级学科之下以语种或国别划分二级学科的传统，变为外国语言文学一级学科下设置五大学科方向，即外国语言研究、外国文学研究、翻译研究、国别与区域研究、比较文学与跨文化研究。2022年，第5版《学位授予和人才培养学科目录》的交叉学科项下，又将"区域国别学"新增为一级学科，可授予经济学、法学、文学、历史学学位。2024年1月，国务院学位委员会第八届学科评议组再次编修了《研究生教育学科专业简介及其学位基本要求》试行版，其中对外国语言文学一级学科的学科概况、学科内涵和学科范围作了新的描述，更加强调与其他学科的交叉融合，以及服务国家发展战略的要义。同时"因应提升国家外语能力之需，设置外语教育学二级学科"。不难看出这些频繁的更新和调试，都说明外语学科在大变局时代，不断面临着新需求和新挑战。随着人工智能的发展和国际形势的变化，英语文学研究的本质、方法、内容和价值也必将面临大幅调整和改变。

文学翻译方面，在加入国际版权组织30年后，我国已当之无愧地成为世界翻译大国。英语文学方面自不必说，很多经典作家不仅都有了全套作品译文集，如莎士比亚、奥斯丁、乔伊斯、伍尔夫、劳伦斯、霍桑、菲茨杰拉德、海明威、福克纳等，甚至还出现数个译本。在80年代初影响巨大，曾引来万人空巷从凌晨就开始排队等待购买的人民文学出版社"网格本"外国文学名著丛书，也于2019年重新刊印，很多当年"网格本"的"知名读者"如作家王蒙和李洱等都表述了名著译本对他们创作的影响，甚至认为翻译文学已成为中国文学的组成部分。很多当代英语作家，尤其是获奖作家如多丽丝·莱辛、石黑一雄、托尼·莫里森、古尔纳的作品，都得到及时且全面的译介，有些甚至与英语原作同步出版。除了小说、诗歌、戏剧等作品的译介，文学批评和思想论著也被进一步引进，如译林出版社自1999年启动的"人文与社会译丛"，由知名学者刘东领衔策划和主编，至今已翻译出版经典论著百余种，涉及哲学、法学、社会学、政治学、经济学、心理学、宗教、历史、文学、艺术等诸多领域，不仅数量惊人，对中国人文学界产生了重要影响，而且促进了中西文明的深入对话。此外，对西方文学和思想著作的全面译介，也促进了对于文学翻译理论和实践的研究，翻译研究也逐渐成为一门学科。不仅有谢天振创建的译介学，杨枫倡导的知识翻译学，"翻译学"也在2022年的新版人才培养学科目录中，升级为与外国语言文学并列的一级学科，具有了独立的翻译学博士学位授予权。不过随着翻译软件和人工智能大语言模型的不断更新迭代，翻译实践已受到重大冲击，实验表明在对较规范的文本和文字书写的翻译中，人工智能在效率和准确率上，几乎完胜人类手工翻译。文学翻译研究或翻译理论研究，也必将改变其思考维度、理论走向及研究的意义。

五、思考与展望

　　梳理和描述改革开放40年来的英语文学研究、教学和译介概况，主要目的并不在于罗列事实，提供数据，更重要的是通过这些发展变化，总结成功经验，反思偏颇和失误，从而提出有现实依据、切实可行的未来发展设想和展望，以使我国英语文学乃至整个外国文学的"研教译"得到更好的发展，从而为我国的文化建设和文明发展助力。

　　从学术研究来看，我国外国文学研究一直具有顶层设计和规划发展的特色，例如改革开放初期的全国外国文学和规划会议，以及国家社科基金的项目指南。到21世纪，这一特色更加明显，多数大部头学术著述几乎都是课题和项目研究成果。近年"一带一路"倡议促使亚非拉文学研究突飞猛进，很多高校纷纷成立非洲研究院，非洲文学研究先后获得国家和省部级立项20余项。然而应注意的是，英语文学研究不仅要注重问题意识、发出中国声音、回应时代、服务社会，而且作为传统的人文研究，同样应注意自身的规律和特色。2024年的社科基金申报取消项目指南，或许正是为了让人文研究回归自身规律，让学者更自由的施展特长和兴趣，以避免学术研究过度"项目化"或"蹭热点"。

　　在英语文学的学科建设和人才培养方面，可以看到随着国家经济发展和政治生态变化，英语学科建设和培养方案不断调整，90年代中期曾提出"外语＋（外贸、外交等）"的复合型人才培养方案，文学类课程被大幅缩减，外语学科的工具属性更加突出。在新世纪的全球化和大变局时代，国际视野和家国情怀、区域国别学知识和跨文化交流能力成为新的培养目标和重点。再加上近年人工智能和大数据计算的飞速发展，外语作为语言工具面临更大挑战。很多高校因此重返90年代，再次提出"外语＋"的培养方案，文学教育和课程再次被缩减和边缘化。然而全球化视野和跨文化交流能力，是否可以仅凭"外语＋"

的工具性设计实现？难道不需要从英语文学的缤纷世界获取丰富的想象力和认知理解能力？

新世纪以来，不仅英美之外的英语文学研究取得重大成就，学术研究的国际化也成为突出特色。不仅有更加频繁和深层次的国际交流，还有数位学者获得国外研究院的院士称号，产生了一定的学术影响，然而中国学术"走出去"或许不应只满足于在国际知名期刊发表文章、在国外举办学术会议或者获取一些称号，正如张旭东在讨论中国学术"国际化"时指出："中国学术应该有这个抱负，不但别人的问题是我们的问题；而且我们的问题也是所有人的问题。如果中国学者能把对自己境况的反思推进到这个程度，就必然会对西方和其他非西方世界产生一系列反响。中国学术'国际化'的一个良性指标是看能否在讨论中国问题时对西方理论产生冲击，并对'普遍性'的概念体系提出修正。中国学术如果没有一种超出中国范围之外的相关性，对世界范围内的学者的思考有所启发，就谈不上有什么国际性。"[1]在大力倡导讲中国故事、贡献中国智慧、发出中国声音的新时代，这段二十几年前的话，或许对于中国所有带有"外"字头的人文研究与教学，如外国哲学、外国历史，以及外国文学文化的研究和教学，尤具启发意义，值得深思。

---

[1] 张旭东《我们今天怎样做中国人？——"全球化"时代的文化反思》，此文原为2002年张旭东接受《中华读书报》记者张洁宇的访谈，载《中华读书报》2002年7月17日，后收入张旭东《全球化时代的文化认同：西方普遍主义话语的历史批判》（第二版），北京大学出版社，2006年。

第三节　欧洲文学研究[1]

梁　展　魏　然[*]

中国欧洲文学翻译和研究的历史已有百余年。从意识形态和研究方法来说，当代中国的欧洲文学翻译和研究工作呈现出逐步摆脱日本、西方（晚清时期）与俄苏（中华民国与新中国成立初期）的影响，走上了一条将欧洲文学的介绍、翻译、研究、普及和推广事业视为动员和组织现代中国革命的有效思想和文化工具，将其与中国新文学创作密切结合起来的独特道路。

一　滥觞期（1919—1949）

中国外国文学翻译和研究始于清末知识分子应公众了解西方文明之需，对西方近现代小说的译介。在1898年"百日维新"运动的高潮中，林纾翻译了法国小说《巴黎茶花女遗事》，这被视为中国自主翻译和介绍的第一部欧洲小说。自此至1911年辛亥革命爆发的短短13年时间，中国人翻译的外国文学作品就多达600余种，这些作品出自英、法、美、俄、挪威、瑞士、比利时、西班牙等国作家，其中既有欧洲古典文学作家、文艺复兴时期的塞万提斯、早期现代的莎士比亚，也有18世纪启蒙运动时期的笛福、斯威夫特，还有19世纪浪漫主义和批判现实主义时期的巴尔扎克、大仲马、小仲马、狄更斯、托尔斯泰等

---

[*]　魏然，中国社会科学院外国文学研究所副研究员。
[1]　本文参考了陈众议主编：《当代外国文学研究（1949—2019）》，中国社会科学出版社，2019中的部分章节。

作家。以鲁迅、郭沫若、茅盾、巴金和冰心等为首的"五四"一代翻译家、作家和学者历来看重欧洲文学作品的思想性和革命性，他们刻意选择那些宣扬欧洲人道主义（如易卜生）和个人主义（如尼采）精神的文学和思想作品加以翻译，以欧洲的进步文学作家和作品为工具同中国专制主义的传统文化和思想做斗争，同时借以反抗西方列强对印度、爱尔兰、乌克兰、匈牙利、波兰、捷克、克罗地亚、阿根廷、尼加拉瓜、亚美尼亚、保加利亚、巴西、土耳其、埃及、黎巴嫩、智利等弱小民族国家发动的殖民战争和经济、政治与文化压迫。

"五四"一代作家善于将从阅读和翻译欧洲文学作品中获得的文学体验融入自己的新文学创作实践当中，这使欧洲文学的阅读和翻译与本土方兴未艾的新文学创作之间形成了一种难能可贵的相辅相成、相得益彰的格局。对欧洲文学的翻译一方面推动了现代中国的语言革命即白话文运动，更新了文学和一般性书写的媒介；另一方面也使以诗歌和散文为主流的传统的中国文学形式迅速向欧洲的小说体裁转变，西方小说、诗歌和散文以及在西方影响下的日本文学作品一时成了中国现代作家着力模仿的创作标准。

"五四"时期和20世纪20年代是俄罗斯和苏联文学译介起步阶段，其前驱者有田汉、沈雁冰、郑振铎、张闻天、胡愈之。《伊戈尔远征记》和《雷司脱尔之年代记》（即《往年纪事》）这些俄罗斯古典作品由此开始为中国读者所了解。在文学理论方面，20年代中期鲁迅首先节译了托洛茨基的《文学与革命》，冯雪峰翻译了日本学者论新俄文艺的三种著作。1928年初，创造社和太阳社开始以更大的声势倡导无产阶级文学，苏联和日本的各种"科学底文艺论"被大量译介到国内，其内容非常驳杂，既有列宁的文艺思想，也有大量被后人斥之为以"无产阶级文化"的词句"来掩饰同马克思主义的斗争"的内容。在革命文学论争当中，鲁迅翻译了普列汉诺夫的《艺术论》、卢那察尔斯基的《艺术论》和《文艺与批评》、片上伸的《现代新兴文学的诸问题》

与藏原惟人和外村史郎辑译的《文艺政策》等。

1930年3月成立的中国左翼作家联盟把建设马克思列宁主义文艺理论的任务正式提上议程。在这个阶段，列宁论文艺的文章被介绍到中国，如郑超麟译的《托尔斯泰与当代工人运动》、嘉生译的《论托尔斯泰——俄罗斯革命的明镜》等。中国的左翼文学界几乎与苏联文学界同步开始介绍马克思主义文学理论。1932年，瞿秋白在《"现实"——马克思主义文艺论文集》中将恩格斯论文艺的书信翻译出来，还编写了《马克思、恩格斯和文学上的现实主义》《社会主义的早期"同路人"——女作家哈克纳斯》《恩格斯和文学上的机械论》等文章，他强调从马克思、恩格斯这些"很宝贵的指示"中观察"马克思主义对文学现象的观察方法"；鲁迅翻译了《恩格斯致敏·考茨基的信》、郭沫若翻译了马克思与恩格斯合著的《艺术的真实》，瞿秋白翻译了列宁的《列甫·托尔斯泰像一面俄国革命的镜子》和《L. N. 托尔斯泰和他的时代》，冯雪峰翻译了列宁的《论新兴文学》(即《党的组织与党的出版物》)等。这些苏联早期的文学思想论著的翻译使20世纪30年代中国左翼作家的思想水平得到大幅度提高。许多作家不再简单地切断无产阶级文学与过去的文学传统之间的继承关系，而是以更加开阔的胸怀接纳人类文化的优秀成果，不少左翼作家还尝试用马克思主义的观点去参与现实的文艺思想斗争和总结中国新文学的发展道路。

二 初创期（1949—1959）

新中国成立后的欧洲文学翻译和研究工作在中央政府的支持下迎来了新的机遇和高潮，这表现在从事外国文学翻译和研究工作的队伍不断得到壮大，研究人员的思想境界和业务水平迅速擢升，一般群众读者的阅读层次也有所提高。1949年至1959年，新中国以译者自愿选择或官方机构组织的方式翻译出版的外国文学艺术作品多达5356种，总印数达到了一亿一千多万册，是1941年的2.5倍之多。在此期间，中国作家协会主办的《译文》(1953年复刊,1959年更名为《世界文学》)杂志起到了明确的思想引领和政治导向作用。

在社会制度改变与宣传部门的明确指示下,19世纪以来的诸如"荒诞派""意识流""表现主义"等西方现代文学作品由于与国内社会主义文化建设的总体目标不符而逐步失去关注,同时代的西方文学翻译主要集中在古典文学。相反,反思和批判当代西方资本主义现实的现实主义、批判现实主义作品,以及富有革命意志和社会改良意识,体现反抗封建主义、帝国主义和殖民主义的欧洲作家作品的翻译与日俱增。在新中国建立初期的十年间,苏联(包括俄国)文学作品的译介占据同一时期翻译出版的外国文学作品总数的60%以上,对苏联和东欧社会主义国家文学作品的译介极大地促进了中国与相应国家人民之间的文化交流和相互理解,加强了社会主义阵营内部的合作与团结。

新中国成立初期的欧洲文学翻译和研究呈现由零星、随意和松散的译介向整体性、计划性、组织性、方向性的翻译与研究并重的过渡性特征。1953年,北京大学文学研究所成立,两年后(1955年)该所划归中国科学院哲学社会科学部,成为今天中国社会科学院文学研究所的前身。隶属于上述机构的"外国文学组"云集了钱锺书、杨绛、卞之琳、罗大冈等欧洲文学翻译和研究名家。1955至1956年,中共中央提出"向科学进军"的号召,"百花齐放,百家争鸣"方针也相继出台。一年之后的1957年,整风运动在全国范围内展开,外国文学研究工作中的"残余资产阶级学术思想"受到了批判。

20世纪50年代,苏联的文艺理论和文艺政策几乎被全盘移植到了中国,《人民文学》杂志在其"发刊词"中强调,"最大的要求是苏联和新民主主义国家的文艺理论"。"全盘苏化"的做法一方面促进了中国社会主义文学和文化事业的发展,另一方面,其负面的结果则是割断了与西方文论对话和从中国传统文论中汲取养料的可能渠道,而不加批判地吸收苏联文论,直接导致了文艺创作上庸俗化、机械化的倾向。呼应苏联社会在50年代中期发生的巨大变化，中国文坛掀起了讨论"真实""典型""形象思维"等问题的高潮。在这些讨论当中，秦兆阳的《现实主义——广阔的道路》、钱谷融的《论"文学是人学"》、巴人的《论人情》等一批切中时弊、富有创见的理论文章相继发表，这场有关人道主义的论争与同时期在苏联文艺界发生的"解冻文学"思潮之间的关系显而易见。

在俄苏和英美文学作品的翻译与批评之外，新中国在其他语种的文学翻译和研究方面的力量比较薄弱。相形之下，德语和法语人才比较集中。德语方面有陈铨、冯至、杨业治、田德望等；法语方面有李健吾、罗大冈、傅雷、梁宗岱等。众多的法国经典小说得到重译，大大促进了外国文学经典的普及工作。西班牙语、意大利语等重要西方语言以及北欧五国语言的学科建制都是在50年代后期才逐渐形成，其文学作品基本上都是从俄语或其他语言转译而来的。出于团结社会主义阵营和共同建设社会主义文化的需要，自1950年至1959年，对东欧文学的翻译在规模和数量上达到了一个高潮，仅罗马尼亚语小说作品翻译成中文的就有26部，如萨多维亚努的《泥棚户》《漂来的磨坊》《斧头》，以及格林内斯库、爱明内斯库、阿列克山德里、谢别良努等的作品；还有波兰作家奥若什科娃、柯诺普尼茨卡，南斯拉夫作家乔比奇、普列舍伦，捷克斯洛伐克作家狄尔、聂姆曹娃、马哈、爱尔本等重要作家的作品。

三　独立期（1960—1976）

自1960年中苏关系持续恶化至1977年改革开放初期，中国的欧洲文学翻译和研究在一片沉寂中逐步摆脱苏联模式的影响，走上了一条独立的外国文学翻译和研究道路。1964年，中国科学院哲学社会科学部成立了外国文学研究所，主要由原中国科学院文学研究所所属的苏联、东欧、西方和东方文学四个研究组、研究室及中国作家协会所属的《世界文学》(原《译文》杂志)编辑部组成。诗人、学者、北京大学教授冯至被任命为该所首任所长。在中宣部和全国各个高校的支持下,刚刚成立的外文所调集了一批在全国享有盛誉的翻译家、作家和学者,如卞之琳、李健吾、罗大冈、罗念生、杨绛、戈宝权和钱锺书等。

毋庸讳言,创设外国文学研究所的初衷是服务于当时的外交和政治需要,但从客观上来讲,它标志着外国文学的科研与外国语言教学工作走上了更加专业化的道路,同时,该专业学术机构采取了行之有效的行政手段,在全国范围内召集优秀的翻译家和学者,从而使外国文学的专业翻译和研究工作进入了有组织、有规划和有系统的新阶段。早在1958年,中宣部部长陆定一就责成中国科学院文学研究所主持编选和翻译一套外国古典文学名著丛书,1964年外国文学研究所成立之后便从文学研究所全面接手了这项工作。"三套丛书"最初的编委会成员先后有卞之琳、戈宝权、叶水夫、冯至、田德望、朱光潜、杨周翰、杨宪益、李健吾、金克木、罗大冈、季羡林、钱锺书、巴金、朱虹、陈冰夷、陈燊、张羽、绿原、董衡巽等人,周扬和林默涵都先后数次亲临编委会会议并给予了具体的指导。按照1961年制定的"三套丛书"的编选计划,初步确定"外国古典文学名著丛书"120种,"外国古典文艺理论丛书"39种,"马克思主义文艺理论丛书"12种。此后,"三套丛书"列入国家社会科学发展规划的"六五""七五"重点项目。迄今为止,丛书共出版"外国古典文学名著丛书"145种,"马克思主义文艺理论丛书"11种,"外国古典文艺理论丛书"19种。丛书的编选、翻译和出版作为一项系统工程不仅是中国百余年来外国文学翻译和研究史上的创举,而且在世界文学史上实属罕见。其选题精当、规模宏大,在学界和文学爱好者中享有崇高的声誉。

在本时期,从事俄苏文学出版、翻译、教学、研究的专业队伍主要由两部分人构成:一部分是新中国成立前就已经从事与俄罗斯语言文学相关工作的老一代知识分子。其中值得一提的是20世纪40年代在上海时代出版社工作的叶水夫、陈冰夷、戈宝权、孙绳武、许磊然、蒋路、包文棣、草婴、张孟恢等，他们直接参与过设在上海的时代出版社下属刊物《苏联文艺》的工作；新中国成立后，他们又分别调入中国俄苏文学事业的"龙头"单位——中国科学院哲学社会科学部文学研究所、人民文学出版社、上海译文出版社，成为各自单位的业务骨干和带头人。另一部分是新中国培养起来的年轻一代人才，与上一代学者相比，他们受到了俄语和俄国文学的专业训练。自50年代开始，俄语成为我国中、高等教育的主要外语语种，一批学生被派往苏联专门学习俄罗斯语言或文学，他们日后逐渐在翻译、对外交流、第一手资料收集方面显示出明显的优势，并且很快构成了各自专业领域的中坚力量。

四　黄金期（1976年至今）

1977年"文革"结束之后，党中央在原中国科学院哲学社会科学部基础上正式成立了中国社会科学院。1978年底召开的中共十一届三中全会带来了一场席卷全国的思想解放运动，外国文学研究与自然科学和其他人文社会科学学科一样迎来了蓬勃发展的黄金时期。

1978年，中国外国文学学会正式成立，随后数年里，俄罗斯（苏联）、法国、德国、意大利、西葡拉美等文学研究会也相继成立。复刊后的《世界文学》杂志发行量一度突破三十万份，《外国文艺》、《外国文学研究》（后更名为《外国文学动态研究》）、《译林》、《国外文学》、《苏联文学》（后更名为《俄罗斯文艺》）、《外国文学》、《中国比较文学》、《外国文学评论》等翻译、介绍、研究外国文学的刊物也相继创设。关于这个时期的欧洲文学翻译和研究工作，我们将分语种叙述如下：

1. 德语文学

以冯至为代表的五代德语文学学者推出了一系列优秀翻译和学术

成果，如张黎编译的《布莱希特戏剧选》《布莱希特研究》、叶廷芳编译的《卡夫卡全集》及其卡夫卡研究论著、高中甫的《歌德接受史》，等等。对席勒、海涅、克莱斯特等经典作家的翻译作品和研究论著不断问世；对托马斯·曼、赫尔曼·黑塞的翻译和研究成绩斐然，如黄燎宇的传记研究《托马斯·曼》(1999)、张佩芬的《黑塞研究》(2006)。在文学史编纂方面先后出现了三部重要著作，即冯至主持的《德国文学简史》(1958)、范大灿主编的五卷本《德国文学史》(2008)等。近年来，德国思想、文化和宗教与文学的关系研究受到了极大的重视，其代表性著作是谷裕的《现代市民史诗——19世纪德语小说研究》(2007)。与此同时，对德国早期浪漫派、奥地利现代主义、接受美学理论、法兰克福学派文学观念的介绍和研究也取得了突出的成绩。

在德语古典文学方面，近年来颇受瞩目的是谷裕对歌德的名作《浮士德》(第一部，第二部，2022，2023)的重译，这个译本选取国际德语学术界公认的版本，采用学术汇著的形式，吸取了国外权威版本的《浮士德》研究成果，具有很高的学术价值和可读性。同一作者的研究论文《〈浮士德〉"古典的瓦尔普吉斯之夜"解读——兼论老年歌德与希腊》(《外国文学评论》，2016年第1期)，从"古典的瓦尔普吉斯之夜"的解读入手，探讨了歌德与古希腊的关系。在德语诗歌研究方面，里尔克、格奥尔格、策兰持续受到学界的关注。德语爱好者陈宁以一人之力完成了《里尔克全集》11卷(商务印书馆，2016)的翻译工作。李永平从德国思想史视野出发研究里尔克和荷尔德林的学术论文，如《荷尔德林：在诗与哲学之间》(《外国文学评论》，2014年第4期)和《里尔克：生存即歌唱》(2012)拥有广泛的影响。在现代文学研究方面，托马斯·曼、卡夫卡、穆齐尔研究成绩比较突出。黄燎宇的《托马斯·曼》(1999)、梁展的《帝国的想象：卡夫卡〈中国长城修建时〉中的政治话语》(2015)、徐畅的《现代性视域中的〈没有个性的人〉》(2014)是其中的代表性成果。在德语文学理论方面，对西方马克思主义文学理论、伽德默尔的阐释学、罗曼·英伽登的现象学文学批评、汉斯·罗伯特·姚斯的接受美学以及本雅明的戏剧和思想的研究比较突出。在中德文学关系方面，卫茂平的《中国对德国文学影响史述》（1996）、范劲的《德语文学符码和现代中国作家的自我问题》（2008）、《"文学中国"的域外生成：德国的中国文学研究的系统演化》（2023），以及谭渊的《歌德席勒笔下的"中国公主"与"中国女诗人"——1800年前后中国文化软实力对德影响研究》（2013）具有一定的影响。

2．法国文学

本时期法国文学史编纂方面成果非常丰富。代表性的通史著作有柳鸣九编著的《法国文学史》（3卷本，1979，1981，1991）、郑克鲁的《法国文学史》（2003），它们后来被普遍作为高校文学教育的教材。改革开放初期，从"文革"中走出来的一代青年人在社会和人生方面产生了种种困惑，正如"二战"后的欧洲一样，他们热切地拥抱了法国作家、哲学家萨特和加缪，希望从存在主义哲学当中汲取生活的动力。柳鸣九编译的《萨特研究》（1981）出版之后，在社会上特别是青年人中引发了一股热潮。接踵而至的是在1983年开展的关于"人道主义与异化"的大讨论中，存在主义思想和文学作品被作为西方资产阶级的"精神污染"对象遭到了批判。此外，法国结构主义、后现代主义思潮、荒诞派戏剧、新小说以及斯塔洛宾斯基为首的"日内瓦学派"文学批评观念和实践也得到了隆重的介绍和研究。一些法语文学经典著作也开始被多次重译，例如《红与黑》在这一时期就出现了20多种译本，学术界就这部小说的翻译还发生了一场影响深远的翻译方法大讨论。

近十年来法国文学作品和文学理论翻译和研究迎来了高潮。经典作家如斯丹达尔、雨果、巴尔扎克、波德莱尔、梅里美、福楼拜、莫泊桑，以及当代作家普鲁斯特、马拉美、巴塔耶、布朗肖、佩雷克、西蒙、勒克莱齐奥、莫迪亚诺、维勒贝克等人的作品得到不断翻译和结集出版。过去不曾注意到的一些作家和理论家得到了青年一代学者的青睐，如圣伯夫的《文学肖像》和《文学批评文选》，奈瓦尔的《幻象集》，福楼拜的《庸见词典》和《福楼拜文学书简》，普鲁斯特的《偏见》，于斯曼的《逆流》等。法国文艺理论著作的翻译也呈现新中国成立以来少有的繁荣景象，现象学、结构主义、心理分析、阐释学、马克思主义、后结构主义都由一批敏感而勤劳的译者及时地介绍到了国内，如布朗肖、列维-斯特劳斯、德里达、罗兰·巴特、克里斯蒂娃、托多罗夫、福柯、布尔迪厄、拉康、德勒兹、巴士拉、保罗·利科、朗西埃、阿尔都塞、阿兰·巴迪欧等人的著述。与此同时，青年学者也对其进行了追踪和初步的研究。

3．东欧文学

1990年出版的《东欧文学史》是中国第一部由通晓东欧各国语言的学者集体撰写、系统描述东欧地区文学历史与现状的著作。《20世纪波兰文学史》（张振辉著，1998）、《波兰战后文学史》（易丽君著，2002）、《捷克文学史》（蒋承俊著，2006）等介绍东欧国家的断代文学史著作相继问世，它们标志着东欧文学研究开始摆脱新中国成立初期的政治影响和由其他语种译本转译的状况，从东欧国家内部的历史、文化来探讨文学。新时期以来，大量的东欧文学经典作品直接由原文译出，例如哈谢克的《好兵帅克历险记》（星灿译）、伏契克的《绞刑架下的报告》（蒋承俊译）、显克维奇的《你往何处去》（林洪亮和张振辉先后译出），等等。特别值得一提的是兴万生的六卷本译著《裴多菲文集》（1996），它与作者撰写的《裴多菲评传》（1981）一书一起成为理解诗人裴多菲的权威读本。

《世界文学》杂志一直孜孜不倦地译介东欧文学。数十年来，它先后推出了米沃什、赫拉巴尔、米兰·昆德拉、凯尔泰斯·伊姆雷等作家的作品小辑以及齐奥朗、克里玛等人的作品。20世纪80年代后期及90年代初正值苏联和东欧社会主义国家解体，作家出版社接连出版了捷克作家昆德拉的《为了告别的聚会》（1987）、《生命中不能承受之轻》（1987）、《生活在别处》（1989）等长篇小说，这些作品的翻译在国内引发了一股具有浓重的反乌托邦色彩的"昆德拉热"。

为了配合中国的"一带一路"倡议，对东欧国家文学的译介和研究近年呈现一片繁荣的景象，规模最大的东欧文学翻译丛书是由高兴主编、花城出版社出版的"蓝色东欧"系列。这个系列于2013—2018年共推出四辑，其中包含了来自阿尔巴尼亚、波兰、罗马尼亚、捷克、匈牙利、斯洛文尼亚等国20位作家的41部作品。

4. 意大利文学

1978—1988年，意大利文学翻译作品在数量上有了可观的增长，呈现出丰富多样的格局，各种不同思想倾向和艺术风格的文学作品都得到了广泛的介绍。直接从意大利文译出的小说、诗歌、文学理论著作共有33部之多。莫拉维亚描写社会异化现象的小说，卡尔维诺的寓言体小说，夏侠揭露黑手党的作品，莫朗苔描写二战的巨著《历史》，迪·兰佩杜萨的力作《豹》，皮兰德娄的怪诞剧，意识流小说，隐秘派诗歌等无不受到中国读者和文艺界的欢迎。彼特拉克、莱奥帕尔迪、帕斯科利、坎帕纳等诗人风格迥异的诗篇也首次被介绍到中国。一些具有超现实主义或新先锋派特征的作家如布扎蒂、马莱尔巴、曼加内利、博纳维利、彭蒂贾的作品译成中文发表后也引起了读者的兴趣。

1989年，在刚刚成立的中国意大利文学研究会的主持和组织之下，意大利文学作品的翻译、出版、研究工作得到了协调和发展。近十年来，意大利文学研究工作主要集中在对文艺复兴运动的文献翻译和现当代文学与后现代文学方面，代表性成果有中译《马基雅维利全集》（2011）与卡尔维诺、艾柯等重要作家的翻译和研究论著。

5. 古希腊罗马文学

近40年来，出于对西方文明源头的孜孜探求，中国学者在古希腊罗马文学及理论翻译和研究领域取得了丰硕的成果,其杰出的代表学者是罗念生和王焕生。前者几乎以一己之力先后将《伊菲革涅亚在陶洛人里》《俄狄浦斯王》《波斯人》《琉善哲学文选》(1980)、《阿里斯托芬喜剧二种》(1981)、《伊利亚特》(1986—1994)、亚里士多德的《诗学》(修订本,1982)和《修辞学》(1991)翻译成中文,还撰写了《论古希腊戏剧》(1985)一书。王焕生先后完成了《古罗马文艺批评史纲》(1998)、《古罗马文学史》(2006)、《西塞罗〈论共和国〉导读》等著作,还翻译了《伊索寓言》(与罗念生等人合译,1981)、《古罗马戏剧选》(与杨宪益等合译,1991)、荷马史诗《伊利亚特》(与罗念生合译)和《奥德赛》(1994—1997)等。在古希腊文学理论的研究方面,陈中梅拥有突出的贡献,其代表著作是《柏拉图诗学和艺术思想研究》(1998)。

古希腊罗马文学作品的翻译和研究随着古典学的展开进入全面复兴时期。与上一时期相比,中国学者独立自主的意识进一步形成,这主要体现在从中国问题出发对古希腊罗马著作和经典作家的移译、细读和诠释等方面;学者以古希腊罗马问题为中心,针对西方文学和文化史上某些重要问题的历史演变进行辨析梳理;多人以西方古典学为出发点,探索西方现代性的形成过程,并立足于当下现实,从本土文化立场出发对中国现代性及其问题进行考察和反思。近十年来的古希腊罗马文学翻译有两个显著的动向,其一是丛书的大量出现,其二则是新生代译者的崛起。如仿效哈佛大学出版社的"洛布古典丛书"加以编排的"日知古典"采取古希腊语–汉语对照形式,为汉语学界提供了第一手研究资料;刘小枫、甘阳主编的"经典与解释"丛书搜罗广泛,对古希腊罗马文化经典进行了系统的译介和注疏。

6. 北欧文学

易卜生的戏剧、安徒生的童话以及勃兰兑斯文学史著作的翻译曾经在中国产生相当大的影响。1978年后,从事北欧文学翻译和研究的代表人物为石琴娥和张华文。前者通晓多门北欧国家语言，由其编选的《当代北欧短篇小说集》（1986）是中国第一部全面介绍当代北欧短篇小说的集子。《北欧文学史》（2005）是石琴娥经过多年积累和思考而精心撰写的学术论著，它系统论述了北欧五国文学发展的概况，着重介绍了有世界影响的作家和作品，也是我国第一部有关北欧文学史的专著。

7. 西班牙语、葡萄牙语文学

中国的西班牙语文学翻译始于1933年林纾、陈家麟合译的《堂吉诃德》。20世纪五六十年代后，在古巴革命的激励之下，出于与智利等拉美国家政党和左翼人士交往的需要，国内培养的西班牙语、葡萄牙语翻译人才偏重古巴、智利等拉美国家文学的翻译和宣传。

1979年，西葡拉美文学研究会宣告成立，其会员主要以中国社科院外文所科研人员和高校的西班牙语教师为主，在当时几乎囊括了全国所有的西葡文学翻译和研究人员。在改革开放的40年间，中国社科院外文所、北京大学西语系、北京外国语大学西葡语专业、南京大学西语系等机构持续推进着西葡语文学翻译。陈凯先的"塞万提斯研究"、陈众议的"西班牙黄金世纪文学研究"先后于1993年和2003年得到国家社科基金的资助。2000年北京大学西班牙研究中心的成立标志着西班牙语文学研究体制的初步建立。虽然葡语教学几乎与西语在1960年同时起步，但葡语文学的研究工作相对滞后。

孟复的《西班牙文学简史》（1982）拉开了西语文学史写作的序幕，直到2006年前后，西班牙语文学研究的成绩主要体现在文学史和导读性读物的编纂上，其中的代表作有张绪华的《20世纪西班牙文学》（1997）、董燕生的《西班牙文学》（2003）、赵振江的《西班牙与西班牙语美洲诗歌导论》（2002）和《西班牙文学：黄金世纪研究》（2007）等。对西班牙黄金世纪文学的研究主要集中于塞万提斯。陈众议著的《塞万提斯学术史研究》（2011）详细梳理了《堂吉诃德》及塞氏其他代表作的阐释史和接受史。除此之外，黄金时代的诗人圣胡安·德拉·克鲁斯的神秘主义诗学也获得了研究者的关注。与拉美文学翻译和研究中偏重加西亚·马尔克斯、巴尔加斯·略萨、聂鲁达、米斯特拉尔等人所体现出的"诺贝尔奖导向"不同，20世纪西班牙文学研究相对逊色，在希梅内斯和反法西斯文学之外，西班牙文学的研究并没有产生太多的成果。

葡萄牙文学译介和研究仍旧以萨拉马戈、佩索阿这两位经典大师为主线，前者的翻译工作主要受到了澳门文化机构的支持；相比较而言，文学界对佩索阿的关注要早于研究界。20世纪90年代末，韩少功最早从英文翻译了佩索阿的《惶然录》，直到2012年闵雪飞才将其代表作《阿尔伯特·卡埃罗》由葡萄牙语直接译成了中文。

第四节　俄国文学研究

刘文飞[*]

俄国文学于19世纪70年代进入中国，今可见最早汉译俄作为丁韪良译的《俄人寓言》，刊于《中西闻见录》1872年创刊号。上海大宣书局1903年出版的《俄国情史》（即普希金的小说《大尉的女儿》）为第一部俄国文学的汉译单行本。此后，俄国文学在西学东渐热潮中被大量译为汉语，在中国新文学、新文化运动中产生巨大影响，堪与德国马克思主义、法国启蒙思想并称五四运动三大思想资源。

俄国文学在中国一个半世纪译介和传播、接受和研究的历史大致可分为七个阶段：一是清末民初，短短十余年间，俄国文学大家的作品相继被译成中文，俄国文学的风貌开始呈现于汉语读者眼前；尽管这一时期的翻译多为意译，且多转译自英、日文，译文也多为文言。二是"五四"前后，俄国文学译入中国被鲁迅喻为"给起义的奴隶偷运军火"，作为中国现代文学奠基者的鲁迅、郭沫若、巴金、茅盾等人皆为俄苏文学的翻译者和推广者，可见俄国文学在中国新文学形成和发展过程中所发挥的巨大作用。三是抗日战争和解放战争时期，苏联反法西斯文学和战争文学在中国成为名副其实的"军火"，苏联红色文学也在国际共产主义运动风起云涌的大背景下登陆中国，俄苏文学开始了其对中国社会的深入渗透。四是中华人民共和国成立后的中苏"蜜月"时期，俄国文学成为"我们的导师和朋友"（鲁迅语），苏联成

---

[*] 刘文飞，首都师范大学燕京讲习教授，中国俄罗斯东欧中亚学会副会长。

为新中国的模仿对象，苏联文学也成了中国人最主要的阅读客体之一。数以千计的中国学生留学苏联，其中许多人选择俄罗斯语言文学作为专业，他们学成回国后开始了对俄国文学系统、专业的翻译和研究工作。五是"文革"时期，中苏两国的文学交流完全中止，俄苏文学连同整个外国文学，甚或一切文学均成为"革命"对象，但俄苏文学在中国却以奇特方式继续其传播，或为地下阅读对象的"禁书"，或为"供批判用"的"黄皮书"。六是中国改革开放时期，俄国文学在中国的译介再次出现"井喷"现象，全国近百家出版社争先恐后地出版了近万种俄国文学作品，译作的种类和印数超出此前所有同类出版物之总和，仅专门译介俄苏文学的杂志就有四种，即《苏联文学》（北京师范大学主办）、《当代苏联文学》（北京外国语学院主办）和两种《俄苏文学》（一为武汉大学等主办，一为山东大学等主办）。七是苏联解体后至今，俄国文学在中国的影响力相对减弱，但与此同时，中国的俄国文学接受开始向文学自身回归。

中国近三四十年的俄国文学研究，恰好处于中国开始改革开放和苏联解体这两大历史事件相继发生之后。苏联解体后的俄国文学，其创作实力和国际地位均有所下降，它自身也开始了艰难的去意识形态化进程；而中国当代文学则在改革开放后开始与世界文学，尤其是欧美现代派文学对标和接轨。在这两大历史和文化语境的综合作用下，中国的俄国文学研究发生了诸多重大变化。

首先，是研究"禁区"的突破和学术研究的去意识形态化。俄国文学，尤其是苏联时期的俄国文学是高度意识形态化的文学，或曰文学在苏联时期得到了高度意识形态化的解读和阐释，文学被视为"生活教科书"和"打击敌人、教育人民的思想武器"，这样的文学定性和定位也曾被原封不动地引入中国，使中国的俄国文学研究长期受累于意识形态化。80年代改革开放之后，中国的俄国文学研究界也像整个中国学术界一样受思想解放之风吹拂，实现很多突破，比如中文读者阅读帕斯捷尔纳克的《日瓦戈医生》、索尔仁尼琴的《古拉格群岛》和格罗斯曼的《生活与命运》等作品，在时间上远早于苏联读者。

其次，对俄国文学的译介更具系统性和整体性。在"五四"前后、中苏"蜜月"时期和改革开放时期三次大规模译介俄国文学的热潮过后，俄国文学的名作大多已有汉译，中国的俄国文学翻译者和研究者在近三四十年添砖加瓦，陆续推出众多大型译丛或作家文集，如20卷本《高尔基文集》（人民文学出版社1981年版）、10卷本《普希金全集》（河北教育出版社1999年版）、22卷本《陀思妥耶夫斯基全集》（河北教育出版社2010年版）、17卷本《托尔斯泰文集》（人民文学出版社2013年版）、5卷本《巴别尔全集》（漓江出版社2016年版）和16卷本《契诃夫文集》（人民文学出版社2020年版）等，以及"俄罗斯白银时代文化丛书"（云南人民出版社1998年版）、"俄语布克奖小说丛书"（漓江出版社2003年版）、"金色俄罗斯丛书"（四川人民出版社长期出版项目）和"俄罗斯当代长篇小说丛书"（北京十月文艺出版社长期出版项目）等。这些大型翻译工程表明，中国对俄国文学的译介已步入一个总结时期，俄国文学的全貌得以在汉语中显现。

再次，是专业化、系统化研究的展开，并收获了一批标志性成果。改革开放时期，中国的俄国文学研究人才三代同堂：姜椿芳、曹靖华、戈宝权、叶水夫等中国第一代俄国文学研究者都还健在，留苏一代学者如吴元迈、李辉凡等在被迫中止专业十几年后重燃学术激情，恢复高考后进入大学的新一代学人也相继加入研究方阵，他们共同促成了中国俄国文学翻译和研究事业空前繁荣的局面。中国苏联文学研究会（现名"中国俄罗斯文学研究会"）于1978年成立，是中国外国文学研究界乃至整个中国学术界在改革开放之后最早成立的全国性学术团体之一。时至80年代，俄国文学作品的汉译本汗牛充栋，但关于俄国文学的研究著作却一直很少，这种局面在近三四十年终被打破，以俄国文学为题的各类专著陆续面世，俄国文学翻译和俄国文学研究这两者间基本谋得平衡。其中标志性研究著作有曹靖华主编的三卷本《俄苏文学史》（河南教育出版社1992—1993年版）、叶水夫主编的三卷本《苏联文学史》（中国社会科学出版社1994年版）和陈建华主编的四卷本《中国俄苏文学研究史论》（重庆出版社2007年版）等。

最后，是中国的俄国文学研究界与世界斯拉夫学界的交流和合作。改革开放之后，大批中国学者走出国门，或攻读学位，或访学参会，与国际同行建立起紧密的学术联系，并在国际学术界获得高度认可，如首都师范大学教授刘利民曾任国际俄语教师联合会会长并获俄罗斯联邦友谊勋章，首都师范大学教授刘文飞曾获俄罗斯联邦友谊勋章、入选中俄人文交流十大杰出人物并任俄罗斯科学院《俄罗斯文学》杂志编委，上海外国语大学教授郑体武入选国际俄语教师联合会主席团并任俄罗斯科学院《文学问题》杂志编委，北京师范大学教授张百春入选俄罗斯科学院外籍院士等。中国学者频繁亮相国际学术舞台，与除俄罗斯之外的世界各国斯拉夫学者建立起了密切的学术联系。首都师范大学北京斯拉夫研究中心还与俄罗斯出版与大众传媒署翻译研究院合作设立俄中文学外交翻译奖。如此规模、如此水准的国际学术交流与合作，在改革开放前的中国的俄国文学研究界是难以想象的。

当下中国共计有150余所高校开设俄罗斯语言文学专业，近两千名俄语教师中约有三分之一从事俄国文学研究，全国高校每年招收俄国文学专业硕士研究生约300名，博士研究生约100名。中国社会科学院外国文学研究所设有专门研究俄国文学的俄罗斯文学研究室。中国俄罗斯文学研究会有会员近千名。除我国外国文学专业的十余家学术期刊外，另有数种期刊专门刊载有关俄国和俄国文学的研究成果，如《俄罗斯研究》《俄罗斯东欧中亚研究》《俄罗斯文艺》《中国俄语教学》《中国斯拉夫研究》等。据中国国家图书馆副研究馆员李金涛统计，1980年至今，中国共出版俄国文学翻译作品8836种，有关俄国文学的学术论著1118部（其中中国学者著作811部，翻译著作307部），各类报刊共发表有关俄国文学的学术论文和各类文章13000余篇。在国家社会科学基金项目评选中，每年均有十多项俄国文学研究项目立项，其中不乏重大招标项目，如"俄罗斯《中国文化大典》中文翻译工程"（刘亚丁主持，2012）、"《剑桥俄罗斯文学》（九卷本）翻译与研究"（林精华主持，2014）、"苏联科学院《俄国文学史》翻译与研究"（汪介之主持，2016）和"多卷本《俄国文学通史》"（刘文飞主持，2017）等。

在多卷本《俄国文学通史》写作研讨会上，来自俄、英、德、意、西、日、韩等国的俄国文学史家齐聚北京，献计献策；他们不约而同地指出，中国的俄国文学研究水平目前已居世界前列，这部《俄国文学通史》若如期出版，将成为当今世界上篇幅最大的俄国文学通史类著作，俄罗斯科学院俄罗斯文学研究所前所长巴格诺通讯院士、世界文学研究所所长波隆斯基院士表示将组织力量把这部汉语著作译成俄语。该书作者也希望在写作中尽量多地反映中国一个半世纪译介、研究俄国文学的丰厚成果，把俄罗斯、中国和欧美等国的俄国文学史观熔为一炉，同时尽量体现中国人的文学立场、审美趣味和学术观点，为创建世界俄国文学研究中的中国学派奠定坚实基础。

第五节　亚非文学研究[1]

本节所涉猎的亚非文学研究指的是地理意义上的亚洲和非洲文学研究。早在1959年，季羡林、刘振瀛先生在《五四运动后四十年来中国关于亚非各国文学的介绍和研究》(《北京大学学报》1959年第2期)中首次使用"亚非文学"概念。在相当一段时间内，它与学界多年沿用的"东方文学"概念重合，经常交互使用。而目前教育部社科司学科目录中设置的亚非语言文学指的是除日语文学、印度文学、阿拉伯文学之外的其他亚非国家的文学，未能涵盖整个亚非地区的文学。

在我国，把东方文学作为整体学科来加以建设的历史应追溯到1958年。当时，北京师范大学与东北师范大学等几所高校的中文系为响应政治需要，力图改变用西方文学取代外国文学的格局。北京师范大学组建了东方文学研究小组，突击编写东方文学教学大纲、讲义和参考资料。北京师范大学、东北师范大学、辽宁大学等高校开设了东方文学课程。几乎与此同时，北京大学东语系（由季羡林先生创办于

---

[1] 本节亚洲文学部分由钟志清（中国社会科学院外国文学研究所，撰写本节总述与希伯来文学）主持，撰写者包括（按照姓氏英文字母顺序排列）包呼格吉勒图（内蒙古社会科学院文学研究所，蒙古国文学）、董晨（中国社会科学院外国文学研究所，韩国文学）、高华鑫（中国社会科学院外国文学研究所，日本文学）、黄怡婷（中国社会科学院外国文学研究所，印度中世纪、近现代与当代文学）、熊鹰（清华大学中文系，日本文学）、杨曦（中国社会科学院外国文学研究所，古代埃及和古代西亚文学，伊朗、土耳其、高加索、中亚文学）、于怀瑾（中国社会科学院外国文学研究所，印度古典文学）、宗笑飞（中国社会科学院外国文学研究所，阿拉伯文学）撰写。非洲文学部分由蒋晖（浙江师范大学外国语学院）撰写。

1946年）在强化东方国别文学研究的基础上，把东方文学作为整体加以讲授和研究，在北大东语系和中文系开设东方文学课程。其后，中国社会科学院外国文学研究所也成立了东方文学研究室，从事亚洲各国别文学研究。

1978年以来，我国的东方文学研究界学者通过编撰教材、开设课程、从事研究、培养后学等途径推进中国的东方文学学科建设。早在80年代，便有朱维之（与赵澧、梁立基合作）主编的《外国文学简编·亚非部分》（1983）、陶德臻主编的《东方文学简史》（1985）、季羡林主编的《简明东方文学史》（1987）、朱维之主编的《外国文学史·亚非部分》（1988）等教材面世，这些教材均采取编年史的方式，在时代划分、内容遴选、体例设计、结构安排等方面大同小异，开创了中国的东方文学史教材的撰写模式，为确立东方文学学科奠定了基础。20世纪90年代，梁潮、麦永雄、卢铁澎撰写的《新东方文学史》（古代中古部分，1990）、张朝柯主编的《亚非文学简史》（1994）、郁龙余主编的《东方文学史》（1994）相继出版。继之，又有高慧勤、栾文华主编的《东方现代文学史》（1994）问世，这是我国学者撰写的第一部东方文学断代史著作。王向远撰写的《东方文学史通论》（1994）以比较文学的视角和独特的理论体系证明了东方文学在世界文学中的地位。由季羡林主编的《东方文学史》（1995）在原《简明东方文学史》的基础上扩展。上述作者分别奋斗在教学或科研一线，他们身体力行，推动着中国的东方文学的教学与研究事业发展。

1998年前后，教育部对原有学科进行大规模调整，外国文学专业与比较文学专业被合并为比较文学与世界文学，中文系的东方文学学科被置于比较文学与世界文学体系之下，不得不进行新的学科探索。[1]

---

[1] 参见何乃英：《1958—1966：东方文学学科之起步——以北京师范大学为中心》，中国社会科学出版社，2018年。

但北京大学、北京师范大学、天津师范大学等高校的东方文学教学没有间断。北京大学的东语系多次易名,历经"东方语文学系""东方语言系""东方语言文学系""东方学系""东方语言文化系"等几个阶段,2000年在原有机构的基础上,成立了北京大学东方文学研究中心,该中心同年被教育部批准为全国高校人文社会科学重点研究基地。天津师范大学也于2005年成立了东方文学与文化研究中心。

如今,我国仍旧以东方文学命名的学术机构主要有北京大学东方文学研究中心和中国社会科学院外国文学研究所的东方文学研究室,两个机构的成员多从事东方某一国别、区域或语种文学的研究。北京大学外国语学院依旧开设东方文学课程,其东方文学研究中心每年举办暑期学校,并与社科院外文所东方室和其他院校举办青年学者论坛、系列学术讲座等,共同推动中国的东方文学研究事业。不过,随着国际一些一流大学,如剑桥大学、牛津大学、芝加哥大学等不再使用"东方"一词来命名其某个学院,中国的东方文学机构是否会做相应的改变,还是个未知数。

本节把东方文学划分为东北亚文学研究(蒙古国、日本、朝韩),东南亚文学研究,南亚文学研究(印度、巴基斯坦、孟加拉国等),西亚、中亚、北非文学研究(古埃及与古代西亚、希伯来、阿拉伯、伊朗、土耳其、高加索、中亚等),以及撒哈拉以南的非洲文学研究几大板块。其中,考虑到各区域内部各个国别与文化共同体之间的关联及有限的篇幅,遂将东南亚文学研究40年的成果合并介绍。

蒙古国文学研究

20世纪80年代初期,随着中蒙两国实现邦交正常化,我国对蒙古国文学的译介和研究工作得以恢复,时至今日已取得了喜人的成绩。

第一,蒙古国文学的译介活动步入了快速发展时期。起初著名翻译家陈乃雄时隔多年将自己的蒙古国现代文学译作结集为《白月和黑泪》，于1980年出版。此后《国外文学》和《草原》等文学刊物也零星刊登了策·达木丁苏伦、契·洛道伊丹巴、哲·普尔布、色·普日布、达·那木斯赖等蒙古国作家的十余篇作品的汉译文。进入21世纪，陈岗龙、哈森、照日格图、敖福全等中青年翻译家陆续出版了十余部蒙古国文学译文集，为蒙古国文学研究提供了必要的译文基础。

第二，20世纪80年代初以降，对国外蒙古国文学研究成果的译介[1]和本土学者的介绍性文章[2]数量渐多，从而一定程度上促进了国内学者对蒙古国文学的研究。与此同时，介绍蒙古国作家作品的相关辞书不断问世，为我国普通读者和专业读者提供了基础信息。

第三，蒙古国现代文学史研究有了重大突破。史习成先生在深入研读大量蒙古国现代文学作品的基础上撰写的《蒙古国现代文学》于2001年出版，填补了此领域的一大空白。

第四，随着蒙古国文学研究梯队的建设，针对主要作家作品的研究稳步推进。尤其是围绕蒙古国现代文学奠基人达·纳楚克道尔基、策·达木丁苏伦的研究成果最为丰硕。陈岗龙、乌日斯嘎拉主编的会议论文集《经典解读达·纳楚克道尔基》（2009）是国内达·纳楚克道尔基研究领域的代表性成果，具有里程碑式的意义。而《启蒙与建构：策·达木丁苏伦蒙古文学研究》（王浩，2016）是达木丁苏伦研究方面的代表性著作。

第五，中蒙文学关系研究逐渐成为蒙古国文学研究领域新的学术增长点。随着中外文学交流史研究的深入，以及在国家"一带一路"倡议背景下我国学界越来越多的研究人员投入中国与"一带一路"共

---

[1] 例如：[苏联] Б.那木热洛夫的《蒙古短篇小说简介》(《蒙古学资料与情报》1981年第4期)，[蒙] A.沙尔呼的《论现代蒙古文学的发展》(《蒙古学资料与情报》1984年第3期)等。
[2] 石永春《蒙古现代文学的奠基人》(《瞭望》1986年第46期)；高秋福《他是一柄双锋剑——忆蒙古现代文学奠基人纳楚克道尔吉》(《环球》1988年第5期)等。

建国家之间的文学关系研究领域，研究的深度和广度都得到了明显的提升。这种研究方向的调整给我国蒙古国文学研究带来了学术增长点。《东方文学译介与研究史》（王向远，2007）、《20世纪中国翻译文学史》（杨义，2009）等著作和陈岗龙的《三座山：中蒙人文交流的典范》、包呼格吉勒图的《中蒙两国现当代文学交流70年》等论文都于梳理和阐述蒙古国文学在中国的译介与传播方面做出了各自的贡献。

日本文学研究

新中国日本文学研究复兴和发展的历史背景是中日两国在二战后的重新接触。20世纪50年代中期，对外交及各行各业翻译人才的需求，推动了当时尚依托于外国文学教研室的日本语言与文学的教研工作。60年代，中日关系迈入了以"邦交正常化"为目标的新阶段，国务院外事办公室和高教部制定了《外语教育七年规划纲要（1964—1970）》，各高校由此成立专门的日语专业或日本研究所。日本文学研究随着日语专业的规划而复兴，至70年代末进入新阶段；标志是1979年中国日本文学研究会的成立，以及三年后《日本文学》杂志的创立。新中国的日本文学研究是在现实中应运而生的，因而具有超越学科束缚的开放性，常涉及东亚各国的历史和现实问题，并对中国现代文学和思想史研究有所影响。

在这种背景下，改革开放以来的日本文学译介取得了飞跃性的进展。80年代初以降，中国日本文学研究会的楼适夷、丰子恺、文洁若、吕元明、刘振瀛、李芒、高慧勤、叶渭渠、唐月梅等先生从事了大量的文学翻译工作。[1] 随着赴日留学人数的增加，日本文学翻译获得了充

---

[1] 相关的丛书有上海译文出版社与人民文学出版社自1980年起联合出版的"日本文学丛书"，海峡文艺等7家出版社联合推出的"日本文学流派代表作丛书"、由中国社会科学院外国文学研究所主要负责的"日本文学流派代表作丛书"、包括日本文学和文化在内的"东方文化集成"等丛书。

足的人才储备，中日之间出现了"政冷文热"的文化现象，中国形成了近20年来翻译出版日本图书的热潮，代表性成果有"中日民间文化出版项目"和"阅读日本书系"等。学人的跨国流动也为图书出版带来了新的特点，例如商务印书馆的"日本学术文库"丛书以及中华书局的"近现代日本中国游记"丛书均由旅日、留日华人学者策划翻译。目前日本文学的译介热潮虽受90年代以来市场经济的影响，但也有着历史与思想的传统。50年代以来国内对日本无产阶级作家的译介以中国探索"第三条道路"的历史实践为背景，而90年代以来国内对夏目漱石等经典作家、大江健三郎等当代著名作家以及大众文化作品的译介中，也有着突破消费文化，在世界历史进程中反思东亚近现代历史的意图。

中国的日本文学研究在"汉字文化圈"这一东亚共有的历史基础上展开。80年代中国学界对中日古典文学关系和域外汉籍的研究正式起步，学者严绍璗融合了文献学和比较文学，为学术界开辟出重要的新领域。目前中国对日本古典文学的译介出版虽以所谓"和文学"为主，但学术研究成果则有相当一部分集中在"汉文学"领域，包括日本人所作的汉诗、汉文乃至广义上的日本汉学；而"和文学"研究也多采用比较文学方法，考察中日古典文学的关系[1]。"汉字文化圈"的历史纽带是东亚古代文学关系研究的基础和前提，而近现代东亚文学研究则需要面对这种文化圈的解体过程。近年来一些学者借鉴日本学界对"国语""近代文学"的解构，以及西方批评理论对"声音中心主义"的批判，反思现代语言文字体系、学科制度和民族国家的问题，重新解读"汉字文化圈"在东亚社会近代转型期的作用。[2]

---

[1] 代表性成果有严绍璗《中日古代文学关系史稿》(1987)、王晓平《近代中日文学交流史稿》(1987)，李树果《日本读本小说与明清小说——中日文化交流史的透视》(1998)，丁莉《永远的"唐土"——日本平安朝物语文学的中国叙述》(2016)，马骏、黄美华《汉文佛经文体影响下的日本上古文学》(2019)等。
[2] 代表性著作有林少阳《"文"与日本的现代性》(2004)、王勇主编《东亚的笔谈研究》(2015)等。

冷战结束后，面对新一轮全球化冲击和区域一体化趋势，中日学界逐渐形成"东亚论"的话语空间，尝试提出区别于西方主导的现代化的亚洲原理并建立东亚知识共同体，但这种论述也面临一些困难，包括如何避免"亚洲"的同质化论述，如何处理20世纪革命和战争的历史经验等问题。近年来一些中国学者就此展开反思，从中国角度重新提出亚洲/东亚的问题。[1]

从东北亚的历史场域中考察日本文学时，中国学界的独特优势体现在殖民地问题的相关研究上。中国学者对东北沦陷区日本文学的研究始于20世纪80年代末，当时东北师范大学吕元明等研究者与日本学者山田敬三等合作，成立了关于"十五年战争"中日文坛状况的共同研究项目。在两国学者合作努力下，《满洲浪漫》《艺文》等一大批东北沦陷时期的日语文学资料得以重新刊印。此类研究除了受到后殖民主义批评理论的启发，还有其自身的历史脉络——中国的日本研究是从东北复兴的，且有着重建中日关系的历史使命。21世纪以来，一些学者已突破将沦陷区文学放在国内现代文学延长线上的视野，开拓了殖民地文学研究的更多领域。[2]

中国的日本文学史编纂与研究，也以东亚这种密切的历史联系为基本背景。改革开放初期，国内编写的日本文学史以借鉴日本同类著作、满足教学需要为主要特点，20世纪90年代以来的日本文学史写作

---

[1] 关于东亚思想文化与日本近现代文学的代表性研究包括1996年《读书》杂志的系列专题、孙歌《竹内好的悖论》（2005）、董炳月《国民作家的立场——中日现代文学关系研究》（2006）、《读书》杂志社编《亚洲的病理》（2007）、赵京华《日本后现代与知识左翼》（2007）、汪晖《亚洲想象的谱系》《现代中国思想的兴起》（2008）、王中忱与林少阳编《重审现代主义——东亚视角或汉字圈的提问》（2013）、宋念申《发现东亚》（2017）、王志松《20世纪日本马克思主义文艺理论研究》（2012）、王成《修养时代的文学阅读》（2013）、赵京华《中日间的思想：以东亚同时代史为视角》（2019）等。
[2] 此类研究有王中忱对于日本的文学家如何面对帝国历史遗产的研究，单援朝对"漂洋过海"的日本作家的研究，柴红梅对大连日本作家群的研究等。

呈现出更为多样化的特征，展现出"东亚"与"世界文学"的视野。以叶渭渠、唐月梅《日本文学史》为代表，国内日本文学史叙述在汲取日本先行研究的基础上逐渐形成自身特色。在文艺理论译介方面，国内对日本古代文论的译介与中日比较文学、日本汉文学研究的进展相伴，呈现鲜明的"汉字文化圈"视角；在现代文艺思潮方面，国内对日本左翼理论的关注有着较长的传统，21世纪初以来日本后结构主义、女性主义等思想资源的引入，推动了对资本主义、民族国家和战争责任问题的重审。简言之，当下日本文学研究与译介的前沿已超出传统的国别文学研究框架，日渐体现出跨语际、跨学科的色彩。

朝韩文学研究

2012年，中国外国文学学会朝鲜－韩国文学研究分会正式成立。仅从名称上看，我国的朝鲜－韩国文学研究有着区别于其他外国文学研究的显著特点：它不是以朝鲜半岛的区域地理名词命名，而是以冷战背景下朝鲜半岛上建立的两个现代民族国家命名的。这一国内学界特有的学术领域名称的形成过程与我国朝鲜－韩国文学研究发展的历程息息相关。

1. 20世纪50—70年代朝鲜现代文学翻译的高峰期

新中国重视和亚非拉国家人民的友谊，支持亚非拉国家的民族解放运动。新中国成立之初，同为社会主义国家的朝鲜是最早与新中国建交的国家之一。中国人民志愿军抗美援朝进一步强化了中朝两国政府和人民之间的友谊。这些因素决定了本时期国内译介大量讴歌朝鲜人民的民族解放斗争以及社会主义建设运动的文学艺术作品。[1]其中，

---

[1] 代表性的译著有杨载春、金昌海等：《千里马时代的史诗——朝鲜报告文学集》，沈仪琳等译，作家出版社，1965年；李尚植、康福礼等：《朝鲜短篇小说集》，张永生等译，人民文学出版社，1975年。

朝鲜电影《卖花姑娘》（1972）在本国上映同年便被译制引进中国，成为一代中国观众的记忆。《世界文学》杂志、人民文学出版社、作家出版社等都曾积极刊载、出版朝鲜文学作品。本时期的代表性译者有韦旭升、高宗文、陶炳蔚、沈仪琳等；他们大多数毕业于北京大学东语系，是新中国培养的朝鲜语人才。此外，延边大学、中央民族大学等高校也成为新中国培养朝鲜文学翻译、研究专业人才的摇篮。

2. 1980—2000年朝鲜-韩国文学研究的兴起

改革开放后，"南朝鲜文学"开始进入国内学者的视野。1981年，中国社会科学院外文所主办的《外国文学动态》杂志第1期刊载了《南朝鲜文学简介》（金晶著）。这对于国内的"南朝鲜文学"的译介而言是个积极信号。80年代也是本领域从单纯的译介阶段走向学术研究阶段的转型期。1986年，韦旭升著《朝鲜文学史》出版，这是国内第一部以中文写作的朝鲜文学史著述[1]。自1990年起，韦旭升、金柄珉、李岩等学者就中国文学对朝鲜古典文学的影响、朝鲜北学派文学及其与清代文学之关联、朝鲜实学派文学观念等主题展开深入研究，这些研究具有开创性意义。[2]

1992年中韩建交是影响本领域发展的重要历史事件。两国建交不仅让国内开设朝鲜语专业的高校激增，还直接推动了朝鲜文学研究向朝鲜-韩国文学研究转型。两国建交后，"南朝鲜文学"这一用语被"韩国文学"所取代，译介的重心也从朝鲜现代文学作品转移到韩国现代文学作品。20世纪90年代中期以后，韩国学界一批优秀的文学研究

---

[1] 韦旭升：《朝鲜文学史》，北京大学出版社，1986年。
[2] 相关著述有韦旭升：《中国文学在朝鲜》，花城出版社，1990年；金柄珉：《朝鲜中世纪北学派文学研究：兼论与清代文学之关联》，延边大学出版社，1990年；李岩：《朝鲜李朝实学派文学观念研究》，北京大学出版社，1994年。

与文学批评著述陆续被译介到中国，对于研究者开拓学术视野、提高学术水平有所助益。[1]中韩建交后，国内一些高校或将原有的"朝鲜研究所"更名为"韩国学研究中心"，或新设韩国学研究中心。这一现象与学术著作名称的变化基本同步。截至2000年，这一领域的文学通史类著述基本以"朝鲜文学史"命名，而2000年之后，此类书名变得多元化，出现了"朝鲜–韩国文学史"、"韩国文学史"与"朝鲜文学史"共存的现象。这一现象至今仍然存在于国内的朝鲜–韩国文学研究领域。

3. 2000年至今

21世纪以来，我国的朝鲜–韩国文学研究形成了具有自身特色的几大研究领域：一、传统优势领域，如朝鲜（韩国）古代汉文学研究、中国古典文学在朝鲜半岛的传播与接受研究；二、新优势领域，近现代中朝（韩）文学交流研究；三、韩国当代文学研究。在韩国文学作品翻译方面，国内出现了一批以薛舟、金鹤哲等为代表的优秀译者。韩国当代著名作家，如金洙暎、高银、金芝河、黄皙暎、金周荣、朴婉绪、韩江、金爱烂等人的作品陆续被译介到国内。在学术翻译方面，李大可、崔一、苑英奕等研究者积极推动了国内对白乐晴、崔元植等韩国当代文学批评家著述的译介工作。

近年来，中国的朝鲜–韩国文学研究基本沿着国家社科基金、教育部人文社科基金鼓励的方向发展，将研究重心置于《燕行录》《东文选》等朝鲜古代汉籍研究、中国古代文学的海外影响力研究，以及近代以来中朝（韩）文学交流研究等领域。此类研究成果斐然，学术论

---

[1] 学术类译著主要有赵润济：《韩国文学史》，张琏瑰译，社会科学文献出版社，1998年；白乐晴：《全球化时代的文学与人：分裂体制下韩国的视角》，金正浩、郑仁甲译，中国文学出版社，1998年；金允植等：《韩国现代文学史》，金香、张春植译，民族出版社，2000年；赵东一等：《韩国文学论纲》，周彪、刘钻扩译，北京大学出版社，2003年。

文数量占本学科论文总数的七成以上，其中不乏优秀之作[1]。

韩国当代文学的译介与研究则出现了与国内乃至全球范围的社会思潮，如女性主义风潮共振的现象。2019年，韩国作家赵南柱的小说《82年生的金智英》在国内出版后引发热议，成为近年来最受中国读者关注的韩国小说之一，也因此带动了一批韩国女性主义文学作品的翻译出版。随着韩国电影的流行，电影文学研究成为国内韩国当代文学研究中的重要组成部分，呈现蓬勃发展之势。然而，在热闹的表象之下，从整体上看，中国的韩国当代文学研究仍然处在译介文学作品与文学论的阶段；以韩国当代文学研究深度回应国内民众对韩国当代社会的关切应成为中国的朝鲜-韩国文学研究者自觉的追求。

东南亚文学研究

中国对东南亚语言文学的关注始于20世纪五六十年代。北京大学在1949年始建越南语、泰语、印度尼西亚语和缅甸语专业；北京外国语大学在1961—1965年创建老挝语、柬埔寨语、马来语、缅甸语、印度尼西亚语、越南语和泰语专业。这些专业在建立之初，其师资力量主要来自归国华侨与外国专家。在开展语言教学的同时，这一时期中国对东南亚文学的译介事业也开始发展。越南、泰国、柬埔寨、老挝、印度尼西亚等国的民间故事、童话和现代长短篇小说在50年代末

---

[1] 代表性著述有蔡美花：《朝鲜古代诗论的审美思维方式》，《东疆学刊》2010年第1期；张伯伟：《朝鲜时代女性诗文集的文献问题考论》，《中山大学学报（社会科学版）》2010年第6期；崔雄权：《接受与书写：陶渊明与韩国古代山水田园文学》，《文学评论》2012年第5期；池水涌：《高丽诗人郑知常诗歌艺术略论——兼论郑知常对唐诗的接受》，《中央民族大学学报（哲学社会科学版）》2014年第6期；牛林杰：《20世纪东亚抗日叙事研究现状与展望》，《东疆学刊》2016年第2期；王国彪：《朝鲜"燕行录"中的"华夷"之辨》，《外国文学评论》2017年第1期；崔昌竻、王孟青：《抗争与治愈：朱耀燮的中国体验与跨界叙事》，《东疆学刊》2018年第3期；韩东：《"唐宋八大家文钞"在朝鲜文坛的传播、再选与影响》，《外国文学评论》2021年第1期。

60年代初以译著、选集或选篇的形式被介绍给中国读者。其中值得一提的是，在1958年和1959年，印度尼西亚著名作家普拉姆迪亚的小说《游击队之家》和泰国著名作家西巫拉帕的小说《向前看》的中译本问世。这两部小说的原著分别发表于1950年和1955年。从时间上看，中译本的推出较为及时，体现了新中国成立之初对周边亚洲国家文学与文化的积极关注。中国对东南亚文学的早期译介有如下特点：作家文学与民间文学并重，小说占据主导；在内容选择上，偏重批判现实主义题材和革命题材的作品；一些译者并不掌握原著语言，部分作品"借道"其他语言的译本译成，如1959年出版的越南古典名著《金云翘传》由黄轶球通过法文版进行汉译[1]，又如1977年出版的菲律宾国父何塞·黎刹的著名长篇小说《不许犯我》和《起义者》原以西班牙语写就，但经英译本翻译。

20世纪80年代至90年代初，中国译介了大量东南亚文学作品，并提高了对东南亚地区文学发展动态的关注度。对文学作品的译介和编选仍然延续了此前的一些特征，如作家文学与民间文学并重、译者"借道"其他语言进行翻译[2]。对作家文学的译介仍然以小说文体为主。东南亚国家的著名作家如缅甸的吴登佩敏，泰国的西巫拉帕、察·高吉迪和克立·巴莫，印度尼西亚的普拉姆迪亚，马来西亚的阿卜杜勒·萨玛德·赛义德，越南的南高等均有代表作在这一时期得到译介。这一时期，中国对亚洲各民族国家文学的介绍内容得到了"极大地丰富"[3]，东南亚文学亦然：所谓"丰富"体现在这段时期有更多东南亚

---

[1] 刘志强：《20世纪50年代以来国内关于越南〈金云翘传〉的翻译与研究》，《广西民族大学学报（哲学社会科学版）》2015年第37期。

[2] 例如，1981年出版的柬埔寨民间故事集《带刀的人》和1984年出版的《缅甸民间故事》分别译自俄文和英文原著。此外，随着东南亚各国民间文学译介成果的丰富，1982年出版了由栾文华、张志荣、祁连休自主选编的《东南亚民间故事选》这样的区域性民间文学选集。

[3] 刘安武：《亚洲外国文学在中国》，《对外大传播》1995年第9期。

作家的更多作品被译介，所谓"广泛"则反映于中国对东南亚文学生态的全面兴趣。例如，《世界文学》杂志在这一时期常年关注东南亚的文坛动态，对区域内作家获奖情况、文学奖评选、文学论著与丛书出版等内容进行跟踪。[1]此外，东南亚国别文学史的编写与文学研究工作也在此期间起步。1981年，高长荣翻译出版苏联人弗·柯尔涅夫撰写的《泰国文学简史》；1992年，国家社会科学基金重点项目"世界四大文化与东南亚文学"获批；1993年，姚秉彦、李谋和蔡祝生合编了第一部用中文写就的《缅甸文学史》。总体而言，中国对东南亚文学的译介在20世纪80年代至90年代初经历了一个高峰，同时东南亚文学领域也形成了有主动性、自主性的翻译和研究力量。

20世纪90年代末至21世纪的头十年，中国鲜少有对东南亚文学的译介问世，尤其是现当代的作家文学作品。相较之下，古典文学的译介成果更加引人注目，如2007年李谋翻译的《琉璃宫史》（全三卷）和2010年刘志强译介的《越南古典文学四大名著》。与此同时，东南亚语言的教学事业取得了长足发展，有越来越多的高校开设相关专业。[2]中国高校在这段时期提升了相关专业学生的培养层次，多个语种专业具有了硕士、博士学位授予权。在此背景下，东南亚文学课程的教材建设工作得到加强。例如在2003年，彭晖编著出版《柬埔寨文学简史及作品选读》、梁立基出版《印度尼西亚文学史》（上下册）；2004年，傅成劼、赵玉兰、祝仰修和余富兆编注出版《越南现代小说选读》（全三册）。与作家文学作品译介的式微相反的，是中国对东南亚民间文学译介和研究工作的持续重视。东南亚民间文学除了以作品

---

[1] 例如王受业：《马来西亚作家格里斯·玛斯获奖》，《世界文学》1981年第1期；晨：《印尼出版乌玛尔·尤努斯的文学论著》，《世界文学》1982年第2期；顾庆斗：《泰文坛评选百年来优秀短篇小说作家及其代表作》，《世界文学》1987年第2期等。
[2] 随着北京大学在1985年设立菲律宾语专业，中国高校的专业教学迄今已覆盖东南亚国家除德顿语外所有官方语言。

选集的形式得到翻译出版外[1]，还进入了学术研究视野。相关成果包括1998年过伟出版的《越南传说故事与民俗风情》、2004年罗长山出版的《越南传统文化与民间文学》，以及2004年立项的国家社会科学基金一般项目"泰国民间文学及其理论研究"。这一时期还见证了东南亚语言教学事业的蓬勃发展，对东南亚现当代作家文学的兴趣衰减，对东南亚古典文学、民间文学的翻译与研究逐渐占据优势地位。

近十余年来，中国对东南亚古典文学、民间文学的关注仍然占优势地位；文学史和教材的编写工作继续推进，相关研究课题呈多元发展，跨文化的文学联系成为重要主题。在文学译介方面值得注意的趋势包括，国别区域性的文学丛书成为推介东南亚文学的重要平台，东南亚文学翻译领域出现了更多从原文直译的作品。比如，中国长期相对忽视对东南亚诗歌的介绍，但作家出版社自2019年以来推出的"'一带一路'沿线国家经典诗歌文库"集中包含了越南、缅甸、马来西亚、泰国、菲律宾等国的诗选集，丰富了对东南亚诗歌的译介。而若非借助这种涵盖"一带一路"沿线国家文学作品的丛书形式，这些东南亚国家的诗歌将很难有机会为中国读者所知。同时，随着相关语种人才的成长，对东南亚文学的翻译更注重"原汁原味"。例如，北京大学出版社2013年推出的"东南亚古典文学翻译与研究丛书"强调对原典的翻译和研究[2]，该丛书中的《金云翘传》便是从越南语原文直译的。目前，中国的东南亚文学教材仍然以文学史和作品选读两种形式为主。从国别角度来看，中国对印度尼西亚、缅甸、越南、泰国、柬埔寨文学的研究积淀较深厚，关于这些国家的文学教材最多，而关于东南亚

---

[1] 如2001年辽宁少年儿童出版社推出的"东方民间故事精品评注丛书"包括老挝、越南、印度尼西亚、马来西亚、菲律宾、泰国、缅甸和柬埔寨的民间故事集；2007年刀承华编译《泰国民间故事选译》等。

[2] 陈明：《东方古典文学研究的新成果——〈东南亚古典文学翻译与研究丛书〉简评》，《比较文学与世界文学》2014年第1期。

其他六国的文学则尚无通史。在学术研究方面，近年来出现的较为稳定的热点课题包括东南亚华人文学、英语文学研究，以及中国与东南亚的文学交流。相较之下，东南亚国别文学得到的关注较少。[1]这体现了当前中国对东南亚文学的研究旨趣，即相较于东南亚本土语境下的文学发展情况，更加重视东南亚文学同华语世界和英语世界的联系。

回顾中国东南亚文学学科的发展历程可以发现，未来亟须重视对现当代作家作品的译介以及对东南亚地区文学动态的自发关注。近十余年，中国对东南亚小说的译介大都受到主流国际文学奖项的推动[2]，而非基于对东南亚各国文学发展情况的自主考察和跟踪。在学术研究方面，相较于既有的东南亚华人文学、英语文学等热点，对东南亚各国本土语言文学的关注度仍有待提高。此外，经过数十年的发展，东南亚文学研究内部已形成分化。柬埔寨、缅甸、老挝、越南、泰国、印度尼西亚的文学在早年更受重视。如今不论是作品译介还是学术研究，关于越南、泰国、印度尼西亚、马来西亚和新加坡的文学作品的成果已占据主导地位，而对柬埔寨、缅甸、老挝、菲律宾、东帝汶和文莱等国的文学的翻译和研究则是冷门。因此，平衡对东南亚各国别文学的关注力度也是未来的努力方向之一。

---

[1] 仍以国家社会科学基金为例，自2011年以来，东南亚华人文学、英语文学相关的立项课题包括"东南亚华人英文作家离散书写与中国记忆研究""当代新加坡英语文学中的中国形象研究""马来西亚华裔流散作家英文创作中的文化认同研究""新加坡英语文学与新加坡国家认同研究""现当代东南亚英语离散文学中的文化身份建构研究""东南亚裔美国小说研究"等。涉及中国与东南亚文学交流的课题有"《三国演义》在泰国的传播模式研究""儒家视阈中的越南汉文小说研究""文化人类学视域下越南民族文学与中国多民族文化研究""越南汉文学与民间信仰研究""越南汉文使华文学研究""中国四大名著在越南的传播及影响研究""唐诗在越南的传播和影响研究"等。而以东南亚国别文学为研究对象的项目只有"菲律宾当代文学的现实主义潮流研究""泰国文学经典《三界论》译注与研究""缅甸'实验文学'研究""革新时期的越南女性文学"。

[2] 如2017年译介的印度尼西亚小说《人虎》的作者古尼阿弯是印度尼西亚首位入围布克奖的作家；普利策小说奖得主、美籍越南裔作家阮清越的《同情者》和《难民》中译本于2018年、2020年出版。

印度文学研究

印度文学源远流长，辉煌灿烂，因其语言体系庞杂，从古至今，在各个历史时期形成了以一种或若干种语言文学主导印度文学发展潮流的基本特征。大体上，印度文学可分为以梵语文学为主的古代文学，以印地语、孟加拉语和乌尔都语为代表的中世纪和近现代文学，以及由英语文学主导的当代文学。我国对印度文学的译介和研究工作也基本上围绕着上述类别展开。

（一）印度古代文学

1. 印度古代文学作品的翻译

1907年初，苏曼殊在东京率先注译《梵文典》。同时他也是第一个注意到笈多时期著名诗人迦梨陀娑并向国人推介其作品的人。他曾发愿翻译《沙恭达罗》和《云使》，只可惜天不假年，未能如愿。

苏曼殊之后，焦菊隐、王哲武、王维克、王衍武、糜文开等人皆从英译本或法译本翻译了《沙恭达罗》；而1956年由人民文学出版社出版的季羡林译本是唯一根据梵文本翻译的。他还据梵文译出迦梨陀娑的另一部重要剧本《优哩婆湿》，于1962年出版。其他汉译梵剧还有吴晓铃译的戒日王著《龙喜记》、首陀罗迦著《小泥车》，以及由黄宝生翻译的跋娑著《惊梦记》等。

体量庞大的两大史诗《摩诃婆罗多》和《罗摩衍那》的翻译则颇为曲折。最先译出的都是缩略改写本。20世纪70年代，季羡林独立发起并承担《罗摩衍那》梵文本的全译工作，于1980—1984年由人民文学出版社陆续出齐七卷八册全书。这是除英译本外，《罗摩衍那》在全世界迄今仅有的外文全译本。该书在1994年获得首届中国"国家图书奖"。至于《摩诃婆罗多》，金克木早在20世纪50年代，就翻译过其中的著名插话《莎维德丽》；后开列插话选目，由其弟子赵国华、席必庄和郭良鋆合作翻译了《摩诃婆罗多插话选》，于1987年出版。此后，在金克木的支持下，《摩诃婆罗多》的全译工作正式展开，历经十余年的不懈努力，最终在黄宝生的主持下顺利完成，并于2005年出版。

印度诗歌韵文非常发达，举凡史诗、神话传说、佛教偈颂、戏剧台词，几乎都会用到韵文。中国古代高僧除了翻译过大量佛经偈颂，对古印度诗歌并无涉猎。1956年，为纪念世界文化名人迦梨陀娑，人民文学出版社出版了金克木据梵文本翻译的《云使》。几乎同一时期，徐梵澄在印度也出版了《云使》的汉译本。此后，1982年金克木译梵语短诗集《伐致呵利三百咏》出版；1984年金克木选译的《印度古诗选》出版面世，该书选录范围较广，包括此前从未翻译过的四部《吠陀本集》里的20首作品。1987年，季羡林和刘安武合作编选出版了一部《印度古代诗选》，这是一部多语种的印度古诗选集，其中许多诗篇为首次译出。其后，一些印度古代诗歌的译作陆续出版，如《薄伽梵歌》的几个译本以及巫白慧翻译的《〈梨俱吠陀〉神曲选》等。2015年黄宝生出版了一系列梵语诗歌译著，有马鸣的《佛所行赞》、迦梨陀娑的《罗怙世系》等，为国内的梵语学习者提供了难得的入门读物。

在印度古代故事文学中，《五卷书》、《佛本生故事》和《故事海》是最著名的三部故事集。人民文学出版社先后于1959年、1985年和2001年出版了季羡林译的《五卷书》全本，郭良鋆、黄宝生译的《佛本生故事选》，以及黄宝生等翻译的《故事海选》，并将它们组合成一套"印度故事文学名著集成"介绍给读者。

2009年以来，中国社会科学院接受了国家社科基金重大委托项目"梵文研究及人才队伍建设"，为此，成立了梵文研究中心，有步骤、有计划地培养梵文研究队伍，推动梵文研究事业发展。该中心自2017年开始与中西书局合作，推出"梵语文学译丛"系列丛书，弥补梵语诗歌、小说、戏剧等文学经典译本稀少之缺憾。目前该套丛书已出版译著十余部，还将有数部作品陆续问世。

2. 印度古代文学史的书写

关于中国人写作的印度古代文学史，当首推由商务印书馆1930年出版的许地山著《印度文学》，该书虽然没有命名为文学史，实际则是系统叙述从古代到近代印度文学发展进程的文学史著作。柳无忌的《印度文学》是继许地山之后的第二部印度文学史著作，1945年由中国文化服务社出版，1982年又在台湾再版。该书大量参考了印度文学研究领域的英文资料。不过，这两种著作只是概论式的普及读物，而严格意义上的文学史著，当推金克木在20世纪60年代完成的《梵语文学史》。该书1964年出版，是第一部由通晓梵文的专家用一手材料写成的中文梵语文学史。1988年出版的黄宝生著《印度古代文学》实际上也是一部梵语文学史。2019年，黄宝生又对其进行增订，扩充至45万字，由中国社会科学出版社出版。该书囊括梵语文学、巴利语文学、耆那教文学、俗语文学、古典梵语诗学等梵语文学的各个分支。

以上几种印度古代文学史多为个人专著，并且都是单语种的文学史，而印度古代文学是由多语种作品构成的相互联系、相互补充的体系；要完整表述印度古代文学发展的历史过程，就必须撰著多语种文学的综合史。20世纪90年代，季羡林组织写作班子，完成了43万字的《印度古代文学史》，于1991年出版，可谓这一领域空前的重要学术成果。

3. 印度古代文艺理论研究

印度传统诗学是印度美学的基石，也是东西方诗学的三大源头之一，经过漫长的历史发展，形成了世界上独树一帜的文学理论体系。金克木是国内印度古代文论研究的拓荒者。他的《古代印度文艺理论五篇》是五种梵语诗学名著重要章节的译文。其中三篇于1965年首先发表，后又增译两篇，合成单行本出版。通过这五篇译文及金克木撰写的引言，中国学术界得以初步认识印度古代文论的风貌。在这五篇译文中，金克木不仅确定了梵语诗学的一些基本术语译名，如"味"（rasa）、"韵"（dhvani）、"色"（rūpa）、"曲语"（vakrokti）等，为后来者所继承发扬，还在引言中介绍了梵语诗学的一些基本著作及批评原理，为梵语诗学研究指明了门径。

在金克木之后，黄宝生承其衣钵，从80年代中期开始，对梵语诗学展开了系统全面的研究。1993年，《印度古典诗学》出版，并不断再版，让读者得以窥见梵语诗学理论发展的全貌。在《印度古典诗学》之后，黄宝生还以撰写《印度古典诗学》过程中积累的翻译资料为基础，完成了上下册的《梵语诗学论著汇编》，于2008年出版。该书为国内有志于从事印度文学研究的学者提供了大量基于原典翻译的可靠文献资料，并为后来的翻译者确立了相对完整的译名体系。2019年，该书的增订本由中国社会科学出版社出版。

其他重要成果还包括倪培耕的《印度味论诗学》（1997），郁龙余等的《中国印度诗学比较》（2006），尹锡南的《印度文论史》（2015）、《印度古典文艺理论选译》（2017）、《〈舞论〉研究》（2021）等。其中《印度文论史》一书按照作品的时间顺序全面系统地梳理了印度文论的发展演变，填补了对13世纪至19世纪中叶印度中世纪文论发展以及对相关艺术理论著作的介绍的空白。而黄宝生的《梵汉诗学比较》（2021）则是他晚年集大成的中印比较诗学理论专著。

以上所述，亦系择其要而言之。此外，研究印度古代文学作家作品及文学理论的单篇专著及论文的数量和学术水平也颇为可观，这里姑且略而遗其珍。

总之，作为中国现代学术体系的分支，我国的印度古代文学研究迄今已有百余年历史，从苏曼殊对迦梨陀娑的推重与译介开始，经过许地山、柳无忌、季羡林、金克木、黄宝生等几代学者前赴后继的拓荒和积累，目前已初步建立起包含不同分支的学科体系，取得了一系列令人瞩目的成果。但是，印度像中国一样历史悠久、文化深厚，吠陀时代以来，经过数千年发展的印度文学可谓卷帙浩繁，蔚为大观；相较而言，我国的印度古代文学研究仅仅是撬动了冰山一角，亟待投入更多研究力量来开掘这座宝库。

（二）印度中世纪和近现代文学

梵语古典文学在12世纪后渐趋衰落，代之而起的是各地方语言的文学。从这些地方语言文学的繁荣程度和持续时间来看，印地语文学、孟加拉语文学和乌尔都语文学是其中的翘楚。我国对这些地方语言文学的翻译和研究工作基本起步于新中国成立后，近30年取得长足进步，近十年来随着我国区域国别研究的开展进入繁荣期。

任何外国语言文学的研究都起步于作品翻译，印度地方语言文学的翻译工作主要围绕代表性诗人和作家展开。印地语文学方面有对中世纪著名虔诚派诗人苏尔达斯的研究。20世纪80年代，刘安武曾发表介绍性论文，此后研究持续推进；2016年，姜景奎等学者集体翻译的三卷本苏尔达斯代表作《苏尔诗海》出版，是这一领域取得的重要成果。此外，早在1958年，20世纪上半叶印度最重要的现代作家普列姆昌德的长篇小说《戈丹》就得到了翻译出版，随后他的作品陆续被译介到中国。2001年，《普列姆昌德经典小说》出版，基本完成了对这位作家的系统介绍。孟加拉语文学领域的研究集中地体现为对现代著名作家泰戈尔作品的译介和研究。2016年由孟加拉语直译的《泰戈尔作品全集》可谓国内孟加拉语学界众多学者的心血之作。另外，《般吉姆小说选集》（2015）令中国学界得以窥见19世纪从孟加拉语发端的印度现代小说面貌。在乌尔都语文学方面，对现代作家钱达尔的译介起于20世纪50年代，在80年代达到高潮。他的作品风格明快简练，情节引人入胜，有些译本甚至成为发行量超过50万册的畅销书。近代诗人伊克巴尔的诗集也在同一时期得到了充分译介。

印度地方语言文学史的编纂工作也得到了同步开展。刘安武的《印度印地语文学史》（1987）、薛克翘、姜景奎等合著的《印地语文学史》（2021）和山蕴编译的《乌尔都语文学史》（1993）都是继金克木《梵语文学史》之后以单一语种文学作品为研究对象的印度文学史著作。

对这些印度地方语言文学的批评研究从20世纪八九十年代开始渐入正轨，在21世纪进入收获期，出现了一批系统研究成果。首先，在印地语文学方面，刘安武的《普列姆昌德评传》（1999）开创了我国印地语作家作品研究的先河，廖波的《印度印地语作家格莫勒希沃尔小说创作研究》（2011）也是这一研究范式下的力作；姜景奎的《印地语戏剧文学》（2002）全面梳理了中世纪和近代印地语戏剧文学的发展进程；张忞煜的《格比尔诗歌译注与研究》（2020）则深入研究了中世纪印地语文学中具有代表性的诗歌类型。另外，中世纪印地语诗人杜勒西达斯也开始进入学界的研究视野，研究论文层出不穷。其次，以泰戈尔研究为核心的孟加拉语文学研究开展得如火如荼，魏丽明等的《泰戈尔学术史研究》（2019）和《泰戈尔研究文集》（2019），以及董友忱的《心声微语：泰戈尔及孟加拉语文学研究》（2020）是这一研究领域的代表作品。最后，近20年来乌尔都语文学研究也有了长足的发展，刘曙雄的《穆斯林诗人哲学家伊克巴尔》（2006）和雷武铃的《自我·宿命与不朽：伊克巴尔研究》（2012）是迄今国内最重要的乌尔都语诗歌研究著作，并成为乌尔都语文学研究走向体系化的一个范例。

（三）印度当代文学

1947年印度独立之后，印度各语言文学都呈现出快速发展的蓬勃景象。其中，印度英语文学因便于参与世界文学交流，一方面吸引了大量印度精英知识分子进入这一语言文学的创作，另一方面全世界出于对印度这一新兴发展中大国的强烈兴趣，也热切地希望通过印度英语文学增进对印度文学和文化的了解。两相结合之下，印度英语文学成为印度当代文学中毋庸置疑的领军语种文学。我国学界对印度英语文学的译介和研究工作也随之起步。

我国对印度英语文学作品的译介在20世纪有两个高潮，分别发生在50年代和八九十年代。印度独立后，其文坛掀起的进步文学运动令世人瞩目，印度作家创作的一些批判现实主义文学佳作也随即被介绍到我国并得到翻译和出版，英语作家安纳德的小说作品就是其中的重点推介对象之一。进入八九十年代，印裔和印度英语作家开始在国际文坛崭露头角、频获欧美文学大奖，成为世界离散文学创作的一支主力军。我国学界在跟踪欧美文坛动态的进程中，相继将其中具有代表性的印度英语作家及其作品译介到国内，比如《微物之神》《失落》《白虎》三部小说获得英国布克奖后，国内出版社都在第一时间推出了中文译本。一些知名印裔作家也在这一时期得到了比较充分的介绍，如奈保尔和拉什迪。

近20年来，印度英语文学的译介事业呈现出平稳发展的新态势。不但经典作家的代表作品继续得到关注，如2011年安纳德后期代表作"拉卢三部曲"的最后一部《剑与镰》中译本出版，完成了对这位作家相对完整的译介工作，而且一些新兴印度英语作家和他们的畅销通俗小说也开始受到国内出版界的青睐，如《第二十个妻子》《我心姐妹》《恒河的女儿》等作品的中译本相继问世。

译介工作的稳步推进为中国学界的印度英语文学研究打下了坚实的基础。近40年来，我国主要在以下几个方面展开这一领域的研究工作：

一是结合文学和文化思潮研究，进行作家和作品解读。20世纪80年代改革开放后，从西方涌入的各种文学和文化思潮带来了强烈的思想冲击，其中的后殖民理论成为世纪之交中国学界进入印度英语文学研究领域的重要抓手。梅晓云的《文化无根：以V. S. 奈保尔为个案的移民文化研究》（2003）是在这一种研究范式下诞生的首部专著。此后，与后殖民理论密切相关的"跨文化身份""离散""解殖"等概念几乎成为学界解读印度当代英语文学作品的必备钥匙。石海军的《后殖民：印英文学之间》（2008）是从后殖民文化研究角度论述印裔和印度英语作家作品的集大成者；这部书以英语文学和印度文学为参照系，详细剖析了印度现当代英语文学的发展脉络。

二是在区域国别研究的视域内，检视印度英语文学作品与印度社会、文化发展之间的关系。如果说进入21世纪后的第一个十年，学界主要围绕着"英语"两个字来阐释印度英语文学，那么近十年来为紧扣"一带一路"前沿研究，学界则更侧重思考印度英语文学研究与南亚区域研究之间的互动和整合。王春景的《R. K. 纳拉扬的小说与印度社会》(2010)、张玮的《M. R. 安纳德长篇小说类型研究》(2016)和《当代印度英语通俗小说研究》(2022)都由印度社会和文化的现代转型入手，论述了印度英语文学所具有的现代性和本土性。2021年立项的国家社科基金项目"当代印度英语小说的城镇化书写研究"(项目负责人黄芝)也将会是这一研究模式下的新成果。

三是为响应"讲好中国故事"的号召，以印度文学为依托的中-印文化交流研究重新成为近年来的热点。中国当代印度学建立之初，中印文学-文化交流就是学界关注的热门话题，季羡林、金克木两位开山泰斗多有论说，留下了丰富的著述。郁龙余的《中国印度文学比较》(2001)和刘安武的《印度文学与中国文学比较研究》(2005)则从区域国别文学的角度切入，对两国的文学形态做了细致、深入的平行比较研究。不过，从印度文学近40年的发展态势来看，英语文学在其中所占的比重不断上升，然而以印度英语文学为主要资料来审视中印当代文学-文化交流的研究还较为少见，2022年国家社科基金新立项目"印度当代文学中的中国形象演化研究"(项目负责人李金云)或可填补这一研究方向上的空白。

当前，我国各大高校对印度英语文学研究方向的教学投入力度不断加大，从2002年北京大学外国语学院印度语言文学专业招收印度英语文学研究方向的博士研究生开始，全国各地每年均有专研印度英语文学的硕、博士研究生毕业，近五年来年均产出论文20篇左右，已成为我国外国文学研究中的一支重要力量。

古埃及与古代西亚文学研究

这里的"古埃及文学"，仅指使用亚历山大东征以前已经存在的古埃及文字书写的文学。在古埃及语发展演变的最后阶段，使用基于希腊字母创造的科普特字母书写的科普特语文学，尚未进入中国学术界视野。20世纪50年代，从英文等语种转译的《埃及古代故事》《亡灵书》等古埃及文学作品汉译本已经出版。80年代东方文学作为一门学科刚刚进入教学研究视野时，出版的《外国文学简编·亚非部分》《东方文学简史》等就都有介绍古埃及文学的专章。但直到1984年，东北师范大学设立世界古典文明史研究所，招收学生攻读埃及学之后，对古埃及文学更深入的翻译研究才成为可能。迄今为止，中国埃及学研究的主力人员基本毕业于这所大学，如北京大学的颜海英、复旦大学的金寿福、上海大学的郭丹彤等。金寿福译有《古埃及〈亡灵书〉》（2015）。郭丹彤的《古代埃及象形文字文献译注》（2015）三卷本收录了上自王室铭文，下至民间故事的大量古埃及文本，其中不少都具有文学价值。颜海英的《"虔诚的伪造"——古埃及文献中的国王形象》（《国外文学》2000年第4期），中国社科院外文所李川的《古埃及神话文献〈冥书〉节译》（《神话研究集刊》2020年第2期）、《古埃及神话〈兄弟俩〉译注》（《神话研究集刊》2021年第1期）等，也是对古埃及文学作品的翻译研究。此外还有少量研究论文发表。[1]

本部分的"古代西亚文学"指的是使用亚历山大东征以前就存在于美索不达米亚、小亚细亚等地，但今日已没有直接后代的民族语言

---

[1] 例如史海波：《古代埃及教谕文学的名实问题》，《古代文明》2007年第3期；莫色木加：《〈亡灵书〉的文化学阐释》，《长春大学学报》2010年第11期；颜海英：《希腊罗马时期的文化交融——古埃及预言文学与魔法文学的流传》，《杭州师范大学学报（社会科学版）》2019年第4期；等等。

创作的文学，包括苏美尔语、阿卡德语、乌加里特语、赫梯语等语言的文学。这些语言在公元前基本就都已经成为死语言，在19世纪到20世纪陆续得到破译，并由此建立了亚述学、赫梯学等下属学科。而在破译之后不久，西方学者就注意到这些语言拥有世界上最古老的成文文学，并且和古代犹太文学有密切联系。不过在中国，对这些语言的文学的译介研究，则基本开始于这些语言得到国内学术界注意之后。在那以前，这些文学中只有古代两河流域文学以"古巴比伦文学"之名引起过注意——这个名称明显上承自梁启超"四大文明古国"一说。例如，赵乐甡从日文转译的《世界第一部史诗吉尔伽美什》（1981）。《外国文学简编·亚非部分》《东方文学简史》等也都有介绍"古巴比伦文学"的专章。1999年，赵乐甡由日文转译的上古西亚史诗汇总为《吉尔伽美什》，由译林出版社出版。

东北师大设立世界古典文明史研究所后，也开设了古代西亚语言的培养方向。现任教于北京大学的拱玉书（主攻古代两河流域研究）、李政（主攻赫梯学）以及上海外国语大学的唐均（学识极为宏杂）等都有东北师大学历。拱玉书的专著《"升起来吧！像太阳一样"——解析苏美尔史诗〈恩美卡与阿拉塔之王〉》（2006）把《恩美卡与阿拉塔之王》译成中文，并对其做了详细探讨。其注释详尽的译著《吉尔伽美什史诗》（2021）在学界颇富影响。李政的专著《赫梯文明研究》（2018）第九章集中探讨了赫梯人及其文学成就。唐均在《东方民间文学概论》（2016）中涉猎了古代两河流域民间文学，但因其中翻译西亚上古文学作品时使用的仿先秦诗歌文体而引起一定争议。此外，叶舒宪、刘瀠等学者也写过有关古代西亚文学的论文。[1]

---

[1] 例如叶舒宪：《苏美尔诗歌及其原型意义初探》，《琼州大学学报》1998年第2期；刘瀠：《美索不达米亚洪水神话——版本问题与文本探析》，《民间文化论坛》2016年第5期；赵彬宇：《巴比伦〈正直受难者诗篇〉的主题思想探析》，《北方工业大学学报》2021年第4期；等等。

从时空意义上讲，上古犹太人用希伯来语、阿拉美语等创作的文学，都可以归入"古代西亚文学"范畴；且希伯来文学和其他古代西亚语言的文学联系紧密，与古埃及文学也有所关联，中国学者也有相关论文发表。[1]但这些古代近东文学中，只有希伯来文学至今未绝，并构成了一个单独的庞大文学传统，下一小节将单独展开论述。中国的埃及学、亚述学、赫梯学、犹太学学者们，对彼此学科之间的联系必然都深有体会，已经出版了总括性质的《古代近东教谕文学》（李政、李红燕、金寿福、陈贻绎等著，2015）、《古代近东文明文献读本》（郭丹彤、黄薇编著，2019）。但就整体而言，中国的埃及学、亚述学、赫梯学等，其水平仍与国际先进水平存在一定差距，成果无论在数量还是质量上，仍有很大提升空间。

希伯来文学研究

希伯来圣经文学（希伯来文称之为"塔纳赫"，即《旧约》）研究代表着我国希伯来古典文学研究的最高成就。1949年之前，圣经文学成果主要集中在翻译方面。除施约瑟从原著语言希伯来文翻译《圣经》外，其他译本均以欧洲版本为依据。1919年《圣经》和合本问世，其出色的白话译文在不同程度上启迪了鲁迅、周作人、沈从文、许地山、林语堂、冰心、茅盾等现代作家。这些作家主要关注《圣经》中的《雅歌》《诗篇》《耶利米哀歌》等文学篇章，其评注多散见于文学见解中。真正学术意义上的圣经研究，当推朱维之出版于1941年的《基督教与文学》；该作分析了《圣经》中所包含的各种文学体裁，探讨了宗教与文学的关系，但总体上是把《圣经》当作基督教文本看待的。

20世纪50年代到70年代末期，中国大陆的《圣经》文学研究基本

---

[1] 例如周密：《篡改·浸润·误读——浅析古代两河流域文学对希伯来文学的影响》，《东方丛刊》2002年第1辑；郭茜茜：《古埃及与希伯来神话中女性地位及其影响》，河北师范大学硕士论文，2021年；等等。

断层。1980年，朱维之发表了《希伯来文学简介——向〈旧约〉文学探险》(《外国文学研究》1980年第2期)，阐述希伯来人的历史，分析《圣经》中的诗歌、小说创作，且用骚体翻译《哀歌》，打破了圣经文学研究的沉寂局面，也在某种程度上体现出中国学者把《圣经》当作希伯来文化中的组成部分这一认识。继之，许鼎新、牛庸懋等学术前辈撰文对《圣经》文学做出进一步的评介。逐渐，中国已拥有一支实力雄厚的研究队伍，成果丰硕。主要体现在以下几个方面：

第一，《圣经》总体文学研究，朱维之的《〈圣经〉文学十二讲》(1989)系统详尽地阐述了《圣经》《次经》《伪经》《死海古卷》的来历和内容，以及《圣经》文学对东、西方文学的影响。他主编的《古希伯来文学史》(2001)是国内第一部希伯来文学史，囊括了以《圣经》为主要成就的希伯来古典文学和犹太民族大流散早期的《塔木德》文学。

第二，一些学者在从事基督教及其文学研究时涉及了希伯来语《圣经》的内容。杨慧林等主编的《圣经新语》(1989)论及《圣经》与西方美学、文学、艺术、政治法律制度、神学以及中国文化等的关系。卓新平的《圣经鉴赏》(2000)系统论述了《圣经》的成书、版本、译本、主要内容、基本思想、常见典故等，是一部重要的工具书。梁工的《圣经文学导读》(1990)和《圣经指南》(1993)对《旧约》《新约》《伪经》等进行了详尽评析。梁慧、杨克勤等学者主持翻译了系列《圣经》研究名著。

第三，近年来，学者运用马克思主义、女性主义、后殖民主义、文化研究等多种现代批评方法诠释《圣经》文本，探讨《圣经》与社会、历史、考古和文学理论的关联，梳理《圣经》学术史，体现出一种跨学科的多元研究态势。王立新的《古犹太历史文化语境下的〈希伯来圣经〉文学研究》(2014)综合运用和吸收历史学、语言学、宗教学、文化人类学以及文学批评理论等领域方法和知识，系统研究《圣经》的多种文类。陈贻绎的《希伯来语〈圣经〉——来自考古和文本资料的信息》（2006）重点探讨希伯来语《圣经》文本及巴勒斯坦地区文字及实物的考古发现。刘意青的《〈圣经〉的文学阐释——理论与实践》（2014）、刘锋《〈圣经〉的文学性诠释与希伯来精神的探求》（2007）、梁工的《当代文学理论与圣经批评》（2014）、李炽昌和游斌的《生命言说与族群认同》（2004）等著作，则对《圣经》文本本身、《圣经》文学的品质以及西方《圣经》文学批评理论与方法等问题进行了深入探讨。钟志清等学者对东西方《圣经》学术史进行梳理，并编译了《希伯来经典研究文集》（2019）。高峰枫、曹坚、张晓梅、程小娟、邱业祥、田海华、张缨、孟振华等新一代学者发表《圣经》文学研究的专著和系列论文。许多成果得到国家社会科学基金、中国社科院创新工程和教育部的支持。

梁工主编的《圣经文学研究》与杨慧林主编的《基督教文学学刊》为学者们提供了展现《圣经》文学研究成果的平台。北京大学、清华大学、山东大学等高校开设了同《圣经》相关的课程，复旦大学刘平等学者翻译了《圣经》希伯来语教材，《圣经》文学成为中国许多高校外国文学课程的组成部分。

与古典文学相比，现当代希伯来文学领域显得有些冷清。在译介方面，早在20世纪20年代，《小说月报》便发表了赤城翻译的《现代的希伯来诗》，但此后数十年间现代希伯来文学几乎无人问津，其原因来自语言、意识形态、审美情趣等诸多方面。20世纪80年代，中国台湾曾出版了《当代以色列小说选》。1983年，陈映真主编的"诺贝尔文学奖全集"收入了阿格农的两部小说。与此同时，阿格农的短篇小说也开始在中国大陆出版，如《逾越节的求爱》（钱鸿嘉译）等。相对于同时期我们对俄苏文学、欧美文学以及其他东方国家文学的介绍，现代希伯来文学在中国文坛及学术界的声音在当时微乎其微。

1992年中以建交，堪称现代希伯来文学译介与研究的分水岭。同年，便有三部同希伯来文学相关的译作问世，即徐新主编的《现代希伯来小说选》、傅浩翻译的《耶路撒冷之歌：耶胡达·阿米亥诗选》以及陆培勇翻译的克劳斯纳著《近代希伯来文学简史》。据统计，1986年到1996年有12部希伯来文学作品翻译成中文，此后十年则有48部在中国译出。《世界文学》《当代外国文学》等杂志也陆续发表系列希伯来文学专辑。迄今，已有约160部希伯来文学作品被翻译成中文。其中影响最大的当推奥兹的小说和阿米亥的诗歌。2007年中国社科院外文所邀请奥兹访华，带动了创作界、出版界与新闻界对奥兹和现代希伯来文学进一步的认知，在中以文化交流史上具有重要意义。在外文所主办的奥兹作品研讨会上，莫言、阎连科、徐坤、邱华栋、张悦然等中国作家和陈众议、陆建德、钟志清等学者就奥兹作品进行多方面探讨，国内40余家媒体跟踪报道，一时间掀起了一股小小的"奥兹热"。2016年，中国人民大学文学院写作研究班的年轻作家遴选奥兹为"国际文学年度人物"，邀请奥兹来中国参加"21大学生国际文学盛典"。梁鸿、张悦然、张楚等作家一致认为奥兹以充满隐喻和想象的诗性语言，在追寻个人、家庭、族群内部的隐秘伤痛过程中，呈现出国家、民族与个人命运的复杂交织，并借此表达对人类现实的关注。2017年，中国首届京东文学奖将国际文学奖颁给奥兹的《乡村生活图景》（钟志清译，2016）。

　　文学史的译介无疑会对域外学者有重要的学术参考价值。继《近代希伯来文学简史》后，谢克德的《现代希伯来小说史》中译本（钟志清译，商务印书馆）在2009年面世。该书追溯了现代希伯来小说的起源和发展，既论述了希伯来小说传统的内部发展规律，又讨论了最著名作家及其最优秀的作品，且传达出现代希伯来小说经典所具有的特征，证明它有资格登上当代文化与文学研究的舞台。2022年杀青的以色列学者施瓦茨的著作《希伯来文学的再生》（钟志清等译）则从跨学科视角，深入探讨了希伯来文学史学领域多年被忽略的欧洲阿什肯纳兹文学内部的分野以及复兴文学、回归文学、南美与以色列文学想象等诸多主题，对我国的区域国别研究具有重要的参考价值。

在研究上，现代希伯来文学虽是小语种文学，但也引起了国人的探索热望。据不完全统计，这一领域的学术论文与文章有200余篇，其中40余篇属对奥兹的研究，内容涉及作家论、作品分析、社会语境、犹太传统、性别研究、身份认同等多个方面。同时，国家层面也对现代希伯来文学研究予以扶持。在这一领域，"变革中的20世纪希伯来文学"（入选国家哲学社会科学成果文库）等课题被列入国家社科基金年度项目，"希伯来语文学史"被列入国家社科基金冷门绝学项目。一些重要的学术成果（如王邦维主持的"中国东方学学术史研究"、陈众议主持的"当代外国文学研究60年"等）和高校东方文学史教材（如徐葆耕、王中忱主编的《外国文学基础》等）均包括了现代希伯来文学的内容，表明我国学界逐渐把现代希伯来文学研究纳入外国文学研究的组成部分。

在教学中，北京大学在设置东方文学课程时容纳了希伯来文学专题，包括《圣经》文学和现代希伯来文学两部分。中国社会科学院大学也开设了有关现代希伯来文学的专题讲座。年轻学子表现出对这一学科的浓厚兴趣，仅就奥兹创作撰写的学位论文便有20篇以上。但现代希伯来文学研究领域并没有形成人才梯队，一些年轻学子虽然撰写了同现代希伯来文学相关的论文，但毕业后往往没有继续在这一领域深耕，这不能不说是一件憾事。

阿拉伯文学研究

20世纪80年代以降，我国对阿拉伯文学作品的译介范围逐渐扩大，除《一千零一夜》、纪伯伦的作品反复出版外，埃及作家、1988年诺贝尔文学奖得主纳吉布·马哈福兹的大部分小说都被翻译成了中文。叙利亚、黎巴嫩、伊拉克等许多阿拉伯国家的作品如《鸽子项圈》（王复译，2021）、《竹竿》（蔡伟良、吕娜译，2019）等亦有中文译本问世。截至目前，共有数百部阿拉伯文学作品被译成中文，其中80%都是1978年之后翻译的。譬如薛庆国所译阿多尼斯系列作品，使中国读者得以进一步走进这位阿拉伯文学家、思想家的世界；而郅溥浩翻译的《阿拉伯文学史》（1990）则成为近40年来研究阿拉伯文学必不可少的参考书。

在翻译先行的基础之上，我国阿拉伯文学研究近40年来的成果主要呈现出如下几个特点：

首先，结合同时期阿拉伯文学创作的特点，国内学者将文学研究与时代社会、民族意识更为紧密地结合起来，凸显了阿拉伯文学创作的社会关怀及其对民族文化、社会发展的思考，同时力求通过阿拉伯文学研究，对我国文坛有所裨益。自2011年"阿拉伯之春"以来，埃及、突尼斯政局动荡，叙利亚战争绵延，巴以冲突加剧，黎巴嫩财政崩溃等一系列内外矛盾，使国内学者将研究目光聚焦于上述地区，试图通过对有关文学的研究揭示阿拉伯国家的内忧外患，其中尤以探究纳吉布·马哈福兹作品的现实关怀为甚。自1984年第一篇研究该作家的论文《纳吉布·马哈福兹与埃及电影》（李琛）问世后，国内学者对该作家的关注渐趋丰富，仅1984—1989年6年时间，就有论文17篇之多。此后研究热潮始终居高不下。据粗略统计，近30年来共有约80篇论文，为国内阿拉伯文学专题研究之首；直至21世纪初，研究热度才略有下降。学者多将其与日本的川端康成，中国的鲁迅、巴金等进行比较，探析其作品的文化精神，而张洪仪和谢杨主编的《大爱无边》（2008）是一部关于纳吉布·马哈福兹研究的专辑。遗憾的是尚未有专著问世。

此外，多位学者聚焦"巴以冲突""阿拉伯之春"等热点问题进行文学研究，如《抵抗身份危机——以色列境内巴勒斯坦文学创作述评》（余玉萍，2015），从以色列巴勒斯坦裔作家群的"居间"立场出发，分析了作家对社会现实所采取的批判与拟仿、反抗与防守态度；

又如《离散群体视角下的阿拉伯战争文学书写》(史月，2016)、《马哈茂德·达尔维什：用栀子花的呐喊，令祖国回归》(薛庆国，2016)等，关注几占阿拉伯文坛半壁江山的战争文学；另有对"阿拉伯之春"后文学创作整体回顾和反思的《"革命"元年的阿拉伯文学：预警、记录与反思》(薛庆国、尤梅，2012)、《变革、反思、呐喊——2014年阿拉伯文学简述》(尤梅，2015)等，这些均有助于国内读者了解阿拉伯文学的最新成果以及所折射的深刻内涵。

其次，为紧扣"一带一路"前沿研究，秉承"讲好中国故事"主旨，我国阿拉伯文学研究近年来更集中关注中阿文学交流，以探讨各自文学作品对对方的形塑及其背后的文化互鉴与友好往来。譬如《天方书话——纵谈阿拉伯文学在中国》(葛铁鹰，2007)、《中外文学交流史：中国-阿拉伯卷》(郅溥浩、丁淑红、宗笑飞，2015)等，后者详细梳理了从古至今(2010年前后)中国与阿拉伯各国之间的文学交流和主要研究成果，有面有点地分析了各时代的文学特征，斩获"第四届中国出版政府奖"，且被译为阿拉伯语，在阿拉伯国家出版发行并获得好评，促进了中国和阿拉伯读者的文化交流和双向认知。此外，《阿拉伯文化中的中国形象》(四卷本，葛铁鹰、薛庆国，2022)亦是迄今最新的一套详尽梳理中阿文化交流的集成之作。该书分为古代卷(两册)和现代卷(两册)，集中探析了阿拉伯文化、文学作品中的中国形象，为促进中阿交流，讲好中国故事做出了贡献。

最后，结合新理论、新方法，我国阿拉伯文学研究与国际问题研究互为呼应，关注民族身份认同、现代性思潮的嬗变以及对女性文学、传记文学的阐释。如《阿拉伯当代文学的转型与嬗变》(余玉萍，2020)，从阿拉伯现代性发展的角度出发，以20世纪中叶以来阿拉伯世界数位经典作家作品为个案，探讨了文学对阿拉伯社会现代化进程所进行的反思；《〈夜信〉：迷宫叙事与阿拉伯民族的迷宫之境》(任宏智，2022)，运用叙事学理论探析阿拉伯民族的生存困境；《论女性自传主体的漂移性》（邹兰芳、余玉萍，2010）、《将陌生的"母语"变为己有》（牛子牧，2017）、《沙特女作家拉嘉·阿丽姆的小说叙事艺术》（汪颉珉，2016）等则关注女性作家创作和女权主义在阿拉伯国家的问题与走向，揭示出阿拉伯社会亟待直视的沉疴；《阿拉伯传记文学研究》（邹兰芳，2016）则是国内第一部系统研究阿拉伯传记文学的专著，与国际当代人文学术潮流相呼应，对这一重要的书写模式进行了跨视阈分析。

当然，在关注现当代文学走向的同时，重视阿拉伯古代文学，力求追本溯源、古今观照，也始终是国内阿拉伯文学研究者的聚焦点。主要成果有《阿拉伯文学通史》（仲跻昆，2010），作品涵盖了自公元五六世纪至20世纪末阿拉伯文学的方方面面。2020年，该书作者对这部文学通史又做了校勘和更新，出版了四卷本《阿拉伯文学史》，是目前国内阿拉伯文学史书写的扛鼎之作；《阿拉伯古代文学批评史》（王有勇，2014）则是一部细致剖析阿拉伯古代文学批评的专著。此外，相关的文学史类专著还有《阿拉伯文学史纲：古代部分》（陆培勇，2015）、《阿拉伯安达卢斯文学与西班牙文学之初》（宗笑飞，2017）等。

对阿拉伯经典文学作品的关注还体现在对《古兰经》文学价值的探析上，如《〈古兰经〉的文学探讨》（陆孝修、王复，1982）探讨了《古兰经》的文学价值及其对阿拉伯散文发展的影响；《〈吉尔伽什〉史诗、〈旧约〉和〈古兰经〉中洪水传说及其相互联系》（孙承熙，1989）将《古兰经》与其他宗教经典与史诗相比较，以此探寻其特殊的社会历史语境和人文思潮。

同时，《一千零一夜》也是阿拉伯古典文学研究的重点之一。改革开放以来，有关《一千零一夜》的研究文章近50篇，有着重分析《一千零一夜》所产生的文化背景，也有平行比较或影响研究的，如《〈一千零一夜〉和中国文学》（郅溥浩，1986）、《〈一千零一夜〉与中国》（伊宏，1984）、《阿拉丁是个中国人》（林丰民，2020）、《民族主义风潮中的〈一千零一夜〉》(宗笑飞，2021)等。郅溥浩还撰写了专著《神话与现实——〈一千零一夜〉论》，对该故事集中多个母题进行分析，将其与中国民间文学类比。

所谓功力必不唐捐。近40年来，我国阿拉伯文学研究者始终孜孜以求，勤勉不懈，不仅拓宽了研究领域，推进了研究深度，也取得了丰硕成果，受到了各方特别是阿拉伯学界的嘉许。进入21世纪以来，许多学者先后获得国内外诸多奖项。2011年，仲跻昆分别获得当年度谢赫·扎耶德图书奖、沙特阿拉伯阿卜杜拉国王国际翻译奖之荣誉奖，成为第一位获得这两个奖项的中国学者。2018年，他又获得了我国翻译文化终身成就奖。2015年，薛庆国获得卡塔尔谢赫哈马德翻译与国际谅解奖，成为第一位获得该奖的中国学者。2021年，该奖又将奖项授予葛铁鹰、李振中和王复等三位中国学者；同年，林丰民、薛庆国、葛铁鹰等12位学者还获得了埃及大使馆颁发的埃及文学翻译与研究奖。2022年，薛庆国还因其数年以来持之以恒地翻译叙利亚诗人阿多尼斯作品而荣获第八届鲁迅文学奖。此外，我国学者张洪仪教授还于2019年应邀担任国际阿拉伯小说奖的评审专家，成为这项阿拉伯文学奖项的第一位中国评委。

1987年，阿拉伯学界正式成立了组织机构"阿拉伯文学研究会"，后为外国文学学会下属的二级学会"阿拉伯文学研究分会"。学会自成立以来，是该领域研究同人的交流依托，不仅每年度举办主题多样的研讨会，还及时关注学科前沿，注重经典回眸，与不同出版社、高校联合举办各种研讨活动或翻译比赛，如"纪伯伦逝世90周年研讨会"(2021)、"马哈福兹作品研讨会"(2021)、"世界文学中的民间文学传统"(2022)、"阿拉伯网络小说创作及翻译大赛"等，促进了学术交流。2022年，学会还出版了《丝路星辉》，甄选阿拉伯文学研究分会成立30年来的优秀研究成果。这些都为推动我国阿拉伯文学研究的深入发展提供了笃实而厚重的平台。

伊朗、土耳其、高加索、中亚文学研究

将这些地域放在一起叙述的原因是最晚从公元4世纪[1]开始，到19世纪西方（包括沙俄）势力渗入这一带以前，该地区或由波斯语民族居住，或即使主体居民非波斯语民族但其文化也以伊朗文化，尤其是伊斯兰化以后的伊朗文化作为最主要的雅文化。当代英语学界已经创造出"波斯化"（Persianate）一词，来形容这样的地区及其文化。[2]

在这一地区，历史上成就最大、影响最深的文学语言是波斯语。1840年前波斯语文学就对中国产生过影响。13世纪波斯文豪萨迪的《蔷薇园》，被中国普遍信奉伊斯兰教的民族作为道德和文学经典学习了几百年。但对这一片地区文学的汉译和研究，基本开始于五四运动之后；这一片地区的文学作品在新疆各族中以原文或俄文、中国民族文字译本形式流传，对汉族几乎没有影响。[3]截至20世纪30年代，周作人、茅盾出于对弱小民族文学的关注，翻译过亚美尼亚、格鲁吉亚文学作品[4]；胡适、郭沫若、徐志摩、闻一多等人出于自身爱好，翻译

---

[1] 各地具体起始时间不一。

[2] 这个词在20世纪60年代由美国学者G. S. Hodgson首先提出；而今日比较通行的定义，可以参考：Nile Green, "Introduction: the frontiers of the Persianate World (ca. 800—1900)", Nile Green ed., *The Persianate World: the frontiers of a Eurasian lingua franca*, Berkeley: University of California Press, 2019, pp. 1-74。

[3] 王蒙在他的新疆题材小说中提到了几部翻译成维吾尔语的乌兹别克、塔吉克、哈萨克文学作品，如 [乌] 阿依别克的《纳瓦依》、[塔] 艾尼的《往事》，并借小说的维吾尔族男主人公之口予以评价。虽然情节可能属于虚构，但作者必然是知道这些作品的。参见王蒙：《哦，穆罕默德·阿麦德》，《你好！新疆》，人民文学出版社，2011年，第34—35页。而在其他汉族作家笔下，这些域外文学作品仿佛从未在新疆存在过。

[4] [亚] 阿伽洛年（Avetis Aharonian，今译"阿哈龙尼扬"；译者参考的版本大概经俄文转译）：《一滴的牛乳》，周作人译。初刊于《新青年》第八卷第六号（1921），文学部分，第7—9页。《小说月报》第十二卷第十号"被损害民族的文学号"，第97—99页；沈雁冰译十首"杂译小民族诗"，收入了两首亚美尼亚诗（作者分别是15世纪的Tlkuranc'i [译作"土尔奇兰支"] 和20世纪的Avetik Isahakyan [译作"伊萨河庚"]），一首格鲁吉亚诗（作者是19—20世纪的Ilia Chavchavadze [译作"夏芙夏伐支"]）。

或讨论过中古波斯诗人奥马尔·海亚姆的《鲁拜》[1]；郑振铎则在《文学大纲》[2]中辟有"中世纪的波斯诗人"专章，一举译介了两位数的波斯诗人及其作品。四五十年代，对这一带地区文学的译介工作一直在缓慢而稳步推进[3]，直到中苏关系骤然转冷，一度停滞，"文革"结束后才重启。80年代的相关译介，可算是50年代工作的延续。[4] 90年代由于出版业的市场转向，译作出版几乎停顿，但《波斯文学史》（张鸿年，北京大学出版社，2000）等中国学者的研究，正是这时面世的。21世纪初，"波斯经典文库"18册（湖南文艺出版社，2000）横空出世，中古时期波斯语经典文学作品的大部分，至此都有了汉译本。21世纪第一个十年里，土耳其首位诺贝尔文学奖获得者奥尔罕·帕慕克作品在海峡两岸大举汉译[5]，亚美尼亚史诗《萨逊的大卫》、格鲁吉

---

[1] 见张鸿年：《波斯古代诗选·译本序》，人民文学出版社，1995年，第8页。

[2] 商务印书馆1927年初版。

[3] 例如《沙逊的大卫（阿美尼亚民族史诗）》，亚克、戈宝权译，茧社，1941年；[格]绍·卢斯塔维里：《虎皮武士》，李霁野译，南方印书馆，1944年；[土库曼]凯尔巴巴耶夫：《白金国的爱素丹》，王民泉等译，时代出版社，1951年；[土]那齐姆·希克梅特：《希克梅特诗集》，陈微明、黎新译，人民文学出版社，1952年；《乌兹别克短篇小说集》，王连成译，时代出版社，1953年；[塔] S. 艾尼：《城市》，大草、滕江译，国际文化服务社，1953年；[格]列奥·基阿切里：《格瓦迪·比格瓦》，陈大维译，时代出版社，1954年；[吉]塞迪克别科夫：《我们时代的人》，叶冬心译，人民文学出版社，1956年；《沙逊的大卫：亚美尼亚民族史诗》，霍应人译，人民文学出版社，1957年；《阿富汗诗歌选》，杜笃、宋兆霖译，人民文学出版社，1957年；《希望的旗帜：亚美尼亚作家短篇小说选》，荣如德等译，人民文学出版社，1958年；《永远不落的太阳：阿塞拜疆作家短篇小说选》，谢祖钧、容威译，人民文学出版社，1958年；《在荒地：哈萨克作家短篇小说选》，裘维昭等译，人民文学出版社，1958年；《波斯短篇小说集》，潘庆舲等译，人民文学出版社，1958年；等等。

[4] 例如[土]雅萨尔·凯马尔：《瘦子麦麦德·第一卷》，李贤德译，外国文学出版社，1981年；[格]顿巴泽：《永恒的规律》，程文、梁再宏译，外国文学出版社，1982年；[阿塞拜疆]巴巴耶娃：《人和命运》，孙汝林等译，陕西人民出版社，1985年；[伊]巴哈尔：《巴哈尔诗选》，邢秉顺译，外国文学出版社，1987年；等等。

[5] 例如《新人生》，蔡鹃如译，麦田出版，2004年，2007年上海人民出版社购买版权出版简体中文版；《白色城堡》，陈芙阳译，麦田出版，2004年；《我的名字叫红》，李佳姗译，麦田出版，2004年；《伊斯坦堡：一座城市的记忆》，何佩桦译，马可孛罗文（转下页）

亚史诗《虎皮武士》重译本等[1]也陆续面世。而第二个十年，尤其在"一带一路"倡议提出后，这一带文学作品汉译速度加快，尤其是伊朗和土耳其当代文学作品的引进速度上升。[2]穆宏燕等学者研究波斯/伊朗文学的新著也屡有出版。[3]

中国对这一片地区的文学，无论译介还是研究均已取得一定成绩，但这些文学虽文化上有共性，政治上却从未由同一个政权管辖，因此中国学界很少有人注意到其共性并通盘考虑。具体到各国或地区受到

（接上页）化，2004年，2007年上海人民出版社购买版权出版简体中文版《白色城堡》，沈志兴译，上海人民出版社，2006年；《我的名字叫红》，沈志兴译，上海人民出版社，2006年，2007年同年又出穆宏燕注释的插图注释本；《黑色之书》，李佳姗译，麦田出版，2007年，同年上海人民出版社购买版权出版简体中文版《黑书》；《雪》，沈志兴等译，上海人民出版社，2007年；《寂静的房子》，沈志兴、彭俊译，上海人民出版社，2008年；《杰夫代特先生》，陈竹冰译，上海人民出版社，2009年；《纯真博物馆》，陈竹冰译，上海人民出版社，2009年，2012年麦田出版购买版权出版繁体中文版；《雪》，蔡鹃如译，麦田出版，2015年；等等。

[1] 均为严永兴翻译，译林出版社出版；其中《萨逊的大卫》第一版译者署笔名"寒青"。

[2] 例如［伊］佐雅·皮尔扎德：《灯，我来熄灭》，沈一鸣译，重庆出版社，2012年；［伊］西敏·达内希瓦尔：《萨巫颂》，穆宏燕译，重庆出版社，2012年；［伊］萨迪克·赫达亚特：《瞎猫头鹰》，穆宏燕译，河南大学出版社，2017年；［伊］阿巴斯·马阿鲁菲：《亡者交响曲》，穆宏燕译，五洲传播出版社，2019年；《伊朗诗选》（上下册），穆宏燕编译，作家出版社，2019年；［土］李凡纳利：《伊斯坦布尔的幸福》，贾文浩译，燕山出版社，2010年；［土］沙尔达·奥兹坎：《失落的玫瑰》，裴卫芳译，湖南文艺出版社，2010年；［土］奥尔汗·凯马尔：《流浪的岁月》，中国国际广播出版社，2011年；［土］巴里希·穆斯特贾布奥洛：《佩格传奇·第一部》，方凡等译，浙江大学出版社，2012年；［土］佩里罕·马登：《不能失去你》，银珊译，花城出版社，2015年；［土］艾诗乐·佩克：《忧伤的时候去厨房去》，韩玲译，北京联合出版公司，2015年；［土］阿赫梅特·哈姆迪·唐帕纳尔：《时间调校研究所》，谭琳译，上海文艺出版社，2016年；［土］哈坎·君代：《少数》，龚嘉华译，上海文艺出版社，2019年；［土］艾丽芙·沙法克：《爱的四十条法则》，刘泗翰译，中信出版集团，2019年；［土］纳齐姆·希克梅特：《我坐在大地上：希克梅特诗选》，非马等译，周良沛编，花城出版社，2020年。其中部分土耳其文学作品译著简体中文版为从台湾地区获得授权出版，如《少数》《爱的四十条法则》等。

[3] 例如穆宏燕：《波斯古典诗学研究》，昆仑出版社，2011年；《伊朗小说发展史》，浙江工商大学出版社，2019年；刘英军：《文学对民族记忆的重构：伊朗史诗〈库什王纪〉研究》，中西书局，2022年；等等。

的关注程度也参差不齐。其中，波斯古典文学已经拥有了一支近70年历史且不断壮大的翻译研究队伍。现当代伊朗文学与中古波斯文学同使用波斯语，其译介研究规模亦得其便利。土耳其文学虽不如波斯文学受重视，但自从帕穆克获"诺奖"开始，对其关注度亦迅速增加，但主要局限在当代。而至于其他三片国家/地区的文学，对其译介和研究基本仍在起步阶段。且高加索和中亚由于曾是沙俄/苏联的一部分，其文学长期以来在中国都被置于"俄苏文学"范畴下，通过俄文本进入中国视野。除了艾特玛托夫一人由于其在苏联时代的卓越成就引起了中国学界的注意[1]之外，绝大多数其他人或作品仅偶有问津。再如21世纪头20年中，波斯古典诗人鲁米的作品是在英语世界受到重视以后，才一举有了若干从英文转译的汉译选本，而从波斯文直译的仍然只有"波斯经典文库"里收录的一种。[2]从它们的在华传播历程也不难发现，中国相关学界视野受外部影响之大。

在专门对以上地区文学的译介研究之外，北大段晴教授的研究完全值得辟专节介绍。作为季羡林先生的传人，段晴教授的主攻方向也是文献学，且多涉及文学领域，尤其是中外文学交流史。但她在德国留学期间主修波斯学，学术视野得到了很大扩展。凭着广博的视野、专精的知识，以及时时更新的理论和研究方法，段晴及其团队研究过的文学囊括了古代亚洲丝路沿线从东到西的所有主要文明地域，最主要是古代中亚波斯语地区，跨当今国境内外，并每每能对旁人轻易放过或无法深入的题目条分缕析，揭示出古代长距离跨文化交流。从她

---

[1] 在"文革"期间，艾特玛托夫作品即已有汉译本：《白轮船（仿童话）》，雷延中译，上海人民出版社，1973年（收入"黄皮书"系列）。

[2] 其中很多是台湾地区首先翻译出版，大陆再购入版权出版简体中文版。如梁永安译《在春天走进果园》，大陆已有2013年甘肃人民出版社和2021年湖南文艺出版社两版。万源一的《让我们来谈谈我们的灵魂》和《万物生而有翼》，湖南文艺出版社2016年也都出了简体中文版。此外尚有《鲁米：偷走睡眠的人》，白蓝译，华夏出版社，2016年；《火：鲁米抒情诗》，黄灿然译，北京联合出版公司，2019年。

20世纪90年代前期写的《于阗经文中"作茧自缚"的来源》(《民族语文》1993年第1期），到21世纪初的《筋斗背后的故事——从一个家喻户晓的词汇透视粟特文化的遗踪》[1]，最后到21世纪第二个十年，她所倾力的新疆出土氍毹图像学研究汇集为遗作《神话与仪式：破解古代于阗氍毹上的文明密码》（生活·读书·新知三联书店，2022），无不体现了她的研究专长。

非洲文学研究

（一）非洲文学研究学科发展概况

中国对于非洲文学的研究到了20世纪80年代才开始，之前主要是译介时期，长达80多年。译介则始于美国非裔文学，迄今大致经历了两个阶段。第一个阶段为"译介与宣传期"（1901—1976），第二个阶段为"译介和研究期"（1977年至今）。"近现代中国的翻译文学史有一个重要的传统——介绍弱小民族文学，将中华民族与黑人民族、印度民族、马来民族、犹太民族和朝鲜民族一道视为没有地位的一类。"[2]

20世纪50年代末，非洲进入民族独立解放运动时期。随着1955年万隆会议和1958年亚非作家会议的召开，中国对非洲文学的看法发生了改变，不再将其视为"弱小民族"之文学，而是反抗殖民统治、争取民族独立的民族国家文学。在亚非作家会议召开的同一年，中国最重要的外国文学期刊《世界文学》连续在第9期和第10期译介非洲文学。随后在毛泽东"第三世界"理论的指导下，将非洲文学、亚洲文学和拉丁美洲文学合称"亚非拉文学"。

从20世纪60年代以来，中国对非洲文学的翻译基本没有中断过。

---

[1] 荣新江等编：《粟特人在中国——历史、考古、语言的新探索》，中华书局，2005年，第402—415页。
[2] 谭惠娟、罗良工：《美国非裔作家论》，上海外语教育出版社，2016年，第646页。

在毛泽东去世的前一年，为了纪念莫桑比克的独立，还出版了《莫桑比克战斗诗集》[1]。80年代，非洲文学翻译迎来了一个高峰，外国文学出版社为此做出了突出贡献。该社在80年代中期推出了"非洲文学丛书"。[2] 90年代之后，随着中国出版界逐渐市场化以及中国对非洲兴趣的减弱，非洲文学的翻译只有追逐国际潮流以求生存，在国际上获得奖项和有阅读市场的非洲文学作品才有机会被译介，索因卡、戈迪默和库切这些诺奖作家的作品都在这个时期被引入国内。在中国，非洲文学翻译和非洲文学研究关系十分密切，前者远远走在后者的前面，甚至可以说，中国对非洲文学的研究和认知长期局限于翻译过来的作品范围。这个情况直到近几年才有所转变。

中国的非洲文学研究在80年代才真正出现，而这又是从翻译开始的。1980年，苏联学者伊·德·尼基福罗娃等著的《非洲现代文学》（上下册）在外国文学出版社出版，由此揭开了中国非洲文学研究的序幕。从1980年至2020年，中国用了整整40年时间才初步建立起全国范围的非洲文学研究体系。在这40年间，2009年前后可以说是这个学科发展的一个关键时间点。这一年，北京大学外国语学院正式启动非洲语言文学学科建设，设立了全国第一个亚非语言文学系，在亚非语言文学学科东方文学方向下招收第一届非洲语言文学方向研究生[3]，这标志着中国培养非洲文学研究生的机制正式确立。2010年，老一代学者李永彩独立撰写的《南非文学史》出版，这是国内第一部非洲文学国别史，它的出版标志了中国非洲文学史研究的开始。2010年，关于埃及作家马尔福兹和南非作家库切的研究立项，这是两个最早得到国

---

[1] 王连华、许世铨译:《莫桑比克战斗诗集》，人民文学出版社，1975年。
[2] 查明建、谢天振:《中国20世纪外国文学翻译史》（上下），湖北教育出版社，2007年，第1432页。
[3] 魏丽明:《北京大学外国语学院亚非系非洲语言文学学科建设》，北京大学非洲研究中心:《中国非洲研究评论：非洲文学专辑（2016）》总第6辑，2018年。

家资助的非洲文学研究项目,都和诺贝尔文学奖相关。

如果说2009年前后是一个新的研究起点,那么仅仅过了5年,国家对非洲文学研究的投入力度就明显增大。一系列的学术会议和协会的成立及项目的倾斜证明了这一点。2014年,北京大学举办了首届"非洲语言文学教学与研究"国际学术研讨会。2016年,浙江师范大学举办了"2016全国非洲文学研究高端论坛",并成立了国内第一个"非洲文学研究中心"。2019年,中非语言文化比较研究会这一国家二级协会正式成立,这是第一个非洲文学研究学会。国家研究资金资助的力度往往是国家对一个学科重视程度的标志。2019年,"非洲英语文学史"被立为国家重大基金项目,至此,非洲文学研究在中国的外国文学学科中开始占有一席之地,今后将有更多的硕士和博士研究生进入非洲文学研究领域。

2018年,北京大学的《中国非洲研究评论》编辑部对国内16所高校的非洲文学研究做了调查。根据调查[1],中国的非洲文学研究主要在四类高校中进行:第一是以北京大学、清华大学和复旦大学为首的传统研究型大学;第二是以北京外国语大学和中国传媒大学为首的外语类教学和研究机构;第三是众多师范类学校:天津师范大学、北京师范大学、上海师范大学、浙江师范大学、华中师范大学、河北科技师范学院等;第四是财经、外贸、政法和科技类学校,包括电子科技大学、中南财经政法大学、对外经济贸易大学、南京航空航天大学、长江大学、长沙理工大学、兰州财经大学、西北农林科技大学等。需要补充的是,非洲文学研究者分布日益广泛,除了这四类高校,一些大学如华侨大学、云南大学、德州学院、惠州学院也有非洲文学研究者。

---

[1] 蒋晖:《中国非洲文学研究发展的状况》,北京大学非洲研究中心:《中国非洲研究评论:非洲文学专辑(2016)》总第6辑,2018年。

这些学校结合各自学术资源和传统，发展出不同的非洲文学研究和教学的方向。在北大、清华和复旦这些综合性研究大学，因为拥有健全的学科体系和雄厚的师资，非洲文学研究得以在跨学科互动中开展，外国语学院、历史系、国际关系学院、中文系、比较文学和世界文学研究所、非洲研究中心会集的往往都有非洲研究的人才。

在外语类院校，非洲语言往往成为发展的重点，而文学文本则作为学习非洲语言的教材。北京外国语大学从2012年起一共增设了17门非洲语种专业[1]；中国传媒大学在1960年就创建了斯瓦希里语专业，今天，斯瓦希里语口语文学成为这个学校的重点研究方向[2]。

许多高校本没有非洲文学研究的传统，但非洲文学研究这几年很快发展起来，往往是因为这些学校设有非洲研究中心或者在非洲开设了孔子学院。浙江师范大学拥有著名的非洲文学研究中心，借助非洲文学研究中心的资源，该校调动内部师资，鼓励从事西方英语文学和法语文学的老师转到非洲的英语文学和法语文学的研究中来，并推出"非洲人文经典翻译与研究项目"。上海师范大学则借助在博茨瓦纳设立的孔子学院，展开对博茨瓦纳文学的重点研究。此外，西北农林科技大学、长沙理工大学、云南大学等都是依托自身的非洲研究中心来从事非洲文学研究。

最后，一些师范类大学的非洲文学研究虽没有非洲研究中心的支撑，但秉承自身的"东方文学"研究传统，从东方文学这个带有文明论和社会主义意识形态的概念过渡到区域国别研究。天津师范大学和华中师范大学都是参与80年代"东方文学"学科设立的重要研究机构，撰写《东方文学史》"非洲部分"的教师自然转到非洲文学研究中来。

---

[1] 魏媛媛：《北京外国语大学非洲文学研究简况》，北京大学非洲研究中心：《中国非洲研究评论：非洲文学专辑（2016）》总第6辑，2018年。
[2] 李坤若楠：《中国传媒大学非洲文学研究简况》，北京大学非洲研究中心：《中国非洲研究评论：非洲文学专辑（2016）》总第6辑，2018年。

（二）非洲文学研究状况

过去的40年非洲文学研究开始于一个高度政治化的时期，随后便是一个持续且缓慢的"去政治化"时期，近几年，非洲文学研究逐渐被国家组织到区域国别研究的框架下。

自新中国成立以来，在冷战的结构下，中国的外国文学研究分为三大板块：西方文学、东方文学、俄苏文学。东方文学进入制度化建设的时期发生在1981年。这是非洲文学研究的第一个阶段。从1983年起，多部东方文学史著作出版[1]。非洲文学研究最早的成果体现在这些东方文学史中。非洲文学基本按照北非、东非、西非和南部非洲来划分。写作的方式是一个总论，之后是非洲各个地区主要作家的生平和作品介绍；在题材上则强调反殖民斗争、启蒙和社会批判类作品的重要性，强调非洲文学中蕴含的民族主义和国际主义思想。

在几乎整个20世纪，外国文学的翻译和研究一直和中国现代文学的自我改造和更新以及不同时期的社会思想运动密切相关，但这种情况在90年代之后不再存在。外国文学研究变成了面向市场需求的外国语言培训基地、引进西方各种思潮的平台、培养研究生的工厂。隶属于外国文学研究的非洲文学研究也发生了相应的转变。80年代建立的东方文学研究范式被抛弃在一边，学者们告别了苏联的东方学研究，研究的选题和方法被文化市场和西方的非洲文学研究——主要是后殖民研究——所左右。

---

[1] 例如朱维之、雷石榆、梁立基：《外国文学简编——亚非部分》，中国人民大学出版社，1983年；季羡林：《简明东方文学史》，北京大学出版社，1987年；朱维之：《外国文学史——亚非卷》，南开大学出版社，1988年；梁潮、麦永雄、卢铁澎：《新东方文学史（古代中古部分）》，广西师范大学出版社，1990年；张朝柯：《亚非文学简史》，辽宁大学出版社，1991年；郁龙余、孟昭毅：《东方文学史》，北京大学出版社，1994年；高慧勤、栾文化：《东方现代文学史》，海峡文艺出版社，1994年。

1991年南非作家戈迪默获得诺贝尔文学奖，中国开始大量翻译她的作品，相关研究随之兴起。对戈迪默的研究最早在东方文学范式中开展，但又体现出向后殖民研究过渡的初步迹象。中国学者强调戈迪默的民族意识和反抗精神。引入后殖民理论后，中国研究戈迪默的学者集中于宗教意识、身份危机、女性主义、女性形象、身体书写、生态美学、叙事策略、异化主题等研究领域。

随着西方后殖民研究的兴起，库切取代了戈迪默，成为南非乃至整个非洲最受文学研究界关注的作家。1986—2016年，全国一共发表作家研究类文章877篇，其中研究库切的445篇，占50.7%[1]。在一定程度上，中国的非洲文学研究被库切研究所定义。正如一位学者指出的，"国内研究成果的主要理论角度当首推后殖民性、后现代性。此外，身份问题、伦理思想、主体性困境、政治立场、叙事策略、文体意识、比较视野等也纷纷成为研究者进入库切文学世界的角度"[2]。在库切研究繁荣的背后则是非洲文学研究的不平衡性：非洲只有几个国家的文学得到研究——南非、尼日利亚、肯尼亚、埃及等，这些国家中只有若干作家受到重视。

最近几年，非洲文学研究越来越和国家所倡导的非洲的区域与国别研究密切结合。2013年国务院学位委员会发布的《学位授予和人才培养一级学科简介》，首次把区域与国别研究纳入外国语言文学一级学科[3]，随后成为外国语言文学一级学科里五个研究领域中的一个。这种学科的规划要求非洲文学研究突破单纯的文本研究，去和对象国的政治、社会、经济和文化的总体状况结合起来。在未来的一段时间里，

---

[1] 黄晖：《非洲文学研究在中国》，《外国文学研究》2016年第5期。
[2] 高文惠：《库切研究综述》，北京大学非洲研究中心：《中国非洲研究评论：非洲文学专辑（2016）》总第6辑，2018年。
[3] 宁琦：《区域与国别研究人才培养的理论与实践——以北京大学为例》，《外语界》2020年第3期。

非洲文学研究与非洲研究结合会是一个总体趋势。

中国知识界在近几年的时间里产生理解中国革命、中国发展的特殊道路的强烈需求，这已经反映到非洲研究中来。中国在毛泽东时代建立起来的"第三世界"想象正在成为非洲研究的一个热点问题。与此相应，中国启蒙文学和革命文学的实践也正被用来关照非洲现代文学实践的得失。[1]

---

[1] 蒋晖：《载道还是西化：中国应有怎样的非洲文学研究？》，《山东社会科学》2017年第6期；《中国的非洲文学研究生成的历史条件、普遍形式和基本问题》，《文艺理论与批评》2019年第5期；《从民族问题到后民族问题：对西方非洲文学研究两个时代的分析与批评》，《文艺理论与批评》2019年第6期。

第六节　拉美文学研究

滕　威[*]

1921年，茅盾在自己主编的《小说月报》上发表了一篇介绍巴西小说的短文——《巴西文学家的一本小说》[1]，或可视作中国拉美文学研究的滥觞肇迹。但茅盾等现代文学家的拉美文学译介是非常零星的，而且几乎全部是通过转译完成的，并未构成中国现代文学的资源，而仅仅是某种相似又相异的参照。这种局面直到20世纪50年代西班牙语专业创办、系统培养西语专业学人之后才得以改变。

20世纪50—70年代：拉美文学研究兴起

新中国成立之初，为了突破西方国家的外交封锁，新中国秉承"积极开展民间外交，争取建立友好联系和发展文化、经济往来，逐步走向建交"的方针与拉美进行往来。大批拉美作家、艺术家，比如聂鲁达等[2]，在这一时期来华访问，这些民间文化交流不仅扩大了拉美文学艺术在中国的传播范围，增进了中国人民对拉美的了解，同时也为新中国的外交另辟多种蹊径。为了更深入广泛开展民间外交，在周恩来的指示下，1953年1月，北外西班牙语教学小组成立，这是新中国西班牙语专业的雏形。1959年古巴革命胜利之后，西班牙语专业在全国范围内迅速扩张，北京大学、南京大学等8所学校陆续开设了西班

---

[*]　滕威，华南师范大学文学院教授。
[1]　该文刊于《小说月报》1921年第12卷第2号。
[2]　滕威：《聂鲁达与当代中国》，《新诗评论》第1辑，北京大学出版社，2005年。

牙语专业。

古巴革命胜利之后的五年，是中国第一个学西语、读拉美文学热情高涨的时期。虽然五六十年代的西班牙语专业学生都是为国家外事工作培养的，没有专门培养过文学翻译与研究人才，也没有专门从事西班牙语文学翻译与研究的机构，那一代的西班牙语专业毕业生却成为"文革"以后拉美文学译介与研究的中坚力量。而且因为当时的外教基本都是来自西班牙和拉美的左翼知识分子或艺术家，因此课堂上所使用的自编教材、阅读材料经常是拉美进步文学的选章，这就是中国第一代拉美文学研究学者的知识谱系。

由于西语人才队伍日益壮大，直接译自西班牙语的拉美文学作品越来越多，拉美文学也开始以整体形象进入中国文学视野。20世纪50—70年代，本土的杂志上开始出现拉美文学专辑，出版了各种拉美文学丛书、拉美文学史，并逐步确立了本土的拉美文学经典序列。其中值得一提的是，王央乐翻译的《古巴文学简史》（何塞·安东尼奥·波尔图翁多著，作家出版社，1962），吴健恒翻译的《拉丁美洲文学简史》（阿图罗·托雷斯-里奥塞科著，人民文学出版社，1978）。

自1965年起，由于中苏分裂引发的国际共运大论战，拉美左翼内部分裂为亲苏派和亲华派，中国于是同亲苏派断绝来往，不再翻译亲苏派拉美作家的作品。不久"文革"开始，整个外国文学翻译停滞；"文革"期间，只有一本拉美文学汉译作品公开出版，关于拉美文学的研究自然也无从谈起。不过，"文革"后期，在一些内部刊物上（比如《外国文学情况》），开始出现关于加西亚·马尔克斯等拉美20世纪60年代小说家的介绍和评价性文章，为80年代的拉美文学译介与研究埋下了伏笔。

20世纪80年代：拉美文学热

七八十年代之交，人们强烈希望结束文化匮乏与闭锁，多元开放、兼容并包、及时同步地吸纳西方文化。80年代因此发生了20世纪中国继"五四"之后的又一次朝向西方的翻译高潮。在此过程中,外国文学尤其是西方现代派文学的翻译研究作为"文革"中的禁区以其"受害者"的身份迅速获得了空前的合法性,并直接参与形构了80年代文学的面貌。然而在整个80年代的外国文学翻译研究高潮中,身为"非西方"的拉美文学,尤其是被统称为"魔幻现实主义"的拉美当代新小说的翻译研究对中国当代文学的影响却相当广泛深远,这与时代主潮的逻辑似乎是相悖的,但如果我们仔细探究,却又会发现其"不合理"之中蕴含的合理性。

(一)翻译热

与其前30年的拉美文学翻译相比,80年代发表和出版的拉美文学作品数量大幅增加,被翻译最多的还是拉美当代小说。另外,80年代文学由于成为一种重要的社会批判与启蒙力量因而占据着社会的中心位置,所以作家、翻译家被视为"社会精英",备受尊重。这鼓舞了许多人业余从事文学翻译。当时拉美文学作品除了少数的专业研究者翻译之外,还有很多是由中央编译局、外交部、新华社等单位的西语译员在业余时间翻译的。大批中译本的出版,使很多不懂西语的中国读者也能对拉美文学有一个相对整体的把握,因此80年代拉美文学研究的一大特征就是非西语专业的研究者越来越多,研究队伍日益壮大。

如果说五六十年代的拉美文学译介高潮是在古巴革命胜利等重大政治事件直接驱动下产生的话,80年代"拉美文学热"的动因则大为不同,其中不可忽视的一个重要因素是诺贝尔文学奖的直接刺激。这也是为什么在80年代那种朝向西方的单向翻译潮流中会发生"拉美文学热"。拉美作家15年间(1967—1982)三次获得诺贝尔文学奖,这表明拉美文学被世界(西方)充分接受和认可。80年代的译介者正是以此建立起拉美文学翻译的新的合法性，而拉美文学亦被赋予新的研究与解读维度。

（二）学科化

中国拉美文学研究在80年代开始进一步学科化和机构化。最重要的标志是中国西葡拉美文学研究会（现更名为"中国外国文学学会西葡拉美文学研究分会"）在南京成立（1979）。这是国内最早成立的少数几个文学研究会之一，在80年代相当活跃，比如，1987年4月，学会与云南人民出版社签署了为期五年的"拉美文学丛书"出版协议，这也是迄今为止规模最大的拉美文学译丛。

除了全国性学会的成立，80年代拉美文学研究的学科化还表现在大学开设了拉美文学专题研究、拉美文学史等课程；北京大学、北京外国语大学开始设立西班牙语专业硕士点，以拉美文学为研究对象的硕士学位论文出现；拉美文学研究论文集、译著、专著陆续出版……其中陈光孚、陈众议的魔幻现实主义研究，段若川、赵振江的拉美诗歌研究，陈凯先的博尔赫斯研究，李德恩的胡安·鲁尔福研究等都是这一时代的代表性成果。

此外，中国拉丁美洲史研究会（1979年成立）、中国拉丁美洲学会（1984年成立）、中国社会科学院拉丁美洲研究所（该研究所1961年成立，但1981年开始隶属于中国社会科学院）等拉美研究机构的创建与壮大，与中国西葡拉美文学研究会一起推动了80年代拉美研究的学科化与专业化，至今仍是中国拉美学界的中坚力量。

（三）研究热

1982年加西亚·马尔克斯获诺贝尔文学奖之后，拉美文学成为文坛焦点，不仅表现为作品越译越多，也体现在研究日益专业和深入。加西亚·马尔克斯及与其密切相关的"文学爆炸"和魔幻现实主义成为80年代拉美文学研究中三个最热门的议题。[1]彼时对拉美文学的研究与探讨不再是外国文学内部的课题，而成为中国文学如何"现代化""国际化"的发展道路的宏观问题，80年代重要的作家、批评家都积极参与了讨论。中国当代文学的批评家将魔幻现实主义看作现代主义文学流派，还将其视作一种民族文学现代化的范式，他们希望以此反思当时文学一味模仿西方现代派的趋势。某种程度上代表着80年代中国文学艺术水准的寻根文学以及先锋文学在文学的民族性与世界性、文学与政治、文学与历史等问题的思考上，在语言、叙事、时空、主题等方面的探索与开掘上，无不直接受到拉美文学的启发。中国当代文学批评家为了解读寻根文学、先锋文学，不仅主动阅读拉美文学，热衷于谈论拉美文学，并且发表了大量关于拉美文学与中国文学之间影响、异同比较等方面的论文。1985年之后还出现了许多比较寻根文学与拉美魔幻现实主义文学的论文，但多数论者提供的仅仅是技术层面的对比分析。

80年代的拉美文学研究虽然一度热闹非凡，但缺少对拉美文学深入细致的全面了解，也没有与拉美当代批评界进行有效的交流与对话，因此留下了许多值得反思之处。比如一种第三世界文学如何面对"后殖民"的世界？当研究者们羡慕拉美文学"成功"走向世界的时候，没有看到"成功"的背后失去的是什么，没有反思获得西方认同将付出的代价是什么；而且过于重视诺贝尔文学奖的轰动效应，过于关注文本自身所包含的技巧、形式、语言的创新，而忘记了其中没有一种创新仅仅是出于形式革命的诉求，更忘记追问离开60年代，拉美文学是否能够"爆炸"。这种去革命和非政治化的研究，使80年代的拉美文学研究带有明显的偏差与错位。[2]

---

[1] 滕威：《从政治书写到形式先锋的移译——拉美"魔幻现实主义"与中国当代文学》，《文艺争鸣》2006年第4期。

[2] 滕威：《拉美"文学爆炸"神话的本土重构》，《文艺理论与批评》2006年第1期。

20世纪90年代：困境与可能

（一）市场化与国际化

进入90年代，随着市场经济的迅猛发展，全社会都处于转轨转型之中。在新旧体制的矛盾与磨合中，纯文学在整个社会格局之中逐渐被边缘化，拉美文学也回落到似乎它所属的"小语种"文学的一隅。翻译、研究拉美文学的人越来越少。受市场化所带来的各种利益纷争影响，中国西葡拉美文学研究会90年代中期开始分化，导致原本在外国文学翻译阵营中就相对薄弱的拉美文学翻译力量更加涣散。

另外，随着中国日益接轨国际社会，出版业也加快同国际接轨的步伐。1992年中国正式成为《保护文学和艺术作品伯尔尼公约》的成员国，但是该公约刚刚生效时，原有的出版机制无法即刻熟悉版权联系、谈判、购买等一系列国际化程序，整个外国文学出版曾于此间一度陷入混乱、茫然状态。

总之，90年代中国朝向市场化、国际化的迈进造成了拉美文学翻译研究的边缘化；但全国高校研究生教育、教师职称评审、科研评估等方面的改革又刺激了拉美文学研究日趋专业化、学术化。

（二）专业化

进入90年代以后，国家大力推进研究生教育。西班牙语语言及文学的研究生教育获得发展机遇。除北大和北外之外，上海外国语大学（1986）、南京大学（1992）等高校也获得了西班牙语硕士学位授予权，北外（1996）和北大（1999）还获准招收西班牙语文学博士。西班牙语文学研究生教育的不断发展，必然要求大学从师资到教学更加重视学术训练，而不像以前只强调语言教育。1991年国家教委、人事部印发了《关于高等学校继续做好教师职务评聘工作的意见》，标志着大学教师职称评聘开始制度化、常规化。这些因素都促使大学西班牙语专业的老师开始在外语教学、翻译工作之余，投身文学研究与文学批评，有些老师甚至认为后者才是真正的"业务"。

虽然跟英、美、法、德、俄这些大语种文学研究相比，拉美文学研究尚属起步阶段，但凭着奋起直追的精神，一下子贡献了一批值得写入学科史的成果。比如第一本中国学者编写的完整的《拉丁美洲文学史》（赵德明、赵振江，1989），第一本国别断代史研究《20世纪墨西哥文学史》（陈众议，1998），以及1999年开始出版的外语教学与研究出版社的国别文学简史丛书等。在作家作品论方面，值得注意的有陈众议的《加西亚·马尔克斯评传》《拉美当代小说流派》，段若川的何塞·多诺索研究，罗晓芳对拉丁美洲的戏剧介绍等。特别需要提及的是，尽管90年代拉美文学热整体降温，博尔赫斯却一枝独秀，成为20世纪末最热门的外国作家之一。但当将博尔赫斯仅仅指向一系列被当代文学批评家极大简化了的所谓"后现代美学特征"的时候，当博尔赫斯成为可以模仿套用的写作范式的时候，他就成为一个"空洞的能指"，仅剩下被剥离了意义的形式之壳。这也是"魔幻现实主义"之后，中国对拉美文学的又一次深刻误读。[1]

除了文学圈和知识界，阅读、研究博尔赫斯的人群不断壮大，在普通读者中也形成了一批"博尔赫斯迷"，博尔赫斯还在20世纪末兴起的网络社区中被奉为"小资必读经典"之一。

（三）新路径

1996年汪晖、黄平开始主编《读书》杂志，不仅掀起"三农"、教育改革等国内现实问题的热烈讨论，倡导反思全球化、新自由主义等西方主流政经观点，拓展批判性思想图谱到南亚、拉美、非洲的历史

---

[1] 滕威：《博尔赫斯是"后现代主义"吗？》，《南京师范大学文学院学报》2009年第1期。

与现实纵深处。正是在这样的语境中，一批与以往问题意识截然不同的拉美文学与文化研究得以出现并引起思想界的兴趣与关注。其中最先做出成就的是刘承军，她于1997年开始在《读书》上发表拉美思想文化随笔，"向中国知识界介绍持批评立场的拉丁美洲文化和思想史"，可以说是"一种弥补思想资源盲点的尝试"。[1]虽然刘承军的研究不局限于文学，也涉及拉美宗教、音乐等诸多文化领域，但她将文学置于拉美批判思想史的脉络之中的研究思路，开辟了中国拉美文学研究的新路径，给予年轻一代有益的启发。

21世纪前二十年：再度繁荣

2001年，江泽民访问拉美六国，拉开了中拉关系"跨越式发展"的序幕。[2]2001年11月中国正式加入WTO，这其中包含了占成员1/3的拉美国家的支持，也为21世纪中拉经贸关系的全面扩大奠定了基础。2004年、2008年，中国国家领导人胡锦涛两访拉美；2009年、2011年、2014年、2016年、2018年国家主席习近平五访拉美，极大地推动了中国与拉丁美洲关系的全面发展。今天中国已经成为拉美地区第二大贸易伙伴国，拉美是中国海外投资的第二大目的地。而且除了经贸之外，在科技、安全、旅游以及文化、教育等领域均展开了全方位立体的合作。2016年发布的《中国对拉美和加勒比政策文件》专门提出人文领域进行广泛交流，包括鼓励出版、互译、学术交流、高校合作等。

由于中拉关系的突飞猛进，中国的西葡语教育以及拉美研究机构化也进入井喷阶段。截至2020年3月，中国大陆地区开设西班牙语本

---

[1] 魏然：《拉美文化研究》，载中国社会科学院拉丁美洲研究所编：《当代中国拉丁美洲研究》，中国社会科学出版社，2017年，第206页。
[2] 郑秉文、孙洪波、岳云霞：《中国与拉美关系60年：总结与思考》，《拉丁美洲研究》2009年第31卷增刊2。

科专业的院校已达100所，开设葡萄牙语本科专业的院校41所。[1]在机构化方面，也可谓是"遍地开花"。到2019年7月，中国的拉美研究机构有56家，其中52家是2000年以后成立的。[2]虽然这些拉美研究机构并不仅仅从事文学研究，但机构中文学专业的研究员占比最多，文学研究是机构最重要的两大领域之一（另外一个是国际关系）。[3]

以上这些正是拉美文学翻译与研究在21世纪的中国再度繁荣的现实基础。

（一）翻译新热点

由于与拉美往来日益频繁，对国际版权运作也越来越熟悉，21世纪以来中国拉美文学翻译事业欣欣向荣。受到巴尔加斯·略萨获得诺贝尔文学奖（2010）、莫言成为第一个获得诺贝尔文学奖的中国作家（2012）、加西亚·马尔克斯逝世（2014）等事件影响，"魔幻现实主义"文学依然是21世纪拉美文学重点翻译和研究的对象，但也涌现了像罗贝托·波拉尼奥、保罗·柯艾略、伊莎贝尔·阿连德、爱德华多·加莱亚诺等一批新热点。尤其是波拉尼奥作品集的引进，在中国掀起"小波"旋风，成为21世纪拉美文学翻译最重要的现象。21世纪拉美文学翻译与以往最明显的不同在于，一批在90年代末文化出版市场化与国际化转型的机遇下应运而生的新的出版机构的参与。比如世纪文景、新经典等，他们在版权谈判与购买、世界文学潮流的追踪与把握等方面更积极主动、灵活敏感，所以操作出不少外国文学引进的经典案例；而且新的力量也带来了新的营销方式，尤其是互联网时代对新媒体的运用，比如"线下＋线上""作品＋周边"等全方位、融媒

---

[1] 郑书九主编：《全国高等院校西班牙语教育研究》，外语教学与研究出版社，2015年，第2页。
[2] 郭存海：《中国拉美研究70年：机构发展与转型挑战》，《拉丁美洲研究》2019年第4期。
[3] 同上。

体、大IP的运作方式，使拉美文学不再只属于精英群体的小众趣味，也日渐成为中国读者日常阅读视野中常见的风景。

（二）研究新突破

随着21世纪拉美文学翻译的如火如荼开展，研究方面也是新人辈出，研究领域逐渐扩大，话题日益多元。其中显著的变化体现在：首先，研究专著不断涌现，各种通史、作家作品论、比较文学等方面的研究成果相继问世，比如赵振江的《西班牙与西班牙语美洲诗歌导论》（2002），陈众议主编的《西班牙和西班牙语美洲文学通史》（第一卷、第二卷已出），王军的《诗与思的激情对话：论奥克塔维奥·帕斯的诗歌艺术》（2004），滕威的《"边境"之南：拉丁美洲文学汉译与中国当代文学（1949—1999）》（2011），都是填补学术空白的成果。特别值得一提的是先锋派小说家残雪的专著《解读博尔赫斯》，残雪并不懂西班牙语，她完全是出于对博尔赫斯中译本的热爱出版了这本阐释之书，可以看出博尔赫斯的译介对中国当代作家的影响。其次，学科史研究开始出现。代表性的成果有范晔等参与编写的《改革开放30年外国文学研究》之拉美文学部分（罗芃主编，2018），魏然等参与编写的《当代中国外国文学研究（1949—2019）》之西班牙语美洲文学研究部分（陈众议主编，2019）。再次，学术议题日趋丰富多元。相比老一代学者，拥有博士学位的年轻学者所受学术训练更加连贯完整，学术视野更加开阔，对前沿理论也吸收较快，因此经常带来令人耳目一新的亮点与特色研究。

此前，拉美文学研究与英法德等西方文学研究相比，在方法论上显得单一、传统。随着更加多元的新鲜力量的加入，拉美文学研究正在努力消除方法论上的鲜明差异，女性主义、后殖民主义、新历史主义、生态主义、文化研究等诸多影响西方文学批评走向的理论也在形塑着中国拉美文学研究的新面貌。

结　语

今天，随着拉美文学研究越来越学科化、专业化，拉美文学研究日益成为一种与其他区域与国别文学研究无差异的常规化学术生产，而丧失了它作为第三世界文学曾经在中国所具有的别样的情感记忆与思想价值。所幸的是，一批80年代以来活跃的当代左翼知识分子始终坚持某种第三世界立场，他们关注拉美21世纪再度"左转"（社会主义实践、反全球化的实践）的经验，通过组织翻译（比如汪晖、刘健芝、索飒等策划"猫头鹰学术译丛"，戴锦华翻译《蒙面骑士——墨西哥副司令马科斯文集》）、创立南南论坛[1]、参加世界社会论坛（World Social Forum）等多种方式与拉美等第三世界国家和人民保持联系和互动，吸取他们反抗资本主义全球化的运动经验和思想成果，从而为中国知识界提供另类的思想资源。在他们的言传身教下，一些年轻的拉美文学研究者也努力延续这一传统，将批判性视野带入自己的文学批评中，并尝试将研究拓展至更广泛的历史与现实领域。

---

[1] 香港岭南大学主办，北京大学、清华大学的相关学术机构协办，2011—2024年一共召开了14届，邀请拉美、非洲的知识分子、社会运动领袖与中国思想界对话交流。

第六章

语言学研究

第一节　现代汉语研究

张伯江[*]

现代汉语研究是随着20世纪初白话文在文化教育界的普及而迅速兴起的。新文化运动以后，白话文不仅很快成为通行语文形式，也自然成为语言研究的对象。中国第一部汉语语法著作《马氏文通》（马建忠著）是以文言为研究对象的。新文化运动的积极参与者黎锦熙的《新著国语文法》（1924年出版），引发了以现代汉语为对象的大规模研究。吕叔湘《中国文法要略》（1942—1944）和王力《中国现代语法》（1943—1944）两部著作代表了20世纪上半叶的最高水平。

现代汉语研究最突出的成果集中在汉语语法研究上。20世纪90年代以来，汉语语法研究者深入发掘汉语事实，积极参与国际上语言学理论和方法的研讨，用跨语言的世界眼光观察汉语，并用汉语语法的重要发现丰富和修正普通语言学理论。

一　结构主义语法研究

结构主义语法研究是20世纪后半叶的主流。这种方法肇始于赵元任、丁声树、朱德熙等人的代表性研究。汉语结构主义语法研究框架由赵元任创建，丁声树率领中国科学院语言研究所研究团队在1952—1953年的《中国语文》杂志上连载的《语法讲话》率先详细阐述了这一体系。朱德熙关于形容词、虚词"的"以及歧义结构的分析出色地

---

[*] 张伯江，中国社会科学院语言研究所研究员。

例示了结构主义方法的深度；吕叔湘全面讨论了结构主义的理论和方法问题。

这些初步研究在20世纪八九十年代全面展开。其中陆俭明的研究最忠实地继承了朱德熙的研究方法，是结构主义语言学研究的典范。他在朱德熙建立的语法体系内，对汉语句法结构的套叠性问题、易位现象和汉语句子的成立因素问题、汉语句子里的信息结构做了很有价值的专题研究。他还出版专著《八十年代中国语法研究》，系统地总结改革开放初期汉语语法研究的理论和方法。另两位杰出的结构主义语法学者是马庆株和邵敬敏。马庆株的前期代表性著作有《汉语动词和动词性结构》(1992)、《汉语语义语法范畴问题》(1998)。其中，关于汉语宾语的语义类型及其句法验证，关于汉语双宾语的类型分析，关于时间意义的语法表现，关于能愿动词的语序问题，关于指称语陈述问题等，都有系统性的探索。另一位结构主义语法研究代表人物是邵敬敏，其代表性著作有《现代汉语疑问句研究》、《汉语语义语法论集》(2007)。其中，对汉语各类疑问句的系统研究，对汉语副词的语义指向，对句式变换的研究，都很深入细致。

二 形式句法研究

在结构主义语法风潮之后，汉语句法研究另一种全新的潮流是形式句法的研究。20世纪80年代中后期开始有了零星的成果，90年代中后期逐渐展开。

一是因为国内语言学界的形势，"文革"结束以后，70年代末80年代初才重新有机会打开眼界观察国外语言研究动向；二是因为60年代"乔姆斯基革命"之后，国际主流的句法研究也曾经历了一段混乱时期，到了80年代初，"原则与参数理论"逐渐成熟以后，各国学者有了用以研究自己母语的兴趣。在这个背景下的汉语句法研究，产生深远影响的是黄正德的 *Logical Relations in Chinese and the Theory of*

Grammar（MIT thesis，1982）。黄文不仅在国际上引发了一些理论上的讨论，更在汉语学界引发了与空语类有关的种种汉语现象的讨论，中国内地学者也参与其中。与50年代至70年代赵元任的影响不同，黄正德并不是以被广泛接受的形式，而是以越来越多地受到质疑的方式，在汉语语法学界引发了日益深远的影响。这些讨论有不少海外学者参与，国内学者主要有徐烈炯、王嘉龄、潘海华、胡建华等。这一股以形式句法为理论背景的风潮，不仅使中国学者直接参与了国际主流语言学对话，更重要的是加深了对汉语事实的认识。

这方面的深入探讨主要集中在两个问题上：一是反身代词的照应问题，二是与空语类有关的若干句法现象，如话题句的句法过程、小句的空主语、动词是否有定式与不定式之分别的问题，涌现了一系列的成果。

在反身代词方面，从1983年起，王嘉龄等学者就开始逐步揭示出汉语自己的指称规律逸出乔姆斯基约束三原则的现象，其后十几年间，不断有人试图用"照应语移位"等纯句法解释来解决汉语问题，也不断被新的语言事实所击破。总的来看，海外学者（以黄正德、汤志真为代表）倾向于句法角度的解决；国内学者（以徐烈炯、潘海华、胡建华以及旅居海外的黄衍等为代表）倾向于相信，"汉语反身代词的约束问题并不完全是一个句法问题，其中语用或功能等非句法因素也起着重要的作用"（胡建华，1998）。

空语类是乔姆斯基用以探索人类语言机制至为重要的一个概念，汉语的空语类问题也随着生成语法的传入而受到关注，核心问题就是：汉语的空语类是什么性质的空语类。如果能够证明汉语也有PRO与pro的区别，则汉语动词也有不定式和定式的区别，这将使我们对汉语语法整体了解大为改观。自从黄正德（1982）开始关注这一问题，引发了一系列事实的发现和理论的探讨，在控制汉语小句宾语的动词的性质方面，在小句内部的情态、时体特征方面，都得到了不少深入的开掘。尽管目前学者关于汉语空语类是自由的还是受约束的还有不同看法，但无疑这一视角深化了我们对汉语事实的了解。

三 认知语法研究

90年代中期标志着中国认知语法高调登场的是两种代表性的作品：沈家煊的论文《"有界"与"无界"》（《中国语文》1995年第5期）和张敏的《认知语言学与汉语名词短语》（中国社会科学出版社，1998）。沈文用认知上的"有界性"观念对汉语动词、名词、形容词三大类实词做出统一的概括，解释了一系列相关的语法问题，对后来的汉语语法产生了深远的影响。张敏的书是第一部全面介绍认知语言学理论及其在汉语中应用的专著，该书从非客观主义的语言观讲起，分别讨论了范畴化问题、概念隐喻问题、句法相似性问题等认知语法的核心问题。这样的论著使认知语言学从一开始传入汉语学界就是其本真的面貌，这是汉语学界的幸事。

张敏的著作也是句法相似性的典范研究。而作为认知经验基础的完形特征、凸显特征以及语法转喻等概念，在沈家煊关于"在"字句和"给"字句，关于动词"偷"和"抢"的句式选择，以及关于转指和转喻的论述中得以实现它们的解释力。

认知语法获得重要收获的另外两个方面是语言的主观性视角和"三个世界"的视角。在沈家煊关于"处置式"的研究问世之后，汉语语法中主观性的语法表现成为热点。沈家煊和王伟把认知语言学的"三个世界"概念引入汉语研究，指出物理世界、心理世界和语言世界在语言里分别对应于行域、知域和言域。

四 功能语法研究

80年代中期开始，功能语法理论也被全面引入。这种动态的句法观很快在汉语研究中得到发展。功能主义是一个松散的学术阵营，以不认同句法的自主性为共同信念。这种动态的（或曰开放的）句法观，在三个方面得到了充分发展。

一是句法的篇章观。汉语学者很早就注意到"主语有定，宾语无定"这样的倾向，但是简单地把语用概念对应于句法概念总会发现很多例外；功能语法用句子信息结构的"从旧到新"原则来解释，使得主语和宾语、"把"字句和"被"字句、宾语和补语的相对次序等问题得到了统一的解释。同时，从篇章角度关注名词性成分的"承前"和"启后"性质，对引入、承指、省略、无指等现象做出了本质性的解释。

二是历时的句法观。"语法化"的观念被普遍接受。从发展的眼光出发，不仅能够清楚讲明历史成分在现代汉语语法系统中的存留程度，而且能够观察到正在发生的语法变化。这一视角，导致了对汉语形态句法标记的若干全新认识。哪些是符合一般形态句法发展规律的"虚化"，哪些是语用学的语法化，哪些是由语言接触所造成的，一一得到了说明。

三是语法的类型比较。20世纪70年代兴起的语言类型学，关注形态发达程度各异的语言，使汉语大为受益。横向的句法类型比较，使汉语各个层面上的语法表现有了清楚的定位。这方面最突出的成果是初步建立了用于语言比较、方言比较的语法调查框架，使系统的语法描写成为可能。

五　语义问题研究

汉语动名语义关系的句法研究开启于朱德熙1978年关于"的"字结构和判断句的研究。该研究首先提出了动词可以按照与名词发生联系数目分为单向动词、双向动词和三向动词，并且用"潜主语"和"潜宾语"来称呼施事、受事这样的成分。这实际上是菲尔墨（Fillmore）"格语法"的全面引进。自此，一度讳莫如深的语义关系问题再次进入句法研究的关注中，句法细化的目的更明确了形式考察为的是揭示语义关系。朱德熙关于"自指"和"转指"的研究中对语义角色和句法结构的关系做了进一步的阐述，系统讨论了"成分提取"的概念，这一系列研究成为格关系观念深刻影响汉语句法研究的范例。

陈平在《试论汉语中三种句子成分与语义成分的配位原则》(《中国语文》1994年第3期)中积极关注语义角色理论的最新进展，并且将其深入地应用于汉语研究。文章把道蒂(Dowty)分解"原型施事"和"原型受事"的办法用于汉语句法成分的确认原则上，并成功解释了汉语主要句型的语序规律。这项研究显示出很强的解释力和进一步的潜力。徐烈炯、沈阳关于题元理论与汉语的配价问题讨论中全面介绍了当代题元理论关于名词和动词的一些研究，讨论了在汉语中的应用问题。

语用学的学说也是80年代初期引入的。近30年来，"衍推"等概念在与否定意义有关的研究中显示出突出的效力。最早全面考察汉语句法语义中否定现象的是石毓智，他在《肯定和否定的对称与不对称》(1992)一书中，从"量"的角度观察动词、形容词、名词等主要类别的否定与肯定不对称现象。沈家煊90年代的一系列研究都是用语用学的观念揭示汉语特殊格式语义的来历，尤其是言外义的形成，如关于极性词和相关句式的研究，关于语用否定的研究等，都充分显示了语用学原理在汉语语法研究中的巨大能量。

名词性成分的指称问题是语言哲学一直关心的。当重视语用学的语法学者从篇章角度观察指称问题后，指称与句法的关系被凸显出来。陈平系统论述了汉语中与名词性成分相关的四组概念，第一次在汉语研究中引入了有指和无指、通指和单指等概念，更进一步指出了这些指称意义所倾向于选择的词语形式和句式类型，这篇文章在指称问题上对其后的汉语研究影响深远。

这一时期，国际语言学界关于焦点的形式化研究成为热点，汉语学界多年来关于副词语义指向的研究也积累了相当的基础，汉语副词与焦点的关系便成了一个集中讨论的话题。潘海华借鉴三分结构的办法处理与"都"有关的量化问题，给出了一个统一的解释。近年来，三分结构逐渐成为一些汉语学者分析焦点算子语义指向时的一个通行工具。

焦点是个不可回避的影响句法的语义概念，受到不同学派的关心。功能语法着眼于句子的信息结构，侧重于从全句表达重心角度关注句子的自然焦点（信息焦点），形式派侧重于关心影响命题真值语义的焦点现象。徐烈炯、潘海华主编的《焦点结构和意义的研究》一书，详细介绍了不同焦点概念的区别，重点介绍了从逻辑语义角度研究焦点问题的一些学说，并分析了汉语中与焦点有关的若干问题，尤其是焦点与否定的关系问题。

六　立足语言多样性研究汉语

经过半个多世纪的探索，语言学者意识到，语言结构的多样性远远超出人们的想象。沈家煊认为，真正的语言共性也许不在语言的结构而在使用语言的交往之中。为了建立抽象规则而设立许多在语言表面看不到的抽象范畴，这在一定范围内是可行的，但做过了头就会损害语言的多样性。

沈家煊指出，汉语的语法研究，从《马氏文通》开始，基本上是搬用西方语言（即印欧语）的语法范畴和框架，但在解释汉语现象的时候总是方凿圆枘、扞格不通。计算机的中文信息处理也遇到此种难题，印欧语的造句规则"主语＋谓语"一定是"名词＋动词"，但汉语不受这个限制，"老王上海人"（名＋名），"打人不对"（动＋动），"逃，孱头"（动＋名）也都成句。100多年来，我们想摆脱印欧语眼光的束缚，用朴素的眼光看汉语，寻找汉语自身组词造句的规律，这种努力一直没有停息。吕叔湘先生晚年曾呼吁，汉语语法研究要敢于大破大立，不要被"主语""谓语""动词""形容词"这些从西方语法引进的术语牵着鼻子走。近年来，这种努力有了明显进展。

一是对汉语"流水句"特点有了新认识，这对固有语言学认知提出了挑战。汉语的句子大多是赵元任所说的"零句"，有的有主语没有谓语，有的有谓语没有主语，小句前后并置，相互之间可断可连，似断还连，不需要连词就能表达连贯的意思。"你不去，别人也不去，事情重要，我去。"这种流水句正是汉语通常的表达方式。"他的为人，你可以信赖"，也是两个小句的并置。曾经有人认为，并置方式只适用于简单的社会和单纯的文化，常见于美洲的一些土著语言。汉语对这种认识提出挑战，因此意义重大。

二是对汉语名词和动词的关系有了新认识，这对语言演化理论具有重要意义。西方语言学界大多认为名词和动词互相对立是维持语言生命所必需的，而且句子以动词为中心。但近年来发现，很多语言不是这样的。所谓的动词其实都兼有名词性，相当于英语里的"动名词"。例如，"死"既是die，又是death（死不可怕，我不怕死）。好比细胞分裂一样，印欧语里的动词已经从名词里分裂出来，形成"名动对立"；汉语的动词还没有从名词里分裂出来，仍包含在名词之中。这对人类语言演化理论无疑具有重要意义。

事实上，汉语和印欧语的重大差别还跟东西方的思维习惯、范畴观、哲学精神有千丝万缕的联系。西方学者对汉语真实情况的了解不如我们对西方语言的了解，他们经常引用的汉语语法参考书本来就是按印欧语的语法观念写的，好比在国外开的中餐馆，为了迎合外国人的口味已经不是地道的中餐。中国的语言学家应积极参与到国际语言学界中去，把汉语放在世界语言变异的大背景下研究，既要克服只从汉语看汉语的狭隘性，又要摆脱"印欧语眼光"的束缚，为人类语言研究做出我们应有的贡献。

第二节　汉语历史语法词汇研究

赵长才[*]

一　1990年以前的汉语历史语法词汇研究

1898年马建忠的《马氏文通》出版，标志着中国有了第一部真正意义上由中国人撰写的汉语语法专著，也标志着汉语历史语法学的诞生。至20世纪80年代末，汉语历史语法词汇研究领域取得了不俗的成绩，涌现出一批汉语语法词汇研究大家和优秀学术成果。陈承泽《国文法草创》，杨树达《高等国文法》，黎锦熙《新著国语文法》，吕叔湘《中国文法要略》，张相《诗词曲语辞汇释》，蒋礼鸿《敦煌变文字义通释》，王力《汉语史稿》，管燮初《殷墟甲骨刻辞语法研究》、《西周金文法》，向熹《简明汉语史》，杨伯峻和何乐士《古汉语语法及其发展》等一系列研究专著和王力、吕叔湘、丁声树、蒋礼鸿、管燮初、何乐士、郭锡良、向熹、张永言、刘坚、郭在贻等学者发表的重要历史语法词汇研究论文是其中的杰出代表，为此后的汉语历史语法词汇研究的深入展开奠定了坚实的基础。

经过几代学者的努力，汉语历史语法词汇学科的研究体系和框架已初步确立并日益得到完善。基本形成了词法、句法并重，词类体系完备，以各时期口语语料为主体，以虚词和重要句法格式的发展演变为主线，描写和解释兼顾的汉语历史语法词汇学科的研究体系和框架。

---

[*] 赵长才，中国社会科学院语言研究所研究员。

首先，汉语史分期取得一定共识。研究汉语历史语法词汇必然涉及如何对汉语史进行分期的问题，20世纪80年代学术界就此曾展开过讨论和争鸣。目前，形成一定共识的主流意见是将汉语史分为四期，即西汉以前为上古汉语时期，东汉魏晋南北朝（包括隋）为中古汉语时期，唐五代至清代中叶为近代汉语时期，清代晚期至现在为现代汉语时期。在各个大的历史时期内部还可以再细分为若干个阶段。在汉语史分期的基础上，逐步摆脱了笼统的泛时研究范式，越来越注重通过对各个历史时期汉语语法词汇现象的深入探索，来构建整个汉语历史语法词汇的演变过程，以揭示演变规律和发展趋势。

其次，语料的深入开掘与利用。随着汉语史分期的建立和历史语法词汇研究的深入展开，汉语史语料的开掘和语料时代、语料真伪的鉴定越来越受到重视，各个时期语料范围的拓展和使用有了长足的进步，利用新语料进行汉语历史语法研究取得了丰硕成果。新的语料既包括对传世文献的重新审视和挖掘，也包括对近几十年考古发掘的出土文献的充分重视。甲骨文、金文以及战国秦汉时期出土的简帛文献，如睡虎地秦墓竹简、银雀山汉简、居延汉简、武威医简、上海博物馆藏战国楚竹书、清华大学藏楚简、包山楚简、郭店楚简、敦煌变文、吐鲁番文书等对汉语语法词汇的研究价值越来越受到重视。随着中古汉语在历史分期中地位的确立，中古汉译佛经文献得到了空前的重视，其对中古汉语乃至后世近代汉语语法词汇的研究价值日益凸显。唐宋禅宗语录、宋代理学家的语录、两宋时期宋金谈判纪要如《三朝北盟会编》、宋金时期诸宫调如《刘知远诸宫调》，这些语料的开掘对唐宋时期近代汉语语法词汇的研究起到了推动作用。其他如元白话文献、宋元话本小说、南戏作品等语料的利用，大大促进了宋元时期近代汉语语法词汇的研究。明清时期的白话小说、一些为外国人学习汉语而编辑的会话书，如《老乞大》《朴通事》《训世评话》《官话指南》《燕京妇语》等语料被发掘出来，对近代汉语晚期的明清语法词汇的研究增添了新的材料。

二 历史语法词汇研究视角与理论方法的创新

《马氏文通》以后的汉语历史语法研究，在相当长的一段时间是以笼统的古代汉语泛时研究为特点。1949年新中国成立后，尤其是自1990以来的30多年，学者开始越来越多地从新的视角，采用新的方法研究汉语历史语法词汇。以某个特定时代为核心的断代共时研究，以某种语法现象或句法格式等为核心的专题研究，以某个时期的某一部或几部文献为核心的语法词汇研究，以传世典籍与出土文献相结合的比较研究，以本土文献与汉译佛经文献的对比研究等，相继展开。这些新的研究视角突破了原有范式的局限，大大拓展了汉语历史语法词汇研究的视野。

汉语历史语法词汇学科研究的进展与理论方法的不断创新是分不开的，20世纪50至80年代，国内的历史语法词汇研究主要以借鉴和利用结构主义语言学理论为主，在词类划分、句法功能的考察等方面多有创获。最近30年来，国际语言学界各种新的理论和方法被引进国内，形式语法理论、配价理论、功能主义取向的认知语法理论、词汇扩散理论、词汇语义学理论、语义场理论、语法化学说、构式语法理论、语言类型学理论和方法、语义地图理论和方法、接触语言学理论等已越来越为人们所熟知，并自觉运用到汉语历史语法词汇的研究中来，取得了很大成就。

尤为重要和令人欣喜的是，中国学者立足汉语的实际，将引进的西方语言学理论与自主创新相结合，更深刻地揭示了汉语语法演变发展的动因和机制，提出了一些重要理论观点，如提出并深入阐释了平行虚化，相因生义，跨层非短语结构的词汇化、语法化引起语音弱化和语音变化，超常搭配和语义羡余是语法化的动因等。这些基于汉语语法词汇研究的理论思考和创新，不仅为普通语言学贡献了汉语生动的事实，而且大大丰富了普通语言学的理论。

三　上古汉语语法词汇研究

从所研究的语料对象和研究视角、研究取向上来看，呈现出主要以断代和专书、专题研究语法词汇的特点。主要以上古传世典籍为核心语料的代表性研究成果有管燮初《〈左传〉句法研究》、何乐士《〈左传〉虚词研究》、赵大明《〈左传〉介词研究》、殷国光《〈吕氏春秋〉词类研究》、廖序东《楚辞语法研究》、钱宗武《今文〈尚书〉语法研究》等。主要以出土文献为研究对象的代表性研究成果有沈培《殷墟甲骨卜辞语序研究》，张玉金《甲骨卜辞语法研究》《西周汉语语法研究》，杨逢彬《殷墟甲骨刻辞词类研究》，魏德胜《睡虎地秦墓竹简语法研究》，周守晋《出土战国文献语法研究》，李明晓《战国楚简语法研究》等。专书语法研究为进一步的比较研究和断代语法史、语法通史的撰写奠定了基础。

由于汉语缺乏形态方面的变化，因此虚词作为语法功能词在语法中的作用显得尤为突出。有关上古汉语虚词方面的研究一直都是研究的重点。30多年来，对上古汉语各类虚词（副词、介词、连词、语气词、叹词等）的考察分析，无论在虚词功能系统的构建，还是在重点虚词的个案探讨方面，都有长足进展。对汉语史上其他一些重要的语法现象和句法格式的研究，如判断句和系词"是"的产生问题、被动式问题、连动式问题、致使结构与使成式问题等，也不断有新的成果产生。

四　中古汉语语法词汇研究

20世纪90年代起，随着研究的逐渐深入，中古汉语在汉语史中的地位得到确立，中古汉语的研究价值得以凸显，尤其对中古汉译佛经文献的重视和开掘，使中古汉语语法词汇研究滞后的状况得到很大改变。从语言接触的视角并运用梵汉对勘手段研究中古汉译佛经语法词汇，成为30多年来的一大亮点，成绩尤为突出。

江蓝生《魏晋南北朝小说词语汇释》，柳士镇《魏晋南北朝历史语法》，曹广顺、遇笑容《中古汉语语法史研究》，朱庆之《佛典与中古汉语词汇研究》，何亚南《〈三国志〉和裴注句法专题研究》，胡敕瑞《〈论衡〉与东汉佛典词语比较研究》，汪维辉《东汉—隋常用词演变研究》《〈齐民要术〉词汇语法研究》《汉语核心词的历史与现状研究》，王云路《中古汉语词汇史》，方一新《中古近代汉语词汇学》，朱冠明《〈摩诃僧祇律〉情态动词研究》，姜南《基于梵汉对勘的〈法华经〉语法研究》等都是中古时期汉语语法词汇研究的重要成果。

目前中古汉语语法词汇研究已成为整个汉语历史语法研究的一个重要组成部分和新的学科增长点。

五　近代汉语语法词汇研究

近代汉语语法词汇研究真正迅速展开并获得重大突破是从20世纪80年代后期才开始的。将唐五代至清代中叶这段时间不同程度上反映口语形态的白话文献作为研究对象，划分出近代汉语这个阶段，从而真正建立起近代汉语学科领域，这本身就是汉语历史语法词汇研究的一个重大进展。

最近30年来，近代汉语语法词汇研究空前活跃，对研究近代汉语内部各个历史阶段白话文献的价值和意义认识得越来越深刻，在词类、句式句型、各类虚词语法语义演变、体貌标记、近代汉语口语词汇、常用词演变以及相关词典的编纂等分支领域的研究都取得了辉煌的成就。如刘坚、江蓝生、白维国、曹广顺《近代汉语虚词研究》，吴福祥《敦煌变文语法研究》，杨荣祥《近代汉语副词研究》，王锳《诗词曲语辞例释》《唐宋笔记语辞汇释》。刘坚、江蓝生主编的"近代汉语断代语言词典系列"下分《唐五代语言词典》《宋语言词典》和《元语言词典》，这三本断代语言词典收词时不仅贯彻词汇史的观点，同时也力求贯彻语法史的观点。白维国主编的《白话小说语言词典》《近代汉语词典》以呈现从唐五代至清中叶这段历史时期的汉语词汇演变轨迹为目标，收词完备，系统性强。

元代和清代由使用北方阿尔泰语系语言的蒙古族和满族统治，汉语和蒙古语、满语处于接触状态，同时期还与朝鲜有密切的交往。语言接触在一定程度上影响了汉语语法、词汇的变化。考察元明清时期北方阿尔泰语系诸语言（尤其是蒙古语、朝鲜语、满语）与汉语的接触过程，研究探讨外部接触对汉语语法词汇演变造成的影响和结果，在近代汉语研究中意义重大。30多年来针对语言接触状态下的元代、清代汉语语法词汇的研究逐渐开展起来，并取得了很大成就。这方面研究的代表性学者有江蓝生、李崇兴、祖生利、张美兰等。

对反映近代汉语各个时期口语的重要文献展开专书的语法词汇研究，也是20世纪90年代以后才逐渐展开的。目前已有多部专书语法出版，有些是对某部专书的词法、句法现象进行全面的描写分析，有些则侧重于对某部专书的某个或某些专题进行深入考察。这些出版物为今后近代汉语语法史的撰写奠定了坚实的基础。

近年来还出版了一批重要的具有理论深度、代表学科发展前沿的研究论著，如蒋绍愚、曹广顺主编《近代汉语语法史研究综述》，蒋绍愚《近代汉语研究概要》《汉语历史词汇学概要》，江蓝生《近代汉语探源》《近代汉语研究新论》，蒋冀骋《近代汉语词汇研究》，徐时仪《〈朱子语类〉词汇研究》等。

第三节 文字学研究

王志平[*]

一 古文字学的辉煌复兴

20世纪90年代以来，古文字学迎来发展高潮。清华大学出土文献研究与保护中心主办的《出土文献》期刊，中国文化遗产研究院主办的《出土文献研究》，武汉大学简帛研究中心主办的《简帛》，复旦大学出土文献与古文字研究中心主办的《出土文献与古文字研究》，中国社会科学院历史研究所胡厚宣、宋镇豪等主编的《甲骨文与殷商史》，中国社会科学院简帛研究中心主办的《简帛研究》，西北师范大学历史文化学院和甘肃简牍博物馆等联合主办的《简牍学研究》等集刊也为古文字学与出土文献研究的繁荣提供了出版保障。

目前，古文字学科已经发展成为集甲骨学、金文学、战国文字学和简帛学等分支学科在内完善的学科体系。作为学科基础的古文字释读，在理论和方法上均有建树，许多疑难文字得到正确释读，完善了古老汉字的发展序列。在甲骨学领域，建立了甲骨文分类与断代研究的完整体系，为甲骨文字考释和殷商史研究提供了坚实基础。金文研究中，对各诸侯国青铜器铭文的发现，深化了人们对周代国家结构和地域文化的认知。战国文字分域研究在理论与实践上都取得了重大突破，揭示了战国时期各国语言文字的复杂性和交融性。简帛学研究发

---

[*] 王志平，中国社会科学院语言研究所研究员。

展迅速，前途远大，逐步形成文书研究和典籍研究两个新兴分支学科，在研究对象和研究方法上已经分道扬镳、各有侧重。

二 近代汉字学、比较文字学与应用文字学的发展

与"古文字学"对应，唐兰提出了"近代文字学"的学科分支概念。经朱德熙、李荣、蒋礼鸿、郭在贻、张涌泉、杨宝忠等倡导，目前已成为汉字学研究的重要部分。"俗字"研究是近代文字学学科分支的重心，其中疑难俗字的考释是研究的热点所在。汉代以后的文字学材料非常丰富，尤其是以碑刻文字和纸质手写文本为大宗。碑刻文字研究主要集中在魏晋南北朝时期，纸质手写文本包括敦煌文书、吐鲁番文书、黑水城文献等。

20世纪90年代，王元鹿的《比较文字学》、周有光的《比较文字学初探》先后问世。随着这门学科的不断成长，"比较文字学"逐渐为人们所熟悉。喻遂生及其学生一直致力于古汉字与纳西族东巴文字的比较研究，黄亚平及其学生则致力于古汉字与古埃及圣书字、苏美尔原始楔形文字、玛雅文象形字的比较研究，也取得了很多成果。

编纂字典的水平是文字研究水平的反映。如《新华字典》《现代汉语词典》《古汉语常用字字典》《汉语大字典》《汉语大词典》等，这些规模各异的字典、词典都广泛发行、广受好评。汉字的教学与研究对文字学的迅猛发展起到了推动作用。在汉字教学中，高等院校汉语言文学专业一般都会按照学科要求设置文字学课程，讲授一些汉字学的基础知识；个别高校还会开设古文字学或俗字学等专门课程甚至专业，教育和培养相关人才。

三 语言学视角下的文字学研究

普通文字学领域需要通晓世界主要文字，或掌握世界上主要文字资料，范围广、难度大，一直以来以欧美学者的研究成果居多，我国

学者多以成果介绍为主，研究心得并不多见。相对于普通文字学，我国学者比较文字学成果略多一些，有些学者把纳西族东巴文字与甲骨文、金文等古汉字进行对比研究，取得了一些成绩。相比之下，近30年来贡献最为卓著的其实是汉字学研究，成就辉煌。

研究汉字的性质，首先要弄清汉字属于哪一种文字类型。人们基本上采用两种方法来给汉字定性。一种是根据汉字字形所起的表意、表音等作用来为它定性。另一种是根据汉字字形所能表示的语言结构的层次（也可以说语言单位的大小）来为它定性。属于前一种的，主要有表意文字说和意音文字说。属于后一种的，主要有语素文字说和语素-音节文字。以往对于汉字结构类型的分析，不脱《说文》"六书"窠臼。20世纪30—80年代，唐兰、陈梦家、裘锡圭分别提出了"三书"说。21世纪以来，黄天树《论汉字结构之新框架》一文提出了"二书"说，把汉字分成"无声符字"和"有声符字"两大类型，其实在一定程度上是又回到了汉字表意还是表音的两大区分。

四　文字学研究与多学科研究的结合

1984年，我国著名历史学家林志纯先生创办了东北师范大学世界古典文明史研究所，填补了国内亚述学、埃及学、赫梯学的学科空白，遵循"读书必先识字"的学术规律，从古代语言文字这一源头入手，为国内高校及研究机构培养了一批能够以苏美尔语、阿卡德语、埃及语、赫梯语、希腊语、拉丁语等古典语言释读古代原典的研究者。

在我国，除了汉字以外，还有丰富的民族文字，现在中国55个少数民族中，除回族、满族已不使用自己民族的文字而直接使用汉字外，还有29个民族有与自己的语言相一致的文字。我国历史上还存在各民族曾经使用过，但现在已经不再使用的文字，这些文字被称为"民族古文字"。这些文字可以分成几类：一是本民族自源文字，如纳西族的东巴文、水族的水文、彝族的彝文；二是根据其他文字仿造的文字，如仿造汉字形成的各种方块民族文字，白族的方块白文、壮族的方块壮文、方块侗文等；三是后来创制的文字，主要是指政府组织语言学专家、少数民族知识分子经过调查研究，先后为壮、布依、彝、苗、哈尼、傈僳、纳西、侗、佤、黎等民族制定的拉丁字母形式的拼音文字方案。

1949年以前，古汉字学只有少数学者从事研究，因而有"绝学"之称。近30年来，这一学科得到空前发展，研究队伍逐步扩大，成为介于考古学、历史学和语言文字学之间的一个学术领域。目前，古汉字学已有四个学科分支，即甲骨学、青铜器铭文（金文）研究、战国文字研究及简帛学。古汉字学的迅猛发展，与考古学的繁荣昌盛密不可分。随着综合国力的不断提升，古文字与出土文献的整理出版工作也得到了长足发展，这些资料的整理出版为相关研究提供了源源不断的素材。

此外，大型古文字丛书如宋镇豪的《甲骨文献集成》40册，刘庆柱的《金文文献集成》46册，曾宪通、陈伟武的《出土战国文献字词集释》17册，中国简牍集成编辑委员会的《中国简牍集成》20册，董莲池的《说文解字研究文献集成（古代卷）》14册、《说文解字研究文献集成（现当代卷）》12册等也纷纷出版，为文字学研究提供了便利和丰富的文献资料。敦煌吐鲁番文书方面，有上海古籍出版社出版的《敦煌吐鲁番文献集成》《法藏敦煌西夏文文献》《法藏敦煌藏文文献》《英国国家图书馆藏敦煌西域藏文文献》，四川人民出版社出版的《英藏敦煌文献》以及《俄藏黑水城文献》《中国藏黑水城汉文文献》《英藏黑水城文献》等黑水城文书，资料已经蔚为大观。

汉字是文化的一种，同时也是其他文化的载体。王宁《〈说文解字〉与汉字学》明确把汉字文化学看作汉字学的一个分支。王宁《汉字与文化》、何九盈《简论汉字文化学》、刘志基《汉字文化学简论》等论著对汉字文化学有关理论问题做了比较系统的阐述，对学科建设有积极的意义。进入21世纪，将认知心理学理论应用于汉字的研究逐渐开展起来。姚淦铭的《汉字心理学》是建构汉字心理崭新体系的开拓性学术专著。曹晓华的《汉字认知的心理机制》、徐彩华的《汉字认知与汉字学习心理研究》、王永德的《基于留学生认知实验的汉字教学法研究》等以实验研究为基础，探索汉字认知特点及外国留学生汉字学习特点。

五 汉字研究的信息化与数字化

汉字信息处理系统一般包括编码、输入、存储、编辑、输出和传输，编码是关键。GB18030-2005字符集共计70244个汉字，方正超大字符集共计64395个汉字，ISO/IEC 10646 / Unicode字符集是全球可以共享的编码字符集，涵盖了世界上主要语文的字符，共计68818个汉字。此外，对于古文字的计算机输入和输出也有新的进展。华东师范大学、北京师范大学负责提供的甲骨文、《说文》小篆、金文和楚文字四个字表，形成提案文本提交IRG会议，已进入国际标准字符集的古文字编码单位。裘锡圭担任首席专家的"中华字库"工程，旨在建成全部汉字及少数民族文字的编码和主要字体字符集，形成汉字编码体系。

在古文字和出土文献数据库方面，北京龙戴特信息技术公司与北京时代瀚堂科技公司联合开发的"龙语瀚堂典籍数据库"是较有代表性的综合数据库，既有出土文献，也有传世文献。另有甘肃省古籍文献整理编译中心牵头建设的"中国金石总录"，华东师范大学中国文字研究与应用中心开发的"金文资料库""金文字库""战国楚简帛文字典型形体检索系统"，陕西考古研究所吴镇烽开发的"商周金文资料通鉴"，武汉大学简帛研究中心制作的"中国古代简帛字形、辞例数据库"，复旦大学出土文献与古文字研究中心制作的"上博简字词全编资料库""清华简字形辞例数据库"，安阳师范学院刘永革等开发的"甲骨文大数据云平台"等。2019年，北京师范大学王宁教授主持研发的"汉字全息资源应用系统"以及"数字化《说文解字》研究与应用平台"先后上线，这是汉字研究与应用的重要成果，得到了社会各界的关注与认可。

近年来利用计算机技术进行甲骨文缀合又有新的研究进展。王爱民等成立"甲骨文计算机辅助"课题组，让系统自动生成疑似目标甲骨碎片的动态数据库，通过人机交互来实现甲骨文缀合。2020年10月，由河南大学和首都师范大学联合研发的全国首款AI甲骨缀合软件——"缀多多"正式发布，首次将AI引入古文字学研究领域，利用人工智能自动缀合甲骨文。2018年，吉林大学李春桃"人工智能识别古文字形体软件系统研发与建设"课题在整理、释读先秦古文字资料的基础上，提取大量清晰的文字样本，充分利用计算机技术将其数字化，并结合人工智能技术，研发出一款自动识别古文字形体的软件。2019年5月，华东师范大学中国文字研究与应用中心发布AI+表意文字大数据成果——"文镜万象"出土文献智能识别释读系统之"商周金文智能镜"，开启了人类表意文字释读、研究智能化的全新方式。

民族古文字研究方面有一些新的突破。1997年中国学者李范文和日本学者中岛干起利用一年前日本国立亚非语言文化研究所建立的西夏文字库和排版系统，合作出版了《电脑处理西夏文〈杂字〉研究》。2017年9月，以宁夏大学相关研究机构为代表的学术力量，主要依托计算机字符识别（OCR）技术，以人工智能解决了西夏文的自动识别，填补了利用OCR识别考古文献中的非广泛使用文字的空白。

此外还有三维扫描和3D打印技术、笔迹甄别技术、DNA测定技术等，都被陆续运用到古文字材料的整理和研究中，整理古文字材料的科技手段大为改观。

第四节 汉语方言研究

谢留文[*]

一 方言研究：从起步到兴盛

从20世纪50年代中期开始，随着简化汉字、推广普通话、制定和推行汉语拼音方案"三大语文政策"的贯彻执行，尤其是为了更有效地在全国推广普通话，迫切需要对全国的汉语方言现况有一个比较全面的了解，现代汉语方言的调查研究开始受到普遍重视。从1956年起，汉语方言普查工作在全国汉语方言地区全面展开。在此后两年多的时间里，以一个市、一个县为调查点，共完成了全国各地2298个方言点中1849个点的方言普查工作，普查面之广，规模之大，都是史无前例的。在普查的基础上，先后编写出近1200种调查报告，300余种普通话学话手册，20余种各省区的方言概况。后来公开出版的有《江苏省和上海市方言概况》（1960）、《四川方言音系》（1960）、《河北方言概况》（1961）、《安徽方言概况》（1962），其中《江苏省和上海市方言概况》是反映方言普查成果的代表性著作。

1959年，中国科学院语言研究所方言组在丁声树、李荣带领下对河北省昌黎县的方言进行了调查，其成果就是由河北省昌黎县县志编纂委员会、中国科学院语言研究所合编的《昌黎方言志》（1960）。《昌黎方言志》第一次对一个县的方言进行全面调查，调查点达193个，

---

[*] 谢留文，中国社会科学院语言研究所研究员。

该书是中华人民共和国成立后编写的第一部方言志，吸收了过去几十年汉语方言调查的经验，是一部经典性著作。与此同时，北京大学等高校也开设了"汉语方言学"课程，出版了综合介绍汉语方言的专著和方言字音和词汇的材料集，如北京大学袁家骅等著《汉语方言概要》（1960）、北京大学中文系语言学教研室编《汉语方音字汇》（1962）、《汉语方言词汇》（1964），这些著作长期以来在海内外汉语学界有着很大影响。

1979年，中国社会科学院语言研究所《方言》杂志创刊，这是国际上唯一以汉语方言为调查研究对象的专业刊物，标志着汉语方言调查研究进入了一个全新的时期。1981年，中国社会科学院语言研究所和厦门大学等有关院校发起成立了全国汉语方言学会，中国社会科学院语言研究所李荣教授任理事长并长期领导学会，强调汉语方言"调查要反映事实，研究要打开思路"。学会在团结学界同仁组织方言研究的攻关合作，普及方言学科，人才培养及加强本学科的国际联系等方面做了大量工作。改革开放至今，汉语方言的调查研究有了空前的发展，取得了巨大成绩，这不仅体现在专门从事汉语方言调查研究的学术机构增多，研究队伍壮大，而且体现在汉语方言的调查范围比以前更广，对汉语方言语音、词汇、语法的描写更加细致、深入。随着对外开放的深入，中国学术界与国际学术界的交流全面展开，语言学的各种理论学说相继引入汉语和汉语方言研究。汉语方言学与历史语言学、语言地理学、语言类型学、实验语音学等学科的相互借鉴与融合，极大地拓展了汉语方言研究的视野和空间。其中，历史语言学的语法化方法和语言类型学的方法使汉语方言研究在深度和广度两个方面都有了很大推进。汉语方言学已经形成了自己完整成熟的学科体系。它有一套完整的分析汉语方言的理论框架和范式，在国内外汉语方言学研究中有完全独立的话语权，体现了中外语言学理论与汉语方言调查研究的完美融合。

二 方言地图的绘制

《中国语言地图集》（第1版）是国家"六五"社科重点项目，也是中国社会科学院和澳大利亚人文科学院于1983年签署的大型合作项目，同时也是中国社会科学院建院以后首个对外合作的大型项目，由香港朗文（远东）有限公司于1987年和1989年分两次正式出版，有中文和英文两种版本。《中国语言地图集》中汉语方言分区图及文字说明部分，是由中国社会科学院语言研究所组织全国部分汉语方言工作者共同编制的，由李荣、熊正辉、张振兴三位教授担任主编。

《中国语言地图集》在前人关于汉语方言分区研究的基础上，对汉语方言提出了"点—小片—片—区—大区"的5个层次划分法，把汉语方言分为10个区，晋语区、吴语区、徽语区、赣语区、湘语区、闽语区、粤语区、平话区、客家话区、官话区；提出了汉语方言分区的两个基本标准：一个是古入声字的演变，一个是古浊声母字的演变。实践证明，这两个标准比较客观地反映了汉语方言语音系统的结构特点，也比较全面地反映了汉语方言的历史演变规律。用结构特点和历史演变规律来给汉语方言分区，是迄今所能找到的最为理想的、可以具体操作的分区标准，从理论上和实践上将汉语方言分区提高到一个全新的学术高度。《中国语言地图集》是汉语方言研究的一次重大进展，是中国科学文化领域的一项基本建设，在海内外学术界引起了很大的反响。

北京语言大学曹志耘教授主编的《汉语方言地图集》（商务印书馆，2008）是我国第一部在统一的实地调查基础上编写的反映20世纪汉语方言主要语言特征的地图集。分为语音、词汇、语法3卷，语音卷收图205幅，词汇卷收图203幅，语法卷收图102幅，每幅地图均包括930个调查点的信息。《汉语方言地图集》较为全面、科学地描写和展示了汉语方言中重要语言现象的共时差异和地理分布状况，为汉语多学科以及中国地域文化等领域的研究提供了一份极为重要的基础资料。

《中国语言地图集》(第2版,商务印书馆,2012)由中国社会科学院语言研究所、中国社会科学院民族学与人类学研究所、香港城市大学语言资讯科学研究中心合作,经国内50多位专业语言学者前后耗时10年共同编制而成。熊正辉、张振兴、黄行、道布和邹嘉彦组成编辑委员会共同担任主编,张振兴教授担任执行主编。新版《地图集》是在1987年《中国语言地图集》的基础上绘制的,不仅忠实地继承了原版的理论框架,还在理论和实践上有所创新和扩展,更全面地反映了1987年以后20多年来我国语言调查研究的重大进展以及所取得的主要成果。

三 方言词典的编纂和有声资料的收集

《现代汉语方言大词典》由中国社会科学院语言研究所李荣教授担任主编。参加这一项目的还有中国社会科学院语言研究所和全国很多高等院校的方言工作者。本项目分为两步,第一步是编纂42种分地方言词典,包括中心城市的方言和中小城市或城镇的方言,覆盖了中国10个主要的汉语方言区,由江苏教育出版社全部出版,总字数达到2200万字。第二步是在42种分地方言词典的基础上,编纂综合性的《现代汉语方言大词典》,2002年由江苏教育出版社出版,总字数达到1300多万字。

《现代汉语方言大词典》的分卷本和综合本,规模宏大,卷帙浩繁。这是中国语言科学研究的又一项基本建设,它的出版也受到海内外学术界的广泛关注和重视。《现代汉语方言大词典》不仅是对汉语方言的调查研究,也是整个汉语研究的一次重要进展,具有重要意义,尤其是以大量的语言事实全面展示了汉语方言极其丰富的语言资源,反映了汉语方言统一性和分歧性两方面的本质特征;它还为整个汉语的研究，乃至普通语言学的理论研究提供了大量的新鲜语言事实，将有可能大幅度提高汉语研究各个领域的研究水平。

中国社会科学院语言研究所侯精一教授主编的《现代汉语方言音库》（上海教育出版社，1994—1998），选取全国40种代表性的方言制作音档，每种音档含对该方言的语音、词汇、语法特点简要介绍的文字本以及约60分钟的配套胶带录音。用有声的形式保存当代的汉语方言，结束了中国汉语方言出版物仅停留于书面描写各地方言现象的历史。

四 启动中国语言资源保护工程

中华人民共和国教育部、国家语言文字工作委员会自2015年起，组织实施中国语言资源保护工程，在全国范围开展以语言资源调查、保存、展示和开发利用等为核心的各项工作。这是国家财政专项资金支持的语言文化类工程，是目前世界上最大规模的语言资源保护项目，现已出版标志性成果《中国语言文化典藏》（20卷）和《中国濒危语言志》（30卷）等。2019年，为期5年的语保工程一期建设顺利完成，调查收集到123种语言和全国各地方言的原始语料数据1000多万条，其中音视频数据各500多万条，总容量达100TB。2021年，中国语言资源保护工程正式启动二期建设，参与语保工程的高校和科研机构有350多家，投入专业技术人员4500多名，语言方言发音人9000多人。

第五节　中国少数民族语言研究

王　锋[*]

新中国成立伊始，对中国少数民族语言文字国情的系统调查，为民族地区各项事业发展奠定了学术基础。1956年春，在中央民族事务委员会和中国科学院领导下，700多名少数民族语言研究者和工作者，分成7个调查队奔赴民族地区进行语言普查，到1959年共调查了42种民族语言的1500多个调查点，基本摸清了各民族主要语言的分布、使用人口及现状、结构特点和内部差异、与周围民族语言的关系等，系统掌握了民族地区的语言文字国情，并提出解决民族文字问题的具体方案。调查还对多数语言的系属和划分提出意见，为我国的民族识别工作提供了重要参考。因此，大调查从不同层面奠定了新中国民族语言学研究事业的基础。

1991年，根据国务院要求，国家民委文宣司和中国社科院民族研究所联合开展语言国情和语言生活状况调研，调研成果包括《中国少数民族文字》(1992)、《中国少数民族语言文字使用和发展问题》(1993)和《中国少数民族语言使用情况》(1994)，全面反映了改革开放之后我国少数民族语言使用的现状和民族语文政策的执行情况。此外，对50年代新创和改进的傣文、景颇文、苗文、佤文等12种文字的使用和发展情况也进行了调研，并完成《我国新创和改进少数民族文字试行工作经验总结和理论研究》报告。进入21世纪，一些小规模的

---

[*] 王锋，中国社会科学院语言研究所副书记、副所长、研究员。

民族语言文字国情调研继续开展。如中央民族大学"985工程"创新基地在田野调查的基础上,由戴庆厦教授主编的"新时期中国少数民族语言使用情况研究丛书"于2007年开始由商务印书馆陆续出版,共出版15册。

一 描写语言学研究

1992年以来,中国社科院民族研究所在国家社科基金支持下对中国境内空白语言进行了调查,先后出版了涉及40多种少数民族语言的"中国新发现语言研究"丛书和包含10多部著作的"中国少数民族语言方言研究"丛书,其中不少新发现语言属于濒危语言。马学良主编《汉藏语概论》(1991)、倪大白、戴庆厦著《侗台语概论》(1990)和李增祥著《突厥语概论》(1992)等是对各重要语族的通论性研究。在以上研究的基础上,孙宏开等主编的《中国的语言》(2007)对中国境内的129种语言进行了集中概述,是中国各民族语言调查描写的集大成。

民族语言词典编纂也取得积极成就。从新中国成立到20世纪80年代,先后出版了200多种少数民族语言方面的各类词典,主要集中在蒙、藏、维、哈、朝等几个文字历史较长、文献较多的民族语言。20世纪90年代以来,民族语言词典编纂工作进入了新阶段,无文字或文字使用历史不长的民族语言词典也开始编纂出版,辞书的类型从单一的汉语与民族语对照发展到民族语言单语词典与双语、多语词典并举。中国社会科学院和澳大利亚人文科学院合作绘制的《中国语言地图集》(1987,2012)的民族语言部分全面展现了中国各少数民族语言的地理分布和分区分类状况,在国内外学术界产生了深远影响。

进入21世纪以来,基于新研究范式的描写语言学研究取得积极进展。戴庆厦主编的"中国少数民族语言参考语法研究系列丛书",促进了统一范式的少数民族语法研究。从2010年开始,中国社科院民族所开展"中国民族语言语法标注文本"研究,在建立适合中国少数民语言并涵盖整个语法系统的语法标注集的基础上，对数十种少数民族语言进行创新范式的描写研究。2016年以来已出版20多个语种的"中国民族语言语法标注文本"丛书，标志着语法研究的新进展。

二　历史比较语言学研究

中国少数民族语言数量众多，类型各异，且大多数语言缺乏文献，历史比较研究面临很大的困难。迄今取得的成绩，主要体现在语言系属分类和语言同源关系研究两个方面。主要的研究成果有《苗瑶语古音构拟》《侗台语族概论》《藏缅语语音和词汇》《中国孟高棉语族语言与南亚语系》等。特别需要指出的是，民族语言的历史比较研究在中国的民族识别工作中发挥了重要的作用。

在中国，历史悠久的民族交往、交流、交融使各民族语言之间的接触也有了突出的深度和广度，不同的语言相互交织，相互借贷，形成了区域性特征和语言联盟。因此，如何区分同源词和借词是中国少数民族语言特别是汉藏语系语言历史比较研究的最大困难，需要不断探索新的理论与方法。2019年在《自然》杂志上发表的关于汉藏语系的历史源流论文，就是历史比较语言学与分子人类学等学科相结合的成果。基于多学科交叉的发展道路，将有助于拓展和深化中国少数民族语言的历史语言学研究。

三　语言类型学研究

国内语言类型学研究始于20世纪五六十年代翻译、介绍、评介国外语言类型学的最新研究成果和动态。20世纪80年代开始，基于汉语、少数民族语言的语音类型学、形态句法类型学专题研究总结和归纳了我国少数民族语言系属内部的共性和类型差异，为进一步深入我国少数民族语言的共性、区域性和差异性奠定了初步基础。

21世纪以来，基于功能-类型学视角的少数民族语言类型学研究成果逐步丰富起来。运用类型学方法讨论较多的有区域类型、亲属语言类型以及语音、形态、词汇、句法、语言接触类型等专题研究，成果丰硕。

随着语言研究的不断深入，研究视野的不断扩展，语言类型学将继续成为国内语言学的热点和重点研究领域之一。为此，需要引入一些新的研究方法，如方言地理学、计量类型学等；形态类型学应拓展到南方分析性语言研究中；深入梳理、归纳和总结中国民族语言类型学特点，为语言类型学和语言共性研究提供重要的类型学参项和理论支持。

四 少数民族古文字与古文献研究

20世纪50年代的少数民族社会历史和语言大调查收集到了大量各种材质、依托于各种载体的民族古文字文献，同时也培养了一大批专家学者。除了大量单一文种及其文献研究外，还产生了一批具有较高水平的综合性通论式著作，如《中国民族古文字图录》《中国少数民族古籍珍品图典》《中国少数民族古籍集解》《民族古文献概览》《中国少数民族文字古籍整理与研究》等，有利于从全面系统的视角整理翻译研究各民族古文字文献。1997年立项、2010年开始出版的《中国少数民族古籍总目提要》，是全国少数民族古籍整理研究室牵头实施的古籍文献整理工程。全书总体规划60卷110册，是抢救、整理和保护中华文化遗产的重要举措之一，也是对新中国少数民族古籍收集、翻译、出版成果的一次全面检阅。

民族古文字文献研究的深入发展，系统促进了各民族古文字文献的保护。2008年以来，各民族文字的珍贵古籍分批纳入《国家珍贵古籍名录》。已出版的第1—4批"国家珍贵古籍名录图录"共收录14个文种的民族文字古籍110部。2009年，中国文字博物馆在河南安阳开馆，涵盖了古文字、传统民族文字、新创文字、汉字系民族文字、自创字符、传教士创制民族文字等，是我国保护民族文字的重要成果。

2011年中国社科院设立15项"绝学"支持项目，涉及西夏文、八思巴文、契丹文、女真文、纳西东巴文、古藏文。国家社科基金开始设置"冷门绝学"研究的专项资助项目，从国家层面对民族文字文献研究予以支持。少数民族文字文献作为中华民族文化宝库的一笔重要文化遗产，必将在构建中华民族共有精神家园的文化事业中发挥更大的作用。

五 社会语言学和文化语言学研究

少数民族语言的社会语言学研究是中国社会语言学的重要脉络，包括语言政策与规划、语言国情调查、语言规范化和标准化、语言教学（双语教育）等一些专门领域的研究，这些研究与民族地区的语言文字工作紧密结合，具有突出的针对性和现实意义。针对具体语言（或方言）、特定语言使用领域的社会语言调查研究，对促进民族语言发展、保持民族语言活力、保护语言文化多样性发挥了积极作用。进入21世纪，少数民族语言的使用发展出现了很多新情况、新特点，学界更多地从语言资源和语言生活角度开展研究：教育部自2006年开始按年度发布《中国语言生活状况报告》（绿皮书），涉及语言和谐、语言认同、语言活力、语言濒危、语言生态等当代少数民族语言生活的重要议题，都产生了大量的研究成果。随着《国家通用语言文字法》的颁布，"科学保护各民族语言文字"工作方针的确立，中国少数民族语言的社会语言学研究进入了一个新阶段，中国语言资源保护等重大工程得以推进实施。

文化语言学是把语言和文化的互动关系作为研究对象，基于特定民族文化背景对语言进行研究，阐释语言的文化内涵和文化价值的语言学分支学科，也是一门综合性的交叉学科。文化语言学是新中国成立后才逐步发展起来的，其产生、发展和繁荣具有鲜明的中国特色，也是中国语言学对于世界语言和文化发展的重要贡献。中国各民族丰富的语言文化资源为学科的发展提供了得天独厚的条件。进入新时代，文化语言学的发展迎来了更加广阔的发展空间。这既得益于中国语言文化多样性的资源属性，又得益于党和政府、社会各界的语言观不断深化，此外，各民族语言文化建设的现实需要也需要文化语言学的学术支撑。

随着全球化进程的加快，少数民族语言的使用范围日益萎缩，交际功能逐渐衰退，有些语言活力严重不足，越来越多的民族语言趋向濒危。20世纪90年代，中国民族语言学界已意识到"母语危机"问题，在2000年濒危语言问题学术研讨会上，民族语言学界首次提出"濒危语言"概念。2008年国家语委启动"中国语言资源有声数据库"建设工程，标志着语言保护工作纳入国家工作层面。

中国民族语言的社会语言学和文化语言学研究，促进了中国的语言平等观、语言权利观、语言生态观和语言资源观。语言资源观的树立，直接促成了党的十七届六中全会提出"科学保护各民族语言文字"以及中国语言资源保护工程的实施。2015年，教育部、国家语委启动了中国语言资源保护工程，到2020年一期圆满收官。一大批濒危汉语方言和少数民族语言得到科学系统的调查保护，其中少数民族语言调研类课题立项共计430个点，包括一般点319个，濒危点111个，涵盖了分布于中国大陆和台湾地区的56个民族使用的约130种语言的360个方言或土语，也包括了诸如偘人、临高人等人群的语言。成果形式包括濒危语言志、语言文化典藏、语言地图集和语言资料深度开发服务等。2018年9月在长沙召开的首届"世界语言资源保护大会"以及次年2月发布的《保护和促进世界语言多样性岳麓宣言》，标志着中国语言资源观的实践产生了世界性引领作用。

六 计算语言学和实验语音学研究

基于少数民族语言的计算语言学研究经过几十年的发展，取得了大量的研究成果，积累了丰富经验。一是基本完成了计算机字符编码，实现现行文字和古文字计算机输入、输出、显示、打印，基于统一编码的民族文字的网络传输得以实现，为民族文字的文本信息化、资源库建设以及基于民族文字的文化保护和传承奠定了基础。2011年启动的"中华字库"子项目"少数民族古文字的搜集整理与字库制作"和"现行少数民族文字的搜集整理与字库制作"在少数民族文献扫描图档的基础上建立了民族古文字和现行文字的原形字符库。二是民族语言"字"处理研究取得了大批科研成果。蒙、藏、维、朝、哈、柯、彝等民族语言在分词、词干词缀切分、词性标注等基础研究领域成果丰富，构建了大批数据资源，开发了语言研究和分析工具，基本满足了民族语言自然语言处理的需要。三是民族语言句法、语义和篇章研究初具规模。基于句子级、篇章级的资源库不断积累，推动民族语言本体和应用研究深入开展。四是研究成果产生明显的社会效益，蒙、藏、维语音识别和机器翻译系统基本达到实用水平，推动了各民族之间的文化交流。

实验语音学是用各种实验仪器来研究、分析语音的一门学科。1985年中国社会科学院民族所建立的语音实验室是我国民族语言实验语音学学科成立的标志。20世纪80年代以来，涉及音段、超音段、语句或篇章语音声学生理模式、语音声学空间分布类型、发声态、韵律特征等方面的研究成果丰硕。21世纪，以国家社科基金重大招标项目"中国少数民族语言语音声学参数统一平台建设研究"为依托研发并投入使用的"语音声学参数自动标注/提取系统"，有力推动了我国民族语言实验语音学学科走向规范化、标准化和自动化，促进了民族语言学学科的发展。

第七章

美学与艺术史研究

第一节　美学和文艺学研究

高建平[*]

引　言

最近30年中国美学和文艺学研究，是在此前美学和文艺学研究的基础上发展的。在20世纪80年代，中国人文学科的学科建设回归常态，在这一潮流中，"美学热"表现得尤其突出。1956年至1966年曾出现的美学争论被重启。在文学理论界，20世纪80年代的理论研究也重新回到1966年以前理论研究的状况。

在这期间，有几本教材具有重要影响：王朝闻主编的《美学概论》、朱光潜撰写的《西方美学史》、以群主编的《文学的基本原理》和蔡仪主编的《文学概论》。这几本书原本都是1961年全国统一规划的大学教材，其中有的在1966年以前出版，有的直到1979年才出版。在20世纪80年代前期，这些书在大学课堂上占据主导地位。

20世纪80年代对美学和文艺学的研究有着深远影响的事件，还包括对外国美学和文艺理论著作的翻译。当时，很多翻译著作再版、重印，或是出新版。一些杂志对新的文学理论和批评的方法进行了介绍，例如"英美新批评""俄国形式主义""结构主义""后结构主义""心理分析"等，但还仅限于关于其特点的一般介绍，没有出现在教材之中，也很少在文学批评中使用。

---

[*] 高建平，中国社会科学院文学研究所研究员。

从1990年开始，中国的美学和文艺学开始出现一些新的变化。

一　美学和文艺理论学科建设中对外国资源的引介与研究

（一）"翻译热"的继续

1949年以后，中国的美学与文学理论的翻译，一开始以翻译古典著作为主。商务印书馆出版了一批古典美学著作，包括康德的《判断力批判》（宗白华、韦卓民译，1961）、帕克的《美学原理》（张今译，1965）。人民文学出版社也组织翻译了一批西方古典文艺理论著作，如黑格尔的《美学》（第一卷，朱光潜译，1958）、布瓦洛的《诗的艺术》（任典译，1959）、柏拉图的《柏拉图文艺对话集》（朱光潜译，1963）、亚里士多德的《诗学》（罗念生译，1962）、贺拉斯的《诗艺》（杨周翰译，1962）、丹纳的《艺术哲学》（傅雷译，1963）等等。1961年至1966年间，人民文学出版社曾出版"现代文艺理论译丛"，翻译出版了19世纪、20世纪的美学和文艺理论著作，以俄国和苏联学者的著作为主。此外，伍蠡甫主编了一套两卷本的《西方文论选》（上海文艺出版社，1963；人民文学出版社，1964），选取从古希腊到19世纪具有代表性的西方文艺理论，是一本很好的教科书。显然，这时对西方美学和文论的介绍，还是以古典美学和文论为主。

到了20世纪80年代以后，西方20世纪的美学和文论受到了普遍的重视。20世纪80年代的中国出现了翻译西方文论的大潮。具有代表性的有李泽厚主编的"美学译文"丛书，共有近50本，包括鲁道夫·阿恩海姆《艺术与视知觉》、苏珊·朗格《情感与形式》等著作。除此以外，还有"走向未来"丛书共百余本，"文化：中国与世界"编委会编辑的"现代西方学术文库"数十本。[1]这些书籍的翻译和引进，

---

[1] 王晓明：《翻译的政治——从一个侧面看1980年代的翻译运动》，《印迹》第1辑，江苏教育出版社，2002年，第278—279页。

受到改革开放的推动,极大地拓展了当时知识界的理论视野。

文学理论方面也是如此。在20世纪80年代,中国社会科学院文学研究所文艺理论研究室的王春元和钱中文主编的"现代外国文艺理论译丛",推出了包括韦勒克和沃伦的《文学理论》在内的十多部著作。中国社会科学院外国文学研究所文艺理论研究室主编了"当代外国文艺理论译丛"以及"20世纪欧美文论"丛书等。

到了20世纪90年代,翻译工作仍然在延续。由于2001年中国加入世贸组织,全球化成为浪潮,对美学和文艺学界也有着深刻的影响,催生了一些新的译丛出现。这时,翻译的选题悄悄发生了变化。如果说,20世纪50年代至60年代的译者主要翻译西方古典美学和文艺理论作品,20世纪80年代的译者更多翻译西方20世纪前期的作品的话,那么,世纪之交和新世纪的译者则更多地选择西方同时代的一些作者的新作。

在这一时期,一些西方重要的美学史著作被译成了中文。例如,鲍桑葵的《美学史》[1]、克罗齐的《美学的历史》[2]、吉尔伯特和库恩的《美学史》[3],除此以外,还有李斯托威尔的《近代美学史评述》[4]、门罗·C.比厄斯利的《美学史:从古希腊到当代》[5]等。这些国外美学名著的译介,拓展了中国美学研究者的视野。

周宪与许钧合作主编了"现代性研究译丛",其中包括一些与美学有关的重要著作。例如,特里·伊格尔顿的《后现代主义的幻象》、彼得·比格尔的《先锋派理论》、沃尔夫冈·韦尔施的《我们的后现代的现代》等20多本。此外还有张一兵主编的"当代学术棱镜译丛"、王

---

[1] 鲍桑葵:《美学史》,张今译,商务印书馆,1988年。
[2] 克罗齐:《美学的历史》,王天清译,中国社会科学出版社,1984年。
[3] 吉尔伯特、库恩:《美学史》,夏乾丰译,上海译文出版社,1989年。
[4] 李斯托威尔:《近代美学史评述》,蒋孔阳译,上海译文出版社,1980年。
[5] 门罗·C.比厄斯利:《美学史:从古希腊到当代》,高建平译,高等教育出版社,2018年。该书于2006年以《西方美学简史》为书名,在北京大学出版社出版。

逢振和希利斯·米勒主编的《知识分子图书馆》、商务印书馆的"商务新知译丛"、北京大学出版社的"未名译库"、中国人民大学出版社的"20世纪西方学术思想译丛"等等。这些著作都介绍了最新的国际理论发展动态。

周宪和高建平合作,在商务印书馆编辑出版了"新世纪美学译丛",集中收入了许多西方活跃的美学家的新作。这一译丛中有理查德·舒斯特曼的《实用主义美学》、诺埃尔·卡罗尔的《超越美学》、肯达尔·L.沃顿的《扮假成真的模仿》等十多本。

彭锋等人主持,在北京大学出版社出版了"美学与艺术丛书"译丛,其中包括舒斯特曼等一些正处于创作活跃期的西方美学家的著作。此外,一些出版社组织出版了专题性的美学译丛,部分属于分析美学和后分析美学、新实用主义、现象学与存在主义、法兰克福学派的美学著作,以及环境生态美学的著作,都陆续被翻译出来。沈语冰在译林出版社主持翻译艺术学的译丛,介绍了众多外国艺术学和艺术史学的研究著作。

高建平和张云鹏合作,在河南大学出版社出版了"新时代美学译丛",第一辑收入五本译著,其中包括阿列西·艾尔雅维奇与高建平合编的《美学的复兴》、沃尔夫冈·韦尔施著的《超越美学的美学》、柯蒂斯·卡特著的《跨界:美学与艺术学》等。

外国美学对中国美学研究的影响,除了上述多种译丛,以及一系列重要的会议以外,更重要的是中国学者对外国美学的研究。在20世纪80年代,随着克莱夫·贝尔、苏珊·朗格、鲁道夫·阿恩海姆、西格蒙特·弗洛伊德、古斯塔夫·荣格等人的著作被译成中文,中国学者在自己的著作中,融入了相关思想。到了20世纪90年代,法兰克福学派、英国文化研究以及法国的文化和社会研究的思想进入中国,使中国美学界出现了新的局面。这些观点的引入,对狭义的美学构成了冲击。一些学者在"文化研究"的旗帜下,取得了一些研究成果,拓展了美学和文艺学的研究领域。同时，现象学美学、存在主义美学、分析美学、实用主义美学，也随着中外美学交流的扩大而在中国陆续有所发展。

（二）中外学术交流

第一，最近30年，在中国召开的国际学术会议越来越多。在美学领域，1995年11月15日至20日，中华美学学会与深圳大学合作，在深圳召开了一次国际学术会议，来自中国大陆、台湾、香港地区和瑞典、德国、芬兰、日本等国家的美学家和美育工作者共90余人参加了会议。从某种意义上说，这是此前翻译和研究外国美学工作的继续，也是世纪之交中外学术交流条件得到改善的体现。

2002年，中华美学学会、中国社会科学院、北京第二外国语学院合作，召开了一次规模盛大的美学会议，有近100人参加了会议。这次会议是中外美学史上的一次盛会，吸引了分别来自英国、美国、德国、意大利、日本、韩国、加拿大、印度、荷兰、芬兰、希腊、土耳其、斯洛文尼亚、克罗地亚、澳大利亚和中国（包括我国台湾和香港地区）等17个国家的近百名美学家。这次会议编辑了中英文对照的论文集《美学与文化·东方与西方》。

2006年，国际美学协会与中华美学学会合作，在四川成都举办了国际美学协会执行委员会会议暨多元文化中的美学国际学术研讨会。参加这次会议的有当时的国际美学协会会长、副会长、秘书长，各国美学组织的负责人。这次会议的论文，编入了英文版的《国际美学年刊》。

此后，2010年在北京召开了第18届世界美学大会，除了有约400名外国美学家参加这次会议以外，有400多名中国美学和艺术研究者与会。会议由北京大学承办，国内多所高校协办。从此以后，中外美学交流走向常态化，中国融入世界美学的发展之中。会议结束后出版了两卷本论文集，一卷中文，一卷英文。[1]

20世纪90年代末以来，在中日韩三国轮流召开东方美学系列论坛，对推动三国的美学交流起到了重要作用。

除了这些美学会议外，在中国召开的还有文学理论、比较文学等各种专业会议，以及国际哲学与人文科学理事会。

第二，中国加入了国际学术组织。1998年，在斯洛文尼亚首都卢布尔雅那举行的第14届世界美学大会上，中华美学学会经申请并得到国际美学协会执委会批准，正式成为国际美学协会的团体会员，从此开始了与国际美学协会的合作。尽管这次会议中国学者参加的很少，但对于中国美学走向世界、参与国际美学大家庭来说，是重要的开端。

国际美学协会的历史可以追溯到马克斯·德索尔（Max Dessoir）于1913年在德国柏林组织的第一次世界美学大会。当时的名称叫国际美学委员会，是一个由欧美和日本等"美学强国"参与的封闭的国际团体。1980年，在克罗地亚的杜布罗夫尼克召开的世界美学大会上，决定进行改组，实现开放和民主化，成立国际美学协会。从1980年以来，国际美学协会相继选举哈罗德·奥斯本、约然·赫尔梅仁、阿诺德·贝林特、阿列西·艾尔雅维奇、佐佐木健一、海因茨·佩茨沃德、约斯·德穆尔、柯蒂斯·卡特、高建平、亚勒·艾尔珍共十位担任协会会长，任期三年，不可连选连任。现任会长是 Miško Šuvaković。国际美学协会的宗旨主要有两条：一是加强国际美学学术交流，发布最新研究成果；二是将美学的学科知识传播到美学不发达的国家和地区，帮助这些国家和地区建立美学组织，开展美学活动。本世纪以来，2001年在日本东京千叶，2004年在巴西里约热内卢，2007年在土耳其安卡拉，2010年在中国北京，2013年在波兰克拉科夫，2016年在韩国

---

[1] Gao Jianping & Peng Feng, eds., *Diversities in Aesthetics: Selected Papers of the 18th Congress of International Aesthetics*, The Chinese Social Sciences Press, 2013.

首尔，2019年在塞尔维亚贝尔格莱德，分别举办了世界美学大会，中国学者参加这些大会的人数越来越多，总体上呈上升趋势。

（三）对外国资源的研究情况

20世纪80年代的中国美学和文艺理论，其模式仍受到此前的苏联传来的体系的影响。在文论方面，以群主编的《文学的基本原理》和蔡仪主编的《文学概论》，都是中国学者独立主编的文学理论著作，有理论独立性的追求，但限于当时西方当代的文论没有引入中国，理论资源还是从苏联引进的。到了20世纪80年代，学术界引进了俄国形式主义、法国结构主义，以及英美新批评的批评方法。在20世纪80年代，这些引进来的理论还只是介绍一些人名、学派及其基本特征，以及学派的来龙去脉等。到了20世纪90年代，这些理论开始被一些教材所吸收。这方面影响比较大的有北京师范大学童庆炳主编的《文学理论教程》(高等教育出版社，2000年修订版) 以及王先霈和胡亚敏主编的《文学批评原理》(华中师范大学出版社，1999年版)。此后在新世纪，许多更新的教材出现，反映出对西方文艺理论的吸收和综合的努力。继伍蠡甫的《西方文论选》之后，高建平和丁国旗主编了《西方文论经典》共六卷，特别是其中的第五卷和第六卷，收入了20世纪的西方重要文论著作。[1]

同时，多种多卷本西方美学史、西方文论史等一类的书出现。继朱光潜的《西方美学史》之后，中国学者撰写了多种西方美学史研究著作。早在20世纪60年代，汝信就出版过《西方美学史论丛》[2]，后又在80年代出版其续编。[3] 蒋孔阳1980年出版了《德国古典美学》[4]一

---

[1] 高建平、丁国旗主编：《西方文论经典》，安徽文艺出版社，2014年。
[2] 汝信、杨宇：《西方美学史论丛》，上海人民出版社，1963年。
[3] 汝信：《西方美学史论丛续编》，上海人民出版社，1983年。
[4] 蒋孔阳：《德国古典美学》，商务印书馆，1980年。

书，对西方美学进行专题研究。

90年代，毛崇杰、张德兴、马驰合著了《二十世纪西方美学史主流》[1]一书。此后，蒋孔阳和朱立元合作主编的七卷本《西方美学通史》[2]、汝信主编的四卷本《西方美学史》[3]出版。这些大容量多卷本的美学史著作，以及其他如张法、牛宏宝、凌继尧、章启群、周宪等撰写的单卷本的西方美学史著作，各自体现了中国学者对西方美学的理解，其中有不少独特的见解。

二　对古代中国文论和美学的研究

（一）中国文学批评史的研究

早在20世纪前期，中国学界就有三部著名的中国文学批评史著作，分别是罗根泽著《中国文学批评史》、朱东润著《中国文学批评史大纲》和郭绍虞著《中国文学批评史》。这三部书奠定了当代中国文学批评的传统。

20世纪90年代起，出版了多种中国文学理论史和中国文学批评史的著作。其中重要的有：北京大学中文系张少康的《中国文学理论批评史教程》（北京大学出版社，1999年、2011年），复旦大学王运熙、顾易生主编的《中国文学批评史新编》（复旦大学出版社，2007年），北京师范大学李壮鹰、李春青主编的《中国古代文论教程》（高等教育出版社，2005年、2013年）等等。

除此以外，还有中国古代文论著作：王运熙、顾易生主编的《中国文学批评通史》（共七卷，上海古籍出版社，1996年）。

---

[1] 毛崇杰、张德兴、马驰：《二十世纪西方美学史主流》，吉林教育出版社，1993年。
[2] 蒋孔阳、朱立元主编：《西方美学通史》，上海文艺出版社，1999年。
[3] 汝信主编：《西方美学史》，中国社会科学出版社，2005—2008年。

（二）中国美学史研究

在中国美学史研究方面，20世纪80年代，李泽厚和刘纲纪合作编写的《中国美学史》（共二卷）[1]、叶朗著的《中国美学史大纲》[2]开先河，在美学界产生了重要影响。随后，敏泽出版了《中国美学思想史》（三卷本）[3]。90年代，许多学者都出版了中国美学史著作，其中包括周来祥的《中国美学主潮》[4]、陈望衡的《中国古典美学史》[5]。

早在1981年，李泽厚出版《美的历程》[6]一书，产生了巨大影响。他的这本书从文学和艺术等方面叙述审美趣味变化，促使许多效仿者出现。在世纪之交，有两套多卷本著作，用更加丰富的材料、更大的篇幅叙述了中国人审美趣味发展的历程。这就是许明主编的《华夏审美风尚史》（11卷本）[7]、陈炎主编的《中国审美文化史》（4卷本）[8]。这两套书的问世，在学界引起了广泛的关注。它们将视野投向了广义的审美现象，对中国人审美的历史做了全面扫描。

此后，新世纪初，由叶朗任主编，朱良志任副主编，出版了三套大书：《中国历代美学文库》（共19册）[9]、《中国美学通史》（8卷本）[10]、《中国艺术批评通史》（7卷本）[11]。三套书规模宏大，是这一时期中国美学研究的重要成果。此外，曾繁仁主编了《中国美育思想通史》（9卷

---

[1] 李泽厚、刘纲纪编写：《中国美学史》第一卷、第二卷，中国社会科学出版社，1984、1987年。
[2] 叶朗：《中国美学史大纲》，上海人民出版社，1985年。
[3] 敏泽：《中国美学思想史》，齐鲁书社，1987年。
[4] 周来祥：《中国美学主潮》，山东大学出版社，1992年。
[5] 陈望衡：《中国古典美学史》，湖南教育出版社，1998年。
[6] 李泽厚：《美的历程》，文物出版社，1981年。
[7] 许明主编：《华夏审美风尚史》，河南人民出版社，2000年。
[8] 陈炎主编：《中国审美文化史》，山东画报出版社，2000年。
[9] 叶朗主编，朱良志副主编：《中国历代美学文库》，高等教育出版社，2003年。
[10] 叶朗主编，朱良志副主编：《中国美学通史》，江苏人民出版社，2014年。
[11] 叶朗主编，朱良志副主编：《中国艺术批评通史》，安徽教育出版社，2015年。

本)[1],朱志荣主编了《中国审美意识通史》(8卷本)[2]。这些著作显示出中国美学研究界具有相当的生产性。

(三)关于中国古代文论和美学的现代意义的讨论

20世纪90年代起,中国文学理论界出现了一个激烈的争论:中国古代文论能不能实现现代"转换"?这一争论起源于同一时期关于中国古代文论和美学的研究热潮。一些研究者不满足于只是进行历史研究,开始思考这种研究对当代中国文学理论和美学的意义和作用。他们遵循"古为今用"的传统思路,认为中国古代的文论和美学思想可以经过改造以适应现代社会。

围绕着这个问题,中国学术界产生了不同意见。一些人认为,通过古今转换,可以建立起现代的文艺理论和美学体系。另一些人则认为,古今语境完全不一样,古代的文论和美学并不能适应现代语境,也不能适应现代生活实际。这一争论其后进一步激化。少数人提出,西方的文论和美学的引进,使中国学界出现了"失语症",只有回到传统中国的文论和美学话语,才能医治好这种"失语症"。这种观点出现后,遭到了大多数学者的批判。更多的学者看到,在20世纪中国美学和文论界引进西方话语,从而在中国建立现代意义上的美学和文论,其作用是积极的。

这一争论所围绕的焦点,最终集中到如何面向当代实际,建立既是现代的,也是中国的美学和文艺理论上来。最终占据上风的,还是一种实用的态度。这就是面向当代中国的实际,从西方文论和美学,以及古代文论和美学中汲取资源,建立现代意义上的中国美学和文论。

"古为今用,洋为中用"仅仅是一个原则,而在不同的时期,对其

---

[1] 曾繁仁主编:《中国美育思想通史》,山东人民出版社,2017年。
[2] 朱志荣主编:《中国审美意识通史》,人民出版社,2017年。

解释也不同，最初的目的只是在古代和西方的艺术样式中，放入现代的内容。在美学和文论中如何体现对古代和西方思想的综合和吸收，仍是难题。

对概念、范畴和关键词的研究，是进行这种综合和吸收的重要抓手。

在中国美学概念研究中，篇幅比较大的著作有成复旺《中国美学范畴辞典》[1]、王振复主编《中国美学范畴史》[2]和"中国古代美学范畴"丛书[3]等。除此以外，还有一些学者围绕"意境""意象""气韵""风骨"等概念，进行了专门的研究，取得了良好的成就。

由于中国美学在历史上具有继承性，许多明清时流行的概念范畴都可溯源自先秦两汉魏晋时期，因此，概念范畴史的研究，成为中国美学史研究的好方法。这种研究对于克服大的体系建构具有积极意义。同时，除了对中国美学的概念范畴研究之外，还有一些人在从事富有挑战性的工作：进行中西方概念和范畴的比较。这方面的尝试对美学研究的发展同样起到积极的作用。

三 研究组织和机构的建立

（一）各种研究组织和全国性学会的建立

在过去几十年中，中国成立了众多全国性的学会。这些学会在组织全国的学术活动方面起了重要作用。在这些学会中，比较关键的，有以下几个学会。

（1）中华美学学会。这个学会成立于1980年，历任会长有朱光潜、王朝闻、汝信，现任会长是高建平。学会秘书处设在中国社会科

---

[1] 成复旺主编：《中国美学范畴辞典》，中国人民大学出版社，1995年。
[2] 王振复主编：《中国美学范畴史》，山西教育出版社，2009年。
[3] "中国古代美学范畴"丛书，百花洲文艺出版社，2001—2009年，全书三辑共30本。

学院哲学研究所。每年举办学术年会。有会员一千多人。下设审美文化专业委员会、中国美学专业委员会、外国美学学术委员会、文艺美学学术委员会、设术美学专业委员会、青年美学学术委员会等。在过去的40年中，对美学在中国的发展起到了重要作用。

（2）中国文艺理论学会。这个学会成立于1979年，原名为"高等学校文艺理论研究会"，1985年改为现名。学会秘书处设在华东师范大学。陈荒煤、徐中玉等曾担任会长，现任会长是南帆。

（3）马列文艺论著研究会。成立于1978年，学会秘书处设在华中师范大学，首任会长是吴元迈，现任会长是党圣元。

（4）中国比较文学学会。1985年成立，首任会长是季羡林。秘书处原设在中国社会科学院文学所，现设在北京大学中文系比较文学研究所。近年由杨慧林、曹顺庆、王宁、叶舒宪轮流担任会长。

（5）中国中外文艺理论学会。1994年成立，首任会长是钱中文和吴元迈，现任会长是高建平。下设叙事学分会、文化与传播符号学分会、巴赫金研究分会、新媒介文化研究分会等等。

这些学会在过去40年中，对推动中国美学和文艺学等学科的研究，做出了很大贡献。

（二）专业研究机构的成立

关于美学和文艺学研究机构，中国社会科学院哲学研究所的美学研究室和中国社会科学院文学研究所的文艺理论研究室，20世纪80年代在推动美学和文艺学研究方面，起到了很大作用。

90年代起，中华人民共和国教育部委托一些高等院校成立专业研究机构，其中有北京大学美学与美育研究中心、山东大学文艺美学研究中心、北京师范大学文艺学研究中心。除了以上三个教育部直属的研究中心外，还有许多高等院校成立高等研究院，其中有一些将研究的重心放在美学和文艺学的研究上。

（三）杂志和各种连续出版物

在20世纪80年代，中国美学界有李泽厚主编的《美学》（共出版7期）和蔡仪主编的《美学论丛》（共出版15期）两份刊物，在美学界产生了很大的影响。80年代后期，这两份刊物相继停刊。

另有《外国美学》于1985年在汝信的主持下问世。这份集刊从那时起，一直延续到2000年，出版了18辑，此后经历了短期的中断。2005年，这份刊物在高建平的主持下复刊，至今又出版了15辑。刊物有几个栏目很有影响，包括西方美学经典选译、当代理论前沿。刊物对约瑟夫·马戈利斯（Joseph Margolis）、理查德·舒斯特曼（Richard Shusterman）、阿莱斯·艾尔雅维茨（Ales Erjavec）、阿诺德·贝林特（Arnold Berleant）、柯蒂斯·卡特（Curtis Carter）等美学家的论文进行了选译和专题讨论，以及对一些国家的美学，如印度、日本、法国、俄国的当代美学进行了专门介绍。

《马克思主义美学研究》1996年由刘纲纪和王杰合作创办，至今共出版23卷36期。这份刊物已经成为中西马克思主义美学研究的重要交流平台。由此刊编辑部举办的"国际马克思主义美学论坛"已经举办了八届，分别在中国上海、英国曼彻斯特、切斯特、卡迪夫，俄罗斯圣彼得堡和中国杭州举办。常设的栏目有：马克思主义经典理论、域外马克思主义与美学、多维视野中的马克思主义美学研究、马克思主义与文化研究、中国马克思主义美学史研究、国际马克思主义美学论坛专稿、审美人类学、媒介美学学术访谈、书评与动态等。

《东方丛刊》1992年创刊，至2020年出版了79辑，首任主编是梁潮，现任主编是麦永雄。主要栏目包括东方文化与文学研究、东方诗学、东方美学、东方论坛、东方文库，同时根据实际情况灵活设置动态栏目，如比较研究、域外译丛、古典新绎、文化传媒研究等。

除此以外，还有朱立元主编的《美学与文艺评论》、周宪主编的

《艺术理论与艺术史学刊》、朱志荣主编的《中国美学研究》等多种集刊。

四　当代的美学和文艺学研究

当代中国的美学和文艺学研究，呈现出复杂而多样的形态。对此，可从以下八个方面，对当代美学和文艺学研究进行总结：

1. 克服中西方学术二分的现象，在同一理论平台上既研究中国，也研究西方

对于中国人来说，现代意义上的美学和文艺学，都有一个从外向内输入并在中国逐步得到发展的过程。"美学"这个概念1900年前后输入中国，经过几十年，在中国发展起来，因此，有一个从"美学在中国"到"中国美学"的发展过程。最初的美学研究，呈现为对西方美学的翻译介绍，以及以西方美学为理论框架，用中国艺术为实例做解说的状况。在西方美学的刺激下，另外一些人则致力于中国美学研究，以此与引入的西方美学相抗衡。这时，在研究中将西方等同于现代、中国等同于古代的现象仍很严重。在当代，致力于建立既是中国的，又是现代的美学，是许多中国学者努力的方向。

同样，在文学理论中也是如此。中国的文艺理论有时受苏联的影响，有时受西方的影响。理论的研究者常常不关注文学的实际，不进行文学作品分析，只是在空洞地复述理论。近年来，一些理论研究者提出，要联系实际，将理论的发展建立在对文学作品进行分析的实际之上。

2. 美学基本理论的建构的尝试

20世纪80年代，在中国美学界流行的是以李泽厚为代表的"实践美学"观点。他的观点主要体现在《美学四讲》一书中。到90年代，围绕"实践美学"产生了一些争论，出现了被称为"新实践美学"和"后实践美学"的派别。

当代中国美学还有一派也很有影响，这就是从"环境美学""生态美学"到"生生美学"的美学观。"环境美学"和"生态美学"在出现时，致力于对原来就有的自然美给予一种新的理解和阐释。近年来，"生态美学"观点的持有者进一步从《周易》一书汲取思想，受台湾和香港地区的"新儒家"的影响，提出了"生生美学"，强调自然、社会和艺术之中具有一些连续性的不断生成的力量，美与这一过程有关。

除了以上论争外，美学界还存在四组论争，也都产生了一定影响。这四个理论群分别是：

第一，生命美学、生活美学和人生论美学。这三种理论各有其不同的理论来源，却由于种种机缘，在中国汇合到了一起。生命美学是在生命哲学影响下形成的。在柏格森、狄尔泰、齐美尔等人的哲学思想影响下，学术界在20世纪末出现了一些讨论生命美学的文章。这些文章试图从一个新的视角对美学的基本问题进行探讨，引起了一系列的争论，也活跃了学术气氛。除此以外，在杜威、韦尔施和费瑟斯通的理论影响下，中国美学研究出现了从"日常生活审美化"到"生活美学"的发展。研究者对美学的日常生活化持不同的态度，因此出现了一些讨论。这一组理论中的第三种，即"人生论美学"，既受生命美学和生活美学的影响，更受中国传统的审美人生观念的影响。从某种意义上讲，这更像是一种生活态度，在现有美学理论中起着补充作用。

第二，经验美学和身体美学。在当今的中国，身体美学已经成为一个大家族，有众多的研究者。这个概念在一开始，受梅洛-庞蒂的存在主义哲学影响，属于现象学和存在主义一系。自从2002年舒斯特曼的《实用主义美学》被译成中文以后，实用主义线索的身体美学观在中国占据了更大的优势。舒斯特曼的理论出发点，是杜威的实用主义美学，特别是杜威关于经验的论述。杜威解释什么是经验时曾说到，经验既是"受"（undergoing），也是"做"（doing），是一种感受与操作的双向动作。据此，在谈到身体时，舒斯特曼特别强调，他不要用body aesthetics，而用somaesthetics。body所指的身体，有尸体的含义。他所要强调的，是以活着的、活动过程中的人的身体的感觉来研究美学，不能离开处于经验中的人。这种理论来到中国，一些学者望文生义，展开对身体的研究，并为此多方寻找资源。这里有发展，也有种种误读。当然，误读也是发展。舒斯特曼也曾多次指出这种误读，但后来，随着他的理论在中国产生的影响越来越大，误读也越来越多，使他感到无奈，似乎开始变得享受这种误读了。

第三，认知美学、生理-心理的美学和神经美学。现代中国美学有着深厚的心理学的传统，这一传统至少可以追溯到朱光潜的《文艺心理学》。在该书中，朱光潜综合了直觉、距离、移情、内模仿等心理学说，运用大量中外文学艺术的例证加以说明，使之成为一本在1949年以前有着巨大影响的著作。到了80年代"美学热"之时，心理学又大规模地进入美学之中。例如，鲁道夫·阿恩海姆的"格式塔"心理学，弗洛伊德、荣格的心理分析方法及其理论模型，以及皮亚杰的发生认识论等，都在中国产生了巨大影响。但是，从总体上讲，中国的心理学美学成果，主要还是引进的，原创的理论还不多。近些年，有一些学者开始进行神经生理的假设及求证的工作，他们的努力是重要的，也取得了一些成果，可惜的是，这些方法还不具备实验条件，缺乏与神经生理学、病理学、医学等科学领域的合作，没有形成很好的科学实验团队并拥有相关的设备。如果条件具备，相信这些研究会取得一定的成果。

第四，进化论美学。这方面的研究目前在中国比较弱，有一些学者尝试做了一些探索，但影响还不大。一些国外学者的著作，例如沃尔夫冈·韦尔施的《动物美学》被译成中文，不断有一些人类学、进化论的美学观点被人们提起。达尔文、杜威等人关于"美"的起源的一些观点重新受到关注。从动物到人的进化，原本是一个连续的过程，只是由于受一些传统哲学观念的影响，特别是德国古典哲学形成的理性传统的影响，学术界致力于从人与动物区分这一点来立论。达尔文和杜威在思考这个问题时，则正好相反，是从动物到人的连续性方面来思考美和美感的根源的。

3. 对理论的跨文化传播现象进行研究

自从1900年以来，几代人对外国的美学和文论思想的引进，做了许多的工作。从传播史的角度对这些理论进入中国的状况进行考察，成为许多研究者爱好的课题。例如，朱光潜对一些西方学者，像克罗齐、立普斯、布洛、罗斯金等人的接受和变异，李泽厚对克莱夫·贝尔、古斯塔夫·容格、皮亚杰、苏珊·朗格等人思想的改造和融合，都体现出理论在传播中的变异。这种传播中的变异，有些是由于接受者的误译误读，有些是由于接受者有意改造，或者兼而有之。这种现象，在一些欧洲国家也会出现，但在中国，这种变异的情况就更为明显。其主要原因，还在于中国与西方在语言、历史和文化背景方面的差异，造成了自觉或不自觉的误读现象。这种思想和理论在文化间传播所产生的变异，其本身可以作为一个研究对象，从变异反过来看出文化语境的差异。

这种跨文化传播的现象，还体现在一些理论观点的接受上。一些在西方流行的理论观点，例如日常生活审美化、审美意识形态、生命美学、身体美学等，传到中国以后，都出现了种种变化，产生出新的意义。

另外一种现象是，在西方流行的一些理论，并没有在中国同步发展。这些理论在中国兴盛和流行，常常要隔一代人的时间。例如存在主义美学，在欧洲是20世纪40—50年代盛行，而在中国，是20世纪80—90年代才开始流行起来。再如分析美学，在欧洲是20世纪50—60年代就开始发展，而在中国，却是20世纪90年代到2000年及其后才流行开来。这种时间上的差距，使得这些理论与不同的社会状况相结合，从而产生不同的意义。

追寻一些理论在中国的发展轨迹，成为许多学者喜爱的课题，在这方面的研究也是卓有成效的。

4. 文化研究对美学和文艺学研究的冲击

20世纪80年代的中国美学,具有"新启蒙"的倾向。学术界受康德美学的影响,倾向于审美无功利和艺术自律。到了20世纪90年代,学术界的风气发生了一些新的变化。一方面,国外的一些新的研究潮流被引入中国,例如,不仅有来自德国的法兰克福学派,来自法国的60年代挑战传统社会文化批评的一代人的思想成果,而且还有来自英国的文化研究传入中国,在中国学界产生了重要的影响。如果此前影响中国的是传统美学和以新批评和形式-结构主义为代表的西方文论的话,这时则是一些反主流的美学和文论思想被引入中国。

同时,这一时期的中国社会也发生了巨大的变化。20世纪90年代的中国,是市场经济得到大发展的时代。市场经济催生了文化上的新变,与传统的精英文化相抗衡,通俗大众文化迅速发展起来。中国大陆的大众文化,最早受香港和台湾的影响。香港即将回归的气氛,90年代大陆与台湾关系的升温,给大陆带来了香港和台湾的流行文化,也促成了华语文化圈的密切交流。这种流行文化,首先从音乐开始,邓丽君、刘德华等一些台湾、香港的歌星在大陆被追捧,特别是受到青年一代的欢迎;由此发展到文学,港台的武侠小说,特别是金庸的小说在大陆风行一时;接下来就是电影和电视,香港和台湾的电影,无论是武侠片还是言情片,都在大陆赢得了大量的观众。市场经济也催生了人们的生活方式的变化,也在青年一代的生活方式中产生深远的影响。

中国的文化研究,正是在这种背景下出现的。中国的文化研究,在理论源头上受西方影响,但是与西方情况有很大的不同。在西方,最先吸引理论研究者重视的是挑战经典艺术创作的先锋派艺术。理论家关注这些挑战传统的新一代精英艺术,针对这些艺术现象建立起当代的美学和文学理论。与此相反,80年代在中国占据着主流地位的是康德式的审美无功利的美学和文学上以现实主义为主体的理论，先锋派艺术当时也在中国开始兴起，但理论上的回应不多。中国一批从事文化研究的学者更加关注的，还是大众流行文化，并以此来挑战精英文化。对西方先锋派艺术，以及对先锋派艺术做出解读的西方分析美学的关注，在中国是在2010年以后才出现。这与西方在理论上的关注点正好形成了对立。不仅如此，中国的文化研究者以"跨界"和"扩容"相号召，要将文艺学的研究范围扩大到社会文化的众多领域。

针对这种扩大文艺学，使之变成文化研究的局面，另一些学者则提出在文化研究的时代重建文艺学的主张，即建立"文化诗学"。这种主张将对文化的关注包容在内，但坚持对文学文本的关注，对精英文艺的关注，对现实主义文艺的关注。他们反对将文艺学研究的范围扩大到与文学无关的世界，而是以研究文学中的世界为中心，强调文学文本内的文化与文学文本外的文化的结合。

这种"文化诗学"理论与他们所说的"审美意识形态"理论结合在一起。"审美意识形态"理论，原出自特里·伊格尔顿。他在对美学史的描述中提出对文学艺术的审美性的强调，构成了一种资产阶级的意识形态，这既可看成历史的事实，也是历史的发展所需要颠覆的一种状态。这些主张"文化诗学"的中国研究者将这种理论加以改造，试图对中国所一贯认可的"文学艺术属于上层建筑的意识形态"的理论有所缓和，以证明文艺是一种特殊的"审美的""意识形态"，有着自己的独特性，由此，可引入他们关于重视文学艺术的审美规律的理论。

5. 网络新媒体对美学和文艺学的冲击

媒介对美学和文艺学的影响，一向是很重要的。现代意义上的美学和文艺学在中国的建立，与中国社会向现代转型、现代大学在中国兴起有关，也与铅活字所带来的现代印刷术在中国的出现有密切关系。铅活字的印刷，使中国的书籍和杂志大量出现，从根本上改变了社会文化生活的面貌。然而，只是到了近些年，随着网络新媒体的出现，中国的美学和文艺学理论界才形成了高度的媒介自觉，并出现了许多相关的著作。

这方面的研究，主要包括两个方面。一是对国外的媒介理论的引进和研究。这方面，对加拿大学者麦克卢汉的著作的翻译，起到了重要的作用。深圳大学的何道宽在翻译媒介理论方面做了很多的工作，厦门大学的黄鸣奋在理论的建构方面做了很多的努力。一些学者通过对麦克卢汉"媒介即信息"理论的阐释，对中国学界提高媒介意识，起到了一定的推动作用。

在中国，过去20年有一个特别的现象值得关注，这就是网络文学的兴起。中国的网络文学，开始于20世纪90年代。最早由一些在美国的中国作家和留学生文学爱好者创作。在中国境内，互联网的发展要晚一些，最早从北京的一些中国最好的大学和研究所开始。电脑的使用、电脑汉字输入方法的发明，以及网络的普及，这三者是网络文学出现的重要条件。这三者都是先在境外，后在中国本土出现并兴盛的。然而，当中国本土实现了这三个条件以后，网络文学就以令人震惊、几乎神话般的速度发展起来。最早出现在网络上的文学，是将原先用纸质媒体发表的文学作品放在网上，以方便更多的人阅读到这些作品。随着网络上的文学的发展，出现了一批专为网络写的文学作品。这时，关于网络文学的定义也就逐渐清晰起来。网络文学（online literature）与网络上的文学（literature on the line），不再是一个概念。那些先在纸质媒体上发表，后来又被放到网上的作品，被明确定义为网络上的文学。从2000年开始，出现了一些专门为网络而写的作品。例如，在2000年，有安妮宝贝的《告别薇安》；2001年，有今何在的《悟空传》；2002年，有慕容雪村的《成都，今夜请将我遗忘》；等等。这些作品，常以个人博客和网站连载的形式呈现在网络上。

中国网络文学发展的第二个阶段，是网络发表的独立出现。从技术上讲，这与网上付费方式的出现和便利有关。2003年10月，"起点中文网"开启了收费阅读模式,对一批VIP作品收取订阅费,价格是每千字两分钱(或者每百万字20元,3美元)。这是一个艰难的开始,一些订阅量最高的作者,每月也只能赚得一两千元。但是,对于一些原来根本赚不到钱的网络作家,这是一个令人鼓舞的变化,对于网络文学发展,这也是一个具有根本意义的转折。此后的发展,则具有戏剧性。一位名叫唐家三少的网络作家,2004年在"幻剑书盟"上连载了第一部作品《光之子》,一个月后,这部小说升到了网站第一名。唐家三少从第二本小说《狂神》起,在"起点中文网"连载作品,据说每日更新八千字,收入数十万元人民币。这形成了一些网络作家新的写作模式,也形成读者新的阅读模式。经过十多年发展,已经形成了巨大的规模。根据第37次《中国互联网络发展状况统计报告》,到2015年12月底,网络文学在线用户有2.97亿人,通过手机阅读网络文学的用户有2.59亿人,收入规模超过70亿元人民币,相当于11亿美元,在线长篇小说完本数量超过10万部。这个数字与同一时期的纸质媒体所出版的5100部相比,相差20倍。如果考虑到网络小说的长度都远远长于纸质媒体,大概可以说,在今天的中国,纸质出版的小说,比起网络小说来,在数量上只有百分之一。显然,网络文学已经成为主体。尽管国家和学术界仍然保持着对纸质媒体的重视,并通过评论、评奖、资助给予作家各种待遇,以各种方式支持纸质媒体文学的出版,但显而易见,网络文学正成为不可阻挡的力量,日益显出其发展的优势。

  网络文学到今天,正在经历一个新的发展,即网络文学正在主流化。当网络文学只是一种青年亚文化现象时,没有受到文学研究界的关注。美学家们并不去阅读网络文学作品,认为这不值一读,都是文字垃圾。他们关注网络文学的原因,不是认为网络文学本身有价值,而是看到许多人,特别是年轻人如此痴迷网络文学,于是不得不去研究。美学家们一方面感到网络文学代表着文学的未来,但又对网络文学当下的状态忧心忡忡。

实际上，当网络文学在逐渐主流化的时候，它们本身也在改变。原来的网络文学，是作为纸质文学的补充而存在的。它们实际上所取代的是通俗文学，因而也具有通俗文学的特性。当网络文学进入到主流时，其性质也在发生变化。原有的精英文学与通俗文学的分野被转移到网上。这时，网络文学就必然受到文学批评家和美学家的关注。网络文学批评、网络文学评奖，以及对网络文学的美学研究发展起来。

当前，网络文学的美学特征，网络文学批评的范式、机制和批评标准，正在受到越来越多的人关注，逐渐成为有影响的理论研究。

6. 图文关系与张力

关于图像与文字的关系，原本是一个古老的美学和文艺理论的研究课题。无论是在欧洲，还是在中国，传统的理论都是以文字为中心的。图像对文字，一般说来都具有依附的关系。这是一些古老文明的普遍特征。文字以及文字所记载的人文知识，包括诗歌、历史和哲学，都成为各种文明的基石。不少文明都受到来自物像和图像的挑战，但斗争的结果，都是文字占据上风。传统的知识，都是以书本知识为中心，而传统的教育也是以文字为中心。"读书"与"教育"几乎成为同义词。图像要么成为教育的辅助，要么成为教育的干扰，总是被放在次要的位置。

然而，在过去的几十年，特别是21世纪以来，图像在教育和生活中所起的作用越来越大。从图画到电影、电视，以及当下无所不在的各种电脑、手机视频，我们在街头，广场上，商店中，到处可见到的巨大的视频广告，都表明我们已经进入到了一个图像的世界。21世纪开始的这一转向，提示视觉图像在取代文字，成为重要的知识来源。人们的生活方式，学校的教育手段，学术研究成果的呈现方式，都在悄悄地发生着变化。图像与文字的张力关系，本身构成了一个重要的理论课题，引发了许多学者的研究兴趣。这一研究挑战着传统的美学观念、文学观念、艺术门类划分观念、艺术边界观念，从而成为传统美学崩溃和新美学建立的契机。

由此，在世纪之交，中国美学界开始关注一种现象，这就是"图像转向"。这一转向最早从一篇文章的翻译开始，即阿列西·艾尔雅维奇的《眼睛所遇到的……》。[1]此后，米歇尔的《图像转向》一文，发表在2002年的《文化研究》集刊第3期上。2003年，张云鹏和胡菊兰将收有包括《眼睛所遇到的……》这篇在内的艾尔雅维奇的系列论文翻译出来，以《图像时代》为书名，在吉林人民出版社出版。2006年，陈永国等人翻译米歇尔的《图像理论》一书，在北京大学出版社出版。此后，这方面的研究出现了爆发性的增长。这个问题也不再是一个西方问题，而成为一个中国问题。

一些原本致力于文化研究的学者，将注意力转向文学与图像的关系，对此进行了理论的探索。[2]另一些原本从事文学理论研究的学者，再次回归中国传统，研究中国文学与图像的关系史。[3]

结　语

过去的40年，是中国美学和文艺学取得重要成就的40年。无论是在研究西方美学和文学理论、与国际美学界对话、汲取最新的国外研究成果，还是在系统而全面地研究中国古代美学和文学理论，从中整理出可供当代美学和文论吸收的有益的资源，都取得了丰硕的成果。通过这40年的努力，中国美学和文艺学的学科体系得以建立起来。

当前，学界在建立中国美学和文艺理论方面，正在做着有益的探索，也已经取得了一定的成果，相信经过一些年的努力，会在既有的条件下取得更多的成果。

---

[1] 阿列西·艾尔雅维奇：《眼睛所遇到的……》，高建平译，《文艺研究》2000年第3期。
[2] 例如，南京大学周宪指导研究生，在文学与图像关系方面做出了许多研究成果。
[3] 例如，南京大学的赵宪章主持编辑了一套八卷本的《中国文学图像关系史》，在2020年由江苏凤凰教育出版社出版。

第二节 | 艺术史研究

潘公凯[*]

一 现当代中国美术与美术史教育的历史

百多年来的中国美术史论研究是与中国社会的变革紧密纠缠在一起的。在中国的整个20世纪，美术史都不是一个纯粹的专业问题，它和"救亡""启蒙""改良""革命""科学""民主"等争议性话题密切地联系在一起，许多政治家、思想家和教育家都关注美术的发展，讨论空前活跃。例如，康有为（1858—1927）在对社会改革的思考中形成了对中国美术史和未来美术发展方向的理解。他认为北宋以后的画论大多贬低形似，推崇写意，使文人画大行其道，中国画才日渐衰落；他提倡通过吸纳西方写实精神与技法，复兴南宋院画及其源头的唐宋绘画来改良中国画。陈独秀（1879—1942）从激烈的反传统思想出发，批评元末以来的文人画，希望用西方的写实主义绘画取代文人画来达成"美术革命"。以陈师曾（1876—1923）为首的画家则提出不同观点：反对全盘西化，认为西方绘画中的印象主义事实上已经不再追求形似，而文人画在这方面的认识和实践是超前的，文人画的发展应当立足传统画学，也可适当地借鉴西方，以求"故步不封，师承有自"。

西方艺术史的观念、理论和方法，对中国百年的艺术史论研究具

---

[*] 潘公凯，画家，曾任中国美术学院院长、中央美术学院院长。

有颠覆性、建构性和引导性。从20世纪开始，大量欧美、日本和俄罗斯（苏联）的美术史论著被译成中文，中国的美术史论研究者无人可以不受西方史论的影响，但是影响深浅不同，有选择性的接收，有憧憬拥抱，有依样画葫芦，有死搬硬套，也有坚决抵制和反对批判，呈现出独特的多元和对立共存的局面。

第一部现代意义上的中国绘画通史，是日本学者中村不折、小鹿青云合著的《中国绘画史》，该书于1913年在日本出版后对中国影响很大，于1937年被译为中文。中国学者按西方现代艺术史方法写作的专业化中国美术通史著作自1917年起得以出版。科举废除后，新式综合高等教育学校和美术专科学校的建立亟须美术史和绘画史类的教材。1912年北京大学制定的学制及学科规定，在历史学门中的中国史及东洋史学类与西洋史学类中，都开设了"美术史"课程。南京国立中央大学艺术科于1927年成立，课程包括中国美术史与西洋美术史。1928年，杭州国立艺术院创办，开设了美术史课程与专业。民族情感和教育需要激发了中国学者和画家如陈师曾、潘天寿、滕固、郑午昌、傅抱石等撰写中国绘画史。自1917年至1948年，共有30多种书名为"中国美术史"和"中国绘画史"的通史著作出版，其中相当部分是作为教材或者是由授课讲稿整理出版的。此时期，多个美术学院聘请了研究西方和中国美术史的教师，但专业规模很小，人数不多。

20世纪30年代抗战的爆发，严重阻碍了正规美术教育的发展和美术史的研究，由于宣传的需要，写实主义在这个时期得到长足发展，版画因其制作和传播的便利以及易于和人民大众产生联系而获得特殊的重视，同时，关于"民族形式"的讨论成为重要的话题。鲁迅（1881—1936）主张通过吸收民族形式，在对旧形式的删益中产生新形式，创造大众容易接受的艺术。

在中华人民共和国成立后的前30年里，艺术史研究全面学习苏联艺术史体系，苏联的美术教育体制、研究方法和理论成为艺术理论和艺术史研究的基本框架。马克思主义的阶级分析成为重要标准，民俗、民间、大众继续受到重视，劳动人民的形象成为美术作品的主要创作对象。1952年起到中苏关系破裂前，中国共选派20多人赴苏留学，学习油画、雕塑和艺术史论，其中5人学习艺术史论，学成回国后在中央美术学院、中央工艺美术学院（清华大学美术学院前身）、中国艺术研究院美术研究所和浙江美术学院从事教学和研究工作。1955年，中央美术学院举办了马克西莫夫油画训练班和克林杜霍夫雕塑训练班，学员经过两年半专业训练后，逐渐取代了老一代油画留学生，成为高等艺术院校油画创作与教学的骨干力量。1957年，现代高等教育中的第一个美术史系在中央美术学院创立，不但培养本国学生，也招收留学生；60年代以前就有东欧、瑞典和越南的留学生与本科生一起学习，当下的美术史系留学生则更是来自世界各地。

"文化大革命"结束后，中国的文艺界出现了"思想解放"的热潮，其基本特征是与20世纪上半期思潮重新连接，再次发现西方在美术史和美术理论的各种新成果。80年代的最主要特征是学习西方的美术史论成果，介绍和引进西方的研究方法论，增强艺术理论和艺术史作为学科的独立性。从80年代初开始，艺术史领域的学者有了少量赴欧美博物馆考察的机会，而到90年代，这样的机会日益增加。80—90年代，学界开始大量翻译西方的美学、美术著作和画册，沃尔夫林、温克尔曼、潘诺夫斯基、布克哈特、罗杰·弗莱、阿恩海姆、苏珊·朗格等人的著作都在这一时期被译为中文。在几个主要的美术学院，史论系渐趋完整。1987年，中央美院设立了全国第一个美术史博士点，招收了两位博士生。

西方美术史和西方现代美术史在80年代师资力量薄弱，但在90年代有长足进步，如中国美术学院范景中教授全面翻译贡布里希的著作，中央美院的易英教授开设西方现代主义艺术专业课程介绍图像学研究方法。西方古典艺术和现代主义艺术的专业课程如雨后春笋，在各美术院校确立，美术学院的学生对西方古典美术和西方现代主义美术有了全面、系统而概略的了解，形成了20世纪初以来前所未有的对西方美术的普及性理解。虽然80—90年代对于译介外国美术理论的热情高涨，但对于西方艺术史的研究现状了解有限，研究者和译介者的出国机会依然很少，很难到欧美博物馆看原作，对西方艺术史并没有深入的研究，对于西方艺术史的方法论也缺乏自觉的反思和对话。研究者和译介者面对西方几百年现代变革中的巨大成果，感受到西方学问的专业性，希望拥抱西方的普世性，而不是试图建立西方普世性之外的看法。

对于西方的前卫艺术、观念艺术的译介，主要不是通过学者完成，而主要是通过国际画廊、国际策展人的商业运作，促成所谓"北漂"（以八九十年代的圆明园画家村、798、宋庄等为基地）的年轻艺术家对西方前卫艺术的深入了解和积极参与。但是在买卖、收藏、展览相互支持的紧密商业关系中，少数理论家也推动了对欧美当代艺术的传播和介入。其代表人物栗宪庭，带动了一大批年轻的"北漂"艺术家的当代艺术实验，参与推动的如方力均、岳敏君、张晓刚、王广义等成为西方艺术市场的宠儿。

21世纪第一个十年对外国美术史论的翻译介绍更系统，从对于西方的知识的角度来说，比上世纪90年代更完整，但也并没有形成深入研究和对话的基础。汉学家高居翰（James Cahill）、苏利文（Michael Sullivan）研究中国艺术史的论著都是在这个时期被翻译成中文的。到21世纪第一个十年，对西方艺术，尤其是对西方现代艺术及史论研究成果的全面译介初步完成。对西方美学、哲学、艺术史的译介出版了多套丛书，中国学者所做的分期、分流派和专题研究也以论文和著作的方式大量出版。2007年，全国高校第一届美术史年会在中央美术学院召开。现在，美术史论专业的年轻学生已经可以对西方艺术史论的状态和成果获得相当全面的了解。几乎每个美术学院的学生都能说出几十个欧美艺术家的名字及其代表性作品。伴随着对于马克思主义正统学说的再思考，各种新的理论（如福柯的知识考古学、知识生成理论等）在中国得到应用。艺术作品、审美判断和美学理论之间的关系，图像学在中国的古典美术研究中是否适用等问题，也成为艺术史和艺术理论领域主动反思的课题。

在近30年美术史教学的发展过程中，可以看到年轻学生学习西方史论的热情要高于学习中国传统史论。美术史论的学生在本科毕业以后，去往欧美继续深造者也越来越多，其中有相当一部分学成回国之后从事研究和教育工作。这些情况都说明，中国目前的美术史论的教学和研究，已经建立于全球化知识平台的基础上，基本上获得了全球性的视野，采用比较专业化的研究态度。

同时，对中国传统的研究也在寻找新的方向，20世纪五六十年代的中国美术史是按照阶级分析的观点来写的，到90年代，这个情况开始改变。二三十年代的艺术史著作重新出版，艺术史领域国际研讨会在华召开，欧美汉学家中的中国美术史研究者如高居翰等的频繁访问，介绍了西方美术史的方法论，对国内的中国艺术史论研究有所推动，也促成了中国艺术在海外的展出。20世纪初，从王国维、康有为、陈独秀、鲁迅到郑昌午、滕固，均批评明清文人画，认为其过于风格化地模仿前人作品，视之为中国绘画的衰落。这个倾向在苏联写实主义成为主导标准的时代又被加强了，一直延续到80年代。90年代前后对明清文人画的重新评价，是中国艺术史研究中的重要变化。1989年9月，上海书画出版社与中国绘画研究季刊《朵云》编辑部主办了"董其昌国际研讨会"，中外学者约60人与会。继此次会议后，1992年美国纳尔逊艺术博物馆（Nelson-Atkins Museum of Art）在故宫博物院和上海博物馆的协助下，举办董其昌大展并召开国际学术讨论会，该展后在美国洛杉矶县立艺术博物馆和美国大都会艺术博物馆巡回展出。这一系列学术活动和出版的相关书籍重新评价了"五四"以来被批判的董其昌,并高度肯定了他的文人画艺术思想和实践。有关"四王"等明清文人画的讨论也在类似的思路下兴起,强调其在意蕴和笔墨上的成就和积极性质。

对于中国美术史论的研究,自90年代以来,也逐步引进欧美学者的方法论,这对于中国美术史论的研究有重要的启发和促进作用。但是因为中国美术史论的演进有其独特的文化结构和历程,所以从西方引进的这些方法论也并非完全适用。到目前为止,更适合中国美术史的方法论仍然有待建构。目前在中国美术史论研究的领域中,传统的研究方法和观念仍大范围被沿用,对于两千多年来中国美术演进的历史事实,还缺乏更具有涵盖性和解释力的独创方法和角度。如何就这些独一无二、历史悠久、成果卓著的文化传承和文化结构,做出贴合历史事实的阐述和论证,是当下的中国美术史研究面临的最大问题。

二 中国美术创作与美术史研究的独特格局

当代中国的美术和美术史论研究的格局与机制与欧美国家不完全相同。首先,官方组织的中国美术家协会有27个专业委员会,把美术创作、美术史研究、策展、评奖、美术教育等纳入在内,其中的美术理论艺术委员会是史论研究组织。其次,美术学院系统则是专业化的学术和教育机构,重要的美术学院均设有史论系,而中央美术学院等核心美术学院则在史论系的基础上,又设立考古、文化遗产研究和美学研究等专业,成立人文学院。此外,全国重要的综合性大学如北京大学、清华大学等也已经设立艺术学院,有些包括史论系或专业,招收相关专业的本科生和研究生。

中国的美术学院规模之大,学科之完整,堪称世界之最。以设在杭州的中国美术学院为例,目前在校生总数已达到1万多,远超欧美美术学院规模。中央美术学院的人文学院包括文化遗产学系、美术史系和艺术管理学系,2018年在读本科生人数就达到234人。2020年,全国招收美术类（包括美术学、设计学和艺术理论学三个一级学科）学生的高等学校约1700余所，本科生总数达到50万人左右。在2019—2020版CSSCI来源期刊的568种刊物中，有十多种可以发表艺术史和艺术理论相关文章，但尚无艺术史的专业刊物进入核心期刊的行列。从历史分期和国别领域来看，中国古代艺术史的研究人数并不算多，以中央美术学院薛永年教授为代表的中国古代书画研究相对缺乏关注，而西方美术史论和西方当代艺术研究则吸引了很多年轻一代的学生和学者。

中国美术创作领域，则出现了世界上少有的局面。一方面，从中国传统和东亚传统来说，传统上各个历史时期的表现手法、流派中可以继承的因素，在21世纪前20年，全部都被挖掘了一遍。从形式上，中国古代或者说东亚古代的艺术风格，在近一二十年被各美术学院重新挖掘了一遍。原始绘画、线描、唐宋写实工笔、宋代院画、明代文人画式样、20世纪四大家等，都变成资源，年轻艺术家在其中自由选取风格倾向和语言形式。日本画在中国也得到大范围的传承，主要体现在重彩和岩彩画（即以矿物质材料厚涂）。另一方面，西方现代主义出现以来的西方主要艺术流派和视觉表达语言，在中国都被重新模仿和演绎了一遍。尤其是当代西方主流当中特别流行的观念、装置、行为艺术，在中国的美术院校和年轻艺术家中间，出现了五光十色的仿制品和衍生品。对中国传统的继承和演绎，以及对西方现代的传播和演绎，这两个方面涉及的艺术家之多，平均水平之高，风格种类之全，都堪称史无前例、世界之最。

在20世纪90年代之前，中国是没有现代设计专业的，只有工艺美术的科目，属于手工艺品的设计。90年代初，从日本和欧洲回来的留学生，开始在中国的美术学院内，教授工业产品设计和环境艺术设计。后来，在重要的美术院校内，正式筹建了现代设计专业，其中包括视觉传达设计、工业产品设计、服装染织设计、数码媒体四大主要领域。

到了90年代末，中国美术学院、广州美术学院等院校，形成了系统的现代设计教学结构，并开始迅速扩大招生数量。这个变化彻底改变了中国美术教育的格局。

以中央美院为代表，从21世纪初开始实行不同于欧美的教学机制，一方面细分学科，同时允许大跨度选修，这个机制贯彻到今天已有20年。欧美现行的艺术教育机制，是欧美艺术历时性演进的结果。以巴黎高等美术学院和芝加哥艺术学院为例，它们在20世纪后期的教学改革中撤除了不同画种和不同风格之间的屏障，减弱了素描教学和写实绘画的基础课程，合并专业，强调创意，采取启发式、讨论式教学方法，使得学生的创造性思维获得最大限度地培育和提升，成为具有多种技艺、适应面广的年轻艺术家。而以中央美术学院为代表的中国艺术院校体制，不仅保留了比较传统的细分学科的教学结构，而且增加了更多新兴的和特殊的专业。学生在本科四年当中有四分之三的时间用于掌握一门实操技艺，同时用四分之一的时间跨学科选修完全不相关的其他专业。这一办法使得学生毕业后有一门扎实的专业基础和手艺，可以创作出完成度很高的艺术作品，同时又有自己喜欢和相对熟悉的第二专业，使其对于未来发展方向保持较宽的视野。这样一种教学体制，经过近20年的实验，证明是非常有效的：培养的学生质量普遍很好，在就业方面也令人比较满意。这样一种学院教育体系，使得中国的年轻艺术家在专业上具有很强的竞争力；而这些方向完全不同的年轻艺术家，可以根据自己的需要，去选择更加专门的美术史论著作和资料来阅读，弥补自己所需要的史论修养和文化知识。正是美术院校这种独特的培养方式，使得中国年轻艺术家的阵容十分强大。由于中国人口众多，报考艺术学院是非常热门的专业方向，所以从艺术院校和艺术专业毕业的学生，不仅数量是全世界最多，而且对于专业知识和专业技能的掌握恐怕也在世界上名列前沿。这是中国视觉艺术未来发展的最大资源和宝藏。

中国本土的美术史论家，尤其是当代艺术评论者，面对如此庞杂、繁荣、混乱的局面有着内在的深层焦虑，而面对具体的现实状况，又很难找到具有普遍解释意义的系统。20世纪80年代以后，美术史专业建设的情况开始改善，在80年代初开始招收美术史论方面的本科生和研究生，学生不多，师资也不全面；90年代初才开始在中央美术学院和中国美院开设博士点；从专业的建构和师资情况来说，近30年逐渐走向健全和完整，各类美术史论的教材也是在90年代才开始有比较完整的编写和出版。《中国古代书画图目》共有24卷，从五六十年代开始筹备，1983—1990年完成鉴定工作，有4卷于80年代出版，其余20卷和《中国美术分类全集》等其他图集、大全一类的图书，都是从90年代才开始全面出版。近30年以来，美术史论研究处于由初创走向成熟的阶段。在21世纪，美术史专业的招生数量迅速扩大，研究生和博士生的培养也日益受到重视。美术史论教师中，高级职称（正教授）数量也有比较快的增长。在过去20年中，一些比较大型的美术史论研讨会，都邀请海外学者参加，形成健康活跃的研究氛围。迅速增加的学生数量和扩大的教师队伍，是美术史论未来发展的希望之所在。

21世纪的艺术市场，也构成了中国艺术史论研究的独特语境。2004—2005年以来，中国作品在艺术市场的重要性迅速上升，经过20年，中国艺术市场的规模已经占世界的四分之一至三分之一。艺术市场的爆炸性发展是双刃剑，艺术市场的发展和繁荣带动越来越多的人参与收藏，艺术收藏行为也被西方人带动的风潮深刻影响。一些欧美画廊在北京798等地落地生根，繁荣发展，它们的运作推动了中国前卫艺术的迅猛发展，其模式也吸引和鼓励了中国本土的画廊经营中国书画和中国古典写实油画。也就是说，21世纪的中国艺术市场，一方面是西方收藏家对前卫艺术的大力推进，对中国本土的探索性画家给予支持，其中包括新文人画、实验水墨、抽象绘画等；中国艺术市场空前繁荣，在全球艺术市场总额占比越来越高的同时，中国书画这个传统品类经过中国中青代艺术家的探索也变得丰富多彩。另一方面，不同艺术门类在艺术市场上的沉浮也有可能影响美术史论界的研究焦点和评价标准。艺术市场在繁荣的同时，尚未形成秩序，背后没有理论结构；艺术市场流通的作品来源也不是通过常规渠道，常出现一些不合理现象。比如，市场上流通的中国当代艺术作品，大多是中国当代艺术家通过海外画廊的早期收购、中期炒作，返销给中国艺术市场以获利；进入官方美术家协会的一些画家，尤其是以官员身份进入美术家协会的画家，有作品交易与腐败相联系的现象，有的人通过不法手段成为在艺术市场上获利最多的画家。相对来说，身处高校的艺术家的创作与市场结合得不是那么紧密，仍然以学术研究的深度、艺术作品的文化含量、教学的有效性为生存立足的基本考量。这个群体更加能够守住自己的学术底线，也为美术史的发展做出了相当的贡献。但是整体来说，尚未做到深入掌握世界美术史研究的传统和前沿，未能与世界其他地区的美术史研究展开充分的对话，尤其未能从一个第三世界国家或是东亚国家的角度，对艺术史研究或是对当代世界艺术创作的理解做出理论上的贡献。而就传统中国的艺术史研究而论，同样存在沿袭传统画论，未能突破传统叙事的问题，需要对方法论做出更强力的探索。

三 科学与艺术

当下，美术史论也开始面对科技化社会所带来的变革。无论中西古今，以往的艺术创作一直以手工技艺性操作为主。而在当下，由于持续的数字革命和材料、生物、环境等多方面的科技进步，艺术创作已经和现代科技成果产生了多样的联系。虽然中国的科技艺术起步比较晚，但艺术家的创作和展示已经越来越多地和科技手段相结合，并且在个人和机构的层面与一些大型科技公司和科研机构初步建立了合作关系。尤其是在观念艺术和装置艺术的范围内，中国艺术家已经大量运用声光电和数字媒体等方面的技术资源，也开始探索与生物技术、材料科学、生态环境等学科的结合，并且开始反思技术伦理和哲学。正因如此，美术史论也必须面对这一迅速兴起的新潮流，不满足于简单的并置或挪用，而是深刻理解艺术与科技的差异和艺术对科技可能提供的补充，为新类型的艺术创作提供方法论上的思考。

第八章

人文领域的新潮流

第一节　新闻传播学的兴起

吕新雨　彭志翔　侯培圣[*]

改革开放以降，中国的新闻传播学迎来了新的发展契机。美国主流传播学的东渐，市场经济的兴起，一定程度上改变了传统的党报新闻学，也为其注入了理论化和体系化的新动力，推动了新的学术话语和学科体系的建立。新世纪以来，互联网和社交媒体在中国大陆的勃兴深刻改变了新闻传播理论的适用场域，催化了传播理论的变革。然而，主流传播学并非价值无涉之物，科学外衣包裹着冷战内核。立足崭新的媒介环境，中国的新闻传播学者开始有意识地对主流传播学进行批判与反思，"马克思归来"、重新理解"媒介"以及"中国特色新闻学"渐成学界三种新路径。近年，诸多学者对主流传播学的媒介观和意识形态进行了反拨，力求重新思考如何树立切合现实的研究取向，拓展新闻传播学的研究议题。

以下，本文以近30年新闻传播学的发展历程为主轴，分别针对三个十年中新闻传播学的发展脉络进行梳理与综述。

一　90年代前后：主流传播学引入与新闻传播学的建立

20世纪80年代前后，中国新闻学者开始系统翻译、引介以施拉姆流派为核心的美国主流传播学。1982年4—5月，美国传播学者威尔

---

[*] 吕新雨，华东师范大学传播学院教授；彭志翔，华东师范大学传播学院博士研究生；侯培圣，华东师范大学传播学院博士研究生。

伯·施拉姆（Wilbur Schramm）访华，先后在广州、上海、北京、厦门等地做了一连串介绍西方传播学内容的学术报告。施拉姆访华推动新闻学、传播学研究呈现出新的发展格局。1982年11月23—26日，中国社会科学院新闻研究所倡议召开了第一次"西方传播学研究座谈会"，提出翻译传播学著作，发表分析性文章，开设传播学选修课等举措。随后，美国传播学的著作开始系统进入中国，如：威尔伯·施拉姆和威廉·波特（William E. Porter）著《传播学概论》（1984）[1]、宣威伯（施拉姆）著《传学概论：传媒·信息与人》（1985）[2]、赛弗林（W. Severin）和坦卡德（J. W. Tankard）著《传播学的起源、研究与应用》（1985）[3]、丹尼斯·麦奎尔（Denis McQuail）和斯文·温德尔（Sven Windahl）著《大众传播模式论》（1987）[4]等。中国社会科学院新闻研究所、复旦大学、中国人民大学、暨南大学等高校和科研院所的一批学者也开始介绍西方传播学的相关理论和研究成果。这一时期就新闻与宣传的关系展开了大讨论，新闻不再被看成宣传，而被作为"信息"。施拉姆建构的传播学体系被视为客观普世的科学，一定程度上满足了新闻学去意识形态并建构以信息为核心的理论体系的要求，也为新闻业的市场化铺平了道路。

　　90年代，随着市场经济的发展，新闻学与传播学的联系日益紧密，信息取代新闻成为关注的焦点。传播学被认为弥补了传统党报新闻学将重心放在传播者和内容上，而不关心实际新闻传播的全部过程，甚至忽略传-受关系和传播效果的不足。对传播学的偏爱建立在党报新闻学在90年代的式微，对此，新闻实践中的形式主义和官僚主义难辞其咎。

---

[1] 威尔伯·施拉姆、威廉·波特：《传播学概论》，陈亮等译，新华出版社，1984年。
[2] 威尔伯·施拉姆：《传学概论：传媒·信息与人》，余也鲁译，中国展望出版社，1985年。
[3] 赛弗林、坦卡德：《传播学的起源、研究与应用》，陈韵昭译，福建人民出版社，1985年。
[4] 丹尼斯·麦奎尔、斯文·温德尔：《大众传播模式论》，祝建华译，上海译文出版社，1987年。

伴随着以市场求生存的都市报的兴起，"新闻专业主义"取代"喉舌论"成为新闻院校的主要教学内容，它的背后是政党政治在意识形态上的松弛以及党报的衰落。新闻学在1996年由二级学科升为新闻传播学一级学科，新闻与传播并论，这意味着传播学的学科地位得到了正式确认，也标志着中国新闻传播学的发展进入一个新的时期。党报新闻学学科地位事实上下降，"新闻无学"成为业界的流行话语，而传播学则为学科的建制化提供了基础。一批中国学者的传播学著作或教材问世，如张咏华的《大众传播学》（1992）、李彬的《传播学引论》（1993）、张国良的《传播学原理》（1995）、黄旦的《新闻传播学》（1995）等。四大专业学术期刊《新闻与传播研究》《国际新闻界》《新闻大学》《现代传播》刊载了一批前沿的学术成果，逐步确立了在学科中的权威地位。这一时期的新闻传播学研究体现出以下几种特点：

（一）新闻传播理论与研究方法的译介与运用

主流传播学的经典理论受到广泛重视。郭镇之[1]、殷晓蓉[2]等学者系统研究了传播学的重要理论——媒介的议程设置。郭庆光撰文介绍了传播学另一重要理论——沉默的螺旋。[3]在对西方理论深入研究的同时，学者们也进行了不少传播学本土化的尝试。如吴予敏的《无形的网络——从传播学角度看中国传统文化》[4]、徐磊的《我国民间俗语中的传播学思维初探》[5]、王振业的《中国古典文论中的传播思想》[6]

---

[1] 郭镇之：《关于大众传播的议程设置功能》，《国际新闻界》1997年第3期。
[2] 殷晓蓉：《议程设置理论的产生、发展和内在矛盾——美国传播学效果研究的一个重要视野》，《厦门大学学报（哲学社会科学版）》1999年第2期。
[3] 郭庆光：《大众传播、信息环境与社会控制——从"沉默的螺旋"假说谈起》，《新闻与传播研究》1995年第3期。
[4] 吴予敏：《无形的网络——从传播学角度看中国传统文化》，国际文化出版公司，1988年。
[5] 徐磊：《我国民间俗语中的传播学思维初探》，《新闻大学》1994年第2期。
[6] 王振业：《中国古典文论中的传播思想》，《现代传播》1992年第3期。

等。这一追求本土化的趋势后来催生出"华夏传播学"的兴起，这一流派致力于从中国历史中寻找传播现象，"六经注我"，但是对传播本身的理解一方面局限于西方的传播学，另一方面停留在对历史中传播现象的追认上。

传播学的研究方法弥补了传统新闻学在方法论上的不足，这也是传播学被中国学者一致认同的重要原因。以卜卫为代表的传播学者系统介绍了传播学的研究方法，《国际新闻界》上连续发表卜卫的《传播学方法论引言》《传播学思辨研究论》《论传播学定性研究方法》《论社会调查方法的逻辑及价值》《控制实验——一种常用的传播学研究方法》《试论内容分析方法》《方法论的选择：定性还是定量》七篇关于方法论研究的论文，体现了学界对研究方法的普遍兴趣。

（二）受众与传播效果研究的兴起

受众是大众传播研究的核心概念，也是连接新闻学和传播学的重要纽带。"受众"取代了党报新闻学中的"群众"，对受众研究的强调和对媒介效果的探究构成90年代重要的学术景观。这一时期，新闻传播学者开始运用社会科学研究方法对受众与传播效果进行较为科学的分析。

首先，一些机构组织了大规模的受众调查。1990年，北京八家新闻单位和新闻舆论研究机构对第十一届亚运会宣传报道的社会效果，展开了多层次、多角度、大规模的社会调查。调查报告汇集出版的《中国社会心理的轨迹》[1]一书展现了亚运会前后中国受众的社会心态。在资料的测度上，首次对问卷做了信度和效度分析；在资料分析方法上，首次采用了社会统计中高层次的多元相关分析方法以及传播研究

---

[1] 赵水福主编：《中国社会心理的轨迹——亚运宣传效果调查报告集》，北京广播学院出版社，1991年。

中最理想的调查分析方法等。[1]1991年中国社会科学院新闻研究所对浙江省城乡广播电视听众观众进行了大规模调查，了解浙江省受众接触传播媒介行为的实际状况。[2]

其次，一批学术论文使用了量化研究方法测量传播效果。量化研究方法有别于传统的思辨性研究，被认为更加科学和准确，因而受到学者的重视。不少学者在学术研究和论文写作中，尝试使用量化研究方法，如宋小卫与朱向霞的《电视与少年儿童——北京市区三至六年级小学生收视情况调查》[3]、陈崇山与金文雄的《广播电视亚运宣传对受众态度的影响》[4]等。

（三）主流传播学之外的一些探索

在以施拉姆流派为核心的传播研究之外，不少学者对批判学派、芝加哥学派、麦克卢汉的媒介理论进行了初步探索。李彬在1994年、1995年先后发表《政治经济文化——一种关于批判学派之理论探究的辨析》[5]、《传统学派与批判学派的比较研究》[6]，反思了美国的传播学研究，介绍了法兰克福学派的理论脉络。芮必峰在1995年、1997年的《新闻与传播研究》中，分别介绍了米德（George Herbert）和库利（Charles Horton Cooley）的人际传播[7]、托马斯（Willam Isaac）的"情

---

[1] 廖圣清：《我国20年来传播学研究的回顾》，《新闻大学》1998年第4期。
[2] 大洪：《浙江省再次进行受众调查》，《新闻研究资料》1991年第2期。
[3] 宋小卫、朱向霞：《电视与少年儿童——北京市区三至六年级小学生收视情况调查》，《新闻研究资料》1990年第4期。
[4] 陈崇山、金文雄：《广播电视亚运宣传对受众态度的影响》，《新闻与传播研究》1990年第4期。
[5] 李彬：《政治经济文化——一种关于批判学派之理论探究的辨析》，《现代传播》1994年第2期。
[6] 李彬：《传统学派与批判学派的比较研究》，《新闻大学》1995年第2期。
[7] 芮必峰：《人类社会与人际传播——试论米德和库利对传播研究的贡献》，《新闻与传播研究》1995年第2期。

境定义"[1]等芝加哥学派的研究成果。此外，由何道宽翻译的第一版《理解媒介——人的延伸：媒介通论》于1992年出版，李彬、王怡红、陈卫星等学者也相继研究了麦克卢汉（Marshall McLuhan）的思想。这些传播思想的研究为新世纪新闻传播学理论的拓展奠定了基础。

传播学的引进打破了党报新闻学长期秉持的"新闻活动—新闻事业—新闻工作"的研究框架，推动了新闻传播学的学科建制化和学院化。到90年代中期，随着新闻传播学作为一级学科的确立，许多学者基于西方传播学的理论体系开展理论和应用研究。在这个过程中，行政研究逐渐占据主导地位，理论的、批判性的研究不仅数量少，且处在简单译介的阶段。

二 2000年后：互联网与社交媒体研究的勃兴

1994年，中国接入互联网。2000年，搜狐、新浪、网易三大门户网站在美国纳斯达克挂牌上市，门户网站及其论坛开启了新千年的新媒体浪潮。2005年，以"新浪博客"诞生为起点，"博客热"兴起。2009年，"人人网""新浪微博"开启了社交媒体时代。2014年，中国进入全民"微信时代"，2018年，微信用户超过十亿，但也正是在这一年，短视频用户爆发性增长，算法推送成为社交媒体的新宠。网络传播业的日新月异，给新世纪的新闻传播学注入了新的动能，也带来了严峻的挑战。2000年5月，清华大学国际传播研究中心主办"网络时代的新闻传播"研讨会，会议宣布中国进入"网络时代"，每年网络用户以"20%到400%的速度增长"[2]。截至2010年，中国网民数量

---

[1] 芮必峰：《人类理解与人际传播——从"情境定义"看托马斯的传播思想》，《新闻与传播研究》1997年第2期。
[2] 陈虹、周庆安：《互联网：我们与世界同步——"网络时代的新闻传播"研讨会综述》，《国际新闻界》2000年第4期。

共计4.57亿，互联网普及率达34.3%。[1]新世纪的第一个十年，对新闻传播学发展影响最大的是互联网的应用。在美国结构功能主义传播观影响下，这一时期学界的突出特点是推崇互联网和新媒体的"技术赋权"。

（一）互联网语境下新闻传播学的发展

互联网改变了传统的大众传播方式，迫使新闻传播理论做出重大调整，也进一步强化了传播学的地位。这一时期诞生了一批互联网环境下的传播学研究成果，如张国良的《网络时代的媒介与受众》[2]、王再承的《网络成为成熟媒体的特征分析》[3]、杜骏飞的《流言的流变：SARS舆情的传播学分析》[4]、王锡苓等的《"创新扩散"中的组织结构分析：以"金塔模式"为个案》[5]等。传播学在舆论研究和媒介市场化这两个层面找到了自己的位置，也从政府和市场获得了资金支持。

数字技术对媒介的影响成为研究热点。在这方面，彭兰发表了一系列成果，如《中国互联网展望——技术变革与发展动向》[6]、《WEB2.0在中国的发展及其社会意义》[7]、《关于数字媒体内容管理体系建立原则的思考》[8]、《从社区到社会网络——一种互联网研究视野与方

---

[1] 中国互联网信息中心（CNNIC）：《2010年中国互联网络发展状况统计报告》，2011年2月28日。

[2] 张国良：《网络时代的媒介与受众》，《新闻大学》2001年第1期。

[3] 王再承：《网络成为成熟媒体的特征分析》，《新闻大学》2003年第3期。

[4] 杜骏飞：《流言的流变：SARS舆情的传播学分析》，《南京大学学报（哲学、人文科学、社会科学版）》2003年第5期。

[5] 王锡苓、段京肃、李惠民：《"创新扩散"中的组织结构分析：以"金塔模式"为个案》，《新闻大学》2007年第4期。

[6] 彭兰：《中国互联网展望——技术变革与发展动向》，中国传媒大学亚洲传媒研究中心，2004年；《第二届亚洲传媒论坛——新闻学与传播学全球化的研究》，《教育与实践论文集》，中国传媒大学亚洲传媒研究中心，2004年。

[7] 彭兰：《WEB2.0在中国的发展及其社会意义》，《国际新闻界》2007年第10期。

[8] 彭兰：《关于数字媒体内容管理体系建立原则的思考》，《国际新闻界》2007年第11期。

法的拓展》[1]等。喻国明等分析了互联网对传媒产业的冲击，如《直面数字化：媒介市场新趋势研究》（2006）[2]、《"web圆桌"的演进及其社会效应——关于"webX.0"发展逻辑阐释》[3]、《微博价值：核心功能、延伸功能与附加功能》[4]等。这些研究贯穿于中国互联网发展的进程中，也成为介入和导引中国互联网发展的参考。

新传播技术成为推动和改变新闻业和新闻理论变革的重要动能。不少学者乐见新技术的应用，认为互联网、手机等新兴媒介推动了新闻业的变革。童兵认为要不断重视和推进新闻传媒的技术装备，改进传播技巧，让现代科技为新闻信息服务。[5]杨保军认为，通过网络新闻与传统媒介新闻的互补，人们能比较准确、全面地了解周围的环境变化情况。[6]李良荣则从理论层面分析了新媒体与传统媒体共建的舆论新格局。[7]这些研究在理解互联网技术与新闻业之间的关系时，普遍采取的是比较乐观的态度。

互联网和文化的关系同样受到学者的关注。互联网给文化传播带来极大的快捷与便利，促进了不同形态文化的交流，网络社区建构了网民对集体身份的想象。但是也有学者认为，西方文化的霸权性、颠覆性和其所产生的新的不公正、不公平，以及网络时代文化传播出现的工具理性无限膨胀、价值失落和终极关怀的匮乏，使网络文化传播潜伏着内在危机。史安斌认为，由于技术的不平等，现存的全球传播

---

[1] 彭兰：《从社区到社会网络———一种互联网研究视野与方法的拓展》，《国际新闻界》2009年第5期。
[2] 喻国明：《直面数字化：媒介市场新趋势研究》，《国际新闻界》2006年第6期。
[3] 喻国明、李莹：《"web圆桌"的演进及其社会效应——关于"webX.0"发展逻辑阐释》，《新闻与写作》2008年第10期。
[4] 喻国明：《微博价值：核心功能、延伸功能与附加功能》，《新闻与写作》2010年第3期。
[5] 童兵：《论传媒技术与内容需求的互动》，《新闻记者》2006年第3期。
[6] 杨保军：《论网络新闻真实的特征》，《现代视听》2007年第11期。
[7] 李良荣：《面对新媒体挑战，党报要改变报道模式》，《新闻大学》2000年第3期。

体系虽然在形式上打破了传统地缘政治的界限，但从内容上说还是以美国文化霸权为主导的单极化系统。因此，网络媒体需在意识形态领域有所建树，为我国的生存和发展营造良好的国际舆论环境。[1]

（二）网络公共领域研究热潮

对互联网的乐观态度构成了新世纪初学界的独特景观。2003年，由强国论坛引发的关于"孙志刚事件"的讨论对中国互联网的发展产生了深远影响。[2]伴随着90年代以来的"哈贝马斯热"，互联网被认为具有公共领域的潜质，网络论坛在某种程度上为"参与者的理性交往"提供了可能。受此话语和理论的影响，学者强调现代法治国家必须有一个良好的媒介环境，使传媒与国家、社会、公众形成良性互动关系，维系民主与法制。

传媒公共性缺失成为新闻传播业面临的突出问题，而互联网与新媒体的确在公共事件中扮演了重要的角色，由此，西方强调国家和社会分离的市民社会理论获得了很多支持。有学者从"新媒介赋权"的角度理解网络公共领域。张金海、李小曼在《传媒公共性与公共性传媒——兼论传媒结构的合理建构》中提出，以传媒属性为逻辑起点，建立国家传媒、公共性传媒与商业性传媒共同建构的合理传媒结构，以达成政府、传媒、公众三者利益的博弈均衡，或可避免传媒公共性结构转型危机。[3]展江在《哈贝马斯的"公共领域"理论与传媒》一文中总结了公共领域的价值：传媒应明确和维护自己的社会公器角色，

---

[1] 史安斌：《全球网络传播中的文化和意识形态问题》，《新闻与传播研究》2003年第3期。
[2] 张志安、陈峰：《我不写孙志刚，迟早会有人写——深度报道精英访谈之六》，《青年记者》2008年第3期。2003年，没有携带身份证的大学生孙志刚在深圳街头被广州市派出所收容并死亡，该事件被媒体报道之后，国务院废除了收容遣送制度。
[3] 张金海、李小曼：《传媒公共性与公共性传媒——兼论传媒结构的合理建构》，《武汉大学学报（人文科学版）》2007年第6期。

成为公众的信息平台和公共论坛，防止在不良政治和经济势力的侵蚀下退化。随着新技术的发展，凸显了大众传播的巨大威力，新闻事件经过以网络为代表的新媒体的广泛参与和传播，对现实公共社会的影响力在不断增强。[1]胡泳认为微博是中国第一个跨越阶层和地域的公共领域。[2]此外，也有学者讨论了网络公共领域的构成条件，如潘忠党、於红梅强调了公众主体性建设以及媒介实践对于媒介公共性的重要性。[3]

公共领域理论与党报新闻理论中舆论引导的观念发生了冲突。这也带来了学术研究的分野，一方面，部分学者坚持从传播与政治密切联系的角度，推进主流媒体建设和舆论引导的研究；另一方面，部分学者从市场化媒体的公共性路径出发，推进新媒体的公共领域理论建设。这两条道路的交叉、冲突与汇合共同形塑了新闻传播学研究的发展。

三 2010年后：新闻传播学研究的路径反思与范式转型

如前所述，20世纪80年代前后，中国新闻学者怀着"新闻改革"的诉求，开始引介施拉姆及美国主流传播学。以此为起始，2010年前后主流传播学在中国的引介与传播迎来了30周年。站在"30年"的历史节点，新传学界对中国新闻传播学的发展历程进行了系统性的回顾与展望，一部与此相关的史料汇编——《中国传播学30年》[4]于2010年出版。此外，2012年《新闻与传播研究》第四期以"纪念施拉姆访问中国大陆30周年"为名组织专栏，余也鲁、徐耀魁、陈崇山、姜飞等人以怀念式的笔调书写了施拉姆对中国新闻传播学的指引作用。

---

[1] 展江：《哈贝马斯的"公共领域"理论与传媒》，《中国青年政治学院学报》2002年第2期。
[2] 张克：《胡泳访谈录》，《检查风云》2011年第17期。
[3] 潘忠党、於红梅：《互联网使用对传统媒体的冲击：从使用与评价切入》，《新闻大学》2010年第2期。
[4] 王怡红、胡翼青主编：《中国传播学30年》，中国大百科全书出版社，2010年。

与此同时，一场反思活动悄然兴起，渐成燎原之势：不同学者从不同角度切入，开始检视既往的研究，并着手开辟新的路径。首先，派生于美国"文化冷战"思潮的主流传播学在既往研究中被抽离了历史语境和意识形态，充当科学之物，风行一时；在此框架下，全球与中国本土现实以及西方理论间的关系问题一直悬而未决[1]，此时重新引入马克思主义批判社会科学的视角，对于拓展新闻传播学的研究议题，树立现实主义的研究取向具有重大意义[2]，批判传播学研究开始兴起。其次，施拉姆等人的实体性"媒介观"在当下风起云涌的新媒体实践中逐渐丧失阐释力，饱受质疑；其冷战背景，也得到捍卫学术立场的学者的批判。对此，部分学者开始尝试从一种隐喻性的"泛媒介"视角观看传播实践及其构建的世界面孔，并思考媒介技术与社会结构的共振以及对人的宰制作用；重新理解媒介渐成学界共识。最后，以主流实证传播学和自由主义为学理基础的"新闻专业主义"在传媒市场化进程中逐渐从新闻人的"理想"演化为媒体确认自身霸权的合法性来源[3]，从而造就种种问题；对此，部分学者进行了有意识的批判与反思，并结合中国革命、建设的历史及其新闻传统来建构"中国特色新闻学"体系，以回应当下新闻传播研究的现实困境。

（一）"批判传播学"研究的兴起

2010年12月和2011年5月，"重构批判研究的理论视野——当代马克思主义新闻与传播理论"与"马克思主义视野下的传播与社会变

---

[1] 赵月枝、石力月：《历史视野里的资本主义危机与批判传播学之转机》，《新闻大学》2015年第5期。
[2] 吕新雨：《学术与政治：重读韦伯——关于社会科学方法论的笔记》，载《学术、传媒与公共性》，华东师范大学出版社，2015年。
[3] 吕新雨、赵月枝：《中国的现代性、大众传媒与公共性的重构》，载《学术、传媒与公共性》，华东师范大学出版社，2015年。

迁"两场国际研讨会分别在复旦大学召开,"当代马克思主义新闻传播研究中心"宣告成立,吕新雨教授任中心执行主任,并决定出版"批判传播学系列丛书"。这一学术中心现在转移至华东师范大学,继续开展批判传播学年会、亚洲马克思主义传播学术研讨会等活动。书系则以传播政治经济学与文化研究相结合,反思马克思主义传播理论在历史和当代语境下中国化的成就与问题,强调中国革命与建设的传播实践对马克思主义传播理论的丰富、发展和挑战,并以此分析当下的经济危机与全球媒体、信息与文化产业的状况和相关法规、政策,以及全球、区域与民族国家语境下的传播与社会变迁。以此为标志,批判传播学的中国化研究路径正式出现在中国新闻传播学界。2016年,丹·席勒(Dan Schiller)访问中国,在北京大学以"信息资本主义的兴起与扩张"为题的演讲直接以中文结集出版[1];达拉斯·斯迈思(Dallas Smythe)于1979年访华后撰写的《自行车之后是什么?》也第一次以中文发表[2]。在接续与西方传播政治经济学对话的基础上,经过十年的发展,中国批判传播学据问题意识可大致划分为以下几个研究方向:

第一,新媒体与数字劳动研究。吕新雨认为,新媒体时代用户的自我"数码化"构成了新媒体时代剩余价值的来源。[3]这不仅是一个"制造同意"的过程,市场环境下的"民主"恰恰可以成为最大的生意,资本需要靠不断购买"民主"来活命。只有从这一视角出发,(新)媒体的利润来源——劳动价值论才能得其所在。[4]与此同

---

[1] 丹·席勒:《信息资本主义的兴起与扩张——网络与尼克斯时代》,北京大学出版社,2018年。
[2] 达拉斯·斯迈思:《自行车之后是什么?——技术的政治与意识形态属性》,《开放时代》2014年第4期。
[3] 吕新雨:《购买"民主":新媒体时代的劳动价值论》,《新闻与传播评论》2018年第71期。
[4] 吕新雨:《新媒体时代的"未来考古"——传播政治经济学视角下的中国传媒变革》,《上海大学学报(社会科学版)》2018年第35期。

时,夏冰青对西方数字劳工理论发展进行了梳理和述评[1];"网络游戏玩家""网约车司机""外卖骑手"等群体的数字劳动问题也吸引了相关研究。而赵月枝则批评无视国家性质和工业化发展阶段的区别,把传播领域的劳资矛盾和劳工表达当作"普遍问题"而讨论全世界"信息劳工"联合的可能性,"没有比这样的理论前提更能体现西方中心主义了"[2]。2019年10月,在华东师范大学举办的批判传播学国际年会主题是"什么是数字时代的劳动——数字媒体时代的劳动问题与传媒变革",海内外12个国家和地区共70名学者参加了会议。

第二,城乡关系视野下的乡村传播。以施拉姆为代表的主流传播学自诞生之日起便具有城市中心主义偏颇,在此框架下,乡村和农民只作为城市的附庸和被"发展"的对象而存在。对此,吕新雨认为,乡村和城市是一个问题的两个方面,是中国社会不可分割和互相制约的整体性存在。乡村社会是理解中国近代以来历史和社会变革的关键和秘密。[3]赵月枝指出,中国学者只有突破"发展传播学"中西方和城市中心主义的意识形态框架,建构起城乡关系的视野,中国传播研究才能走出新途。[4]在赵月枝的推动下,"河阳乡村研究院"于2015年7月在浙江缙云成立,以此为依托举办的"河阳论坛"和"乡村传播暑期班"每年如期而至。

第三,社会主义与数字时代的传播。赵月枝提出"以中国为方法"开拓21世纪马克思主义传播政治经济学,构建社会主义跨文化传播政治经济学的理论路径与问题意识。[5]吕新雨强调,如何看待社会主义

---

[1] 夏冰青:《数字劳工的概念、学派与主体性问题——西方数字劳工理论发展述评》,《新闻记者》2020年第8期。

[2] 赵月枝:《社会主义跨文化传播政治经济学》,《人民论坛·学术前沿》2020年第21期。

[3] 吕新雨、赵月枝:《中国的现代性、大众传媒与公共性的重构》,载《学术、传媒与公共性》,华东师范大学出版社,2015年。

[4] 沙垚、赵月枝:《重构中国传播学——传播政治经济学者赵月枝教授专访》,《新闻记者》2015年第1期。

[5] 赵月枝:《社会主义跨文化传播政治经济学》,《学术前沿》2020年11月号。

的民主政治是看待中国传播学公共性问题的前提；社会主义公共传播体系需要统筹四个层面的关系：社交媒体与主流媒体，传播与乡村振兴战略、东西部区域协调发展战略，其中民族地区的传播问题尤为重要。[1]洪宇指出，"数字中国"成为在全球范围内寻求发展新理念、新动能、新优势的战略方式和重要场景，应当以建设中国特色社会主义目标为导向。[2]姬德强则强调平台应是一种服务全面深化改革和基层治理，以公共性为核心特征的数字基础设施，关注视角应该是如何打造引导舆论和服务人民的数字媒体平台。[3]

（二）重新理解"媒介"

在以施拉姆为代表的主流传播学框架内，"媒介"是承载讯息的传媒工具，而传播研究在以此为中介的传播过程之中关切内容与效果，这种媒介观逐渐丧失了阐释力。与此相对，2011年中国学界就"麦克卢汉诞辰百年"举办了系列纪念活动，《国际新闻界》等期刊为此组织了专栏，相关活动一直持续至2014年。以此事件为标志，之后系列的"媒介"理论文本被译介至中国，学界对于"媒介"的理解与研究迎来了一场范式转型。

在2011年之后，罗伯特·洛根（Robert K. Logan）的《理解新媒介——延伸麦克卢汉》（2012）、《被误读的麦克卢汉》（2018）等著作相继由何道宽翻译至中国。洛根在两本书中通过对麦克卢汉文本的援引和阐释，驳斥了西方学界的种种误读，一定程度上推动了中国学界对麦克卢汉和"媒介"的理解。此后，中国学界对麦克卢汉及其媒介观产生了更多的兴趣，与此同时，来自以欧陆哲学思想为背景的雷吉

---

[1] 吕新雨:《试论社会主义公共传播体系》,《开放时代》2019年第1期。
[2] 洪宇:《携手建构网络空间命运共同体》, 2019年10月23日, http://www.cmic.zju.edu.cn/2019/1104/c35569a1753466/page.htm。
[3] 姬德强:《媒体融合：打造数字时代的基础设施》,《青年记者》2019年第24期。

斯·德布雷（Regis Debray）的《媒介学引论》(2014)、《普通媒介学教程》(2014)、《媒介学宣言》(2016)，基特勒（Friedrich A. Kittler）的《留声机 电影 打字机》(2017)，施蒂格·夏瓦（Stig Hjarvard）的《文化与社会的媒介化》(2018)，兰斯·斯特拉特（Lance Strate）的《震惊至死》(2020)等专著相继被译至中国，"媒介道说"丛书（2019）出版后，亦迅速得到广泛传播。在此背景下，胡翼青认为"媒介理论范式"开始兴起[1]；刘海龙、芮必峰、孙玮等学者从现象学的角度对媒介的"具身性"问题进行了探讨[2]；戴宇辰对北欧的"媒介化"理论进行了研究[3]，并从"媒介物质性"的维度考察了城市传播的问题[4]；此外，陈卫星对德布雷"媒介学"的问题意识、观念和历史进行了系统解读[5]，车致新则专门研究了基特勒对不同历史时期媒介系统的谱系学批判。[6]这些研究在一定程度上对新传学界重新理解"媒介"起到了促进作用。孙信茹、沙垚等学者从媒介学视角对乡村文化仪式进行了系列考察。复旦大学"新报刊史"研究团队亦可以放在这一努力的群体。

"媒介"不单作为研究对象，更作为一种视角和方法论而被重视。以一种新的媒介中心主义的方式，传播学试图通过回溯重新找寻属于

---

[1] 胡翼青、王焕超：《媒介理论范式的兴起：基于不同学派的比较分析》，《现代传播——中国传媒大学学报》2020年第42期。

[2] 刘海龙、束开荣：《具身性与传播研究的身体观念——知觉现象学与认知科学的视角》，《兰州大学学报（社会科学版）》2019年第2期；芮必峰、孙爽：《从离身到具身——媒介技术的生存论转向》，《国际新闻界》2020年第5期；孙玮：《交流者的身体：传播与在场——意识主体、身体–主体、智能主体的演变》，《国际新闻界》2018年第12期。

[3] 戴宇辰：《媒介化研究：一种新的传播研究范式》，《安徽大学学报（哲学社会科学版）》2018年第42期。

[4] 戴宇辰：《"物"也是城市中的行动者吗？——理解城市传播分析的物质性维度》，《新闻与传播研究》2020年第27期。

[5] 陈卫星、雷吉斯·德布雷：《媒介学：观念与命题——关于媒介学的学术对谈》，《南京社会科学》2015年第4期。

[6] 车致新：《媒介技术话语的谱系：基特勒思想研究》，北京大学出版社，2019年。

自己的阐释空间。媒介考古学和媒介的物质性取向研究开始兴盛,在施拉姆的美国主流传播学与冷战的合谋被批判之后,这一来自欧陆的学术研究旨趣作为传播学的另类路径在中国的出现,是一个正在发生的值得观察的现象。

今天,"讲好中国故事"成为朝野上下的关切。世界范围内,旧的范式处于危机之中,新的范式正在酝酿。中国问题和新闻传播问题是讨论全球化危机与出路的两个重要问题。中国新闻传播学界具有担起历史责任的义务和条件,但是要完全承担起这一责任,还有很长的路要走。

第二节　国学研究的兴起

沈卫荣　陈壁生[*]

一　"国学热"的出现

自20世纪90年代开始，中国社会出现了一股来势迅猛、举世若狂的"国学热"。进入新世纪，这股热潮水涨船高，愈演愈烈，至今依然十分强劲。中国不但已有四五十所高等院校纷纷成立了形式不同的"国学院""国学研究院"和"国学研究（培训/传播）中心"等等，而且，各地一部分中小学亦出现了名目繁多的"国学班"，建立起了针对中小学生的国学教育机制。而在学校之外，"国学"则更成了一块炫人耳目的金字招牌，以国学为号召的民间教学和培训机构层出不穷，从为小学生设计的读经班，到专为成功企业家精心打造的国学培训项目，琳琅满目，应有尽有。与此相应，形形色色的"国学大师"蜂拥而出，他们较少沉潜于大学内，更多活跃在媒体上，弄潮、逍遥于江湖之中。

当然，尽管国学表面上于当下中国的学界和社会后浪推前浪，一浪高过一浪，但是，细说起来，它一路走过的历程却充满了问题和争议，其前景并不令人乐观。首先，迄今没有人能对国学下一个明确的、可被人广泛接受的权威定义，因此，人们至今说不清何谓国学，没有

---

[*]　本节前三小节由沈卫荣撰写，其余部分由陈壁生撰写。沈卫荣，清华大学中文系教授。陈壁生，清华大学哲学系教授。

人真的明白国学到底是怎样的一门学问，也不知道如何从事国学的教学和研究。其次，虽然国学已在许多高等教育机构内被人为地、硬性地安置了一个相当显要的学术家园，但是，作为一个学科，国学缺乏明确的且专属于它的学术对象、理论和方法，故在分工细致、明确的现代人文学术体系和高等教育体制内，国学依然无家可归，故不得不依附或者从属于文、史、哲等主流人文学科而得以幸存。还有，由于国学的兴起显然得力于来自学术之外的社会、文化和思想潮流的鼓动、支持和推进，它并不是一种理性的人文学术发展的自然结果，所以，很难保持良性和持续的学术发展。一旦时过境迁，全社会对国学的热情和支持开始降温、消退，国学也就不可能继续在高等教育体制内保持其强劲的发展势头，势必遭受冷落而走向衰落。

二 何为"国学"

正当国学成为一时之时尚，北京大学李零教授曾经公开唱起了反调，说国学是"国将不国之学"。这话虽然有点危言耸听，但他给出的理由却发人深省。他说："中国，这100年变化太大，国早就不是原来的国，学也不是原来的学。如果非叫'国学'，那也是一门土洋并举、中西合璧带有过渡性质的学问。"[1]"国学虽刻意区别于西学，但实质上是'国将不国之学'。它跟西学争胜，越争气越短。新学，就连国学家也学，即使最最保守者也学——明着不学偷着学。大家要找原汁原味，几乎没有，其实都是不中不西之学，不新不旧之学。所谓大师也很简单，全是推倒重来，白手起家，创建各门新学术的人。"[2]在李零先生

---

[1] 李零：《同一个中国 不同的梦想——我对法国汉学、美国中国学和所谓国学的点滴印象》，《十月》2015年第3期。
[2] 2007年4月18日李零先生在中国人民大学清史研究所的演讲，刊于《香港传真》2007年第50期，后收录于李零随笔集《放虎归山》（增订版）（山西人民出版社，2008年），题为《传统为什么这样红——二十年目睹之怪现状》。

看来，世上已经没有什么国学了，国学"不中不西、不新不旧"，说的是传统国学，做的却是西学，所以是"国将不国之学"。

不难看出，李零对"国将不国之学"的批评，针对的首先是百年前近代中国出现的"国学热"，亦即胡适（1891—1962）、王国维（1877—1927）、陈寅恪（1890—1969）等先生那个时代的国学。当然，他借古讽今，揶揄当下流行之"国学"的微言大义也是一目了然的。事实上，拿这百年前的"国学热"与今天的"国学热"比较，则不难发现二者之间确实有很多共同点。"五四"运动前后，中国曾出现十分激进的反传统运动，时人激烈地批判和清算中国的旧传统和旧文化，他们不但要彻底打倒孔家店，而且还要热情地拥抱"德先生"和"赛先生"，以拯救日趋腐朽、没落的旧中国。但是，很快就有一批知识人开始对这种在"国将不国"的形势下所做出的文化选择进行反思，很多人立马回头，重新转向中国固有之旧传统，引发了20世纪20年代开始的第一次国学热潮。当时的北京大学和清华大学率先创办文科国学门和国学院，全国各地的高校纷纷效仿，开办国学教育，比如东南大学、厦门大学、无锡国专等。

1925年夏，时任清华大学校长的曹云祥（1881—1937）先生在清华大学国学院开学典礼上致辞："现在中国所谓新教育，大都抄袭欧美各国。欲谋自动，必须本中国文化精神，悉心研究。所以，本校同时组织研究院，研究高深之经史哲学。其研究之法，可以利用科学方法，并参以中国考据之法，希望研究院中寻出中国之魂。"[1] 从这段话可以看出，当时倡导国学研究的目的是"寻出中国之魂"，即通过对中国传统文化和学术的复兴，来重建中华民族文化精神和中华民族之魂。显然，这并不是一种学术的诉求，而更是一种民族的、社会的和文化的诉求。然而，20年代正是中国现代人文学术的形成时期，在引进西方

―――――――

[1] 蔡德贵：《清华之父曹云祥》，陕西师范大学出版社，2011年，第67页。

人文学术方法的基础上,以西方人文学术建制为榜样,对围绕经、史、子、集而开展的中国传统人文学术进行彻底的改造,使其走上理性、科学的现代人文学术道路。所以,在当时高等院校内建构的国学教学和研究机构,实际上既无法与重建中国民族之魂的社会诉求同步,而且不得不革故鼎新,努力以现代西方人文学术的方法研究中国传统文化,故与传统国学背道而驰。于整个民国时代,国学并没有成为人文学术的主流。

胡适先生在《国学季刊》的发刊词中,对国学做了非常详尽的说明。他说:"'国学'在我们心眼里,只是'国故学'的缩写,中国的一切过去的文化历史,都是我们的'国故',研究这一切过去的文化历史的学问,就是'国故学',省称为'国学'。""国学的使命是要使大家懂得中国的过去的文化史;国学的方法是要用历史的眼光来整理一切过去文化的历史。国学的目的是要做成中国文化史。国学的系统的研究,要以此为归宿。一切国学的研究,无论时代古今,无论问题大小,都要朝着这一个大方向走。只有这个目的可以整统一切材料;只有这个任务可以容纳一切努力;只有这种眼光可以破除一切门户畛域。我们理想中的国学研究,至少有这样的一个系统:中国文化史:(一)民族史,(二)语言文字史,(三)经济史,(四)政治史,(五)国际交通史,(六)思想学术史,(七)宗教史,(八)文艺史,(九)风俗史,(十)制度史。"[1]

显然,胡适主张的国学更像以历史研究为重点的现代中国人文学术研究,或与人们预想中的国学,即以经、史、子、集为主体的中国传统学术相距甚远。事实上,清华国学院和北大国学门所从事的都是如李零所说的"不中不西、不新不旧(不古不今)"的学问,即以西方现代人文学术方法开展对中国传统文化的研究。尤其是清华国学

---

[1] 胡适:《〈国学季刊〉发刊宣言》,载《国学季刊》第1卷第1号,1923年1月。

院，号称四大导师的梁启超（1873—1929）、王国维、陈寅恪和赵元任（1892—1982），都是中国人文新学的开创者。民国时期的人文学术或可以傅斯年（1896—1950）先生创立的中央研究院历史语言研究所为最典型和最优秀的代表，从某种意义上说，史语所曾是当时中国最好的国学研究院。傅斯年提出"我们要科学的东方学之正统在中国"[1]，即以西方的语文学（Philology）来改造中国传统的经学、小学，吸收西方"汉学"和"虏学"研究的方法和成就，来改造和建立中国人自己的国学研究，以将汉学研究的中心从巴黎移回中国。傅斯年对中国之"国学"（汉学＋虏学）的设计，本质上是一整套"民族语文学"（National Philology）的学术工程，其基本方针就是用西方之汉学和虏学的语文学方法来改造中国的人文学术传统，实现中国人文学术的现代化。

尽管以历史语言研究所的学术实践为重要标志的"民族语文学"计划，其出发点和动机与对国学的拯救和重建有很大的关联，但它的实际效果无异于是对传统国学的一场革命。傅斯年对治"不中不西、不古不今之学"的陈寅恪先生推崇备至，却对民国时期最有人望的"国学大师"章太炎先生的学问不屑一顾，这形象地反映出"民族语文学"和传统国学于民国时期所经历的两种完全不同的命运。其实，即使是章太炎所倡导和传承的国学也早已不再是传统的经、史、子、集类的学问了，早在1906年，他在日本主编同盟会机关报《民报》时，就曾刊登《国学振起社广告》，称国学讲授和教材编写的内容将是"一、诸子学；二、文史学；三、制度学；四、内典（即佛典）学；五、宋明理学；六、中国历史"[2]。显而易见，章太炎的国学研究也已经受到了西方现代人文学术方法的巨大影响。

---

[1] 中央研究院历史语言研究所筹备处:《历史语言研究所工作之旨趣》,《国立中央研究院历史语言研究所集刊》第1本第1分, 1928年。
[2] 章太炎:《国学振起社广告》,《民报》第八号, 明治三十九年（1906）十月十八日。

三　国学热的重新登场

20世纪末21世纪初，国学热重新闪亮登场。一开始，它显然无关于学术，同样是时势造就。国人于此时突然异乎寻常地热衷国学，其背后有诸多复杂和微妙的时代和社会因缘。首先，它或是国人对近百年来中国社会对民族文化传统的肆意蔑视和破坏，以及对西方思想和文化过分推崇的一种激烈反动。于80年代，中国传统文化几乎沦为落后、愚昧的代名词，它必须为近代以来中国政治、经济、文化和科学技术全方位的落后负责，为百余年来中国人民所遭受的史无前例的灾难和痛苦负责；所以，已是穷途末路的"黄色文明"，唯有拥抱蔚蓝色的大海，或才有可能重获生机，否则，国将不国，面临被开除球籍的危险。然而，物极必反，这种十分激进的反传统思潮，在很大程度上催生了十余年之后以回归传统文化为标榜的国学热的兴起。进入90年代，随着中国的经济腾飞、国力的增强和国际地位的跃升，国人很快从对传统文化的十分消极的反思和批判，转为对它的热情拥抱和积极颂扬，热切地希望能从中国的传统文化中找回我们失落已久的文化自信、民族自尊和精神慰藉。于是，长期被弃之如敝屣的中国传统文化，一夜之间又成了中华民族的"根"和"魂"，它是造就中国人之所以为中国人、中华民族之所以为中华民族的根本所依。

其次，重建和复兴中国的传统文化，对于重新站立起来的新世纪中国人来说，无异于是一种双重的拯救。一是近百年来对传统的批判和破坏，和近几十年来现代化和全盘西化对传统文化的摧残，特别是新世纪以来受全球化的冲击，中国的传统文化再次处于生死存亡的紧要关头，如果再不用力去保护我们古老的传统，那么，它或将于一夜之间就消失得无影无踪。我们的文化自信、精神自觉和民族认同将成为水中月影，无从建立，故亟待拯救。二是改革开放40年来，随着市场经济的快速发展，人民的物质生活水平得到了极大的提高，中国社会很快从一个以农村、农业为主体的前现代社会，跃进到一个高度工业化、市场化的现代社会。在这个急速的社会变化过程中，人们的生活方式、价值观念和精神追求都发生了翻天覆地的变化，物质生活的丰富并不等于精神生活的安宁和幸福，很多人失去了精神和灵魂的寄托，产生了严重的信仰危机，对本民族传统文化也有了明显的陌生感和疏离感。"文化贫弱症"和"精神空洞症"成了时人的通病。为了拯救国人的精神和灵魂，人们再次寄希望于传统文化的复兴，期待国学的兴盛能帮助我们更好地理解中国的传统文化，接受传统人文精神的熏陶，以涵养自身德行，提升自身修养，丰富自己的精神世界，于喧嚣的时代中求得自身精神的安宁和自在。

总之，国学热的兴起是时代的需要和社会的期盼，它是中国当代社会、文化和精神之急剧变动所引发的十分自然的社会诉求。所以，新世纪的国学热首先是一场社会运动，而不是学术和教育的进步。正如发表在《光明日报》国学版的一篇文章中所说，"所谓国学，本质上就是中华民族精神的载体，就是中华民族的精神现象学，就是我们的精神家园，我们的精神故乡，我们的安身立命之地"[1]。显然，为国学设定的这种崇高的理想和目标远远超出学术和学术研究所能达到的境地，但这种来自民间社会的期盼和需要，必须有所依托，它必须落实到学术中，通过学术将其深化和推广，并形成一种体制化的学术和教学机制，否则，它就只能是一种浮泛的表面热度，难以得到持续、深入的良性发展。

近十多年来，许多国学研究、教学机构纷纷创办、复建。最典型的是2005年，中国人民大学成立国学院。在当代教育体制中，国学院与国学研究院不同，国学研究院仅从事国学研究，可以是虚体，而国学院则是教学科研单位，必须同时承担教学、研究工作。一旦涉及教

---

[1] 宋志明：《安顿价值　培育精神》，《光明日报》2006年7月4日。

学工作，在现行教育体制中，便面临本科生的培养体系、学位等政策性问题。中国人民大学成立国学院之后，在对"国学"的分类上，借鉴了章太炎对国学的分类，设置了经学与子学、国文、国史、小学四个教研室，又因为有疆、藏、蒙等少数民族历史研究，故增设西域教研室。依托五个教研室，制定了详细的课程大纲，形成了从本科到博士的一整套培养体系。在课程上，中国人民大学国学院借鉴了唐文治主持的无锡国学专科学校的课程设置，主要以经典研读为主，并且，"五经"都有相关的课程；虽然在具体教学中，难以避免以文学、历史、哲学的方法讲授这些经典，但是，教师们还是尽量在"国学"的框架内，直接面对经典，避免对经典进行学科化的采择与肢解。中国人民大学成立国学院之后，在国学教育领域产生了重大影响。2010年，武汉大学在国学试验班基础上成立了国学院，招收本科生。深圳大学在2017年开始，将成立于1984年的深圳大学国学研究所改建为深圳大学国学院。另外，岳麓书院也开始恢复传统书院式教学，建立实质上为国学教育的教学模式。这些国学院的建立，为国学研究培养了大批人才。除此之外，如首都师范大学于2014年成立了中国国学教育学院，旨在培养国学教育人才。

除了国学院的成立，还有许多重要高校的国学研究院的重建。最典型的是2009年清华大学重建国学研究院，接续民国时期的国学研究。北京大学则将成立于1992年的北京大学传统文化研究中心改建为国学研究院，开展国学研究工作。南昌大学也于2009年成立国学研究院。

这批国学教育、研究机构，在推动国学的深入研究与社会普及等方面，富有成效。而其不足之处，是大多数的机构把国学理解为中国古代文学、历史、哲学的叠加，而缺少通贯性的国学概念。如果回到中国传统文化的内在脉络之中，可以看到，一个通贯性的国学体系，在学术形态上只能以经学为中心，在教学体系上只能以经典教育为中心。而近十多年来兴起的国学院，基本没有真正落实前者，而于后者也往往流于形式。这导致在现行的教育体制中，国学无法成功地论证成为一级学科，国学院培养的学生毕业之后，便没有相应的国学学位，这对国学教育的正常开展造成了严重的影响。

事实上，对当代学术研究与教育而言，国学之所以有意义，就在于中国本来就是由旧文明而建新国家，新国家即建立在旧文明之上。因此，国学的研究对象，主要就是这种赖以立国的文明；在这一意义上，国学在文献上分经、史、子、集四部，并以经部为基础，在思想上兼具儒释道、史事文章，而以经学、儒学为基础、核心，才是国学的正路。况且，在现代学术中，经学一科，本来因为蔡元培的废除经学科导致整体研究的衰微，胡适之的整理国故而导致分经研究的变异，又因其分布在文史哲中，国学的复兴，恰好使经学的整体研究，以及在这整体研究视野中的分经研究，得到一个契机。由此而使国学研究真正能够回到中国文明研究，使现代中国的学术研究能够更加深入传统，从内在的视角来理解中国传统文明的特征，并由此提出中国的问题，探求中国的国家特征。但是，在现实中，许多国学院对国学之"国"，不是理解为古代文明，而是理解为现代民族国家，因此国学院也成为民族史研究院，这实质上瓦解了国学的存在意义。

四　经学研究与近20年来的思想界

20世纪90年代以来，中国大陆敏锐的思想者，便已经在重新理解中国的古今问题过程中，意识到经学的重要性，并且将其纳入理解古今中国的理论视野中，从汪晖的《现代中国思想的兴起》到刘小枫的《中国革命精神源流考》，直至甘阳古为今用地化用《春秋公羊》学义理而成的《通三统》，经学的资源都扮演了重要角色。

而经学在学术研究、高等教育中真正受到普遍的重视，主要开始于2010年前后。十多年来，中国大陆的经学研究主要在以下几个方面取得比较明显的成绩：

首先，是在经部文献研究与整理方面，一批经学丛书、经学家全集得到了整理与研究，为经学的进一步研究提供了文献基础。

中国现代学术转型百年来，对传统经、史、子、集四部文献的研究与整理，基本上都是在现代学科的范围来进行。历史学科的研究对象主要是史部，从20世纪50年代开始，点校整理《资治通鉴》和"二十四史"成为国家工程。哲学学科的研究对象包含了先秦诸子，民国时期的"诸子集成"与后来中华书局组织出版的"新编诸子集成"，囊括了主要的诸子著作，"理学丛书"也在不断推进。文学学科的研究对象主要是集部，有中华书局的"中国古典文学基本丛书"、上海古籍出版社的"中国古典文学丛书"等大型丛书。而经部文献的研究与整理，直到1999年才出现李学勤先生主编的北大出版社版"十三经注疏"；因为当时的经学研究比较薄弱，其点校也有较多的问题。

近十多年，经学文献的研究与整理取得了长足的进展。在经学文献研究方面，在吕友仁、杜泽逊、虞万里、方向东、王锷、顾永新、张丽娟、程苏东、马楠等学者的努力下，经部文献的研究稳步推进。在十三经的研究、整理方面，除了各种专门的版本、文献研究，上海古籍出版社的新版"十三经注疏"，虽然还没有完成整理，但无论是底本的选择还是文字的校勘，都为学界提供了一个较好的版本。方向东先生根据阮刻本整理的"十三经注疏"，也已于2021年由中华书局出版。中华书局的"清人注疏十三经"系列，曾长期处于停滞状态，在近十年来得到了明显的推进，一批具有代表性的清代经学著作得到整理出版。专经方面，中华书局有"易学典籍选刊"，上海古籍出版社有"清代春秋学汇刊""孝经文献丛刊"。更重要的是，在过去十多年间，大量经学家的全集得以出版，有力地推动了经学研究的进程。仅以在近年的经学研究中引起重大影响的晚清经学家为例，重要的经学家全集包括中国人民大学出版社的《康有为全集》（2007），中华书局的《皮锡瑞全集》（2015）、《孙怡让全集》（2010年前后），上海古籍出

第八章　人文领域的新潮流　｜　509

版社的《陈澧集》(2008)、《廖平全集》(2015)，广陵书社的《仪徵刘申叔遗书》(2014)，上海人民出版社的修订版《章太炎全集》(2018)，巴蜀书社的《蒙文通全集》(2015)，浙江古籍出版社的《俞樾全集》(2018)，另外，像王闿运、曹元弼的全集，正在整理之中。经部文献研究与古籍整理，是经学研究的基础性工作，丛书、汇刊、全集的出版，一方面既是经学文献研究的成果，同时也为经学的义理等方面的研究，提供了重要的基础。

其次，一些经学领域得到了重要的突破，尤其是《春秋》学与礼学。

经学是一个庞大而复杂的系统，真正的经学研究，既要有整体的经学视野，又要有单经的深入研究。整体的经学视野保证了单经的研究是真正的"经学"，例如，对《诗经》的研究，如果放在文学史之中，便变成对其文字训诂、文学色彩的研究，而这种研究常常是反经学的。而整体的经学观念的研究，必须建立在对单经进行深入讨论的基础之上，否则很难做到真正的深入讨论。"六经"题目不同，旨意殊别，但在经学史上，能够以一经贯群经，即以一经决定对群经的理解的，主要是《春秋》学与礼学。

《春秋》学盛行于两汉、晚清；这两个时间段，恰是中国发生文明变局的关键时刻。汉代的《春秋》学，通过素王说、孔子"为汉制法"诸种观念，统合群经背后的基本观念预设，使群经归于孔子制作。晚清的康有为、廖平、章太炎等学者都重视汉代《春秋》学精神，康有为由《春秋》发展出三世说，廖平以《春秋》礼制为基础并与《周官》对比而发展出今古文的新区别，章太炎则以《春秋》为史而发扬夷夏大义。在这两个时间段，《春秋》对经学的理解，决定了群经的理解方式。近十几年来，《春秋》学的研究获得了长足进展，并表现出强劲的生命力。陈其泰、黄开国、赵伯雄诸位先生对《春秋》的分经、分段研究，澄清了《春秋》学史的一系列问题。曾亦、郭晓东的《春秋公羊学史》，系统地梳理了《公羊》学的历史脉络，并对其中的一系列关键观念进行了经学性的阐释。就其涉及的问题而言，可以说《春秋公羊学史》不但是一部学术史著作，而且是一部经学史著作。

礼学由郑玄而兴盛，从魏晋六朝到隋唐，乃至晚清，郑玄的以礼学解群经，同样由礼学而决定对整体的经学概念的理解，这一理解更强调经学主要是周公所作，与三代历史有密切关联。对《周礼》《仪礼》《礼记》的研究，有两个基本方向：一是历史学的思路，即把三礼放在历史脉络中，理解周礼为连接秦汉魏晋南北朝等朝代的礼制，这样一来，三礼与历代正史的《礼乐志》《祭祀志》是同一类文献；二是经学的思路，即把三礼放在群经中进行理解，这样，三礼与《易》《诗》《书》《春秋》是同一类文献。以往对礼学的研究，大多把三礼放在历史脉络中进行学术史的考察，而近十多年来的突出特征，是出现一批把三礼放在群经中进行理解的研究方式。乔秀岩（桥本秀美）对郑玄礼学的研究，通过《郑学第一原理》等文章揭示了郑玄独特的注经特征，以此为基础，如华喆的《礼是郑学：汉唐间经典诠释变迁史稿》、冯茜的《唐宋之际礼学思想的转型》等著述，都以郑玄礼学为基础，讨论郑玄之后的礼学发展。吴飞整理了张锡恭的《丧服郑氏学》，并从《仪礼·丧服》出发，用丧服、宗法等问题理解经学史与中国文明特性。在礼学中，近十多年的《丧服》研究，同样表现出理解中国文明的强大解释力，其影响辐射到社会科学领域，例如周飞舟对中国社会的研究，同样极大地汲取《丧服》的思想资源。

再次，经学史上的一些重要关节点的研究，呈现出全新的面貌，最典型的是晚清经学的研究。

清末民初是中国文明转轨的开端，政治从改良到变法到革命，政体从君主制转向共和制，瞬息万变；而不同思想流派的学者在回应、指导现实的时候，其思想也不断变化，这种变化导致当代学者在对之进行认识的时候，常常应接不暇。而在以往的研究中，经常把清末民初的经书大儒以传统资源回应现代变革的努力，判定为"洋务派""维新派"，而最终要被革命所超越。而当今天的中国人开始重新思考中国道路的时候，清末民初那种以整体的中国文明观来回应中国现代转型的尝试，便变得尤其富有思想魅力。

　　清末民初的思想比"五四"之后有更强的解释力，主要原因在于，清末民初的经书大儒在回应当时的文明变局时，是以经学为中心，以一种整全的文明视野来理解西学，回应西方。近十年来，大陆新儒学的一部分学者越来越认识到，儒学不仅是一套改善制度（不管是君主制还是民主制）的抽象价值，而且有自身关于政治、风俗、人心的理论，因此，必须通过追溯一个更加古老的思想传统，即"五四"之前的清末民初的思想传统，实现对港台新儒家的阶段性超越。就目前而言，这种超越虽然尚未见精深的思想建构，但已表现出宏阔的理论视野。例如，干春松的《制度化儒家及其解体》（2003）与《制度儒学》（2006）从制度角度考察儒学的近代命运，康有为扮演的重要角色，而干春松也由此提出"制度儒学"的概念。其后的《保教立国：康有为的现代方略》（2015）、《康有为与儒学的"新世"》（2015）二书，前者讨论康有为的新中国成立思想，后者将康有为定位为现代新儒学的开端。而曾亦的《共和与君主：康有为晚期政治思想研究》（2010），则系统考察康有为晚期思想，尤其是对康有为的君主制理论的关注，引人瞩目。唐文明的《敷教在宽：康有为孔教思想申论》则从康有为前期思想讨论其孔教观。而在对传统人伦与典礼的研究中，吴飞经由逊清遗老张锡恭，发掘《丧服》学的现代伦理意义。《仪礼·丧服》以丧服定人伦，对古代中国之政治、刑律、礼俗皆有根本性的影响。吴飞的讨论，使《丧服》之学不但可以成为认识历史、解释历史的基础，而且更能够成为重建现代人伦关系的最深刻的根基。而像张志强的《一种伦理民族主义是否可能——论章太炎的民族主义》等文章，则深入地挖掘了章太炎的历史观与民族观对当代国家构建的意义。在晚清民初学术重诂中，发展出来的思想，构成了富有张力的思想格局。

结　语

　　回顾新世纪以来中国大陆国学研究兴起的基本状况，可以看到，国学的复兴是伴随着中国的国际地位提升等各方面因素而发生的一场社会运动。而在学术研究中，"国学"一词的存在意义，是因为中国有着古老的文明，而非因为中国只是一个现代民族国家。因此，"国学"从20世纪初提出开始，便致力于理解中国的文明形态。尤其是近十多年来国学的出现，更是中国人对自身文明的理解不断深入的结果。学术研究领域中的国学，主要的核心与基础是经学，而新世纪以来的国学研究，取得最大成绩的也是经学。甚至可以说，在学术领域，新世纪以来最大的学术现象，便是经学研究在中断百年后重新开展。经学重新受到重视，主要在于其关乎于理解中国文明。如何真正深入到中国的经学传统之中，并由此更为纵深地理解中国文明自身，仍然需要不止一代人的努力。

第三节　高等研究的兴起

渠敬东[*]

一　何谓高等研究

高等研究院体制的最初确立是在两次世界大战期间。二战以后，这一体制在世界各地蓬勃兴起。这表明，由西方形成的现代学科体制及由民族国家框定的学术研究制度，已经不足以应对世界历史之演变所带来的严重挑战。世界危机以及全球连带所促发的重大难题，各民族和文明区域对于现代道路的不同探索，都促使学者在认识和想象世界的过程中，以跨学科甚至超学科的方式去探究自然和文明构造的始源基础和历史变迁的曲折过程，以及当今呈现出的万花筒般的图景。

普林斯顿高等研究院（The Institute for Advanced Study，IAS）成立于1930年，正值美国大萧条的第二年。从某种意义上说，高等研究院的制度设计，为的是面向整个人类历史未知的世界和不确定的未来。创建者亚伯拉罕·弗勒斯纳（Abraham Flexner）曾说："机构应该是小且具有可塑性的；它应该是一个避风港。在这里，学者与科学家可以将世界及其现象视为他们的实验室而不会被卷入当下的漩涡。这里应该是简单、舒适、安静的，而不是清苦、偏远的；这里不应该害怕任何问题；这里不应受到来自任何一方的压力，因为那可能会迫使学者

---

[*] 渠敬东，北京大学社会学系教授。

对其所研究问题的特定方案持有偏见；这里应该提供对未知之事进行根本探究所需的设施、宁静和时间。"[1]

也因此，普林斯顿高等研究院作为世界领先的纯学术研究机构，确立了两个基本原则，其模式在全球范围内不断被效仿：一是学者的选择要基于学术能力本身，而不受种族、宗教信仰和性别的影响；二是追求由好奇心和求知欲引发的对于知识的探索，而不局限于其短期的功用和是否能达成之前所设立的目标。

从20世纪的历史看，高等研究院常常因世界格局的变化而获得发展机遇。柏林高等研究院（Wissenschaftskolleg zu Berlin）成立于冷战时期的柏林孤岛上，而其目标是要打造一个天下学术群英荟萃的平台，引发"不期而遇的新思考"。每年大约有来自世界各地的45名学者及文化精英进行十个月的驻访，自由选择项目，日常交往切磋，享有最大限度的学术自由。法国南特高等研究院（Institut d'études avancées de Nantes）则致力于创造出一种新的不同文明的关联体系，将"北部"（发达）和"南部"（发展中）国家联系起来，而非只是前者将后者作为研究对象来理解。相反，建立现代世界中不同文明的对话、互构和共生关系，成为高等研究院需要探索的关键方向。以色列高等研究院（The Israel Institute for Advanced Studies，IIAS）的尝试，则是以每年将驻访学者组织为3—5个专题研究小组的模式，推进跨学科的前沿研究，以收获创新性思考、角度和方法，建立新的范式。

上述几例，仅为全球范围内诸多高等研究院的几种办院模式，却也可大体代表高等研究院的总体设计路线和实践策略。冷战结束后，这一独立研究机制在大学体制内开始迅速发展。此前，高等研究主要集中于欧美等地区，20世纪90年代始，亚洲和其他非西方地区高等研究体制开始在大学中逐渐普及。

---

[1] "Mission & History | Institute for Advanced Study." https://www.ias.edu/about/mission-history.

二　中国的高等研究机构

在中国，高等研究机构是从21世纪以来纷纷成立的，目前大概有二十几家相近的机构分布在各地大学。从学术进步和社会发展的角度来看，形成这一趋势有以下几个原因：

1. 中国大学体制先是在百年前革除了传统的"四部之学"系统，而全面改造为西方化的学科体制；中华人民共和国建立后，再循苏联模式奠定了着重于应用化的知识分科体系；改革开放后，经科教兴国战略的倡导，诸种学科均得到恢复和发展，但近20年来，则在学科建设、评估、研究旨趣和范式上越来越呈现出"美国化"的趋势。竞争性学术体制使得学术发展短时化、单一化和碎片化，对有关人类文明和世界历史的基础研究和宏观趋势的总体性研究造成了一定程度的损伤。

2. 中国政治社会的发展规律和道路，始终在世界历史的格局中具有重要地位，产生重要作用。特别是从皇权政体过渡到共和政体，从人民共和国成立到改革开放，无论是冷战时期还是全球化时代，中国都在西方所创立的整体性现代格局中努力探索自己的道路。中国悠久的历史文明，以及融入现代进程以来独特的实践经验，皆对既有的知识体系和思想方式构成了创造性的挑战，对于中国自身如此，对于世界其他区域的他者也如此。此种方面，都需要在学术上给予充分深入的认识。

3. 中国的近现代史，是始终伴随着革新传统、自我再造之要求的历史，也是在中西知识系统的对照中认识自身和世界的历史。然而，当今中国的全面发展以及与整个世界的全面交融，促使中国学者开始无论从自身文明发展的角度，还是以全球历史的眼光，来探究各文明区域和国际关联对于自身发展和自我认识的重要意义。因此，在知识上突破中西格局，探索多文明互动的认知图景，也是学术上的大势所趋。

自20世纪八九十年代以来，由于中国学术体制恢复重建，特别是人文社会科学各领域研究的发展，以及大量科研人才的涌现，在与国际接轨的同时，一些有真知灼见的学术管理者和带头人逐渐意识到探索新的话语体系和研究范式的重要意义，开始探索全领域、跨学科和有预见性的学术制度及成长模式，高等研究院之类的平台建设便是其中的一种尝试。当然，中国各大学的高等研究院因学术传统、学术优势和管理风格不同，在工作宗旨、策略和具体实践上亦各有侧重，无统一模式。有些着重于建设国家学术交流的平台，有些着重于大学内部各人文社科学科的统合，有些侧重于研究团队的组建和学术课题的执行，有些侧重于后备人才的培育，有些着重于对当今世界重大而突出之关键问题的考察，有些着重于对文明及其历史的基础性研究工作。下文将介绍几所极具代表性的高等研究机构。

南京大学人文社会科学高级研究院创建于2005年，是中国大陆高校首家人文社会科学高级研究院。其宗旨是实施该校"综合性、研究型、国际化"的办学理念，搭建超越院系界限的校级文科平台，打破学科和专业的壁垒，推进问题导向的跨学科研究，形成一个独特的文科科研"特区"。南京大学高研院是为本校专设的研究平台，所设"讲座教授""特聘教授"和"驻院研究学者"三个层次的研究席位均来自本校学者，目的是组建若干跨学科研究团队，以问题为核心，组织不同学科学者合作研究，如"域外汉籍研究""环境研究""媒体与文化研究""性别研究""城市与空间研究""现代知识体系建构研究——东亚与中国"六个跨学科团队，并将研究成果推广到教学领域，形成跨学科专题研究课程，如在南大本科生和研究生中开设"环境与社会""当代中国媒介文化研究""当代性别研究""空间与现代性"及"象征与记忆"等公共选修课。

南京大学高研院的学术交流活动，采用短期邀请制，邀请国内外大学著名学者前来讲学、授课，每学年举行各种主题和规模的国际学术会议二至四次，以"名家讲坛""学术前沿""专题演讲（报告）"系列讲座等形式向校内师生开放，开设"学术沙龙""教授沙龙""青年教师学术沙龙""工作坊"等多种形式的学术交流活动，欢迎校内外学者参加研讨，其中的一些学术成果发表在院刊《问题与方法》上。

华东师范大学思勉人文高等研究院创立于2008年，是以推进人文学科的综合性研究，探索新型学术研究机制，凝聚、培养杰出的人文研究人才为宗旨，以"中国思想传统与文化变迁"国家"985工程"哲学社会科学创新基地为基础，以教育部人文社会科学重点研究基地中国现代思想文化研究所、中国文字研究与应用中心为主干，以中文系、历史系、哲学系与古籍研究所为依托而建设的人文社会科学跨学科研究和交流平台。华东师大高研院的一个突出特色，是将高端学术交流与青年人才培养结合起来，下设六个研究中心，并拥有20个流动科研编制，提供一流的研究条件，引进海内外各学术层次的杰出人才；接受不同类型的访问教授、兼职教授和访问学者驻院研究；独立招收研究生和博士后。高研院以学术研讨会、学术论坛、专题研讨班、学术沙龙等形式，举行多样的学术活动，并与海内外高校的重要学术研究机构进行多层面的学术合作与交流；设有思勉人文讲座，邀请海内外著名学者莅临演讲；下辖思勉人文图书馆，收藏专题性图书、报刊资料20余万册；开设思勉人文网，内有中国古籍、中国现代思想、中国现代文学、中国文字数字化、江南学、海外中国学等多个大型数据库。

青年研究员是思勉人文高等研究院建设的重点，该院招聘海内外文史哲领域优秀的青年人才，以培养华东师大人文学科未来的学术领袖和学术骨干。青年研究员工作职责主要为学术研究，定期以沙龙、讲座等形式，介绍自己的研究进展，接受年度学术考核，聘期为三年。青年研究员聘期结束后，经考核优秀者可转入华东师范大学相关学科的院、系、所，任教职或研究职。与此同时，思勉人文高等研究院亦独立招收跨学科的硕士生和博士生，为每一专业方向设置一组核心课程，培养具有一定专业背景，又具有跨学科知识视野的跨学科人才。所设的四个专业方向，同时也是思勉高研院国家"985工程"哲学社会科学创新基地的重点研究方向。

清华大学人文与社会科学高等研究所成立于2009年，致力于为人文与社会科学的综合性研究创建一个高水平学术平台。高等研究所的总体目标是以全球化时代跨民族、跨宗教、跨区域、跨国家的互动为契机，通过来自不同学科、不同地区和不同文化背景的学者间的交流与互相促进，重新思考人文与社会科学研究的新典范，进而推动学术研究与当代世界现实问题之间的互相激发与理解深化。民族、宗教、社会、国家等领域，是清华高研所的重点主题。高研所每年邀请一定数量的海内外学者来清华进行为期一年、半年或三个月的研究，研究课题源自各自的长期研究，有着不同的问题意识，也完全按照各自的方式探索各自的结论。研究所将高等研究的特征概括为四个"I"，即独立性（Independent）、跨学科（Inter-disciplinary）、跨文化（Inter-cultural）和国际性（International）。

此外，清华高等研究所采用了类似于普林斯顿高研院的设置，配有专职和兼职研究人员，具有文学、哲学、历史、政治学、社会学、法学、宗教学、民族学等不同学术背景，在各自的学术领域内具有相当的学术影响力，并长期招收和培养具有国际视野的杰出青年学术人才。高研所现有驻所教授五名，分别为汪晖、王中忱、冯象、沈卫荣、崔之元，他们与外邀学者一起，每年围绕前述四大主题举办20—30场活动，包括国际、国内会议和工作坊，包含人文与社会、东亚研究及日本大众文化、汉藏佛教语文学三个系列讲座。2017年起，与新雅书院合作开设政治学、经济学与哲学讲座课程。

《区域：亚洲文化论丛》辑刊，是文科高研所汇总相关领域学术研究成果的重要途径。作为跨学科和跨文化的人文研究丛书，其宗旨是立足于人文学科的具体问题，在跨学科和跨文化视野中探讨中国人文学科的新领域、新途径和新方法，尤其是民族团结、宗教共存、社会平稳和国家认同等当代中国与世界的重要问题。现阶段的研究课题大致方向为：民族理论的过去与现在、民族与宗教的跨区域研究（以汉藏、西域及欧亚关系为主）、东北亚的区域整合与民族认同、中国历史与文学中的民族与宗教，以及重新思考20世纪等。

浙江大学人文高等研究院成立于2014年，基本参照了美国斯坦福大学行为科学高等研究中心的模式，构建了一种完全以驻访学者为中心的国际化学术研究机构，增强了人文学科、社会科学、自然科学之间的跨学科沟通，立足于开展理论性、基础性和探索性的学术研究，致力于推动原创思想，形成理论发现。浙江大学人文高等研究院的驻访项目是最富特色的。该项目分为驻访学者和驻院研究员两类。驻院研究员为国内外知名学者以及学术潜质突出的优秀青年学者，聘期一般多于一年。驻院研究员在一个聘期结束后，通过双向选择，可被浙江大学聘用。相对而言，驻访学者项目则是高研院的工作重心。高研院设立若干驻访学者名额，鼓励已经取得博士学位至少四年的青年学者申请驻访学者项目，并优先选拔能在本学科提出富有挑战性问题，或已经取得一定成果且具有明显发展潜力的学者。为保证驻访学者有足够的时间完成研究或写作计划，项目的驻访时间一般为三至八个月，其间无任何其他附带性义务规定，仅需驻访学者就正在进行的学术研究工作做专题学科报告，再由同期驻访学者进行跨学科的交流和批评。此外，浙大高研院还设有暑期研究坊项目，要求来自不同学校和不同学科背景的四至六位学者组成研究团队，通过深入阅读与集中讨论，形成原创性的团队研究。浙大高研院不为学者设置任何固定的研究主题和领域，充分保证学者的自由探索空间和交流空间。迄今为止，高研院共计驻访学者211人次，学术报告会184场，工作坊36场，成为国际国内优秀学者的荟萃之地。

北京大学人文社会科学研究院成立于2016年，以"涵育学术，激活思想"为宗旨，依托北大综合优势，立足于人文社会科学基础研究，探索学科之基本原理及前沿领域，推动跨学科交叉合作，为知识积累和思想创新提供学术支撑；基于中国历史变迁的经验和理论，从世界诸文明的演进路径出发加以比较和审视，探索中国社会发展和文明振兴的道路。文研院的学术团队主体分为两个部分：一是由北京大学各院系的优秀学者组成，文研院配合不同学者提出的重点主题和焦点议题，提供合理的学术资源配置及学术活动支持；二是由国内外邀访学者组成，根据学者提出的研究计划，文研院提供"量身定制"的学术支持和行政服务，打造良好的研究环境。

文研院致力于凝聚核心学术议题，力争在重点学术领域实现突破；积极组织学术论坛、学术演讲、学术研讨、成果发布、专题展览，并支持读书会、工作坊等学术活动；同时也定期或不定期地与各类学术和文化机构合作，开展形式多样的学术交流活动，如公开讲座、午间报告会、学术沙龙、学术雅集等。文研院以通讯、网站、微信公众号等印刷或电子媒介定期发布学术活动资讯，并以演讲集、论文集、报告集及与诸学术期刊合作等形式，支持学术成果的流通。自2016年9月成立以来，已有144位来自16个国家和地区的邀访学者在文研院驻访工作，文研院主办的讲座、论坛、工作坊等各类学术活动已近700场。

北大文研院的整体学术努力，可以从其围绕"文明：中华与世界"

的五大核心议题的陈述中窥见端倪，也可以说是目前中国学人所致力的整体学术反思和探究的方向。

1. 早期中国与中华文明：何为中国？中华文明如何奠基与塑成？这是人文社会科学研判中国历史及精神发展之重大学理问题的根脉。对史前时代到先秦时期早期中国构型的认知和确证，不仅需要历史学、考古学、古文字学、古文献学、地理学、人类学、民族学等多种研究手段的融合介入，亦需要借助经学、哲学及神话学、思想史、艺术史等学科综合拓展阐释和义理上的探索。

2. 族群凝聚与国家秩序：自中古历史时期到近代共和时期，中国历史发展形成了多民族、多宗教、多文化的融合构造，也随之产生了其独有的政治制度与社会秩序。如何理解此多元一体的文明结构及其不同时期的复杂转换，需要以政治史为核心，兼容民族学、人类学、宗教学、语言学、社会学以及文学、艺术史和交通史等诸学科的充分交融和协力发展，生发深层的学术认识和理论创见。

3. 社会转型与精神重建：中国社会常处于转型之中，特别是清末民初发生全面鼎革以来，在融入世界历史的过程中，中国社会转型经历着制度阻滞、社会失序和文化危机，也始终伴随着恢复、创新和重组的努力。如何理解中国文明的近代结构变迁及运作机制，以及礼俗革新和精神重建的努力，需要融汇多学科、多面向的研究视角，推动人文与社会科学交流互动，为中国文明的现代复兴提供学术理解上的完整图景。

4. 西学在中国：从明清时期中西交流与碰撞，到近代新知与共和的兴起，直至马克思主义在中国的传播与立基，皆说明西学东渐以及当今全球化进程为中国文明发展提供了新的背景和格局。如何从思想和历史、观念和经验之关联的多重维度，追溯和清理中西文明遭遇交融的不同历史，如何完整深入地检视西方文明自古典到中古，从近代政治转型到当今社会情态整体发展路径，及其自身复合构造的文明化过程，需要多学科交汇贯通，发展出学术研究的广域视野，以及本质的问题意识。

5. 多文明互动与比较：中国文明的发育与发展，永处于多元世界文明的互动和互构之中。无论是自史前时代到轴心时代各大古文明的并立格局，还是兴盛于中古时期的文明之间的传播与交通，乃至今天全球化历史所形成的文明交错和依附关系，皆需要突破已有的单向研究范式，将文明历史与现实世界中的"文明之间"问题凸显出来，借助多学科、跨学科的研究方法，使由古及今的不同文明之多元构造得以呈现，探索多文明繁荣共生的未来路径。

可以说，中国大学的诸家高等研究院正在以各自独特的形式，探索根于中国，面向世界的学术道路。中国，正以其古老的文明传统，与其他文明交通构造的历史，以及当今在世界历史中不可或缺的地位，为承担人类未来的命运承担着重要使命。中国的学术发展，也必然在古今中外的文明之间，创造出独特而普遍的话语和思想，在过去和未来之间假设共通融合的桥梁和纽带。

第四节 数字人文的兴起

刘 石 赵 薇 李飞跃[*]

20世纪末以来，迅猛发展的数据科学和信息网络技术，越来越普遍地影响了人文知识的获取、管理、分析、阐释、共享和再生产等基本环节，深刻重塑了人文社会科学的方法基础和研究形态。由人文计算（Computational Humanities）转化而来的数字人文（Digital Humanities）成为全球范围内兴起的知识生产范式，在中国大陆和台、港地区吸引了众多不同学科的学者投身其中，形成了跨学科、跨地域、跨文化和跨语言的协作共生型研究社群。

一 发展历程

数字人文兴起的前提是人文资料和文献档案的电子化与数据化。中国大陆数字化和文献计量的历史，可追溯到20世纪八九十年代古籍数字化的先驱工作。[1]钱锺书先生自1984年开始在中国社会科学院倡导把计算机技术引入中国古典文献的检索与使用，其助手栾贵明带领团队先后创建了"全汉字系统""全唐诗歌数据库""诸子集成

---

[*] 本节由刘石主持。刘石，清华大学中文系教授。赵薇，中国社会科学院文学研究所副研究员。李飞跃，清华大学中文系教授。
[1] 早在1975年，在德国汉堡大学任职的吴永彤就使用电脑完成了英译《诗经》的索引编制工作。同年，四川大学利用电子计算机从事甲骨碎片缀合的工作。这些应该是最早出现的古籍数字化实践。参见毛建军：《古籍索引的电子化》，《中国索引》2006年第4期。耿元骊：《三十年来中国古籍数字化研究综述1979—2009》，《第二届中国古籍数字化国际学术研讨会论文集》。

数据库"等古籍数字化系统，提出用世界各地的微机组成共享数据库。[1]与此同时，一些高校也开始创建《全唐诗》《史记》和地方志的检索系统。随着GBK字符集扩展到两万多个汉字，OCR技术成熟，互联网兴起，通用型电子文献检索平台应运而生。1996年，上海图书馆率先建成"中国古籍善本查阅系统"；随后，国家图书馆正式启动"中国数字图书馆工程"。文渊阁《四库全书》和《古今图书集成》两种检索库，以及"国学宝典""中国基本古籍库"等成为相关研究者普遍使用的工具。

1979年以来，中国开始推进机读语料库建设，国家语言文字委员会启动了国家语料库项目，推动现代汉语语法、句法、语义和语用语言学的研究。中文语言资源联盟（2003）成为推动我国语言资源共享的第一个联盟性学术组织。中文自然语言处理利用语料统计来建立算法模型，完成不同单位上词频的标注、组织、挖掘和分析等任务。包括清华大学孙茂松团队在内的全国多支科研队伍在汉语自动分词、语义计算、文本分类、情感分类、意见挖掘、实体识别、实体关系抽取等典型任务上取得重要突破，为中文文本挖掘研究积累了关键经验。在研究方面，80年代陈炳藻、李贤平、施健军、陈大康等海内外中国学者分别采用文体测量学的办法，利用人工统计或计算机辅助手段，对《石头记》前八十回和后四十回作者统一性问题做出判定[2]；北京大学李铎主持开发了"全唐诗电子检索系统"，通过文本比对算法标记出近5000首重出诗。[3]其后，尚永亮对唐代诗人地域和代群交往的定量分析，王兆鹏、刘遵明关于宋词作品、作者的定量研究，都是起步较早

---

[1] 田奕：《古籍整理与研究的电脑化》，《中国文化》1994年第1期；郑永晓：《钱锺书与中国社科院古代典籍数字化工作》，《山东社会科学》2019年第6期。
[2] 陈大康：《从数理语言学看后四十回的作者》，《红楼梦学刊》1987年第1辑。
[3] 李铎：《从检索到分析——计算机知识服务的时代》，《文学遗产》2009年第1期。

的文学计量研究的实例。[1]常用数据库的建成催生了新一轮研究成果，量化史学悄然升温。李中清-康文林团队建立的"中国多代人口系列数据库"，实现了对长期个人记录和跨世代家庭变化的追踪，在与西方国家的人口和社会结构变迁的长时段比较方面成果颇丰。[2]90年代初期起，由哈佛大学主导，与北京大学、台湾地区"中研院"合建"中国历代人物传记资料库"（下称CBDB）；2001年，复旦大学和哈佛大学共建"中国历史地理信息系统"。这些基础设施让历史学者成为数字人文的先行军。人文学科的定量分析成果纷纷涌现，数字手段检验和打破了一些前数字时代人们习焉不察的定见。

在元数据规范的制定方面，由中国国家图书馆、中国科技信息研究所和中国科学院文献情报中心联合发起并于2002年启动了《国家数字图书馆标准规范》项目。这套系统参考了科技部和"中国高校文献保障系统"（CALIS）的标准，后来得到推广并实施，至今仍是全国图书馆体系文献载体物理属性元数据所遵循的准则。[3]这些与后来数字人文的数字基础设施建设一脉相承，为其提供了最基本的颗粒度。

2009年，"数字人文"第一次以今天的含义出现在中国大陆学界。[4]2011年，中国大陆首个数字人文研究中心落户武汉大学。此时，

---

[1] 尚永亮：《唐知名诗人之层级分布与代群发展的定量分析》，《文学遗产》2003年第6期；王兆鹏：《历史的选择——宋代词人历史地位的定量分析》，《文学遗产》1995年第4期；刘遵明：《本世纪东坡词研究的定量分析——词学研究定量分析之一》，《文学遗产》1999年第6期。

[2] China Multi-Generational Panel Data Series，简称 CMGPD，该系列数据库包含辽宁、双城和皇族三个子数据库，其中前两个已经在ICPSR网站上对全球学界免费公开。已有123篇论文和著作使用或引用了CMGPD-LN或CMGPD-SC数据。其中有八个成果赢得了九个学术奖项或认可。

[3] 此处依据的是北京大学图书馆朱本军副研究馆员的解释。

[4] 武汉大学信息管理学院王晓光在2009年"教育部人文社会科学研究方法创新论坛"上做了题为"'数字人文'的产生、发展与前沿"的发言，呼唤作为创新需要的数字人文为我国人文社会科学研究范式带来革命性的转换和升级。

人文数据库开始向知识深加工和知识发现转型，相应的专门工具和技术范型也相继浮现。王晓光团队对敦煌壁画图像语义描述层次模型的实证研究[1]，包平团队对农业物产方志类古籍地名识别系统的研究和建构[2]，许鑫等人对文本挖掘的初步探索[3]，黄水清、王东波、陈小荷等关于先秦文献的分词、命名实体识别，以及多位学者使用聚类方法来研究作者归属问题等都取得了令人瞩目的进展。[4]此后，陈刚《"数字人文"与历史地理信息化研究》（2014）、王涛《挑战与机遇："数字史学"与历史研究》（2015）、王兆鹏《建设中国文学数字化地图平台的构想》（2012）、郑永晓《情感计算应用于古典诗词研究刍议》（2012）、刘京臣《大数据时代的古典文学研究——以数据分析、数据挖掘与图像检索为中心》（2015）等[5]，开启了数字人文与传统文史研究的结合。GIS、文本挖掘、情感计算、文体测量学、命名实体识别、网络分析等技术方法应用于文学研究，产生了一些有创见的应用案例，如年洪东等《现当代文学作品的作者身份识别研究》（2010）、许超《〈左传〉的语言网络与社会网络研究》（2014）、赵思渊《19世纪徽州乡村的土地

---

[1] 王晓光、江彦彧、张璐：《敦煌壁画图像语义描述层次实证模型》，《图书情报工作》2015年第19期。
[2] 朱锁玲、包平：《方志类古籍地名识别及系统构建》，《中国图书馆学报》2011年第3期。
[3] 郭金龙、许鑫、陆宇杰：《人文社会科学研究中文本挖掘技术应用进展》，《图书情报工作》2012年第8期。
[4] 黄水清、王东波、何琳：《以〈汉学引得丛刊〉为领域词表的先秦典籍自动分词探讨》，《图书情报工作》2015年第11期；《基于先秦语料库的古汉语地名自动识别模型构建研究》，《图书情报工作》2015年第12期；年洪东、陈小荷、王东波：《现当代文学作品的作者身份识别研究》，《计算机工程与应用》2010年第4期。
[5] 陈刚：《"数字人文"与历史地理信息化研究》，《南京社会科学》2014年第3期；王涛：《挑战与机遇："数字史学"与历史研究》，《全球史评论》2015年第8期；王兆鹏：《建设中国文学数字化地图平台的构想》，《文学遗产》2012年第2期；郑永晓：《情感计算应用于古典诗词研究刍议》，《科研信息化技术与应用》2012年第4期；刘京臣：《大数据时代的古典文学研究——以数据分析、数据挖掘与图像检索为中心》，《文学遗产》2015年第3期。

市场、信用机制与关系网络》（2015）、赵薇《"社会网络分析"在现代汉语历史小说研究中的应用初探——以李劼人的〈大波〉三部曲为例》（2016）等。[1]

1984年，台湾"中研院"开启"史籍自动化项目"，自此先后数字化了"十三经""二十五史"及《四库全书》。相继推出"善本古籍资料库""二十五史资料库"等可用于字词检索的数据库。1995年，台湾元智大学罗凤珠教授开发了具有作者、关键词、诗题和诗句检索功能的"唐诗多媒体网络系统"。由台湾地区科技管理部门开启的"数位典藏与数位学习科技计划"为文献数字化工作提供了有效的保证机制。[2]"中研院"开启了"中华文明时空基础架构"和"台湾历史文化时空工程"。黄一农基于数据检索而提出"e—考据"，在海峡两岸引发广泛关注。自2009年起，由台湾大学主办、各高校及研究机构协办的一年一度的"数位典藏与数位人文国际研讨会"召开，成果汇集为"数位人文研究丛书"，由台湾大学出版社出版。金观涛和刘青峰两位学者设计与推动的"中国近代思想史专业数据库（1830—1930）"的建设，包括清末民初报刊、晚清档案资料、清季经世文献、士大夫著述、来华外人著译、西学教科书等资料累积逾亿字，内置的语义检索功能为文史研究者常用。其成果结集成《观念史研究》，于2008年在香港出版。2012年"台湾大学数位人文研究中心"的成立，标志着台湾地

---

[1] 年洪东、陈小荷、王东波：《现当代文学作品的作者身份识别研究》，《计算机工程与应用》2010年第4期；许超：《〈左传〉的语言网络和社会网络研究》，南京师范大学博士学位论文，2014；赵思渊：《19世纪徽州乡村的土地市场、信用机制与关系网络》，《近代史研究》2015年第4期；赵薇：《"社会网络分析"在现代汉语历史小说研究中的应用初探——以李劼人的〈大波〉三部曲为例》，载项洁主编：《数位人文：在过去、现在和未来之间》，台湾大学出版中心，2016年。
[2] 具体包含："1998—1999数位博物馆专案计划（第一期）""1999—2000数位博物馆专案计划（第二期）""2000—2002数位博物馆专案计划（第三期）""2002—2006数位典藏科技计划（第一期）""2003—2007数位学习科技计划""2007—2011数位典藏科技计划（第二期）""2008—2012数位典藏与数位学习科技计划"。

区的"数位典藏"向"数位人文"的转型。[1]哈佛大学包弼德（Peter K. Bol）教授牵头的CBDB项目，至2016年已收集累积超过36万个历史人物的传记资料。此外，由莱顿大学魏希德（Hilde De Weardt）教授创建、台湾学者何浩洋开发的文本半自动标注平台MARKUS，麦吉尔大学方秀洁主持的"明清妇女著作资料库"等项目，也为大陆人文学者所使用。

2016年开始，数字人文在中国大陆进入加速发展的建制化阶段，成果发表量呈逐年递增趋势，数字人文学术呈现出自己的体系特色。2020年，数字人文发文量达425篇，是2016年的八倍，其中又以图博档和信息科学领域为主，受国家社科基金资助的文章占五分之一。数字人文的研究团队纷纷涌现，学术交流和出版日益繁荣。2016年起，北京大学连续三年举办数字人文论坛；2017年，清华大学举办首届"数字人文与文学研究国际工作坊"；同年，南京大学召开"数字人文：大数据时代的学术前沿与探索"研讨会，2018年成立数字人文创研中心；2019年，中国人民大学成立校级数字人文研究中心，并在图书情报与档案管理学科下开设全国首个数字人文硕士点；2021年1月，北京大学数字人文研究中心对外正式宣告成立。目前，中国大陆已经有两个数字人文专业委员会，分别为中国社会科学情报学会数字人文专委会和中国索引学会数字人文专委会，后者自2020年起负责召集、举办全国数字人文年会，评出年度优秀项目和优秀论文。[2]

以数字人文命名的期刊、专栏、译介作品等成果涌现。2016年起，姜文涛、戴安德在《山东社会科学》主持"数字人文·观其大较"栏

---

[1] 邱伟云：《我国台湾数字人文研究进程（2009—2017）》，《图书馆论坛》2020年第4期。
[2] 中国社会科学情报学会数字人文专委会于2019年7月与敦煌研究院合办了"文化遗产数字化国际研讨会暨中国社会科学情报学会数字人文专委会学术年会"。中国索引学会数字人文专委会与上海图书馆主办了2020年10月的第二届中国数字人文年会（DH2020）：http://dh2020.library.sh.cn/zh-hans。

目，译介了一系列国外数字人文理论和应用成果、相关争论及访谈录，也较早推出了一批本土的量化实践成果。2019年12月，清华大学与中华书局联合创办了中国大陆第一个数字人文学术期刊《数字人文》，清华大学中文系刘石教授、计算机系孙茂松教授、中华书局顾青总编辑任主编。该刊秉持开放、融合、创新与共享精神，在学术共同体中积极倡导并形成了一定标准，成为孵化优质数字人文成果，形成良好批评风气的重要空间。此外，中国人民大学也于2020年创办了数字人文专业期刊《数字人文研究》。

二 方法共同体与基础设施建设

正如《数字人文》发刊词所指出的："在数字化时代应运而生的数字人文，是借助计算机和数据科学等方法和手段进行的人文研究，究其性质是一门交叉学科，也是一种方法论。它将数字技术运用于人文阐释，是由媒介变革引发的知识生产范式的一次转型。"[1]过去的十几年内，数字人文研究形成了一些特点相对清晰的技术分支体系，如文本挖掘、网络分析、可视化、地理信息技术（下称GIS）等，可称之为"跨学科的方法共同体"。近年来在数据科学中，机器学习有了长足进步，以深度学习为代表的大数据驱动范式趋于成熟，人文学者开始希冀基于人文大数据的"计算智能"为传统的人文研究带来巨变。在实际研究中，人文学者大多主张问题取向，带着强烈的问题意识来构建数据集，寻求能够契合问题的主要技术手段，在处理传统人文问题的同时，也完成了数字人文技术的应用性研究。

文本挖掘是"远读"海量文献时采用的一系列技术集合的统称，从最基础的语义检索和文本预处理中的标准化、分词、文本标记/注释等步骤，到其后的数据集建模、各种文本自动聚类和分类、主题模

---

[1] 刘石、孙茂松、顾青主编："发刊词"，《数字人文》2020年第00期。

型,以及观点抽取、模式识别、情感分析、文体计量、作者归属判断等,促进了信息获取方式的革新。深度学习和大规模语料结合,特别是近来预训练模型(如BERT)的提出和发布,使得"大数据预训练模型"加上"小数据微调"的做法在人工智能写作和中文古籍整理中都拥有众多应用场景。清华大学孙茂松团队研发的"九歌——人工智能诗歌写作系统"利用超过80万行的旧体诗语料和已标注的知识库为材料,训练生成专门的词语句法模型,不仅可以做出合乎格律、意义连贯、"有意境"的诗歌,还可以为做出的诗自主打分。中国古典诗词预训练模型BERT-CCPoem能提供任何一首古典诗词中任何一个句子的向量表示,可广泛应用于古典诗词智能检索与推荐、风格分析及情感计算等。北京师范大学自然语言处理实验室则利用BERT成功提升了命名实体的准确率,他们开发的古诗文断句和多元古籍标注系统可自动标记标点、书名、专名等,标记准确率超过90%。清华大学邓柯团队运用无监督中文文本分析方法TopWORDS系统从经典古文献文本中识别专名,通过反复计算学习实现了对古籍文本的词语发现,可用极低的人力成本从海量经典古文献中快速建立专名索引。此外,中华书局古联公司和龙泉寺也开发了感知断句标点系统。在文本标记和统计分析方面,台湾大学项洁团队近年注重以基于特征的算法自下而上地发掘巨量文档间的多重知识脉络和关联结构,如对两部官修类书和淡新档案的研究所提供的对历史文献的分类结构、比重和条目上的差异图景,非人力能及。[1] 在文本自动分类和聚类的应用中,基于监督学习的分类算法和无监督的聚类算法也可用于对古代文类和类书,甚至现代文类的研究中,借此与一些文学史命题形成对话。前者如北京师范

---

[1] 项洁、陈丽华、杜协昌、钟嘉轩:《数位人文视野下的知识分类观察:两部官修类书的比较分析》,《东亚观念史集刊》第9期,政大出版社,2015年;项洁、洪一梅:《数字人文取径下的淡新档案重整与分析(上)》,《档案学通讯》2020年第6期。

大学胡韧奋、诸雨辰、李坤运用K-menas对《汉书·艺文志》中的存世文献进行自动聚类实验，为超越文献学观念上的"《汉志》主义"提供了更多可能。后者如芝加哥大学文本光学实验室与上海图书馆合作的"民国时期期刊语料库（1918—1949）"，采用特征建模、主题模型、神经网络、朴素贝叶斯分类器，以及层次聚类、网络分析等多种方式，尝试对近现代期刊中"新文类"的构型因素进行多层面研究。[1]近年文史研究中，对文本挖掘倚重较多且行之有效的，是偏重思想史考察的"数字观念史研究"。金观涛、刘青峰、郑文惠、刘昭麟、邱伟云、梁颖谊等，以"中国近代思想史专业数据库（1830—1930）"为对象，运用词频统计、自然语言分布定律、词向量、词共现网络等方法，从雷蒙·威廉斯的"关键词"、柯林伍德的观念史、科塞雷克的概念史理论出发，借助常规算法，用一系列核心范畴从海量语料库中自动生成关键词群，对这些词群和网络所表征的价值体系进行一种历史语义学的历时性描述，以勾勒或讨论近现代思想观念的结构转型和演化趋势，努力促成观念史、概念史、思想史研究中的数字转型。[2]此外，南京农业大学包平团队、上海交通大学赵思渊、中国人民大学胡恒、广东社会科学院申斌在地方史志文献挖掘方面，都取得了重要成绩。

社会网络分析将关注点从传统社会学、历史学对人物自身及所属社会阶层或团体的孤立研究，转移到通过各种人物和社群实体节点而联系构建起来的社会网络结构，并且已成为数字人文取得实质性进展最多的方向之一。社会网络分析是很多关系型人文数据库的方法论基础，如中国历史人物传记数据库（简称CBDB）可以帮助人们瞬间获得

---

[1] Spencer Stewart、赵薇：《"新文类"，比较文学与数字基础设施建设：以"民国时期期刊语料库（1918—1949），基于PhiloLogic4"为例的探索》，第二届中国数字人文年会（DH2020），2020年10月。

[2] 金观涛、邱伟云、梁颖谊、陈柏聿、沈锰坤、刘青峰：《观念群变化的数位人文研究——以〈新青年〉为例》，收于项洁主编：《数位人文：在过去、现在和未来之间》，台湾大学出版中心，2016年。

古代人物的生平资料,并对其所置身的亲属、师门、交谊、著述、通信等社会关系网一目了然。严承希、王军从CBDB中抽取数据,设计算法构建宋代政治党群网络。[1]徐永明也曾利用CBDB数据和"中古历史地理信息系统",将汤显祖的社会关系准确投射到地理坐标上。[2]此外,部分人文学者仍自建数据集用于自己的课题。王涛利用《德意志人物志》中人物的生卒地和时间信息,绘制出15、18世纪德意志人物的"出生地图"和"死亡地图",以人物的迁移轨迹印证普鲁士崛起的几百年间中心城市的盛衰演变。[3]陈松对现存宋代地方官学碑记作者进行网络分析,揭示了宋代四川与其他地区在思想观念交流上的结构性鸿沟,以及理学思想在官学碑记写作中与日俱增的影响力。[4]严程建立了以顾太清为中心的闺阁诗人交游网络,解释了"秋红吟社"的"中断之谜"。[5]文本网络是人文研究中另一类较受关注的网络类型。许超等人在《左传》标注语料库中,将人物实体与事件实体通过共现网络表示出来,发现该网络的小世界性,以及孔子作为最低聚度相关度节点的特殊意义。[6]另一些学者倾向于从对关键节点和社群的分析入手,发现文本背后潜在的叙事意图,希望以此触及小说人物体系和人物观的近代嬗变问题。[7]

---

[1] 严承希、王军:《数字人文视角:基于符号分析法的宋代政治网络可视化研究》,《中国图书馆学报》2018年第5期。
[2] 徐永明:《中国古典文学研究的几种可视化途径——以汤显祖研究为例》,《浙江大学学报(人文社会科学版)》2018年第2期。
[3] 王涛:《数字人文框架下〈德意志人物志〉的群像描绘与类型分析》,《历史研究》2018年第5期。
[4] 陈松:《为学作记——从网络分析和文本分析视角看宋代地方官学碑记的作者和主题》,《数字人文》2020年第4期。
[5] 严程:《顾太清交游网络分析视野下"秋红吟社"变迁考》,《山东社会科学》2018年第7期。
[6] 许超:《〈左传〉的语言网络和社会网络研究》,南京师范大学博士学位论文,2014年。
[7] 赵薇:《社会网络分析与〈大波〉三部曲"的人物功能》,《山东社会科学》2018年第9期。

图像与可视化是数字人文研究不可或缺的重要手段。清华大学向帆、朱舜山采用CBDB中的家族关系数据，结合上海图书馆的家谱数据和可视化、3D技术和交互性，建构中国古代皇室家谱巨大的树状立体网络，可以发现和解释家谱记录中的可疑关系。北京大学王军、李晓煜的"宋元学案知识图谱系统"对《宋元学案》进行了文本处理和分析，将学案中的人物、时间、地点、著作以及它们之间的复杂语义关系提取出来构造成知识图谱，生动呈现了历史事件对理学发展的影响。由美国莱斯大学白露（Tani Barlow）和南京大学陈静合作的"中国商业广告数据库"（CCAA）属于历史较久的视觉媒体数据建设项目，通过对海量商业广告进行数字化和元数据标注，结合文本挖掘及图像自动聚类工具，对广告文本和图像做量化分析，并将其放置于其他信息关联的节点上，来追踪显示广告业发展与中国近现代社会思想之间的关系。陈静团队的另一类项目"南京云锦色彩数字化保护利用""南京传统工艺非物质文化遗产虚拟展示"等，自2019年起开展了以云锦为代表的中国色彩的知识和色谱相关研究，其成果也为业界所期待。

历史地理信息与空间人文研究得益于近20年来GIS所取得的令人瞩目的成就。2014年后，陈刚、潘威等提出了结合数字人文与GIS的历史地理信息化建设方向[1]，历史地理信息界普遍认为应广泛吸收在史料文本的信息挖掘方面比GIS更具优势的数字人文。中国历史地理信息系统（CHGIS）使用典型的矢量化数据，以点—线—面的组合来描述现实地理世界信息，对后续的历史地理信息化产生了深远影响。首都师范大学与陕西师范大学共同搭建的"丝绸之路历史地理信息开放平台"，南京大学陈刚团队开发的"六朝建康历史地理信息系统"，中国人民大学夏明方主持的"清代灾荒纪年信息集成数据库"，上海交通

---

[1] 陈刚：《"数字人文"与历史地理信息化研究》，《南京社会科学》2014年第3期；潘威：《"数字人文"背景下历史地理信息化的应对——走进历史地理信息化2.0时代》，《云南大学学报（社会科学版）》2018年第6期。

大学曹树基主持的"中国历史地图地理信息平台"等信息平台纷纷推出。其他代表性工作还包括南京师范大学闾国年、江南、胡迪团队建设的"华夏家谱GIS平台"。此外，中国人民大学历史地理学团队借助《缙绅录》数据库，发挥GIS在清史研究、政治史研究中的功用，从地理视角重新认识清代政区问题[1]；中南民族大学"唐宋文学编年地图"将GIS、电子地图与唐宋作家作品编年信息深度融合，提出"系地"的概念，实现了文献的数字化集成与文学空间的可视化呈现；浙江大学徐永明与哈佛大学合作创建的"学术地图发布平台"，支持用户个人上传数据，生成学术地图，包括历史人物行迹图和各类实体定位查询图等，提供了一个友好专业的信息共享环境；台湾中山大学简锦松教授多年来倡导"现地研究"，以实地考察为主，辅以GPS、天文历法工具，还原、复现了古典文学的发生场景和文学行为；天津大学建筑学院何捷筹建的空间人文与场所计算实验室（SHAPC Lab），将GIS、遥感、空间计算等信息技术与文献挖掘结合，进行与文化遗产、景观和城市史相关的空间人文与场景计算研究。

　　人文领域大尺度宏观视角、大规模计算和挖掘、时空可视化、知识重组等需求的提出，给资源管理和数据基础设施建设带来了新挑战。针对现有大量主题数据库缺乏对资源语义特征的深度描述和解释、知识单元颗粒度不够细、资源之间语义关联不足、信息孤岛现象明显、服务模式单一、少有语义检索和数据挖掘功能、无法实现自动化的知识发现等不足，图博档和信息管理学界提出了一套"智慧数据"的解决方案。[2]武汉大学数字人文中心王晓光团队与敦煌研究院通力合作，围绕"敦煌智慧数据"建设和敦煌文化遗产保护、研究和传播，借助元数据、主题词表、语义增强、知识图谱、国际图像互操作框

---

[1] 潘威、王哲、满志敏：《近20年来历史地理信息化的发展成就》，《中国历史地理论丛》2020年第1期。

[2] 王晓光、谭旭、夏生平：《敦煌智慧数据研究与实践》，《数字人文》2020年第4期。

架（IIIF）等技术与标准，建构敦煌壁画的图像增强展示和叙事系统。中国人民大学冯惠玲团队工作的重心是历史文化村镇保护与研究，以"高迁古村数字记忆网站项目"为代表，主要表现为"全要素数字化＋全息"呈现，为用户提供了一个可检索和呈现、富含语义关联的沉浸式高迁知识库，完成了多种文本的再媒介化和交互式诠释。

数字人文学界已经普遍认识到，一方面有必要打造面向人文学术的大型通用型平台和知识库，尽快确立技术和元数据的统一规范，实现全国乃至全球范围内的数据、技术协议和资源共享[1]；另一方面，要为专业人文学者赋能，增强各学科专题研究平台的建构能力。通用型平台的代表，如上海图书馆的"历史人文大数据平台"，整合了"中国家谱知识服务平台""中文古籍联合目录及征询平台""人名规范库""中国近代报刊库""上海历史文化事件知识库"等前期资源，建立起有关人物、机构、事件、物品、时空、领域概念等规范描述的词表体系及庞大的知识图谱，可实现一站式资源发现，还可以帮助人文学者操控本地或平台数据，进行实时"数据实验"，实现远读、细读、共读过程中参数调试和模型优化工作。台湾大学项洁教授主持的"Docusky数位人文学术研究平台"，整合了个人文本的格式转换、标记与建库、探勘与分析，以及视觉化观察、GIS整合等数字人文的工具模块，致力于为人文学者提供个人化的资料储存和分析平台。此类平台也提供API接口，可以从CBDB、MARKUS、CText、CBETA等外部资源获得资料，让人文研究者不必再步步仰赖信息科技专家，可自主且自由地融合数字手段进行人文研究。

与此同时，刘炜、夏翠娟、王宏甦、陈涛、张磊、朱庆华、赵宇

---

[1] 包弼德、夏翠娟、王宏甦：《数字人文与中国研究的网络基础设施建设》，《图书馆杂志》2018年第11期；朱本军、聂华：《数字人文：图书馆实践的新方向》，《大学图书馆学报》2017年第4期；Zhu Benjun and Zhang Jiuzhen,"Digital Humanities Cyberinfrastructure for Ancient China Studies: Past, Present, and Future."*Library Trends*, 2020 69（1）。

翔、赵生辉、许鑫、王丽华、张永娟、单蓉蓉等学者在人文基础设施的技术设计和理论建设方面都做出了突出贡献。朱本军、张久珍等充分意识到了国家基础设施建设的文化战略意义,中国学者要牢牢把握数字基础设施建设的主动权,相关部门应加快顶层设计,"使海内外与中国议题相关的讨论都在此同一数字基础框架下进行,同时吸引海外学者进驻与参与"[1]。中国古典文献学的资深学者则就当下古籍由数字化向数据化,再向知识化的发展进程提出激荡人心的宏大构想。清华大学刘石、孙茂松教授提出建设"中国古典知识库"(CCKB)的构想,即以20多万种全部存世古籍为基础,辅之以相应的工具,在保障古籍文献内容完整性及内部逻辑性的基础上突破文献原有结构,通过实体及相互关系对文献进行深层组织和知识管理。[2]可以说,数字人文正在中国掀起一个"知识工程"导向的基础设施建设高潮。

三　前景与挑战

2019年以来,适逢中国教育部力推"新文科"建设,数字人文在中国被寄予厚望。数字人文带来了材料和议题的扩展,一些在前数字环境下无从观察的现象、难以想象和处理的议题得以展开。在学科区分日趋细密的今天,数字人文重新唤起人文学者思考和解决"大问题"和"综合问题"的雄心。在数字人文的背景下,学科的固化、社会科学与人文学术间的壁垒和禁忌将被进一步破除,量化实证的方法进一步得到规范化的运用,跨学科、多学科协作的知识生产方式将重塑人文社科领域。中文数字人文的推进有望触发中国人文学科在知识基础、认识论、方法论和评价体系等多方面的反思,一个学科大碰撞大融通的时代终将来临。

---

[1] 朱本军:《重视新文科的数字基础设施建设》,《中国社会科学报》2020年8月28日。
[2] 刘石、孙茂松:《关于建设"中国古典知识库"的思考》,《人民政协报》2020年8月24日。

媒介变革使得整个学术界进入"后数字社会",开放获取的学术出版和发表方式,将逐步影响学术生产方式。文献基础设施已经深入人文学科的每个分支,新时代的学者,人人都要成为懂数据的文献学家。在大数据的基础设施上,对单个命题有意义的自建专题数据集将与大数据对接,能够满足多样化的研究需求,可以展开有问题针对性的研究。同时,这些小型数据也将被使用者公开,源源不断地汇入全球数据海洋,在开放、共享的数字情境下,承担起连接更广泛的公共文化的桥梁作用。

未来将有越来越多的文献数据库完成向关系型、结构化的知识库升级,它们按照语义单元来组织领域知识,能够模拟领域应用的知识环境,促使研究者彻底摆脱纸质文献的存储和利用思维,实现真正高效、共享的资源"数据化",促进文献学的"现代转型"和人文命题的多样化深入。刘石、李飞跃在《大数据技术与传统文献学的现代转型》一文中认为,传统文献学是纸本时代的大数据技术,而当代大数据技术则改变了我们对传统文献学的认识路径和把握尺度,它们都反映了人们对知识挖掘、组织、管理与再造能力的不断追求。[1]一些主流的自然语言处理技术和通用算法不断完善,自动版本比对、自动标点和断句、自动校释、文本对勘等任务的准确率和召回率不断切近理想标准。各教研单位面向用户的大型古籍处理分析平台已在建设中,如清华大学"数字人文智能分析平台"、上海外国语大学"中国古籍基础数据分析平台"等。这些平台有望融更多专门化的工具、方法和数据于一身,为"中国古典知识库"奠基。

从根本上说,数字人文是将对象和历史材料彻底数字化之后,在虚拟世界里建立起一套相应的映射和模拟系统,希望以此达到与真实

---

[1] 刘石、李飞跃:《大数据技术与传统文献学的现代转型》,《中国社会科学》2021年第2期。

世界高度一致的概念抽象和逻辑框架，可以视之为一种典型的"再现实践"[1]。计算不可避免地具有"压缩效果"，把丰富生动的人文体验变换为几何图形和抽象符号，在屏幕和网络上传播。大数据的远读毕竟是以丧失细节为代价的。这也是媒介变迁带来的人类知识传承难以避免的"降维保存"的过程。而且，和经济学中"所有模型都是错误的"情形相似，并不存在放之四海而皆准的"文化模型"。每一个数字人文个案的结论都有极强的针对性，很难推广成普世真理。在大多数问题上，远读只能成为细读的补充，由无数细节铸就的特殊性才是人文学者最关心的。数字人文无法自动获得批判性的维度，由"算法优化"主导的诸多数字人文研究进一步抽离具体社会、文化甚至技术语境。因而，在"数据驱动"与"知识驱动""问题驱动"之间，人文学者还需要把握平衡点，发展为一种阐释和批评手段的数字人文，使其具有反思性的向度。在这方面，一部分人文学者已经做出了清晰的思考，他们认为数字人文须超越"工具角色"的阶段，反对数字人文的学科化，或将主导权交给仅仅在技术上占有优势的学科，他们提倡开放边界和"复数的数字人文"[2]。未来应有更多的量化成果以"计算批评"的面貌出现——人文学者能够从自身的知识领域和细读体验出发，巧妙地利用数字工具设计实验，和数据驱动的结果交流对话，从

---

[1] 刘炜、叶鹰：《数字人文的技术体系与理论结构探讨》，《中国图书馆学报》2017年第5期。
[2] 陈静：《数字人文知识生产转型过程中的困境与突围》，《文化研究》2018年第2期；《当下中国"数字人文"研究现状及意义》，《山东社会科学》2018年第7期；《复数的数字人文：比较视野下的中西数字人文》，《中国比较文学》2019年第4期。戴安德、姜文涛：《数字人文作为一种方法：西方研究现状及展望》，《山东社会科学》2016年第11期；姜文涛：《作为一种文学研究方法的数字人文——印刷文化基础设施，20世纪文学批评史，以及文学社会学》，《中国比较文学》2019年第4期。但汉松：《朝向"数字人文"的文学批评实践：进路与反思》，《文化研究》2018年第2期。赵薇：《从概念模型到计算批评——Franco Moretti之后的世界文学研究》，《西南民族大学学报（人文社会科学版）》2020年第8期。

而达到破除算法黑箱，揭示现象背后的文化逻辑的目的。[1]更重要的，对技术祛魅的前提仍然是身体力行的投入：人文学者能够有效参与到搭建、部署、运行和评判复杂的计算和实验的系统工作中去，而不是"外包"给技术团队，如此才不会割裂实践的各个环节，从而最大程度地避免人文学科在极端的自主性追求中陷入绝境。在现阶段，提升信息素养，培养计算思维和操作能力，仍然是起源于实践的数字人文对中国人文学者的要求。从现实来看，踏实投入实践也是避免数字人文的泡沫化和过分虚热的唯一有效办法。

此外，评价体系建设任重道远。数据库、平台建设和算法开发算不算成果？开疆辟土式的"破冰式"贡献该如何纳入人文社科的现行评价体系？谁有资格评价数字人文成果？谁才是数字人文学者？在强调标准的同时是否又设置了新的门槛？这些一直伴随欧美数字人文发展的问题和焦虑，现在在中文学界也蔓生开来，引发了关于"什么不是数字人文"和"数字人文的学术评价体系"的讨论。[2]与传统的著述、论文、期刊之类相对单调的形式不同，如何让评价体系容纳更多元的数字成果，如何在量化评价和同行评议之间，在"资源导向"和非功利的学术追求之间，以及在大团队、大项目的"标配"生产模式和发展"微型数字人文"之间取得平衡，还将有赖于更多的观念转变与机制创新。

---

[1] 赵薇：《计算创造力与计算批评》，《中国社会科学报》2020年4月3日。
[2] 桑海在《澳门理工学报》2019年第4期组织了以"什么不是数字人文"为主题的笔谈，南京大学数字人文创研中心于2020年9月也组织了"数字人文的学术评价体系：定义与规范构建"研讨会，都引起了较大的社会反响。参见《"数字人文的学术评价体系研讨会"全文纪要》，《数字人文》2021年第1期。

第九章

通识教育与语言训练

第一节　普通话教育

赵　杨[*]

中国是一个多民族、多语言、多方言的国家。据《中国的语言》一书统计，中国现有129种语言，分属汉藏语系、阿尔泰语系、南岛语系、南亚语系和印欧语系等。[1]全世界母语人数最多的汉语，方言众多，同一方言内语音差异大，有些方言之间交流困难，甚至同一方言系统的不同分支也无法交流。

中国自古以来就有跨越方言隔阂的民族共同语，从先秦雅言、汉代通语到明清官话。1911年，清政府确定北京官话为国语，但由于时局动荡，作为民族共同语的国语推行缓慢，在中华人民共和国成立之初，中国的文盲率超过80%。[2]1955年，全国文字改革会议和现代汉语规范化学术会议召开，开展了新中国的语言规划。1956年，国务院发布《关于推广普通话的指示》，对普通话做出明确界定——以北京语音为标准音，以北方话为基础方言，以典范的现代白话文著作为语法规范。同年，国务院发布《汉字简化方案》，1958年发布《汉语拼音方案》，文字改革的基础工作完成。

1982年12月4日，《中华人民共和国宪法》通过，其中第十九条明确规定"国家推广全国通用的普通话"，推广普通话正式成为法定工

---

[*] 赵杨，北京大学对外汉语学院院长、教授。
[1] 孙宏开、胡增益、黄行主编：《中国的语言》，商务印书馆，2007年。
[2] 杨佳：《我国国家通用语普及能力建设70年：回顾与展望》，《云南师范大学学报（哲学社会科学版）》2019年第5期。

作，并先后写入相关法律法规。2000年10月31日通过，2001年1月1日起实施的《中华人民共和国国家通用语言文字法》赋予普通话以国家通用语言的法定地位，明确国家推广普通话，推行规范汉字。

1956年发布的《关于推广普通话的指示》提出，要在文化教育系统中和人民生活各方面推广普通话。经过数十年努力，这项工作取得了巨大成就。2004年发布的"中国语言文字使用情况调查"结果显示，全国能用普通话进行交际的人口比例为53.06%，能用汉语方言进行交际的人口比例为86.38%，能用少数民族语言进行交际的人口比例为5.46%，平时书写时使用规范汉字的人口比例为95.25%，掌握汉语拼音的人口比例达到了68.32%。[1]调查结果还显示，能用普通话进行交际的人口比例在城乡之间存在一定差距。城镇比例为66.03%，高出乡村21个百分点。调查还发现，普通话普及率与年龄和受教育程度具有相关性。在15—69周岁人群中，年龄越低，能用普通话交际的比例越高；受教育程度越高，能用普通话交际的比例也越高。60—69岁年龄段人群能用普通话交际的比例为30.97%，而15—29岁年龄段的比例高达70.12%。"没上过学"人群能用普通话交际的比例为10.36%，而"大专及以上"人群达到86.77%。近年来，推广普通话工作又有新进展，到2015年，普通话普及率达到了73%左右，预计2020年达到80%。[2]

推广普通话在很大程度上减少了因语言、方言隔阂造成的分歧，特别是在民族地区，有利于各族群众更为直接广泛地加强沟通，达成理解，进而在情感、思想、文化和政治等层面形成认同，增进各民族之间的交往、交流、交融，有利于民族地区发展，让每一个人都能够

---

[1] 中华人民共和国教育部："中国语言文字使用情况调查主要结果发布"，http://www.moe.gov.cn/s78/A18/s8357/moe_808/tnull_10533.html。
[2] 杨佳：《我国国家通用语普及能力建设70年：回顾与展望》，《云南师范大学学报（哲学社会科学版）》2019年第5期。

在更大的空间和更宽的领域获得机会,创造更美好的生活。[1]

普通话普及程度与地方的经济社会发展水平具有相关性,与个人创造财富的能力也具有相关性。国务院扶贫办2019年初公布的数据显示,截至2018年底,中国仍有1660多万贫困人口,其中较大部分深度贫困户都生活在使用少数民族语言或汉语方言情况复杂的地区,普通话普及率低。普通话熟练程度与劳动力市场的农民工收入呈显著的相关性,与民族地区农村人口的个人年收入也有相关性。[2]

普通话能力的缺失制约民众的文化知识和科技知识的输入,因"语言贫困"而导致经济贫困。因此,语言扶贫成为中国扶贫攻坚的重要组成部分。2016年,国务院印发《"十三五"脱贫攻坚规划》,强调语言因素在扶贫脱贫中的作用。2018年1月,《推普脱贫攻坚行动计划（2018—2020年）》由教育部、国务院扶贫办、国家语言文字工作委员会联合发布,提出语言扶贫目标:到2020年,贫困家庭新增劳动力人口应全部具有国家通用语言文字沟通交流和应用能力,现有贫困地区青壮年劳动力具备基本的普通话交流能力,当地普通话普及率明显提升,初步具备普通话交流的语言环境,为提升"造血"能力打好语言基础。国家通用语言文字普及与推广工作在新时期被赋予了打通语言扶贫"最后一公里"的新使命。

推广普通话是中国的国策,它与各民族发展并使用本民族语言并行不悖,两者都具有宪法规定的法律地位。

---

[1] 赵小雅:《中华民族共同体意识少不了语言相通》,《中国民族教育》2020年第10期。
[2] 雷明、赵耀、刘曦绯、邹培:《中国语言扶贫进程70年聚焦:模式、机理、路径及前瞻》,《江汉学术》2020年第10期;王海兰、崔萌、尼玛次仁:《"三区三州"地区普通话能力的收入效应研究——以西藏自治区波密县的调查为例》,《云南师范大学学报(哲学社会科学版)》2019年第4期;卞成林、刘金林、阳柳艳、苏丹:《少数民族地区普通话推广的经济发展效应分析:来自广西市际面板数据的证据》,《制度经济学研究》2017年第3期。

第二节 民族区域的双语教育

巴占龙[*]

引 言

双语教育是一个容易引发争议的社会现象。它有时被看成一种教学方法，有时则被理解为一种教育制度，有时甚至被想象成一种教育运动，至少是某种更为广泛的社会政治运动的组成部分。无论人们怎么思考和定义，当前语境中的双语教育，都特指那些在现代学校教育制度确立起来以后为专门培养学习者的双语能力而进行的社会设置。尽管社会-文化人类学者常常劳心费力地依据经验事实指出"教育≠学校教育"，但人们依然故我地将教育与学校教育混为一谈。因此，当我们谈论双语教育时，其实常常是在谈论学校双语教育。

双语教育并非新近产生的社会现象，而是古已有之。不过真正令人惊诧的是双语教育"古今有别"。前现代的双语教育大多是为精英阶层和主流社会服务的；而现代意义上的双语教育，即为处境不利的少数族群和语言少数群体服务的双语教育，则迟至第二次世界大战后才姗姗来迟。从全球教育发展史观察，1954年是熠熠生辉、光照青史的"伟大年份"，因将处于社会政治边缘的少数族群平等地纳入学校教育而带来其后数十年全球社会教育公共性的急剧拓展。在"东方"的中国，1954年9月20日颁布的《中华人民共和国宪法》第三条规定：

---

[*] 巴占龙，北京师范大学社会学院副教授。

"中华人民共和国是统一的多民族的国家。各民族一律平等。禁止对任何民族的歧视和压迫，禁止破坏各民族团结的行为。各民族都有使用和发展自己的语言文字的自由，都有保持或者改革自己的风俗习惯的自由。各少数民族聚居的地方实行区域自治。各民族自治地方都是中华人民共和国不可分离的部分"；第九十四条规定："中华人民共和国公民有受教育的权利。国家设立并且逐步扩大各种学校和其他文化教育机关，以保证公民享受这种权利。"在"西方"的美国，1954年5月17日"布朗诉教育委员会案"（Brown v. Board of Education）的判决具有里程碑式的意义，推翻了1896年"普莱西诉弗格森案"（Plessy v. Ferguson）的判决结果——"隔离但平等是合法的"，宣布完全根据种族隔离原则分设教育设施是"内在的不平等"，违反了第十四条美国宪法修正案，从而掀开了长达十余年的黑人民权运动的序幕。[1]由是观之，英语世界的各类文献常常一味渲染一种观点，即双语教育是如何在美国黑人民权运动发生以后被采用以满足语言少数群体的某些需求，因而具有了积极和先进的象征意义。这种观点完全对中国的抱负和实践视而不见、听而不闻，是典型的囿于"西方中心论"的一种观点。

在中国，"双语教学"和"双语教育"是1978年实行改革开放后才出现和流行的新术语。在2000年之前，双语教育在中国基本上是针对少数民族和民族地区学生的民汉双语教育的简称。但进入21世纪以来，针对内地各族学生（绝大多数是汉族学生）的外汉双语教育（主要是英汉双语教育）也在学界与市场的持续努力下被"识别"出来，成为一种类型。因此，今天中国语境中的双语教育包括两种类型，即主要存在于民族地区的民汉双语教育和主要存在于内地的外汉双语教育。本文只谈及前者，而前者也是比后者复杂得多的教育现象。

---

[1] 祝贺：《美国公立学校种族隔离的终结》，浙江教育出版社，2014年，第4—5页。

少数民族地区双语教育的政策变迁

1949年中华人民共和国成立以来的语文政策、法律和教育政策、法律，既有对之前中国共产党相关政策与实践的继承和发展，又有中国共产党和中国各级政府不断根据新的社会历史条件和经济政治环境进行的创新、调整、完善和系统化。

中国是亚洲第一个建立现代共和政体的国家，在风风雨雨的革命过程中，民族平等很早就成为基本政治原则之一，而语言平等则被早期的中国马克思主义者看成民族平等的重要内容和显著标志之一。1931年11月，中华工农兵苏维埃第一次全国代表大会通过的《关于中国境内少数民族问题的决议案》提出："必须为国内少数民族设立完全应用民族语言文字的学校、编辑馆和印刷局，允许在一切政府的机关使用本民族的语言文字。"[1]1938年10月，毛泽东在《论新阶段》的报告中又指出："尊重各少数民族的文化、宗教、习惯，不但不应强迫他们学汉文汉语，而且应帮助他们发展用各族自己言语文字的文化教育。"[2]1945年4月，毛泽东在中共七大政治报告中谈到少数民族问题时再次强调："他们的言语、文字、风俗、习惯和宗教信仰，应被尊重。"[3]

中国共产党的民族政策尽管在1949年已经发生了从"民族自决"到"民族区域自治"的转折，但是民族平等的原则一以贯之，演化成了一条至今仍被遵循沿用的规定："各少数民族均有发展其语言文字，保持或改革其风俗习惯及宗教信仰的自由。"这是1949年9月29日中国人民政治协商会议第一届全体会议通过的具有"代宪法"地位的《中国人民政治协商会议共同纲领》第五十三条之规定。这一规定被前

---

[1] 中共中央统战部：《民族问题文献汇编》，中共中央党校出版社，1991年，第170页。
[2] 同上书，第595页。
[3] 同上书，第743页。

文所述的1954年宪法所继承，至今未改。[1]

宪法是现代中国的根本大法，其规定对语言政策和教育政策的规制作用是不言自明的。1949年后，中国双语教育具体政策随着国家经济政治生活的主题和民族地区经济政治建设与文化教育发展实际需求的变化而不断变化，其变迁从培养目标的角度出发，总体上可以划分为改革开放前以政治建设为主的"培养合格干部"和改革开放后以经济建设为主的"培养合格人才"两个阶段。"培养合格干部"，尤其是培养少数民族干部，是1949年前中国共产党就已经确立的民族工作目标之一，新中国成立后则通过发展教育系统地加强了这一目标。例如，1952年11月9日发布的《中央人民政府政务院关于少数民族毕业生分配工作的指示》指出，"随着民族工作的开展，各少数民族地区迫切地需要干部，尤其是少数民族干部"；半月之后的24日，由政务院第六十次政务会议批准的《筹办中央民族学院试行方案》中，包含对"中央民族学院的任务"的三项规定，第一项即为"为国内各少数民族实行区域自治以及发展政策、经济、文化建设培养高级和中级的干部"[2]。改革开放后，包括双语教育在内的民族教育培养目标的重心迅速发生了转移。例如，1979年10月6日提交国务院的《国家民委、教育部关于民族学院工作基本总结和今后方针任务的报告》中指出"民族学院是主要培养少数民族政治干部和专业技术干部的社会主义新型大学"，"现在，我国进入了新的历史时期，各民族学院必须把工作重点转移到社会主义现代化建设上来，坚决执行新时期党和国家对民族工作的任务，大力培养四化所需要的具有共产主义觉悟的政治干部和专业技术人才，为少数民族地区的社会主义现代化建设服务"；一年

---

[1] 戴庆厦："中国民族语文政策概述（代序）"，马丽雅、孙宏开、李旭练、周勇、戴庆厦：《中国民族语文政策与法律述评》，民族出版社，2007年，第1—16页。
[2] 司永成：《民族教育政策法规选编》，民族出版社，2011年，第3—5页。

后，即1980年10月9日，《教育部、国家民委关于加强民族教育工作的意见》则明确强调，"少数民族地区的四化建设和繁荣发展，需要大批建设人才，必须发展各类学校教育"。

作为一种教育活动的分类标签，双语教育的根本问题是如何在教与学的活动中协调和规范双语的关系。从语言关系的角度观察，中国双语教育政策与法律演变的分水岭事件是2000年10月31日第九届全国人民代表大会常务委员会第十八次会议通过了《中华人民共和国国家通用语言文字法》，并于2001年1月1日起施行。在此之前，双语教育政策的基调是在"民汉兼通"中优先保证民族语文教学，在此之后，从保证民族语文教学的同时开始逐步加强国家通用语文——（汉语）普通话和规范汉字的教学。该法是中国第一部关于语言文字的专门法律，其中第三条规定，"国家推广普通话，推行规范汉字"；第四条规定，"公民有学习和使用国家通用语言文字的权利。国家为公民学习和使用国家通用语言文字提供条件。地方各级人民政府及其有关部门应当采取措施，推广普通话和推行规范汉字"；第八条规定，"各民族都有使用和发展自己的语言文字的自由。少数民族语言文字的使用依据宪法、民族区域自治法及其他法律的有关规定"；第十条规定，"学校及其他教育机构以普通话和规范汉字为基本的教育教学用语用字。法律另有规定的除外。学校及其他教育机构通过汉语文课程教授普通话和规范汉字。使用的汉语文教材，应当符合国家通用语言文字的规范和标准"[1]。值得注意的是，该法在民族地区的宣传和落实并不是一蹴而就的，而是经过了一个逐步推广和逐渐加强的过程。

从双语教育的政策与实践的长期演变看，虽然不同时期有不同侧重，但"民汉兼通"是贯穿其中的理想目标模型，该"理想型"不仅

---

[1]《中华人民共和国国家通用语言文字法》，北京市语言文字工作委员会：《国家通用文字规范手册》，北京，2007年，第1—6页。

因符合中国现实国情应运而生，也已成为平衡国家、市场与社会不同诉求的基本工具。

少数民族地区双语教育的类型变迁

中国是一个语言教育与社会文化的多样性均十分丰富的国度，而且中国所在的亚洲也是世界上语言多样性最丰富的地区。对于大多数普通外国人来说，中国民汉双语教育常常是指西藏、新疆和内蒙古这三个民族自治区的双语教育；对于大多数普通内地人来说，中国民汉双语教育常常是指"蒙藏维哈朝"（即蒙古、藏、维吾尔、哈萨克和朝鲜语）等北方民族语文使用频率较高且规模较大的少数民族聚居区的双语教育。这两种认识是极为刻板且粗浅的，实际上，中国民汉双语教育的类型和双语教学的模式十分多样。

从字面上看，少数民族地区双语教育，是指少数民族地区的学习者（经常是少数民族儿童和青少年，但实际上在部分地区，例如吉林省延边朝鲜族自治州也有数量不多的汉族儿童和青少年）既学习国家通用语文，又学习少数民族语言（文字）的语言教育活动。但是，从实践上看，少数民族地区双语教育不仅形式多样，而且内容丰富。如果再考虑到人们为追求美好语言生活而生成的意义模式和做出的实践探索，完全可以说，少数民族地区双语教育也是解读中国"经济增长与大国崛起"之谜的密匙之一。

如何定义和分类双语教育是国际性的难题。自20世纪70年代以来，国际学术界对双语教育概念与类型的认识在迅速深化和不断拓展。去繁就简，少数民族地区双语教育基本上可以分为两种类型，即过渡型双语教育和保持型双语教育。就中国的情况而言，可以极其粗略地说，在少数民族地区中，那些少数民族人口较多、居住相对集中且少数民族语文使用频率较高的地区，例如新疆和田维吾尔族聚居区等地的双语教育基本是过渡型双语教育，而那些少数民族人口较少、居住相对分散且本民族语文（现实中常常没有本民族文字）使用趋于濒危的民族地区，例如甘肃肃南裕固族聚居区等地的双语教育基本上是保持型双语教育。这两种类型的双语教育的语言学习焦点有所不同。如果说过渡型双语教育的焦点是如何学好国家通用语文的话，那么保持型双语教育的焦点就是如何学好本民族语文了。[1]从总体上观察，随着国家通用语文教学的全面开展和质量提升，少数民族地区双语教育出现了向保持型双语教育过渡的明显趋势。

根据2010年第六次全国人口普查统计，中国少数民族人口呈绝对数量较大，但相对占比较小，民族间差异较显著的特点。在大陆地区，人口在1000万以上的少数民族有三个，而人口在1万以下的少数民族有六个。特别值得一提的是，进入21世纪以来，中国政府采用了一个新的民族分类术语——"人口较少民族"，其民族政策的一个亮点是采取了"扶持人口较少民族发展"的系列政策。"人口较少民族"是一个变化的术语，2011年6月以前指人口在十万以下的22个民族，之后则是指人口在30万以下的28个民族。随着现代化进程的推进，人口较少民族的语言大多趋于濒危，在其聚居区内也先后兴起了保持型双语教育，其基本宗旨在于学好本民族语言，落实"科学保护各民族语言文字"的语言政策。

中国有自己关于民汉双语教学模式的本土术语——"一类模式"和"二类模式"。这两类不同的双语教学模式是根据某个有本民族语文的少数民族所在社区的社会语言环境、语言意识形态和学校教育条件，特别是师资条件等因素，以学校采用何种教学用语为标准划分的。"一类模式"是指学校的各种教学用语为民族语言，采用民族文字教材，同时加授一门国家通用语文课程。"二类模式"是指学校的各种教学用语为国家通用语言，并采用全国统编国家通用语文教材，同时加授一

---

[1] 巴战龙：《消除对少数民族双语教育的两种典型误解》，《中国民族教育》2016年第5期。

门民族语文课程。[1]

尽管从曝光率和关注度上来说，西藏、新疆和内蒙古等地的"族别型"双语教育更为人所知，但从复杂性和难易度上来说，云南等地的"区域型"双语教育则"养在闺中人未识"。一般来说，实行"族别型"双语教育的地区社会结构相对单一，语言常常有民族性的鲜明表征且内部差异较小，这类双语教育在跨数个省区或市县的区域内政策安排和实践样态均十分相似，这为跨区域双语教育协作提供了现实基础，例如先后成立了八省区蒙古文教材、五省区藏文教材和三省区朝鲜文教材协作组织；而实行"区域型"双语教育地区的社会结构相对复杂，语言常常只是民族性的诸多表征之一而内部差异较大，这类双语教育在同一县域内不同学校的政策安排和实践样态均有差异，跨区域双语教育协作的现实基础极为薄弱。值得一提的是，经过数代人的艰苦奋斗和辛勤努力，2019年云南的民族教育初步形成，双语教育是其有鲜明特色的组成部分，建立了包括十四个民族十九种文字的教材体系，拍摄制作了包括五种语言的民族文字电子音像教材，审定了十三种文字的点读式学前教材和十八种文字的有声读物挂图，极大地丰富了双语教育载体。[2]

中国已经成为世界第一教育大国，少数民族地区双语教育的规模与成就亦令人瞩目。据教育部民族教育发展中心的一项统计，截至2018年，全国开展民汉双语教育的中小学共有6521所，接受双语教育的在校生有309.3万人，双语教育的专任教师有20.6万人。民族院校和民族自治地方的部分职业学校和高等学校也在开展双语教育。双语教育为少数民族地区培养了一大批"民汉兼通、德才兼备"的高质量人才。[3]

---

[1] 滕星：《文化变迁与双语教育：凉山彝族社区教育人类学的田野工作与文本撰述》，教育科学出版社，2001年，第50—51页。
[2] 季征：《民族教育体系初步形成》，《云南日报》2019年8月22日。
[3] 郭岩：《新中国成立70年来少数民族教育成就卓著》，《中国民族报》2019年11月26日。

结语：在理想与现实的落差中选择和坚持

随着以高铁为标志的高效密集的交通网络建成及拓展，中国已经进入了超级"大流动时代"，不仅流动人口规模大，而且人口流动频次高，不同语言群体基于移动通信和互联网的工具与平台的跨文化、跨时空交流需求空前高涨，这对国家的公共服务供给水平，尤其是对全民交流基本工具——国家通用语文的推广普及提出了急迫而现实的要求。这是包括民族地区在内的全国范围推广普及国家通用语文的时代背景。

世界上有相当一部分国家是多民族、多语言的国家，建设对语言及文化多样性持敏感且宽容态度的双语（或多语）社会一直是人类社会追求的理想目标之一，而双语教育是实现这一目标的主要手段。中国是56个民族共同创建的统一的多民族国家，有55个少数民族、80多种语言和30多种文字，其中53个民族仍使用本民族语言（回族和满族已普遍转用汉语），22个民族使用着28种本族文字，语言文字的使用情况十分复杂。长期以来，民汉双语教育被人们普遍看作中国特色社会主义教育体系和民族事务治理体系的有机组成部分。

尽管在中国社会科学界一直存有一种影响力广泛的观点，即认为无论在民族地区实施双语教育的成本多么高，都比不实施双语教育所付的代价要低[1]；但是，双语教育的理想与现实之间有落差是一个客观事实。需要指出的是，这种落差并不是中国特有的产物，而是一种"世界通病"。归结起来，在当下的全球社会，这种落差几乎都是由有效治理社会风险的"理想"与社会政策有限理性的"现实"之间的矛盾导致的。

毋庸讳言，当下中国民族地区双语教育至少面临两种过于短视的

---

[1] 滕星：《文化变迁与双语教育：凉山彝族社区教育人类学的田野工作与文本撰述》，教育科学出版社，2001年，第258页。

观点的挑战。第一种观点把民族语文看作民族地区发展的负担或累赘，进而在双语教育中把国家通用语文教学与民族语文教学的关系理解成此消彼长的冲突关系。实际上，国家通用语文教学与民族语文教学的关系完全可以是协同发展的互构关系，保护语言及文化多样性符合中国及世界可持续发展的长远利益。这方面的社会科学研究已经汗牛充栋，此不赘言。第二种观点是双语教育已经成为西方所谓"民主政体"国家攻击中国是"威权政体"的常规工具，因此应以空前力度加强社会整合，至少从名义上取消双语教育。针对上述观点的挑战，首先，近年来某些所谓"自由世界"的西方国家大打"人权外交"牌，力图将中国民族地区的双语教育置于世界媒体的"聚光灯下"，扭曲事实并加以政治操弄，中国政府和人民应据实反驳，力挫其谋。其次，中国已经成为倡议和推动经济全球化的主要力量，现实的经济贸易和文化交流需要包括民族教育在内的国民教育培养"多语人"，而不是"单语人"；同时中国已成为在全球气候变化和生物与文化多样性保护等国际事务中负责任的大国之一，培养更多少数民族多语人，为保护人类语言及文化多样性做出世界级的榜样示范和实际贡献恰恰是中国的国家实力和文明程度的直接体现。进而言之，中国甚至应该以少数民族地区的双语教育为例来向世界说明中国政府和人民以民族平等为基本原则，将国家的独立与自主权和公民的生存与发展权在现实中充分地结合起来的少数民族综合人权观的实践效果和优异之处。最后，在社会利益过度分化，阶层、城乡和区域发展差距过大的严峻现实面前，采取如精准扶贫、产业结构调整、发展公平而有质量的教育等有力措施加强社会整合力度是非常必要的，但是将语言的习得和使用与身份认同的构建和巩固线性关联起来则实属谬误，这种谬误在实践中亦贻害无穷。质言之，中国政府和人民应从中国悠久的历史文明、中国特色社会主义道路和人类命运共同体的高度认识和理解、规划和实施双语教育。

第三节 外国通用语教育

王守仁[*]

1978年中国开始实施的改革开放政策,使中国的政治、经济、社会面貌发生了巨大变化。外语教育与国家命运紧密相连,改革开放推动外语教育,外语教育助力改革开放。改革开放的40多年,也是中国外语教育快速发展的40多年,特别是过去30年,我国开启国门,坚持开放,正在由本土型国家转变为国际型国家。外语教育主动适应新的形势发展需求,取得显著成就。

中国外语教育的一个发展趋势是由精英教育逐渐走入大众化教育,大学、中学、小学无不重视外语教学,国民教育体系之外的社会外语培训热度持续不减。据统计,中国约有3亿人在学外语。教育部《义务教育课程方案》规定外语作为义务教育国家课程,起始年级为小学三年级,北京、上海、广州、深圳等大城市则从一年级就开始开设英语课程。2014年9月《国务院关于深化考试招生制度改革的实施意见》公布,明确语文、数学、外语为统一的高考科目,分值相同(均为150分)。目前全国高校本专科在校生为3031万人,研究生286万人,大学外语作为公共基础课程和核心通识课程,所有学生都要修习。中国已经成为世界上最大的外语学习国度。

高校外语专业的学术研究和人才培养是决定中国外语教育质量和水平的关键因素,一直受到国家和社会各界重视。中国拥有北京外国

---

[*] 王守仁,南京大学外国语学院教授。

语大学、上海外国语大学等七所外语类专业院校，除此之外，各综合性大学、理工科大学也设有外语专业，其中英语专业招收学生最多，开设英语的本科院校超过1000所。2017年，教育部正式启动"双一流"（一流大学和一流学科）建设，北京大学、北京外国语大学、上海外国语大学、南京大学的外国语言文学学科入选一流学科建设名单。近年来，这些学校的外语学科按照"世界一流、中国特色"要求，稳步推进"双一流"建设。"世界一流"是对标世界高水平大学，在学术研究重要领域取得高质量、原创性成果；"中国特色"是服务国家发展战略，"扎根中国大地办大学"。高校外语专业教育以提升质量为主线，推进人才培养模式改革。研究生教育层面，外国语言文学一级学科从原来基于国别、语种的13个二级学科调整为外国文学、外国语言学及应用语言学、翻译学、比较文学与跨文化研究、区域与国别研究五大学科研究方向，跨语言、跨国别、跨学科的新格局正在形成。本科教育层面，《外国语言文学类教学质量国家标准》（2018）对人才培养提出了素质、知识、能力要求。南京大学从中国国情出发，基于其成功的外语人才培养实践，对跨文化能力进行重新定义，即认知层面的跨文化知识、功能层面的语言融通、行为层面的创造性与主动性、跨文化交流中的责任感和思辨意识，将跨文化能力确定为外语专业学生独特的关键能力和必备素养，探索出一条具有中国特色的外语专业学生跨文化能力培养途径：优化课程体系，在外语专业教学内容中有机融入中国元素；从语言技能训练上升到话语方式的掌握，融通中外语言、文化和思想，实现培养方式与手段的跨界融合。该教改课题于2018年获国家级教学成果一等奖。

  高校大学外语教学也在实施改革，特别是大学英语教学改革得到全方位推进，内容涉及教学大纲、课程设置、教学评估、教学方法与手段等，切实提高了教学质量。大学外语教学指导委员会于2020年10月发布《大学英语教学指南（2020版）》，这份指导性文件明确大学英语教学的目标是"培养学生的英语应用能力，增强跨文化交际意识和交际能力，同时发展自主学习能力，提高综合文化素养，培养人文精神和思辨能力，使学生在学习、生活和未来工作中能够有效地使用英语，满足国家、社会、高校和个人发展的需要"，大学英语教学分为基础、提高、发展三个级别，包括通用英语、专门用途英语、跨文化交际三大类课程。大学英语教学改革的目的是有效提高学生的英语运用能力：在一般社会场合能够用英语准确、得体地表达自己的思想和感情，参与讨论和辩论，讲述自己和中国的故事，阐释中国特色和立场，在专业场合能够用英语进行学术交流，在所学领域发声，让未来的科学家、工程师、经济学家、法律专家、人文学科专家学者能够专业出色，英语优秀。

为加强对中国外语教育的顶层设计、整体规划，政府主管部门提出建立外语能力测评体系，旨在使各级各类的外语教学在语言能力培养方面具有清晰有序的目标和科学的测试与评价标准。该体系建设的主要任务包括制定中国英语能力等级量表，研发国家英语能力等级考试。2018年《中国英语能力等级量表》（以下简称"量表"）由教育部、国家语委正式发布。量表基于中国国情，对我国英语学习者和使用者的英语能力进行全面描述，将其分成"初级使用者""中级使用者""高级使用者"三个阶段共九个级别。量表以语言运用为导向，构建了多层级的指标体系，对各等级的能力特征进行了全面、清晰、翔实的描述。量表作为中国第一个覆盖全学段的英语能力测评标准，有助于解决我国各项英语考试标准各异、英语教学与测试目标不连贯等问题，使考试设计更加全面、系统，使考试成绩具有可比性，促进不同学习成果的沟通互认，起到"量同衡"的作用。量表也为国家层面各类英语教学标准的制定以及学校层面教学大纲的修订提供指导和技术参照，为编写各类英语教材时确定语言能力的级别提供标尺。

中国外语教育的普及主要是在英语教育领域，这是由英语本身的重要性所决定的：英语是当今世界政治、经济、科技、文化等活动中广泛使用的语言，在可预见的未来，仍将是全球通用语言和开展国际交往的重要工具。近年来，为了适应世界格局发生的新变化和改革开放的新要求，其他语种的教育也有长足的进展，特别是国家实施"一带一路"倡议，促使中国外语教育从英语"一枝独秀"向多语种"群芳争艳"转变。义务教育外语国家课程除英语外，还有俄语和日语；最新高中课程方案调整了外语规划语种，在原来的英语、俄语、日语基础上，增加了德语、法语和西班牙语。高校以积极的态度发展多语种大学外语教学，开设英语后的第二、第三外语课程，培养"一精多会""一专多能"的国际化复合型人才，即精通一门外语，会多门外语沟通交流，掌握一种专业，具有多种外语能力。教育部印发的《推进共建"一带一路"教育行动》（2016）明确提出要促进沿线国家语言互动，"逐步将沿线国家语言课程纳入各国学校教育课程体系"。粗略统计，"一带一路"倡议涉及的国家语言有近50种。为服务国家发展战略，北京外国语大学已开设逾100种外国语言专业，覆盖"一带一路"沿线所有国家的官方语言。

外语教育在加强国际交流、对外传播中华优秀文化、促进文明互鉴、推动人类命运共同体建设方面有着特殊的作用和地位，外语学习对人的知识结构、思维方式、比较视角等会产生深远影响。在21世纪，中国的对外开放范围更大，领域更广，层次更高，新时代呼唤高质量外语教育。外语教育在探索适合中国国情的外语教学实践方面已取得引人注目的成就，外语教育理论研究也有突破性进展。一批优秀的学者正在积极探索，努力构建原创外语教学理论。如广东外语外贸大学王初明教授提出从"以写促学"到"以续促学""续论"，深入探讨语言学习的本质机制，其研究成果被高考命题采纳，相关文章在国际期刊上发表，引起国外学者高度关注；北京外国语大学文秋芳教授提出"产出导向法"，以"学习中心说""学用一体说""关键能力说"

教学理念为指导思想，以"输出驱动""输入促成""选择性学习"教学假设为理论支撑，由"驱动—促成—评价"若干循环构成教学流程，形成了具有中国特色的理论体系。外语教师对外国文学文化的研究不断深入，北京大学申丹教授、浙江大学聂珍钊教授致力于叙事学理论、文学伦理学批评的国际传播及国际学术话语权的建构。但总体而言，外语学科的建设与发展水平还有待提高。相比其他人文学科，研究基础不够扎实，有影响力的标志性成果不多。由于历史原因，博士点数量少，高层次人才队伍偏小，教师队伍学历层次相对低，制约了职业发展，与国家经济社会发展重大需求结合度不够紧密，缺乏强劲动力和活力。外语教育规模大，效率不高，一定程度上存在"耗时低效"现象，人文学科学者英语写作能力不强，未能有效开展国际学术交流，发出自己的声音。面对百年未有之大变局，中国外语教育需要采取有效举措迎接挑战，进一步提高教育质量，以建设外语教育强国。

第四节　外国非通用语教育

孙晓萌　张天伟[*]

引言：我国非通用语教育发展的背景

非通用语是与通用语相对应的概念。一般认为，联合国六种工作语言为通用语种，其他语言为非通用语种。早在1862年，清政府就设立同文馆，开启了近代的外语教育。1942年，民国政府在昆明设立国立东方语文专科学校，开设了印地语、缅甸语、马来语等八个语种的教学。[1]但非通用语教育的发展主要还是在新中国成立之后，如1964年中共中央、国务院印发《外语教育七年规划纲要》，强调大力调整高等学校和中等学校开设外语课的语种设置，学习非通用语种的人数要占一定的比例。除了高等教育阶段，在基础教育阶段，1979年教育部发布《关于办好外国语学校的几点意见》，明确提出开设英语、俄语、日语、法语、德语、西班牙语六个语种。2001年教育部下发《关于批准北京大学等高等学校建立外语非通用语种本科人才培养基地及下达基地建设经费的通知》《关于解放军外国语学院、国际关系学院建立外语非通用语种本科人才培养基地的批复》等文件，我国非通用语教育得以快速发展。非通用语教育的大发展阶段是在21世纪，特别是"一

---

[*] 孙晓萌，北京外国语大学亚非学院教授。张天伟，北京外国语大学中国外语与教育研究中心教授。
[1] 丁超：《中国非通用语教育的前世今生》，《神州学人》2016年第1期。

带一路"倡议的提出为非通用语教育的发展带来了新的机遇。2015年教育部印发了《关于加强外语非通用语种人才培养工作的实施意见》，强调加快培养一批具有国际视野、通晓国际规则、能够参与国际事务和国际竞争的应用型、复合型非通用语种人才。

新世纪我国非通用语教育发展的特点

进入新世纪以来，我国非通用语教育主要有以下变化。

（一）语种专业建设发展迅速

"一带一路"建设，需要语言人才先行。加快外语非通用语人才培养，是深化高等教育综合改革、提高人才培养质量的内在要求，是实施对外开放战略特别是响应"一带一路"倡议、捍卫国家主权和安全、维护国家经济发展利益的迫切需要。如以服务国家战略为导向，目前北京外国语大学已获批开设101种外国语言，已开齐与我国建交国家的官方用语。北京外国语大学欧洲语种群和亚非语种群是目前我国覆盖面最大的非通用语建设基地。

我国非通用语语种坚持循序渐进、有计划、有目的地开设。如2015年开设塔吉克语、库尔德语等14个语种专业，2016年开设斐济语、毛利语等12个语种专业，2017年开设达利语、纽埃语等12个语种专业。这样逐渐实现与已建交国家官方语言全覆盖。

（二）深化非通用语种专业招生体制和人才培养制度改革

非通用语种人才培养是提升我国国家语言能力的重要组成部分。近年来，确保非通用语专业人才培养需求，教育部不断推进相关省份、部门和高校动态调整优化招生结构，合理编制分专业招生计划，并在部分高校对非通用语种专业招生体制试点改革。如北京外国语大学实施的"一带一路"外语专业综合评价招生机制，重点选拔外语学习能力突出，对国别区域和国际政治、经济、文化发展趋势有浓厚兴趣的学生，特别鼓励复语考生报考。能力测试结果合格的考生，其综合评价成绩为考生的高考（实际考分）、能力测试两个方面的成绩以当地高考成绩满分值按7∶3的比例加总。

非通用语人才培养机制创新也是近年来非通用语教育发展的重要特色。各相关高校通过校内交叉培养，打通院系、专业壁垒，着力提高学生综合应用能力，建立健全"通用语＋非通用语"人才培养创新机制。语种开设以语言谱系关系为基础，强化通用语言的辐射能力，在相近语言中，通过增加区域主要通用语种的招生人数，鼓励他们辅修相近的非通用语课程，大力培养"通用语＋非通用语"的复语人才。这样既节约和整合资源，又避免重复建设。如北京外国语大学俄语学院以"俄语＋东斯拉夫和中亚语"的人才培养模式，培养兼具俄语及乌克兰语、哈萨克语、乌兹别克语、塔吉克语和土库曼语的复语人才。事实证明，按上述培养模式，在相近语种间实现师资的合理调配也是可行的，比如在北外以往的教学实践中，区域内通用语捷克语和塞尔维亚语老师可以兼顾讲授斯洛伐克语和克罗地亚语，教师可以一专多能。[1]

加强国际联合培养，扩大非通用语种专业学生公派出国规模及专业覆盖面，在对象国建立非通用语种海外培养基地，建立国内高校与对象国知名高校联合培养机制也是非通用语人才培养的重要举措。如2014年李克强总理出访希腊时，我国居然没有能够满足实际需求的希腊语翻译，中希语之间不能直译，只能通过英语转译。为此，国家留学基金委后来落实了李克强总理批准的希腊语人才培养方案，于2015年派出70人赴希腊留学，其中北外希腊语专业综合改革试点项目成班

---

[1] 张天伟：《非通用语种建设亟须全面布局》，《光明日报》2017年6月14日。

派出师生27人。[1]此外，近年来，为加强国别区域研究，特别是"一带一路"相关研究，加快培养和储备一批具有国际视野、通晓国际规则、能够参与国际事务和竞争的国别与区域研究人才，更好地为服务国家外交战略和"一带一路"建设提供强有力的人才智力支撑，国家留学基金委连续数年加大通过"国际区域问题研究及外语高层次人才培养项目"选派国别与区域研究人才出国留学的力度。

（三）成立非通用语专业教学法指导委员会，深化外语专业教学研究

2002年，《教育部关于成立2002年—2006年教育部高等学校外语专业等科类教学指导委员会的通知》发布，包括英语、日语、俄语、德语、非通用语等。非通用语教学指导委员会在专业建设、教材建设、教学改革、制定专业规范和教学质量标准等方面开展工作，极大促进了我国非通用语专业教学的发展。如中国非通用语教学研究会于2017年首发了《中国外语非通用语种类专业建设和发展报告》，并组织了第四届中国外语非通用语教育奖、优秀科研成果奖的评选活动；2015年中国非通用语教学研究会又组织了"第五届中国外语非通用语优秀科研成果奖"的评选活动，这些都极大促进了我国非通用语教学和研究的发展。此外，为记录我国外语教育发展历程，展现非通用语教育的发展现状和特点，北京外国语大学文秋芳、王文斌教授自2011年起牵头编写《中国外语教育年度报告》，该报告也对我国非通用语教育时年发展现状和建设成效进行了介绍和梳理，剖析了现存问题并总结了发展经验。

（四）巩固传统研究，注重交叉学科研究

近年来，随着国家社科基金冷门绝学研究专项等深入推进，我国

---

[1] 张天伟：《国家语言能力视角下的我国非通用语教育：问题与对策》，《外语界》2017年第2期。

非通用语教育在原有语言学、文学、翻译等传统研究不断深入的同时,注重国别区域等交叉学科的建设和发展。2013年,国务院学位委员会发布的《学位授予和人才培养一级学科简介》首次把国别与区域研究纳入外国语言文学一级学科,这也为我国非通用语教育的发展带来了新的机遇。2018年颁布的《普通高等学校本科专业类教学质量国家标准》中,外国语言文学类专业的学科基础涵盖国别与区域研究。在此背景下,一些非通用语专业发展较好的院校大力推动国别与区域人才的培养,如北京语言大学、北京大学较早在外国语言文学一级学科框架下自主设立了"国别与区域研究"二级学科;上海外国语大学在政治学一级学科框架下分别设立了"区域国别研究""区域学"二级学科;北京外国语大学成立了区域与全球治理高等研究院,编辑出版了《区域与全球发展》专业期刊等。宁琦在上述背景下,论述了区域与国别研究的跨学科属性与内涵,阐述了区域与国别研究人才培养的现状与目标定位,并以北京大学相关人才培养实践为例,探讨了跨学科国际化区域与国别研究人才分层分类培养的可行性。[1]

我国非通用语专业发展的现存问题

我国非通用语教育虽然取得了很多成绩,但也面临一些挑战和亟待解决的问题。

(一)科学合理开设非通用语相关语种

现阶段,我国非通用语人才培养还面临诸多问题,如"一带一路"倡议下国家外语战略缺乏顶层设计和宏观布局;国家外语人才,尤其是"一带一路"沿线语种人才缺乏培养和储备的长效机制;国家高水

---

[1] 宁琦:《区域与国别研究人才培养的理论与实践——以北京大学为例》,《外语界》2020年第3期。

平、多语种外语人才极度匮乏。非通用语专业的开设需要仔细论证、缜密规划，注重培养高端非通用语复合人才，既要满足国家需要，又要避免盲目和重复建设。这些问题的核心是语种开设问题，如非通用语教育中需要开设多少语种、怎么开设、开设什么语种等。非通用语人才培养亟须综合考量、整合资源、重新规划和全面布局。第一，要综合考量长期需求和短期需要，适当开设部分非通用语种；第二，要增加区域主要通用语种的招生人数，鼓励辅修相近的非通用语课程；第三，要充分利用我边疆少数民族地区的语言人才资源，弥补我周边国家语言人才需求的缺口。[1] 此外，非通用语教育发展还需要通过建设非通用语种人才资源库、国别对外话语传播体系等辅助手段来促进其发展，目前我国已建成国家外语人才资源动态数据库、国家语言志愿者人才库等，但非通用语人才部分仍需补充和动态更新，特别是复语、复合型高端非通用及区域国别研究人才。

（二）加快建设非通用语教育标准

为促进我国外语教育专业化，国家制定了系列外语专业教学质量标准、大纲和考试标准等，如2018年1月，教育部正式颁布《普通高等学校本科专业类教学质量国家标准》，其中《外国语言文学类教学质量国家标准》明确了外语专业人才培养目标、培养规格、课程体系、教师队伍、质量管理等各方面的要求；2013年，教育部高等学校大学外语教学指导委员会正式启动《大学英语教学指南》的研制工作，2020年10月教育部高等学校大学外语教学指导委员会和高等教育出版社正式发布了《大学英语教学指南（2020版）》；2018年教育部发布了《中国英语等级量表》。但上述标准中还没有非通用语相关标准，一些学者已经关注到此类现象，如董希骁结合我国外语教育现状，从必要

---

[1] 张天伟：《非通用语种建设亟须全面布局》，《光明日报》2017年6月14日。

性和可行性两个方面对中东欧非通用语种能力等级量表的研制进行了初步论证。[1]

(三)通过项目集群,带动非通用语发展

美国现阶段实施的关键语言战略,其核心是非通用语发展战略,美国以国家安全教育项目为抓手,特别是通过项目集群的方式,如美国国家语言服务团项目、旗舰项目、祖籍传承语者英语提升项目等,大力发展非通用语能力。现阶段,我国政府和高校已设有不少语言人才培养项目,如国家留学基金委外语培训项目、各省市的人才项目等,虽然政府投入不少,但这些项目的实施往往缺乏监管,受资助者学习质量难以保证,学成后为国服务的职责也不明确,导致项目目标难以真正实现,国家资金投入与效能回报不成正比。我国可效仿美国项目集群的形式,专项专用,强化人才考核机制和为国效劳的义务,使资源配置和人才培养得以不断优化。

结　语

国家语言能力建设的关键是语言人才和语言教育问题。国家语言能力建设的重点之一是非通用语能力建设,即科学合理地规划和发展非通用语教育。非通用语教育发展不是一蹴而就的,需要国家高度重视、顶层设计和持续投入。只有合理规划、稳步推进、持续发展才能更好地服务于"一带一路"倡议,有效应对处理海内外涉及国家战略利益的事务。有鉴于此,我国非通用语教育的改革与发展迫在眉睫、任重道远,但挑战与机遇并存,需要政府、学界和社会共同努力。

---

[1] 董希骁:《研制中东欧非通用语种能力等级量表的必要性和可行性》,《外语学刊》2019年第3期。

第五节　中国大学通识教育的发展历程、现状与问题

孙向晨　曹　莉[*]

21世纪初以来，中国大学在建设高水平现代大学的内在需求驱动之下，对于现有的大学本科培养模式和教学体系进行了全面反思与检讨，并着手进行课程设置、组织结构、管理方式和教学手段的改革。改革的重要内容之一便是推广和强化大学的通识教育，并通过通识教育理念的提升和实际操作层面的改革带动本科教育其他方面的变革与创新。由此，专业教育、实践教育、国际化教育、研究生教育等等，都不同程度地随着通识教育理念与实践的逐步深入，而获得自身内涵的扩展和实施途径的变化与更新。通识教育的理念对于中国大学教育肌体的渗透和与专业教育之间形成的互动与张力在中国的985高校中表现得尤为突出，通识教育的实践甚至成为这些大学总体发展水准、上升潜力和人文生态的重要标志。

通识教育由于注重打造一个学校中全体学生的共同价值观，培养学生的人文心智、审辨思维与科学素养，强调对世界文明的多样性和中华文明的独特性有整体性的理解，反思现代社会的利弊得失，因而在中国大学"价值塑造、知识传授、能力培养三位一体"的办学理念和实践中，发挥着越来越重要的推动作用。然而，面对新时期通识教育的热潮，大学教育的实践者们在保持乐观信心的同时也清醒地认识到，通识教育在中国大学固有的、强调专业教育的体制下仍处于弱势

---

〔1〕　孙向晨，复旦大学哲学学院教授、通识教育中心主任。

地位,"形式上的成功"并不意味着"实质上的有效";此岸的出发,并不意味着彼岸的到达。改革开放以来,特别是中国大学开展通识教育近25年的发展历程说明,中国大学的通识教育一方面需要秉承中华文明优秀的文教传统,另一方面更需增强时代意识和全球视野,在新的起点上乘势而上,为世界大学的教育做出中国教育者应有的贡献。

一 中国大学通识教育的发展历程

随着文化素质教育的推广和建设高水平一流大学宏伟蓝图的启动,以及中国大学国际交流水平的提高,中国大学纷纷开始探索和实践符合世界和中国未来发展的大学本科教育新模式,其中,通识教育的推行和实施遂成为中国高等教育发展和改革的一个新热点。2000年前后,"通识教育"和"通选课程"在清华、北大、复旦等一批重点大学里被程度不同地提上议事日程。

2005年,中国文化论坛在北京香山饭店召开了首届中国文化论坛(香山会议),本次会议以"中国大学的人文教育"为主题,着重讨论如何转变中国大学50余年以来形成的本科教育传统模式,从以往只注重专业教育而缺乏通识教育的本科培养模式,转向了"以通识教育为基础的专业发展"的本科教育模式。会上对中国大学通识教育的现状与发展进行了广泛而深入的讨论,讨论的核心议题是"人文教育",其实质却是"博雅教育"(liberal education),与之后中国大学广泛展开的"通识教育"(general education)密切相关。从学理上来讲,这些概念各有渊源,各有界定,但在具体的理念和实践中有非常密切的相关性。

2005年,复旦大学在广泛调研了国际一流大学之后,做出了开展"通识教育"的决定。2005年,复旦大学成立复旦学院,在国内首次全面推行"通识教育"。复旦学院作为一年制新生学院,下设五大书院(志德、克卿、任重、腾飞、希德),新生入学后全部进入复旦学院,随机分配到五大书院中。同时,复旦学院以"通识教育"作为推进本科教育改革的整体理念，这在当时的中国大学中具有先导性与前瞻性。2006年，新成立的复旦学院参考国际大学通识教育核心课程的设计，推出了首批50门通识教育核心课程，分属六大模块，一般在大一时修读。复旦学院的成立给中国大学带来不小冲击，真正意义上的通识教育课程开始在本科教育课程体系中逐渐获得一席之地，中国大学逐步开始了有建构、有组织、有系统的通识教育课程的建设，尽管所占学分比例仍然不高。

随着2005年首届中国文化论坛的举行、2005年复旦学院的成立以及2007年首届"文化素质通识教育核心课程讲习班"在清华大学的举办，"通识教育"在中国大学和学者当中形成了更为广泛的共识，很多中国的大学特别是综合性大学看到通识教育在国内展开的可能性与愿景。在这个过程中，各校根据自己的情况进行了各具特色、形式多样的尝试和探索，以往的文化素质教育的内容以及相应的平台也逐渐由初始阶段的校园文化活动和一般选修课转为通识教育的核心课程，并进一步进入部分高校的本科培养方案。核心课程的迅速建立和发展逐步成为通识教育向纵深发展的一个重要标志，并由此带来素质教育与通识教育合流的趋势和景观[1]；更多关于如何有效开展通识教育的思考

---

[1] 比如清华大学，2006年在中国率先设立文化素质教育核心课程，在此之前，在2000—2001年四年一度的全校第21次教育工作讨论会期间，首次明确提出了"在通识教育基础上的宽口径专业教育"的本科培养目标，并在构建通识课程体系与精品课程建设的基础上，确立了文化素质教育通识课程13学分的基本要求。率先于2005年在中国内地建立本科学院的复旦大学党委书记秦绍德、主管教学的副校长蔡达峰也多次撰文和接受访谈，阐述通识教育和文化素质教育的共同目标和努力方向。参见秦绍德、蔡达峰：《通识教育：大学改革的路径选择》，《解放日报》2010年2月5日。其他如北京大学、浙江大学、南京大学、中山大学等也是同时提倡素质教育和通识教育并设有相应执行和管理机构，所谓两块牌子，一班人马。 另参见胡显章：《努力以科学的大学理念推进文化素质教育》，《新清华》2005年10月20日；胡显章：《"通"与"专"的和谐发展》，北京论坛，学者访谈录，第五辑，2008年11月；曹莉：《关于文化素质教育与通识教育的辩证思考》，《清华大学教育研究》2007年第2期。

第九章 通识教育与语言训练 | 569

和探索相继涌现。[1]

2015年,在复旦大学通识教育十周年之际,由北京大学、清华大学、复旦大学、中山大学四所高校共同发起,在北京大学成立了中国"大学通识教育联盟",时任中山大学博雅学院院长的甘阳教授担任联盟秘书长。联盟的成立,标志着通识教育得到了国内一流大学的共同认可,并以创新性的教育改革切实推动通识教育的开展。2016年,国家《十三五规划纲要》第五十九章第三节"提升大学创新人才培养能力"中首次提出:"完善高等教育质量保障体系。推进高等教育分类管理和高等学校综合改革,优化学科专业布局,改革人才培养机制,实行学术人才和应用人才分类、通识教育和专业教育相结合的培养制度,强化实践教学,着力培养学生创意创新创业能力。"通识教育首次被写入国家纲领性文件中,这标志着中国大学通识教育进入新的制度性发展阶段,通识教育已经成为本科教育的有机组成部分,人们日益从高等教育的整体性角度认识和推行通识教育。之后通识教育如火如荼地在国内高校自下而上地进行推行。伴随各大学通识教育路径的日益丰富,截止到2021年,加入"大学通识教育联盟"的高校数量达到60所,逐步形成了今天通识教育在中国的积极发展态势。

二 中国大学通识教育的基本状况

课程体系

目前中国大学通识教育实践以类型或模块为框架建立通识教育(核心)课程体系,面向全校所有(或部分)本科生开设,是较为普遍的做法。通识课程是实施通识教育的主要途径,将通识教育理念贯彻到每一门课程中,是通识教育实践者的共同心声。通识核心课程质量

---

[1] 复旦大学、中山大学、北京大学、浙江大学等相继成立规模不等的本科学院推进通识教育是最引人瞩目的实例。

直接关系通识教育的质量，师生对通识核心课程的评价也直接影响对通识教育的接受程度。国内大学推行通识教育之初，通识课程主要是以文化素质教育课程、通选课为主，课程缺少有效的建设，资源投入力度不够，缺少有效的制度机制保障，师生普遍较为轻视，导致通识类课程质量参差不齐，有些课程被认为是"营养学分"。这与20世纪80年代台湾地区高校的通识课程面临同样的境地："没有人愿意教，没有人愿意学，没有人愿意管。"

近年来，在一批开展通识教育的有代表性的高校影响下，高校普遍认识到课程质量对于通识教育的重要性。2007年7月，由中国文化论坛和清华大学合办的全国首届"文化素质通识教育核心课程讲习班"在清华大学正式开幕，这是近年来经过相当长时间讨论后，通过集中培训、示范授课的方式，将通识教育理念和实践向全国各高校推广，到2019年已经开展了十一届。讲习班的召开对于中国大学通识教育特别是通识课程的建设，意义深远。第一，强调经典阅读的重要性。讲习班曾邀请甘阳、刘小枫、李学勤、汪晖、彭林等知名学者以核心课程的形式，选取中西古代与现代的经典文本（Great Book），以读书带动思考。经典文本模式是国外大学通识教育课程的主要模式之一，通过经典文本阅读的方式，引导同学们与经典对话，与大师对话，进而训练学生思考问题的方式，以及培养人文素质；这是通识教育的核心所在，可以进行推广和复制。第二，推广"大班授课、小班讨论"的模式。[1]讲习班在讲授课程之后，将学生分成若干个十五人以内的小班，每门课程都配备了助教进行引导，对文本内容进行细致讨论。"小班研讨"与"助教制度"以文本为核心，发挥研究生的力量，引导学生将课堂学习进一步延展与延深，并通过讨论带动思考、阅读与写作。

---

[1] 甘阳教授在《读书》杂志上发表的文章《大学通识教育的两个中心环节》（2006年第4期）中强调了小班研讨与助教制度是大学通识教育的两个中心环节。

这一理念在讲习班上得到了全面的展示，给参与学习的各高校教师、管理者以及学生都带来了很大的启发，也为接下来十年中各高校通识课程教学设计与改革模式提供了方向。

高校开展通识课程建设，在课程体系建构方面，会参照国外大学通识核心课程模式，对通识课程进行模块化或类型化梳理，如划分为人文、社会、自然科学与技术、医学等板块，在不同的板块中建设相关课程。其不同之处在于，有的学校是先有课程（一般为通选课或文化素质教育课）再设计板块或模块，并相应调整现有课程的归属；有的高校是先设计板块，再采取立项或者招标的方式新建课程。前者的优势在于保证课程数量充足，但缺点是课程未能很好地与板块设置目标相契合，课程之间逻辑性不强，增加课程移出与调整的成本；后者的优势在于按照建构好的体系进行"按图索骥"的课程建设，一定程度上能保证板块设计与课程之间的密切性以及避免课程建设数量的无限膨胀，但缺点是板块设计一般带有理想主义色彩，受现有师资及学科建设等方面的制约，较难建构起完整的课程体系。

在课程来源方面，一方面是对原有文化素质教育课程进行改造升级，同时通过"立项结项"的方式建设一批全新的课程。如上海财经大学从2013年起对通识课程进行立项并定期结项验收。另一种路径是"重起炉灶"，举全校之力打造彰显本校特色的通识课程，如中国政法大学于2006年开设"中华文明通论""西方文明通论"两门全校本科生必修的通识核心课程，香港中文大学2009年开设"与人文对话""与自然对话"两门通识教育基础课，大一大二年级学生必修，其教材是必读经典篇章的文集，武汉大学2018年为全校大一新生开设"人文社科经典导引""自然科学导引"两门基础通识课程，等等。以上几所高校打造的通识核心（基础）课程，除了多名教师共同参与教学、研讨之外，"大班授课、小班讨论"教学模式在每所高校的课程建设中都得到了有效推行。

管理体系

传统的以学科为核心建立起来的学院制管理方式、专业教育人才培养模式已经不能适应通识教育的要求，大学人才培养及管理组织结构正在发生相应变化。通识教育推动学分制改革、招生方式改革、导师制度建立、学生具有更大的选择权、课程体系和结构的调整等等。旨在推行通识教育，探索通专融合之路的独立学院、管理组织等得以成立，作为开展通识教育及本科人才培养改革的"特区"，相对于课程建设来说，这有很大的实施难度。目前通识教育组织可以分为三类：

第一，人才培养组织。（1）文化素质教育基地。为推动文化素质教育的开展，1995年以来，教育部先后两批设立了"大学生文化素质教育试点院校"157所，批准建立了93个"国家大学生文化素质教育基地"。（2）人才培养实验学院（精英学院）。以北京大学元培学院、清华大学新雅学院、浙江大学竺可桢学院为代表。该类组织主要将通识教育纳入本科教育人才培养，以创新本科教育模式为目的，以培养本科精英人才为导向，在促进学生全面视野、人格养成的同时，注重跨学科人才的培养。精英学院通识教育组织具有以下特点：学院规模相对较小，通过单独招生或二次选拔的方式进入学院学习；教学内容强调通识学习，除学习全校的通识类课程外，学院还开设单独的通识教育课程，并对学生学习提出较高要求；学生的专业选择更加灵活，学生可以自由选择喜欢的毕业方向（或专业），为学生尽可能提供多元的发展路径。（3）新生学院。新生学院仅招收大一（或部分大二）新生，以专门实施通识教育为目标，因此将大学四年中的第一年划定为通识教育实施阶段，学生一般是按照大类或没有专业限制的方式进入新生学院，待第二年起回归各专业院系学习。学生在"新生学院"中进行通识教育课程学习、生活教育等。新生学院一般由全部新生加入，学生具有流动性，一般在第二学年回到专业院系或确定专业方向，如同济大学新生院。

第二，学术组织。在专业教育知识中，有一部分人文知识具有通识教育的某些属性，因此一些大学会以人文类系科组织为基础叠加通识教育管理职能。这类组织一般拥有独立的学科或专业，以及专业教师队伍，如中山大学博雅学院、厦门大学人文学院、重庆大学博雅学院、西南财经大学人文（通识）学院等。重庆大学博雅学院采取"人文高等研究院＋博雅学院"相结合的模式，人文高等研究院既从事跨学科的理论研究，又承担博雅学院专业课程教学的任务，同时为全校学生开设通识课程。这类通识教育组织的学生主要来源于校内二次招生（或高考招生），专业选择有较大的自由度，以开展跨学科人文教育为主。

第三，教育组织。为了在大学中推行通识教育，部分高校成立了专门的通识教育组织（如通识教育部、通识教育学院、通识教育中心等）。有的组织拥有专职教师，开展课程建设与教学管理，如香港中文大学通识教育部；有的组织主要邀请相关院系的专业教师参与通识教学。台湾地区150余所高校设立的通识教育中心或通识教育部，有的是与院系平行的一级教学单位，或是隶属于某一学院下的二级教学单位，有自己的专任教师队伍；而有的则是行政管理部门，有专职行政人员负责通识课程的规划、管理，但授课教师来自各个院系。

各类大学通识教育的开展情况

目前，中国大学的通识教育已经在各类型、各层次的大学得以广泛实施，同时也各具特色。

综合性大学实施通识教育的特点在于学科基础好，能够为通识课程提供主要的师资来源，因此通识教育课程体系呈现多元化、丰富性的特点，涵盖人类知识领域的多个方面，比如复旦大学通识核心课程的七大模块。综合性大学一般都有优秀的通识教育传统，培养理念和培养模式也会将通识教育理念"一以贯之"地推行，在选课制度、教学管理制度等方面，为通识教育的有效推进提供制度上的保障和支持。举全校之力开设的通识基础（核心）课程，一般在综合性大学中更容易进行建设。

理工类大学相对于综合性大学，对通识教育的需求更加迫切。理工类大学依托人文学院或者相关文科专业开展通识教育。此外，有些以理工科为主的大学，单独成立旨在推行通识教育的独立学院，如重庆大学博雅学院等。该类学院一般依托人文学院，强调学科建设，为通识教育培养更多的师资，并通过学科建设提升通识课程的学术水准。

专业类大学近年以来也加快了通识教育建设的步伐。如财经、农林、矿业、传媒等行业特色类高校，也都不同程度地推动通识教育的开展。浙江财经大学（2016）、上海财经大学（2018）、中国传媒大学（2019）、中国农业大学（2020）先后成立通识教育中心，西南财经大学于2007年成立人文（通识）学院，中国石油大学于2022年成立通识教育专家委员会。除专门组织管理机构之外，专业类大学在通识教育实践方面，重视特色类课程建设。如中国农业大学开设的"大国三农"以及出版的《耕读教育十讲》教材体现了具有农业特色的通识教育。

书院制教育

书院制是将国外住宿学院制度与我国古代书院传统相结合的一种育人模式，是将教育过程迁移到学生生活社区中的一种制度性安排；生活社区成为教育的载体，体现了"生活即教育"的理念。

从书院制教育的主体来看，书院制教育具有双主体性，既有教师也有学生。书院制下的教师不同于第一课堂的授课教师，而是承担指导学生的职责，即"导师"。"导师"是在国外住宿学院诞生后产生和发展起来的，导师的角色从对学院负责，对学生生活的监管和道德的教导，转变为重点对本科生学业进行指导，让导师参与学生的学习、生活、思想，从而能教会学生独立思考，鼓励学生积极主动地形成自主学习、独立精神和批判分析等至关重要的能力。书院制教育又是学生自我管理的社区平台，因此学生本身也是教育的主体，可以通过民主平等的方式进行自我有效约束和管理，充分发挥其主动性。此外，书院制模式力求打破传统以学科及院系作为人才培养平台的组织壁垒，通过成立相对独立的实体化或非实体化的书院，切实发挥书院在促进跨学科方面的作用。

从参与书院制教育的学生群体来看，既有面向少数精英学生的书院，也有实现所有学生全覆盖的书院。以培养精英为目标的书院制一般以拔尖人才培养为主。2009年，教育部启动"基础学科拔尖学生培养实验计划"，将导师制作为拔尖人才培养模式改革的重要内容。在从拔尖计划1.0阶段到2.0阶段的288个基础学科拔尖学生培养计划基地，各参与高校基本上都建立了面向拔尖计划的学生的书院，如浙江大学竺可桢学院、西安交通大学钱学森学院、北京师范大学励耘学院、兰州大学萃英学院等，并且普遍实施了面向基础学科拔尖学生培养的导师制。相对而言，开展覆盖全校学生的书院数量的高校相对较少，代表性的有复旦大学五大书院、西安交通大学九大书院等。

从书院制教育的建设重点来看，有很多共性之处。如重视物理空间的改造，通过兴建活动场所和配套设施来打造良好的学习环境和交流场景；开展多种主题的实践活动，为学生提供更大空间，促进学生个性发展；多渠道推动学生跨学科交流，在书院之间、书院与学院之间通过项目、主题活动等形式，激发学生的跨学科思维，锻炼核心能力。当前书院制教育也面临迫切需要解决的问题，如当学生工作和活动占据主要位置时，书院制教育如何更有效地体现其教育意义，其特色能否持续彰显，以及如何切实有效地发挥导师的作用，激发导师对自身角色认识的"觉醒",使其在科研压力的环境下,能保持育人的初心与热情。

三　中国大学通识教育面临的问题和挑战

在世界格局日新月异地发展、变化的今天,中国大学本科教育面临着诸多挑战,通识教育的应运而生就是为了应对这些挑战,但通识教育在中国大学中的发展同样面临着各种困难与问题。

1. 中国大学如何在学习国外大学的基础上形成自己的通识教育特色

在学习国外的通识教育体系的基础上,如何通过通识教育第一课堂与第二课堂的有效结合,形成具有中国自身特质的通识教育体系,如何在世界文明和建立人类命运共同体的视野下,弘扬中国的文化传统并进行必要的现代转型,进而立足中国,放眼世界,实现"立德树人"的总目标,是中国大学通识教育面临的首要任务。要应对这一挑战,在后全球化背景下重新审视中国的文化传统和教育资源,不断巩固和创新通识教育的知识体系,寻找能够体现自身特色的表达方式,是中国大学进一步推进通识教育的新目标。

一些大学在自身的通识教育发展中形成了一些初步的特色。2005年召开的首届中国文化论坛在探讨本科教育与人文教育时,许多学者提出,本科教育和大学人文教育应该改变"概论、原理加通史"的模式,使之转变为研读古今中西原著经典的方式,应该精心设计中国大学人文教育最基本的必修课,以经典(包括人文经典和现代社会科学经典)阅读为中心,作为全校本科生必修的"共同核心课程"。在通识教育课程建设中,高校实践者普遍重视经典阅读课程的建设,通过第一课堂和第二课堂两条路径共同推进,如南京大学"悦读经典计划",就是通过第二课堂路径推动经典阅读的开展。

中国优秀传统文化类课程,是经典研读类课程的重要组成部分,可以此为载体培养有自信心、自豪感、自主性的一代代传承者。2014年教育部在《完善中华优秀传统文化教育指导纲要》中指出：中华优秀传统文化是中华民族语言习惯、文化传统、思想观念、情感认同的集中体现，凝聚着中华民族普遍认同和广泛接受的道德规范、思想品格和价值取向，具有极为丰富的思想内涵。"大学通识教育联盟"四校的北京大学、清华大学、复旦大学、中山大学，在通识课程体系建构中，均在不同程度上开设了相关课程。如复旦大学"文史经典与文化传承"模块以中国经典为核心，设计了"先秦诸子""经与经学""史学名著"等多个基本课程单元，课程围绕经典文本展开教学，如"论语""诗经""资治通鉴"等经典类课程都会出现在诸多高校的通识课程列表中，并占据一定的比例。但该类课程的开设受高校学科设置及师资的影响，如理工科高校或者行业特色类高校，普遍缺少讲授中华传统文化的师资，不得不依靠其他高校的外援或者借助在线课程开展，课程质量及课程之间的逻辑性难以保证。

第一课堂与第二课堂结合，是推进课程优化的趋势，已有高校进行了相关探索，如复旦大学基于第一课堂的教学开设的"通识游学"课程，推出"中国传统文化与古代书院""春秋与孔子的历史世界"等五条线路；清华大学新雅书院推出的耕读体验活动等，将耕读实践与经典学习相结合，都是第一课堂与第二课堂融合的尝试。但由于第二课堂的开设，涉及师资及资源等，局限性较大，还未能在更多高校推广。

2. 通识教育蓝图和实际效果之间存在差距

目前中国很多大学都有精心设计的通识教育理念，以及基于一个知识体系或对于世界的基本理解来形成的多种课程模块和科组。通识课程体系的规模一般会达到100门课以上，有些学校甚至有两三百门课，较多采用分布必修（选修）的方式，通常会有10—15个通识学分。但是，无论是课程设置还是课程组织形式以及实际效果，距离素质教育和通识教育的本质要求及理想境界还有很大的差距。虽然在核心课程建设之初就明确提出了核心课程的建设理念和基本要求，但是此岸的出发并不意味着彼岸的到达，在实施过程中变形走样、不到位的现象时有发生。在中国有些高校，通识教育理念尚未被广大师生普遍接受，功利主义思想对大学教育的桎梏尚未完全打破，学生将通识课程看作专业学习之外的"调剂"和"附属"，选课目的性较强；通识课程学分在毕业学分中的比重较低，在学生成绩绩点计算方面被区别对待，导致学生对通识学习的重视程度不够，同时会降低教师教学的积极性；通识课程师资水平参差不齐，在本校师资不足的情况下，通过外聘或使用线上课程资源等形式解决，都会影响课程质量。上述诸多因素共同作用，导致通识课程在规格、质量、水准等方面的移位和偏差。通识教育地位的尴尬反过来又影响了师生在课程上的投入，投入的不到位又加重了"地位"的不到位，如此这般的非良性循环，时常影响和制约着通识课程的提升和发展。

一段时间以来，所谓核心课程只是相对于一般素质课和选修课而言，并没有在本科培养方案中成为真正的基础和核心。通识课程学分和模块或课组确立之后，课程的内涵和教学方式的革新成为长期的攻坚战。如何避免课程体系成为拼盘式、缺乏内在逻辑和有机联系的大杂烩，切实通过具体的每一门课程把通识教育的核心价值和目标加以落实，成为大多数高校通识教育亟待解决的实际问题。

3. 通识教育价值如何实现师生的内在认可

目前，通识教育的改革很热烈，但通识教育在现有体制下很难深入、细致地展开，一个重要原因是：教师和教育管理者常误认为他们所参与的通识教育改革仅仅是一项课程的改革。对于通识教育作为教育理念的深刻变化，以及如何通过教育文化的变革，使教师、学生、行政管理三方形成合力，使通识教育的理念内化为大学组织内部成员之间统一的、默契的"信仰"，在这方面的认识是不足的，这也是通识教育实践中面临的实际问题。国外的大学通识教育有延续性和传承性，从博雅教育到自由教育，再到现代通识教育的开展，通识教育已成为世界一流大学本科教育中重要的组成部分，取得了普遍的共识。中国大学通识教育实践模式在一定程度上可以看作"嵌入式"的推进过程，通识教育理念实践化对课程体系的建构相对较为容易，但促进大学内各层次人员对通识教育理念认同以及与专业教育理念下人才培养机制结合起来，矛盾和冲击将不可避免。

另外，数码时代和信息技术为通识教育理念和实践在师生当中获得更广泛更及时的认可提供了前所未有的有利条件，如何进一步凸显并聚焦这类数字媒体的影响和示范作用，是通识教育实现更大更有效的师生集体自觉所面临的新任务。

4. 通识教学如何处理好"以教为中心"和"以学为中心"的关系

课程设计得再好，如果没有有效的教学以激发学生的学习热情，最终是没有太大效用的。教学方式在保障通识教育有效性方面发挥着关键性作用，通识教育希望学生在学习的各个环节形成一种自觉：对学习内容的兴趣、对学习方法的理解、对自主学习的自觉等，这些都需要通过"教与学"的方式将其激发出来。为实现这个目的，伴随中国大学通识教育的展开，教学方式上也开始从过去"以教为中心"的模式转变为"以学为中心"的模式。这给教师带来很大挑战，需要更多关注学生的学习过程和学习成效，更加用心地设计师生互动、生生互动的环节及主题，及时对学生的阶段性学习成果进行有效反馈，等等；对学生也带来很大挑战，学生要克服在功利主义影响下对未知领域学习动力不足等问题，摒弃急功近利的想法，在通识课程中进行"潜泳式"而非"浮浅式"学习；需要锻炼自我学习能力，通过"自知自己无知"保持谦虚的学习态度，主动探索"未知"领域。另一方面，在"以教为中心"向"以学为中心"的过程中，要警惕在一个貌似互动和开放的教学课堂上，教师放弃教学的主动权以及必要的引导，否则一味强调"以学为中心",忽视教师主导性的结果往往会以课堂活动的热闹掩盖思想的肤浅和认知挑战的苍白。

"以教为中心"向"以学为中心"的转变,其背后也同样存在着专业教学理念(方式)向通识教学理念(方式)的转变。通识教学更强调思维模式的建立、认知方法的习得以及在此基础上进行的可迁移能力的培养。以此为目标进行通识课程知识的建构,无须呈现专业教育课程中严格的层次性,也不用过多强调学科体系的完备性,而应通过"以点带面"的方式组织教学,以问题式及主题式的形式,对不同领域的知识进行反思。面对这一转变,传统课程建设中常规的教学培训或者制度性要求并不能促进教师在这方面的发展,唯有教师通过对通识教育教学实践的不断总结,努力建设通识教育的教师共同体,方能有效地完成这一重要转变。

第十章

组织与机构

组织与机构

杨永恒[*]

国务院学科评议组

为贯彻执行《中华人民共和国学位条例》及其暂行实施办法，根据工作需要，设立国务院学位委员会学科评议组（以下简称学科评议组）。学科评议组是国务院学位委员会领导下的专家组织，从事学位与研究生教育的咨询、研究、监督和审核等工作。任务包括：（1）贯彻实施《中华人民共和国学位条例》及其暂行实施办法。根据学科发展趋势和国家发展需求，就学位与研究生教育发展和改革的重大问题进行研究，向国务院学位委员会提供咨询或提出建议。（2）对新增、调整和撤销学位授予单位及其学位授权学科进行评议，提出审核意见。（3）对调整和修订学位授予和人才培养的学科目录进行研究，提出意见或建议。（4）参加质量检查和监督，对本学科领域学位授予和人才培养的质量进行调查研究，向国务院学位委员会和教育部就学位授予单位的学科建设、人才培养和学位授予等工作提供咨询或提出建议。（5）承担国际交流中学位相互认可及评价等专项咨询。（6）承担国务院学位委员会委托的其他事项。

学科评议组根据国务院学位委员会规定的学科门类，按一级学科或几个相近一级学科分别设立。根据工作需要，可以临时组织跨学科

---

[*] 杨永恒，清华大学文科建设处处长、公共管理学院教授。

的学科评议组。每个学科评议组一般由7至21人组成，设召集人2人。国务院学位委员会中的有关专家分别为有关学科评议组的当然成员。根据工作需要，各学科评议组由召集人或2名以上（含2名）成员提名，经国务院学位委员会秘书长批准，可以临时约请学科评议组以外的专家、学者参加本学科评议组的有关工作。临时约请人员在该项工作中与学科评议组成员享有同等权利。学科评议组成员由国务院学位委员会聘任（均系兼职），受聘的年龄一般不超过65岁；从聘任之日起，任期五年，可以连续聘任，连续聘任一般不超过两届。每届学科评议组四分之一以上成员应当从上届成员中续聘，续聘成员不得超过全体成员的二分之一。学科评议组成员应热爱祖国，遵纪守法，处事公道，作风正派；应当是本学科学术造诣精深的教授或相当专业技术职务的专家、学者，具有培养博士研究生的经验。聘任期间不宜继续担任学科评议组成员的，国务院学位委员会可以解聘。各学科评议组召集人由本学科评议组第一次全体会议从成员中选举产生。召集人应具有高尚的学术道德、较高的学术水平和较强的组织能力，熟悉学位与研究生教育工作，其所在单位对学科评议组的工作能够提供较大支持。各学科评议组设秘书1人。秘书经学科评议组召集人和国务院学位委员会办公室协商后，由国务院学位委员会办公室聘请，协助召集人处理本学科评议组的日常工作。其任期与学科评议组成员相同，有特殊情况的，可以改聘。

学科评议组审议有关事项，提出重要意见或建议，应当召开会议。全体或各门类学科评议组成员大会，由国务院学位委员会主持召开；各学科评议组的会议，由各学科评议组召集人主持召开。各学科评议组表决关于学位授权以及其他重要议案时，均应经出席会议全体成员充分酝酿讨论后，采取无记名投票方式进行。参加表决的人数须达到本学科评议组成员数的三分之二以上（含三分之二），表决结果有效；通过应当获得参加表决人数的三分之二以上（含三分之二）同意。必要时，可以采用通讯方式表决有关事项。学科评议组成员如有重要议案需提出讨论和决议的，应当获得本学科评议组半数以上（含半数）成员附议，该学科评议组召集人在征得国务院学位委员会同意后，可以召开本学科评议组会议或采用其他方式，对该议案做出相应决议。各学科评议组可以独立开展本学科领域有关学科建设、人才培养、学位授予，以及质量和监督等问题的研究，并就有关标准、规范和要求提出意见或建议。有关意见和建议如需发给学位授予单位，应经国务院学位委员会办公室转发。国务院学位委员会办公室可以召集各学科评议组召集人会议，研究、协商有关工作。各学科评议组秘书应在召集人的领导下，协助召集人做好本学科评议组工作的组织实施。

学科评议组成员享有以下权利：（1）出席学科评议组会议，行使审议权和表决权；（2）了解国务院学位委员会有关规定、决定和意见，依照规定查阅资料；（3）参加国务院学位委员会和学科评议组组织的各种调查研究、检查评估、评审评议、政策咨询等活动；（4）对学位与研究生教育工作提出建议。学科评议组成员应履行以下义务：（1）以严谨、科学、负责的态度，按时完成国务院学位委员会和学科评议组的各项工作任务；（2）行使各项权利应当公正廉明，自觉抵制不正之风，不得以学科评议组成员的身份从事与学科评议组工作无关的活动；（3）严格遵守保密纪律，不得泄露工作中接触到的国家秘密和其他秘密；（4）遵守学科评议组其他工作纪律。

全国哲学社会科学规划办公室

2018年1月，中央决定成立全国哲学社会科学工作领导小组，下设全国哲学社会科学工作办公室。全国哲学社会科学工作办公室为全国哲学社会科学工作领导小组的办事机构，负责处理领导小组日常工作。主要职责是：（1）负责督促落实中央关于哲学社会科学工作的决策部署，分析研判全国哲学社会科学发展状况并提出工作建议；（2）负责组织制定国家哲学社会科学发展战略和中长期规划，研究制定实施有关专项规划；（3）负责联系协调全国哲学社会科学队伍和研究力量，组织实施哲学社会科学创新工程、人才工程等相关工作；（4）负责联系协调全国性社会科学学术社团，加强对社团建设和重大活动的指导管理；（5）负责组织开展国家高端智库建设工作，协调推动中国特色新型智库建设；（6）负责管理国家社会科学基金，组织基金项目评审和成果转化应用等工作；（7）负责完成中央宣传部、全国哲学社会科学工作领导小组交办的其他事项。

内设机构包括综合处（财务处）、组织协调处、社团管理处、研究处、智库联络处、智库研究处、项目规划处、基金管理处、成果管理处和宣传处。

教育部社会科学司

中华人民共和国教育部社会科学司是中华人民共和国教育部的内设机构。

社会科学司负责统筹规划和协调高等学校思想政治理论课教育教学工作；规划、组织高等学校哲学社会科学研究工作，组织、协调高等学校承担国家重大哲学社会科学研究项目并指导实施；协调直属高等学校和直属单位出版物的监督管理工作，承担教育系统新闻电视的指导和协调工作。

内设处室包括综合处、教学与出版处和社会科学科研处。

教育部人文社会科学重点研究基地重大项目由教育部社会科学司组织专家严格评审并面向社会公示。高校人文社会科学重点研究基地测评工作、教育部哲学社会科学研究重大课题攻关项目、教育部人文社会科学研究一般项目、教育部人文社会科学研究专项任务项目（高校辅导员研究）、高等学校科学研究优秀成果奖（人文社会科学）评选工作等均由教育部社会科学司负责。

中国社会科学院

中国社会科学院是中国哲学社会科学研究的最高学术机构和综合研究中心。

中国社会科学院是在中国科学院哲学社会科学学部的基础上，于1977年5月成立的。第一任院长胡乔木，第二任院长马洪，第三任院长胡绳，第四任院长李铁映，第五任院长陈奎元，第六任院长王伟光，第七任院长谢伏瞻，第八任院长石泰峰，现任院长高翔。

建院前的中国科学院哲学社会科学学部有经济研究所、哲学研究所、世界宗教研究所、考古研究所、历史研究所、近代史研究所、世界历史研究所、文学研究所、外国文学研究所、语言研究所、法学研究所、民族研究所、世界经济研究所和情报资料研究室14个研究单位，总人数2200多人。

从1977年至1981年，中国社会科学院先后成立了工业经济研究所、农村发展研究所、财贸经济研究所、新闻研究所（现为新闻与传播研究所）、马克思列宁主义毛泽东思想研究所、社会学研究所、人口研究所、少数民族文学研究所、世界政治研究所（后与世界经济研究所合并成立世界经济与政治研究所）、美国研究所、日本研究所、西欧研究所（现为欧洲研究所）、中国社会科学杂志社、中国社会科学出版社、研究生院和郭沫若著作编辑出版委员会办公室16个研究和出版单位。苏联东欧研究所（现为东欧中亚研究所）、西亚非洲研究所和拉丁美洲研究所也在这个时期划归中国社会科学院。

1981年以后成立数量与技术经济研究所、文献信息中心、边疆史地研究中心、政治学研究所、台湾研究所和亚洲太平洋研究所。中国社会科学院现有研究所31个，研究中心45个，含二、三级学科近300个，其中重点学科120个。全院总人数4200多人，有科研业务人员

3200多人，其中高级专业人员1676名，中级专业人员1200多名。他们中有一批在国内外学术界享有盛名、学术造诣高深的专家学者和在学术理论研究方面崭露头角的中青年科研骨干。

中国社会科学院以学科齐全、人才集中、资料丰富的优势，在中国改革开放和现代化建设的进程中，进行创造性的理论探索和政策研究，肩负着从整体上提升中国人文社会科学水平的使命。

中华人民共和国社会科学发展规划，是与国家五年规划的实施同步进行的。中国社会科学院除组织各研究所承担相当数量的国家哲学社会科学规划重点研究项目外，还根据国家社会主义物质文明建设、精神文明建设、民主法制建设的需要和各学科的特点及其发展，确定院重点项目和所重点项目，同时积极承担国家有关部门提出或委托的国家经济与社会发展中具有全局意义的重大理论问题和实际问题的研究任务。重点研究项目通常是以课题组的形式进行的，参加者根据自己的专业特长接受院、所的委托或自愿选择研究任务。许多重大课题由多学科的学者参加，利用多学科综合优势进行研究。也有一部分科研业务人员，根据自己的专业方向和兴趣，独立地进行研究。

文献资料的积累和利用是各学科研究工作的基本条件。中国社会科学院设有综合性的图书馆，绝大部分研究所设有专业性的图书馆，拥有古今中外的基本文献资料，馆藏图书已达537万余册。其中包括相当数量的善本典籍、珍本图书。中国社会科学院图书馆、文献信息中心和各研究所，分别与国内外科研机构建立了图书资料交换关系，并通过各种动态性、资料性刊物和文献题录、论文索引等信息载体，为科学研究工作提供丰富的资料和学术信息。

广泛地开展对外学术交流是中国社会科学院长期坚持的方针。近些年来对外学术交流不断发展。在交流规模上，从1978年的十多批、数十人次发展到1995年的1398批、4100多人次。在地区分布上，中国社会科学院对外交流已遍及世界80多个国家和地区，同国外200多个社科研究机构、学术团体、高等院校、基金会和政府有关部门建立了交流关系，与20多个国家和地区签订了交流协议。交流对象既有发达国家，也有广大发展中国家。许多国家的元首、政府总理、内阁长官及政界、学界著名人士到中国社会科学院进行访问、讲演，外国驻华使领馆官员、国际机构代表以及海外记者也经常来中国社会科学院开展学术访谈。频繁的交流活动，不仅促进了中国社会科学研究事业的发展，而且增进了相互了解和友好合作关系。

中国社会科学院的对外交流，有互派学者考察访问、开展合作研究、互派长期留学进修生、举办双边或多边学术研讨会、互邀学者讲学等多种形式。近年来，各个学科，无论是历史学、考古学、语言学、民族学、宗教学等传统学科，还是与中国经济发展、社会主义市场经济体制、法制建设和创造和平稳定的国际环境密切相关的经济学、法学、社会学、国际关系学等学科，在对外学术交流中都得到了发展，科学研究工作开展得更加活跃。

日益发展的对外学术交流活动，对繁荣中国社会科学事业、促进学科建设和人才培养发挥着重要的作用。中国社会科学院将对外学术交流与课题研究和学科建设紧密结合，通过对外学术交流，促进重点科研项目和学科发展。一批研究人员通过留学进修和访问交流，拓宽了学术视野，业务上得到了培养和提高，许多人已成为科研骨干或学科带头人。

这些科研成果阐述、丰富和发展了马克思列宁主义、毛泽东思想的基本理论和邓小平建设有中国特色的社会主义理论；为国家改革开放和经济建设发展战略决策提供了理论依据及政策咨询；为社会发展和民主法制建设提供了理论指导和实施方案；整理和弘扬了传统历史文化，推动了社会主义精神文明建设；研究和吸收了世界各国的优秀科学文化，推动了学科建设。许多研究成果在国内外学术界产生了重要影响，在改革开放和经济、社会发展中取得了良好的社会效益。

《中国社会科学》《历史研究》《考古》《哲学研究》《经济研究》《法学研究》《文学评论》《世界经济》等82种学术刊物，比较集中地反映了中国社会科学研究的最新成果和学术信息。以出版学术著作为宗旨的中国社会科学出版社、社会科学文献出版社和经济管理出版社也出版了大量社会科学研究著作，为中国社会科学事业的发展做出了贡献。